普通高等医学院校五年制临床医学专业第二轮教材

药理学

（第2版）

（供临床医学及相关专业用）

主　　编　邱丽颖　宋晓亮

副 主 编　闵清　钱海兵　黄丽萍　王巧云　李利生

编　　者　（以姓氏笔画为序）

王　雪（江南大学无锡医学院）

王巧云（滨州医学院）

王芙蓉（山东中医药大学）

任　平（武汉轻工大学医学与健康学院）

刘　智（长春中医药大学）

许丽萍（内蒙古医科大学）

李　娟（宁夏医科大学）

李利生（遵义医科大学）

来丽娜（长治医学院）

吴国胜（江南大学无锡医学院）

吴宿慧（河南中医药大学）

邱丽颖（江南大学无锡医学院）

闵　清（湖北科技学院药学院）

宋晓亮（长治医学院）

陈　伟（山东第一医科大学）

林　芳（苏州大学苏州医学院）

钱海兵（贵州中医药大学）

黄丽萍（江西中医药大学）

龚勇珍（湖南中医药大学）

编写秘书　王　雪

中国健康传媒集团

中国医药科技出版社

内 容 提 要

本教材是"普通高等医学院校五年制临床医学专业第二轮教材"之一，根据临床医学专业药理学教学大纲的基本要求和课程特点编写而成。本教材内容涵盖药理学总论、外周神经系统、中枢神经系统、心血管系统、血液系统和内脏、内分泌系统和代谢疾病、化学治疗药物药理及其他药物药理等内容。力求在充分体现本教材的科学性、系统性、创新性的基础上，做到布局合理、层次分明、重点突出、逻辑清晰、简明扼要、图文并茂。针对学生前期的医学知识基础和药理学的知识特点，在每章设置了"学习目标""案例引导""知识链接"及"目标检测"模块，且"本章小结"及"目标检测答案"以二维码形式呈现在章节后。教材中以案例为学习载体，既体现了基础和临床、医学与药学、医学与人文课程的整合，也利于开展 CBL、PBL 或 TBL 等讨论式教学。

本教材配套数字化教学资源（包括 PPT 课件、微课、习题库），读者可通过扫描二维码在移动端查看与学习，也可再PC 端登陆"医药大学堂"官网学习。本教材不仅可以作为教学用书，也适合学生拓展性自主学习。本教材主要供全国普通高等医学院校五年制临床医学专业及其相关医学类专业教学使用，也适用于执业医师资格考试考生的自学使用。

图书在版编目（CIP）数据

药理学/邱丽颖，宋晓亮主编．—2 版．—北京：中国医药科技出版社，2023.4
普通高等医学院校五年制临床医学专业第二轮教材
ISBN 978 – 7 – 5214 – 3650 – 1

Ⅰ．①药…　Ⅱ．①邱…②宋…　Ⅲ．①药理学 – 医学院校 – 教材　Ⅳ．①R96

中国国家版本馆 CIP 数据核字（2023）第 010541 号

美术编辑 陈君杞
版式设计 友全图文

出版　**中国健康传媒集团** | 中国医药科技出版社
地址　北京市海淀区文慧园北路甲 22 号
邮编　100082
电话　发行：010 – 62227427　邮购：010 – 62236938
网址　www.cmstp.com
规格　889 × 1194mm $^1/_{16}$
印张　26 $^1/_2$
字数　759 千字
初版　2016 年 8 月第 1 版
版次　2023 年 4 月第 2 版
印次　2023 年 4 月第 1 次印刷
印刷　三河市万龙印装有限公司
经销　全国各地新华书店
书号　ISBN 978 – 7 – 5214 – 3650 – 1
定价　**89.00 元**

获取新书信息、投稿、为图书纠错，请扫码联系我们。

为了贯彻《中共中央、国务院中国教育现代化2035》"加强创新型、应用型、技能型人才培养规模"的战略任务要求，落实《国务院办公厅关于加快医学教育创新发展的指导意见》，紧密对接新医科建设对医学教育改革的新要求，满足新时代医疗卫生事业对人才培养的新需求，中国医药科技出版社在教育部、国家药品监督管理局的领导下，通过走访主要院校对2016年出版的"全国普通高等医学院校五年制临床医学专业'十三五'规划教材"进行了广泛征求意见，有针对性的制定了第二版教材的出版方案，旨在赋予再版教材以下特点。

1. 立德树人，融入课程思政

把立德树人贯穿、落实到教材建设全过程的各方面、各环节。课程思政建设应体现在知识技能传授中厚植爱国主义情怀、加强品德修养、增长知识见识、培养奋斗精神，不断提高学生思想水平、政治觉悟、道德品质、文化素养等。医学教材着重体现加强救死扶伤的道术、心中有爱的仁术、知识扎实的学术、本领过硬的技术、方法科学的艺术的教育，培养医德高尚、医术精湛的人民健康守护者。

2. 精准定位，培养应用人才

坚持体现《中共中央、国务院中国教育现代化2035》"加强创新型、应用型、技能型人才培养规模"的战略任务，落实《国务院办公厅关于加快医学教育创新发展的指导意见》中"立足基本国情，以服务需求为导向，以新医科建设为抓手，着力创新体制机制，分类培养研究型、复合型和应用型人才"的医学教育目标，结合医学教育发展"大国计、大民生、大学科、大专业"的新定位，注重人才培养应从疾病诊疗提升拓展为预防、诊疗和康养，以健康促进为中心，服务生命全周期、健康全过程的转变，精准定位教材内容和体系。教材编写应体现以医疗卫生事业需求为导向，以岗位胜任力为核心，以培养医工、医理、医文学科交叉融合的高素质、强能力、精专业、重实践的本科医学人才培养目标。

3. 适应发展，优化教材内容

必须符合行业发展要求。构建教材内容结构，要体现医疗机构对医学人才在临床实践能力、沟通交流能力、服务意识和敬业精神等方面的要求；体现临床程序贯穿于教学的全过程，培养学生的整体临床意识；体现国家相关执业资格考试的有关新精神、新动向和新要求；注重吸收行业发展的新知识、新技术、新方法，体现学科发展前沿，并适当拓展知识面，为学生后续发展奠定必要的基础；满足以学生为中心而开展的各种教学方法的需要，充分发挥学生的主观能动性。

4.遵循规律，注重"三基""五性"

遵循教材规律。针对普通高等医学院校本科医学类专业教学需要，教材内容应注重"三基"（基本知识、基础理论、基本技能）、"五性"（思想性、科学性、先进性、启发性、适用性）；内容成熟、术语规范、文字精炼、逻辑清晰、图文并茂、易教易学；注意"适用性"，即以普通高等学校医学教育实际和学生接受能力为基准编写教材，满足多数院校的教学需要。

5.创新模式，提升学生能力

加强"三基"训练，着力提高学生分析问题和解决问题的能力。在不影响教材主体内容的基础上要保留"案例引导""学习目标""知识链接""目标检测"模块，去掉知识拓展模块。进一步优化各模块的内容，培养学生理论联系实践的实际操作能力、创新思维能力和综合分析能力；增强教材的可读性和实用性，培养学生学习的自觉性和主动性。

6.丰富资源，优化增值服务内容

搭建与教材配套的中国医药科技出版社在线学习平台"医药大学堂"（数字教材、教学课件、图片、视频、动画及练习题等），实现教学信息发布、师生答疑交流、学生在线测试、教学资源拓展等功能，促进学生自主学习。

本套教材凝聚了省属院校高等教育工作者的集体智慧，体现了凝心聚力、精益求精的工作作风，谨此向有关单位和个人致以衷心的感谢！

尽管所有参与者尽心竭力、字斟句酌，教材仍然有进一步提升的空间，敬请广大师生提出宝贵意见，以便不断修订完善！

普通高等医学院校五年制临床医学专业第二轮教材

建设指导委员会名单

主 任 委 员　樊代明

副主任委员　（以姓氏笔画为序）

于景科（济宁医学院）　　　　　王金胜（长治医学院）

吕雄文（安徽医科大学）　　　　朱卫丰（江西中医药大学）

杨　柱（贵州中医药大学）　　　吴开春（第四军医大学）

何　涛（西南医科大学）　　　　何清湖（湖南医药学院）

宋晓亮（长治医学院）　　　　　郑金平（长治医学院）

唐世英（承德医学院）　　　　　曾　芳（成都中医药大学）

委　　　员　（以姓氏笔画为序）

于俊岩（长治医学院附属和平　　于振坤（南京医科大学附属南京
　　　　医院）　　　　　　　　　　　　　明基医院）

马　伟（山东大学）　　　　　　丰慧根（新乡医学院）

王　玖（滨州医学院）　　　　　王伊龙（首都医科大学附属北京天坛医院）

王旭霞（山东大学）　　　　　　王育生（山西医科大学）

王桂琴（山西医科大学）　　　　王雪梅（内蒙古医科大学附属医院）

王勤英（山西医科大学）　　　　艾自胜（同济大学）

叶本兰（厦门大学医学院）　　　付升旗（新乡医学院）

朱金富（新乡医学院）　　　　　任明姬（内蒙古医科大学）

刘春扬（福建医科大学）　　　　闫国立（河南中医药大学）

江兴林（湖南医药学院）　　　　孙国刚（西南医科大学）

孙思琴（山东第一医科大学）　　李永芳（山东第一医科大学）

李建华（青海大学医学院）　　　李春辉（中南大学湘雅医学院）

杨　征（四川大学华西口腔医　　杨少华（桂林医学院）
　　　　学院）　　　　　　　　杨军平（江西中医学大学）

邱丽颖（江南大学无锡医学院）　何志巍（广东医科大学）

邹义洲（中南大学湘雅医学院）　张　闻（昆明医科大学）

张　敏（河北医科大学）　　　　张　燕（广西医科大学）

张秀花（江南大学无锡医学院）　张晓霞（长治医学院）

张喜红（长治医学院）　　　　　陈万金（福建医科大学附属第一医院）

陈云霞（长治医学院）　　　　　陈礼刚（西南医科大学）

武俊芳（新乡医学院）　　　　　林友文（福建医科大学）

林贤浩（福建医科大学）　　　　明海霞（甘肃中医药大学）

罗　兰（昆明医科大学）　　　　周新文（华中科技大学基础医学院）

郑　多（深圳大学医学院）　　　单伟超（承德医学院）

赵幸福（南京医科大学附属　　　郝少峰（长治医学院）
　　　　无锡精神卫生中心）　　郝岗平（山东第一医科大学）

胡　东（安徽理工大学医学院）　姚应水（皖南医学院）

夏　寅（首都医科大学附属北京　夏超明（苏州大学苏州医学院）
　　　　天坛医院）　　　　　　高凤敏（牡丹江医学院）

郭子健（江南大学无锡医学院）　郭崇政（长治医学院）

郭嘉泰（长治医学院）　　　　　黄利华（江南大学附属无锡五院）

曹玉萍（中南大学湘雅二医院）　曹颖平（福建医科大学）

彭鸿娟（南方医科大学）　　　　韩光亮（新乡医学院）

韩晶岩（北京大学医学部）　　　游言文（河南中医药大学）

数字化教材编委会

主　　编　邱丽颖　宋晓亮
副 主 编　闵清　钱海兵　黄丽萍　王巧云　李利生
编　　委　（以姓氏笔画为序）
　　　　　王　雪（江南大学无锡医学院）
　　　　　王巧云（滨州医学院）
　　　　　王芙蓉（山东中医药大学）
　　　　　任　平（武汉轻工大学医学与健康学院）
　　　　　刘　智（长春中医药大学）
　　　　　许丽萍（内蒙古医科大学）
　　　　　李　娟（宁夏医科大学）
　　　　　李利生（遵义医科大学）
　　　　　来丽娜（长治医学院）
　　　　　吴国胜（江南大学无锡医学院）
　　　　　吴宿慧（河南中医药大学）
　　　　　邱丽颖（江南大学无锡医学院）
　　　　　闵　清（湖北科技学院药学院）
　　　　　宋晓亮（长治医学院）
　　　　　陈　伟（山东第一医科大学）
　　　　　林　芳（苏州大学苏州医学院）
　　　　　钱海兵（贵州中医药大学）
　　　　　黄丽萍（江西中医药大学）
　　　　　龚勇珍（湖南中医药大学）
编写秘书　王　雪

　　"以临床岗位需求为导向，构建发展以'5＋3'为主体的临床医学人才培养体系，推进医学基础课程与临床课程的有机整合，优化课程体系"是新时期国家对临床医学类专业人才培养的基本要求。药理学作为连接基础与临床的桥梁学科，在医学人才培养中占有重要地位。本教材注重体现教材的"三基"（基本知识、基础理论、基本技能）和"五性"（思想性、科学性、先进性、启发性、适用性），着力提升学生临床思维能力和解决临床实际问题的能力，同时兼顾了执业医师资格考试需求。

　　本次修订，以《"健康中国2030"规划纲要》文件精神为宗旨，认真研究国家对临床医学类专业人才培养的政策和要求，查阅了大量国内外文献，重点参考了《中华人民共和国药典》2020年版、陈新谦等主编《新编药物学》第18版、《国家基本药物目录》以及《执业医师资格考试大纲》等书目，章节内容以经典代表药物和临床常用药为主，主要介绍药物的药理作用、作用机制、临床应用、不良反应和注意事项、体内过程和药物相互作用等。坚持"治疗与预防并重"的原则。在"案例引导"和"知识链接"模块体现了合理用药、用药安全、用药道德等人文关爱理念，融入了课程思政元素。适当增加了新药物、新理论，对上一版的内容进行了优化调整，对临床上应用较少或过多的文字赘述进行了删减，同类药物以图表形式表述，力求做到知识与能力并重，有利于课堂教学和学生自主学习。

　　本教材包括8篇49章，参编教师长期从事药理学教学和科研工作，并具有较高的学术水平和丰富的教材编写经验。第1、2章邱丽颖编写，第3、4章闵清编写，第5、8章吴宿慧编写，第6、7章王巧云编写，第9、10、36、37章刘智编写，第11、12、18、19章龚勇珍编写，第13、17、32章许丽萍编写，第14、15、16章林芳编写，第20、27、47章钱海兵编写，第21、22章陈伟编写，第23、24章李利生编写，第25、26章来丽娜编写，第28、43、45章黄丽萍编写，第29、30、31章李娟编写，第33、34章王芙蓉编写，第35、42章王雪编写，第38、39、40章任平编写，第41、44章吴国胜编写，第46、48、49章宋晓亮编写。

　　本教材在编写过程中，得到了各参编院校的大力支持和协助，也得到许多药理学同仁的关心和帮助，在此一并表示衷心感谢！限于编者的学识和水平，本教材的缺点与不足之处在所难免，恳请各位同仁及读者批评指正。

编　者

2022 年 11 月

目　录 CONTENTS

第四篇　作用于心血管系统的药物

第五篇 作用于血液系统和内脏的药物

第六篇 作用于内分泌系统和代谢疾病的药物

第七篇　化学治疗药物

第八篇 其他药物

第一篇 总论

第一章 绪 言

PPT

第一节 药理学概述

一、药理学的概念和主要研究内容 📱微课

（一）药理学

药理学（pharmacology）是研究药物与机体（包括病原体）之间相互作用规律的一门科学。是以生理学、生物化学与分子生物学、病理学、病理生理学、病原生物学、免疫学等为基础，为防治疾病、合理用药提供基本理论和科学思维方法，是基础医学与临床医学以及医学与药学的桥梁学科。

药物（drug）是指对生物机体产生某种生理或生化作用，并用于预防、治疗及诊断疾病的化学物质。任何药物剂量过大都可产生毒性反应，每年都有因为疗效、不良反应等原因终止使用的药物。因此，只有掌握每类药物的基本理论和基本知识，并运用科学的思维方法掌握药物作用特点和规律，才能适应临床用药的不断变化。

（二）药理学研究的主要内容

药理学既研究药物对机体的作用及作用机制，即药物效应动力学（pharmacodynamics），又称药效学；也研究机体对药物的作用，即药物代谢动力学（pharmacokinetics），又称药动学，包括药物的吸收、分布、代谢及排泄过程（图 1－1）。由此可见，药理学研究的主要内容是药物与机体之间的相互作用，通过阐明药物的作用及作用机制，为临床合理用药、发挥药物最佳疗效、防治不良反应提供理论依据；为发现药物新用途及开发新药提供重要的实验数据和研究方法。

二、学习药理学的主要目的

医生通常通过采集病史，结合对体格检查、实验室检查及影像学检查等临床资料的综合分析做出临

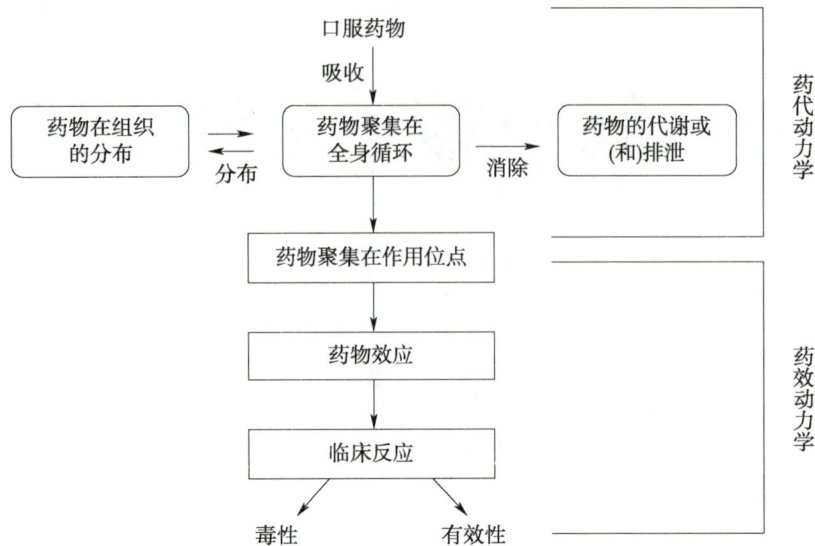

图 1-1　药理学研究的内容

床诊断，同时启动治疗计划，并密切观察病人对治疗的临床反应。通过学习药理学，解决制定治疗方案时遇到的药物选择与应用的基本问题；结合人体生理学、生物化学及疾病发生过程、发生机制，提高临床用药时利弊权衡的把控能力。如，究竟是否需要用药，希望用药后病人的状况获得什么改变，选用药物的依据，拟用的药物是否能够达到预期目的，正确的给药方法及使用药物的合适时间、合适部位，药物的不良反应是否有害等等。要解决好临床遇到的这一系列问题，必须通过药理学知识的学习，对药物有一个全面的认识，理解药物有什么作用、作用机制及如何充分发挥其临床疗效，尽量避免对机体有害的不良反应。

一名称职的医务工作者，在做到以上几点的同时，还应该以公正的态度对待每一位患者。不能因为患者的地位或贫富而区别对待，且尊重患者，保护其隐私；对待患者应有足够的耐心。适当的关怀、关心及鼓励可以缓解患者在确诊及治疗过程中产生的负面情绪，提高药物治疗效果。

第二节　药理学发展简史

药理学的发展大致分为两个阶段，一是以药物本草学为基础的起步阶段，二是药理学学科的建立与发展阶段。

一、药理学发展的基础 - 传统本草学阶段

药物的历史可追溯到五六千年以前，人们从生产和生活中认识到很多天然物质可以治疗疾病与伤痛，如饮酒止痛、大黄导泻、柳皮退热等。从公元前一世纪的《神农本草经》至明朝《本草纲目》，通过口尝身受、实际体验的方法，用朴素的唯物论解释了药物的作用，如，以四气五味讲作用性质，以归经学说讲作用部位，并对药物进行筛选和评定，对药物的生态、形态、性味、功能和应用进行了记载，在我国劳动人民同疾病作斗争中发挥了重要作用。明朝李时珍所著的《本草纲目》是一部闻名世界的药物学巨著，共收载药物 1892 种，已被翻译成英、日、俄、法、德、朝、法拉丁等 7 种文本，已成为世界重要的药物学文献之一。

知识链接

中国药理学学科发展概述

20世纪初，由生理学和有机化学结合而形成发展为我国早期药理学，也就是在此时期，从美国留学归来的陈克恢博士成功采用现代科技方法阐明中药麻黄碱是麻黄平喘的有效成分；20世纪30~40年代，我国的植物化学家先后从中草药中提取出生物碱、皂苷、油类等化学成分，将中药作为药理学的研究重点；之后随着《中国药理学杂志》的创立，大大推进了早期药理学的学术交流。20世纪中期，中华人民共和国成立后，从国外归来的药理学家如金荫昌、宋振玉、雷海鹏、周延冲、丁光生、罗潜教授等均成为各单位药理学科带头人，为新中国药理事业做出重要贡献。20世纪80~90年代，中国药理学迎来教学、科研以及学术交流的春天，获得2015年诺贝尔生理学或医学奖的青蒿素及其衍生物的抗疟作用及新型抗疟药的开发、应用也在此时期成为重要研究课题。至此，中国药理学已经经历了百余年，在逝去的岁月里，几代药理学家为我国药理学的建立和发展付出了毕生的精力。

二、药理学学科的建立与发展

药理学学科的建立和发展与现代科学技术的发展密切相关，化学和生理学的发展为药理学的发展奠定了基础。19世纪，英国的 J. N. Langley 根据阿托品与毛果芸香碱对猫唾液分泌的拮抗作用研究，提出了受体概念，为受体学说的建立奠定了基础；德国的 F. W. Serturner 从罂粟中提取出吗啡，并用狗进行实验，证明其有镇痛作用；法国的 F. Magendie 用青蛙实验证明了士的宁作用部位在脊髓。这期间，德国的 R. Buchheim 建立了第一个药理学实验室，写出了第一本药理学教科书，使药理学真正成为了一门现代科学。19世纪末到20世纪中叶，有机化学、生物化学和实验医学的飞速发展，极大丰富了药理学的理论和技术，也促使新药研发进入了黄金时代。现在临床上常用的药物，如抗生素、抗组胺药、镇痛药、抗高血压药、抗精神失常药、抗癌药、合成的抗疟药、磺胺类药物、激素类药物以及维生素类等许多药物均是在这一时期研制开发。

随着生理学、细胞生物学、生物化学和分子生物学理论和研究技术的发展，药理学的研究也从整体、器官、细胞和亚细胞水平进入到分子水平。随着自然科学的相互渗透，药理学出现了许多分支，如分子药理学、生化药理学、遗传药理学、受体药理学、临床药理学、精神药理学、免疫药理学、时辰药理学等。近年来，分子检测技术发展迅速，测序、基因芯片等分子技术的临床应用，为指导医生科学用药、提高用药准确度、减少药物不良反应、真正实现用药的个体化提供技术支撑。

第三节 药理学研究方法

药理学是一门实践性科学，其研究主要体现在整体、器官、组织、细胞和分子水平，通过观察药物对机体或其组成部分的作用及其作用机制，分析其客观作用规律。常用的药理学实验方法有整体与离体功能检测法、行为学实验方法、形态学方法、生物检定法、电生理学方法、生物化学和分子生物学方法、免疫学方法及化学分析方法等。基因工程、分子药物配体等基础前沿理论与技术的介入，为转化医学研究提供了可靠的研究方法和手段。按照研究对象常用的药理学研究方法可以分为以下三类。

1. 实验药理学方法 以健康的动物和正常器官、组织、细胞、亚细胞和受体分子为研究对象，进行药效学、药动学和毒理学研究。实验药理学方法对于分析药物作用、阐明作用机制及药物代谢动力学过程具有十分重要的意义。

2. 实验治疗学方法　是以病理性的模型动物或组织器官为研究对象，观察药物的治疗作用。其实验方法既可在整体进行，也可以在体外进行，如用离体器官、培养细菌、寄生虫及肿瘤细胞等进行体外实验。

3. 临床药理学方法　临床药理学（clinical pharmacology）是以人体为研究对象，研究药物与人体之间相互作用及其作用规律的科学。其任务是将药理学基本理论转化为临床用药实践，即将药理效应转化为实际疗效。临床药理学研究方法，常以健康志愿者或病人为对象，对人体药效学、药动学、不良反应和安全性进行评价，以纠正动物实验中种属差异。一方面进行新药的临床试验，同时也推动临床治疗学的发展，确保合理用药。

答案解析

目标检测

1. 药理学的基本概念及研究内容是什么？
2. 药理学常用的研究方法有哪些？

（邱丽颖　蔡维维）

书网融合……

本章小结　　　　微课　　　　题库

第二章 药物代谢动力学

学习目标

1. 掌握 药物的吸收、分布、代谢与排泄特征及其影响因素；一级速率和零级速率的特点；药动学参数表观分布容积、血浆清除率、半衰期和生物利用度的临床意义。

2. 熟悉 药物被动转运的特点及临床意义、临床环境 pH 值对弱酸性和弱碱性药物解离度的影响及其意义；药物浓度 – 时间曲线及峰值浓度、达峰时间及治疗范围等参数的意义；药物稳态血药浓度及其意义。

3. 了解 药物与血浆蛋白结合率、药物在组织的分布及影响因素；肝脏微粒体药酶的作用及药酶诱导剂、药酶抑制剂。

4. 具备设计药物代谢动力学实验的能力。

药物代谢动力学（pharmacokinetics，简称药动学）是研究药物在生物体内吸收、分布、排泄和代谢规律的一门学科。即研究机体对药物的作用和作用规律，阐明药物的体内过程及药物在体内随时间变化的速率过程。药物的体内过程包括：吸收（absorption）、分布（distribution）、代谢（metabolism）和排泄（excretion）。药物作用部位的浓度受药物的吸收、分布、代谢和排泄的影响而不断变化（图 2 – 1），为此，通过建立数学模型，求算相应的药物代谢动力学参数后，对药物在体内的过程进行预测，掌握药物的作用规律，理解药物的体内过程特点、作用部位药物浓度的变化规律，以便更好解决药物治疗中用药途径、给药剂量、给药间隔时间及疗程等存在的问题，确保药物在体内发挥最佳的药理效应。

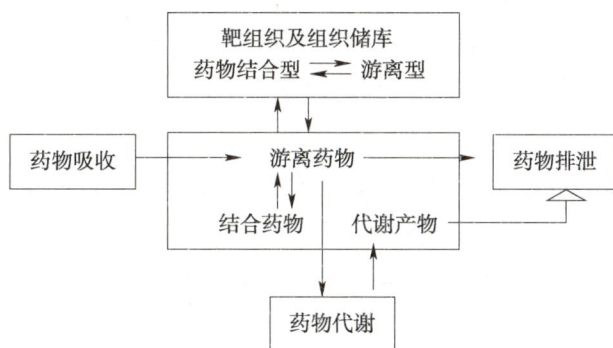

图 2 – 1 药物的体内过程

第一节 药物分子的跨膜转运

药物在体内的吸收、分布和排泄等过程，都要通过体内的各种生物膜，药物通过生物膜的过程称为药物的跨膜转运（transmembrane transport）或药物转运（drug transport）。

一、被动转运

被动转运（passive transport）是指药物顺浓度梯度从高浓度一侧向低浓度一侧进行的转运，不消耗能量。根据是否需要细胞膜上载体蛋白的帮助，分为简单扩散和易化扩散。

（一）简单扩散

简单扩散（simple diffusion）指小分子脂溶性的药物顺细胞膜两侧浓度梯度从高浓度一侧向低浓度一侧进行的转运。是大多数药物跨膜转运的方式。其影响因素主要有细胞膜两侧药物的浓度差、药物的脂溶性大小、药物的解离度及极性大小。分子量小、脂溶性大、非解离型及极性小的药物容易通过细胞膜。因此，对于分子型药物容易通过细胞膜，而离子型药物不容易通过的现象称为离子障（ion trapping）。

大多数药物为弱电解质，在体液中发生解离。其解离程度与药物本身的解离常数 K_a 和体液的 pH 值有关。依据 Handerson–Hassebalch 公式，其关系如表 2-1 所示。

表 2-1　药物解离常数和体液 pH 关系

	弱酸性药物	弱碱性药物
基本公式	$HA \rightleftharpoons H^+ + A^-$	$BH^+ \rightleftharpoons H^+ + B$
K_a	$\dfrac{[H^+][A^-]}{[HA]} = K_a$	$\dfrac{[H^+][B]}{[BH^+]} = K_a$
两边取负对数	$\dfrac{[A^-]}{[HA]} = 10^{pH-pKa}$	$\dfrac{[BH^+]}{[B]} = 10^{pKa-pH}$

由此可以分析，弱酸性药物在酸性环境中解离度小，非解离型药物多，容易进行跨膜转运；在碱性环境中解离度大，非解离型药物少，难以跨膜转运。因此，弱酸性药物在胃酸环境中易吸收，而在小肠的碱性环境中吸收减少；同样道理，弱酸性药物在酸性尿液中重吸收增多，需碱化尿液促进其排泄，如，弱酸性药物苯巴比妥类中毒时，碱化血液降低脑细胞内的药物浓度，碱化尿液减少肾小管对药物的重吸收，加速药物的排泄。弱碱性药物相反。

当细胞膜两侧的 pH 不同时，弱酸性药物在碱性侧以离子型相对多，这样就不容易通过细胞膜而转运。如乳汁，较血液偏酸性，许多像吗啡、阿托品等生物碱类药容易进入乳汁。

（二）易化扩散

易化扩散（facilitated diffusion）指脂溶性小的药物分子依赖细胞膜上特殊蛋白质的帮助，从高浓度一侧向低浓度的一侧进行转运。不消耗能量，也属于被动转运过程。存在饱和性以及类似物间的竞争性。如维生素 B_{12}、葡萄糖、氨基酸和嘧啶碱等物质，是非脂溶性，但在细胞膜特殊载体蛋白的帮助下，仍能透过生物膜。

二、主动转运

主动转运（active transport）指药物分子从浓度低侧向浓度高侧进行的逆浓度梯度的转运，需要消耗能，具有饱和现象和竞争性。主动转运根据能量来源分为原发性主动转运（primary active transport）和继发性主动转运（secondary active transport）。原发性主动转运是直接利用高能磷酸化合物 ATP 分解所产生的能量，逆浓度梯度将特定的物质或药物向膜的另一侧转运，如 Na^+、K^+、H^+、I^- 等。继发性主动转运的能量间接来源于其他离子如 Na^+、H^+ 等的电化学梯度，将其他物质或药物逆浓度梯度进行的转运。在肠、肾小管、脉络丛等上皮细胞上都存在继发主动转运，是葡萄糖、氨基酸等营养物质在小肠吸收及肾小管重吸收的常见方式（图 2-2）。少数药物由于结构上与体内代谢物质相似，也可经该机制进行转运。如，β-内酰胺类抗生素（图2-3）。

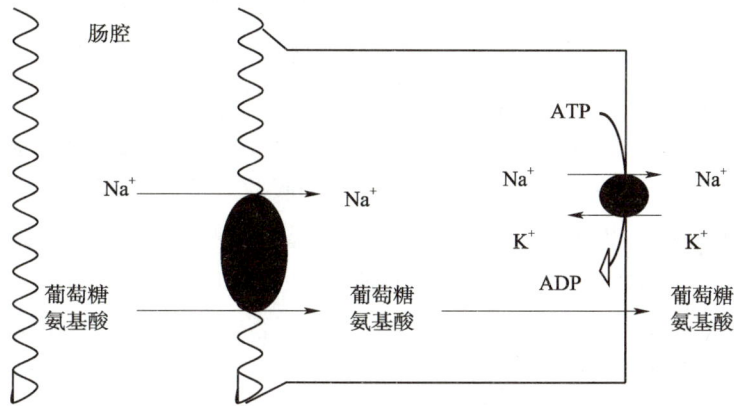

图2-2　继发主动转运示意图

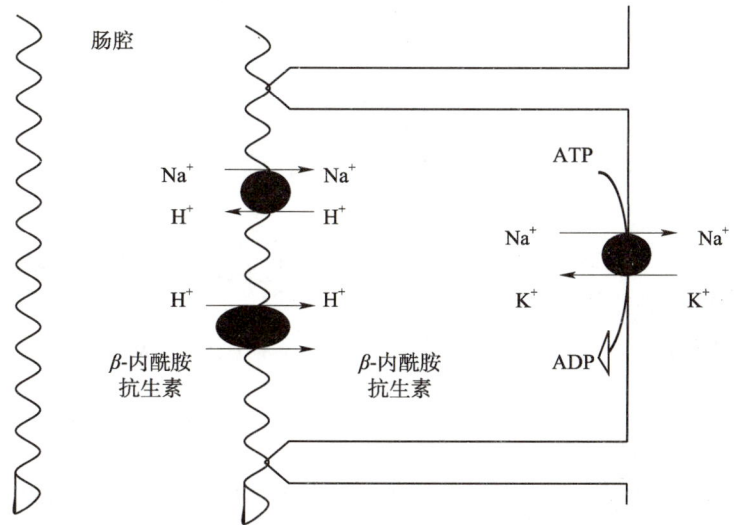

图2-3　β-内酰胺抗生素继发主动转运示意图

此外，细胞膜上也存在特殊的主动转运机制，如有机酸转运系统、P-糖蛋白转运（p-glycoprotein transport）机制、多肽转运机制等，利用ATP水解所产生的能量转运底物。

由此可见，不同药物往往采用不同的转运方式，有时同一药物在不同的组织也会以不同的转运方式进行转运，使药物进入体内后的过程表现出复杂性。

第二节　药物的体内过程 📱微课

药物从给药部位进入机体产生药效到排出体外，其间经历吸收、分布、代谢和排泄四个基本过程。

一、药物吸收

药物的吸收（absorption）是指血管外给药的药物从给药部位进入血液循环的过程。给药方式不同，吸收方式也不相同。

（一）临床给药途径与吸收

临床常用的给药途径分为胃肠道给药、注射给药、呼吸道给药和经皮给药。胃肠道给药包括口服、舌下含服和直肠给药；注射给药包括静脉注射、肌内注射、皮下注射和动脉注射。不同给药途径影响药物的吸收速度和程度，吸收速度快慢的顺序为：吸入、肌内注射、舌下、直肠、皮下注射、口服、皮肤。吸收程度以吸入、肌内注射、舌下、直肠、皮下注射较完全，口服次之。

1. 胃肠道给药　口服给药是最常用的给药方法，占内科处方的80%左右。口服药物在到达体循环之前，经肝脏的代谢分解，使进入体内的相对药量降低，这种现象称之为首过效应（first pass effect），也称首关消除（first pass elimination）。由于小肠有很大的吸收表面积，因此，药物的吸收以小肠为主。多数药物主要是以被动扩散方式吸收。其吸收程度取决于药物的分子量大小、离子化程度以及脂溶性。但一些与营养成分相似的药物如氨基酸衍生物、嘧啶碱衍生物和嘌呤碱衍生物等，则是通过相对应的载体主动转运吸收。其具有简便、安全、经济等优点，但由于首过效应，生物利用度低。舌下和直肠给药不受消化酶和pH影响，首过消除程度也较口服轻。

2. 注射给药　静脉注射药物直接注入血管，无吸收过程，可以立即显效，作用迅速。肌内注射依靠肌肉组织丰富的血流，加快吸收且疼痛轻。皮下注射吸收较口服快，但不适用于有刺激性的药物。动脉注射药物直接注入至该动脉分布部位，发挥局部疗效以减少全身反应。如，将纤溶药直接用导管注入冠状动脉以治疗心肌梗死。

3. 呼吸道给药　气体和挥发性药物以及药物溶液经喷雾器分散为微粒（Φ5um）可直接进入细胞。由于肺泡表面积很大，肺血流量丰富，吸收迅速且完全。容易气化的药物也可以采用吸入给药。如，沙丁胺醇吸入剂用于治疗哮喘。

4. 经皮给药　是指一些脂溶性小分子药物在促渗透剂的作用下，通过皮肤吸收而产生稳定持久的作用。如，抗高血压药硝苯地平贴皮剂、预防心绞痛的硝酸甘油贴皮剂等。皮肤用药时药物透过皮肤角质层的速度较低。鼻黏膜血管丰富，药物吸收迅速，其他生物膜较难吸收的亲水性药物、多肽类高分子药物也可在此吸收。

（二）药物吸收的影响因素

影响药物的吸收因素除药物本身因素外，凡是能影响胃肠活动的因素均会影响药物的吸收，即药物制剂因素和生理因素。药物制剂因素主要包括药物理化性质，如，粒径大小、溶解度和药物的晶型等。生理病理因素主要包括病人的生理特点，如年龄、性别、遗传因素及病人饮食等。口服给药受胃排空速度、胃肠pH、肝功能及肝肠血流灌注情况、胃肠结构和肠道菌群状况等影响。

二、药物分布

药物分布（distribution）是指药物从血液循环向各组织脏器、细胞间液和细胞内转运的过程。也是药物随血液循环，通过各种生物膜到达作用部位及全身各组织的过程。

（一）药物分布的特点

无论哪种给药途径，药物进入血液后，都随血液分布到机体各组织中。药物首先分布于血流速率快的组织，然后分布到肌肉、皮肤或脂肪等血流速率慢的组织。药物在体内的分布是不均匀的，随着药物吸收和消除的不断变化，药物的作用强度取决于药物分布到靶器官的浓度。

（二）影响分布的因素

药物在体内的分布受很多因素影响，包括药物的理化性质、与血浆蛋白的结合率、药物与组织的亲和力、器官组织的血流量、特殊组织的屏障作用。此外，毛细血管通透性、药物的pKa和体液的pH、药物转运载体的数量和功能状态等也影响药物的分布。

1. 体液pH和药物理化性质　药物分子大小、脂溶性高低可影响药物通过生物膜，脂溶性药物容易分布，水溶性大分子药物或解离型药物则难以分布。如，静脉注射右旋糖酐后，因分子大，不易透出血管壁，故可扩充血容量。另外，体液 pH 可影响药物的解离度，从而影响药物的分布，如，弱酸性药物巴比妥类中毒时，常使用碳酸氢钠碱化血液，有利于药物自脑细胞向血浆转运，碱化尿液妨碍巴比妥类药物在肾小管重吸收，促进药物自肾脏排泄，具有重要临床意义。

2. 血浆蛋白结合率　血浆蛋白是体内有效的药物传送载体，药物进入血液后，多数药物都与血浆蛋白发生不同程度的可逆性结合。由于只有游离的药物能透过生物膜进入到相应的组织或靶器官，产生效应或进行代谢与排泄，因此，结合型药物起着类似药库的作用，对于药物作用和维持时间长短有十分重要的意义。如，洋地黄毒苷与血浆蛋白结合率 91%，毒毛旋花子苷的血浆蛋白结合率仅 5%，洋地黄毒苷药效的维持时间比毒毛旋花子苷延长（图 2-4）。

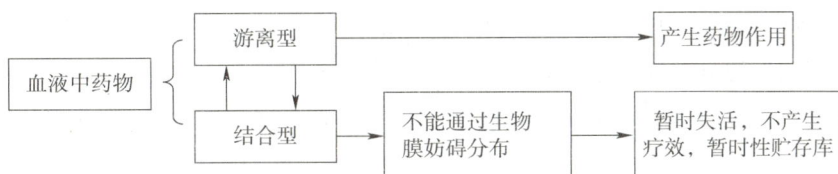

图 2-4　药物与血浆蛋白的可逆结合

药物与血浆蛋白结合的特点具有饱和性和竞争性。如，双香豆素与血浆蛋白结合率为 99%，当与安定合用时，可以竞争血浆蛋白，使双香豆素蛋白结合率下降，游离药物增加，抗凝作用增强，甚至出血不止危及生命。药物与血浆蛋白结合的特异性比较差，理化性质相近的药物间可以产生相互作用。如，磺胺类等有机阴离子药物可置换胆红素，血浆中游离胆红素浓度增加，使中枢神经系统毒性增加，或导致新生儿胆红素脑病。此外，药物与组织中的特异蛋白结合也可以影响药物的分布。

3. 药物与组织的亲和力　某些药物对细胞成分具有特殊的亲和力，而使其在该组织的浓度特别高。药物在靶器官的浓度决定药物效应的强弱，如，碘在甲状腺中的浓度比在血浆中高约 25 倍，提供合成甲状腺激素的原料；氯喹在红细胞和肝组织中分布浓度高，所以对疟疾和肝阿米巴病疗效好；四环素容易沉积于新形成的骨和牙组织中，导致小儿生长发育抑制、牙齿变黄或畸形。

4. 局部组织和器官的血流量　药物除对组织具有特殊亲和力外，一般血流量大的器官药物浓度高，较快地达到分布平衡。而在血流量较小的器官，药物的分布需要一定的时间，因此较晚达到平衡。如，肾、脑、心、肝等血管丰富、血流量大的器官，药物分布较多且达到平衡快。人体脂肪组织的血流量不丰富，但总量很大，是脂溶性药物的储存库。如，静脉注射硫喷妥钠后，首先分布到血流量大的脑组织，迅速产生麻醉作用，随后又转移到脂肪组织，此时体内总药量并未明显减少，但脑组织中的药物已降至有效浓度以下，麻醉效应很快消失，形成药物在体内的再分布。

5. 体内屏障　许多药物进入血流后，快速分布到各组织，但往往难于进入到脑等具有生理性屏障的组织。药物进入这些组织必须通过相应的屏障，多以被动转运为主。

（1）血-脑屏障（blood brain-barrier，BBB）　是由毛细血管壁与神经胶质细胞形成的血浆与脑细胞外液之间的屏障。由于脑毛细血管内皮细胞间紧密连接，基底膜外还有一层星状细胞包围。因此，只有脂溶性、小分子或少数水溶性药物可以通过，到达中枢神经系统。这就形成了大脑的自我保护机制。但新生儿及脑膜炎时该屏障通透性均增高，如，青霉素在生理状态下难以透过血-脑屏障，而在脑膜炎时可以通过血-脑屏障治疗脑膜炎。

（2）胎盘屏障（placental barrier）　是胎盘绒毛与子宫血窦间的屏障，是将母体与胎儿血液隔开的屏障。该屏障与一般生物膜无明显区别，除了水溶性的极性较高的药物较难通过，一般药物均可通过，只是药物进入胎儿的速度慢、血药浓度低于母体。应注意某些药物通过胎盘影响胎儿，甚至引起畸胎或胎儿中毒，故孕妇用药须慎重。

三、药物代谢

药物代谢（metabolism）指药物在体内发生化学结构变化的过程，又称生物转化（biotransformation）。药物的起效取决于药物的吸收与分布，作用的中止则取决于药物的消除。药物的消除方式主要靠体内生物转化及最后的排泄。

（一）代谢部位与代谢方式

体内各种组织对药物均有不同程度的代谢能力，而药物代谢的主要部位是在肝脏。此外，胃肠道、肾、肺、皮肤等也可产生有意义的药物代谢。

代谢的方式主要是氧化、还原、水解及结合四种方式，一般分两个阶段进行。第一阶段通过氧化、还原、水解，使母药加入极性基团（如 – OH）而生成极性增高的代谢产物。第二阶段为结合，是母药或代谢物与内源性物质（如葡萄糖醛酸和甘氨酸）结合。结合物一般极性增加，大部分药物均失活或失去毒性（解毒），药理作用降低或完全消失，但也有少数药物被活化产生药理作用或毒性作用。极性增加可以增加药物的水溶性，易由肾脏排出。

（二）药物代谢的酶系

在参与药物代谢的酶系中，根据其催化特异性分为专一性酶和非专一性酶。

1. 专一性酶　指对特定的化学结构基团进行代谢的特异性酶，如，乙酰胆碱酯酶、单胺氧化酶等，分别转化乙酰胆碱和单胺类药物。

2. 非专一性酶　参与催化药物代谢的酶称为药酶（drug metabolic enzyme）。肝脏中催化药物代谢的酶称为肝药酶。肝药酶是一组特异性不高的、存在于肝细胞微粒体中的混合酶系统。该系统的生理意义在于促进某些生理代谢物，如，甾体激素的灭活与排泄。肝脏微粒体的细胞色素 P450 酶系统（cytochrome P450，CYP）是促进药物生物转化的主要酶系统。由于没有相应的还原产物，又名单加氧酶。肝脏中与药物代谢有关的 P450 主要有 CYP1A1、CYP1A2、CYP2C9、CYP2C19、CYP2D6、CYP2E1、CYP3A4 等（表 2 – 2）。其特点为：①选择性差，能对数百种药物起反应；②不稳定，个体差异大，除先天遗传性差异外，年龄、营养、激素、疾病都能影响该酶系活性；③易受药物的抑制或诱导，在药物间易发生竞争性抑制。因此，当肝功能不全时，以肝脏代谢为主的药均应慎用，以免发生中毒。

表 2 – 2　经 CYP450 代谢的常用药物

P450	常见药物
CYP1A1	环境中某些致癌物前体的活化
CYP1A2	对乙酰氨基酚、华法林、咖啡因、茶碱、利多卡因、维拉帕米、普罗帕酮、丙米嗪，等
CYP2C9	布洛芬、苯妥英、甲苯磺丁脲、华法林、三甲双酮、双氯芬酸、丙米嗪，等
CYP2C19	奥美拉唑、地西泮、萘普生、普萘洛尔、甲苯磺丁脲、苯妥英、双氯芬酸、布洛芬，等
CYP2D6	普萘洛尔、阿米替林、氯氮平、地昔帕明、去甲替林、可待因、丙米嗪、美托洛尔、美西律、噻吗洛尔，等
CYP2E1	七氟烷、乙醇、氯唑沙宗、氟烷、恩氟烷、异氟烷、甲氧氟烷，等
CYP3A4	利多卡因、对乙酰氨基酚、胺碘酮、红霉素、环孢素、氢化可的松、咪康唑、地西泮、奥美拉唑、咪达唑仑、阿芬太尼、三唑仑、洛伐他汀、奎尼丁、维拉帕米、地尔硫䓬、硝苯地平、尼群地平、特非那定、阿司咪唑、炔雌醇、黄体酮、睾酮、氨苯砜、苯丙芘，等

（三）酶的诱导与抑制

某些药物可以使肝药酶的活性增强或减弱。这种现象可以解释连续用药时产生耐受性、停药敏化、药物相互作用、个体差异等现象产生的原因。

1. 药酶诱导剂　指能增强药酶活性或使药酶合成加速从而加快其本身或另一些药物转化，该作用称为酶的诱导。酶的诱导结果可使在体内活化的药物作用增强，体内灭活的药物作用减弱。如，苯巴比妥促进环磷酰胺在体内活化，增加其作用；也促进自身代谢，产生耐受性。能够产生这种作用的药物则称为药酶诱导剂。常见肝药酶诱导剂有苯巴比妥钠、苯妥英钠、水合氯醛、利福平、保泰松、灰黄霉素等。

2. 药酶抑制剂　有的药物可以抑制药酶活性或降低药酶合成，减慢某些药物的代谢，使其作用明显加强或延长。如，氯霉素能使苯妥英钠的血药浓度增加 4～6 倍；对氨基水杨酸能抑制异烟肼的代谢，二者合用时，异烟肼的血药浓度比单用时高。常见肝药酶抑制剂有氯霉素、异烟肼、西咪替丁等。临床上氯霉素与口服降糖药甲苯磺丁脲合用时，使甲苯磺丁脲代谢变慢，血药浓度较单用甲苯磺丁脲时升高，可因血糖下降加剧而导致低血糖症。

四、药物排泄

药物排泄（excretion）指吸收后的药物和其代谢物被排出体外的过程。也是药物作用彻底消除的过程。主要排泄途径为肾脏，其他排泄途径有消化道、乳汁、唾液、泪液、汗腺及毛发等，乙醚、氟烷等挥发性的药物主要经过呼气排泄。

（一）肾脏排泄

肾脏是药物排泄的主要器官。游离的药物能通过肾小球过滤进入肾小管，随着原尿水分的滤过，药物在肾小管内的浓度上升。当超过血浆浓度时，一些极性低，脂溶性大的药物再次重吸收至血浆，使排泄量减少。经过生物转化的极性高、水溶性代谢物不被再吸收而顺利排出。有些药物在近曲小管由载体主动转运入肾小管，排泄较快，但在同类药物间可能也存在竞争性抑制。

通过调节尿液 pH 影响肾脏的排泄，是药物中毒常用的解毒方法。如碱化尿液可加速弱酸性药物（如苯巴比妥）的排出，酸化尿液可以加速氨茶碱的肾排泄。化学性质相似的药物在肾小管排泄时相互发生竞争，是产生药物相互作用的原因之一。如，依他尼酸和尿酸，由于对载体的竞争作用，使尿酸排出量减少，可产生高尿酸血症诱发痛风发作；丙磺舒可抑制青霉素的主动分泌，使后者排泄减慢，药效增强、作用时间延长。肾功能不全时，以肾脏排泄为主要消除途径的药物消除速度减慢，因此，给药量应相应减少，以避免蓄积作用产生毒性反应。

（二）胆汁排泄

有些药物及其代谢产物被主动分泌到胆汁内经胆道进入肠腔，然后随粪便排出。胆汁排泄是多数药物水溶性代谢产物的主要排泄途径，是原型药物的次要排泄途径。从胆汁排泄多的抗菌类药物，如，利福平、红霉素和四环素等，可用于治疗胆道感染。有些药物在肝细胞与葡萄糖醛酸等结合后排入胆汁，随胆汁排入肠腔，药物部分被水解后游离药物被重吸收，称为肝肠循环（enterohepatic circulation）。如，酸性抗炎药吲哚美辛与葡萄糖醛酸结合后经胆汁排入肠内，结合型吲哚美辛在碱性环境下不稳定被分解，释放出的吲哚美辛被重吸收。肝肠循环率较高的药物半衰期长，药物作用维持时间长。若中断其肝肠循环，药物作用时间缩短。如，洋地黄毒苷中毒时，由于其肝肠循环率较高，可以选用口服考来烯胺与随胆汁进入肠内的洋地黄毒苷结合形成络合物，阻止其再吸收，阻断肝肠循环，加快从粪便中排泄，成为急救措施之一。

（三）其他途径

药物还可以经乳汁、唾液、汗腺、泪液和呼吸道等排泄。乳汁 pH 略低于血浆呈酸性，故碱性药物可以从乳汁排出。如，哺乳期妇女服用丙基硫氧嘧啶，将会抑制乳儿的甲状腺功能，影响乳儿的生长发育，故哺乳期妇女用药应慎重。胃酸酸度高，某些生物碱，如，吗啡等注射给药也可向胃内扩散。因此，洗胃是中毒治疗和诊断的措施之一。苯妥英钠类药物可以经唾液排泄，利福平等药物可以由汗腺排泄。肺脏是某些挥发性药物的主要排泄途径。粪中排泄的药物多数是口服未被吸收的药物。

⇒ 案例引导

临床案例   患者，男，52岁，因家庭矛盾，口服苯巴比妥600片1小时急诊入院。入院诊断：苯巴比妥急性中毒。入院时，意识消失，体温36.3℃，脉搏120次/分，血压110/70mmHg。面色苍白，口唇发绀，瞳孔等圆，两肺无呼吸音，颈软，腹平坦，肢软尚温。给予气管插管、吸氧、呼吸机通气；给予1∶2000高锰酸钾溶液洗胃；静脉滴注多巴胺升压；中枢神经兴奋药洛贝林、尼可刹米促苏醒，兴奋呼吸中枢；甘露醇脱水、利尿。

问题   1. 请问还需要给予什么药物促进苯巴比妥的排泄？
　　　　　　2. 药物治疗过程中，还应该从哪些方面给予患者关爱？

第三节   房室模型

药物动力学研究的主要目标是揭示药物在体内的动态变化规律性，常常通过建立一定的数学模型，根据体内药量和时间的关系数据，求得相应的药动学参数，描述药物体内过程的动态变化规律性。房室模型（compartment models）是定量分析药物在体内动态变化的数学模型。房室不是解剖学上的概念，而是根据药物在体内的转运规律，将机体分为一个或若干个独立单元，药物转运速率相同的单元视为同一室。根据药物在体内的动力学特性，房室模型可分为一室模型、二室模型和多室模型。其中一室模型和二室模型应用较多，三室及以上的多室模型较为复杂，实际应用较少。

一、一室模型

一室模型（single compartment model）指药物进入机体后，能够迅速、均匀分布到全身各组织、器官和体液中，瞬时完成转运间的动态平衡。此时把整个机体视为一个室，称之为一室模型，如图2-5所示。假定机体为一个整体，体液存在于单一空间，药物在全身各组织部位的转运速率是相同或相似的。一室模型的优点是简单，但不能精确说明大部分药物的体内浓度变化经历。

图2-5   一室模型示意图

二、二室模型

二室模型又称双室模型（two compartment model）指药物进入体内后，首先能很快进入机体的某些部位，然后向其他部位转运。药物完成这些部位的分布需要不容忽略的一段时间，从速度论的观点出发，将机体分为药物分布均匀程度不同的两个独立系统，即中央室和周边室，即"双室模型"。药物进入体内首先分布到血浆及血流量多的中央室，然后再分布到机体其余部分的周边室。中央室包括血液和血流丰富的器官，如，心、肝、肾、脑、肺，快速达到平衡，分布容积较小；周边室包括血流量少的器官，如，骨、脂肪、肌肉、皮肤等，与血液达到药物平衡时间长，分布容积较大。药物在二室之间可逆性转运，从中央室消除（图2－6）。二室模型考虑了药物在体内分布过程的影响，较好描述药物在体内的变化，多用于药动学研究。

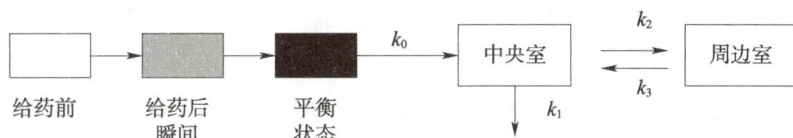

图2－6　二室模型示意图

第四节　药物消除动力学

药物消除（elimination）指进入血液循环的药物随代谢和排泄，血药浓度不断衰减的过程。生物转化与排泄统称为消除。根据其微分方程 $dC/dt = -K_eC^n$，n＝1时为一级消除动力学（恒比消除），n＝0时为零级消除动力学（恒量消除）。式中 dC/dt 为消除率，C为血药浓度，t 为时间，K 为消除速率常数。

一、一级消除动力学

一级消除动力学（first－order elimination kinetics）指单位时间内体内药物以恒定比例消除（恒比消除）的过程。血中药物消除速率与血中药物浓度成正比，血药浓度高，单位时间内消除的药量越多。绝大多数药物都按一级动力学消除。

反应一级动力学消除的方程式为：$dC/dt = -K_eC$

C为血浆药物浓度，ke 为消除速率常数。将此公式积分移项、变换为对数方程式后，做出血药浓度与时间曲线（图2－7）。

根据公式可以推导出一级消除的半衰期 $t_{1/2} = 0.693/K_e$，计算出一次用药约经5个 $t_{1/2}$ 体内药量消除96%以上。

二、零级消除动力学

零级消除动力学（zero－order elimination kinetics）指单位时间内体内药量以恒量消除的过程，即血药浓度按恒定消除速度进行消除，与血药浓度无关。反映药物在体内按零级动力学消除，血药浓度的衰减规律的方程式为：$dC/dt = -K_0C_0$；将此公式积分移项、变换为对数方程式后，做出血药浓度与时间曲线（图2－7）。

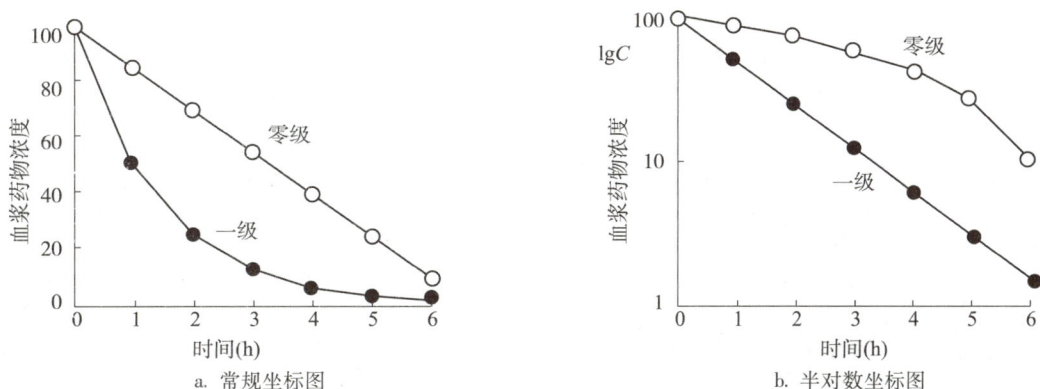

a. 常规坐标图　　　　　　　　　　　b. 半对数坐标图

图2－7　一级消除动力学和零级消除动力学的血药浓度－时间曲线

根据公式可以推导出零级消除半衰期公式：$t_{1/2}=0.5C_0/K_0$，C_0 为初始血药浓度，K_0 为消除速度常数，表明血浆半衰期不是一个固定的数值，随药物的初始浓度而变化。

机体消除功能低下或用药剂量过大超出机体最大消除能力时，机体消除达饱和，药物按恒量消除，其对数血药浓度与时间不呈直线关系。

除上述两种常见消除方式外，某些药物在体内可表现为混合消除动力学，即低剂量或低浓度时按一级动力学消除，达到一定高剂量或高浓度时，因消除能力饱和，机体则按最大的消除速率消除，单位时间内消除的药物量不变。如，苯妥英钠、水杨酸、乙醇等。此消除方程为非线性方程。

第五节　体内药物的药量－时间关系

体内药量随时间而变化的过程是药动学研究的中心问题。血药浓度随时间发生变化的规律称为时量关系（药－时关系）（drug concentration – time relationship）。常用时间为横坐标、血药浓度为纵坐标绘出药量－时间关系曲线（drug concentration – time curve），简称药－时曲线。

由于药物的效应与血药浓度呈正相关，临床实际中血药浓度的变化更易于监测，因此药－时关系曲线更为常用。

一、一次性给药的血药浓度－时间曲线

一次给药后，血浆药物浓度随时间变化的关系曲线，即药－时曲线。一次血管外给药后，由于药物在体内的吸收与消除是同时开始进行的，药－时曲线实际上是吸收、分布与消除之间相互消长的反映。药－时曲线的升段反映药物吸收及分布的快慢，吸收快的升段坡度陡，吸收慢的升段坡度平坦。从给药时至峰值浓度的时间称达峰时间（peak time，T_{peak}）（图 2 – 8）。

曲线的高度反映药物吸收量，同一药物剂量大时，峰值较高，反之较低。曲线在峰值浓度（peak concentration，C_{max}）时吸收速度与消除速度相等。曲线的降段反映药物消除的快慢，消除快的下降较快，反之较平坦。血药浓度超过最小有效浓度（minimum effective concentration，MEC）、低于最小中毒浓度（minimum toxic – concentration，MTC）的浓度范围称为治疗浓度范围（therapeutic range）或安全范围（safe range）。药－时曲线下所覆盖的面积称曲线下面积（area under curve，AUC），反映进入体循环药物的相对总量。

一次静脉给药后药－时曲线（图 2 – 9）。静脉注射的曲线急速下降段是以分布为主，缓慢下降段主要是药物消除。

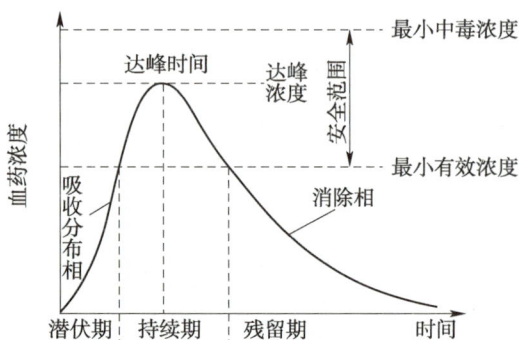

图 2 – 8　一次血管外给药后血药浓度－时间曲线

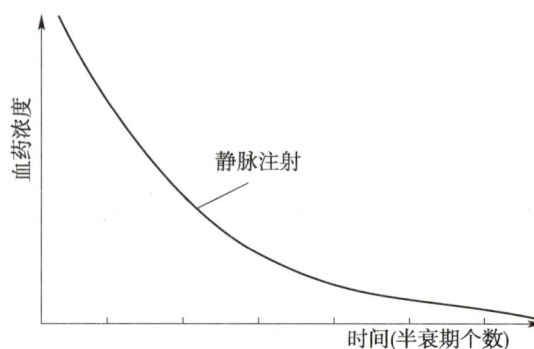

图 2 – 9　一次静脉给药后血药浓度－时间曲线

二、连续给药的血药浓度－时间曲线

在临床实践中，大多数药物治疗是采用多次口服给药以维持有效血药浓度。若药物按照恒比消除时，每隔一个半衰期口服药物一次，其体内药物总量随着反复给药而逐渐增多，约经 4 ~ 5 个半衰期，从体内消除的药量等于进入体内的药量，使体内药物总量达到稳定状态，此时的血浆药物浓度称为稳态浓度（steady – state concentration，C_{ss}）（图 2 – 10）。

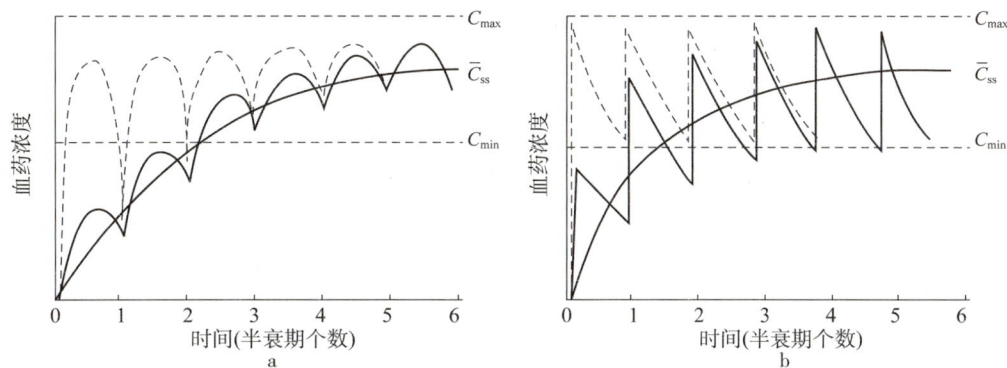

图 2 – 10 连续给药的血药浓度 – 时间曲线

—表示单倍剂量给药； - - - - -二倍剂量给药

a. 血管外给药；b. 血管内给药

由曲线可见，首剂（D_1）增大剂量，能使血药浓度迅速达到稳态浓度。即立即使体内药物达到稳态浓度所需的剂量。即每隔一个 $t_{1/2}$ 给药一次时采用首剂加倍的维持剂量，可使血药浓度迅速达到稳态（C_{ss}）。

⊕ 知识链接

中药药代动力学研究进展

中药药代动力学是在中医理论的指导下，采用动力学原理和现代分析技术研究中草药活性成分、组分、单方和复方在体内吸收、分布、代谢和排泄的动态变化和规律，并借助数学方程和药动学参数定量描述的一门边缘学科。其研究对阐明中药药效物质基础、中药的作用机制、方剂组方配伍机制、优选给药方案以及改进剂型和促进新药研发等方面发挥着十分重要的作用。国内中药药动学研究开始于 20 世纪 40 年代，从研究中药单一活性成分发展到中药药效物质基础和代谢规律研究，大量的现代分析仪器和测定方法被应用于中药药动学研究。随着"中药多成分整合药代动力学研究""血液指纹图谱药动学研究""药动学 – 药效学（PK – PD）结合模型药动学研究""基于黑箱系统理论的中药复方指征药代动力学"和"与网络药理学结合的药动学研究"等理论和学说的应用，中药药动学得到了迅速发展。

第六节 药物代谢动力学的重要参数

药动学参数（pharmacokinetic parameter）是反映药物在体内动态变化规律性的一些常数。通过这些参数反映药物在体内经时过程的动力学特点及动态变化规律性。药动学参数是临床制订合理化给药方案的主要依据之一，包括给药剂量、给药间隔和最佳的给药途径等。

一、生物利用度

生物利用度（bioavailability，F）指血管外给药、经过肝脏首关消除过程后能被吸收进入体循环的药物相对量。它与药物作用的强度和速度有关，是评价药物吸收程度的重要指标。生物利用度可以分为绝对生物利用度和相对生物利用度，前者主要用于比较两种给药途径的吸收差异，后者主要用于比较两种制剂的吸收差异，可分别用下式表示

$$生物利用度\ F = A（进入体循环的药量）/D（服药剂量）\times 100\%$$

生物利用度可分为绝对生物利用度和相对生物利用度。

$$绝对生物利用度\ F = AUC_{（血管外给药）}/AUC_{（静脉给药）}\times 100\%$$

$$相对生物利用度\ F' = AUC_{（受试制剂）}/AUC_{（标准制剂）}\times 100\%$$

药动学计算时常采用绝对生物利用度，相对生物利用度作为评比药物制剂质量的指标。

二、表观分布容积

表观分布容积（apparent volume of distribution，V_d）是指吸收达到平衡或稳态时，按照血药浓度推算体内药物总量在理论上应占有的体液容积。

$$V_d = A/C_0 \qquad （A\ 为体内药物总量；C\ 为血药浓度）$$

其意义如下。

（1）表观分布容积并不是机体中真正的容积数值，它只是反映体内药物向组织分布程度的药代动力学指标。与组织亲和力大的脂溶性药物其 V_d 可能比实际体重的容积还大。

（2）根据 V_d 的大小可以推测药物在体内的分布情况，计算产生目标血药浓度所需要的给药剂量。

（3）药物的分布容积的大小取决于其脂溶性、膜通透性、组织分配系数及药物与血浆蛋白等生物物质的结合率等因素。如药物的血浆蛋白结合率高，则其组织分布较少，血药浓度高，如水杨酸类、磺胺类、青霉素及抗凝药等。洋地黄、抗组胺药、氨茶碱、奎尼丁及三环类抗抑郁药等其 V_d 较大。

表 2-3 V_d 值及其意义

V_d（L）	分布特征及意义	常见药物
3～5	主要分布于血液并与血浆蛋白大量结合	双香豆素、苯妥英钠、保泰松
0～20	主要分布于血浆和细胞外液	溴化物和碘化物
40	分布于血浆和细胞内、外液	安替比林
100	超过了体液的总容积，有特异性的组织分布	硫喷妥钠

三、消除半衰期

消除半衰期（elimination half-life，$t_{1/2}$）指血药浓度下降一半时所需时间称为消除半衰期。其长短可反映体内药物消除的速度。药物按一室开放模型一级动力学消除，多数药消除半衰期恒定，与血药浓度无关。消除速率常数和消除半衰期都是反映药物从体内消除速度的常数，且存在倒数关系。由于后者比前者更为直观，故临床上多用 $t_{1/2}$ 来反映药物消除的快慢，是临床制定给药方案的主要依据之一。

其意义如下。

（1）确定给药间隔时间。半衰期长，给药间隔时间长；半衰期短，给药间隔时间短。通常给药间隔时间为一个半衰期。

（2）推定血药浓度达到稳态浓度的时间。如果以半衰期为间隔给药，血药浓度约经 5 个半衰期后达到稳态血药浓度。

（3）推定停止给药后体内药物基本全部消除所需要的时间。停止给药后，经过 5 个半衰期，可以清除体内药量的 96% 以上，可认为基本消除。

四、清除率

血浆清除率（clearance，Cl）指单位时间内多少容积血浆中的药物被消除，通常指肝肾等器官对药物清除率的总和。表示从血中清除药物的速率或效率，是反映药物从体内消除的另一个重要的参数。清除率 Cl 与消除速率常数 K 和分布容积之间的关系可用下式表示：$Cl = K_e A/C = K_e V_d$，单位用 ml/min 或 L/h。（A，体内药物总量；C，组织和血浆达到药物平衡时的血浆药物浓度）。

药物按一级动力学消除时，清除率也是一个恒定值。药物的清除是肝脏、肾脏和其他器官共同作用的结果。

目标检测

答案解析

1. 血管外给药的方式有哪些？
2. 首过消除的概念是什么？
3. 影响药物分布的因素有哪些？
4. 肝药酶诱导剂和抑制剂的概念及意义是什么？
5. 一级和零级消除动力学的概念、特征和意义分别是什么？
6. 药物表观分布容积概念及数值大小代表的意义是什么？
7. 生物利用度的概念是什么？
8. 消除半衰期概念及意义是什么？

（邱丽颖 蔡维维）

书网融合……

本章小结　　　　微课　　　　题库

第三章　药物效应动力学

学习目标

1. 掌握　药效学基本概念，药物基本作用、药物作用的两重性；掌握量效关系、量效关系曲线的意义以及主要概念，如半数有效量、半数致死量、效能、效应强度、治疗指数、安全范围。

2. 熟悉　受体的特性、受体与药物相互作用的动力学以及药物与受体相互作用的参数；亲和力与内在活性；受体的调节。

3. 了解　受体的类型及药物与受体相互作用的信号转导。

4. 具备运用药效学实验方法对药物效应和安全性进行评价的能力。

药物效应动力学（pharmacodynamics，简称药效学）研究药物对机体的作用。在整体、系统、器官、细胞及分子水平上阐明药物的作用和作用机制，对指导临床合理用药并尽可能减少药物毒副作用提供基础理论依据，同时也为新药研究提供依据。

第一节　药物的基本作用

一、药物作用的特点

（一）药物作用与药理效应

药物作用（drug action）是指药物与机体细胞上的靶位结合时引起的初始反应，是药物对机体的初始作用，是动因。药理效应（pharmacological effect）是指药物引起的机体生理生化功能或形态的变化，是药物作用的结果。概念上二者虽有区别，但药物作用和效应意义接近，在一般的情况下二者常通用。

在药物作用下，机体原有功能提高或增强称为兴奋作用（excitation），如肾上腺素的升高血压作用、呋塞米增加尿量作用等；功能降低或减弱称为抑制作用（inhibition），如阿司匹林的解热作用和地西泮的中枢抑制作用等。

（二）局部作用和全身作用

局部作用（local action）是指药物吸收入血液前在给药部位所产生的作用，如局麻药的局部麻醉作用，口服硫酸镁的导泻和利胆作用。全身作用（general action）是指药物吸收入血液后分布到作用部位所产生的作用，如注射硫酸镁的抗惊厥作用和降压作用。

（三）药物作用的选择性

多数药物发挥作用是通过与作用部位的靶位结合后产生的，这种结合取决于药物和靶点的化学结构，有严格的对应关系，这种对应关系的专一性决定了药物的作用具有特异性（specificity）。例如，阿托品特异性地阻断 M - 胆碱受体，而对其他受体无明显作用。药物作用特异性的物质基础是药物的化学结构。药物作用的选择性（selectivity）是指在全身用药的情况下，药物对机体组织器官作用的范围或作用的专一程度。药物选择性高，作用范围窄，临床应用少，副作用也少；药物选择性低，作用范围广，临床应用多，副作用也多。药物选择性的产生基础与药物在体内的分布不均匀、机体组织细胞和结构不同以及生化功能存在差异等因素有关。药物作用特异性强并不一定意味着选择性高，即二者不一定平行。例如，阿托品特异性地阻断 M 胆碱受体，但其药理效应选择性并不高，对心脏、血管、平滑肌、腺体及中枢神经系统都有影响。药物作用的选择性是在一定剂量下产生的，任何药物剂量过大都可引起广泛的作用。

二、药物作用的临床效果 🔲 微课

药物作用产生的临床效果有两方面，即药物的治疗作用与不良反应。

（一）治疗作用

凡符合用药目的，具有防治疾病效果的作用称为治疗作用，又称治疗效果，简称疗效（therapeutic effect）。根据治疗目的和效果，治疗作用又可分为：

1. 对因治疗（etiological treatment）　用药目的在于消除原发致病因子，彻底治愈疾病，又称为"治本"。如呼吸道细菌感染用抗生素治疗。

2. 对症治疗（symptomatic treatment）　用药目的在于缓解疾病症状，又称为"治标"。如高热时应用解热镇痛药治疗，以解除发热给病人带来的痛苦。

对因治疗和对症治疗在疾病治疗过程中都很重要，要同时兼顾。根据病情的发展和症状的严重程度，有时以对因治疗为主，有时以对症治疗为主。对症治疗不能根除病因，但对病因未明暂时无法根治的疾病却是必不可少的。在临床实践中，应坚持"急则治标，缓则治本，标本兼治"的原则。妥善处理对因治疗与对症治疗的关系。

3. 补充治疗（supplementary therapy）　又称替代治疗（replacement therapy），用药的目的在于补充营养性物质或内源性生物活性物质的不足，如甲状腺功能低下症给予甲状腺素的治疗。补充治疗既不同于对因治疗，也不同于对症治疗。

（二）不良反应

凡不符合用药目的，并给病人带来不适或痛苦的反应统称为不良反应（adversedrug reaction，ADR）。由药物不良反应引起的疾病称为药源性疾病（drug–induceed disease），它既是医源性疾病的组成部分之一，又是药物不良反应的延伸。药物不良反应主要有以下几类。

1. 副作用（side reaction）　治疗剂量下出现的与治疗目的无关的作用，又称副反应。副作用具有下列特点：①是药物固有的作用；②是在治疗剂量下出现的，此不同于毒性反应；③副作用与治疗作用可因治疗目的不同而相互转化；④一般反应较轻，并可预知。副作用的产生与药物选择性低有关，药物选择性越低，副作用越多。如阿托品具有松弛内脏平滑肌、抑制腺体分泌等作用，当临床用于解除胃肠痉挛时，可出现口干等副作用。副作用一般是可以预知，很难避免，但可设法使之减轻。

2. 毒性反应（toxic reaction）　毒性反应是指剂量过大或用药时间过长，药物在体内蓄积过多而发生的危害性反应，一般比较严重。有时用药剂量不大，但机体对药物过于敏感也能出现毒性反应。绝大多数药物都有一定的毒性。毒性反应包括急性毒性、慢性毒性和特殊毒性反应。急性毒性（acute toxicity）是短期应用大量药物发生的，多损害循环、呼吸及神经系统功能，常用药物的半数致死量（LD_{50}）来表示。慢性毒性（chronic toxicity）是指长期用药时，药物在体内蓄积而逐渐发生的，常损害肝、肾、内分泌系统及骨髓造血系统等功能，可用长期毒性试验来判断。特殊毒性反应是长期用药后细胞的基因发生改变所引起的反应，包括致癌（carcinogenesis）、致畸胎（teratogenesis）和致突变（mutagenesis）反应，简称"三致"。

3. 后遗效应（residual effect）　是指停药后血药浓度下降至阈浓度以下时所残存的药理效应，例如服用巴比妥类催眠药后，次晨出现的乏力、困倦等现象；长期服用肾上腺皮质激素后肾上腺皮质功能低下，数月内难以恢复等。

4. 停药反应（withdrawal reaction） 是指病人长期应用某种药物，突然停药后病情恶化的现象，又称回跃反应（rebound reaction）。例如，长期服用可乐定的高血压患者突然停药，可出现血压急剧升高；癫痫患者长期服用苯妥英钠，突然停用时，可诱发更严重的癫痫发作。

5. 变态反应（allergic reaction） 是药物引起的免疫反应，反应性质与药物原有药理效应无关，其临床表现包括免疫学中的各种类型，发生反应与否与所用药物剂量无关，且事先无法预知。药物本身、药物的代谢产物、制剂中的杂质或辅剂均可成为过敏原。大分子多肽或蛋白质类药物直接具有抗原性。非肽类药物可作为半抗原与机体蛋白结合形成完全抗原，经过接触 10 天左右的敏感化过程而发生反应，也称过敏反应（hypersensitive reaction）。变态反应常见于过敏体质病人，反应的严重程度个体差异很大，从轻微的皮疹、发热到造血系统功能抑制、肝肾功能损害、休克等，如青霉素引起的过敏反应甚至导致过敏性休克。

6. 特异质反应（idiosyncratic reaction） 与变态反应不同，系指少数病人由于遗传因素对某些药物的反应性发生了改变。一般是由于基因缺陷引起了异常的药效学和药动学过程。特异质反应表现为对药物的反应特别敏感或者是对大剂量药物极不敏感。如病人红细胞葡萄糖 - 6 - 磷酸脱氢酶缺损者服用伯氨喹（primaquine）后，可发生严重的溶血性贫血，维生素 K 环氧化物还原酶变异者对华法林的抗凝血作用耐受，这些都是遗传因素决定的异常。

第二节　药物剂量与效应关系

药理效应的强弱与其剂量大小或浓度高低间的关系即剂量 - 效应关系（dose - effect relationship），简称量 - 效关系。以药物效应强度为纵坐标，药物剂量或浓度为横坐标，得到的曲线即量 - 效曲线（dose - effect curve）。药理效应按性质可以分为量反应和质反应，因此量效曲线又可分为量反应量效曲线和质反应量效曲线。

一、量反应量 - 效曲线

量反应（graded response）是指药理效应可用连续性数量值表示的反应。可用具体数量或最大反应的百分率表示，例如血压的升降、平滑肌的舒缩强度、心率或尿量的升降等。如果横坐标为药物的普通剂量（在体实验）或浓度（体外实验），以效应强度为纵坐标作图，量效曲线呈直方双曲线（rectangular hyperbola）见图 3 - 1（a）如果横坐标改为对数剂量或浓度，量效曲线呈对称 S 型曲线；如图 3 - 1（b）所示。

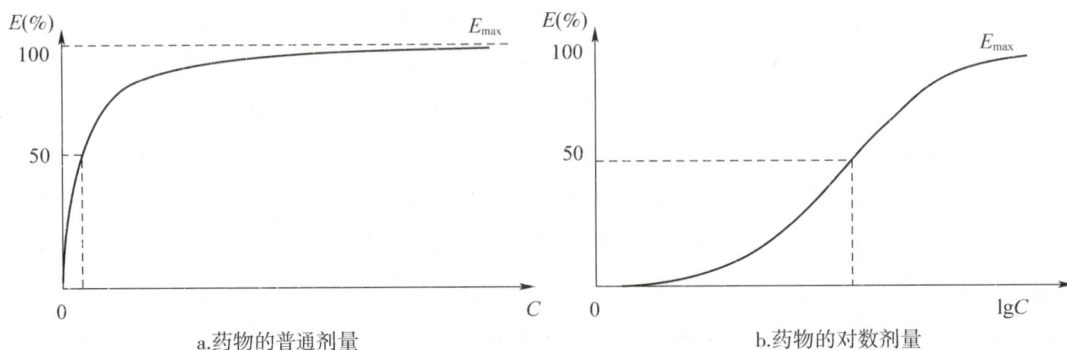

图 3 - 1　量反应的量 - 效曲线

对量反应的量效曲线进行分析可以获得用于衡量药理作用的几个参数。

1. 最小有效量（minimal effective dose）或最低有效浓度（minimal effective concentration） 指引起药理效应的最小剂量或最小药物浓度，亦称阈剂量或阈浓度（threshold dose，threshold concentration）。

2. 半数最大效应浓度（concentration for 50% of maximal effect，EC_{50}） 指能引起50%最大效应的浓度

3. 最大效应（maximal effect，E_{max}）或效能（efficacy） 随着药物剂量或浓度的增加，效应也相应增强，当剂量增加到一定程度时再增加药物剂量或浓度而其效应不再继续增强。这一药理效应的极限称为最大效应或效能。

4. 斜率（slope） 量效关系曲线的20%～80%效应区段大致呈直线，该直线的斜率与药物作用性质密切相关，斜率大的药物，药量微小变化，效应明显改变，提示药效较强，斜率小的药物药效较温和。因此，斜率大小是临床选药和确定用药剂量的依据之一。

5. 效价强度（potency） 用于作用性质相同的药物之间的等效剂量的比较，达到相同的药理效应时所需要的药物剂量的多少反映药物的效价强度的大小。常用50% E_{max} 所对应的剂量表示。引起相同效应所需的剂量越大，则效价强度越小。药物的最大效应与效价强度从不同角度反映药物作用的强度，常用于同类药物间作用强度的比较，二者并不完全平行，在临床上具有不同的意义。例如，利尿药以每日排钠量为效应指标进行比较，氢氯噻嗪的效价强度大于呋塞米，而后者的最大效应大于前者（图3-2）。一般而言，药物的最大效应更具有实际意义。

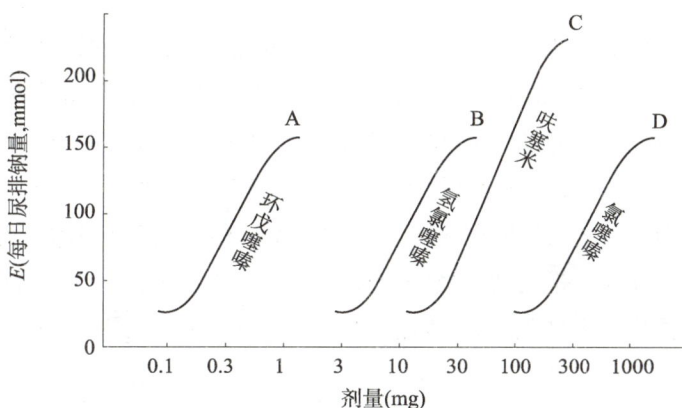

图3-2　三种利尿药最大效应和效价强度的比较

二、质反应量-效曲线

质反应（quantal response，all-or-none response）是指药物的效应表现为反应性质的变化，即全或无，阳性或阴性，常用阳性反应的频数或阳性反应率表示，如有效与无效，死亡与存活，惊厥与不惊厥等。如果纵坐标是阳性反应的频数或阳性反应率，质反应量效曲线呈频数分布曲线，横坐标用对数剂量表示则呈正态分布。如果纵坐标是累积阳性反应频数或累积阳性反应率，横坐标为药物的普通剂量，质反应量效曲线呈长尾S形；如果横坐标改为对数剂量表示，曲线呈对称S形曲线（图3-3）。

从质反应的量-效曲线也可以获得半数有效量（median effective dose，ED_{50}），即能引起50%的实验动物出现阳性反应的药物剂量；如效应为死亡，则称为半数致死量（median lethal dose，LD_{50}）。质反应药物的作用强度与其半数有效量大小成反比，半数有效量大，表明药物的作用相对较弱。

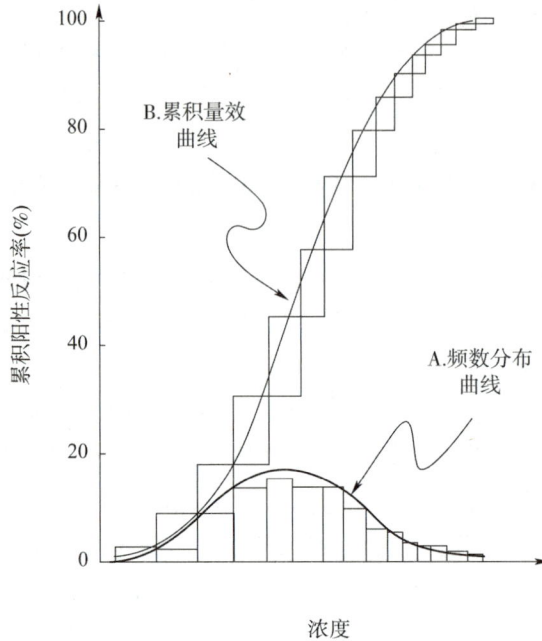

图 3-3   质反应量-效曲线

三、药物的安全性

药物的安全性与其半数致死量大小成反比，半数致死量越大，药物的毒性相对越小，越安全。药物的 LD_{50}/ED_{50} 的比值称为治疗指数（therapeutic index，TI），常用以表示药物的安全性，治疗指数大的药物较治疗指数小的药物相对安全。但如果药物的量效曲线与其剂量毒性曲线不平行时，则 TI 值不能完全表示药物的安全性。为此，可用 5% 致死量（LD_5）与 95% 有效量（ED_{95}）的比值或 5% 致死量（LD_5）与 95% 有效量（ED_{95}）之间的距离来衡量药物的安全性，这个距离称为安全范围。

治疗窗（therapeutic window）是反映药物安全性的另一参数，即治疗浓度的范围，其值介于最小有效浓度和最小中毒浓度之间的血药浓度。窗口的大小即治疗浓度的范围，该范围的高低限比值如超过 5 则该药的安全性较大。

第三节   药物的作用机制

药物的作用机制主要探讨药物如何引起机体作用。药物效应是药物分子和机体生物大分子相互作用的结果，是机体细胞原有功能水平的改变，因此要从细胞及分子水平去探讨其原理。药物的作用机制十分复杂，主要概括为受体途径和非受体途径。

一、非受体途径

1. 改变药物作用部位的理化环境   如抗酸药通过中和胃酸而治疗胃酸过多或溃疡病，甘露醇通过增高血浆渗透压而使组织脱水，用于治疗脑水肿。

2. 参与或干扰细胞物质代谢过程   补充生物机体代谢物质以治疗相应缺乏症的药物很多，如铁剂治疗缺铁性贫血，胰岛素治疗糖尿病。有些药物化学结构与正常代谢物质相似，掺入代谢过程但不能引起正常代谢的生理效果，起到抑制或阻断正常代谢的效应，称为抗代谢药。如 5 氟尿嘧啶结构与尿嘧啶相似，掺入癌细胞 DNA 及 RNA 分子中干扰蛋白质合成而发挥抗癌作用；磺胺药通过抑制细菌的二氢叶酸合成酶，干扰细菌的叶酸代谢，产生抗菌作用。

3. 影响生理物质转运　如利尿药抑制肾小管对 Na^+、Cl^- 的吸收而产生利尿作用；大剂量碘或碘化物抑制甲状腺素释放而治疗甲状腺功能亢进。

4. 影响酶的活性，改变机体的物质转化　如新斯的明抑制胆碱酯酶，使乙酰胆碱水解破坏减少；奥美拉唑抑制胃黏膜的 H^+,K^+-ATP 酶，减少 H^+ 的分泌。

5. 影响细胞膜的离子通道　如某些抗心律失常药阻滞心肌细胞膜的 Na^+ 通道，降低自律性和传导性。

二、受体途径

大多数药物是通过和生物机体的大分子相互作用而产生药理学作用的。这些相互作用改变了所作用的相关大分子的功能，从而引起生物化学和生理学变化，导致药物的特异性效应。这些和药物发生相互作用的大分子即是受体（详见第四节）。因此，受体是大多数药物的作用靶点，它与药物的相互作用是大多数药物产生药理作用的机制。

第四节　药物与受体

1878 年，Langley 发现阿托品与匹罗卡品（毛果芸香碱）对猫的唾液分泌可产生相互拮抗作用，提出在神经末梢或腺细胞中可能存在一种能与药物结合的物质。1905 年他在观察烟碱与箭毒对骨骼肌的兴奋和抑制作用时，认为二药既不影响神经传导，也不是作用于骨骼肌细胞，而是作用于神经与效应器之间的某种物质，并将这种物质称为接受物质（receptive substance）。1908 年 Ehrlich 首先提出受体（receptor）的概念，指出药物必须与受体进行可逆性或非可逆性结合，方可产生作用。此后，许多学者对受体进行了大量研究，提出了药物与受体相互作用的几种假说，如占领学说（occupation theory）、速率学说（rate theory）、二态模型（two model theory）等。近 20 年来，越来越多的受体蛋白被分离纯化和分子克隆，受体的结构和功能被阐明，促进了生命科学和医药学的发展。

一、受体的概念和特性

受体是位于细胞膜或细胞内，介导细胞内信号转导的功能性蛋白质。受体能识别周围环境中的某种微量化学物质，并与之特异结合，触发后续的生理反应或药理效应。能与相应受体特异结合的物质称为配体，如内源性神经递质、激素、自体生物活性物质（autacoid）、药物等，也称第一信使。受体均有相应的内源性配体。

受体一般由一个或数个亚基组成，其分子上的某些立体构型，具有高度选择性，能准确识别和结合配体，该部位称为结合位点（binding site）或受点（receptor site）。

受体具有以下特性。①敏感性（sensitivity）：受体只需与很低浓度的配体结合就能产生显著的效应。②特异性（specificity）：引起某一类型受体兴奋反应的配体的化学结构非常相似，但不同光学异构体的反应可以完全不同。同一类型的激动药与同一类型的受体结合时产生的效应类似。③饱和性（saturability）：受体是大分子的蛋白质，数量有限，药物浓度过大时，药物与受体结合就会饱和，并达到最大效应。由于受体具有饱和性，作用于同一受体的配体之间存在竞争现象。④可逆性（reversibility）：配体既可以与受体特异性结合，也可以从配体-受体复合物上解离，因此配体与受体的结合是可逆的。⑤多样性（multiple-variation）：同一受体可广泛分布于不同的细胞而产生不同效应，受体多样性是受体亚型分类的基础。

受体的特性并不是固定不变的，受生理、病理及药理因素的影响，经常处于动态变化之中，以维持机体内环境的稳定。受体特性的变化主要体现在数量（密度）和敏感性两方面。

二、受体与药物相互作用的学说

（一）占领学说

Clark 于 1926 年、Gaddum 于 1937 年分别提出占领学说（occupation theory），该学说认为：受体只有与药物结合才能被激活并产生效应，药理效应的强度与药物占领受体数目成正比，占领受体越多，药物效应强度越大。药物占领受体数目取决于药物结合受体的能力和受体周围的药物浓度，当受体全部被占领时出现最大效应。1954 年 Ariens 对占领学说进行了修正，认为药物与受体结合不仅需要亲和力（affinity），即与药物占领受体数目有关，而且还需要内在活性（intrinsic activity，α）才能激动受体而产生效应，即与药物占领受体后产生效应的能力有关。

影响药物与受体结合产生效应的两个参数：①亲和力（affinity）：表示药物与受体结合的能力，可用一定效应（50% Emax）所需药物的浓度表示，亲和力与效价强度概念一致；②内在活性（intrinsic activity，α）：是指药物与受体结合后产生效应的能力，用最大效应表示，内在活性与效能概念一致。药物与受体结合产生效应不仅需要亲和力，而且还需要有内在活性。

（二）速率学说

Paton 于 1961 年提出速率学说（rate theory），该学说认为，药物作用最重要的因素是药物分子与受体结合和解离的速率有关，即药物分子与受体碰撞的频率。药物作用的效应与其占有受体的速率成正比，药物效应的产生是一个药物分子和受点相碰撞时产生一定量的刺激，并传递到效应器官的结果，而与其占领受体的数量无关。

（三）二态模型学说

二态模型学说（two model theory）认为，受体蛋白的构象有活化状态（active，R ＊）和静息状态（inactive，Ri）两种，二者可以互相转变，处于动态平衡。药物可与活化状态和静息状态受体结合，其选择性取决于与受体的亲和力。激动药与活化状态的受体亲和力大，结合后可产生药理效应；拮抗药与静息状态的受体亲和力大，结合后不产生药理效应。当激动药与拮抗药同时存在时，二者竞争受体，其效应取决于激动药－活化状态受体复合物与拮抗药－静息状态受体复合物的比例。部分激动药与活化状态的受体和静息状态的受体都有亲和力，均可有一定程度的结合，因此药理效应较弱。另有些药物（如苯二氮䓬类）对静息状态受体的亲和力大于活化状态，药物与受体结合后引起与激动药相反的效应，称为反向激动药（inverse agonists）。

三、受体药物反应动力学

药物与受体的相互作用首先使药物与受体结合，结合后产生的复合物仍可解离。

根据质量守恒定律，药物与受体的相互作用，可用以下公式表示：

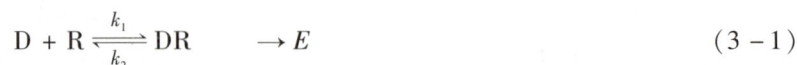

$$D + R \underset{k_2}{\overset{k_1}{\rightleftharpoons}} DR \qquad \rightarrow E \tag{3-1}$$

式中，D 为药物；R 为受体；DR 为药物－受体复合物；E 为效应。

$$K_D = \frac{k_2}{k_1} = \frac{[D][R]}{[DR]} \tag{3-2}$$

式中，K_D 是解离常数。

设受体总数为 R_T，R_T 应为游离受体（R）与结合型受体 DR 之和，即 $R_T = [R] + [DR]$，代入公式 3 – 2 则

$$K_D = \frac{[D]\,([R_T] - [DR])}{DR} \qquad (3-3)$$

经推导得

$$\frac{[DR]}{[R_T]} = \frac{[D]}{K_D + [D]} \qquad (3-4)$$

根据占领学说的观点，受体只有与药物结合才能被激活并产生效应，而效应的强度与被占领的受体数目成正比，全部受体被占领时出现最大效应。由上式可得：

$$\frac{E}{E_{max}} = \frac{[DR]}{[R_T]} = \frac{[D]}{K_D + [D]} \qquad (3-5)$$

当 $[D] \gg K_D$ 时，$\dfrac{[DR]}{[R_T]} = 100\%$，达最大效应，即 $[DR]_{max} = [R_T]$

当 $\dfrac{[DR]}{[R_T]} = 50\%$ 时，即 50% 受体与药物结合时，$K_D = [D]$

K_D 表示药物与受体的亲和力，单位为摩尔，其意义是引起最大效应一半时（即 50% 受体被占领）所需的药物剂量。K_D 越大，药物与受体的亲和力越小，即二者成反比。将药物 – 受体复合物的解离常数 K_D 的负对数（ $-\lg K_D$ ）称为亲和力指数（ pD_2 ），其值与亲和力成正比。

药物与受体结合产生效应不仅要有亲和力，而且还要有内在活性，后者是决定药物与受体结合时产生效应大小的性质，可用 α 表示，通常 $0 \leq \alpha \leq 1$。故公式 3 – 5 应加这一参数：

$$\frac{E}{E_{max}} = \alpha \frac{[DR]}{[R_T]} \qquad (3-6)$$

当两药与受体亲和力相等时，其效应强度取决于内在活性高低；当两药内在活性相等时，则效应强度取决于与受体亲和力大小（见图 3 – 4）。

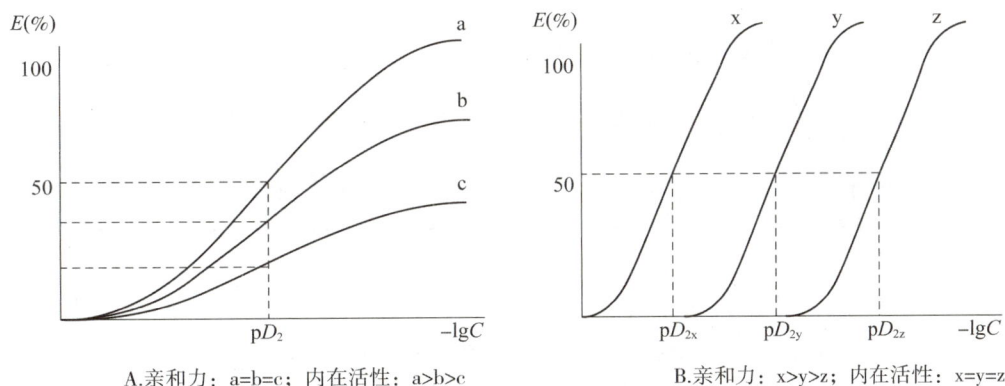

A.亲和力：a=b=c；内在活性：a>b>c　　　B.亲和力：x>y>z；内在活性：x=y=z

图 3 – 4　三种激动药与受体亲和力及内在活性的比较

四、受体激动药与阻断药

与受体结合的药物都有较强的亲和力，根据药物的内在活性，可把作用于受体的药物分为激动药（agonist）、阻断药（antagonist）和部分激动药（partial agonist）三类。

（一）激动药

激动药是指对受体既有亲和力又有内在活性的药物，它们能与受体结合激动受体而产生效应。根据药物内在活性的大小，激动药又可分为完全激动药（full agonist）和部分激动药（partial agonist）。完全

激动药对受体具有较强的亲和力和内在活性（α=1）；部分激动药对受体有较强的亲和力，但内在活性较弱（α=0~1），单独应用时产生较弱的激动效应，与激动药并用时可拮抗激动药的部分效应，即表现出部分拮抗作用。如镇痛药吗啡为阿片受体完全激动药，而喷他佐辛则为阿片受体部分激动药。

（二）阻断药

阻断药是指对受体只有亲和力而无内在活性（α=0）的药物，它们能与受体结合，因缺乏内在活性本身不产生作用，但占据受体妨碍内源性配体或激动药与受体结合产生效应，从而拮抗激动药的效应。如纳洛酮为阿片受体阻断药，与吗啡并用可拮抗吗啡的药理作用。少数阻断药以拮抗作用为主，同时尚有较弱的内在活性（α<1），故有较弱的激动受体作用，则为部分阻断药，如氧烯洛尔为β肾上腺素受体的部分阻断药。

根据阻断药与受体结合是否具有可逆性而将其分为竞争性阻断药（competitive antagonist）和非竞争性阻断药（noncompetitive antagonist）。

竞争性阻断药能与激动药互相竞争相同受体，降低激动药对受体的亲和力，而不降低其内在活性。此结合过程是可逆的，两者合用时的效应取决于各自药物的浓度和亲和力大小。如阿托品为乙酰胆碱的竞争性拮抗药。当竞争性阻断药存在时，由于与激动药竞争受体结合部位，可使激动剂的量效曲线平行右移而最大效应不变（见图3-5A）。竞争性阻断药的作用强度可用拮抗参数（pA_2）表示，pA_2越大，拮抗作用越强。pA_2是指当激动药与阻断药合用时，使2倍浓度激动药仅产生原浓度（未加入拮抗药时的浓度）激动药的效应所需拮抗药摩尔浓度的负对数值。pA_2还可用以判断激动药的性质，如两种激动药被同一阻断药阻断，且二者pA_2相近，则说明此二激动药是作用于同一受体。

非竞争性阻断药与激动药并用时，可使激动药对受体的亲和力和内在活性均降低，在量效曲线上表现为使激动药的量效曲线右移而最大效应也降低（图3-5B）。

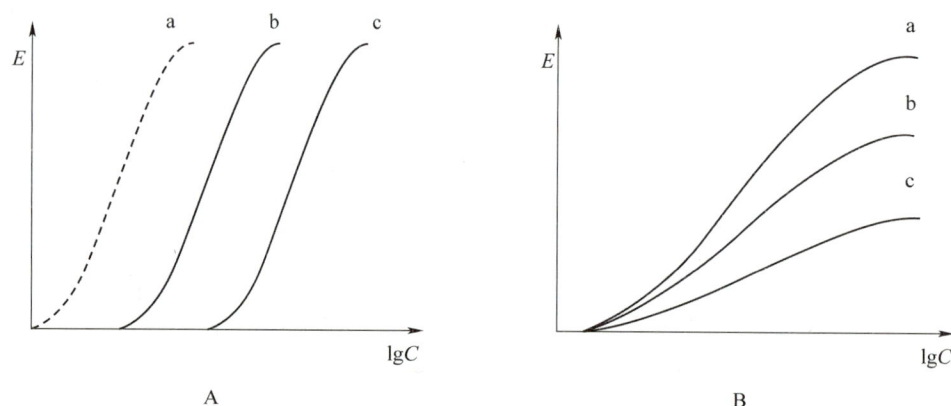

图3-5 竞争性拮抗药（A图）和非竞争性拮抗药（B图）

a，无拮抗药；b，小剂量拮抗药存在；c，较大剂量拮抗药存在

非竞争性阻断药的作用强度可用非竞争性阻断药的拮抗参数（pA'_2）表示。pA'_2是指使激动药的最大效应降低一半时所需非竞争性阻断药摩尔浓度的负对数值。

占领学说强调受体必须与药物结合才能被激活并产生效应，而效应的强度与药物占领的受体数量成正比，全部受体被占领时产生最大效应。但有实验证明，一些活性高的药物只需与一部分受体结合就能产生最大效应，在产生最大效应时，常有95%~99%受体未被占领，剩余未结合的受体称为储备受体（spare receptor），拮抗药必须完全占领储备受体后，才能发挥其阻断效应。

五、受体的类型

根据受体蛋白结构、信号转导过程、效应性质、受体位置等特点，受体可分为以下四类。

（一）G 蛋白耦联受体

G 蛋白耦联受体（G protein – coupled receptor）是一类由 GTP 结合调节蛋白（简称为 G 蛋白，G – protein）组成的受体超家族，可将配体的信号通过第二信使 cAMP、三磷酸肌醇（IP$_3$）、二酰基甘油（DG）以及 Ca^{2+} 传送至细胞内，产生生物效应。目前已发现 40 余种神经递质或激素受体通过 G 蛋白耦联受体产生作用。

G 蛋白耦联受体结构非常相似，均为单一肽链形成 7 个 α – 螺旋（又称跨膜区段结构）往返穿透细胞膜（见图 3 – 6），形成三个细胞外环和三个细胞内环。N – 端在细胞外，具有糖基化位点，C – 端在细胞内。这两段肽链氨基酸组成在各种受体差异很大，与其识别配体及转导信息的多样性有关。胞内部分有 G 蛋白结合区。G 蛋白是由 α、β、γ 三种亚基组成的三聚体，静息状态时与 GDP 结合。当受体激活时 GDP – αβγ 复合物在 Mg^{2+} 参与下，GDP 与胞质中 GTP 交换，GTP – α 亚基与 βγ 亚基分离并激活效应器蛋白，同时配体受体分离，α 亚基本身具有 GTP 酶活性，促使 GTP 水解为 GDP，再与 βγ 亚基形成 G 蛋白三聚体恢复原来的静息状态。

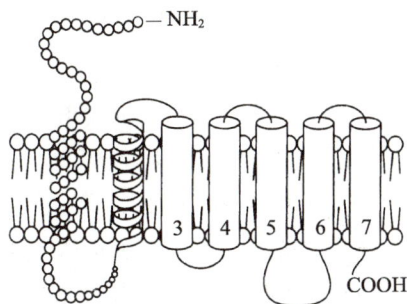

图 3 – 6　G – 蛋白偶联受体

G 蛋白有许多类型，主要有兴奋型 G 蛋白（stimulatory G protein，Gs）、抑制型 G 蛋白（inhibitory G protein Gi）、磷脂酶 C 型 G 蛋白（PI – PLC G protein，Gp），转导素（transducin，Gt）及 Go。Gs 介导激活腺苷酸环化酶，使细胞内第二信使 cAMP 增加；Gi 介导抑制腺苷酸环化酶，使细胞内第二信使 cAMP 减少。Gp 介导激活磷脂酰肌醇特异性磷脂酶 C。Go 在脑内含量最多，参与 Ca^{2+} 及 K^+ 离子通道的调节。每一种受体对一种或几种 G 蛋白具有不同的特异性，一个受体可激活多个 G 蛋白，一个 G 蛋白可以转导多个信号给效应器（effector），调节许多细胞的功能。

⊕ 知识链接

受体研究的新进展

近年来，对于 G 蛋白偶联受体的研究使一些新发现和新概念受到越来越多的重视。侧枝效能（collateral efficacy）就是其中较新的观点。通常的观点认为激动剂先与受体结合，然后激动受体、G 蛋白以及下游的信号转导系统，直到产生生物学效应。研究发现某些药物可以绕过某些步骤而产生生物学效应，这一现象被称为激动剂的侧枝效能。这一发现可能有助于开发针对性更强的药物。功能选择性（functional selectivity）也是受体研究中一种新现象。传统观点认为，激动剂激动某一受体后，通过某一信号传导途径并最终产生生物学效应。这一途径是受体特异性的，因此针对某一受体的所有激动剂都应该遵循该途径。这就意味着只要是激动了某一受体，在任何受体后水平检测时，各种激动剂的效强的顺序是不会发生改变的。而最新的研究表明，某些受体的行为实际上具有配体选择性，即不同的配体（激动剂）激动同一受体的不同传导途径时，其效应可以不同。这一发现同样也对于开发高选择性的药物具有重要的指导意义。

（二）配体门控离子通道受体

离子通道按生理功能分类，可分为配体门控离子通道（ligand – gated ion channel）及电压门控离子通道（voltage – gated ion channel）。配体门控离子通道受体（ligand – gated ion channel receptor）由配体结合部位和离子通道两部分构成，当配体与其结合后，受体蛋白构象变化使离子通道开放或关闭，改变细胞膜内外两侧离子流动状态，从而传递信息。例如，N胆碱受体与激动药乙酰胆碱结合后，受体激动，介导离子通道开放，细胞外阳离子（Na^+、k^+）内流，引起细胞膜去极化而产生效应（图3-7）。γ-氨基丁酸（GABA）A型受体调控Cl^-通道而介导细胞膜超极化中枢抑制作用，甘氨酸受体也调控Cl^-通道而介导对神经元的抑制作用，谷氨酸受体主要调控Na^+、k^+通道的开放，介导兴奋性突触后电位。

图 3 – 7　离子通道型受体

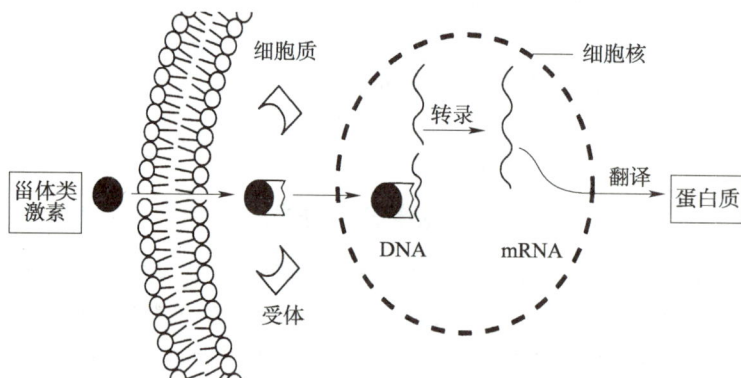

（三）酪氨酸激酶受体

胰岛素及某些生长因子的受体本身具有酪氨酸蛋白激酶的活性，称为酪氨酸激酶受体（tyrosine kinase receptor）。这一类受体由三个部分构成，位于细胞外侧与配体结合的部位，与之相连的是一段跨膜结构，细胞内侧为酪氨酸激酶活性部位，含有可被磷酸化的酪氨酸残基。当配体与这一类受体结合后，受体构象改变，酪氨酸残基被磷酸化，激活酪氨酸蛋白激酶，诱发一系列细胞内信息传递，产生细胞生长分化等效应。

（四）细胞内受体

甾体激素、甲状腺激素、维生素D及维生素A受体是可溶性的DNA结合蛋白，其作用是调节某些特殊基因的转录。甾体激素受体存在于细胞质内，与相应的甾体激素结合形成复合物，以二聚体的形式进入细胞核发挥作用。甲状腺素受体存在于细胞核内，功能与甾体激素大致相同。细胞核激素受体（cell nuclear hormone receptor）本质上属于转录因子（transcription factor），激素是这种转录因子的调控物（图3-8）。

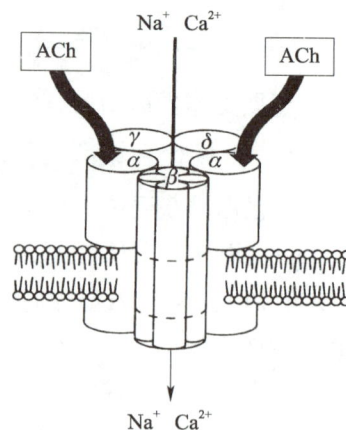

图 3 – 8　细胞内受体

六、细胞内信号转导途径

细胞外的信息分子，如神经递质、激素、自体生物活性物质及细胞因子等，特异地与细胞表面的受体结合，刺激细胞产生胞内调节信号，并传递到细胞特定的反应系统而产生应答，这一过程称为跨膜信号转导。经受体转导的跨膜信息传递机制包括受体识别、信号转导和效应三个主要过程。细胞外的信息分子称为第一信使（first messenger），第一信使物质大多数不能进入细胞内，而是与靶细胞膜表面的特异受体结合，激活受体而引起细胞某些生物学特性的改变，如膜对某些离子的通透性改变及膜上某些酶活性的改变，从而调节细胞功能。

　　第二信使（second messenger）为第一信使作用于靶细胞后在细胞内产生的信息分子，是胞外信息与胞内效应之间的中介物。第二信使将获得的信息增强、分化、整合并传递给效应器才能发挥其特定的生理功能或药理效应。

　　1. 环磷腺苷（cAMP）　　cAMP 是 ATP 在腺苷酸环化酶（adenylate cyclase，AC）催化下产生的，可被磷酸二酯酶（phosphodiesterase，PDE）水解为 5'-AMP 而灭活。β 肾上腺素受体、D_1 受体、H_2 受体等激动药通过 Gs 作用使 AC 活化，水解 ATP 而使细胞内 cAMP 增加。α 受体、D_2 受体、M_2 受体、阿片受体等激动药通过 G_i 作用使 AC 抑制，减少细胞内 cAMP。cAMP 激活依赖 cAMP 的蛋白激酶 A（protein kinase A，PKA），在 ATP 存在下，激活的 PKA 使许多蛋白质特定的氨基酸残基磷酸化，从而改变其活性，产生某种生物效应。

　　2. 环磷鸟苷（cGMP）　　cGMP 是 GTP 在鸟苷酸环化酶（guanylate cyclase，GC）催化下产生的，也被磷酸二酯酶（phosphodiesterase，PDE）水解为 5'-GMP 而灭活。cGMP 可激活蛋白激酶 C（protein kinase C，PKC），一般情况下产生与 cAMP 相反的作用。

　　3. 肌醇磷脂（inositol phospholipid）　　细胞膜肌醇磷脂的水解是另一类重要的受体信号转导系统。α_1、H_1、S_2、M_1、M_3 等受体激动药与其受体结合后，通过 G 蛋白介导激活磷脂酶 C（PLC），PLC 使磷脂酰肌醇-4，5-二磷酸（PIP_2）水解为二酰甘油（DG）及 1，4，5-三磷酸肌醇（IP_3）。DG 激活细胞膜上的 PKC，使许多靶蛋白磷酸化而产生效应，如腺体分泌、血小板聚集、中性粒细胞活化及细胞生长、代谢、分化等效应。IP_3 能促进细胞内钙池释放 Ca^{2+}，也有多种重要的生理意义。

　　4. Ca^{2+}　　细胞内 Ca^{2+} 对细胞功能有着重要的调节作用，如肌肉收缩、腺体分泌、白细胞及血小板活化等。细胞内的 Ca^{2+} 来自于细胞外和细胞内两种途径，前者经细胞膜的 Ca^{2+} 通道流入，受膜电位、受体、G 蛋白、PKA 等调控，后者来源于肌浆网钙池的释放，受 IP_3 调控。细胞内的 Ca^{2+} 可激活 PKC，与 DG 有协同作用，共同促进其他信息传递蛋白及效应蛋白活化。很多药物通过影响细胞内 Ca^{2+} 而发挥其药理效应。

　　第三信使是指负责细胞核内外信息传递的物质，包括生长因子、转化因子等。他们传导蛋白以及某些癌基因产物，参与基因调控、细胞增殖和分化以及肿瘤的形成等过程。

七、受体的调节

　　受体数量及反应性受生理、病理或药物等因素影响，产生受体数量或反应性变化。受体调节是维持内环境稳定的一个重要因素，其调节方式有受体脱敏和增敏两种类型。

　　受体脱敏（receptor desensitization）是指长期使用一种激动药后，组织和细胞对激动药的敏感性和反应性下降的现象，又称为受体下调（down-regulation），受体数量或反应性减弱。受体周围的生物活性物质浓度高或长期受激动药作用时可使受体数量减少，引起向下调节，表现为该受体对激动药的敏感性降低，出现脱敏或耐受性。这是药物发生耐受性（tolerance）的主要机制。如长期应用 β 肾上腺素受体激动药治疗哮喘，病人出现耐受现象。

　　受体增敏（receptor hypersensitization）又称超敏，可因受体激动药水平降低或长期用受体拮抗药而引起。受体长期受阻断药作用时，可使其数目增加或反应性增强称为受体上调（up-regulation），表现为该受体对该生物活性物质的敏感性增高，出现超敏或高敏性，突然停药可出现停药症状或"反跳"现象。如高血压患者长期应用 β 肾上腺素受体阻断药普萘洛尔，突然停药可引起反跳现象，这是由于 β 肾上腺素受体的敏感性增高所致。

目标检测

1. 什么是药效学？什么是药物作用、药理效应？
2. 什么是药物作用的两重性？不良反应类型有哪些？
3. 从药物的量效曲线可获得哪些重要信息？
4. 治疗指数和安全范围的内涵是什么？
5. 药物内在活性和亲和力含义是什么？
6. 什么是受体脱敏？什么是受体增敏？

（闵清）

书网融合……

本章小结　　　　微课　　　　题库

第四章　影响药物效应的因素

学习目标

1. **掌握**　合理用药的基本原则。
2. **熟悉**　影响药物作用的药物因素和机体因素。
3. **了解**　影响药物作用的其他因素，如时间因素等。
4. 具备合理用药的基本知识和能力。

　　药物在机体内产生的药理作用和效应受药物和机体的多种因素影响，例如药物的制剂、给药途径、联合应用，患者的生理因素、病理状态等等。这些因素影响导致的既可能是药物代谢动力学差异（pharmacokinetic variation）；也可表现为药物效应动力学差异（pharmacodynamic variation）。这两方面的变异，均能导致药物反应个体差异（interindividual variation）。药物反应的个体差异绝大多数情况下表现为药物作用强度的差异，少数情况下表现为药物作用性质的差异。在临床用药时，应熟悉各种因素对药物作用的影响，根据个体的情况，选择合适的药物和剂量，做到用药个体化。

第一节　药物因素 e 微课

一、药物制剂和给药途径

　　一种药物可制成多种剂型，采用不同的途径给药，如供口服给药的有片剂、胶囊、口服液；注射用的有水剂、乳剂、油剂；还有控制释放速度的控释剂。同一药物由于剂型不同、采用给药途径不同，所引起的药物效应也会不同。通常注射药物比口服吸收快、到达作用部位的时间短，因而起效快，作用显著。注射剂中的水溶性制剂比油溶剂和混悬剂吸收快、起效快。口服制剂中的溶液剂比片剂、胶囊容易吸收。控释制剂是一种可以控制药物缓慢而恒速或非恒释放的制剂，其作用更为持久和温和。药物的制备工艺和原辅料的不同，也可能显著影响药物的吸收和生物利用度，如不同药生产的相同剂量的地高辛片，口服后的血浆药物浓度可相差 7 倍。

　　有的药物采用不同给药途径时，还会产生不同的作用和用途，如硫酸镁（magnesium sulfate）口服可以导泻和利胆，注射则产生抗惊厥、镇静和降低颅内压的作用。

　　缓释制剂（sustained – release preparation）利用无药理活性的基质或包衣阻止药物迅速溶出以达到非恒速缓慢释放的效果。控释制剂（controlled – release preparation）可以控制药物按零级动力学恒速或近恒速释放，以保持恒速吸收。靶向制剂又称靶向给药系统 target – oriented drug delivery system ，简称 TODDS 是借助载体、配体或抗体将药物通过局部给药、胃肠道或全身血液循环而选择性地浓集于靶组织、靶器官、靶细胞或细胞内结构的制剂。其主要特点是可以提高药效，降低毒性，可以提高药品的安全性、有效性、可靠性和病人用药的顺应性。

二、给药时间

　　选择给药时间具有重要的意义，许多药物规定了给药时间。如饭前、饭后、清晨、睡前。饭前服药吸收较好，起效较快；饭后服药吸收较差，起效较慢，但可减少药物对胃肠道的刺激。高血压患者清晨血压相对较高，降压药应在清晨服用；催眠药应在睡前服用。由于机体对药物的敏感性存在着昼夜间差异，并呈现昼夜节律变化，研究药物作用昼夜变化规律的药理学分支，称之为时辰药理学（chronopharmacology）。例如肾上腺皮质激素在清晨分泌达高潮，其一日量应一次晨服，这样可减轻对腺垂体的抑制；又如，给大鼠腹腔注射苯巴比妥190mg/kg，在下午2时给药大鼠全部死亡，在午夜时给药则大鼠全部存活。

三、给药间隔与给药次数

药动学研究表明，给药间隔时间可影响血药浓度波动范围，给药间隔越短，血药浓度波动范围越小，可保证血药浓度在治疗量范围内。除了部分抗生素药物以冲击方式给药外，多数药物，特别是对症治疗的药物参考 $t_{1/2}$ 间隔给药，药物 $t_{1/2}$ 越短，给药次数应相应增加。给药次数还应根据病人病情和病程需要而定。药物的长效制剂或控释制剂可使给药间隔延长和给药次数减少。

四、药物相互作用

两种或两种以上药物同时或先后序贯应用时，药物之间有时会相互影响和干扰，可改变药物的体内过程及机体对药物的反应性，从而使药物的药理效应或毒性发生变化。临床可利用药物间协同作用（synergism）联合应用药物，以增加疗效或利用拮抗作用（antagonism）以减少不良反应。不恰当的联合用药可使疗效降低或出现意外的毒性反应。

药物相互作用（drug interaction）主要表现在两个方面，一是不影响药物在体液中的浓度，但改变药理作用，表现为药物效应动力学的相互作用。如 β 肾上腺素受体阻断药通过竞争同一受体拮抗 β 肾上腺素受体激动药的作用。单胺氧化酶抑制药则通过抑制去甲肾上腺素失活提高肾上腺素能神经末梢去甲肾上腺素的贮存量，因而增强那些通过促进去甲肾上腺素释放而发挥作用的药物的效应。二是通过影响药物的吸收、分布、代谢和排泄，改变药物在作用部位的浓度而影响药物作用，表现为药物代谢动力学的相互作用。如抑制胃排空的药物如阿托品或阿片类麻醉药可延缓合并应用药物的吸收。血浆蛋白结合率高的药物可被同时应用的另一血浆蛋白结合率高的药物所置换，导致被置换药物的分布加快、作用部位药物浓度增高，毒性反应或临床效应增强。同时合用肝药酶的诱导剂，可使合用药物代谢加快，血药浓度降低而药效减弱，或同时合用肝药酶的抑制剂，可使合用药物代谢减慢而血药浓度升高，增加不良反应药物相互作用对于那些药效曲线陡直或治疗指数低的药物，如抗凝血药、抗心律失常药、抗癫痫药、锂、抗肿瘤药和免疫抑制药，可能具有重要的临床意义。

药物混合时发生了物理性或化学性反应的相互影响称为配伍禁忌（incompatibility），静脉给药时尤其需注意配伍禁忌。

⇨ **案例引导**

　　临床案例　患者，女，62 岁。原发性高血压。治疗：5 年前开始应用尼非地平40mg/d，血压控制在 140 ~ 160/80 ~ 90mmHg；近因治疗腹膜结核，开始服用利福平 450mg/d、异烟肼300mg/d、乙胺丁醇750mg/d，血压在 2 周内升高到200/110mmHg。停用利福平后10天血压降至160 ~ 170/80 ~ 90mmHg。但再次服用利福平后，血压又升高。

　　问题　1. 单用尼非地平时降压效果较好，为什么合用抗结核药后降压效果降低了？

　　　　　　2. 为什么停用利福平后，抗高血压药又恢复降压作用了？

第二节　机体因素

一、生理因素

（一）年龄

年龄是影响药物作用的一个重要因素。年龄不同的人对药物的反应，既有量的差别，也有质的不同，应予特别注意。特别是小儿与老年人，对某些药物的反应与成年人明显不同，大部分药物在新生儿和老年人中都会有更强烈、更持久的作用，因此对婴幼儿及老年人、用药时，不能简单地按体重或体表面积折算，而要对药物及病人作具体分析，严格按照规定剂量用药。

小儿尤其是新生儿与早产儿，各种生理功能、生化过程以及自身调节功能尚未充分发育，与成年人有巨大差别。大多数新药临床试验一般不用小儿进行试验，缺少小儿药动学数据。小儿的肝肾功能发育不全，对药物的代谢和排泄能力较低，当药物使用不当或剂量过大时易发生中毒反应。如氯霉素主要在肝脏代谢，新生儿肝脏葡萄糖醛酸结合能力尚未发育，使用不当可引起灰婴综合征。小儿血－脑屏障和脑组织发育不完善，对作用于中枢神经系统的药物（包括中枢抑制药和中枢兴奋药）特别敏感。新生儿药物与血浆蛋白的结合率低，游离药物浓度较高，易引起新生儿药物中毒，在应用氨基苷类、局麻药、地西泮、苯妥英、氨苄西林和苯巴比妥等药物时应谨慎小心。小儿体液所占体重比例较大，加之对水盐的调节能力较差，对影响水盐代谢的药物（如利尿药）非常敏感，易引起水电解质平衡紊乱。

老年人存在生理性功能减退，主要表现在体液相对减少，脂肪增多，蛋白质合成减少，肝肾功能减退，这些均可影响药物的吸收、分布、代谢和排泄，进而改变药物的效应和不良反应。老年人常需服用更多的药物，发生药物相互作用的可能性相应增加。老年人血浆蛋白含量随年龄增长而有所降低，单独应用血浆蛋白结合率高的药物时血浆中游离药物浓度的变化并不明显，合并用药时，由于竞争性结合，则游离药物浓度增加较明显。老年人肝功能随年龄的增长而下降，特别是具有明显首关效应和主要在肝脏代谢的药物受年龄影响较大。老年人应用某些需经肝脏代谢后才具有活性的药物时（如可的松在肝转化为氢化可的松而发生作用），应改用其他适合的药物（如应用氢化可的松）。排泄是影响老年人药动学的最重要因素，老年人的肾脏重量、肾血流量、肾小球滤过率、肾小管分泌功能等的降低均可影响药物的排泄，从而使药物的消除减慢，$t_{1/2}$ 延长，因而老年人更易发生药物毒副作用。老年人用药时，宜根据肾功能（肾清除率）和 $t_{1/2}$ 调整用药剂量和给药间隔时间。老年人应用氯霉素、利多卡因、普萘洛尔、洋地黄毒苷时，由于消除延缓和血药浓度增高，易出现药物不良反应，故需适当减小剂量。

（二）性别

男性和女性通常对药物的敏感性差异并不显著，但女性病人应考虑月经、妊娠、分娩，哺乳期的生理变化和药物的特殊影响，尤其妊娠期妇女除了维持妊娠的药物以外，其他药物的应用均应审慎，因为进入母体内的药物均能进入胎儿体内，凡能对母体产生即使是很轻微不良反应的药物都可能影响胚胎或胎儿的发育。要注意避免使用有致畸作用及引起流产的药物。上世纪 50 年代在西欧因孕妇服用沙利度胺（又称反应停）而生产了一万余例海豹畸形婴儿。在妊娠头 3 个月内，以不接触药物为宜，下列药物妊娠早期应用有可能引起畸胎：①类固醇性激素；②抗甲状腺药；③糖皮质激素；④抗癫痫药；⑤抗肿瘤药；⑥某些抗生素，如四环素、链霉素；⑦水杨酸盐类；⑧口服降糖药等。药物在体内的 Vd 与体重、体液和脂肪含量密切有关。一般说来，妇女体重较男子轻，脂肪，与体重的比率高于男子，而体液总量占体重的比率低于男子，这些因素都可影响药物的分布，在使用治疗指数低的药物时，为维持相同效应，女性可能需要较小剂量。在分娩过程中对母体使用的药物也可能对新生儿产生持久的作用，因为新生儿不仅自身对药物的代谢和排泄的功能不全，而且也因切断和母体的循环联系而不能利用母体内消除药物的机制。在哺乳期的妇女，有些药物可通过乳汁排泌被乳儿摄入体内引起药物反应。

二、精神因素

药物治疗的效应并非完全由药物本身单一因素引起，一个病人服药后的效应实际是由多种因素引起的，包括药理学效应、非特异性药物效应、非特异性医疗效应和疾病的自然恢复等因素。病人的精神状态和思想情绪往往会影响药物的疗效。如情绪激动可使血压升高，亦可引起失眠；暗示治疗可提高痛阈，还对癔症等神经衰弱性疾病和心理障碍性疾病有明显治疗作用。安慰剂（placebo）一般指由本身没有特殊药理活性的中性物质如乳糖、淀粉等制成的外形似药的制剂。由于心理作用，病人服用无药理活性的安慰剂对许多病症均可产生一定的效果。从广义上讲，安慰剂还包括那些本身没有特殊作用的医疗措施如假手术等。非特异性药物效应和非特异性医疗效应是安慰剂的绝对效应，加上疾病的自然恢复，则是安慰剂效应。在评价药物的临床疗效时，应考虑安慰剂效应的影响。实际上不少药物或其他手段的治疗效果往往不是药物本身的作用，只是安慰剂效应。

医护人员在接诊病人时应态度和蔼，关心爱护，与病人建立起良好的信任关系。应鼓励病人，正确对待疾病，树立战胜疾病的信心，这有利于疾病的痊愈和康复，并可减轻病人的痛苦。

三、病理因素

疾病的严重程度固然与药物疗效有关，疾病本身以及同时存在的其他疾病也能导致药物代谢动力学和药物效应动力学的改变。严重肝功能不良者可使许多在肝脏代谢的药物代谢减慢，如甲苯磺丁脲、红霉素、氯霉素等在肝脏功能不良时生物转化的速度减慢，因而作用加强，持续时间延长；相反，对某些药物，如可的松、泼尼松等需在肝经生物转化后才有效的药物，则作用减弱。肝功能不良时血浆白蛋白降低，可使游离药物浓度增加，应适当降低剂量。肾功能不全者可使庆大霉素、磺胺类等主要经肾脏排泄的药物消除减慢，$t_{1/2}$ 延长，易引起蓄积中毒。肾功能不全时大量白蛋白从尿中丢失，也可使血浆白蛋白降低，使游离药物浓度增加。肾功能不全的患者，对一般治疗量的磺胺类药物可呈现毒性反应。小肠或胰腺疾病或由于心衰或肾病综合征导致小肠黏膜水肿时，会因吸收障碍而使药物吸收不完全。肾病综合征时因有蛋白尿、水肿和血浆白蛋白降低，不仅会因肠道黏膜水肿而影响药物吸收，也会因为药物与血浆蛋白结合率降低而影响药物的分布，而且还会使作用于肾小管上皮细胞离子转运机制的利尿药如呋塞米与肾小管液中的白蛋白结合而致利尿效应降低。甲状腺功能低下时对哌替啶（pethidine）的敏感性增高。体温过低（特别是老年人更易发生）可显著降低许多药物的消除。

四、遗传因素

遗传是药物代谢和效应的一个重要决定因素。基因是决定药物代谢酶、药物转运蛋白和受体活性及功能表达的结构基础，是药物代谢与反应的决定因素，其突变可引起所编码的药物代谢酶、转运蛋白和受体蛋白的氨基酸序列和功能的异常，成为产生药物效应个体差异和种族差异的主要原因。很多特异质反应已从遗传因素获得解释，现已形成一个独立的药理学分支—遗传药理学（genetic pharmacology）

（一）遗传多态性（genetic polymorphism）

药物转运蛋白、药物代谢酶和受体的遗传多态性是导致药物反应个体和群体差异的重要原因。遗传多态性是一种孟德尔单基因性状，由单核苷酸多态性（singlenucleotide polymorphism，SNP）引起同一人群的同一基因位点出现多种等位基因并导致多种基因型，不同的基因型决定相应表型。酶活性大小是药物代谢酶表型的反映，可通过测定其底物的代谢率确定。NAT、CYP2C9、CYP2C19、CYP2D6 等是具有遗传多态性的常见药物代谢酶。NAT 即 N－乙酰基转移酶（N－acetyltransferase），是参与 II 相乙酰化反应的代谢酶，人群中 NAT 的活性呈多态分布因而有慢型、快型和中间型乙酰化代谢者。亚洲人中慢型乙酰化代谢者的发生率为 10%～30%. 而白种人达 40%～70%。在体内经乙酰化代谢，NAT 遗传多态性可通过改变其底物药物如异烟肼、肼屈嗪、柳氮磺胺吡啶、氨苯酸和普鲁卡因胺等的血药浓度而影响其疗效和不良反应。

异喹胍氧化代谢酶 CYP2D6 介导 50 多种药物的氧化代谢，包括常用的抗心律失常药、抗糖尿病药和抗精神病药。CYP2D6 基因的核苷酸变异有的产生多拷贝 CYP2D6，导致酶活性增高，成为"超快代谢者（ultra－rapid metabolizer）"；有的导致 CYP2D6 酶活性降低或缺失，成为"慢代谢者（poor metabolizer，PM）"。而不含核苷酸变异的则酶活性正常，为"强代谢者（extensive metabolizer，EM）"。白人中的 PM 发生率在 5%～10%，其他种族为 1%～2%。

CYP2C19 即 S－美芬妥因氧化酶，其活性在人群中呈二态分布，有 EM 和 PM 两种表型之分。白种人 PM 的发生率为 3%～5%，东方人中 PM 的发生率高达 13%～23%。

编码药物受体的很多基因存在遗传多态性. 由此导致药物治疗效应发生改变。如 β 肾上素受体的多态性改变 β 受体对激动药的敏感性而影响这类药在哮喘患者中的治疗作用。

（二）药物反应种族差异（racial differences in drug response）

种族因素包含遗传和环境两个方面。不同种族具有不同的遗传背景（如不同的基因型及相同基因型的不同分布频率），长期生活在不同的地理环境中，具有不同的文化背景食物来源和习惯，这些对药物代谢酶的活性和作用靶点的敏感性都有显著影响，导致一些药物的代谢和反应存在种族差异（racial/ethnic difference），如普萘洛尔在中国人中产生的 β 受体阻滞和降压作用比白人强，而白人对该药的代谢清除率比中国人低。但是，和种族之间的药物代谢及反应差异比较，同一种族内的个体差异更为显著和重要，如在口服同一剂量的普萘洛尔后，中国人和白人产生的血浆浓度平均值差异不到一倍，但在这两种人中服用同一普萘洛尔剂量后的个体差异却可达到 10 倍。

（三）特异质反应

特异质反应（idiosyncrasy）是一种性质异常的药物反应，通常是有害的，甚至是致命的。常与剂量无关，即使很小剂量也会发生。这种反应只在极少数病人中出现，如氯霉素导致的再生障碍性贫血发生率约为 1/50 000。

特异质反应通常与遗传变异有关，例如伯氨喹、氨苯砜、阿霉素和一些磺胺类药物，甚至新鲜蚕豆在极少数病人中引起的溶血并导致严重贫血，就是因为这些个体有葡萄糖－6－磷酸脱氢酶（G－6－PD）缺乏。G－6－PD 缺乏是一种性连锁隐性遗传。这种酶对于维持红细胞内还原型谷胱甘肽（GSH）的含量是必不可少的，而 GSH 又是防止溶血所必需的。伯氨喹等能在正常红细胞中损害 GSH 而使之减少，但是只有在 G－6－PD 缺乏的红细胞中才能导致溶血。琥珀胆碱是一种骨骼肌松弛药，可被血浆假性胆碱酯酶迅速水解，注射后作用只能维持数分钟；但某些遗传性假性胆碱酯酶缺陷者，作用可持续数小时，甚至可引起呼吸肌麻痹。

少数经过致敏的病人对某种药物产生由免疫反应异常所引起的特殊变态反应，亦称过敏反应，如青霉素引起过敏性休克。

第三节 其他因素

一、时间因素

近年来，科学家对药物作用的时辰变化规律进行了深入的研究，为临床提供了大量时间药动学、时间药效学及时间毒理学资料。如果在血浆中皮质激素的自然峰值高（早晨 7~8 时）一次使用糖皮质激素，则对脑下垂体促皮质激素释放的抑制程度，要比通常的平均分为 3~4 次的给药方法轻得多。如果在远离峰值的夜间给药，则严重抑制促皮质激素的释放，而使其在第二天内仍处于很低的水平。胰岛素的降糖作用，不论对正常或糖尿病人都有昼夜节律，即上午（峰值时间为 10 时）的作用较下午强。不同类型的肿瘤对化学药物有特定的时间敏感性，即在一天中的某一时刻相同剂量的药物可以杀灭的肿瘤细胞要比其他时刻更多。另外正常人体组织对化学药物毒性的耐受程度也存在着时间差异性。因此，掌握和利用肿瘤与机体对药物反应的时间规律，可以获得最优化的治疗方案，使抗癌药物发挥最大的治疗作用，又使其对正常组织的损伤程度减小到最小。

二、长期用药引起的机体反应性变化

（一）耐受性和耐药性

耐受性（tolerance）为机体在连续多次用药反应性降低，要达到原来反应必须增加剂量。耐受性在停药后可消失，再次连续用药又可发生。如仅在应用很少几个剂量后就产生耐受性称快速耐受性（tachyphylaxis）。例如麻黄碱在静脉注射三四次后升压反应逐渐消失，临床用药两三天后对支气管哮喘不再有效。若在长期用药后产生耐受性则称为慢速耐受性或慢性耐受性（bradyphylaxis），如苯巴比妥。胰岛素既可产生急性耐受性又可产生慢性耐受性。交叉耐受性（cross tolerance）是指对一种药物产生耐受性后，应用同一类药物（即使是第一次使用）时也会出现耐受性。

耐药性（drug resistance）是指病原体或肿瘤细胞对反复应用的化学治疗药物的敏感性降低，也称抗药性。是因为长期反复应用抗菌药，特别是剂量不足时，病原体产生了使抗菌药物失活的酶、改变了膜通透性或改变了靶结构和代谢过程，滥用抗菌药物是病原体产生耐药性的重要原因。

（二）依赖性和戒断症状

依赖性（dependence）是在长期应用某种药物后，机体对这种药物产生了生理性的或是精神性的依赖和需求，表现出一种强迫性地或定期用该药的行为和其他反应。药物依赖性又分生理依赖性和精神依赖性两种，生理依赖性（physiological dependence）也称躯体依赖性（physical dependence），具有耐受性证据或停药症状。精神依赖性（psychological dependence）是指用药后使人产生愉快、满足或欣快感，在精神上不能自制反复用药的强烈欲望驱使滥用者周期性或连续地用药，往往需要药物缓解精神紧张和情绪障碍，但无耐受性和停药症状的一种依赖性。产生精神依赖性的患者停药后只表现出主观上的不适，没有客观上的体征表现，又称为习惯性（habituation）。若患者对药物不仅产生精神依赖性，还有生理依赖性，一旦停药后患者表现出精神和躯体生理功能的紊乱，称为戒断症状（abstinent syndrome），则称为成瘾性（addiction）。药物滥用（drug abuse），尤其是兴奋药或麻醉药（narcotics）的滥用是引起依赖性并具有社会意义的重要问题。

接受药物治疗的病人在长期反复用药后突然停药可发生停药症状（withdrawal symptoms）或称停药综合征（withdrawal syndrome），如高血压患者长期应用 β 肾上腺素受体阻断药在突然停药后，血压及心率可反跳性升高，这类病人必须逐渐减量停药。耐受性、依赖性、停药综合征都是一种生物学现象，是药物应用的自然结果。可出现在动物实验中，也可出现在病人中。它不只是发生在药物滥用的个体，就是应用正确的药物和剂量，也同样可以出现耐受性、依赖性和停药症状。

第四节　合理用药原则

合理用药是指在用药物治疗疾病时，对症开药，供药适时，价格合理，配药准确，以及剂量、用药间隔和时间均正确无误，以达到经济、方便、安全和疗效满意。临床医生要做到合理用药，就必须掌握药理学的基本知识，熟悉所用药物的药动学和药效学特点，全面掌握病人的生理、病理特点，了解病人的精神状态、经济和家庭情况，同时掌握用药原则，不断积累临床经验，才能做到合理用药。临床上由于用药不合理或盲目滥用，而给病人带来经济损失或其他严重后果者屡见不鲜。合理用药的基本原则主要有以下几点。

1. 明确诊断和药物的适应证　做到治疗上的安全有效。掌握药物适应证是医生用药的最主要原则，否则治疗无效，甚至给病人带来不必要的损失。在考虑药物适应证时，首先应明确诊断，包括并发症的诊断，其次应明确病人的治疗史、用药史，这样才能对所选用药物的适应证做出全面而科学的判断，才能确保治疗安全、有效。

2. 根据病情选用合理的给药方案　合理的给药方案包括选择适当的剂型、剂量、给药途径和疗程。剂型和给药途径的选择，应根据病情和医疗条件而定。对某些急性病，需用起效快的注射剂。剂量不足或疗程太短，将使治疗半途而废，甚至疾病复发或加重；但剂量过大或疗程过长，也会引起急性或慢性中毒。总之，剂量和疗程的确定，应以安全、有效、经济、方便为原则，在治疗中还应根据病情变化随时调整剂量和疗程。

3. 采用科学的联合用药　对某些严重疾病或慢性病，需采用两种或两种以上药物联合治疗，其目的在于提高疗效，减轻不良反应。因此，在采用药物联合治疗时，既要考虑治疗上是否需要，又要考虑药物间相互关系，最好能达到治疗作用相互协同，而不良反应相互拮抗。

4. 对因对症治疗结合　对因治疗的用药目的在于消除原发致病因子，对症治疗是为了缓解疾病症状。对因治疗和对症治疗都很重要，要同时兼顾。根据病情的发展和症状严重程度，有时以对因治疗为主，有时以对症治疗为先。祖国医学对对因治疗和对症治疗的关系做了很好的描述："急则治其标，缓则治其本"，任何时候都应"标本兼治"。

5. 科学严谨负责的工作态度　用药物治疗疾病是一项科学而严肃的工作，医生对治疗负有法律责任。由于在药物治疗上的粗心、失职而酿成大祸者时有发生，应引以为戒。作为一个医生，不仅要有药物学，尤其是药理学的基本知识，还应有对病人高度负责的态度，用药后严密观察病情变化及药物反应，及时进行药物治疗的调整和处理，做到科学合理用药。除了遵循合理用药的普遍原则外，还应了解影响药物作用的各种因素，掌握特殊人群的生理特征、药动学和药效学规律，了解小儿、老年、孕妇、哺乳期妇女的药物作用特点，做到合理用药。

⊕ **知识链接**

时辰药理学

时辰药理学（chronophavmacology）又称时间药理学，作为时辰生物学与药理学的分支学科而诞生于20世纪50年代，其定义为：依据生物学上的时间特性，研究药物作用的时间函数规律（包括药理效应，药物代谢动力学和机体敏感度等依时间不同而发生变化的规律）来选择合适的用药时机，以达到最小剂量、最佳疗效、最小毒性，提高病人用效果。人体的生理变化具有生物周期性，在生物钟的控制调节下，人体的基础代谢、体温变化、血糖含量、激素分泌等功能都具有节律性和峰谷值。机体的昼夜节律改变了药物在体内的药动学和药效学，致使药物的生物利用度、血药浓度、代谢和排泄等也有昼夜节律性变化。利用时辰药理学确定最佳给药时间，引导临床合理用药。

目标检测

答案解析

1. 影响药物效应的因素有哪些？
2. 什么是药物相互作用？表现在哪些方面？
3. 什么是耐受性和耐药性？
4. 什么是药物依赖性和戒断症状？

（闵清）

书网融合……

本章小结　　　　微课　　　　题库

第二篇
作用于外周神经系统的药物

第五章　传出神经系统药理学概论

PPT

📖 学习目标

1. **掌握**　传出神经系统药物主要作用方式和分类；受体兴奋或抑制的生理效应。
2. **熟悉**　传出神经递质及其生物合成过程。
3. **了解**　传出神经系统的生理功能。
4. 具备根据生理学知识学习和理解药物的药理作用的能力。

第一节　传出神经系统的分类

作用于传出神经系统的药物与传出神经的功能密切相关。传出神经系统可以按照解剖学结构和生理学功能进行分类。

一、传出神经系统的结构分类

传出神经系统在解剖学上包括运动神经系统（somatic motor nervous system）和自主神经系统（autonomic nervous system）。运动神经自中枢发出后，直接到达所支配的效应器－骨骼肌，没有神经节。自主神经系统包含交感神经系统（sympathetic nervous system）和副交感神经系统（parasympathetic nervous system）。自主神经自中枢发出后在到达效应器前经过神经节的突触更换神经元，然后到达支配的效应器（心肌、平滑肌、腺体），神经节前、后的神经纤维分别称为节前纤维和节后纤维。交感神经的节前纤维较短，而节后纤维较长；副交感神经的节前纤维长，而节后纤维较短，神经节及节后纤维在效应器内（图5-1）。

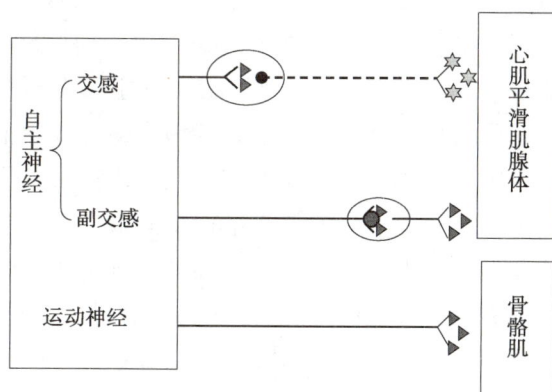

图5-1　传出神经分类模式图
▶ACh, 乙酰胆碱；✿NA, 去甲肾上腺素；
—, 胆碱能神经；…, 去甲肾上腺素能神经

二、传出神经系统的功能分类

传出神经释放的递质主要有乙酰胆碱（acetylcholine，Ach）和去甲肾上腺素（noradrenaline，NA）。依据释放的递质不同，可将传出神经分为胆碱能神经（cholinergic nerve）和去甲肾上腺素能神经（noradrenergic nerve）。

（一）胆碱能神经

胆碱能神经兴奋时其末梢释放 ACh。胆碱能神经包括全部交感和副交感神经的节前纤维，运动神经、副交感神经的节后纤维和极少数交感神经节后纤维（支配汗腺分泌、骨骼肌血管、肾上腺髓质的神经）。

（二）去甲肾上腺素能神经

去甲肾上腺素能神经兴奋时神经释放 NA，此类为绝大多数交感神经的节后纤维。

第二节　传出神经系统的递质和受体

作用于传出神经系统的药物可通过与受体结合或影响递质的合成产生与递质相似或相反的功能方式影响神经递质或其受体（receptor）的功能，从而对许多效应器，如骨骼肌、心肌、平滑肌、血管、腺体和突触前的神经末梢等产生药理效应。

一、传出神经系统的递质

神经递质（neurotransmitter）是神经冲动在神经元之间或神经元与效应器之间信息传递的化学物质，可结合于效应器的特异性受体而产生效应。

（一）乙酰胆碱 🅴 微课1

ACh 的合成主要在胆碱能神经末梢胞质中。合成 ACh 的酶和辅酶为胆碱乙酰化酶（choline acetylase，ChAT）和乙酰辅酶 A（acetyl coenzyme A，AcCoA）。ChAC 在胞体合成，经轴浆运输至末梢，AcCoA 则在神经末梢线粒体内形成。胆碱和乙酰辅酶 A 是合成 ACh 的主要原料，在胆碱乙酰化酶催化下合成 ACh。胆碱经钠依赖性膜转运体从神经细胞外主动摄入胞内，该过程为 ACh 合成的限速因素，密胆碱（hemicholinium）能抑制这一过程。

合成后的 ACh 转运进入囊泡内，与 ATP 和囊泡蛋白结合并储存。

贮存在囊泡中的 ACh 以胞裂外排和量子化的方式释放到突触间隙。囊泡是运动神经末梢释放 ACh 的单元，每一个囊泡中储存的 ACh 量为一个"量子"，约含 1000~50 000 个 ACh 分子。当神经冲动到达末梢时，约 100－300 个以上囊泡（量子）同时释放，引发动作电位。

释放到突触间隙的 ACh 与突触后膜上的特异性受体结合，产生效应。突触间隙存在乙酰胆碱酯酶（acetylcholinesterase，AChE），可在数毫秒内将 ACh 水解为胆碱和乙酸。水解生成的胆碱可被神经末梢再摄取，作为原料继续合成新的 ACh。AChE 水解 ACh 的效率极高，1 分子的 AChE 在 1 分钟内能完全水解 10^5 分子的 ACh。可见，抑制 AChE 能产生显著的拟胆碱作用。ACh 的合成、储存、释放和消除过程见图 5－2。

（二）去甲肾上腺素 🅴 微课2

NA 生物合成的主要部位在去甲肾上腺素神经末梢的膨体。酪氨酸是合成 NA 的原料，从血液经钠依赖性载体转运进入神经元，经酪氨酸羟化酶催化生成多巴（dopa），继而经多巴脱羧酶催化生成多巴胺（dopamine，DA），DA 经囊泡膜上的单胺转运蛋白主动转运进入囊泡中，由多巴胺 β－羟化酶催化生成 NA。酪氨酸羟化酶是整个 NA 合成的限速酶。生成的 NA 与 ATP 和嗜铬颗粒蛋白结合，储存于囊泡中。当神经冲动到达神经末梢时，NA 主要以胞裂外排和弥散的方式释放到突触间隙（图 5-3）。

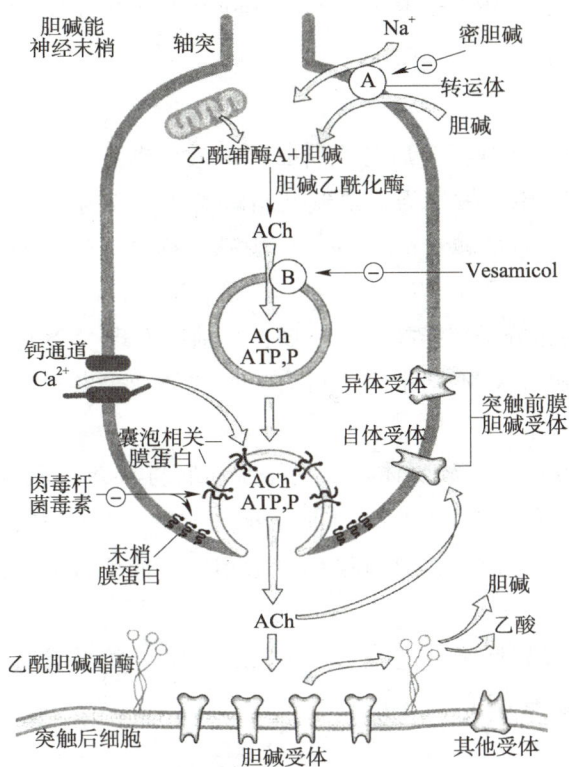

图 5-2 乙酰胆碱的生物合成、储存、释放和消除

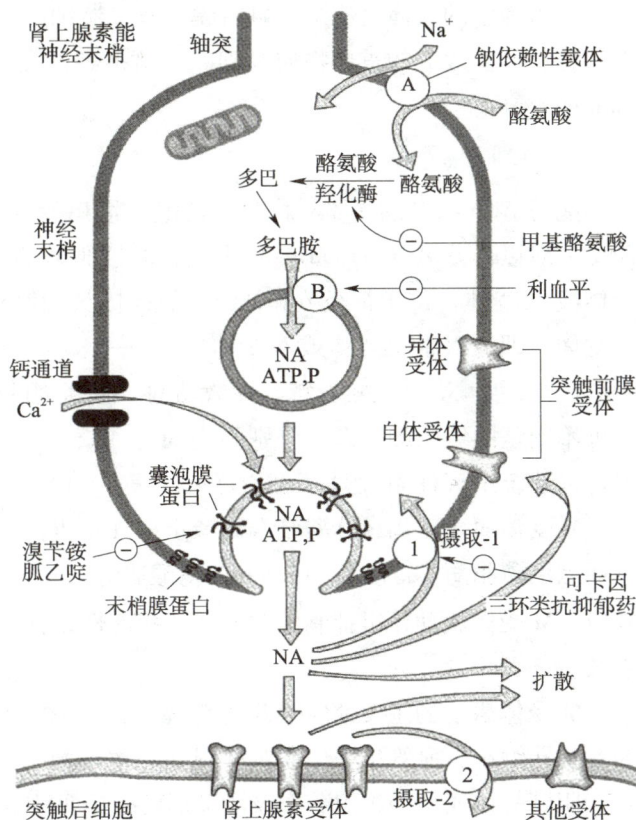

图 5-3 去甲肾上腺素的生物合成、储存、释放和消除

释放到突触间隙的 NA 与突触后膜或突触前膜的特异性受体结合，产生效应。NA 作用的消除主要有两种方式。①摄取-1（uptake 1），也称神经摄取（neuronal uptake），位于神经末梢突触前膜转运体蛋白以主动转运方式摄取 NA，约有 75%~95% 的 NA 释放量被这种方式所摄取，其中绝大部分可进一步经囊泡膜上单胺转运蛋白转运进入囊泡中储存，被再利用，故摄取-1 为储存型摄取。部分未进入囊泡中的 NA 可被存在于胞质液中线粒体膜上的单胺氧化酶（mono-amine oxidase，MAO）破坏。利舍平可抑制囊泡摄取，地昔帕明和可卡因可阻止神经末梢对 NA 的摄取。②摄取-2（uptake 2）也称非神经摄取（non-neuronal uptake），有许多非神经组织，如心肌、血管、肠道平滑肌等也可摄取 NA。该摄取方式摄入组织的 NA 并不储存，被细胞内儿茶酚氧位甲基转移酶（catechol-o-methyltransferease，COMT）和 MAO 所破坏。因此摄取-2 为代谢型摄取。此外，有少量 NA 释放后从突触间隙扩散到血液中，被肝、肾等组织中的 COMT 和 MAO 所破坏。

⇒ 案例引导

临床案例 患者，女，55 岁，主诉近期一直情绪低落，对于外界事物缺乏兴趣，生活没有乐趣，思维迟钝，情绪消极，严重失眠；常常发热或忽冷忽热、有时头晕，诊断为抑郁症。中枢突触间隙 NA 浓度的降低与抑郁症的发生密切相关，MAO 抑制剂和三环类药物（NA 再摄取抑制剂）均有抗抑郁作用。

问题 如果选择上述两类药物的话，哪类药的作用更强？

二、传出神经系统的受体分类和效应

传出神经的受体是位于突触后膜、效应器细胞膜、突触前膜上的特殊蛋白质，是神经递质传递、转导信息、产生效应的重要物质基础。传出神经的受体主要有胆碱受体（cholinoceptor）和肾上腺素受体（adrenoceptor）。

（一）胆碱受体

能与 ACh 结合的受体，称为（乙酰）胆碱受体。副交感神经节后纤维所支配的效应器细胞膜的胆碱受体对以毒蕈碱（muscarine）为代表的拟胆碱药较为敏感，故称为毒蕈碱型胆碱受体，即为 M 胆碱受体或 M 受体。位于神经节和神经 – 肌肉接头的胆碱受体对烟碱（nicotine）较敏感，称之为烟碱型胆碱受体，即为 N 胆碱受体或 N 受体。

1. M 胆碱受体　随着特异性激动剂、阻断剂的应用和分子克隆技术的发展，目前已发现 M 受体有五种不同基因编码的亚型，分别称为 M_1、M_2、M_3、M_4 和 M_5。不同组织中可有不同受体亚型共存，中枢神经系统中五种 M 受体亚型均可见（表 5 – 1）。

M 受体属于与鸟核苷酸结合调节蛋白（G 蛋白）耦联的超家族受体。M 受体激动后与 G 蛋白耦联，进而激活磷脂酶 C，使 1，4，5 – 三磷酸肌醇（IP_3）和二酰甘油（DAG）生成增加，产生一系列生物学效应。M 受体激动还可抑制腺苷酸环化酶活性，并可激活 K^+ 通道，但抑制 Ca^{2+} 通道，从而使效应器产生效应。

M 受体激动的主要效应表现为腺体分泌增加、内脏（胃肠道、支气管、子宫、膀胱等）平滑肌收缩、瞳孔缩小、血管扩张、心脏抑制（心率减慢、心肌收缩力减弱）。

胆碱受体亚型的组织分布及激动后的效应见表 5 – 1。

表 5 – 1　传出神经系统受体的分布及基本效应

效应器		去甲肾上腺素能神经		胆碱能神经	
		受体	效应	受体	效应
心脏	窦房结	β_1 β_2	心率加快 #	M_2	心率减慢 ≡
	传导	β_1 β_2	传导加快 *	M_2	传导减慢 ≡
	收缩性	β_1 β_2	收缩增强 *	M_2	收缩减弱 –
血管平滑肌	皮肤，黏膜	α	收缩 #	M	舒张 –
	内脏	α	收缩 #		
		β_2	舒张 –		
	骨骼肌	β_2	舒张 =	M（交感）	舒张 –
		α	收缩 +		
	冠状动脉	β_2	舒张 =	M	舒张 –
	内皮			M_3	释放 EDRF
内脏平滑肌	支气管	β_2	舒张 –	M_3	收缩 *
	胃肠壁	β_2 α_2	舒张 –	M_3	收缩 #
	括约肌	α_1	收缩 +	M_3	舒张 –
	肠神经丛			M_1	兴奋
	胆囊胆道	β_2	舒张 –	M	收缩 +
	膀胱逼尿肌	β_2	舒张 –	M_3	收缩
	括约肌	α_1	收缩 *	M_3	舒张 =

续表

效应器		去甲肾上腺素能神经		胆碱能神经	
		受体	效应	受体	效应
眼睛	瞳孔开大肌	α	收缩 ＋（散瞳）		
	瞳孔括约肌			M_3	收缩 #（缩瞳）
	睫状肌	β_2	舒张 －	M_3	收缩 #
腺体	汗腺（交感神经）	α_1	手、脚心分泌 ＋	M	全身分泌 #
	唾液腺			M	分泌 ＋
	呼吸道、胃肠道			M	分泌 *
代谢	肝脏糖代谢	β_2 α	糖原分解、异生#		
	骨骼肌糖代谢	β	糖原分解 =		
	脂肪代谢	B_3	脂肪分解 #		
	肾素	β_1	分泌 *		
自主神经节				N_N	兴奋
肾上腺髓质（交感节前神经）				N_N	分泌
骨骼肌（运动神经）				N_M	收缩

注：兴奋（收缩）从强到弱：# ＞ * ＞ ＋；抑制（舒张）从强到弱：≡ ＞ ＝ ＞ －。

2. N 胆碱受体　　N 胆碱受体根据其分布部位不同可分为神经 - 肌肉接头 N 受体，即为 N_M 受体（nicotinic muscle）；神经节 N 受体称为 N_N 受体（nicotinic neuronal）两种亚型（表 5 - 1）。

N 受体属于配体门控离子通道型受体，每个 N 受体由 2 个 α 亚基和 β、γ、δ 亚基组成五聚体，形成中间带孔跨细胞膜通道。当 ACh 和 α 亚基结合后，可使离子通道开放，从而调节 Na^+、K^+、Ca^{2+} 跨膜流动，促使效应器细胞产生生物学效应。

N_N 受体激动产生的效应是神经节兴奋，N_M 受体激动的主要效应是骨骼肌收缩。

（二）肾上腺素受体

能与 NA 或肾上腺素结合的受体称为肾上腺素受体。依据受体与激动剂和阻断剂亲和力的差异，将肾上腺素受体分为 α 肾上腺素受体和 β 肾上腺素受体，简称 α 受体和 β 受体。α 和 β 受体均属于 G 蛋白耦联受体，与激动药结合后，通过 G 蛋白激活磷脂酶或腺苷酸环化酶，调节第二信使活性（IP_3、DAG 或 cAMP），产生不同效应。

1. α 受体　　α 受体可被 NA 激动，被酚妥拉明阻断。α 受体主要分为 α_1 和 α_2 两种亚型。

α_1 受体主要分布于血管、虹膜辐射肌、胃肠平滑肌、子宫、膀胱括约肌、竖毛肌和腺体等部位和组织，可被去氧肾上腺素激动，被哌唑嗪阻断。α_1 受体激动的主要效应是血管收缩、瞳孔扩大、括约肌收缩等。

α_2 受体分布在突触前膜、血小板、血管平滑肌和肝细胞，可被可乐定激动，被育亨宾阻断。α_2 受体激动，可负反馈性抑制突触前膜的神经递质释放（NA、ACh）、血小板聚集、血管平滑肌收缩以及肝糖原分解和糖异生。

2. β 受体　　β 受体可被异丙肾上腺素激动，被普萘洛尔阻断，可进一步分为 β_1、β_2、β_3 受体。

β_1 受体主要分布在心脏和肾小球旁系细胞上，激动的主要效应是心脏兴奋（心率加快，心脏收缩力加强、心脏传导加速）和肾素分泌。

β_2 受体主要分布在平滑肌、骨骼肌、肝脏等效应器上，激动时可引起支气管平滑肌松弛、血管扩张、糖原分解、糖异生增加等。

β_3 受体主要分布于脂肪细胞，与脂肪分解有关。

肾上腺素受体亚型的组织分布及激动后的效应见表 5-1。

第三节　传出神经系统的生理功能

传出神经系统的生理功能体现在神经所支配的效应器对相应神经递质的反应上。运动神经支配骨骼肌，主要效应是收缩骨骼肌，支配骨骼肌的精确随意运动。自主神经系统支配几乎所有内脏、血管、腺体的活动，主要效应是调节平滑肌收缩、舒张，激素的分泌以及内脏活动等。自主神经对效应器的作用具有以下特点。

（一）双重支配、对立统一

机体的多数器官都接受交感神经（去甲肾上腺素能神经）和副交感神经（胆碱能神经）的双重支配，共同调节复杂的内脏活动和代谢功能。这两类神经兴奋时所产生的效应又往往相互拮抗，但在中枢神经系统的调节下，整体效应又相互对立统一。当去甲肾上腺素能神经兴奋时，激动效应器上的相应受体，可表现为心脏兴奋、皮肤黏膜和内脏血管收缩、血压升高、瞳孔扩大、支气管和胃肠道平滑肌松弛、括约肌收缩等，这些功能有利于机体对环境的急剧变化产生应激反应和消耗能量。当胆碱能神经兴奋时，表现出的效应则相反，可见心脏抑制、血管扩张、血压下降、瞳孔缩小、支气管和胃肠道平滑肌收缩等，有利于机体休整和积蓄能量。

🌐 知识链接

应激反应

应激反应（stress response）是指机体在受到各种内外环境因素刺激时，所出现的以蓝斑 - 交感 - 肾上腺髓质系统和下丘脑 - 垂体 - 肾上腺皮质系统功能亢进为主要特征的非特异性全身反应称为应激或应激反应。能够引起应激反应的各种刺激因素被称为应激原（stressor）。应激原包括：外环境因素、机体的内在因素、心理、社会环境因素。当劣性应激原持续作用于机体，则应激可表现为一个动态的连续过程，并最终导致内环境紊乱和疾病叫作全身适应综合征（general adaptation syndrom，GAS），GAS 分为警觉期、抵抗期、衰竭期。应激时由于感染、炎症或组织损伤等原因可使血浆中某些蛋白质浓度迅速升高的反应称为急性期反应（acute phase response，APR）。应激原的作用轻而短暂时，将动员机体的非特异适应系统，增强机体的适应能力，对机体有利，称为良性应激（eustress）。应激反应速度快，应激原的作用强烈而持久，超过了机体的负荷限度时，将耗竭机体的适应机制和适应能力，从而导致不同程度的躯体、心理障碍称为劣性应激（distress）。

（二）优势支配

皮肤、肌肉的血管、汗腺、竖毛肌及肾上腺髓质只有交感神经支配。心脏、内脏平滑肌、眼、腺体等器官同时接受去甲肾上腺素能神经和胆碱能神经支配，其中一种神经支配占优势，如去甲肾上腺素能神经对心肌的支配占优势，胆碱能神经对胃肠道平滑肌的支配占优势。

第四节　传出神经系统药物的基本作用及药物分类

传出神经系统的药物可作用于效应器受体或影响神经递质，模拟或拮抗神经递质的作用，产生药物效应。能模拟神经递质作用的药物称拟似药，拮抗神经递质作用的药物称为拮抗药。

根据其作用的受体或其影响神经冲动传递过程的环节，可对传出神经系统的药物进行分类。

一、直接作用于受体的药物

传出神经系统药物可直接与效应器上胆碱受体或肾上腺素受体结合，产生效应。药物与受体结合，激动受体产生与神经递质相似的作用，称为拟似药或受体激动药，如去甲肾上腺素是 α 受体激动药。药物与受体结合后不激动受体，而阻断神经递质或拟似药与受体结合，产生与递质相反的作用，称为拮抗药或受体阻断药，如酚妥拉明是 α 受体阻断药。

二、影响递质的药物

1. 影响递质合成　有些药物可抑制递质合成，如密胆碱抑制 ACh 合成，α-甲基酪氨酸抑制 NA 生物合成，但目前尚无临床应用价值，仅作为研究工具使用。

2. 影响递质贮存　有些药物影响递质的贮存，如利舍平抑制囊泡对合成的 DA 的摄取、同时抑制经摄取-1进入神经末梢的 NA 进入囊泡，并促使囊泡中的 NA 向外弥散，导致囊泡中的递质耗竭，产生拮抗去甲肾上腺素能神经的作用。

3. 影响递质释放　有些药物通过影响递质释放发挥药理作用。如麻黄碱和间羟胺可促进 NA 释放，间接产生拟去甲肾上腺素能神经的作用。胍乙啶能抑制 NA 释放递质，拮抗去甲肾上腺素能神经作用。肉毒杆菌毒素能阻止胆碱能神经囊泡释放 ACh，产生抗胆碱作用。

4. 影响递质消除　有些药物通过抑制递质消除而发挥拟似药的作用。如新斯的明通过抑制突触间隙的胆碱酯酶活性，阻碍 ACh 水解而使突触间隙的 ACh 浓度大量增加，间接产生拟胆碱作用，属于拟胆碱药。三环类抗抑郁药抑制 NA 和 5-羟色胺的再摄取，提高递质在突触间隙的浓度，增强其对相应受体的作用。

作用于传出神经系统的药物分类见表 5-2。

表 5-2　作用于传出神经系统的药物分类

拟似药	拮抗药
（一）胆碱受体激动药 1. M、N 受体激动药（卡巴胆碱） 2. M 受体激动药（毛果芸香碱） 3. N 受体激动药（烟碱）	（一）胆碱受体阻断药 1. M 受体阻断药 　非选择性 M 受体阻断药（阿托品） 　M_1（哌仑西平）、M_2（戈拉碘铵）和 M_3 受体阻断药 2. N 受体阻断药 　N_1 受体阻断药（曲美芬） 　N_2 受体阻断药（筒箭毒碱）
（二）抗胆碱酯酶药（新斯的明）	（二）胆碱酯酶复活药（氯解磷定）
（三）肾上腺素受体激动药 1. α 受体激动药 　α 受体激动药（去甲肾上腺素） 　$α_1$ 受体激动药（去氧肾上腺素） 　$α_2$ 受体激动药（可乐定） 2. α、β 受体激动药（肾上腺素） 3. β 受体激动药 　β 受体激动药（异丙肾上腺素） 　$β_1$ 受体激动药（多巴酚丁胺） 　$β_2$ 受体激动药（沙丁胺醇）	（三）肾上腺素受体阻断药 1. α 受体阻断药 　$α_1$、$α_2$ 受体阻断药（酚妥拉明） 　$α_1$ 受体阻断药（哌唑嗪） 　$α_2$ 受体阻断药（育亨宾） 2. β 受体阻断药 　无内在活性的 β 受体阻断剂（普萘洛尔） 　有内在活性 β 受体阻断剂（吲哚洛尔） 　无内在活性 $β_1$ 受体阻断剂（阿替洛尔） 　有内在活性 $β_1$ 受体阻断剂（醋丁洛尔） 　兼有 α 阻断作用的 β 阻断剂（拉贝洛尔）

目标检测

答案解析

1. 传出神经系统按照递质如何分类？其分布有哪些？
2. 简述 ACh 的生物合成、贮存、释放和消除过程。
3. 简述 NA 的生物合成、贮存、释放和消除过程。
4. 简述胆碱受体的分类，分布及激动后的效应。
5. 简述肾上腺素受体的分类，分布及激动后的效应。

（吴宿慧）

书网融合……

本章小结   微课 1   微课 2   题库

第六章　胆碱受体激动药

PPT

学习目标

1. **掌握** 毛果芸香碱的药理作用及临床应用。
2. **熟悉** 乙酰胆碱的药理作用。
3. **了解** 烟碱作用
4. 具备根据适应证合理选择拟胆碱药、预防严重不良反应发生的能力。

胆碱受体激动药（cholinoceptor agonists），也称直接作用的拟胆碱药（cholinomimetic drugs），是一类与胆碱能神经递质乙酰胆碱（ACh）作用相似的药物，根据其对受体选择性不同分为 M、N 胆碱受体激动药、M 胆碱受体激动药和 N 胆碱受体激动药三类。

第一节　M、N 胆碱受体激动药

胆碱酯类（choline esters）主要包括乙酰胆碱（acetylcholine，ACh）、醋甲胆碱（methacholine）、卡巴胆碱（carbachol）和贝胆碱（bethanechol）等。该类药物对 M、N 胆碱受体均有兴奋作用，但以兴奋 M 胆碱受体为主。它们的化学结构上有一个带正电荷的季胺基团，因此分子极性大，脂溶性较弱，口服较难吸收，亦不易透过血 - 脑屏障。该类药物主要由 AChE 水解，但各药被水解的难易程度有较大差异，药物作用维持时间也不同。

乙酰胆碱

乙酰胆碱（acetylcholine，ACh）为胆碱能神经递质。其性质不稳定，极易被体内胆碱酯酶（acetyl-cholinesterase，AChE）水解，其作用广泛，选择性差，故无临床应用价值，仅在研究中作为工具药。

【药理作用】

1. 血管扩张作用 静脉注射小剂量（$20 \sim 50 \mu g/min$）ACh 可由于全身血管扩张（包括肺血管和冠状血管）而造成血压短暂下降，并伴有反射性心率加快。扩血管作用主要与激动血管内皮细胞 M_3 胆碱受体，引起内皮依赖性舒张因子（endothelium - derived relaxing factor，EDRF）即一氧化氮（nitric oxide，NO）释放，从而引起邻近血管平滑肌松弛有关。如果血管内皮受损，ACh 的扩血管作用将不再存在，反而引起血管收缩（图 6 - 1）。

2. 心脏抑制作用 产生负性频率作用（negative chronotropic effect），负性传导作用（negative dromotropic effect）和负性肌力作用（negative inotropic effect）。

（1）减慢心率　ACh 能延缓窦房结舒张期自动化除极，降低窦房结自律性，从而使心率减慢。

（2）减慢房室结和浦肯野纤维传导　ACh 可延长房室结和浦肯野纤维（Purkinje fibers）的不应期，使其传导减慢。

（3）缩短心房不应期　ACh 不影响心房肌的传导速度，但可使心房不应期及动作电位时程缩短（即为迷走神经作用）。

（4）减弱心肌收缩力　胆碱能神经主要分布于窦房结、房室结、浦肯野纤维和心房，而心室较少

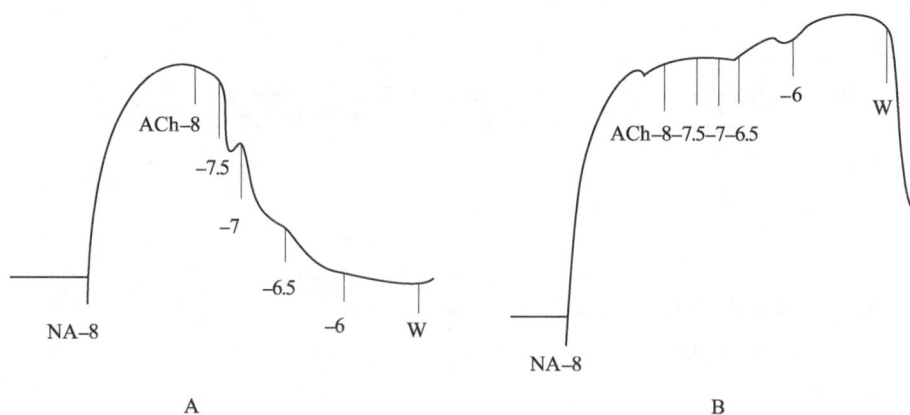

图 6 – 1　ACh 扩张 NA 引起的血管收缩作用依赖于血管内皮的完整性

A，血管内皮完整 ACh 有扩血管作用；B，血管内皮受损 ACh 则无扩血管作用；W，表示生理液冲洗

有胆碱能神经支配，故 ACh 对心房收缩的抑制作用大于心室。但由于迷走神经末梢与交感神经末梢紧密相邻，迷走神经末梢所释放的 ACh 可激动交感神经末梢突触前 M 胆碱受体，反馈性抑制交感神经末梢去甲肾上腺素释放，故 ACh 对心室肌的收缩仍有一定抑制作用。

3. 平滑肌兴奋作用

（1）胃肠道平滑肌　ACh 能兴奋胃肠道平滑肌，使其收缩幅度和张力均增加，胃、肠平滑肌蠕动增加，并可促进胃、肠分泌，引起恶心、嗳气、呕吐、腹痛及排便等胃肠道症状。

（2）泌尿道平滑肌　ACh 可使泌尿道平滑肌蠕动增加，膀胱逼尿肌收缩，使膀胱最大自主排空压力增加，减小膀胱容积，同时膀胱三角区括约肌舒张，有利膀胱排空。

（3）支气管平滑肌　ACh 可使支气管平滑肌收缩。

4. 其他

（1）腺体　ACh 可使汗腺、泪腺、气管和支气管腺体、唾液腺、消化道腺体分泌增加。

（2）眼　当 ACh 局部滴眼时，可致瞳孔缩小，调节于近视。

（3）神经节和骨骼肌　ACh 作用于自主神经节 N_N 胆碱受体和骨骼肌神经 – 肌肉接头的 N_M 胆碱受体，引起交感、副交感神经节兴奋及骨骼肌收缩。此外，因肾上腺髓质受交感神经节前纤维支配，故 N_N 胆碱受体激动还能引起肾上腺素释放。

（4）中枢　由于 ACh 不易进入中枢，故尽管中枢神经系统有胆碱受体存在，但外周给药很少产生中枢作用。

其他 M、N 胆碱受体激动药药理特性比较，见表 6 – 1。

表 6 – 1　M、N 胆碱受体激动药药理特性比较

胆碱酯类	对胆碱酯酶敏感性	阿托品拮抗作用	M 样作用				N 样作用	用途
			心血管	胃肠道	膀胱	眼		
乙酰胆碱	+ + +	+ + +	+ +	+ +	+ +	+	+ +	工具药
卡巴胆碱	–	+	+	+ + +	+ + +	+ +	+ + +	青光眼
醋甲胆碱	+	+ + +	+ + +	+ +		+		口腔干燥症
贝胆碱	–	+ + +	±	+ + +	+ + +	+ +	–	术后腹气胀、胃张力缺乏症

第二节　M胆碱受体激动药

M胆碱受体激动药主要包括三种天然生物碱（alkaloids），如毛果芸香碱（pilocarpine）、槟榔碱（arecoline）和毒蕈碱（muscarine）。

毛果芸香碱 🅴微课

毛果芸香碱（pilocarpine，又名匹鲁卡品）是从毛果芸香属植物中提出的生物碱，现临床所用为人工合成品。

【药理作用】 能直接激动副交感神经节后纤维（包括支配汗腺的交感神经）支配的效应器上的M胆碱受体，全身用药后作用广泛，尤其对眼和腺体作用最明显。

1. 眼 毛果芸香碱滴眼后可引起缩瞳、降低眼内压和调节痉挛等作用（图6-2、图6-3、图6-4）。

（1）缩瞳 虹膜内有两种平滑肌，一种是受动眼神经（胆碱能神经）支配的瞳孔括约肌，兴奋时使瞳孔缩小；另一种为受去甲肾上腺素能神经支配的瞳孔开大肌，兴奋时使瞳孔扩大。毛果芸香碱可激动瞳孔括约肌的M胆碱受体，表现为瞳孔缩小，局部用药后缩瞳作用可持续数小时至1天。

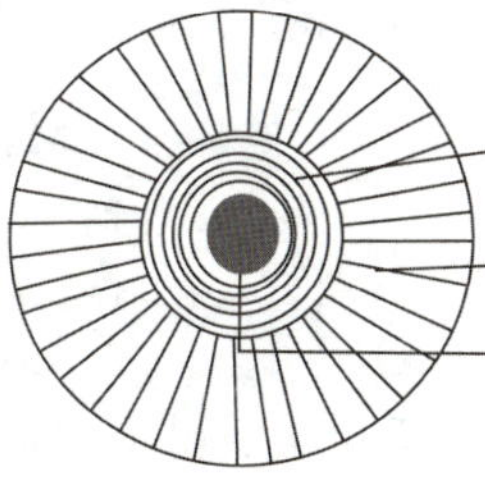

（2）降低眼内压 毛果芸香碱使眼内压降低是通过其缩瞳作用产生的。毛果芸香碱因能收缩瞳孔括约肌，使虹膜向中心拉紧，虹膜根部变薄，从而使处于虹膜周围的前房角间隙变宽，房水因而易于回流而使眼内压下降。

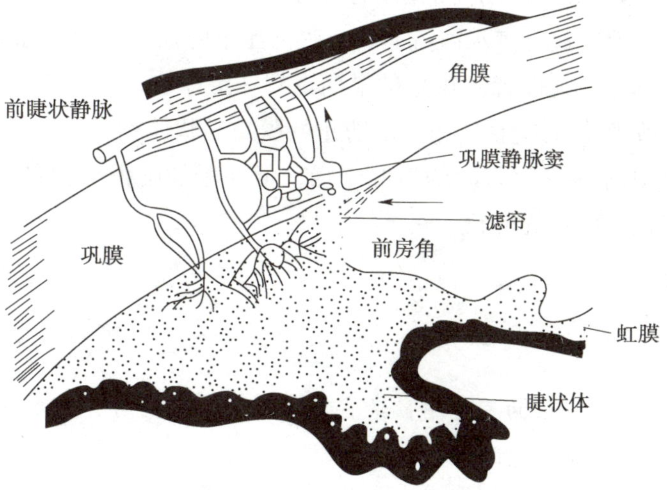

瞳孔括约肌
瞳孔开大肌
瞳孔

图6-2　虹膜结构模式图

前睫状静脉
角膜
巩膜静脉窦
滤帘
前房角
巩膜
虹膜
睫状体

图6-3　房水回流通路

（3）调节痉挛 眼睛在正常情况下通过改变晶状体的屈光度而适应视近物或远物的需要。晶状体自身的弹性可使之变凸，适合于视近物；而由于悬韧带的拉紧使晶状体变扁平，适合于视远物。悬韧带的紧张度受其附着的睫状肌控制，睫状肌由环状和辐射状两种平滑肌纤维组成，其中以动眼神经（胆碱能神经）支配的环状肌纤维为主。辐射状肌则由去甲肾上腺素能神经支配，但在眼的调节中不占重要地位，故拟肾上腺素药一般不影响眼的调节。毛果芸香碱激动M受体，使睫状肌的环状纤维向瞳孔中心方向收缩，造成悬韧带放松，晶状体由于本身弹性变凸，屈光度增加，此时只适合于视近物，而视远物模糊，毛果芸香碱这种作用称为调节痉挛。

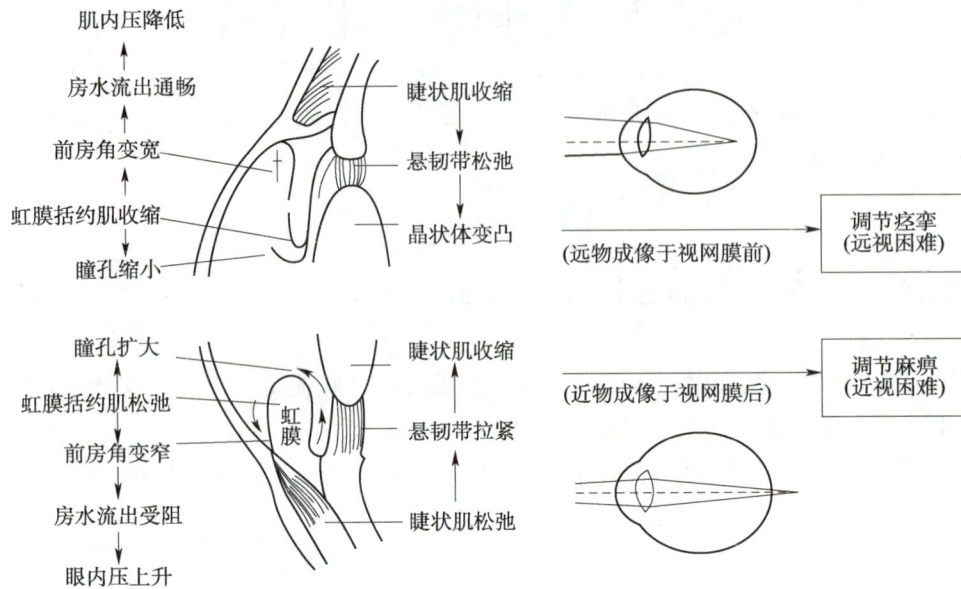

图 6－4　M 胆碱受体激动药和阻断药对虹膜瞳孔括约肌和睫状肌的作用

上图：表明 M 受体激动药使瞳孔缩小、屈光度变大和房水回流通畅；

下图：表明 M 受体阻断药使瞳孔散大、屈光度变小和房水回流不通畅

2. 腺体　毛果芸香碱通过激动腺体的 M 受体促进其分泌，较大剂量（10 ~ 15mg 皮下注射）除可使汗腺和唾液的分泌明显增加外，也可使泪腺、胃腺、胰腺、小肠腺体和呼吸道黏膜分泌增加。

【临床应用】毛果芸香碱主要局部应用于滴眼。

1. 青光眼　毛果芸香碱滴眼用于治疗闭角型青光眼（angle - closure glaucoma，充血性青光眼），可使患者瞳孔缩小、前房角间隙变宽，房水回流通畅，眼内压下降而缓解或消除青光眼症状。对开角型青光眼（open - angle glaucoma，单纯性青光眼）的早期也有一定疗效，但机制未明。

2. 虹膜炎　与扩瞳药如阿托品交替使用，以防止虹膜与晶状体粘连。

3. 其他　本药口服可用于颈部放射后的口腔干燥，但在增加唾液分泌的同时，汗液分泌也明显增加。还可用作抗胆碱药阿托品中毒的解救。

🌐 **知识链接**

青光眼

青光眼是全世界排名第一位的不可逆性致盲性眼病，为提高对青光眼的知晓率，积极防治青光眼，每年 3 月 6 日定为世界青光眼日。

青光眼是由高眼压导致的以视神经损害及视野缺损为特征的疾病，主要表现为疼痛、视力下降和视野缺损。疼痛表现为眼睛胀痛、眼眶疼痛、头痛，严重时伴有恶心、呕吐症状。发作时视力突然模糊，尤其是看灯光时出现"彩虹"样的光圈，眼压恢复正常时可缓解；多次发作后视力逐渐下降。视野缺损表现为看见的周边视野范围缩小，即常说的"余光"变窄。

青光眼的分类方法有很多，目前多依据房水流出的通道－－房角的结构来分，可以分为闭角型青光眼和开角型青光眼。

【不良反应及应用注意】毛果芸香碱过量可出现类似毒蕈碱中毒的症状，相当于副交感神经系统过

度兴奋。可用足量阿托品解毒，并采用维持血压和人工呼吸等对症治疗。滴眼时应压迫内眦，避免药液流入鼻腔增加吸收而产生不良反应。

⇒ 案例引导

临床案例　患者，男，54岁。右眼胀痛间断发作2年余，过度劳累或情绪激动时加重，休息数日可缓解，未曾治疗。前天晚上服地西泮2片后安然入睡，凌晨因右眼剧烈胀痛，右侧头面部疼痛而惊醒，视力模糊，在电灯泡周围可见彩虹。检查：右眼瞳孔散大，角膜雾状混浊，眼球指压坚硬如石，眼压计测量 7.114kPa（58mmHg），前房显著变浅，前房角闭塞。左眼眼压 2.938kPa（26 mmHg），其他无显著异常。治疗经过：① 停用地西泮；② 20% 甘露醇注射液 250ml 快速静脉滴注，30 分钟内滴完。6 小时后重复一次；③1% 毛果芸香碱滴眼剂，右眼每次 1 滴，每 5～10 分钟一次，瞳孔缩小后 6 小时一次。

问题　1. 甘露醇与毛果芸香碱治疗青光眼的异同点。

2. 局部眼用药时，如何正确使用眼制剂？

第三节　N 胆碱受体激动药

N 胆碱受体有 N_N 和 N_M 两种亚型，N_N 受体分布于交感神经节，副交感神经节和肾上腺髓质；N_M 受体分布于骨骼肌。N 胆碱受体激动药有烟碱（nicotine）、洛贝林（lobeline，山梗菜碱）、合成化合物四甲铵（tetra - methylammonium，TMA）和二甲基苯哌嗪（1，1 - dimethyl - 4 - phenylpiperazinium，DMPP）等。

烟碱（nicotine，尼古丁）是由烟草（tobacco）中提取的一种液态生物碱，脂溶性极强，可经皮肤吸收。其兴奋自主神经节 N_N 胆碱受体的作用呈双相性，即给药后首先对所有神经节产生短暂的兴奋作用，随后对该受体呈持续性抑制作用。烟碱对神经－肌肉接头 N_M 受体的阻断作用可迅速掩盖其激动作用而产生肌麻痹。由于烟碱作用广泛、复杂，故无临床实用价值，仅具有毒理学意义。

目标检测

答案解析

1. 试述毛果芸香碱降低眼内压的作用机制。
2. 何为调节痉挛？

（王巧云）

书网融合……

本章小结　　　　微课　　　　题库

第七章 抗胆碱酯酶药

📖 **学习目标**

1. **掌握** 新斯的明的药理作用、作用机制、临床用途及禁忌证；有机磷酸酯类中毒症状及解救。
2. **熟悉** 胆碱酯酶复活药的作用机制及作用特点。
3. **了解** 有机磷酸酯类中毒机制。
4. 具备合理选用易逆性抗胆碱酯酶药的能力。

抗胆碱酯酶药（anticholinesterase agents）其化学结构与乙酰胆碱相似，也能与乙酰胆碱酯酶结合，但结合较牢固，水解较慢，使 AChE 活性受抑制，从而导致胆碱能神经末梢释放的 ACh 堆积，产生拟胆碱作用。故该类药物又称间接作用的拟胆碱药（indirect - acting cholinomimetics）、胆碱酯酶抑制药（cholinesterase inhibiting - drugs）。抗胆碱酯酶药分为易逆性抗胆碱酯酶药和难逆性抗胆碱酯酶药。

第一节 胆碱酯酶

胆碱酯酶（cholinesterase，ChE）是一类糖蛋白，分为乙酰胆碱酯酶（acetylcholinesterase，AChE，亦称真性胆碱酯酶）和丁酰胆碱酯酶（butyrylcholinesterase，BChE，亦称假性胆碱酯酶）。AChE 主要存在于胆碱能神经末梢突触间隙，特别是运动神经终板突触后膜的皱褶中；也存在于胆碱能神经元内和红细胞中。AChE 特异性高，可使胆碱能神经末梢、效应器接头或突触间隙等部位 ACh 水解为胆碱和乙酸。一个 AChE 分子可水解 6×10^5 分子 ACh，水解 ACh 非常迅速，整个水解过程仅需 150 微秒，是水解 ACh 所必需的酶。BChE 由肝脏合成，主要存在于血浆中，可水解其他胆碱酯类如琥珀胆碱，而对 ACh 的特异性较低，因此对终止体内 ACh 的作用并不重要。本章所提及胆碱酯酶主要指 AChE。

AChE 蛋白分子表面活性中心有两个能与 ACh 结合的部位，即带负电荷的阴离子部位和酯解部位，前者含有一个谷氨酸残基；后者含有一个由丝氨酸的羟基构成的酸性作用点和一个由组氨酸咪唑环构成的碱性作用点，它们通过氢键结合，增强了丝氨酸羟基的亲和性，使之较易与 ACh 结合。

AChE 通过下列三个步骤水解 ACh：①ACh 分子结构中带正电荷的季铵阳离子头，以静电引力与 AChE 的阴离子部位相结合；同时 ACh 分子中的羰基碳与 AChE 酯解部位的丝氨酸的羟基以共价键形式形成 ACh 与 AChE 的复合物；②ACh 的酯键断裂，乙酰基转移到 AChE 的丝氨酸羟基上（Acetyl - group transferred to serine - OH），使丝氨酸乙酰化，从而生成乙酰化 AChE，并释放出胆碱；③乙酰化 AChE 极不稳定，乙酰化丝氨酸迅速水解，分离出乙酸，并使 AChE 游离，酶的活性恢复（图 7 - 1）。

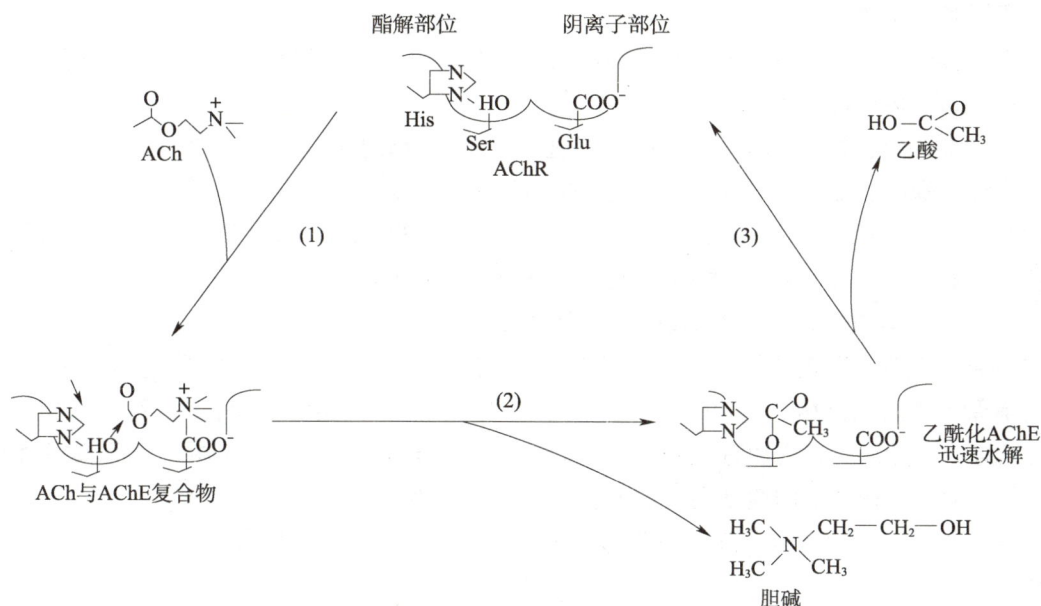

图 7-1　胆碱酯酶（AChE）水解 ACh 的过程

Glu：谷氨酸；Ser：丝氨酸；His：组氨酸

第二节　常用抗胆碱酯酶药

抗胆碱酯酶药通过抑制 AChE 使胆碱能神经末梢释放的 ACh 不能水解而大量堆积，表现出 M 和 N 受体兴奋的症状。根据抗胆碱酯酶药与 ACh 结合后水解速度的快慢及难易程度，可将其分为两类：一类为易逆性抗胆碱酯酶药，如新斯的明、吡斯的明、依酚氯胺、加兰他敏和毒扁豆碱等；另一类为难逆性胆碱酯酶药，如有机磷酸酯类。

一、易逆性抗胆碱酯酶药

（一）共同点

【作用机制】多数易逆性抗 AChE 药分子结构中含有带正电荷的季铵基团和酯结构，如新斯的明以季铵阳离子与 AChE 的阴离子部位结合，同时其分子中的羰基碳与 AChE 酯解部位的丝氨酸的羟基形成共价键，生成新斯的明与 AChE 的复合物；然后新斯的明中的二甲胺基甲酰基转移到丝氨酸羟基（carbamyltransferred to serine – OH），生成二甲胺基甲酰化 AChE，该酶中二甲胺基甲酰化丝氨酸缓慢水解，最后形成二甲胺基甲酸和复活的 AChE。由于二甲胺基甲酰化 AChE 较乙酰化 AChE 水解速度慢，故酶的活性暂时消失，因此属于易逆性抗 AChE 药。

【药理作用】本类药物是通过增强 ACh 的内源性效应来实现的，故药理作用与直接作用的拟胆碱药相似，主要作用于眼、胃肠道、骨骼肌神经 – 肌肉接头和心血管系统。

1. 眼结膜　用药时引起结膜充血，使瞳孔括约肌收缩和睫状肌收缩，导致瞳孔缩小，并促进房水回流，使眼内压下降和调节痉挛（使视力调节在近视状态）。

2. 胃肠道　不同药物对胃肠道平滑肌作用不同。新斯的明可促进胃平滑肌收缩及增加胃酸分泌，拮抗阿托品所致的胃张力下降及增强吗啡对胃的兴奋作用。对食管下段也具有兴奋作用。此外，新斯的明尚可促进小肠、大肠（尤其是结肠）的活动，促进肠内容物排出。

3. 骨骼肌神经 – 肌肉接头

（1）大多数强效易逆性抗 AChE 药对骨骼肌的作用主要是通过抑制神经 – 肌肉接头的 AChE 而实现的，但亦有一定的直接兴奋作用。

（2）可逆转非除极化性肌松药引起的肌肉松弛，但不能有效拮抗除极化型肌松药引起的肌肉麻痹，因后者引起的肌肉麻痹主要是由于神经肌肉运动终板除极化所致。

（3）治疗剂量时可适度增强内源性释放的 ACh 作用，导致骨骼肌收缩力增强；大剂量时，随着 AChE 抑制程度的加重，体内堆积的 ACh 导致肌束震颤、肌张力逐渐下降。

4. 心血管系统
本类药物对心血管系统作用较复杂。

（1）对心脏的效应与迷走神经的激活作用相似，为抑制效应，使心排出量下降，心率减慢。

（2）对血管平滑肌和血压的影响较弱。血管平滑肌张力的大小取决于副交感和交感神经系统双重支配的综合结果。一般认为，受胆碱能神经支配的血管床是很少见的，因此，在平滑肌效应组织的拟胆碱作用也很弱，而交感神经节的激动会增加血管平滑肌的张力。

（3）中毒剂量时可导致血压下降，与药物作用于延髓的血管运动中枢有关。

5. 其他

（1）腺体　低剂量即可增敏神经冲动所致的多种腺体如支气管腺体、泪腺、汗腺、唾液腺、胃腺（胃窦 G 细胞和壁细胞）、小肠及胰腺分泌作用，高剂量时可增加基础分泌率。

（2）平滑肌　可引起细支气管和输尿管平滑肌收缩，使后者的蠕动增加。

（3）中枢　对中枢各部位有一定兴奋作用，但高剂量常引起抑制或麻痹。

【临床应用】

1. 重症肌无力（myasthenia gravis）　为一种自身免疫性疾病，患者机体产生抗自身突触后运动终板 N_M 受体，从而导致 N_M 受体数目减少。表现为受累骨骼肌（最常见为头、颈部和四肢肌肉）极易疲劳，休息时症状减轻，运动时症状加重。临床表现为眼睑下垂、复视、说话和吞咽困难及肢体无力；严重患者可出现包括呼吸肌在内的所有肌肉麻痹。新斯的明、吡斯的明和安贝氯铵为治疗重症肌无力常用药，可有效控制疾病症状。剂量必须控制在能改善临床症状为度，由于上述药物作用时间较短，故需反复给药。

2. 腹气胀和尿潴留　以新斯的明疗效较好，可用于手术后及其他原因引起的腹气胀及尿潴留。

3. 青光眼　滴眼后可使瞳孔缩小，眼内压下降。闭角型青光眼常用本类药物进行短时的紧急治疗（长期疗法为手术治疗）。开角型青光眼的发作具有逐渐加重的特点，且常对手术治疗反应不佳，可用本类药物作长期治疗。以毒扁豆碱、地美溴铵较为多用。

4. 解毒　非除极化性肌松药过量中毒的解毒主要用新斯的明、依酚氯铵和加兰他敏治疗。毒扁豆碱常用于 M 胆碱受体阻断剂如阿托品等药物中毒的解救，因其易进入中枢神经系统，并拮抗中枢和外周的 M 胆碱受体的兴奋效应。

5. 阿尔茨海默病（Alzheimer's disease）　在进行性阿尔茨海默病的患者中观察到中枢部位胆碱能神经元完整性缺陷。因此研究用增加中枢神经系统内胆碱能神经递质的方法来治疗该病。多奈哌齐及加兰他敏用于轻、中度阿尔茨海默病的治疗。

（二）常用易逆性抗 AChE 药

新斯的明

新斯的明（neostigmine）为季铵类化合物，其溴化物口服后吸收少而不规则，较少进入中枢。新斯的明对骨骼肌兴奋作用最强，其机制为：①通过抑制 AChE 活性而发挥完全拟胆碱作用；②能直接激动骨骼肌运动终板上的 N_M 受体；③促进运动神经释放乙酰胆碱。其次对胃肠平滑肌兴奋作用也较强；而对腺体、眼、心血管及支气管平滑肌兴奋作用较弱。

治疗重症肌无力时，可口服给药，也可皮下或肌内注射给药。本品静脉注射给药时有一定危险性，应十分缓慢给药，并备用阿托品。新斯的明也常用于减轻由手术或其他原因引起的腹气胀及尿潴留。还可用于阵发性室上性心动过速和对抗非除极化性肌松药过量时的毒性反应。

新期的明禁用于机械性肠或泌尿道梗阻病人。其不良反应主要与胆碱能神经过度兴奋有关，大剂量时亦可见中枢症状，也可致血压升高、心率增快。宜采用阿托品控制胆碱能症状，其他症状对症处理。

吡斯的明

吡斯的明（pyridostigmine）为季铵类化合物，作用类似于新斯的明，起效缓慢，作用时间较长。由于其口服吸收较差，故剂量较大。主要用于治疗重症肌无力、麻痹性肠梗阻和术后尿潴留。

依酚氯胺

依酚氯胺（edrophonium chloride）抗 AChE 作用明显较弱，但对骨骼肌仍有较强作用，显效较快，用药后可立即改善症状，使肌肉收缩力增强，但维持时间很短，5～15 分钟后作用消失，故不宜作为治疗用药。常用于重症肌无力的诊断及鉴别诊断。治疗重症肌无力过程中症状未被控制是由于抗 AChE 药过量还是不足，若剂量不足，则本品可立即增强肌肉收缩；如出现肌力减退，则提示应用的剂量过大。

加兰他敏

加兰他敏（galanthamine）其作用与新斯的明类似，但较持久，临床上主要用于治疗重症肌无力、脊髓灰质炎后遗症、非除极化性肌松药过量和阿尔茨海默病。

多奈哌齐

多奈哌齐（donepezil）为第二代中枢可逆性抗 AChE 药，可增加中枢受体部位 ACh 浓度而改善阿尔茨海默病患者的认知功能。对外周的 AChE 抑制不明显，故其外周作用较弱。常采用本品睡前口服用于轻、中度阿尔茨海默病的对症治疗。

毒扁豆碱

毒扁豆碱（physostigmine，依色林，eserine）为叔胺类化合物，可透过血-脑屏障，故对外周和中枢都有较强的作用。毒扁豆碱能可逆性抑制 AChE，不能直接兴奋受体。眼内局部应用时，作用类似于毛果芸香碱，但较强而持久，可维持 1～2 天，表现为瞳孔缩小，眼内压下降，调节痉挛。吸收后外周作用表现为 M 和 N 受体兴奋效应，进入中枢后表现为小剂量兴奋、大剂量抑制效应。

临床主要为局部用于治疗急性青光眼，起效较快，刺激性亦较强，长期给药时，患者不易耐受，可先用本品滴眼数次，后改用毛果芸香碱维持疗效。

本药滴眼后可致睫状肌收缩而引起调节痉挛，并可出现头痛，其全身毒性反应较新斯的明严重，大剂量中毒时可致呼吸麻痹。滴眼时应压迫内眦，以免药液流入鼻腔后吸收中毒。

地美溴铵

地美溴铵（demecarium bromide）为一种作用时间较长，主要用于青光眼治疗，用药后 15～60 分钟可见瞳孔缩小，可持续 1 周或更长时间，使用后 24 小时其降眼内压作用达高峰，并可持续 9 天以上。适用于治疗无晶状体畸形的开角型青光眼及对其他药物无效的病人。

二、难逆性抗胆碱酯酶药——有机磷酸酯类 🅮微课

有机磷酸酯类（organophosphate）主要作为农业和环境卫生杀虫剂，包括对硫磷（parathion）、乐果（rogor）、敌百虫（dipterex）和马拉硫磷（malathion）等；有些用作战争毒气，如沙林（sarin）、梭曼（soman）和塔崩（tabun）；少数用作缩瞳药治疗青光眼，如乙硫磷（echothiophate iodide）和异氟磷（isoflurophate）。因为对人畜均有毒性，临床治疗价值不大，主要具有毒理学意义。

【中毒机制】有机磷酸酯类的磷原子具有亲电子性，与 AChE 酯解部位丝氨酸羟基上具有亲核性的氧原子以共价键结合，形成磷酰化 AChE，该磷酰化酶不能自行水解（no spontaneous hydrolysis），从而使 AChE 丧失活性，造成 ACh 在体内大量积聚，引起一系列中毒症状（图 7 - 2）。若不及时抢救，AChE 可在几分钟或几小时内就"老化"，"老化"过程可能是磷酸化 AChE 的磷酰化基团上的一个烷氧基断裂，生成更为稳定的单烷氧基磷酰化 AChE。此时 AChE 复活药也难以使该酶活性恢复，必须等待新生的 AChE 出现，才可水解 ACh。此过程可能需要 15～30 日。

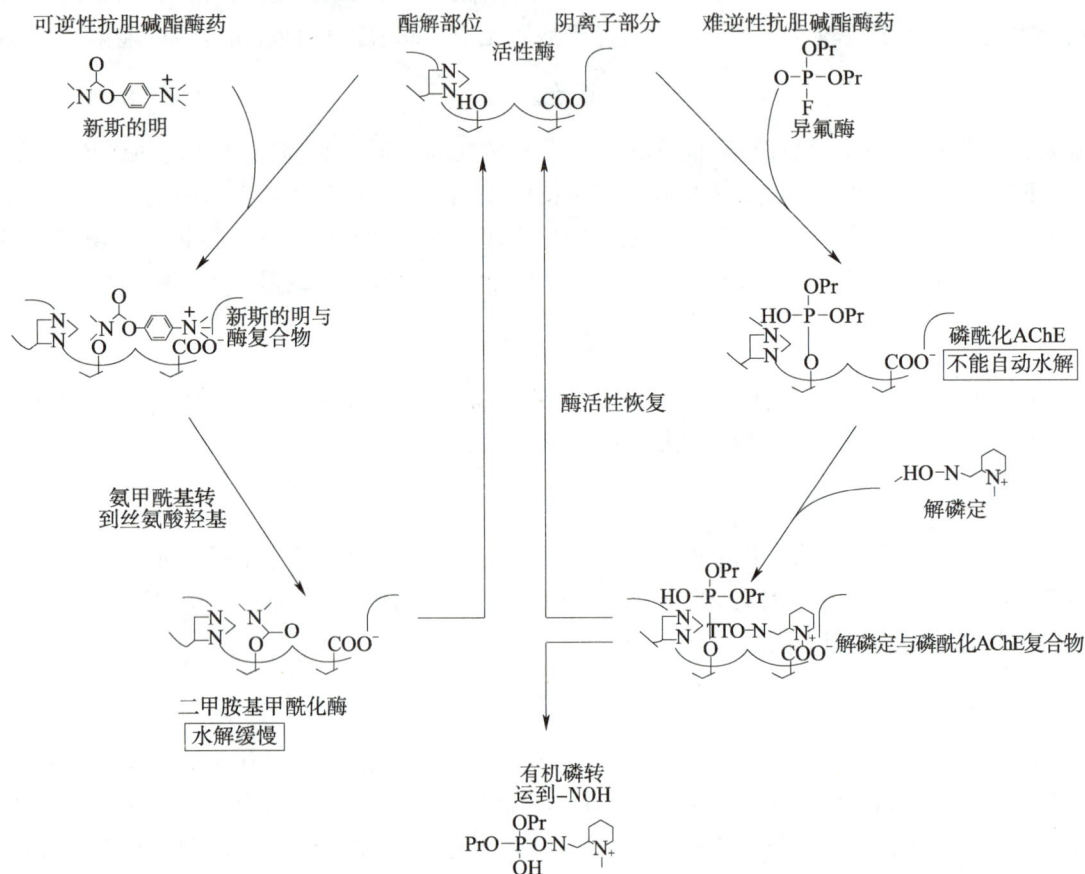

图 7－2　可逆性和难逆性抗胆碱酯酶药的作用缓解和解磷定复活 AChE 的过程

🌐 知识链接

神经毒剂梭曼老化机制

　　神经性毒剂梭曼是一种无色无臭液体，易通过皮肤中毒。一般来说，治疗神经性毒剂中毒的药物是阿托品及肟类药物，但它们都对梭曼中毒无效。

　　我国著名生化药理学家、中国科学院院士周廷冲首次阐明了梭曼磷酰化胆碱酯酶的老化机制，是由于酶分子上毒剂残基中特己氧基的去烷基反应，其老化速度太快，这一成果比国外文献报道早 2 年。梭曼磷酸化胆碱酯酶老化机制的阐明是防化医学中的重大发展，其理论意义在于揭示了梭曼磷酸化胆碱酯酶老化的分子基础，其实用意义在于为梭曼中毒的防治指明了方向，即梭曼抗毒药研究方向不是重活化剂，而是生理对抗剂和可逆性抗胆碱酯酶药。

【中毒症状】由于 ACh 的作用极其广泛，故中毒症状表现多样化。

1. 急性中毒　当有机磷酸酯类经呼吸道吸入后，全身中毒症状可在数分钟内出现；如经胃肠道或皮肤吸收，则中毒症状的出现可有不同程度延缓。轻度中毒以 M 样症状为主，中度中毒可以同时出现 M 样和 N 样症状，严重中毒除 M 样和 N 样症状外，还有严重的中枢神经系统症状。

（1）M 样症状

①眼睛　多数有瞳孔明显缩小、眼球疼痛、结膜充血、睫状肌痉挛、视力模糊、眼眉疼痛。随着药物的吸收，由于血压下降所致交感神经的兴奋作用，缩瞳作用可能并不明显。

②腺体　分泌增多，流涎和出汗，严重中毒者口吐白沫，大汗淋漓。

③呼吸系统　胸腔有紧缩感，另外由于支气管平滑肌收缩和呼吸道腺体分泌增加，可造成呼吸困难。严重时可发生肺水肿。

④胃肠道　当毒物由胃肠道摄入时，胃肠道症状可首先出现，表现为厌食、恶心、呕吐、腹痛、腹泻等。

⑤泌尿系统　严重病例因膀胱逼尿肌收缩，引起小便失禁。

⑥心血管系统　M 样症状引起心率减慢和血压下降，若同时发生 N 样症状，可出现心率加速，血压升高。

（2）N 样症状

①神经节兴奋　交感和副交感神经节 N_N 受体兴奋时，产生复杂的自主神经综合效应。在胃肠道、腺体、眼睛以 M 样症状占主导地位；心血管系统则以去甲肾上腺素能神经占主导地位，表现为心肌收缩力增强、心率加快、血压上升。

②骨骼肌　N_M 受体激动，表现为不自主肌束震颤。常先从眼睑、颜面等处小肌肉开始，逐渐波及全身，最后转为明显的肌无力和麻痹，严重时可引起呼吸肌麻痹。

（3）中枢症状　抑制脑内胆碱酯酶，使 ACh 积聚所致。

①早期兴奋为主（激动 M_1 受体和 N 受体），表现为躁动不安、幻觉、谵妄，甚至惊厥。

②后期由兴奋转为抑制（激动 M_2 受体），表现为头晕、乏力、嗜睡，甚至昏迷。

③中毒晚期出现呼吸中枢麻痹和血管运动中枢抑制，引起呼吸衰竭、循环衰竭而危及生命。

2. 慢性中毒　多数发生于生产农药的工人或长期接触农药的人员，血中 AChE 活性持续明显下降，临床表现为头痛、头晕、失眠、腹胀、多汗，偶见肌束颤动及瞳孔缩小。

【急性中毒解救措施】

1. 消除毒物　迅速脱离有毒环境，去除污染衣服。对于经皮肤吸收中毒者，应用温水或肥皂清洗皮肤、头发，切勿使用热水，以免皮肤血管扩张，加速毒物吸收；经口中毒者，应首先抽出胃内容物、用温 0.9% 氯化钠或 2% $NaHCO_3$（敌百虫中毒时忌用，因其在碱性环境中可转化为毒性更强的敌敌畏）反复洗胃直至洗出的液体中不含农药。眼部染毒者，也可以用 0.9% 氯化钠或 2% $NaHCO_3$ 溶液反复冲洗数分钟。

2. 解毒药物　积极使用解毒药物是抢救成败的关键。

（1）阿托品　是治疗急性有机磷酸酯类中毒的特异性、高效解毒药物。阿托品竞争性阻断 M 受体，使堆积的 ACh 不能作用于 M 受体，从而迅速缓解有机磷酸酯类中毒的 M 样症状，大剂量可阻断 N_N 受体，对中枢症状也有一定的疗效。由于阿托品对 N_M 受体无作用，故对肌震颤、肌无力无效，对已经堆积 ACh 无作用，因此单用阿托品只适用于有机磷酸酯类轻度中毒的 M 症状患者。

（2）AChE 复活药　是一类能使被有机磷酸酯类抑制的 AChE 恢复活性的药物，在胆碱酯酶发生"老化"之前使用，可使酶的活性恢复。该类药物分子中含有季铵基和肟基两个不同的功能基团，前者与磷酰化胆碱酯酶的阴离子部位以静电引力相结合，后者与磷酰化胆碱酯酶的磷酰基以共价键结合，形成肟类 – 磷酰化胆碱酯酶复合物，磷原子从磷酰化胆碱酯酶转移至肟基，使 AChE 游离而恢复其水解

ACh 的活性（图 7-2）。常用药物有碘解磷定（pralidoxime iodide）、氯解磷定和双复磷（obidoxime chloride）。由于 AChE 复活药使 ACh 作用减弱，可归属于抗胆碱药。

（3）解毒药物的应用原则　①尽早用药，磷酰化胆碱酯酶易"老化"，故给药越早，疗效越好。②联合用药，M 受体阻断药能迅速缓解 M 样中毒症状，AChE 复活药迅速改善 N 样中毒症状，二者对中枢中毒症状均有一定改善作用，故两种解毒药物合用能取得较好疗效。③足量用药，阿托品的用量必须足以拮抗 ACh 大量积聚所引起的症状，以达到"阿托品化"，即瞳孔不再缩小、颜面潮红、皮肤干燥、肺部湿性啰音显著减少或消失、心率加快、轻度中枢兴奋、意识障碍减轻或昏迷患者开始苏醒。然后减量维持，逐渐延长给药间隔，直至临床症状和体征基本消失后方可停药。AChE 复活药足量的指标是：N样中毒症状全部消失，全血或红细胞中 AChE 活性分别恢复到 50%～60% 或 30% 以上。④重复用药，中、重度中毒或毒物不能从吸收部位彻底清除时，应反复给药，以巩固疗效。

3. 其他措施　包括维持气道通畅、人工呼吸、给氧、抗休克、抗惊厥治疗。

第三节　胆碱酯酶复活药

氯解磷定

氯解磷定（pralidoxime chloride）水溶液稳定，使用方便，作用极快，是胆碱酯酶复活药物中的首选。

【药理作用】

1. 恢复 AChE 的活性　与磷酰化胆碱酯酶结合成复合物，复合物再裂解形成磷酰化氯解磷定，使胆碱酯酶游离而复活。

2. 直接解毒作用　直接与体内游离的有机磷酸酯类结合，成为无毒的磷酰化氯解磷定从尿中排出，从而阻止游离的毒物继续抑制 AChE 活性。

【临床应用】氯解磷定明显减轻 N 样症状，对骨骼肌痉挛的抑制作用最为明显，能迅速抑制肌束颤动；对中枢神经系统的中毒症状也有一定改善作用；但对 M 样症状影响较小。故应与阿托品合用，以控制症状。

【不良反应】治疗剂量的氯解磷定毒性较小，肌内注射局部有轻微疼痛。静脉注射过快（>500 mg/min）可出现头痛、眩晕、乏力、视力模糊、恶心及心动过速。剂量过大（>8g/24h）时其本身也可以抑制 AChE，使神经肌肉传导阻断，严重者呈癫痫样发作、抽搐、呼吸抑制。

⇒ **案例引导**

　　临床案例　患者，男，24 岁，农民，腹痛 8 小时，呼吸困难，抽搐 2 小时。今日上午未按操作规程喷洒杀虫药内吸磷，时有药液溅身。中午自觉头晕、恶心、轻度腹痛，未作更衣及清洗即卧床休息。此后腹痛加剧，时有呕吐，出汗较多。入院时意识不清，大汗淋漓，两侧瞳孔极度缩小，呼吸困难，两肺可闻水泡音，大小便失禁，四肢抽搐。治疗经过：①脱去污染衣服，肥皂水清洗皮肤、头发等；②阿托品 10mg 静脉注射，随后每 5～10 分钟静脉注射 5mg，达"阿托品化"后调整剂量，减少给药次数。共注射阿托品 108mg；③氯解磷定 1mg，静脉缓慢推注，每 1.5～2小时重复 1～3 次，病情缓解后将氯解磷定 1g 溶于等渗盐水 1000ml 中静脉滴注。

　　问题　1. 试用中毒机制详细解释中毒表现。

　　　　　　2. 有机磷农药中毒解救，药物应用原则是什么？

目标检测

1. 简述新斯的明的药理作用及作用机制。
2. 简述有机磷酸酯类中毒的表现。
3. 简述有机磷酸酯类中毒解救的原则。
4. 试述氯解磷定解救有机磷酸酯类中毒的机制。

（王巧云）

书网融合……

本章小结   微课   题库

第八章 胆碱受体阻断药

PPT

1. 掌握 阿托品的药理作用、临床应用、不良反应及禁忌证。

2. 熟悉 山莨菪碱、东莨菪碱的作用特点及临床应用；熟悉阿托品合成代用品的药理作用及临床应用。

3. 了解 非除极型和除极型肌松药作用机制、作用特点、临床应用及药物之间相互作用。

4. 具备根据胆碱受体阻断药作用原理与适应证指导临床用药的能力。

胆碱受体阻断药（cholinoceptor blocking drugs）能与胆碱受体结合而不产生或产生微弱拟胆碱作用，并能妨碍 ACh 或胆碱受体激动药与胆碱受体结合，从而产生抗胆碱的作用。

胆碱受体阻断药根据其对 M 受体和 N 受体选择不同分为以下两类。

1. M 胆碱受体阻断药（平滑肌解痉药） 又可分为：①非选择性 M 受体阻断药（阿托品）；②M_1 受体阻断药（哌仑西平）。

2. N 胆碱受体阻断药 又可分为：①N_N 受体阻断药（神经节阻断药），能阻断神经节的 N_N 受体；②N_M 受体阻断药（神经－肌肉阻断药），能阻断运动终板上的 N_M 受体，具有肌肉松弛作用。

第一节 M 胆碱受体阻断药

本类药物能阻断节后胆碱能神经支配的效应器上的 M 受体，从而拮抗其拟胆碱作用，但对 ACh 引起的 N 胆碱受体兴奋作用影响较小。本类药物均为竞争性拮抗剂，包括阿托品类天然生物碱及其半合成衍生物。

一、阿托品和阿托品类生物碱

阿托品类生物碱包括阿托品、东莨菪碱、山莨菪碱等，多从茄科植物颠茄（atropa belladonna）、曼陀罗（datura stramonium）和洋金花（datura sp.）等天然植物中提取。天然存在的生物碱为不稳定的左旋莨菪碱，阿托品是经处理后的消旋莨菪（*dl* – hyoscyamine）。

阿托品 e 微课

【**药理作用**】 阿托品（atropine）能竞争性阻断 M 胆碱受体，对 M 受体有较高选择性（大剂量时也可阻断 N_N 受体），但对各种 M 受体亚型的选择性较低，对 M_1、M_2、M_3 受体都有阻断作用。阿托品作用广泛，随着剂量增加，不同器官对阿托品敏感性不同。可依次出现腺体分泌减少、瞳孔扩大和调节麻痹，抑制胃肠道及膀胱平滑肌和加快心率等效应，大剂量还可出现中枢症状（表 8 – 1）。

表 8 - 1　阿托品剂量与作用的关系

剂量	作用
0.5mg	轻度口干，汗腺分泌减少，轻度心率减慢
1.0mg	口干，心率加快（有时心率可先减慢），轻度扩瞳
2.0mg	明显口渴感，心悸，扩瞳，调节麻痹
5.0mg	上述所有症状加重，说话和吞咽困难，不安，疲劳，头痛，皮肤干燥、发热，排尿困难，肠蠕动减少
10.0mg	上述所有症状加重，脉细速，瞳孔极度扩大，极度视力模糊，皮肤红、热、干，运动失调，不安，激动，幻觉，谵妄和昏迷

1. 抑制腺体分泌　阿托品通过阻断 M 胆碱受体而抑制腺体分泌，其对不同腺体的抑制作用强度不同。对唾液腺（M_3受体）和汗腺的作用最敏感。同时泪腺及呼吸道腺体分泌也明显减少。较大剂量时也减少胃液分泌，但对胃酸浓度影响较小，这是由于阿托品不能阻断胃肠道激素和非胆碱能神经递质对胃酸的分泌作用，加之阿托品可同时抑制胃中 HCO_3^- 的分泌。

2. 眼　阿托品阻断瞳孔括约肌和睫状肌的 M 胆碱受体，使瞳孔括约肌和睫状肌松弛，出现扩瞳、眼内压升高和调节麻痹作用。上述作用在局部给药和全身用药时均可出现。

（1）扩瞳　松弛瞳孔括约肌，使去甲肾上腺素能神经支配的瞳孔开大肌功能占优势，瞳孔扩大。

（2）眼内压升高　由于瞳孔扩大，使虹膜退向四周外缘，因而前房角间隙变窄，阻碍房水回流入巩膜静脉窦，造成眼内压升高。故青光眼患者禁用。

（3）调节麻痹　阿托品能使睫状肌松弛而退向外缘，从而使悬韧带拉紧，晶状体变为扁平，看远物清楚，而不能将近物清晰地成像于视网膜上，造成看近物模糊不清，此即为调节麻痹。

3. 松弛内脏平滑肌　阿托品对多种内脏平滑肌具有松弛作用，尤其对过度兴奋或痉挛状态的平滑肌作用更显著。它可抑制胃肠道平滑肌痉挛，降低蠕动的幅度和频率，缓解胃肠绞痛。阿托品也可降低尿道、膀胱逼尿肌的张力和收缩幅度，对膀胱收缩的抑制作用可能涉及许多 M 受体亚型，其中 M_2 受体可能最为重要，M_3受体可能与膀胱逼尿肌收缩有关。对胆管、输尿管和支气管的解痉作用较弱，对子宫平滑肌影响较小。

4. 解除迷走神经对心脏的抑制　治疗量阿托品在部分患者可见心率短暂性轻度减慢（一般每分钟减少 4～8 次），不伴随着血压与心排出量的变化，这是由于治疗量阿托品阻断副交感神经节后纤维突触前膜的 M_1 受体，减弱了突触中 ACh 对递质释放的负反馈抑制作用，使 ACh 释放增加。较大剂量的阿托品，由于窦房结 M_2 受体被阻断，解除了迷走神经对心脏的抑制作用，引起心率加快，心率加快程度取决于迷走神经张力的高低。此外，阿托品尚可缩短房室结的有效不应期，增加房颤或房扑患者的心室率。

5. 扩张血管　治疗量阿托品单独应用时对血管和血压无显著影响（主要原因为许多血管床缺乏胆碱能神经支配），但可完全拮抗由胆碱酯类所引起的外周血管扩张和血压下降。大剂量阿托品可引起血管扩张，特别是对处于痉挛状态的微血管有明显解痉作用。扩血管作用与其阻断 M 受体作用无关，可能是机体对阿托品引起的体温升高（由于出汗减少）后的代偿性散热反应，也可能是阿托品的直接扩血管作用。

6. 中枢神经系统　治疗量阿托品（0.5～1mg）可兴奋延髓与大脑，产生轻度的迷走神经兴奋作用；大剂量（5 mg）时中枢兴奋明显加强；中毒剂量（10mg 以上）可见明显中枢兴奋症状，如烦躁、定向障碍、幻觉和谵妄等；持续大剂量可使中枢兴奋转为抑制，由于中枢麻痹和昏迷可致循环和呼吸衰竭。

【临床应用】

1. 解除平滑肌痉挛　适用于各种内脏绞痛，对胃肠绞痛、膀胱刺激症状如尿频、尿急等疗效较好。也可用于儿童的遗尿症，可增加膀胱容量，减少小便次数。但对胆绞痛或肾绞痛疗效较差，常需与阿片类镇痛药合用。

2. 抑制腺体分泌　用于全身麻醉前给药，以减少呼吸道腺体及唾液腺分泌，防止分泌物阻塞呼吸道及吸入性肺炎的发生。也可用于严重的盗汗、重金属中毒与帕金森病的流涎症及食管机械性阻塞（如肿瘤或狭窄）所造成的吞咽困难。用药剂量以不产生口干为宜。

3. 眼科应用

（1）虹膜睫状体炎　阿托品可松弛虹膜括约肌和睫状肌，使之充分休息，有助于炎症消退；与缩瞳药交替应用，可预防虹膜与晶状体粘连。

（2）验光配镜　由于阿托品调节麻痹作用持续时间较长（维持 2 ~ 3 天），现已少用。但儿童验光时仍使用阿托品，因儿童的睫状肌调节功能较强，须用阿托品发挥其充分的调节麻痹作用。

4. 缓慢型心律失常　阿托品可用于治疗迷走神经过度兴奋所致窦房阻滞、房室阻滞等缓慢型心律失常。在急性心肌梗死的早期，常伴有窦性或房室结性心动过缓，严重时可由于低血压及迷走神经张力过高，导致房室传导阻滞。阿托品可改善患者的临床症状。阿托品还对晕厥伴有过度的颈动脉窦反射患者的严重心动过缓也有效。

5. 抗休克　大剂量阿托品可治疗暴发型流行性脑脊髓膜炎、中毒性菌痢、中毒性肺炎等所致的感染性休克，能解除血管痉挛，改善微循环，但对休克伴有高热或心率过快者，不用阿托品。

6. 其他　解救有机磷酸酯类中毒。

【不良反应】阿托品具有多种药理作用，临床上应用其中一种作用时，其他的作用则成为副作用。常见不良反应有口干、视物模糊、心率加快、瞳孔扩大及皮肤潮红等。随着剂量增大，其不良反应逐渐加重，甚至出现明显中枢中毒症状。阿托品中毒解救主要为对症治疗。

【禁忌证】青光眼及前列腺肥大者禁用阿托品，可加重后者排尿困难。

⇨ 案例引导

　　临床案例　患者，男，51 岁，受凉后阵发性上腹痛 3 小时。于 3 小时前因着衣少，进食冷饮后出现阵发性上腹绞痛，无恶心、呕吐，无腹泻，无发热、寒战。入院查体：体温 37.1℃，脉搏 90 次/分，呼吸 20 次/分，血压 130/80mmHg，急性病容，双肺呼吸音清，未闻及干湿啰音，心音有力，律齐，各瓣膜听诊区未闻及病理性杂音，腹型肥胖，腹软，剑突下压痛，无反跳痛，无肌紧张，肝脾肋下未及，肠鸣音正常，移动性浊音阴性。辅助检查：腹部 X 线未及异常，B 超除外肝胆胰肾病变，心电图未见异常表现，血常规、血淀粉酶、心肌酶未见异常。诊断：胃痉挛；治疗经过：肌内注射阿托品 5mg，约 1 分钟后，出现面肌抖动、牙关打颤、面色潮红、语不成句，意识清晰，无发热、寒战，无烦躁不安，无谵妄，无惊厥，无心悸，血压 135/80mmHg，脉搏 100 次/分，给予肌注苯巴比妥 0.1g，症状逐渐缓解，腹痛缓解，无不适反应。

　　问题　1. 阿托品有哪些药理作用？在本案例中使用有何不当？

　　　　　　2. 阿托品对哪些平滑肌解痉作用好？还可治疗哪些疾病？

东莨菪碱

【药理作用】与阿托品相比，东莨菪碱（scopolamine）易透过血 - 脑屏障，对中枢神经系统作用强，持续时间久。

1. 中枢作用　东莨菪碱在治疗剂量时即可出现中枢神经系统抑制，具有明显的镇静催眠作用，表现为困倦、遗忘、疲乏、少梦、快速动眼睡眠（REM）相缩短等。但在高剂量时可产生兴奋不安、幻觉与谵妄等中枢兴奋作用。此外尚有欣快作用，易造成药物滥用。

2. 外周作用　与阿托品类似，仅在作用强度上略有差异。其抑制腺体分泌作用比阿托品强。对心血管系统的作用较弱。本品滴眼后扩瞳及调节麻痹作用与阿托品相似或稍弱。

【临床应用】

1. 麻醉前给药　东莨菪碱不仅能抑制腺体分泌，而且具有中枢抑制作用，在此方面的应用优于阿托品。

2. 晕动病　本药预防给药效果较好，对已出现晕动病症状如恶心、呕吐的患者疗效较差。也可用于妊娠呕吐及放射病呕吐。防晕作用可能与其抑制前庭神经内耳功能或大脑皮质功能和抑制胃肠道蠕动有关，可与苯海拉明合用以增加疗效。

3. 帕金森病　东莨菪碱与左旋多巴交替或联合应用，能改善患者流涎、震颤和肌肉强直等症状，可能与其中枢抗胆碱作用有关。

4. 其他应用　近几年东莨菪碱的应用范围有所扩大。东莨菪碱的新用途主要包括代替洋金花进行中药麻醉、治疗肺咯血、重度新生儿窒息、小儿重症肺炎、肺性脑病和流行性乙型脑炎等。另外临床实践表明东莨菪碱对减轻纳洛酮所激发的戒断症状有显著疗效。

🌐 知识链接

晕动病

　　晕动病（motion sickness），也称为运动病，即指人们平日常说的"晕车、晕船、晕机"等，包括在微重力条件下发生的宇航病等，由多种因素导致人体对运动状态错误感知的一系列生理反应。常见于乘坐交通工具时，表现为头晕、恶心、呕吐、上腹部不适、面色苍白、出冷汗等，通常症状在停止乘坐之后可缓解，不构成生命威胁。其发病机制与前庭和视觉系统两个感觉系统有关，前者可进一步分为半规管角加速度感觉系统和耳石器的直线加速度感觉系统。皮肤压力感受器、肌肉关节的本体感受器，与耳石器起协同作用。前庭系统功能状况在运动病的发生上起重要作用。丧失前庭功能的聋哑人不易患运动病。前庭功能正常但不能适应过度强烈的刺激者会患运动病。前庭功能过敏者易患运动病。行车、飞行及航海时可产生各种加速度、即直线加速度、径向加速度，角加速度和科里奥利加速度，这些加速度刺激前庭系统。刺激强度过大和（或）刺激时间过长，超过前庭系统的耐受阈限时，即发生运动病。车辆、飞机和船舶的颠簸，对内脏器官和本体感受器也是过强刺激，也可致病。

山莨菪碱

　　山莨菪碱（anisodamine，654-2）是从茄科植物唐古特莨菪中分离出的天然生物碱，为左旋品，简称654；人工合成的为消旋品，称654-2。药理作用与阿托品类似，其抑制唾液分泌和扩瞳作用比阿托品弱。对平滑肌的解痉作用的选择性相对较高，大剂量可解除血管痉挛，改善微循环。不易通过血-脑屏障，故中枢兴奋作用少见。主要用于感染性休克，也可用于内脏平滑肌绞痛。

二、阿托品的合成代用品

　　阿托品用于眼科疾病时，作用持续时间过久；用于内科疾病时，副作用较多。为克服其缺点，通过改变其化学结构，合成了不少副作用较少的代用品，其中包括扩瞳药、解痉药和选择性M受体阻断药。

（一）合成扩瞳药

　　临床主要用于扩瞳的药物有后马托品（homatropine）、托吡卡胺（tropicamide）、环喷托酯（cyclopentolate）和尤卡托品（eucatropine）等（表 8 - 2），这些药物与阿托品比较，扩瞳作用维持时间明显缩短，故适合于一般的眼科检查。

后马托品

后马托品（homatropine）扩瞳及调节麻痹作用较阿托品短（维持 1 ~ 3 天），故适用于一般眼底检查与验光，也可用于虹膜睫状体炎以防止粘连。滴眼时须压迫内眦以防药物从鼻泪管流入鼻咽部产生吸收中毒。同类药见表 8 - 2。

表 8 - 2　合成扩瞳药与阿托品对眼睛作用的比较

药物	浓度（%）	扩瞳作用		调节麻痹作用	
		出现最大作用（分钟）	持续时间（天）	出现最大作用（小时）	持续时间（天）
硫酸阿托品	1.0	30 ~ 40	7 ~ 10	1 ~ 3	7 ~ 12
后马托品	1.0 ~ 2.0	40 ~ 60	1 ~ 2	0.5 ~ 1.0	1 ~ 2
托吡卡胺	0.5 ~ 1.0	20 ~ 40	0.25	0.5	< 0.25
环喷托酯	0.5	30 ~ 50	1.0	1.0	0.25 ~ 1
尤卡托品	2.0 ~ 5.0	30	1/12 ~ 1/4	—	–

（二）合成解痉药

1. 季铵类 M 受体阻断药　口服吸收较差，不易通过血 - 脑屏障，少有中枢作用。对胃肠道平滑肌解痉作用较强，神经节阻断作用也较明显，中毒量可因神经 - 肌肉接头传递阻滞而引起呼吸麻痹。该类药物主要用于缓解内脏平滑肌痉挛，辅助治疗消化性溃疡。

溴丙胺太林

溴丙胺太林（propantheline bromide，普鲁本辛）是一种临床常用的合成解痉药。本品对胃肠道 M 胆碱受体的选择性较高，治疗量即可明显抑制胃肠平滑肌，并有一定程度抑制胃液分泌的作用。临床上适用于胃、十二指肠溃疡、胃肠痉挛和泌尿道痉挛，也可用于遗尿症及妊娠呕吐。

异丙托溴铵

异丙托溴铵（ipratropium bromide，溴化异丙托品）为阿托品的异丙基季铵化合物。注射用药时，产生与阿托品类似的支气管扩张、心率加快、抑制唾液分泌等作用。本药气雾吸入有相对选择性，作用限于口腔与呼吸道。对心率、血压、膀胱功能、眼内压或瞳孔直径几乎无影响。本药对吸入二氧化硫、臭氧、枸橼酸喷雾等引起的支气管收缩有保护作用，但对过敏介质如组胺、缓激肽、5 - 羟色胺和白三烯引起的支气管收缩的保护作用较差。主要用于慢性阻塞性肺病的治疗，也可用于支气管哮喘。本药起效慢，适用于预防支气管哮喘发作，也可与 β 受体激动药联合应用，控制哮喘的症状。

格隆溴铵

格隆溴铵（glycopyrronium bromide）抑制腺体分泌的作用较强。可用于麻醉前给药。与新斯的明合用可纠正非除极型肌松药过量，还用作消化性溃疡与缓解内脏痉挛的辅助药物。

2. 叔胺类 M 受体阻断药　该类药物有盐酸双环维林（dicyclomine hydrochloride）、盐酸黄酮哌酯（flavoxate hydrochloride）和氯化奥昔布宁（oxybutynin chloride），这些药物尚有非选择性直接松弛平滑肌的作用，在治疗剂量下能减轻胃肠道、胆道、输尿管和子宫平滑肌痉挛。黄酮哌酯、奥昔布宁和托特罗定（tolterodine）对膀胱平滑肌有较好解痉作用。

贝那替秦

贝那替秦（benactyzine hydrochloride，胃复康）含叔胺基团，口服较易吸收。该药主要特点是：①缓解平滑肌痉挛；②抑制胃液分泌；③中枢神经安定作用；④抗心律失常作用；⑤用于兼有焦虑症的溃疡病、胃酸过多、肠蠕动亢进或膀胱刺激症状的患者；⑥不良反应有口干、头晕及嗜睡等。

（三）选择性 M 受体阻断药

阿托品与合成或半合成的阿托品代用品，绝大多数对 M 胆碱受体亚型缺乏选择性，因此在临床使用时副作用较多。选择性 M 受体阻断药对受体亚型的特异性较高，从而使副作用明显减少。

哌仑西平

哌仑西平（pirenzepine）结构式与丙米嗪相似，属三环类药物，对 M_1 和 M_4 受体的亲和力均强，为不完全的 M_1 受体阻断药。替仑西平（telenzepine）为哌仑西平同类物，但其对 M_1 受体的选择性阻断作用更强。二药均可治疗消化性溃疡，可抑制胃酸及胃蛋白酶的分泌，且在治疗剂量时较少出现口干和视力模糊等反应。由于这些药物不易进入中枢，故无阿托品样中枢兴奋作用。还可用于支气管阻塞性疾病的治疗，可能与其拮抗迷走神经功能有关。

还有些药物对 M 受体亚型有选择性阻断作用，已用于或试用于临床。

Tripitamine 和达非那新（darifenacin）均为选择性的 M_2 和 M_3 胆碱受体阻断药，它们可用于对抗胆碱能性的心动过缓（M_2）和平滑肌活性过高或上皮细胞分泌增加（M_3）。某些青、绿色毒蛇（green and black mambas）毒液中的多肽毒对 M_1 和 M_4 受体具有较高的选择性阻断作用。

第二节 N 胆碱受体阻断药

一、N_N 胆碱受体阻断药——神经节阻断药

N_N 胆碱受体阻断药（N_N–cholinergic receptor antagonist）可选择性阻断神经节内 ACh 对 N_N 受体的激动作用，阻断神经冲动在神经节中的传递，故也称神经节阻断药（ganglionic blocking drugs）。神经节阻断药可同时阻断交感神经节和副交感神经节。因此作用面广，副作用多，作用强度不易控制，临床上神经节阻断药曾用于抗高血压，但现已很少使用。本类药物有美加明（mecamylamine）、咪噻吩（trimethaphan，arfonad，阿方那特）等。美加明用于重症高血压，可有口干、便秘、尿潴留、体位性低血压、恶心、性功能障碍、眩晕、肌震颤、运动失调等不良反应；青光眼、冠状动脉硬化、肾功能减退者忌用。

二、N_M 胆碱受体阻断药——神经-肌肉阻断药

N_M 胆碱受体阻断药（N_M–cholinergic receptor antagonist）又称神经-肌肉阻断药（neuromuscular blocking agents）或骨骼肌松弛药（skeletal muscular relaxants），能选择性阻断骨骼肌运动终板突触后膜上的 N_M 胆碱受体，从而干扰神经冲动向骨骼肌的传递，表现为骨骼肌张力下降而松弛。按其作用方式和特点，可分为除极型肌松药和非除极型肌松药两类。

（一）除极型肌松药

除极型肌松药（depolarizing muscular relaxants）又称非竞争型肌松药（noncompetitive muscular relaxants），这类药物与神经-肌肉接头后膜的 N_M 胆碱受体结合，首先引起与 N 受体有关的 Na^+ 通道开放，

导致肌肉的除极，从而引起短暂的肌肉颤动（肌束震颤）。随着时间的推移，由于 Na^+ 通道关闭或被阻断，持续的除极转变为稳定的复极，以致不再对其后到达的动作电位发生反应，神经肌肉传递受阻，表现为骨骼肌松弛。这类神经肌肉阻断药起效快，持续时间短，主要用于小手术麻醉（特别是插管）辅助用药。

此类药物的作用特点是：①最初可出现短时肌束颤动，与药物对不同部位的骨骼肌除极化出现的时间先后不同有关；②连续用药可产生快速耐受性；③抗胆碱酯酶药不能拮抗其骨骼肌松弛作用，反能使之加强，所以过量时不能用新斯的明解救；④治疗剂量并无神经节阻断作用，反有兴奋作用；⑤目前临床应用的此类药物以琥珀胆碱最常用。

琥珀胆碱

琥珀胆碱（suxamethonium，succinylcholine，又称司可林，scoline）在体内代谢迅速，首先被血液和肝脏中的假性胆碱酯酶（丁酰胆碱酯酶）水解为琥珀酰单胆碱，肌松作用明显减弱，然后可进一步水解为琥珀酸和胆碱，肌松作用消失。新斯的明能抑制假性胆碱酯酶，故能加强和延长琥珀胆碱的肌松作用。

【药理作用】

（1）与 N_N 受体结合，使膜除极，但对 ACh 没有反应，故出现肌肉松弛作用。

（2）起效快、维持时间短、易于控制。静脉注射后，即可见短暂、不协调的肌束颤动，尤以胸腹部肌肉明显，1 分钟后转为松弛，2 分钟肌松作用达高峰，5 分钟作用消失。肌松作用从颈部肌肉开始，逐渐波及肩胛、腹部和四肢，肌松部位以颈部和四肢肌肉最明显，面、舌、咽喉和咀嚼肌次之，而对呼吸肌麻痹作用不明显。肌松作用强度可通过调节滴注速度加以控制。

【临床应用】 本药对喉肌松弛作用较强，故静脉注射给药适用于气管内插管、气管镜、食管镜检查等短时操作。静脉滴注也可用于较长时间手术。

【不良反应及应用注意】

1. 窒息 过量可致呼吸肌麻痹，用时需备有人工呼吸机。由于可引起强烈的窒息感，故对清醒患者禁用，可先用硫喷妥钠进行静脉麻醉后，再给琥珀胆碱。

2. 肌束颤动 琥珀胆碱产生肌松作用前有短暂肌束颤动，可有术后肩胛部、胸腹部肌肉疼痛，一般 3～5 天自愈。

3. 血钾升高 由于肌肉持久性除极化而释放钾离子，使血钾升高。如患者同时有大面积软组织损伤如烧伤、恶性肿瘤、肾功能损害及脑血管意外等疾患存在，则血钾可升高 20%～30%，威胁生命安全。

4. 心血管反应 可兴奋迷走神经及副交感神经节产生心动过缓和低血压，血钾升高也可加重上述症状，严重者心脏停搏。亦可兴奋交感神经节使血压升高。

5. 恶性高热 为常染色体异常的遗传性疾病，为麻醉的主要死因之一。一旦发生，须迅速降低体温，吸入 100% 氧气，纠正酸中毒，用丹曲林（dantrolene）抑制肌浆网 Ca^{2+} 的释放，并用抗组胺药对抗组胺释放作用，血压下降时可用拟交感胺处理。

6. 其他 尚有增加腺体分泌，促进组胺释放等作用。

（二）非除极型肌松药

非除极型肌松药（nondepolarizing muscular relaxants）又称竞争型肌松药（competitive muscular relaxants），能与 ACh 竞争神经－肌肉接头的 N_M 胆碱受体，阻断 ACh 的除极化作用，使骨骼肌松弛。因这类神经肌肉阻断药起效慢，持续时间长，主要用于大手术麻醉的辅助用药。

此类药物特点：①骨骼肌松弛前无肌肉兴奋现象；②肌松作用可被抗胆碱酯酶药拮抗，过量时可用新斯的明解救；③吸入性全麻药和氨基糖苷类抗生素能增强和延长本类药物的作用；④肌松作用可被同类药物所增强；⑤有不同程度的神经节阻断作用和组胺释放作用。

本类药物多为天然生物碱及其类似物，主要有筒箭毒碱、阿曲库铵（atracurium）、多库铵（doxacurium）、潘库铵（pancuronium）、哌库铵（pipecuronium）和维库铵（vecuronium）等药，其中筒箭毒碱为经典药物，但筒箭毒碱作用时间较长，用药后作用不易逆转，副作用多，目前临床已少用。

筒箭毒碱

筒箭毒碱（d - tubocurarine）是南美印第安人用数种植物制成的植物浸膏箭毒（curare）中提取的生物碱，右旋体具有药理活性。口服难吸收，静脉注射后 3 ~ 6 分钟起效，快速运动肌如眼部肌肉首先松弛，尔后可见四肢、颈部和躯干肌肉松弛，继之肋间肌松弛，出现腹式呼吸，如剂量加大，最终可致膈肌麻痹，病人呼吸停止。肌肉松弛恢复时，其次序与肌松时相反，即膈肌麻痹恢复最快。

临床上曾用作外科手术全身麻醉的辅助药。乙醚及氟烷能增强其肌松作用。中毒时可用新斯的明解救。

筒箭毒碱虽为经典的非去极化型肌松药，但其作用时间较长，用药后作用不易逆转，副作用多，目前临床已少用。

⊕ **知识链接**

肌松药的发现历史

医学界认为肌松药的广泛使用是继 1846 年发现乙醚后麻醉历史中的另一次重大突破。1782 年 6 月 3 日出生于英格兰北部的查尔斯·沃顿在肌松剂筒箭毒的发现中起到了重大作用。箭的历史已有上千年了，查尔斯·沃顿发现在亚马逊河流域及中南美洲热带雨林里面，一些原始部落的土著猎人仍使用吹箭筒猎杀小动物。他发现箭上的毒药会让肌肉松弛，一旦控制呼吸的肌肉被放松便会致命，在数秒内杀死小型的动物，大一点的动物则需要几分钟。查尔斯·沃顿目睹了筒箭毒的效果并观察记录了它是如何制造，还用它进行了各种实验。他较为详细地描述了印第安人如何用吹管射出箭来杀死 300 英尺外鸟类和小动物。查尔斯·沃顿还带回了一整套吹筒箭（箭筒、箭矢、箭头），现在依然在韦克菲尔德博物馆展出。这些箭尖上涂有的灰色物质，被利兹大学证实其中含有右旋筒箭毒碱。

阿曲库铵

阿曲库铵（atracurium）为高度选择性、短效非去极化型的神经 - 肌肉接头阻断剂。主要通过竞争 N_2 胆碱能受体，阻断乙酰胆碱的传递而起作用，且可被新斯的明等抗胆碱酯酶药所逆转。本品大剂量，尤其是快速给药，可诱发组胺释放而引起低血压、皮肤潮红、支气管痉挛。

阿曲库铵作用迅速，起效时间 1.4 分钟，3 ~ 6.9 分钟可达最大作用，作用持续时间 20 ~ 35 分钟。体内主要通过霍夫曼消除快速代谢，代谢产物经肾脏排出。作用时间不受肝肾功能的影响，重复给药无明显蓄积作用。

临床上适用于各种外科手术全身麻醉过程中的骨骼肌松弛，也适用于气管插管时所需的肌肉松弛，使气管插管易于进行。

非去极化型肌松药，临床主要作为麻醉辅助药，其分类及特点比较详见表 8 - 3。

表 8 – 3　非去极化型肌松药分类及其特点比较

分类及药物		肌松特性	起效时间（分）	持续时间（分）	消除方式
苄基异喹啉类	筒箭毒碱	长效	4～6	80～120	肾消除 肝清除
类固醇铵类	阿曲库铵	中效	2～4	30～40	霍夫曼降解，血浆胆碱酯酶水解
	多库溴铵	长效	4～6	90～120	肾消除肝代谢和清除
	米库溴铵	短效	2～4	12～18	血浆胆碱酯酶水解
	泮库溴铵	长效	4～6	120～180	肾消除，肝代谢和清除
	哌库溴铵	长效	2～4	80～120	肾消除，肝代谢和清除
	罗库溴铵	中效	1～2	30～40	肾消除，肝代谢和清除
	维库溴铵	中效	2～4	30～40	肾消除，肝代谢和清除

目标检测

答案解析

1. 试比较阿托品和毛果芸香碱对眼作用的异同。
2. 简述阿托品的药理作用、临床应用及不良反应。
3. 说明阿托品在机磷酸酯类中毒解救中的作用及用法。
4. 试比较山莨菪碱、东莨菪碱的作用特点与临床应用。
5. 骨骼肌松弛药是如何分类的？代表药是什么？
6. 试比较去极化肌松药和非去极化肌松药有何异同？
7. 琥珀胆碱的药理作用和临床应用是什么？应用时需注意哪些问题？

（吴宿慧）

书网融合……

本章小结　　微课 1　　微课 2　　题库

第九章　肾上腺素受体激动药 🔲微课

PPT

肾上腺素受体激动药（adrenoceptor agonists）是一类能与肾上腺素受体结合并激动受体，产生与肾上腺素或去甲肾上腺素相似作用的药物。其化学结构与肾上腺素或去甲肾上腺素相似，而作用与交感神经兴奋的效应相似，又称拟交感胺类药（sympathomimetic amines）。该类药物的作用机制主要是激动肾上腺素受体或促进肾上腺素能神经末梢释放递质，从而产生肾上腺素样作用，故也称拟肾上腺素药（adrenomimetic drugs）。

该类药物的基本化学结构都含有 β-苯乙胺（β-phenylethylamine），由苯环、碳链和氨基三部分组成。当苯环第 3、4 位上有两个邻位羟基时，成为儿茶酚结构（图 9-1），因此具有该结构的药物又称为儿茶酚胺类药物（catecholamines）

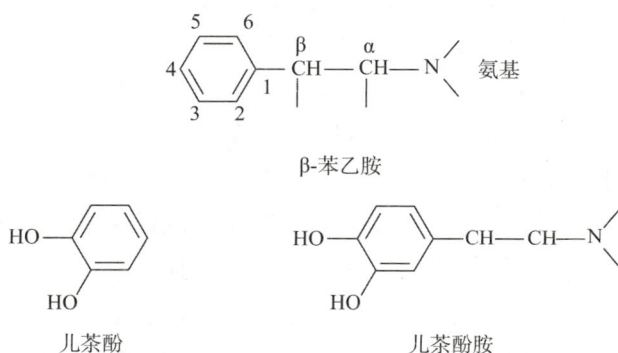

图 9-1　β-苯乙胺、儿茶酚和儿茶酚胺结构

上述这三部分的氢被不同基团取代可产生许多本类药物衍生物。根据结构中是否具有儿茶酚胺环，肾上腺素受体激动药也可分为儿茶酚胺类和非儿茶酚胺类。它们的拟交感作用基本相似，仅在作用强度、维持时间及对受体的选择性有所不同。儿茶酚胺类的代表药物是肾上腺素、去甲肾上腺素、异丙肾上腺素和多巴胺，此类药物作用强、维持时间短，易被 COMT 灭活；非儿茶酚胺类的代表药物是间羟胺、麻黄碱、甲氧明和去氧肾上腺素，此类药物作用弱、维持时间长，不易被 COMT 灭活。

根据其对受体选择性的不同，可将该类药物分为 α、β 受体激动药（α、β-adrenoceptor agonists）、α 受体激动药（α-adrenoceptor agonists）、β 受体激动药（β-adrenoceptor agonists）、以及 α、β、DA 受体激动药（α、β、DA-adrenoceptor agonists）四大类。

第一节 α、β受体激动药

α、β受体激动药主要激动α受体和β受体，代表药物为肾上腺素和麻黄碱。

肾上腺素

肾上腺素（adrenaline，AD）是肾上腺髓质的主要激素，合成部位为髓质嗜铬细胞。药用AD可从家畜肾上腺提取或人工合成，理化性质与去甲肾上腺素相似。

【体内过程】口服在碱性肠液、肠黏膜和肝脏中迅速经结合和氧化后失效，不能达到有效的血药浓度；皮下注射由于能收缩皮肤血管，吸收缓慢，约1~3分钟起效，作用维持时间长（约1小时）；肌内注射可以舒张骨骼肌血管，远较皮下注射吸收快，作用维持时间短（仅10~30分钟），迅速被神经细胞摄取或被非神经细胞中的COMT及MAO破坏，其代谢产物间甲肾上腺素和3-甲氧-4-羟扁桃酸（VMA），后者与硫酸或葡萄糖氨酸结合经肾脏排出。肾上腺素可通过胎盘屏障，但不易通过血-脑屏障。

【药理作用】为α和β受体激动剂，作用广泛而复杂，主要表现为兴奋心血管系统、舒张支气管平滑肌和促进新陈代谢。

1. 心血管系统

（1）心脏　心脏上有β_1、β_2和α受体，其中以β_1受体为主。因此AD兴奋心脏作用主要由于激动心肌、窦房结和传导系统的β_1受体，从而增强心肌收缩力，加速传导，加快心率，增加心排出量，AD同时兴奋冠状动脉血管上β_2受体，舒张冠状血管，改善心肌供血，作用迅速而强大。由于AD可提高心肌代谢，增加心肌耗氧量，当患者处于心肌缺血、缺氧及心力衰竭时，若剂量过大或静脉注射过快，则可引起心律失常，出现期前收缩，心动过速，甚而引起心室纤颤。

（2）血管　体内各部位血管的肾上腺素受体的种类和密度各不相同，因此，AD对各部位血管的效应取决于血管平滑肌上所分布的AD受体种类、密度和给药剂量。皮肤、黏膜、肾和胃肠道等器官的血管平滑肌α受体在数量上占优势，β_2受体相对较少，故以皮肤、黏膜血管收缩最为强烈；肾血管次之。小动脉及毛细血管前括约肌的α受体密度高，故对这些部位的血管收缩作用也较强；骨骼肌和肝脏的血管平滑肌上β_2受体占优势，故小剂量的AD往往使这些器官的血管舒张。AD也能舒张冠状血管，此作用可在不增加主动脉血压时发生，其机制为AD兴奋冠状血管的β_2受体，可以直接扩张冠状动脉血管；AD引起心肌收缩力增强和心肌耗氧量增加，促进心肌的代谢产物腺苷增加，腺苷具有扩血管作用；另外AD可使心脏收缩期缩短，相对延长了舒张期，引起冠状动脉相对扩张。AD对脑血流量的影响与全身血压有关，治疗量时对脑部小动脉无显著收缩作用，由于血压升高而使脑血流量增加，但在正常情况下自身调节作用也会限制这种增加。AD对肺血管具有双向作用，小剂量舒张而大剂量收缩，中毒剂量可产生致死性肺水肿，这可能由于肺脏毛细血管渗透压增高所致。

（3）血压　治疗量或慢速静脉滴注时［$10\mu g/(min \cdot kg)$］，由于心脏兴奋，心排出量增加，收缩压升高。同时由于骨骼肌血管（在全身血管中占比例较大）上的β_2受体比α受体对低浓度的AD敏感，所以表现为骨骼肌血管舒张，抵消或超过了皮肤黏膜的缩血管作用影响，故总外周阻力不变或稍降，此时脉压差加大，有利于身体各部位血液的重新分配，这种情况有利于应激状态下血液对重要器官（心、脑）的灌注。但大剂量或快速静脉滴注时，血管平滑肌的α受体兴奋占主导地位，使皮肤、黏膜以及内脏的血管强烈收缩，同时AD还能激动肾小球旁器细胞的β_1受体，促进肾素释放，导致血管紧张素Ⅱ大量生成，剧烈收缩血管，使总外周阻力明显升高，脉压差变小（图9-2）。

　　单次较大剂量给犬静脉注射 AD（1μg/kg）的典型血压变化为：给药后迅速出现明显的升压作用，尔后出现微弱的降压作用，后者作用维持时间较长，表现为双向反应。若事先给予有 α 受体阻滞作用的药物，再给 AD，此时由于 β₂ 受体作用占优势，升压作用翻转为降压作用，呈现明显的降压反应。

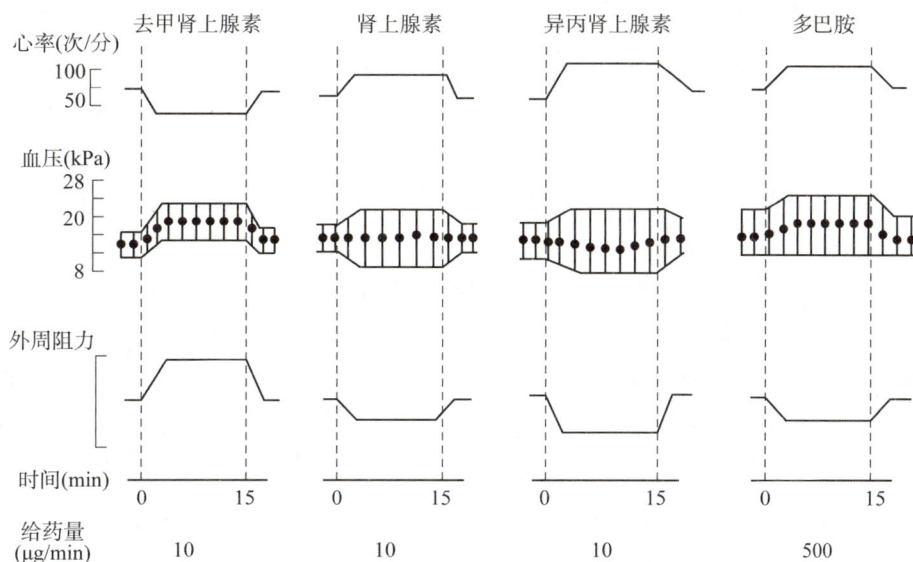

图 9 - 2　几种拟交感药对心率、血压和外周阻力的影响示意图
血压上线为收缩压，下线为舒张压

　　2. 平滑肌　AD 对各平滑肌的作用取决于平滑肌上所分布的 AD 受体的类型和密度。

　　（1）支气管平滑肌　兴奋支气管平滑肌上的 β₂ 受体而使支气管平滑肌舒张，尤其是处于痉挛状态的支气管平滑肌作用更明显。还可兴奋支气管黏膜层和黏膜下层肥大细胞上的 β₂ 受体，抑制肥大细胞释放过敏性物质。兴奋支气管黏膜血管上的 α 受体，使黏膜血管收缩，有利于消除支气管黏膜水肿。

　　（2）胃肠道平滑肌　激动胃肠道平滑肌 α 和 β 受体，抑制胃肠平滑肌，表现为胃松弛、肠张力下降、蠕动频率及幅度降低，其机制可能通过激动肠神经丛胆碱能神经末梢的 α₂ 受体，抑制乙酰胆碱的释放，从而产生抑制作用。

　　（3）膀胱平滑肌　激动 β 受体使膀胱逼尿肌松弛；激动 α 受体使膀胱括约肌收缩，减缓排尿感，易导致尿潴留。

　　（4）子宫平滑肌　对子宫平滑肌的作用与生理状态有关，可降低妊娠晚期子宫平滑肌的张力与收缩力。

　　3. 代谢　能提高机体代谢。治疗量的 AD 可使组织的耗氧量显著增加（20% ~ 30%），体温升高。由于 α 受体和 β₂ 受体的激动作用可致肝糖原分解和糖原异生，从而升高血糖，但极少出现糖尿。AD 还可通过激动 α₂ 受体抑制胰岛素的分泌，降低外周组织对葡萄糖的摄取，并通过激动脂肪细胞的 β₃ 受体和激活三酰甘油酶，加速脂肪分解，使游离脂肪酸升高。

　　4. 中枢神经系统　不易通过血 - 脑屏障，治疗量时一般无明显中枢兴奋现象，仅在大剂量下才出现中枢兴奋症状，如呕吐、激动、肌强直，甚至惊厥等。

　　【临床应用】

　　1. 心脏骤停　因溺水、麻醉意外、手术意外、电击、药物中毒、传染病和心脏传导阻滞等所致的心脏骤停，一般采用肾上腺素作心室内注射，具有起搏作用，并配合使用除颤器或利多卡因等除颤。同时进行有效的心脏按压、人工呼吸、纠正酸中毒等综合措施。

　　2. 过敏性休克　AD 是治疗过敏性休克的首选药，用于输液或药物（如青霉素、链霉素、普鲁卡因等）及异性蛋白（如免疫血清等）引起的过敏性休克，表现为心脏抑制和小血管扩张、毛细血管通透性增加，循环血量降低，血压下降；同时伴有支气管痉挛、呼吸困难等症状。AD 可激动 α 受体，收缩小动脉和毛细血管前括约肌、降低毛细血管通透性，升高血压，并减轻支气管黏膜水肿；激动 β_1 受体，改善心功能；激动 β_2 受体扩张支气管平滑肌，减少过敏介质释放，扩张冠状动脉，迅速缓解过敏性休克引起的心跳微弱、血压下降、喉头和支气管黏膜下水肿及支气管平滑肌痉挛引起的呼吸困难等症状。一般采用皮下或肌内注射给药，危急时也可缓慢静脉滴注，但必须控制速度和用量，以免引起血压骤升及心律失常。

3. 支气管哮喘及其他速发型变态反应　控制支气管哮喘的急性发作，皮下或肌内注射后数分钟内起效。因其对心脏的兴奋作用可引起心悸，不良反应严重，故仅用于支气管痉挛所致的严重呼吸困难及支气管哮喘急性发作，禁用于心源性哮喘患者。另外，AD 对血管神经性水肿、血清病、荨麻疹、花粉症等变态反应性疾病可迅速缓解症状。

4. 局部应用　AD 加入普鲁卡因或利多卡因等局麻药中可收缩注射部位局部血管，延缓吸收，延长麻醉作用时间，减少其吸收中毒的可能性。但应注意用量，一次用量不宜超过 0.3 mg。肢体末梢部位如手指、足趾、耳部、阴茎等处手术时，局麻药物中禁止加入 AD，以免引起局部组织缺血坏死。也可将浸有 0.1% 盐酸 AD 的纱布或棉球填塞出血处，如鼻黏膜和齿龈，以达到收缩血管而止血的目的。

5. 青光眼　通过促进房水流出以及使 β 受体介导的眼内反应脱敏感化，降低眼内压，缓解青光眼的症状。

【不良反应】　常见不良反应为心悸、烦躁、波动性头痛和血压升高、眩晕、乏力等，一般休息后可自行消失。大剂量可使血压剧升，有诱发脑出血的危险，可用硝酸酯类、硝普钠或 α 受体阻断药。β_1 受体兴奋过强，可引起心肌耗氧量增加，导致心肌缺血和心律失常，甚至心室纤颤，故应严格控制剂量。由于 AD 能松弛子宫平滑肌延长产程，故分娩时不宜用。

【禁忌证】　禁用于高血压、器质性心脏病、脑动脉硬化、冠状动脉粥样硬化、糖尿病和甲状腺功能亢进症等，老年人慎用。

⊕ 知识链接

心之复苏 - 肾上腺素的"起死回生"作用

生理学家、药理学家、医学家们经过一百多年孜孜不倦的探索，终于发现了人类肾上腺髓质的奥秘，为我们发现并合成了——肾上腺素。如今，它已经成为抢救室必备药品，为我们的生命保驾护航。由于肾上腺素的强心升压作用，在临床实践中真的实现了"起死回生"作用，比如，抢救心搏骤停、过敏性休克等症；又如，加入局麻药液中以延缓其吸收等。抢救心脏骤停的新三联配方和旧三联配方对比新三联：盐酸肾上腺素每支 1mg，阿托品每支 3mg，利多卡因 0.1g/5ml；旧三联：盐酸肾上腺素每支 1mg，去甲肾上腺素每支 2mg，异丙肾上腺素每支 50mg。抢救心搏骤停用药时，无论是已被淘汰的"旧三联"，还是依然在使用的"新三联"，肾上腺素都是首当其冲。

麻黄碱

麻黄碱（ephedrine）是从中药麻黄中提取的生物碱，现已人工合成。药用为左旋体或消旋体。其化学性质稳定，口服易吸收，也可皮下注射或肌内注射给药，易通过血-脑屏障，也可分泌到乳汁中。小部分在体内经 MAO 而被代谢，大部分（60%～70%）以原型经肾排泄，消除缓慢，故作用较 AD 持久，一次给药作用可持续 3～6 小时。

麻黄碱可直接激动 α_1、α_2、β_1 和 β_2 受体，促进 NA 能神经末梢释放递质，间接发挥 NA 样作用。与 AD 比较，麻黄碱具有下列特点：①口服有效，化学性质稳定；②兴奋心脏、收缩血管、升高血压和舒张支气管的作用弱而持久；③兴奋中枢作用明显；④连续应用易产生快速耐受性，停药 1 周后可恢复。

临床用于：①防治蛛网膜下腔和硬脊膜外麻醉所引起的低血压；②防治轻症支气管哮喘发作，也常与止咳药配成复方用于痉挛性咳嗽；③缓解荨麻疹和血管神经性水肿等过敏反应的皮肤黏膜症状等；④鼻黏膜充血引起的鼻塞常用 0.5%～1% 的溶液滴鼻，明显改善鼻黏膜肿胀。

不良反应为中枢兴奋所致的不安、失眠、头痛、震颤等，晚间服用宜加镇静催眠药以防止失眠。短期内反复应用快速耐受性明显，其原因可能与连续用药使受体饱和及递质耗竭有关，每日用药不超过 3 次。禁忌证同 AD。

⇒ 案例引导

临床案例 患者，男，32 岁，因右踝部肿痛 3 天，局部见脓性分泌物入院诊治。入院查体：体温：37.8℃，脉搏：78 次/分，呼吸：19 次/分，血压：110/70mmHg，一般情况好，心、肺、腹（-），查右踝部见一 3.3cm×3.5cm 大小红肿区，表面见脓性分泌物，局部有压痛。诊断为：右足蜂窝组织炎。经局部外用消毒杀菌药处理，青霉素皮试阴性后，将青霉素 400 万 U 加入 0.9% 的氯化钠 250ml 中静脉滴注，液体滴入 50ml 后病人突感呼吸困难、心慌、胸闷、四肢发凉，继之出现烦躁不安、意识不清。查体：体温：37℃，脉搏：86 次/分，呼吸：30 次/分，血压：80/50mmHg，意识不清，叫之不应，口唇发绀，双肺（-），心率：85 次/分，四肢末梢凉，发绀。临床诊断：青霉素所致过敏性休克。

问题 1. 针对此患者应采取哪些抢救措施？
2. 首先考虑选用什么药物进行抢救？为什么？

第二节 α 受体激动药

α 受体激动药根据与不同的亚型受体结合，被分为 α_1、α_2 受体激动药（去甲肾上腺素）、α_1 受体激动药（去氧肾上腺素）和 α_2 受体激动药（可乐定）三类。

一、α_1、α_2 受体激动药

去甲肾上腺素

去甲肾上腺素（noradrenaline，NA；norepinephrine，NE）是由 NA 能神经末梢释放的主要递质，也可由肾上腺髓质少量分泌。药用的 NA 为人工合成的左旋体，临床常用其重酒石酸盐，在微酸溶液中较稳定。与肾上腺素相似，NA 性质不稳定，遇光或空气易氧化分解，在中性尤其碱性溶液中极易氧化变色而失效。

【体内过程】去甲肾上腺素在肠内易被碱性肠液氧化破坏，剩余又被肠黏膜及肝脏代谢失活，故口服无效；皮下或肌内注射因局部血管强烈收缩，易发生局部组织坏死，须禁用；静脉注射后，很快被组织摄取，作用仅能维持几分钟。因此一般采用静脉滴注法给药，可维持有效血药浓度。本药可以通过胎盘进入胎儿循环，但难以通过血-脑屏障。与内源性 NA 类似，进入体内的外源性 NA 大部分被 NA 能神经末梢主动摄取，也可被非神经组织如心肌和平滑肌所摄取。未被摄取的 NA 可在肝内迅速代谢，其过程与 AD 相似，代谢产物为间甲肾上腺素和 3-甲氧-4-羟扁桃酸（VMA），经肾脏排泄。

【药理作用】 对 α 受体具有强大激动作用，但对 $α_1$、$α_2$ 受体无选择性，对心脏 $β_1$ 受体作用较弱，对 $β_2$ 受体几乎无作用。

1. 血管 激动血管的 $α_1$ 受体，使血管，特别是小动脉和小静脉收缩，其中以皮肤、黏膜血管收缩最显著，其次为肾、肠系膜、脑、肝血管，骨骼肌血管也可出现收缩反应。由于血管收缩，可使局部组织血流量减少，外周阻力增加。可使冠状血流量增加，主要是由于心脏兴奋，代谢产物腺苷增加，同时因血压升高，提高了冠状血管的灌注压所致。NA 也可激动血管壁的去甲肾上腺素能神经突出前膜的 $α_2$ 受体，通过负反馈调节抑制 NA 的释放，以调节过于剧烈的缩血管作用。

2. 心脏 对心脏 $β_1$ 受体作用较弱，在整体情况下，由于血压的急剧升高，反射性兴奋迷走神经，反可使心率减慢，应用阿托品可防止这种心率减慢。整体情况下，由于血管收缩，外周阻力增加，心排出量一般不变或稍降。大剂量使用 NA 可诱发心律失常，但较肾上腺素少见。

3. 血压 NA 有较强的升压作用。小剂量静脉滴注，由于心脏兴奋使收缩压升高，因对血管收缩作用尚不剧烈，舒张压升高不明显，故脉压加大；较大剂量时，因血管剧烈收缩使外周阻力明显增高，脉压可变小（图 9-2）。

4. 其他 对血管以外的其他平滑肌作用较弱，对受孕子宫可增加收缩频率；对机体代谢影响较小，仅在较大剂量时才出现血糖升高。

【临床应用】

1. 休克及某些低血压状态 休克现已少用。主要用于早期神经源性休克以及嗜铬细胞瘤切除术后或药物中毒（镇静催眠药、吩噻嗪类抗精神病药）引起的低血压。其他休克（出血性休克禁用）早期血压骤降时仍可用小剂量 NA 短时间静脉滴注，以保证心、脑等主要器官的血液供应。

2. 上消化道出血 NA（1~3mg），适当稀释后口服，可使食管和胃内血管收缩产生局部止血效果。

【不良反应】

1. 局部组织缺血坏死 静脉滴注时浓度过大、时间过长或渗漏出血管外，均可使血管强烈收缩，引起局部组织缺血坏死。如发现外漏或注射部位皮肤苍白，应立即进行热敷，用 0.25% 普鲁卡因 10~20 ml 局部封闭，并用 α 受体阻断药酚妥拉明 5 mg 溶于生理盐水中皮下浸润注射，以扩张血管。

2. 急性肾衰竭 滴注时间过长或剂量过大，可使肾脏血管强烈收缩，肾血管流量严重减少，导致少尿、无尿和肾实质损伤。故用药期间尿量应保持在每小时 25ml 以上。

3. 其他 停药后血压下降长期静脉滴注突然停药，可见血压骤降，这是由于长期处于收缩状态的静脉在停药后迅速扩张，外周循环中血液淤积，有效血液循环量减少所致，所以应在逐渐降低滴速后再停药。

【禁忌证】 高血压、动脉硬化症、器质性心脏病、严重微循环障碍及少尿、无尿的患者及孕妇禁用。

间羟胺

间羟胺（metaraminol，阿拉明，aramine）对 α 受体兴奋作用较强，对 $β_1$ 受体作用较弱。间羟胺也可被 NA 能神经末梢摄取，进入囊泡，通过置换作用促使囊泡中的 NA 释放，间接发挥作用。性质较稳定，不易被 MAO 破坏，作用较持久。该药对肾血管收缩作用较 NA 弱，心律失常及少尿等不良反应发生较少，不易引起局部组织缺血坏死，可肌内注射，是 NA 用于各种休克早期或其他低血压状态的代用品。短时间内连续应用该药可使囊泡内 NA 递质减少而产生快速耐受性，可适当加用小剂量 NA 恢复或加强其升压作用。

二、α₁受体激动药

去氧肾上腺素

去氧肾上腺素（苯肾上腺素，phenylephrine，又名新福林，neosynephrine）直接和间接兴奋 α_1 受体，作用强度较 NA 弱，因不被 MAO 破坏，维持时间较 NA 长。由于血压升高，可反射性引起心率减慢，故可于用治疗阵发性室上性心动过速。临床上使用的制剂主要有盐酸去氧肾上腺素注射液，可用于治疗休克及麻醉时维持血压，也可用于防治脊椎麻醉或全身麻醉引起的低血压。又因兴奋瞳孔开大肌上的 α_1 受体产生扩瞳作用，故可用于眼底检查、轻度变态反应性结膜充血等。

甲氧明

甲氧明（methoxamine）直接兴奋 α_1 受体，高浓度时可阻断 β 受体，收缩血管、升高血压，通过迷走神经反射可使心率减慢，可用于阵发性室上性心动过速。

三、α₂受体激动药

1. 外周性 α₂受体激动药

羟甲唑啉

羟甲唑啉（oxymetazoline）为外周突触后膜 α_2 受体激动药。因具有收缩局部血管以及抑制局部腐生菌生长的作用，故可用作滴鼻剂治疗鼻黏膜充血和鼻炎，常用浓度为 0.05%，该药的作用常在几分钟内发生，可持续数小时。偶见局部刺激症状，喷雾过频可导致反跳性鼻充血。小儿用后可产生中枢神经系统症状，故 2 岁以下小儿禁用。

2. 中枢性 α₂受体激动药

可乐定

可乐定（clonidine）可兴奋外周交感神经突触前膜的 α_2 受体，反馈性引起神经递质释放的减少，产生降压作用。临床用其治疗高血压。此外，该药还可产生一定的镇静及镇痛作用，也能抑制胃肠道分泌和运动。

甲基多巴

甲基多巴（methyldopa）在体内产生代谢产物 α‐甲基去甲肾上腺素，激动中枢 α 受体，抑制对心、肾和周围血管的交感冲动输出，同时降低周围血管阻力及血浆肾素活性，因而降低血压。临床上用于治疗高血压，包括肾病时的高血压。妊娠期伴有高血压的首选治疗药物。

详见第二十四章抗高血压药。

第三节　β 受体激动药

β 受体激动药能选择性与 β 肾上腺素受体结合产生 β 受体激动作用。常见的受体激动药包括 β_1、β_2 受体激动药（异丙肾上腺素）、β_1 受体激动药（多巴酚丁胺）和 β_2 受体激动药（沙丁胺醇、特布他林）。

一、β₁、β₂受体激动药

异丙肾上腺素

异丙肾上腺素（isoprenaline）是人工合成品，经典的 β_1、β_2 受体激动药，对 α 受体无影响，其化学结构是 NA 氨基上的氢原子被异丙基所取代，临床用其硫酸盐或盐酸盐。

【体内过程】口服后在肝脏代谢失活，故口服基本无效；舌下给药可经口腔局部黏膜吸收，但不规则；气雾剂吸入或注射给药，吸收较快。吸收后主要在肝和其他组织中被 COMT 代谢，少量被 MAO 代谢。较少被 NA 能神经末梢所摄取，作用持续时间较 NA 和 AD 长，$t_{1/2}$ 约为 2 小时。反复应用，可使药效减弱，机制可能是代谢产物 3 - 甲氧异丙肾上腺素具有 β 受体阻断作用所致。主要通过肾脏排泄，雾化吸入后约 5% ~10% 、静脉注射后约 40% ~50% 以原型排出。

【药理作用】有很强的 β 受体兴奋作用，但对 β_1 和 β_2 受体选择性低，无 α 受体兴奋作用。

1. 心血管系统

（1）心脏　有强大的心脏 β_1 受体兴奋作用，使心肌收缩力增强、心率加快、传导加速和心输出量增加。与肾上腺素比较，对正位起搏点的作用比异位作用强，所以不易诱发心律失常。

（2）血管和血压　治疗剂量的异丙肾上腺素能兴奋血管平滑肌的 β_2 受体，使骨骼肌血管明显扩张，冠状血管扩张，冠状动脉血流量增加，肾和肠系膜血管轻微扩张，外周总阻力降低。由于兴奋心脏、收缩压升高，舒张压下降，故脉压差增大。但如果静脉注射剂量过大，可使静脉显著舒张，回心血量明显减少，造成有效循环血量不足，收缩压和舒张压均降低，反而使组织器官血液灌注不足（图 9 -2）。

2. 支气管平滑肌　兴奋支气管平滑肌的 β_2 受体，明显舒张支气管平滑肌，尤其是处于痉挛状态的支气管平滑肌，效果强于 AD。还能抑制组胺等过敏性物质的释放，解除支气管平滑肌痉挛。但因对支气管黏膜血管无收缩作用，故改善黏膜水肿的作用低于肾上腺素。另外，该药久用可产生耐受性。

3. 其他　激动 β 受体可促进糖和脂肪的分解，增加组织耗氧量。升高血糖作用低于肾上腺素，升高游离脂肪酸作用与肾上腺素相似。

【临床应用】

1. 心脏骤停　常用于心室自身节律缓慢，高度房室传导阻滞或窦房结功能衰竭并发的心脏骤停。对停搏的心脏具有起搏的作用，使心脏恢复跳动。对心肌自律性影响小，较少诱发心室纤颤。为防止因舒张压下降而致冠脉灌注压降低，常与 NA 或间羟胺合用，进行心室腔内注射给药。

2. 房室传导阻滞　治疗二、三度房室传导阻滞，一般采用舌下含服；对于完全性房室传导阻滞，应静脉滴注给药，并根据心率调整滴速。

3. 支气管哮喘　用于控制支气管哮喘的急性发作，舌下或喷雾给药，作用强而快，长期反复应用，可产生耐受性。

【不良反应】常有心悸、头晕、皮肤潮红。支气管哮喘的患者因已存在缺氧状态，若用量过大可增加心肌耗氧量，甚至诱发心肌梗死、心律失常，严重者还可引发室性心动过速及室颤。

【禁忌证】禁用于心绞痛、心肌梗死、糖尿病及甲状腺功能亢进的患者。

二、β_1 受体激动药

多巴酚丁胺

多巴酚丁胺（dobutamine）为人工合成药物，化学结构及体内过程与多巴胺相似，因存在不对称中心，故有旋光性，临床上用消旋体。其左旋体激动 β_1 受体，右旋体则阻断 β_1 受体，对 β 受体的作用因此而抵消。由于消旋体激动 β_1 受体的作用比激动 β_2 受体作用强，因此多巴酚丁胺为 β_1 受体激动药。口服无效，仅供静脉注射给药。

【药理作用】正性肌力作用较强。与异丙肾上腺素比，该药的正性肌力作用比正性缩率作用显著，很少增加心肌耗氧量，也较少引起心动过速，但若静滴速度过快或浓度过高时，则可引起心率加快。

【临床应用】短期静脉滴注治疗心脏术后低心排出量休克或心肌梗死并发心力衰竭。增加心排出量

而不加快心率，改善左室功能的作用优于多巴胺。治疗休克时，其疗效优于异丙肾上腺素，且较安全。但连续用药 24~48 小时后可产生快速耐受性。

【不良反应】可引起血压升高、心悸、头痛、气短等不良反应。偶致室性心律失常，心肌梗死患者会增加梗死面积。梗阻型肥厚型心肌病、心房纤颤者禁用。

三、β_2 受体激动药

β_2 受体激动药选择性激动 β_2 受体，使支气管、子宫和血管平滑肌松弛。与异丙肾上腺素相比，该类药物具有较强的解除支气管平滑肌痉挛作用且无明显的心脏兴奋作用。临床上主要用于治疗支气管哮喘。常用的药物有沙丁胺醇（salbutamol）、特布他林（terbutaline）、克仑特罗（clenbuterol）、沙美特罗（salmeterol）等。

沙丁胺醇

沙丁胺醇（salbutamol）对 β_2 受体的激动作用强于对 β_1 受体。对心脏的兴奋作用仅是异丙肾上腺素的 1/10，沙丁胺醇舒张支气管作用强度约为异丙基肾上腺素的 10~20 倍。吸入给药是沙丁胺醇的主要给药途径。用于哮喘急性发作时，多采用气雾剂或雾化溶液吸入沙丁胺醇，可迅速缓解哮喘症状；预防夜间哮喘发作，通常采用沙丁胺醇控释片（全特宁）口服，缓释和控释剂型沙丁胺醇仅适应于慢性持续性哮喘的治疗；皮下注射沙丁胺醇对脆性哮喘疗效较好。沙丁胺醇吸入给药也可用于预防喘息性支气管炎和 COPD 患者的支气管痉挛以及运动性哮喘。

【不良反应】吸入给药时约有 30% 病例发生肌肉震颤，随着用药时间的延长，可逐渐减轻或消失。大剂量应用出现心悸或心律失常、头痛、兴奋等不良反应时，可以选用 β_1 受体阻断药如美托洛尔等。

第四节 α、β、DA 受体激动药

多巴胺

多巴胺（dopamine，DA）是去甲肾上腺素、肾上腺素生物合成的前体，药用 DA 为人工合成品，其化学性质不稳定。

【体内过程】口服无效，一般采用静脉滴注法给药。因 DA 在体内 COMT 和 MAO 催化下，迅速代谢失活，$t_{1/2}$ 仅为 1~2 分钟，故作用持续时间短暂。外源性 DA 不易通过血-脑屏障，几乎无中枢作用。

【药理作用】主要兴奋 α、β_1 受体及外周的 DA 受体（D_1 受体），对 β_2 受体作用微弱，并能促进 NA 能神经末梢释放 NA。

1. 心血管 多巴胺对心血管的作用与用药浓度有关，低剂量多巴胺激动血管 D_1 受体，使冠状血管、肾血管和肠系膜血管舒张，这与激活腺苷酸环化酶、增加细胞内 cAMP 浓度有关。大剂量多巴胺则激动血管 α_1 受体，引起血管收缩。治疗量的多巴胺能激动皮肤、黏膜血管的 α_1 受体，收缩血管，并激动肾、肠系膜和冠状血管上的 DA 受体，舒张血管，但对 β_2 受体作用微弱，总体表现为对外周阻力影响不大。该药在增加收缩压的同时对舒张压影响不大，会导致脉压增大（图 9-2）。大剂量 DA 则可明显兴奋心脏和收缩血管，收缩压和舒张压均明显上升。血管收缩和血压升高的作用可被 α 受体阻断药酚妥拉明所拮抗。大剂量时可加快心率而诱发心律失常。一般剂量对心率影响不大。

2. 肾脏 低剂量 DA 能兴奋肾血管 D_1 受体，舒张肾血管，使肾血流量和肾小球滤过率增加，增加尿量。同时 DA 还能直接兴奋肾小管上的 DA 受体，产生排钠利尿作用。但大剂量时，由于兴奋肾血管 α_1 受体，使肾血管明显收缩，尿量减少。

【临床应用】用于各种休克，如心肌梗死、创伤、内毒素败血症、心脏手术、肾衰竭、充血性心力衰竭等引起的休克，尤其适用于伴有心肌收缩力减弱及尿量减少者。治疗时应注意补充血容量及纠正酸中毒。此外，还可与利尿药合用治疗急性肾功能衰竭。由于可增加心排出量，也可用于强心苷类和利尿剂无效的心功能不全。

【不良反应】一般较轻，偶见恶心、呕吐。剂量过大或滴注过快，可出现心动过速、心律失常和肾血管收缩导致肾功能下降等，故应注意给药剂量和滴注速度，一旦出现不良反应，应减慢滴速或停药。静滴外漏可引起局部组织缺血坏死。高血压及器质性心脏病者慎用。同时合用单胺氧化酶抑制剂或三环类抗抑郁药时，DA 剂量应酌减。

目标检测

答案解析

1. 拟肾上腺素药分几类，每类的代表药物是什么？
2. 去甲肾上腺素引起的局部组织坏死应如何处理？
3. 麻黄碱与肾上腺素比较有哪些特点？
4. 异丙肾上腺素属于哪类药物，其临床应用有哪些？
5. 可用于支气管哮喘治疗的肾上腺素受体激动药有哪些？试述其作用机制。

（刘智）

书网融合……

本章小结　　　　　　微课　　　　　　题库

第十章　肾上腺素受体阻断药

PPT

> **学习目标**
>
> 1. **掌握**　酚妥拉明、普萘洛尔的药理作用、临床应用及其不良反应。
> 2. **熟悉**　哌唑嗪、阿替洛尔等药物的作用和不良反应。
> 3. **了解**　β 受体阻断药的药理作用和分类。
> 4. 具备根据药物的作用特点、临床应用及其不良反应进行用药指导的能力。

肾上腺素受体阻断药（adrenoreceptor blocking drugs）又称抗肾上腺素药（antiadrenergic drugs）。该类药物能选择性的阻断肾上腺素受体，拮抗去甲肾上腺素能神经递质或肾上腺素受体激动药的作用。根据对肾上腺素受体选择性的不同，分为 α 肾上腺素受体阻断药（简称 α 受体阻断药）、β 肾上腺素受体阻断药（简称 β 受体阻断药）和 α、β 肾上腺素受体阻断药（简称 α、β 受体阻断药）三大类。

第一节　α 肾上腺素受体阻断药

α 受体阻断药能选择性地与 α 肾上腺素受体结合，阻断去甲肾上腺素能神经递质及肾上腺素受体激动药与 α 受体结合，从而产生抗肾上腺素作用。它们能将肾上腺素的升压作用翻转为降压，这个现象称为"肾上腺素升压作用的翻转"。其机制是 α 受体阻断药选择性地阻断了与血管收缩有关的 α 受体，但不影响与血管舒张有关的 β 受体，导致肾上腺素收缩血管的作用被取消，而舒张血管的作用得以充分体现。对于主要作用于 α 受体的激动药去甲肾上腺素，α 受体阻断药只能取消或减弱其升压效应而无"翻转作用"。对于主要作用于 β 受体的异丙肾上腺素的降压作用则无影响。α 受体阻断药在给药前后对犬血压的影响示意图见 10 - 1。

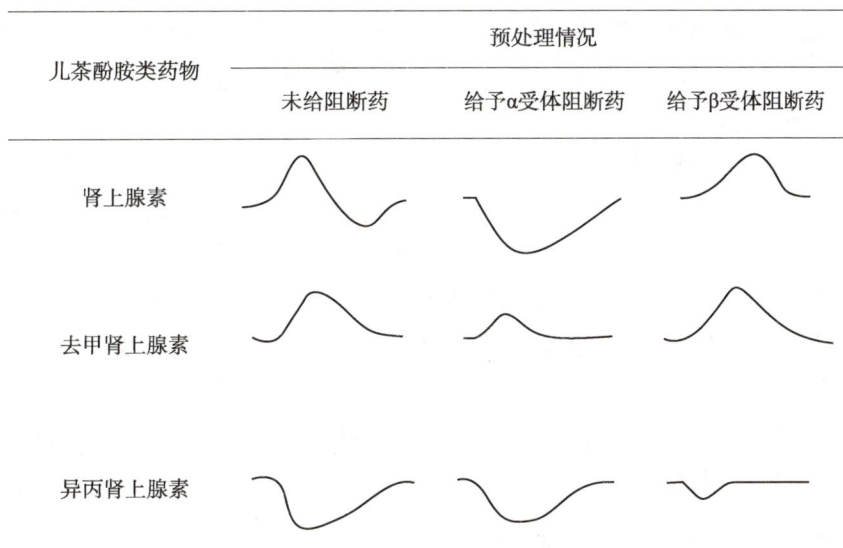

图 10 - 1　儿茶酚胺给药前后对犬血压的影响示意图

根据 α 受体阻断药对受体亚型选择性的不同，可分为以下三类。

1. 非选择性 α 受体阻断药

（1）短效类　酚妥拉明、妥拉唑啉。

（2）长效类　酚苄明。

2. 选择性 α₁ 受体阻断药　如哌唑嗪。

3. 选择性 α₂ 受体阻断药　如育亨宾。

一、非选择性 α 受体阻断药

酚妥拉明 📱微课

酚妥拉明（phentolamine）又名立其丁（regitine）、苄胺唑啉，为咪唑啉的衍生物，属人工合成品，药用其磺酸盐。

【体内过程】 口服生物利用度低，仅为注射给药的 20%。常作肌内或静脉注射。静脉注射后 2～5 分钟起效，作用维持 10～15 分钟；肌内注射作用维持 30～45 分钟。口服 30 分钟后血药浓度达峰值，作用维持约 3～6 小时。大多以无活性的代谢物从尿中排泄。

【药理作用】 短效 α 受体阻断药。对 α₁ 和 α₂ 的亲和力相近。

1. 血管与血压　酚妥拉明阻断 α₁ 受体和直接舒张作用导致血管扩张，静脉注射能使血管扩张，肺动脉压和外周血管阻力降低，血压下降。

2. 心脏　因扩张血管作用可反射性兴奋心脏，心排出量增加，同时由于阻断了突触前膜 α₂ 受体，使神经末梢释放去甲肾上腺素增加，激动心脏 β₁ 受体，引起收缩力增强、心率加快及心排出量增加。正常剂量的酚妥拉明对正常人血压和心率影响小，大剂量时可出现明显的血压下降及心率加快。

3. 其他　能激动 M 胆碱受体，产生拟胆碱作用，使胃肠平滑肌张力增加。有拟组胺样作用，激动 H₁、H₂ 受体，促进胃酸分泌，引起皮肤潮红等反应。

【临床应用】

1. 外周血管痉挛性疾病　如肢端动脉痉挛的雷诺综合征、血栓闭塞性脉管炎及冻伤后遗症。

2. 去甲肾上腺素药液外漏　当静脉滴注去甲肾上腺素发生外漏时，可用本品 10mg 溶于 10～20ml 生理盐水中做局部皮下浸润注射，防止组织缺血坏死。

3. 顽固性充血性心力衰竭和急性心肌梗死　心衰时，因心排血量不足，导致交感神经张力增加，外周血管阻力增高、肺充血及肺动脉压力增高，引起肺水肿。酚妥拉明能解除心功能不全时小动脉和小静脉的反射性收缩，降低外周阻力，减轻心脏前、后负荷，增加心排出量，改善心衰和肺水肿。用酚妥拉明等扩血管药可治疗其他药物无效的急性心肌梗死及充血性心脏病所导致的心力衰竭。

4. 休克　在补足血容量的基础上，酚妥拉明能扩张血管，降低外周阻力，增加心输出量，以缓解休克时的重要脏器灌注不足，解除微循环障碍。并能降低肺循环阻力，防止肺水肿的发生。适用于感染性、心源性和神经源性休克，尤其对休克症状改善不佳而左室充盈压增高者疗效较好。目前主张与去甲肾上腺素合用，以对抗其激动 α₁ 受体导致的血管收缩作用，保留其激动 β₁ 受体兴奋心脏、增加血输出量的作用。同时去甲肾上腺素也可防止酚妥拉明扩张血管过度，血压过低。

5. 嗜铬细胞瘤　用于鉴别诊断和防治手术过程中骤发高血压危象，也可用于突然停用可乐定或应用单胺氧化酶抑制剂患者食用富含酪胺食物后出现的高血压危象。做鉴别诊断试验时有致死病例报道，应慎用。

6. 其他　口服或阴茎海绵体内注射用于阳痿的诊断或治疗。

【不良反应】 常见不良反应有低血压、腹痛、腹泻、呕吐和诱发溃疡病。静脉给药可引起严重的心律失常和心绞痛，须缓慢注射或静脉滴注。胃炎、胃十二指肠溃疡病、冠心病患者慎用。

酚苄明

酚苄明（phenoxybenzamine）又名苯苄胺（dibenzyline），为长效类非选择性 α 受体阻断药，酚苄明具有起效慢，作用强和作用持久的特点。

【体内过程】口服生物利用度为 20%～30%，因局部刺激强，不作肌内或皮下注射，仅作静脉注射，静脉注射后，其分子中的氯乙胺基需环化形成氯乙撑亚胺基，故起效慢，1 小时后达到最大效应。脂溶性高，可积蓄脂肪组织中，缓慢释放，作用持久，一次用药作用可持续 3～4 天。主要经肝脏代谢，经肾脏和胆汁排泄。

【药理作用】酚苄明能扩张血管、降低外周阻力、降低血压，其作用强度与交感神经兴奋性相关。对静卧和休息的正常人，酚苄明降压作用不明显。当交感神经张力高、血容量低或直立时，则可以引起明显的降压作用，并通过反射作用和对阻断突触前膜 α_2 受体的阻断，导致心率加快。高浓度时还具有抗 5-HT 及抗组胺作用。

【临床应用】

（1）外周血管痉挛性疾病和血栓闭塞性脉管炎。

（2）抗休克，尤其适用于感染性休克。

（3）嗜铬细胞瘤的持续治疗和术前准备。

（4）良性前列腺增生引起的阻塞性排尿困难，可改善症状，可能与阻断前列腺和膀胱底部的 α 受体有关。

【不良反应】常见直立性低血压、反射性心动过速、心律失常和鼻塞；口服可引起恶心、呕吐、嗜睡、疲乏等。休克治疗时需先补足血容量，静脉注射需缓慢给药并需密切观察病情变化和纠正血压。

二、选择性 α_1 受体阻断药

哌唑嗪

哌唑嗪（prazosin）对 α_1 受体有较高的选择性，能扩张外周血管，临床用于治疗高血压和顽固性心功能不全的治疗（见第二十四章抗高血压药）。对突触前膜 α_2 受体的阻断作用很弱，不会促进神经末梢释放去甲肾上腺素，因此对心率的影响较弱。

坦洛新

坦洛新（tamsulosin）生物利用高，$t_{1/2}$ 高为 9～15 小时，能选择性阻断前列腺的 α_{1A} 受体，对分布在血管的 α_{1B} 受体作用弱，故对心率和血压无明显影响。研究表明 α_{1A} 受体主要存在于前列腺，而 α_{1B} 受体主要存在于血管。因而坦洛新主要用于良性前列腺肥大的治疗，对心率和血压无明显影响。

三、选择性 α_2 受体阻断药

育亨宾

育亨宾（yohimbine）为选择性 α_2 受体阻断药，易进入中枢神经系统，阻断 α_2 受体，促进去甲肾上腺素能神经末梢释放去甲肾上腺素，从而升高血压，加快心率。本品也是 5-HT 的拮抗剂。育亨宾主要作为工具药应用于实验研究，并可用治疗男性性功能障碍和糖尿病患者的神经病变。

选择性高的 α_2 受体阻断药如咪唑克生（idazoxan），适用于抑郁症的治疗。

临床案例　患者，男，45岁，既往有胃溃疡病史，近日左足及左小腿时有疼痛、发凉、怕冷、麻木感，严重时肌肉抽搐，行走不能，休息后症状减轻或消失。诊断：左足及其下肢血栓闭塞性脉管炎。

问题　1. 该患者应选用哪种药物治疗？

　　　　2. 简述该药的作用机制是什么？

第二节　β肾上腺素受体阻断药

β肾上腺素受体阻断药（β-adrenoceptor blocker drugs），简称β受体阻断药（β blocker）。能选择性与β受体结合，竞争性阻断β受体激动药与β受体的结合，从而拮抗其β型拟肾上腺素的作用。根据其对β_1和β_2受体选择性的不同，可将其分为非选择性（β_1、β_2受体阻断药）和选择性（β_1受体阻断药）两类。本类药物中部分具有内在拟交感活性，因此又可分为有内在拟交感活性和无内在拟交感活性两类。

【体内过程】　β受体阻断药的体内过程受各自的脂溶性及首关消除等影响，生物利用度差别较大。脂溶性高的药物，如普萘洛尔、美托洛尔等口服易吸收，但通过肝脏时具有明显的首过消除，故口服生物利用度较低。进入血液循环后，本类药物一般能分布到全身各个组织，脂溶性越高和血浆蛋白结合率越低的药物，分布容积较大。脂溶性高的药物主要在肝脏代谢，少量以原型从尿中排泄。本类药物的$t_{1/2}$多数在$3\sim6$小时，纳多洛尔的$t_{1/2}$可达$10\sim20$小时。脂溶性低的药物如阿替洛尔、吲哚洛尔口服生物利用度相对较高，以原型从肾脏排泄。由于本类药物主要由肝代谢、肾排泄，对肝、肾功能不良者应调整剂量或慎用。

【药理作用】

1. β受体阻断作用

（1）心血管系统　对处于静息状态的心脏影响较弱，当心脏交感神经张力增高时（运动或病理状态），心脏β_1受体阻断作用明显，使心率减慢、心肌收缩力减弱、心输出量减少、心肌耗氧量下降、心房和房室结的传导减慢、血压略降。阻断血管β_2受体，加上心脏抑制后反射性兴奋交感神经，所以血管收缩，外周阻力增加，肝、肾和骨骼肌等血流量减少。β受体阻断药对正常人血压影响不明显，而对高血压患者具有降压作用，其机制尚未阐明，可能涉及药物对多种系统β受体阻断作用。

（2）支气管平滑肌　阻断支气管β_2受体而使支气管平滑肌收缩，呼吸道阻力增加。这种作用对正常人影响较弱，但对支气管哮喘的患者，可诱发或加重哮喘的急性发作。

（3）代谢　①脂肪的代谢：抑制脂肪的分解，降低血中游离脂肪酸，但不能降低饮食所致的高脂血症。长期应用非选择性的β受体阻断药会导致血浆中极低密度脂蛋白（VLDL）、三酰甘油升高，高密度脂蛋白（HDL）降低，低密度脂蛋白（LDL）浓度无变化，增加冠状动脉粥样硬化性心脏病的风险。而选择性β受体阻断药对脂肪代谢影响较弱。②糖代谢：肝糖原的分解与激动α_1和β_2受体有关，故本类药物与α受体阻断药合用时可拮抗肾上腺素升高血糖的作用。本类药物不影响正常人的血糖水平，也不影响胰岛素降低血糖的作用，但能延缓使用胰岛素后血糖水平的恢复，可能是其抑制了低血糖引起儿茶酚胺释放所致的糖原分解。β受体阻断药可掩盖低血糖症状如心悸等，应特别注意。③甲状腺激素：

β受体阻断药能抑制甲状腺素（T_4）转变为三碘甲状腺原氨酸（T_3）的过程，并对抗机体对儿茶酚胺敏感性的增高，有效控制甲亢症状。④肾素：β受体阻断药通过阻断肾小球旁器细胞的$β_1$受体而抑制肾素的释放，这可能是其降血压作用的原因之一。

2. 内在拟交感活性 有些β肾上腺素受体阻断药不仅有β受体阻断，还有β受体激动作用，由于激动作用较弱，一般被β受体阻断作用所掩盖，故称为内在拟交感活性（intrinsic sympathomimetic activity，ISA）。如预先给予利血平耗竭体内儿茶酚胺，再用具有ISA的β受体阻断药，可致心率加快，心输出量增加，体现出对β受体的激动作用。ISA较强的药物抑制心肌收缩力、减慢心率和收缩支气管作用较不具ISA的药物弱。

3. 膜稳定作用 实验证明，有些β受体阻断药具有局部麻醉作用和奎尼丁样作用，这两种作用都与其降低细胞膜对离子的通透性有关，故称为膜稳定作用。但对人离体心肌细胞的膜稳定作用在高于临床有效浓度几十倍时才能发挥，而且无膜稳定性作用的β受体阻断药对心律失常依然有效。因此认为，这一作用在常用量时与治疗作用无明显相关。

4. 其他 某些β受体阻断药能阻断睫状体的β受体，减少房水生成，从而降低眼内压，治疗青光眼，如噻吗洛尔。另外，普萘洛尔具有抗血小板聚集作用。

【临床应用】

1. 心律失常 用于多种快速型心律失常，尤其对运动、情绪激动、心肌缺血或强心苷中毒引起的心律失常效果较好。（详见第二十一章）

2. 心绞痛和心肌梗死 对心绞痛有良好的疗效。心肌梗死患者早期应用可降低复发和猝死率。（详见第二十六章）

3. 高血压 β受体阻断药是治疗高血压的基础药物，可单用，也可与其他一线降压药联合应用。尤其适用于高血压伴有肾素分泌增加者。（详见第二十四章）

4. 充血性心力衰竭 β受体阻断药对扩张型心肌病心衰的治疗作用明显。其机制可能为：①改善心脏舒张功能；②缓解儿茶酚胺引起的心脏损害；③抑制前列腺素或肾素所致的缩血管作用；④上调β受体，恢复心肌对内源性儿茶酚胺的敏感性。

5. 其他 甲状腺功能亢进的辅助治疗，并能降低基础代谢率。也用于偏头痛、嗜铬细胞瘤和肥厚型心肌病，减轻肌肉震颤和酒精中毒等。噻吗洛尔常局部用药治疗青光眼，降低眼内压。

【不良反应】 常见不良反应有恶心、呕吐、轻度腹泻等消化道症状，偶见过敏性皮疹和血小板减少等。用药不当可引起下列严重的不良反应。

1. 心血管反应 阻断心脏的$β_1$受体，导致心脏功能抑制，可使心功能不全、窦性心动过缓和房室传导阻滞的患者病情加重，甚至引起重度心功能不全、肺水肿、完全性房室传导阻滞。具有ISA的β受体阻断药较少出现心动过缓和负性肌力等现象。阻断血管的$β_2$受体，外周血管收缩，可引起四肢发冷、皮肤苍白或发绀，出现雷诺症状和间歇跛行，甚至引起远端肢体溃烂坏死。

2. 诱发或加重支气管哮喘 阻断支气管平滑肌上的$β_2$受体，使支气管哮喘的患者呼吸道阻力增加，可诱发或加重哮喘的急性发作。选择性$β_1$受体阻断药和具有ISA的药物一般不引起上述不良反应，但对哮喘患者仍应慎用。

3. 反跳现象 长期使用β受体阻断药突然停药，可导致原有病情加重，如血压上升、严重心律失常或心绞痛发作次数增加，甚至引发急性心肌梗死和猝死。其机制与受体向上调节有关。因此长期用药者应在病情控制后，逐渐减量直至停药。

4. 其他 偶见眼-皮肤黏膜综合征；偶见疲乏、幻觉、失眠和抑郁症状。少数人可出现低血糖及加强降血糖药的降血糖作用，并掩盖低血糖时出汗及心率加快的症状，造成严重后果。

【禁忌证】禁用于严重左室心功能不全、窦性心动过缓、重度房室传导阻滞和支气管哮喘等患者。慎用于肝功能不良和心肌梗死患者。

一、非选择性 β 受体阻断药

普萘洛尔

普萘洛尔（propranolol，心得安）是等量的左旋和右旋异构体的消旋品，仅左旋体有阻断 β 受体的活性。

【体内过程】口服易吸收，血浆药物浓度达峰时间为 1~3 小时，有明显的首过效应，生物利用度仅 30%。血浆蛋白结合率 90%，易于透过血 - 脑屏障和胎盘，也可分泌于乳汁中。$t_{1/2}$ 为 2~5 小时，主要在肝脏代谢，代谢产物 90% 以上从肾脏排泄。不同个体口服相同剂量的普萘洛尔，血浆浓度相差可达 20 倍之多，因此临床用药剂量需从小剂量开始，逐渐增加到最适剂量。

【药理作用】有较强的 β 受体阻断作用，对 β_1 和 β_2 受体的选择性低，无内在拟交感活性。用药后心率减慢、心肌收缩力和心输出量降低、冠状动脉血流量下降、心肌耗氧量明显减少，支气管阻力升高。

【临床应用】用于心律失常、心绞痛、高血压、甲状腺功能亢进的辅助治疗等。

【不良反应】一般不良反应如恶心、呕吐等消化道症状，偶见过敏性皮疹和血小板减少等。严重的不良反应与应用不当有关，因普萘洛尔对心脏功能的抑制作用，心功能不全、窦性心动过缓和房室传导阻滞的患者对普萘洛尔特别敏感，导致病情加重，甚至引起严重后果。因对支气管平滑肌 β_2 受体阻断作用，可诱发或加重哮喘。另外长期应用 β 受体阻断药突然停药会出现反跳现象。另外心肌梗死和肝肾功能不良者应慎用。

⊕ 知识链接

普萘洛尔用于治疗婴幼儿血管瘤进展

自 2008 年 Léauté - Labrèze 等首次报道普萘洛尔用于治疗婴幼儿血管瘤（IH）以来，普萘洛尔逐渐成为 IH 的一线治疗药物。国内外大量报道已经明确普萘洛尔治疗婴幼儿血管瘤疗效确切，除了抑制瘤体生长外，还可加快血管瘤消退。但其治疗机制仍尚未明确，推测可能为多方面因素共同作用的结果。目前认为普萘洛尔是一种安全性较高的治疗药物，但也有其潜在的不良反应，如心动过缓、低血压、支气管痉挛、低血糖、嗜睡或烦躁不安、食欲下降、皮肤湿冷等。据报道，小剂量逐步加药的方式口服普萘洛尔，能减少不良反应的发生。对于普萘洛尔的治疗机制及用药方案，仍然需要进一步研究以便更加合理安全地治疗血管瘤。

二、选择性 β_1 受体阻断药

阿替洛尔和美托洛尔

阿替洛尔（atenolol）和美托洛尔（metoprolol）对 β_1 受体具有选择性的阻断作用，对 β_2 受体选择性弱，不具备内在拟交感活性。对呼吸道阻力增加作用较轻，但对支气管哮喘患者仍需慎用。临床常用于心律失常、心绞痛、高血压等的治疗。

常用 β 受体阻断药见表 10 - 1。

表 10 - 1　常用 β 受体阻断药的药理作用和临床应用

常用药物	药理作用			临床应用
	β 受体选择性	阻断 β 受体作用强度	内在拟交感活性	
普萘洛尔（propranolol）	—	1.0	—	心律失常、心绞痛、高血压、甲亢
纳多洛尔（nadolol）	—	2~9	—	高血压、心律失常、心绞痛
吲哚洛尔（pindolol）	—	1.5	+ +	同纳多洛尔
噻吗洛尔（timolol）	—	6	—	青光眼
阿替洛尔（atenolol）	β_1	0.5	—	高血压（但哮喘患者仍需慎用）
美托洛尔（metoprolol）	β_1	0.5~2.0	—	高血压（但哮喘患者仍需慎用）

第三节　α、β 肾上腺素受体阻断药

本类药物对 α、β 肾上腺素受体选择性不强，临床主要用于高血压的治疗。代表药物有拉贝洛尔、卡维地洛等。

拉贝洛尔

拉贝洛尔（labetalol，柳氨苄心定）有四种立体异构体，临床应用的拉贝洛尔为消旋混合物。

【体内过程】口服可吸收，但易受胃内容物的影响。首关消除后生物利用度为 20%~40%，个体差异大。$t_{1/2}$ 为 4~6 小时，经肝脏代谢，少量以原型从肾脏排泄。

【药理作用】拉贝洛尔兼有 α、β 受体阻断作用，对 β 受体的阻断作用强于 α 受体阻断作用的 5~10 倍。由于对 β_2 受体的内在拟交感活性及药物的直接作用，可使血管扩张，增加肾血流量。对 α 受体为竞争性拮抗药，能选择性阻断 α_1 受体，扩张外周血管，降低血压。对突触前膜上的 α_2 受体无阻断作用。

【临床应用】拉贝洛尔用于中度和重度高血压、心绞痛。静脉注射可用于高血压危象的治疗。

【不良反应】常见不良反应有眩晕、乏力、恶心等。哮喘和心功能不全患者禁用。

卡维地洛

卡维地洛（carvedilol）具有 α、β 受体阻断作用，无内在拟交感活性，还有抗氧化作用，抑制氧自由基诱导的脂质过氧化，保护细胞免受损伤。高浓度时具备钙拮抗作用。1995 年被美国 FDA 批准用于原发性高血压和充血性心力衰竭的治疗。用于治疗轻、中度高血压疗效与其他 β 受体阻断药、硝苯地平相似。用量应注意从小剂量开始，个体化用药。能明显改善心衰病人症状，提高射血分数，防止和逆转心肌重构，降低心衰患者的住院率和病死率。

答案解析

目标检测

1. 肾上腺素受体阻断药可分为几类？请举出代表药。
2. 酚妥拉明的临床应用是什么？
3. 普萘洛尔的临床应用是什么？

4. 普萘洛尔的禁忌证有哪些?

5. 酚妥拉明的不良反应有哪些?

（刘智）

书网融合……

| 本章小结 | 微课 | 题库 |

第十一章　局部麻醉药

PPT

📖 **学习目标**

1. **掌握**　普鲁卡因、利多卡因、布比卡因和罗哌卡因的特点及临床应用。
2. **熟悉**　局部麻醉药的作用机制。
3. **了解**　局部麻醉药的分类、吸收后毒性反应。
4. 具备根据局部麻醉药知识和技术选用局麻药的能力。

局部麻醉药（local anesthetics）简称局麻药，是一类可逆性地阻断感觉神经传导，在患者意识清醒状态下，使局部感觉特别是痛觉暂时消失的药物。局麻药的麻醉作用一般局限于给药部位，用于消除手术等引起的疼痛，大多对神经及周围细胞无损伤。

局麻药均属于芳香基－中间链－胺基结构的化合物，按中间链为酯链或酰胺链可分两类：①酯类，如普鲁卡因、丁卡因等。这类麻醉药毒性相对大，治疗指数低，变态反应的发生率高于酰胺类，主要由胆碱酯酶代谢。②酰胺类，如利多卡因、布比卡因等。这类麻醉药治疗指数较大，不良反应较少，主要由肝药酶代谢。如依据临床上局麻药作用时效的长短可分为三类：①短效局麻药，如普鲁卡因、氯普鲁卡因。②中效局麻药，如利多卡因、甲哌卡因和丙胺卡因。③长效局麻药，如布比卡因、罗哌卡因、丁卡因和依替卡因。

第一节　局部麻醉药的基本药理作用 📱微课

【药理作用】

1. 局麻作用　局麻药注入神经周围（不可注入神经内），经浓度梯度弥散作用于神经组织，使其兴奋阈升高、动作电位降低、传导速度减慢、不应期延长、丧失兴奋性和传导性，从而阻断神经冲动的传导。对各种神经以及神经的各个部分都有阻断作用，但阻断程度和速度与神经细胞或神经纤维的直径大小及神经组织的解剖特点有关。①神经纤维末梢、神经节及中枢神经系统的突触部位对局麻药最为敏感，细神经纤维比粗神经纤维更易被阻断。②对无髓鞘的交感、副交感神经节后纤维敏感，在低浓度时可显效；对有髓鞘的感觉和运动神经纤维则需高浓度才能产生作用。③对混合神经产生作用时，首先消失的是痛觉，继之依次为温觉、触觉、压觉，最后发生运动麻痹。④蛛网膜下腔麻醉时，首先阻断自主神经，继而按上述顺序产生麻醉作用。神经冲动传导的恢复顺序则与上述相反。

2. 作用机制　神经细胞动作电位的产生和传导与神经纤维细胞膜上电压门控 Na^+ 通道有关，神经受刺激时 Na^+ 通道开放，引起 Na^+ 内流，产生动作电位。局麻药两端带正电荷的胺基可与神经细胞膜钠通道内侧磷脂分子中带负电荷的磷酸基联成横桥，阻断 Na^+ 通道，抑制 Na^+ 内流，从而阻断动作电位产生与神经冲动的传导，产生局麻作用。这种阻断作用具有频率依赖性及电压依赖性。高浓度的局麻药还能阻滞 K^+ 通道。

【临床应用】局麻药用于以下不同麻醉技术时，所用剂量不同。

1. 表面麻醉（surface anaesthesia）　　是将穿透性强的局麻药喷或涂于皮肤、黏膜表面，借助药物的穿透力，使黏膜下神经末梢麻醉。常用于眼、鼻、口腔、咽喉、气管、食管和泌尿生殖道部位的浅表手术。

2. 浸润麻醉（infiltration anaesthesia） 是将药物注射于手术部位的皮内、皮下、黏膜下或深部组织中，使局部神经末梢麻醉。常用于浅表小手术，广泛用于牙科。

3. 传导麻醉（conduction anaesthesia） 又称阻滞麻醉，将局麻药注射到外周神经干附近，阻断神经冲动传导，使该神经分布的区域麻醉。常用于四肢、盆腔、会阴和牙科手术。

4. 蛛网膜下腔麻醉（subarachnoidal anaesthesia） 又称脊髓麻醉或腰麻（spinal anaesthesia），是将麻醉药注入腰椎蛛网膜下腔，麻醉该部位的脊神经根。首先被阻断的是交感神经纤维，其次是感觉纤维，最后是运动纤维。常用于下腹部和下肢手术。

5. 硬膜外麻醉（epidural anaesthesia） 是将药液注入硬膜外腔，让麻醉药沿着神经鞘扩散，穿过椎间孔而阻断神经根部的传导。硬膜外腔终止于枕骨大孔，不与颅腔相通，药液不扩散至脑组织，没有腰麻时头痛或脑脊膜刺激现象。但硬膜外麻醉用药量较腰麻大 5~10 倍，警惕误入蛛网膜下腔，以避免引起严重的毒性反应。适用于颈部到下肢的各种手术，尤其适用于上腹部手术。

【不良反应】局部麻醉药的不良反应主要涉及局麻药过敏、中枢神经系统及心血管系统毒性反应。

1. 过敏反应 局麻药本身或其代谢产物与血浆蛋白结合后，可引起变态反应，表现为在应用局麻药后，少数患者立即出现荨麻疹、支气管痉挛、低血压及血管性水肿等症状，极少数患者还可发生过敏性休克。酯类比酰胺类的过敏反应发生率高。

2. 吸收后毒性反应 局麻药可从给药部位吸收入血，当局麻药在血液中达到足够浓度时，就会引发全身作用而产生不良反应，主要表现为中枢神经和心血管系统的毒性。因此，临床上应充分考虑给药剂量、给药速度、注射部位的血管分布及操作熟练程度（如避免误将药物注入血管）等因素；有些药物可加入肾上腺素以收缩血管，减慢吸收，延长局麻作用时间，并避免毒性反应发生。

（1）中枢神经系统 局麻药对中枢神经系统的作用与血药浓度相关。一般来说，低血药浓度时，局麻药可引起镇静、头痛、眩晕、知觉迟钝及意识模糊等抑制作用；当血药浓度增加后，中枢抑制性神经元首先被阻滞，因此出现意识错乱、肌肉震颤，甚至抽搐、惊厥等兴奋症状；当血药浓度进一步增加后，中枢抑制性和兴奋性神经元同时抑制，可发生昏迷、心搏骤停、呼吸麻痹等症状，甚至因为呼吸衰竭而死亡。有效的预防药物是地西泮等苯二氮䓬类药，最大的优点是对惊厥有较好的保护作用，麻醉前可口服地西泮。普鲁卡因易引起中枢神经系统毒性，常被利多卡因取代。

（2）心血管系统 局麻药对心肌细胞膜具有膜稳定作用，吸收后可降低心肌兴奋性，抑制传导和心肌收缩力。多数局麻药可使小动脉扩张，血压下降，因此在血药浓度过高时可引起血压下降，甚至休克等心血管反应。一般局麻药中枢神经系统毒性的表现多先于心血管系统毒性，但布比卡因则与此相反，可引起室性心动过速或致死性心室颤动。

第二节 常用局部麻醉药

⇒ 案例引导

临床案例 患者，男，45 岁，体重 50kg。拟行经皮肾镜取石术，麻醉采用椎管内麻醉。患者取侧卧位，常规消毒铺巾后，在 L3~L4 处进行穿刺，穿刺点用 0.5% 利多卡因 2ml 作皮内、皮下和棘间韧带逐层浸润，用硬膜外针穿刺，突破黄韧带后，用腰麻针穿破硬膜及蛛网膜，到达蛛网膜下腔，拔出针芯即有脑脊液流出，缓慢注射 0.5% 布比卡因 3ml，回复体位，待麻醉平面满意后进行手术。

问题　在此案例中，利多卡因和布比卡因分别发挥了什么作用？其药理作用机制是什么？

普鲁卡因

普鲁卡因（procaine）局麻作用弱，起效快，维持时间短，属于短效酯类局麻药。亲脂性低，扩散和穿透能力较差，不易穿透黏膜，因此表面麻醉无效；用于浸润麻醉、传导麻醉、蛛网膜下腔麻醉和硬膜外麻醉。本品常用剂量下毒性小，偶见过敏性休克，用药前宜做皮肤过敏试验，过敏者可用利多卡因代替。其在体内很快由血浆中酯酶水解生成对氨苯甲酸（PABA）及二乙基氨基乙醇。由于生成的对氨苯甲酸能对抗磺胺类药物的药理作用，故应避免普鲁卡因与磺胺类药物同时应用。本品对外周血管有扩张作用，因此可加入适量肾上腺素以收缩血管，不仅延长局麻作用时间，且降低毒性反应发生率。

利多卡因

利多卡因（lidocaine）属中效酰胺类局麻药，相同剂量下，比普鲁卡因起效快、强而持久，能穿透黏膜，且无明显血管扩张作用。可用于各种局麻方法，主要用于传导麻醉和硬膜外麻醉。用于腰麻时比其他药物更易引起轻度、暂时性神经损害，故腰麻应慎用。过敏反应少见。但一旦入血，毒性反应较大，因此，临床上对其剂量比普鲁卡因控制严格。利多卡因也是 I b 类抗心律失常药，可首选用于室性心律失常（详见第二十一章）。

布比卡因

布比卡因（bupivacaine）为长效酰胺类局麻药。是目前常用局麻药中作用维持时间最长的药物，约 5~10 小时。其局麻作用较利多卡因强 4~5 倍，其代谢产物也具有一定的麻醉作用。无血管扩张作用，因此一般在使用时不需加入肾上腺素。临床上主要用于浸润麻醉、腰麻、传导麻醉和硬膜外麻醉。心脏浓度较高，比其他局麻药的心脏毒性大。

罗哌卡因

罗哌卡因（ropivacaine）为新型长效酰胺类局麻药，脂溶性大于利多卡因，但小于布比卡因，麻醉强度是普鲁卡因的 8 倍。有明显收缩血管作用，在使用时不需加入肾上腺素。本品心脏毒性较低。具有术后镇痛的特点，因此临床适用于术后镇痛；对子宫胎盘血流量无明显影响，因此适用于产科手术麻醉。

丁卡因

丁卡因（tetracaine）亲脂性高，穿透力强，易被吸收入血，也易进入神经，因此作用及毒性均比普鲁卡因强 10 倍，临床上应严格控制其剂量。该药为长效酯类局麻药，因该药与神经脂质亲和力较大，在血中被胆碱酯酶水解，但速度较普鲁卡因慢，故作用较持久，为 2~3 小时。常用作表面麻醉（血管丰富的表面禁用）、腰麻及硬脊膜外腔麻醉，一般不用于浸润麻醉。

目标检测

答案解析

1. 常用局麻药有哪些？
2. 比较酯类和酰胺类局麻药的作用特点。
3. 利多卡因临床应用有哪些？其作用机制是什么？

（龚勇珍）

书网融合……

本章小结　　　　微课　　　　题库

第三篇
作用于中枢神经系统的药物

第十二章　全身麻醉药 📱微课

PPT

　　全身麻醉药（general anesthetics）简称全麻药，是一类中枢神经系统抑制药。全麻药能使意识、感觉和反射暂时消失，并使骨骼肌松弛，主要用于外科手术全身麻醉诱导和维持。根据给药途径的不同，全身麻醉药可分为吸入性麻醉药和静脉麻醉药。

第一节　吸入性麻醉药

一、概述

　　吸入性麻醉药（inhalational anesthetics）是挥发性液体或气体，前者如乙醚、氟烷、异氟烷、恩氟烷等，后者如氧化亚氮，经肺吸入后，可发挥全身麻醉作用。

【体内过程】

　　1. 吸收　经肺泡毛细血管弥散入血。吸收速度受肺通气量、吸入气中药物浓度和血/气分布系数等的影响。最小肺泡有效浓度（minimal alveolar concentration，MAC）指在一个大气压下，能使50%受试者痛觉消失的肺泡气体中麻醉药的浓度。MAC数值越低，药物的麻醉作用越强。血/气分布系数是指血中药物浓度与吸入气中药物浓度达平衡时的比值。此系数大的药物，达到气/血分压平衡状态较慢，诱导期较长。因此，提高吸入气中药物浓度可缩短诱导期。

　　2. 分布　药物由血分布入脑的速度受脑/血分布系数的影响。前者指脑中药物浓度与血中药物浓度达平衡时的比值，此系数大的药，易进入脑组织，其麻醉作用较强，诱导期较短。

　　3. 消除　吸入性麻醉药主要经肺以原型排出，肺通气量大及脑/血和血/气分布系数低的药物较易排出，麻醉苏醒快。

　　常用吸入麻醉药的特性见表12－1。

表 12 – 1　吸入性麻醉药的特性比较

特性	恩氟烷	异氟烷	地氟烷	七氟烷	氧化亚氮
血/气分布系数	1.8	1.4	0.42	0.69	0.47
脑/血分布系数	1.45	4	1.30	1.70	1.06
MAC（%）	1.68	1.15	6.00	2.05	100
诱导期	短	短	短	短	短
骨骼肌松弛作用	好	好	好	好	很差

【药理作用及机制】 吸入性麻醉药对中枢神经系统各部位有广泛的抑制作用，先抑制大脑皮质，最后是延髓。麻醉逐渐加深时，依次出现各种神经功能受抑制的症状。临床上依据患者的血压、呼吸、对疼痛刺激的反应以及反射的情况、瞳孔的变化、肌肉张力等，将麻醉深度分为浅度、中度和深度。

全身麻醉药的作用机制至今尚未完全阐明。早期的脂溶性学说认为，吸入性麻醉药可溶入细胞膜的脂质层，使脂质分子排列紊乱，膜蛋白质及钠、钾通道发生构象和功能上改变，抑制神经细胞除极，进而广泛抑制神经冲动的传递，导致全身麻醉。近年的蛋白质学说认为，几乎所有全身麻醉药（除氧化亚氮外）的作用机制均与递质门控的抑制性氨基酸受体 – 离子通道复合物功能有关，其中与 $GABA_A$ 受体和甘氨酸受体离子通道复合物的作用有关，从而阻断神经冲动在突触中的传递等，最终引起中枢神经系统的广泛抑制效应，产生全麻作用。

二、常用药物

恩氟烷及异氟烷

恩氟烷（enflurane）及异氟烷（isoflurane）为同分异构物。麻醉诱导平稳、迅速和舒适，苏醒也快，肌肉松弛良好，不增加心肌对儿茶酚胺的敏感性，且反复使用无明显副作用（偶有恶心呕吐），是目前较常用的吸入性麻醉药，用于麻醉诱导和维持。

地氟烷

地氟烷（desflurane）结构类似异氟烷，诱导期短，易苏醒。用于成年人全麻的诱导和维持，也可用于儿童的麻醉维持，但因有呼吸道刺激，不宜用于儿童的诱导期。

七氟烷

七氟烷（sevoflurane）麻醉诱导期短，深度易于控制，对心脏功能影响小，不刺激呼吸道，不易燃不易爆。肌松作用大于恩氟烷和异氟烷，能增强和延长非除极化肌肉松弛药的作用。用于儿童及成人诱导麻醉和维持麻醉。

氧化亚氮

氧化亚氮（nitrous oxide）又名笑气，为无色、味甜、无刺激性液态气体，性质稳定。氧化亚氮的麻醉效能很低，需与其他麻醉药配伍方可达满意的麻醉效果。血/气分布系数低，诱导期短。其优点在于麻醉时，患者感觉舒适愉快，镇痛作用强，停药后苏醒较快。临床主要用于诱导麻醉或与其他全身麻醉药配伍使用。肠胀气、气胸、气脑等患者禁用。

第二节　静脉麻醉药

静脉麻醉药（intravenous anesthetics）是指通过缓慢静脉注射或静脉滴注而产生全麻作用的药物。

与吸入性麻醉药相比，静脉麻醉药无诱导期的不适，起效快，作用消失也快，对呼吸道无刺激性，术后并发症较少，麻醉方法简便易行。但多数镇痛作用不强，肌松作用不完全，也不如吸入性麻醉药易于掌握麻醉深度。静脉麻醉药一般分为巴比妥类和非巴比妥类。

丙泊酚

丙泊酚（propofol）又称异丙酚，最常用的短效静脉麻醉药之一。脂溶性大，起效快，维持时间短，苏醒迅速；无蓄积作用，可连续静脉输注维持麻醉；可降低脑耗氧量和颅内压，因此手术后恶心呕吐少见。临床主要用于短小手术的诱导麻醉和维持。主要不良反应为血压下降、呼吸系统抑制，注射部位易引起疼痛。

硫喷妥钠

硫喷妥钠（pentothal sodium）为超短效巴比妥类药物。因脂溶性高，起效迅速，但可迅速从脑再分布到脂肪等组织，因而麻醉维持时间短。硫喷妥钠的镇痛作用弱，肌肉松弛不完全。临床主要用于诱导麻醉和短时手术。硫喷妥钠可导致血压下降和呼吸抑制，新生儿、婴幼儿禁用；易诱发喉头和支气管痉挛。

氯胺酮

氯胺酮（ketamine）可阻断痛觉冲动向丘脑和新皮层的传导，具有镇痛作用，而对边缘系统有兴奋作用，患者痛觉消失而意识可部分存在，称为分离麻醉（dissociative anesthesia）。脂溶性较硫喷妥钠大，麻醉作用迅速、短暂；其代谢产物也具有一定麻醉作用，苏醒后仍具有一定的镇痛作用。氯胺酮麻醉时对体表镇痛作用明显，内脏镇痛作用差。用于短时的体表小手术。可引起血压升高和脉搏增快，苏醒期间可有幻梦或幻觉，需合理监护。

依托咪酯

依托咪酯（etomidate）为强效、超短时、催眠性静脉麻醉药，一般用于全麻诱导。对心血管和呼吸系统影响小，尤其适合心功能较差的患者；无明显镇痛作用，因此作诱导麻醉时常加镇痛药。可出现诱发阵挛性肌收缩，恢复期出现恶心、呕吐症状较常见。10岁以下儿童禁用。

⇒ **案例引导**

　　临床案例　患者，女，45岁，体重60kg，拟在全麻下行腹腔镜下胆囊切除术。常规面罩吸氧后，给予咪达唑仑0.05mg/kg、芬太尼5μg/kg、顺式阿曲库铵0.2mg/kg、丙泊酚1.5mg/kg，常规气管插管后，丙泊酚5mg/(kg·h) 静脉泵注，手术结束时停药。术毕送入麻醉恢复室。

　　问题　1. 此案例中丙泊酚发挥什么作用？

　　　　　　2. 所用其他药物的作用是什么？

第三节　复合麻醉

理想的全身麻醉药应当引起无意识、无痛以及适合各种手术的肌肉松弛，且代谢产物能迅速清除。目前没有一种全麻药能在安全浓度下满足所有要求，故临床上采用联合用药的复合麻醉（combined anesthesia），通过同时或先后应用2种以上的全麻药或与其他辅助药物，以满足手术条件和术后镇痛效果，同时减少麻醉药的用量而减少不良反应。复合麻醉中常用的辅助药包括麻醉性镇痛药和肌肉松弛药。

一、麻醉前给药

为消除患者紧张情绪、增强麻醉效果，手术前使用镇静、镇痛类药物。如用地西泮（安定）缓解焦虑；注射阿片类镇痛药，以增强麻醉效果；注射阿托品以防止吸入性肺炎，降低药物（如氟烷、丙泊酚）或者迷走神经刺激引起的术中心动过缓和低血压。

二、基础麻醉

对于不合作的小儿或极度紧张不能自控者，在麻醉前使用使患者意识消失的药物。如手术室前给予大剂量催眠药（如巴比妥类等）使达深睡状态，在此基础上进行麻醉，可使药量减少，麻醉平稳。

三、诱导麻醉

应用诱导期短的丙泊酚、咪达唑仑、硫喷妥钠或氧化亚氮，以迅速进入外科麻醉期，以避免诱导期的不良反应，接着改用他药以维持麻醉。

四、合用肌松药

在麻醉同时注射除极化型或非除极化型肌松药，以满足手术时对肌肉松弛的要求，可大大提高麻醉的安全性。

五、低温麻醉

在物理降温的基础上配合应用氯丙嗪，使体温下降到 28～30℃，降低心、脑等生命器官的耗氧量，以便于进行心脑血管手术。

六、神经安定镇痛术

常用神经安定药氟哌利多及镇痛药芬太尼按 50：1 制成的合剂作静脉注射，使患者达到意识蒙眬、痛觉消失状态，适用于外科小手术。如同时加用氧化亚氮及肌松药则可达满意的外科麻醉效果，称为神经安定麻醉（neuroleptanesthesia）。

七、复苏

手术结束时，有时需给药以逆转麻醉期间药物的作用，以加快复苏。如非除极化型肌松药的神经肌肉阻滞作用可被新斯的明逆转，苯二氮䓬类残余的镇静作用可用氟马西尼拮抗。

⊕ **知识链接**

世界最早的麻醉剂——麻沸散

麻沸散问世于东汉末年，是世界最早的麻醉剂，比西方早 1600 多年，由东汉末年著名的医学家华佗创制用于外科手术。《二十四史》记载中国最早的腹腔手术就是华佗用麻沸散完成的。华佗一生行医各地，声誉颇著，他精通内、外、妇、儿、针灸各科，对外科尤为擅长，被后人称为"外科圣手""外科鼻祖"。他生活的东汉末年三国时期，战伤颇多，由于缺乏麻醉药，外伤病人在手术过程中，十分痛苦。华佗为了解除人民疾苦，刻心钻研医学古籍，勇于实践，创制了"麻沸散"来辅助外科手术，是中国最早开始进行全身麻醉外科手术的医生。史书上没有记载麻沸散的配方，华佗根据《神农本草经》中关于乌头、莨菪子（现代研究表明莨菪子含东莨菪碱、阿托品等成分，详见第八章）、羊踯躅等功效的记载，又结合临床经验，发明了麻沸散。《后汉书·华佗传》载："若疾发结于内，针药所不能及者，乃令先以酒服麻沸散，既醉无所觉，因刳破腹背，抽割积聚。"

目标检测

答案解析

1. 常见复合麻醉药有哪些，联用的药物有哪些？
2. 目前对吸入麻醉药的作用机制的认识主要有哪些？
3. 全身麻醉药常见的不良反应有哪些？

（龚勇珍）

书网融合……

本章小结　　　　微课　　　　题库

第十三章　镇静催眠药

学习目标

1. **掌握** 苯二氮䓬类的药理作用、作用机制、临床应用及不良反应。
2. **熟悉** 巴比妥类的药理作用、用途及不良反应；苯二氮䓬类与巴比妥类药物比较的优缺点。
3. **了解** 其他镇静催眠药（水合氯醛、丁螺环酮、唑吡坦、佐匹克隆及扎来普隆）的作用特点。
4. 具备根据本类药物临床用药指征和注意事项指导临床合理用药的能力。

镇静催眠药（sedative – hypnotic drugs）是一类抑制中枢神经系统而产生镇静催眠作用的药物，其对中枢神经系统的抑制作用有明显的剂量依赖性。小剂量使用轻度抑制中枢神经系统，缓解烦躁不安，恢复平静情绪，产生镇静作用；较大剂量使用可较深抑制中枢神经系统，促进和维持近似生理睡眠，产生催眠作用。本类药物包括苯二氮䓬类（benzodiazepines）、巴比妥类（barbiturates）以及其他类镇静催眠药。

最早的镇静催眠药为巴比妥类，对中枢神经系统的抑制作用随剂量逐渐增加而产生镇静、催眠、嗜睡、麻醉和昏迷，最终可导致中枢性呼吸循环衰竭而死亡。20 世纪 60 年代开始应用的苯二氮䓬类具有镇静催眠作用外，还具有抗焦虑、抗惊厥和抗癫痫的作用。由于苯二氮䓬类有较好的选择性抗焦虑和镇静催眠作用，安全范围大，几乎无麻醉或致死作用，基本上取代了巴比妥类镇静催眠药。所有的镇静催眠药都有不同程度的后遗效应或"反跳现象"，建议临床短期使用，不宜连续多日用药。

第一节　苯二氮䓬类

【构效关系】　苯二氮䓬类药物基本化学结构多为 1，4 – 苯并二氮䓬，基本结构上的 R_1，R_2，R_3，R_7 位的取代基不同，而得到不同的苯二氮䓬类衍生物，不同衍生物药理作用相似，但抗焦虑、镇静催眠、抗惊厥、中枢性肌肉松弛等作用各有侧重。几乎所有的苯二氮䓬受体激动药（agonists）在 5 位由苯环、7 位由 – Cl 或 – NO_2 等所取代，如地西泮（diazepam，安定）、氟西泮（flurazepam，氟安定）、氯氮䓬（chlordiazepoxide）、奥沙西泮（oxazepam）和三唑仑（triazolam）等。

苯二氮䓬类药物根据作用时间的长短不同可以分为三类（表 13 – 1）。

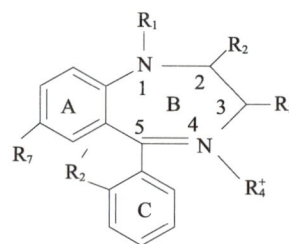

表 13 – 1　苯二氮䓬类的化学结构及分类

药名	R_1	R_2	R_3	R_7	R_2'	作用时间（h）
长效类						
地西泮	—CH_3	=O	=O	—Cl	—H	43 ± 1.3
氟西泮	—$(CH_2)_2N(C_2H_5)_2$	=O	—H	—Cl	—F	74 ± 24

续表

药名	R₁	R₂	R₃	R₇	R₂′	作用时间（h）
中效类						
氯氮草	—H	—NHCH₃	—H	—Cl	—H	10 ± 3.4
艾司唑仑	[三唑环结构]		—H	—Cl	—H	10 ~ 24
劳拉西泮	—H	=O	—OH	—Cl	—Cl	14 ± 5
氯硝西泮	—H	=O	—H	—NO₂	—Cl	23 ± 5
奥沙西泮	—H	=O	—OH	—Cl	—H	8.0 ± 2.4
短效类						
咪达唑仑	[咪唑环结构 H₃C]		—H	—Cl	—F	1.9 ± 0.6
三唑仑	[三唑环结构 H₃C]		—H	—Cl	—Cl	2.9 ± 1

【体内过程】苯二氮草类属弱碱性化合物，口服后吸收迅速而完全，在肠道 pH 较高的环境更易吸收。地西泮口服吸收良好，约 1 小时达 C_{max}，奥沙西泮和氯氮草口服吸收较慢，三唑仑吸收最快。苯二氮草类肌内注射给药吸收缓慢而不规则，临床上如需快速发挥疗效，应静脉注射给药。

苯二氮草类的血浆蛋白结合率较高，其中地西泮的血浆蛋白结合率高达 99%。苯二氮草类脂溶性高，静脉注射后能迅速向脑和其他血流丰富的组织和器官分布，随后进行再分布蓄积于脂肪和肌肉组织中。

本类药物在肝药酶作用下进行生物转化。多数药物的代谢产物仍具有相似的活性，如地西泮，可转变为去甲地西泮（nordazepam）及奥沙西泮，氯氮草可转变为地莫西泮（desmoxepam），均为活性长效代谢产物，其 $t_{1/2}$ 则比母体药物更长。氟西泮的 $t_{1/2}$ 仅 2~3 小时，而其主要活性代谢产物 N - 去烷基氟西泮（N - Desalkylflurazepam）的 $t_{1/2}$ 却在 50 小时以上。药物本身半衰期与作用持续时间并不平行，因此，连续应用长效类药物时，应注意药物及其活性代谢物在体内蓄积。本类药物在体内的氧化代谢过程可因肝功能障碍或同时饮酒而抑制，使 $t_{1/2}$ 延长。

苯二氮草类及其代谢物最终均与葡糖醛酸结合后经肾排出。地西泮可通过胎盘屏障，亦可自乳汁排出，可致新生儿或乳儿出现肌无力、倦怠及呼吸抑制等，故产前及哺乳期妇女禁用。常用苯二氮草类药物的药代动力学参数见表 13 - 2。

表 13 - 2　常用苯二氮草类药物的药代动力学参数

药名	口服达峰时间（h）	生物利用度（%）	血浆蛋白结合率（%）	分布容积（L/kg）	消除半衰期（h）	清除率（ml/min）
地西泮	0.5 ~ 1.5	90 ~ 100	98	1.1	30 ~ 60	26
硝西泮	1 ~ 3	60 ~ 90	87	2.5	25 ~ 40	65
氟西泮			95	22	75	4.5
氟硝西泮	1 ~ 2	80 ~ 90	80	5	20 ~ 30	250
氯硝西泮	2 ~ 4	80 ~ 100	50	3.2	24 ~ 36	75
咪达唑仑	0.5 ~ 1	30 ~ 40	98	0.8 ~ 1.6	2 ~ 3	400

【作用机制】目前认为，苯二氮草类的中枢抑制作用主要是通过加强中枢抑制性神经递质 γ - 氨基丁酸（GABA）的作用实现的。GABA 受体可以分为 GABA$_A$、GABA$_B$ 和 GABA$_C$ 三种亚型。其中 GABA$_A$

受体由多个多肽链亚单位（α、β、γ、δ、ρ 等）组成，它们相互组装成为完整的配体门控性 Cl^- 通道（图 13-1）。在 Cl^- 通道周围有 5 个特异结合位点（GABA、苯二氮䓬类、巴比妥类、印防己毒素和神经甾体化合物），可与相应的递质或药物结合。抑制性神经递质 GABA 与 $GABA_A$ 受体结合，使 Cl^- 通道开放，Cl^- 大量进入细胞内引起膜超极化，产生突触后抑制，使神经细胞兴奋性降低。苯二氮䓬类药物与其特异性苯二氮䓬位点结合，使得 $GABA_A$ 受体构象发生改变，GABA 更容易与 $GABA_A$ 受体的结合，增加 Cl^- 通道开放的频率而增加 Cl^- 内流，产生中枢抑制效应。苯二氮䓬类药物与在大脑皮质、大脑边缘系统、中脑以及脑干和脊髓的苯二氮䓬位点结合，都能够增强 GABA 功能而发挥其镇静、催眠、抗惊厥、中枢性肌松作用。实验证明，苯二氮䓬类不能代替 GABA 的作用，在无 GABA 存在时，苯二氮䓬类并不能打开 Cl^- 通道。

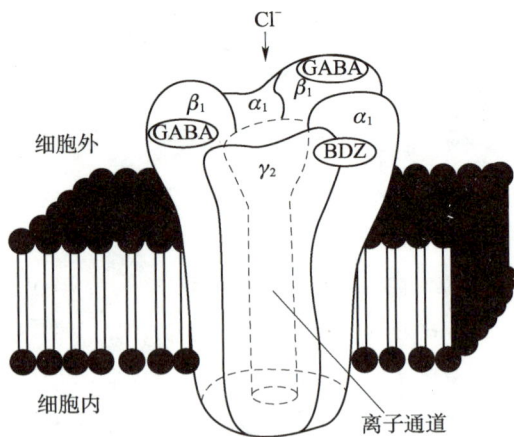

图 13-1　$GABA_A$ 受体结构示意图

【药理作用及临床应用】 e 微课

1. 抗焦虑作用　焦虑是多种精神疾病的常见症状，患者多表现有紧张、焦虑、激动不安、恐惧等以及因焦虑而引起的胃肠功能紊乱或失眠等症状，苯二氮䓬类在小于镇静剂量时就有良好的抗焦虑作用。苯二氮䓬类抗焦虑作用部位主要在边缘系统，小剂量时能够作用杏仁核和海马内的 $GABA_A$ 受体，明显减弱神经元的放电和传递，对各种原因引起的焦虑均有疗效。苯二氮䓬类用于焦虑症，对持续性焦虑状态宜选用长效类药物，对间断性焦虑患者宜选用中、短效类药物，临床常用地西泮和氯氮䓬，为抗焦虑首选药。

2. 镇静催眠作用　苯二氮䓬类随着剂量的增加，出现镇静和催眠作用，能明显缩短入睡诱导时间，延长睡眠持续时间，减少觉醒次数。巴比妥类镇静催眠药物不同程度地缩短 REM，主要延长 NREM，停药后，由于 REM "反跳" 延长，会不同程度地产生多梦、噩梦等。苯二氮䓬类主要延长 NREM 的第 2 期，明显缩短 SWS，而对 REM 的影响不明显，停药后 "反跳" 现象轻，其依赖性和戒断症状也较轻微，为临床首选的镇静催眠药。

🌐 **知识链接**

睡眠时相

理想的催眠药应能依需要纠正各种类型的失眠（难入睡、易醒、早醒等），引起完全类似于生理性的睡眠。生理性睡眠包含快动眼睡眠（rapid eye movement sleep，REM）和非快动眼睡眠（non - rapid - eye movement sleep，NREM）。整个睡眠过程二者交替出现 4~5 次。NREM 包括入睡期、浅睡期、中睡期和深睡期 4 个期，其中 3 期和 4 期脑电图呈同步化慢波，无眼球运动，又称慢波睡眠（slow wave sleep，SWS），占整个睡眠时间的 70%~75%。REM 脑电图呈去同步化低幅快波，眼球快速运动，骨骼肌松弛等，也称快波睡眠（fast wave sleep，FWS），梦境多发生在 REM。

苯二氮䓬类几乎完全取代了最早发现的巴比妥类用于镇静催眠，其优点在于：①安全范围大，即使加大剂量也不会引起麻醉和中枢麻痹；②耐受性、依赖性轻，很少出现停药戒断症状；③对 REM 影响较小，停药后 "反跳" 现象轻；④嗜睡和运动失调等不良反应轻；⑤无肝药酶诱导活性，不会影响自身或其他药物的代谢；⑥有特异性拮抗药。

苯二氮䓬类常用于各种情绪紧张引起的失眠，但对躯体病理刺激引起失眠的作用较差。短效类作用迅速而短暂，主要用于入睡困难者，中长效类药物主要用于睡眠易醒不实或早醒患者，但不宜连续使用。苯二氮䓬类也可用于麻醉前给药、心脏电击复律或内镜检查前给药，可使患者充分镇静，减轻患者的紧张恐惧情绪；因有致暂时性记忆缺失效应，可避免患者对手术或检查过程留有不良记忆，临床常用地西泮静脉注射给药。

3. 抗惊厥、抗癫痫作用 苯二氮䓬类药物均有抗惊厥作用，其中地西泮和三唑仑的作用尤为明显。实验证明，地西泮可抑制癫痫病灶异常放电的扩散，很小剂量即能有效地对抗戊四唑和印防己毒素引起的阵挛性惊厥，而对士的宁和电刺激引起的强直性惊厥则需较大剂量才能对抗。临床用于辅助治疗破伤风、子痫、小儿高热惊厥及药物中毒性惊厥。静脉注射地西泮是治疗癫痫持续状态的首选药。对于其他类型的癫痫发作则以硝西泮（nitrazepam）和氯硝西泮（clonazepam）的疗效较好。

4. 中枢性肌肉松弛作用 在不影响其他行为的小剂量苯二氮䓬类药物即可缓解动物去大脑僵直及人类大脑损伤所致的肌肉僵直，有较强的肌松作用。这可能是由于小剂量时能够抑制脑干网状下行系统对 γ 神经元的异化作用，大剂量能够增强脊髓神经元的突触前抑制，抑制中枢多突触反射和神经元间的冲动传递。可用于治疗脑血管意外、脊髓损伤等引起的中枢性肌强直，缓解局部关节病变、腰肌劳损等所致的肌痉挛。肌肉松弛作用也有助于加强全麻药的效果，但单用本类药物达不到外科手术要求的肌肉松弛状态。

⇒ 案例引导

临床案例 患者，女，15 岁，学生，于 10 小时前出现上腹部及脐周疼痛，呈钝痛，无发热寒战，伴恶心、呕吐，就诊于学校诊所，给予抗炎、对症治疗后，腹痛无明显好转，且约 2 小时后腹痛转移至右下腹疼痛，随就诊我院。查体：腹平坦，腹肌略紧张，右下腹有压痛和反跳痛，肠鸣音弱。腹部 B 超检查示：阑尾壁水肿明显，初诊急性单纯性阑尾炎。血常规检查：白细胞总数 19.2×10^9/L，粒细胞比 91.6%，确诊为急性阑尾炎。预行阑尾切除术，麻醉前静脉给予长托宁（新型胆碱受体阻断药）1mg，2% 利多卡因硬膜外麻醉，麻醉开始静脉给药咪达唑仑 1mg，后辅以肌松药和镇痛药，麻醉成功后，右下腹麦氏切口，见阑尾表面张力较大，与周围组织部分粘连，距阑尾根部 5mm 切除阑尾，缝合处理，送至病房休养数日康复出院。

问题 1. 麻醉开始给予苯二氮䓬类咪达唑仑的意义何在？

2. 麻醉前给予盐酸戊乙奎醚注射液，麻醉中辅以肌松药和镇痛药的目的何在？

3. 给予咪达唑仑可能存在何种风险？操作室内应备好哪些急救物品？

【不良反应】苯二氮䓬类安全范围大，毒性小。治疗量连续用药可出现头昏、乏力、记忆力下降等反应，长效类尤易发生。大剂量偶致嗜睡、共济失调、语言含混不清，甚至引起昏迷。静脉注射对心血管有抑制作用，严重者可致呼吸及心搏停止。苯二氮䓬类单用很少产生严重后果，与其他中枢抑制药如吗啡或乙醇等合用毒性显著增强，可引起急性中毒导致昏迷和呼吸抑制，故用药期间避免饮酒或与其他中枢抑制药合用。一旦发生急性中毒，除对症治疗外，可采用苯二氮䓬受体特效拮抗药氟马西尼救治。

本类药物长期应用可产生耐受性和依赖性，突然停药时可出现反跳和戒断症状，表现为失眠、焦虑、激动、抑郁、躁狂、肌痛、震颤甚至惊厥等，故本类药物易短期或间断性用药，尽可能采用低剂量，停药时要逐渐减少剂量。

⊕ **知识链接**

苯二氮䓬受体阻断药——氟马西尼

氟马西尼（flumazenil，安易醒）为咪唑并苯二氮䓬化合物，能与苯二氮䓬特异位点结合。在健康试验中已经证明静脉注射或口服氟马西尼能拮抗地西泮等苯二氮䓬类药物的多种药理作用，但对巴比妥类过量引起的中枢抑制无对抗作用。作为苯二氮䓬受体的阻断剂，氟马西尼主要用于苯二氮䓬类过量的鉴别诊断和治疗，能有效催醒和改善中毒所致的呼吸抑制：初次静脉注射 0.3mg，如在 60 秒内未达到要求的清醒程度，可重复注射，直至患者清醒再以静脉滴注 0.1 ~ 0.4mg/h 维持，总量不超过 2mg。若累积剂量达到 5mg 而没有缓解中毒者，则该病人的抑制状态并非由苯二氮䓬类所引起。长期应用苯二氮䓬类药物者应用氟马西尼可诱发戒断症状。

【禁忌证】因苯二氮䓬类可透过胎盘屏障且有致畸性，也可随乳汁分泌，孕妇和哺乳妇女忌用。老年患者、肝、肾、呼吸功能不全者、驾驶员、高空作业和机械操作者慎用。

第二节　巴比妥类

巴比妥类为巴比妥酸的衍生物，是一类弱酸性药物。巴比妥酸本身无中枢作用，在 C_5 位上两个 H 被不同基团取代才具有中枢抑制作用。取代基越长且有分支（如异戊巴比妥 amobarbital）或双键（如司可巴比妥 secobarbital）则脂溶性越高，作用越快、强而短。C_5 以苯环取代（如苯巴比妥 phenobarbital）则有较强的抗惊厥作用。C_2 位的 O 被 S 取代（如硫喷妥 thiophental）时，脂溶性更高，作用更快、更短也更强。

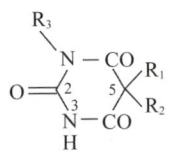

【体内过程】巴比妥类口服或注射给药均易吸收，且迅速分布于全身。也易通过胎盘屏障进入胎儿体内。脂溶性高的硫喷妥极易透过血-脑屏障而进入脑组织，静脉注射后立即起效，但因其迅速再分布到肌肉和脂肪组织中贮存，作用维持时间短；而脂溶性低的苯巴比妥静脉注射需 30 分钟才起效。该类药物的血浆蛋白结合率与脂溶性密切相关，脂溶性高者血浆蛋白结合率高，反之则低。药物主要在肝脏代谢，苯巴比妥大部分以原型经肾排出，作用持续时间长，尿液的 pH 对巴比妥类的排泄影响较大，碱化尿液可促进其排泄。根据作用时间，可将本类药物分为长效、中效、短效、超短效四类（表 13-3）。

表 13-3　巴比妥类作用时间与用途比较表

药物分类	药物	$t_{1/2}$ (h)	显效时间（h）	作用维持时间（h）	主要用途
长效	苯巴比妥	80 ~ 120	0.5 ~ 1	6 ~ 8	抗惊厥
中效	异戊巴比妥	10 ~ 40	0.25 ~ 0.5	3 ~ 6	抗惊厥、镇静催眠
	戊巴比妥	15 ~ 48	0.25 ~ 0.5	3 ~ 6	镇静催眠
短效	司可巴比妥	15 ~ 40	0.25	2 ~ 3	抗惊厥、镇静催眠
超短效	硫喷妥	8 ~ 10	iv 立即	0.25	静脉麻醉

【药理作用及作用机制】巴比妥类是普遍性中枢抑制药，随剂量增加其中枢抑制效应由弱到强，相继出现镇静催眠、抗惊厥和麻醉作用等作用。大剂量时对心血管系统有明显的抑制作用，过量可致呼吸中枢麻痹而死亡。

巴比妥类与 $GABA_A$ 受体上的特异位点结合，促进 GABA 与 $GABA_A$ 受体结合，与苯二氮䓬类不同的是，巴比妥类是通过延长 Cl⁻ 通道开放时间来增加 Cl⁻ 内流，使细胞膜超极化的。而且，在无 GABA 时巴比妥类也能呈现拟 GABA 的作用，直接激动 $GABA_A$ 受体而增加 Cl⁻ 内流，这可能也是巴比妥类导致深度中枢抑制的原因之一。此外，巴比妥还可减弱或阻断谷氨酸作用于相应受体后去极化导致的兴奋性反应，较高浓度时，巴比妥类也可抑制 Ca^{2+} 依赖性动作电位。

【临床应用】

1. 镇静、催眠　巴比妥类可缩短入睡时间，减少觉醒次数和延长睡眠时间，主要是延长 REM，改变正常睡眠模式，引起非生理性睡眠。久用停药后，REM 时相反跳性显著延长，出现多梦等睡眠障碍，导致病人不愿停药，产生依赖性；也易产生耐受性，药物治疗指数小，10 倍催眠剂量可产生明显呼吸抑制甚至致死，目前已很少用于镇静和催眠。

2. 抗惊厥、抗癫痫　大剂量的巴比妥类临床用于小儿高热、子痫及中枢兴奋药等引起的惊厥的应急处理。苯巴比妥和异戊巴比妥静脉注射用于癫痫大发作、癫痫持续状态的治疗。

3. 麻醉及麻醉前给药　巴比妥类的麻醉剂量与中毒量接近，超短效的硫喷妥钠静脉注射可用于诱导麻醉，也可用于小手术或内镜检查时作静脉麻醉。其他中效及长效的巴比妥类药物仅用于麻醉前给药，可以消除病人手术前的紧张情绪，但效果不及地西泮。

【不良反应】

1. 后遗效应　服用催眠剂量的巴比妥类，次晨可引起眩晕、困倦、嗜睡、精神不振及定向障碍等"宿醉"现象。特别是长效类，这种后遗效应较苯二氮䓬类更明显。驾驶员或高空作业人员慎用。

2. 耐受性和成瘾性　巴比妥类有肝药酶诱导作用，使药物 $t_{1/2}$ 缩短，药效逐渐降低，易发生耐受性。巴比妥类连续应用可引起成瘾性。突然停药易发生"反跳"现象。成瘾后停药可出现明显戒断症状，表现为激动、失眠、焦虑，甚至惊厥等。因此，应严格控制巴比妥类药物，避免长期使用。

3. 呼吸抑制　中等量即可轻度抑制呼吸中枢，严重肺功能不全和颅脑损伤致呼吸抑制者禁用。巴比妥类急性中毒主要表现为深度昏迷、呼吸抑制、反射减弱或消失、血压降低甚至休克，其中呼吸深度抑制是巴比妥类药物中毒致死的主要原因。抢救时应立即采取对症治疗，维持呼吸、循环功能。若口服中毒在 24 小时以内，应洗胃和导泻，并采用利尿药和碱化尿液等措施加速药物排泄。

4. 其他　少数人可见皮疹、血管神经性水肿，偶可致剥脱性皮炎等严重过敏反应；巴比妥类可透过胎盘屏障和乳汁排泄，孕妇和哺乳期妇女慎用。

第三节　其他镇静催眠药

水合氯醛

水合氯醛（chloralhydrate）是三氯乙醛的水合物。口服吸收快，15 分钟起效入睡，作用维持 6 ~ 8 小时，作用温和，不缩短 REM 睡眠，无宿醉后遗效应，用于顽固性失眠或对其他催眠药效果不佳的患者。大剂量可抗惊厥，但安全范围比巴比妥类小，使用时应注意。本品刺激性大，气味难闻，易引起恶心呕吐，加重胃炎和胃溃疡症状，临床也可采用 10% 的溶液灌肠给药以减少刺激。过量对肝、肾、心肌有损害，严重心、肝、肾疾病患者禁用。久用可产生耐受性和成瘾性，应防止滥用。

甲丙氨酯

甲丙氨酯（meprobamate）又称眠尔通，口服给药吸收良好，1 ~ 3 小时血药浓度达高峰，大部分在肝脏代谢，10% 以原型从尿中排出，血浆 $t_{1/2}$ 为 6 ~ 16 小时。本品有镇静、催眠、抗焦虑作用和较弱的肌松作用。临床上短期用于治疗焦虑和失眠。对癫痫小发作有一定疗效，但对大发作无效甚至加重。久用产生耐受性和成瘾性，妊娠早期用药有致畸作用。

丁螺环酮

丁螺环酮（buspirone）是一类新型的非苯二氮䓬类抗焦虑药。小剂量就能明显缓解焦虑，与苯二氮䓬类不同，丁螺环酮无催眠、抗惊厥和中枢性肌松作用。作用机制也与 GABA 系统无直接关系，它是 $5-HT_{1A}$ 受体的部分激动药。资料表明，中枢神经系统 $5-HT$ 是引起焦虑紊乱的重要递质，丁螺环酮激动突触前膜的 $5-HT_{1A}$ 受体，反馈抑制 $5-HT$ 释放而发挥抗焦虑作用。丁螺环酮口服快速吸收，有明显首过效应，$t_{1/2}$ 为 2~4 小时。服用 1 周后才能发挥稳定的抗焦虑作用，4 周达最大效应。临床上主要用于治疗内心激动、紧张不安等急慢性焦虑状态。不良反应较苯二氮䓬类轻，有头晕、头痛、恶心、呕吐及胃肠功能紊乱等，无明显成瘾性和停药戒断症状。

唑吡坦

唑吡坦（zolpidem）亦称思诺思（stilnox），是非苯二氮䓬类的新一代催眠药，能选择性地结合 $GABA_A$ 受体上的苯二氮䓬受点调节氯离子通道，药理作用与苯二氮䓬类相似，但抗焦虑、抗惊厥和中枢性肌肉松弛作用很弱，仅用于镇静和催眠。唑吡坦作用快，起效迅速，有很强的睡眠诱导作用，对正常的睡眠时相影响小，对 REM 睡眠的抑制较苯二氮䓬类弱，能缩短入睡时间，减少夜醒次数，延长总睡眠时间，对入睡困难、易醒、多梦等症状有肯定的疗效。唑吡坦后遗效应、耐受性、停药后的"反跳"现象和戒断症状轻微，安全范围大，可连续使用或按需使用。但与其他中枢抑制药合用可引起严重的呼吸抑制作用，过量中毒除采用对症处理等支持疗法，可用氟马西尼解救。偶有患者出现眩晕、幻视、记忆丧失、运动障碍等，与用药剂量过大或个体敏感性有关。

佐匹克隆

佐匹克隆（zopiclone）为新型非苯二氮䓬类镇静催眠药，亦能结合于苯二氮䓬受体，作用与苯二氮䓬类相似，具有抗焦虑、镇静催眠、抗惊厥和肌肉松弛作用，长期临床应用显示，佐匹克隆为一个疗效确切、不良反应少的较为理想的镇静催眠药。本药口服迅速，无首过效应且持续有效达 6 小时，由于其药动学特点与临床催眠药所需的起效快、作用持续时间相适应，临床主要用于催眠，能改善睡眠质量，减少觉醒次数，为第三代镇静催眠药的代表。佐匹克隆代谢产物无活性，体内无蓄积，长期应用无后遗效应和宿醉现象，无明显的耐受性，停药后也无明显戒断症状，但可通过胎盘屏障和经乳汁分泌，孕妇和哺乳期妇女慎用。目前开发的新药右旋佐匹克隆为佐匹克隆的右旋单一异构体，疗效是佐匹克隆的两倍，而毒性为佐匹克隆的一半或更少。

扎来普隆

扎来普隆（zaleplon）为新型非苯二氮䓬类镇静催眠药，具有抗焦虑、镇静催眠、抗惊厥和肌肉松弛作用。选择性激动苯二氮䓬受体，增加 GABA 的抑制作用，增加 Cl^- 通道开放频率，使兴奋性下降。扎来普隆能明显减少睡眠潜伏期，增加睡眠时间，提高睡眠质量，尤其对入睡困难者效果更佳。该药口服给药吸收迅速，半衰期短（约 1 小时），长期用药体内无蓄积，后遗效应轻，无明显耐受性和依赖性。治疗剂量时无精神障碍，大剂量单次用药时，可导致语言功能下降、记忆力减退、视物模糊等。

目标检测

答案解析

1. 简述地西泮的药理作用及临床应用。
2. 比较苯二氮䓬类与巴比妥类在药理作用、作用机制、临床应用及不良反应方面的异同。
3. 巴比妥类药物急性中毒有哪些表现？应如何抢救？

（许丽萍）

书网融合……

本章小结　　　　微课　　　　题库

第十四章 抗癫痫药和抗惊厥药

PPT

📖 学习目标

　1. 掌握 苯妥英钠、卡马西平、乙琥胺、丙戊酸钠、氯硝西泮、地西泮的作用机制、临床应用及不良反应。

　2. 熟悉 抗癫痫药物的作用机制及靶点；熟悉苯巴比妥、氟桂利嗪、加巴喷丁、托吡酯、拉莫三嗪的临床应用。

　3. 了解 癫痫发病机制与分型。

　4. 具备根据临床癫痫分型以及癫痫治疗原则，合理选用抗癫痫药物的能力。

第一节　抗癫痫药 📱微课

一、癫痫概述

癫痫发作（epileptic seizure），是由于神经元兴奋性过高，出现异常放电并向周围脑组织扩布而产生的大脑功能失调，通常表现为肌肉抽搐以及感觉、记忆或意识障碍等。癫痫发作可以是由感染、卒中、全身性疾病诱发，也可以是没有诱因的（非诱发性发作）。癫痫（epilepsy）则是指在没有明显诱因的情况下，反复出现癫痫发作的一种脑部疾病。癫痫的发病率为0.8%，是仅次于卒中的神经系统常见疾病。现有药物治疗手段可以控制其中80%病人的症状，但仍有大量病人得不到有效救治，极度影响病人的生活质量并造成沉重的社会负担。

二、癫痫分型

癫痫可分为部分性发作和全身性发作，如表14－1所示。某些抗癫痫药物对特定的癫痫类型有效，而对其他类型无效，甚至反而有害（比如卡马西平用于失神性发作），因此，必须正确判断病人的癫痫类型。

表 14 – 1　癫痫分型及其特征

癫痫类型	持续时间	发作特征
部分性发作：有确定的局部病灶，癫痫发作从大脑的某个特殊区域开始		
单纯部分性发作（simple partial seizure）	20～60秒	局部肌肉、感觉（麻木，热或者冷）异常或者语言障碍
复杂部分性发作（complex partial seizure）	30 秒 ~ 2 分钟	症候复杂，白日梦状态，失眠，常伴有无意识动作
继发性全身性发作（secondarily generalized attack）	1～2分	部分性发作继发为全面性强直阵挛性发作
全身性发作：没有确定的起始部位，同时涉及双侧大脑（此类癫痫各型之间差异较大）		
失神性发作/小发作（absence/petit mal）	<30 秒	常出现在儿童（3～15岁），突发短暂意识障碍，停止动作并瞪眼

续表

全身性发作	强直阵挛性发作/大发作（general-ized tonic – clonic / grand mal）	1～5分	以意识丧失和全身对称性抽搐为特征。
	肌阵挛性发作（myoclonic jerking）	1～5秒	突然、短暂、快速的肌肉收缩。其他类型癫痫也常有此症状。
	失张力发作（atonic seizure）	5秒～1分	突然失去维持体位的肌张力，处坐位时头部会突然低垂，立位时病人容易突然倒下受伤。
	癫痫持续状态（status epilepsy）	>5分	任何癫痫发作时间大于5min，或者连续两次或者多次发作，发作间期未能恢复意识的。这是一种可以致死的急症。

三、癫痫发生的病理机制及治疗药物的作用机制

各种神经系统疾病、外伤以及遗传都可造成神经元兴奋性过高，并导致癫痫的发生。造成神经元兴奋性过高的直接机制包括：电压依赖性的离子通道的功能改变（Na^+，K^+，Ca^{2+}通道）、细胞外离子浓度的改变（如K^+，Ca^{2+}离子）、抑制性神经传导（GABA）减弱以及兴奋性神经传导（谷氨酸）增强等。现有抗癫痫药物常通过抑制神经元兴奋性而发挥作用，其作用机制主要包括以下几种：

1. 延长神经元 Na^+ 通道的失活状态　Na^+通道被激活后经短暂开放迅速进入失活态，处于失活态期间对电压变化没有反应，失活状态延长，则细胞无法连续兴奋，经典的抗癫痫药物苯妥英钠主要通过这个途径起作用。此类药物选择性地结合失活态的 Na^+ 通道，其产生作用需要 Na^+ 通道首先被激活继而进入失活态，这种特点也被称为使用依赖的（use dependent）。卡马西平，拉莫三嗪，托吡酯和丙戊酸钠的抗癫痫作用机制也与此有关。

2. 抑制神经元 T – 型 Ca^{2+} 通道　T – 型 Ca^{2+}通道是低电压敏感的 Ca^{2+} 通道，该通道调节神经元的兴奋性和放电节律，尤其对全身性失神性发作的产生有重要影响。乙琥胺、丙戊酸钠和氟桂利嗪的作用机制与此有关。

3. 抑制神经元兴奋性谷氨酸通路的传导　如苯妥英钠、丙戊酸钠等；

4. 增加神经元抑制性 GABA 通路的传导　如苯二氮䓬类、苯巴比妥等。

临床应用的抗癫痫药物常同时具有多种抑制神经元兴奋的作用机制。

⇒ 案例引导

临床案例　患者，女，5 岁，一个多月前出现阶段性的"空白期"。病人会突然停止所有的活动，10 秒左右后完全恢复清醒。在此期间，病人的眼睛保持睁开，除偶有手部摸索动作外无其他活动。发作结束后病人会继续从事她之前在进行的活动，并不清楚出了什么事情。日发作 30 次左右，不出现抽搐。其父亲曾经出现类似的症状。血压、心率、呼吸、血常规等均正常。诊断为癫痫失神性发作。

　　问题　1. 治疗癫痫失神性发作的药物有哪些？哪种药物是首选药？

　　　　　　2. 苯妥英钠是治疗癫痫的重要药物，是否可用于治疗该患者，为什么？

四、抗癫痫药物

临床常用的抗癫痫药物（anti – epileptic drugs，AED），按上市的时间，可分为传统 AED，如卡马西平、丙戊酸钠、氯硝西泮、乙琥胺、苯妥英钠、苯巴比妥、扑痫酮等；以及拉莫三嗪、左乙拉西坦、加巴喷丁、奥卡西平、托吡酯等新型 AED。临床应根据发作类型和综合征分类选择癫痫治疗的药物（表14 – 2）。

苯妥英钠

苯妥英钠（phenytoin sodium）又称大仑丁（dilantin），经典抗癫痫大发作的药物。于1938年上市，是最早的不具催眠作用的抗癫痫药物。

【体内过程】 苯妥英钠口服吸收较完全，但由于个体差异，达峰时间有很大差异。需连服数日才出现疗效。肌内注射吸收极不规则，一般不建议肌内注射。血浆蛋白结合率约90%。本品脂溶性高，可积聚于脑组织、肝、肌肉和脂肪组织中。60%~70%药物经肝药酶代谢为无活性的对羟基苯基衍生物，由肾排泄。血药浓度较低时按一级动力学消除，当血药浓度高于10 μg/ml 时，将按零级动力学消除，血浆 $t_{1/2}$ 约20~60小时。由于苯妥英钠在常用剂量下个体间差异较大，制剂的差异也明显影响其生物利用度，故应对苯妥英钠进行血药浓度监测，以指导临床合理用药。

【药理作用】 苯妥英钠有多种抗癫痫机制。它能选择性地和失活态的 Na^+ 通道结合，抑制神经元的持续性放电。也能抑制 Ca^{2+} 通道，影响 Ca^{2+} 偶联的激素和递质释放过程。此外，苯妥英钠在减少谷氨酸释放的同时可增加 GABA 的释放。高浓度的苯妥英钠还能抑制神经末梢对 GABA 的摄取，诱导 $GABA_A$ 受体增加，间接增强 GABA 的作用，抑制高频放电。

【临床应用】

1. 抗癫痫作用 对癫痫强直阵挛性发作疗效好，为一线药物；对复杂部分性发作和单纯部分性发作有一定疗效；对失神性发作无效。

2. 治疗外周神经痛 此类药物的膜稳定作用有利于抑制痛觉神经元，使疼痛减轻，发作次数减少。可用于三叉神经痛，舌咽神经痛等。

3. 抗心律失常 使用依赖地抑制 Na^+ 通道，是治疗强心苷过量中毒所致室性心律失常的首选药。详见第二十一章抗心律失常药。

【不良反应】

1. 局部刺激 本品系弱酸性药物，其钠盐制品具强碱性，对胃肠道有刺激性，口服易引起食欲减退，恶心，呕吐，腹痛等症状。宜饭后服，静脉注射易引起静脉炎。

2. 口腔 长期应用可引起牙龈增生，多见于青年和儿童。与胶原代谢改变影响结缔组织增生有关。停药后可自行消退。

3. 神经系统反应 药物中毒和剂量有关，血药浓度大于20 μg/ml 出现眼球震颤，大于30 μg/ml 致共济失调等小脑前庭系统功能障碍，大于40 μg/ml 可引起语言障碍，精神错乱或昏迷。

4. 造血系统反应 长期用药导致叶酸缺乏，用药后1~3周常出现巨幼细胞贫血，可用甲酰四氢叶酸预防。少数患者可出现血细胞和血小板减少，偶致再生障碍性贫血。必须定期检查血常规。

5. 骨骼系统反应 诱导肝药酶，加速维生素 D 代谢，长期应用可致低钙血症、佝偻病样改变和骨软化症，必要时用维生素 D 预防。

6. 其他 偶见男性乳房增大，女性多毛，过敏反应（如皮疹）等。妊娠早期用药偶致畸胎。

【药物相互作用】 苯妥英钠为肝药酶诱导剂，能加速多种药物如皮质类固醇和避孕药的代谢。它自身也由肝脏代谢，与异烟肼、氯霉素等肝药酶抑制剂合用时，血药浓度升高；而与苯巴比妥，乙醇等肝药酶诱导剂合用时，血药浓度降低。

本药血浆蛋白结合率高，苯二氮䓬类、磺胺类、水杨酸类及华法林等口服抗凝药等可与本品竞争血浆蛋白结合部位，使其游离血药浓度增高。

卡马西平

卡马西平（carbamazepine）又叫酰胺咪嗪，结构上和三环类抗抑郁药相似。口服吸收慢而不规则，其代谢产物也有抗癫痫作用。作用机制和苯妥英钠相似，减缓 Na^+ 通道从失活态的恢复，限制神经元的持续性放电。卡马西平是治疗全面强直阵挛发作和局灶性发作的一线药物，也用于某些三叉神经痛和躁狂症，但对小发作的病人则可能加重其病情。不良反应有剂量依赖性，包括复视、共济失调以及胃肠道副作用，如恶心、呕吐，眩晕等。大剂量时导致嗜睡，也可能使癫痫发病增加。严重的特异质反应为皮疹，再生障碍性贫血和粒细胞缺乏症。

氟桂利嗪

氟桂利嗪（flunarizine）为双氟化哌啶衍生物，选择性阻断 T - 型和 L - 型 Ca^{2+} 通道，具有较强的抗惊厥作用。该药抗癫痫谱广，尤其对单纯性发作、大发作效果好。常见不良反应有嗜睡、乏力和头晕等。

苯巴比妥

苯巴比妥（phenobarbital），又称鲁米那，是最早用于癫痫治疗的药物之一。苯巴比妥可降低病灶内细胞膜兴奋性，抑制病灶异常高频放电，提高病灶周围正常组织的兴奋阈值，限制癫痫病灶异常放电的扩散。它既抑制兴奋型传导，也能增加抑制型传导。苯巴比妥是 $GABA_A$ 受体的变构调节剂，能够增加 Cl^- 内流，使突触后膜超极化而降低兴奋性；它还能阻断谷氨酸受体激活引起的神经元兴奋。大剂量时可抑制 Na^+ 通道和某些 Ca^{2+} 通道（L 型和 N 型）。临床上是用于治疗癫痫强直阵挛性发作的一线药物之一，对复杂部分性发作也有效。

扑米酮

扑米酮（primidone）（去氧苯比妥）化学结构与苯巴比妥类似。在体内转化为苯巴比妥和苯乙基丙二酰胺，仍具有抗癫痫作用，且消除缓慢。扑米酮对大发作和部分性发作有效，可作为精神运动性发作的辅助用药。与苯妥英钠和卡马西平有协同作用，不宜与苯巴比妥合用。副作用与苯巴比妥类似，嗜睡作用可能更早更明显，用药时剂量宜慢慢增加。

乙琥胺

乙琥胺（ethosuximide）口服吸收迅速，达稳态时间为 7～10 天。仅对失神性发作有效，为失神性发作的一线药物。其作用机制与选择性阻滞丘脑神经元 T 型 Ca^{2+} 通道有关。常见副作用为嗜睡、眩晕、呃逆、食欲不振和恶心、呕吐等。偶见嗜酸性粒细胞减少和粒细胞缺乏症。

丙戊酸钠

丙戊酸钠（volproate sodium）口服吸收良好，达稳态血药浓度时间需 2～3 天，主要经肝代谢，尿排泄。可用于治疗各型癫痫。抗癫痫作用机制除抑制电压敏感性 Na^+ 通道外，还能抑制 GABA 转氨酶活性，增强谷氨酸脱羧酶活性，使脑内 GABA 含量增高。在治疗失神性发作中疗效最好，强于乙琥胺，但由于肝脏毒性，选用药物时需要考虑病人能否耐受。该药对强直阵挛性发作和难治性癫痫也有一定疗效。静脉注射可用于治疗癫痫持续性发作。不良反应轻微而短暂，治疗早期多见恶心、呕吐、嗜睡、震颤和脱发等，严重毒性为肝脏损害，用药期间应定期检查肝功能。

苯二氮䓬类

苯二氮䓬类有抗惊厥及抗癫痫作用，临床常用于癫痫治疗的药物有地西泮、硝西泮、氯硝西泮和氯巴占。

地西泮（diazepam）是癫痫持续状态的首选药，静脉注射显效快。

硝西泮（nitrazepam）主要用于失神性发作，特别是肌阵挛性发作及幼儿痉挛等。

氯硝西泮（clonazepam）是苯二氮草类中抗癫痫谱较广的抗癫痫药。用于各型癫痫发作，对失神性发作疗效比地西泮好，静脉注射也可治疗癫痫持续状态。对肌阵挛性发作、幼儿痉挛也有良效。

氯巴占（clobazam，氯异西泮）抗癫痫谱较广，可用于治疗对其他抗癫痫药无效的各种癫痫发作，尤其对失神性发作和肌阵挛性发作疗效突出。不良反应包括与剂量相关的一过性镇静作用、嗜睡、倦怠等，以及不安、易激惹、抑制、共济失调等。

氨己烯酸

氨己烯酸（vigabatrin）新型抗癫痫药，是 GABA 转氨酶不可逆抑制药，使脑内 GABA 代谢减少。该药对复杂性部分性发作和 West 综合征有效。常见不良反应为镇静、疲劳和体重增加，可能出现易激动，抑郁等。长期使用可能引起不可逆的视野缺损，仅用于难治性癫痫患者。

加巴喷丁和普瑞巴林

加巴喷丁（gabapentin）和普瑞巴林（pregabalin）都是 GABA 的类似物。能结合 Ca^{2+} 通道的 $\alpha_2\delta$ 亚基，减少突触前谷氨酸的释放，也可能影响 GABA 的释放。主要作为辅助药物用于癫痫部分性发作和大发作，临床更多用于治疗神经痛。常见不良反应有嗜睡、头晕、共济失调、头痛等。

左乙拉西坦

左乙拉西坦（levetiracetam）为吡咯烷酮类抗癫痫新药。左乙拉西坦与脑内突触囊泡糖蛋白 2A（synaptic vesicle glycoprotein 2A，SV2A）结合，抑制痫性放电；此外还可抑制高电压激活的 N-型钙通道，阻断大脑皮质 GABA 受体下调，从而间接增强中枢抑制作用。左乙拉西坦口服吸收完全，不结合血浆蛋白，半衰期为 6~8 小时，主要经肾排泄。目前临床上用于成人及儿童癫痫局灶性发作、肌阵挛性发作以及全身性发作的辅助治疗。尚未发现严重不良反应，常见不良反应包括乏力、嗜睡等；同时由于左乙拉西坦不诱导肝药酶，也不是肝药酶的底物，很少和其他抗癫痫药物产生相互作用。

托吡酯

托吡酯（topiramate）为新型抗癫痫药，使用依赖性地阻断钠通道，和苯妥英钠一样作用于通道的失活态，同时激活钾电流使细胞膜超极化，提高 GABA 激活 GABA 受体的频率，从而增加 GABA 诱导的 Cl-内流，稳定细胞膜。目前用于局灶性发作及全面强直阵挛发作的起始阶段的单药治疗，以及成人及儿童癫痫发作的辅助治疗，也用于治疗偏头痛。最常见的不良反应是嗜睡、疲劳及体重减轻。

拉莫三嗪

拉莫三嗪（lamotrigine）可阻断电压使用依赖性 Na^+ 通道，阻断电压依赖性的 Ca^{2+} 通道，并可减少谷氨酸的释放。可单药用于癫痫局灶性发作、全面强直阵挛发作及失神性发作，为一线药物，也可与其他药物合用。常见不良反应为恶心、头痛、视物模糊、嗜睡、眩晕，皮疹和共济失调等，儿童患者更容易出现皮疹。拉莫三嗪口服吸收完全，半衰期为 20~30 小时，拉莫三嗪和卡马西平合用时，对某些病人会增加卡马西平的毒性作用。

部分抗癫痫类药物的选择见表 14-2。

表 14-2　抗癫痫药物的选用（部分）

发作类型	一线药物	可能加重的药物
全面强直阵挛发作（大发作）	丙戊酸、拉莫三嗪、卡马西平、奥卡西平、左乙拉西坦、苯巴比妥	
失神发作（小发作）	丙戊酸、乙琥胺、拉莫三嗪	卡马西平、奥卡西平、苯妥英钠、加巴喷丁、普瑞巴林

续表

发作类型	一线药物	可能加重的药物
肌阵挛发作	丙戊酸、左乙拉西坦、托吡酯	卡马西平、奥卡西平、苯妥英钠、加巴喷丁、普瑞巴林
局灶性发作	卡马西平、拉莫三嗪、奥卡西平、左乙拉西坦、丙戊酸	

⊕ 知识链接

抗癫痫药物的相互作用

有30%左右的患者无法用单药控制癫痫的症状，对这部分难治性癫痫病人需要实施多药联用方案。癫痫患者需要长期服药，必须考虑药物之间的相互作用。具有肝酶诱导作用的抗癫痫药物如卡马西平、奥卡西平、托吡酯、苯妥英钠和苯巴比妥等联合用药时会使其自身或其他血浆浓度降低，疗效下降，它们也能诱导口服避孕药、抗凝药的代谢，降低其血药浓度而影响疗效。而丙戊酸钠是肝酶抑制剂，尤其抑制拉莫三嗪和苯巴比妥的代谢，能使其半衰期延长，血浆浓度升高，导致潜在的毒性增加，须减少用量。此外，高蛋白结合率的药物，如丙戊酸钠和苯妥英钠，合用时竞争性结合血清蛋白，可使药物游离浓度增高，毒性增强。

五、癫痫药物治疗和停药原则

药物治疗无法去除癫痫的病因，目的是防止癫痫发作。大多数癫痫患者抗癫痫药物治疗的预后较好，约2/3病例可获得长期的发作缓解，无发作，乃至完全停药后不再发作。癫痫治疗是一个长期的过程，用药时需遵循以下原则。

（1）明确诊断，根据癫痫发作类型选择不同的治疗药物（部分药物的选用原则参见表14-2）。

（2）剂量从低剂量开始，逐渐增量，在控制癫痫发作的同时，避免严重不良反应发生。

（3）尽可能单药治疗，在单药治疗不能达到无发作的情况才推荐联合治疗。

（4）坚持长期用药，不可随意停药，症状完全控制后，如果连续无发作2年以上，再考虑停药。

（5）减药过程要缓慢。一般单药治疗时减药过程应当不少于6个月，多药治疗时每种药物减药时间不少于3个月，每次减少一种药物。

第二节　抗惊厥药

惊厥表现为全身骨骼肌不自主地强烈收缩，常见于癫痫持续状态、子痫、小儿高热、破伤风、子痫和中枢兴奋药中毒等。抗惊厥药（anticonvulsant）和抗癫痫药常常是同一类药物，并无本质区别。抗癫痫强调抑制脑内神经元的异常放电，而抗惊厥强调抑制肌肉的不自主收缩。硫酸镁是典型的抗惊厥药。

硫酸镁

Mg^{2+}是很多生物酶的重要辅因子（cofactor），对神经元的化学传导和肌肉收缩有抑制作用。这主要是由于Mg^{2+}与Ca^{2+}性质相似，可特异性地竞争Ca^{2+}结合部位，减少乙酰胆碱或其他神经递质的释放。注射硫酸镁能抑制中枢及外周神经系统，使骨骼肌、心肌、血管平滑肌松弛，从而发挥抗惊厥，肌松和降血压的作用。这一作用可被Ca^{2+}拮抗。

硫酸镁给药途径能影响药理作用，其口服给药不吸收，产生导泻和利胆作用（详见消化系统药物），注射给药可产生全身作用。

1. 中枢神经系统　镇静和抗惊厥作用，与增加细胞外液 Mg^{2+} 有关。

2. 运动系统　产生骨骼肌松弛作用，与抑制运动神经终板 Ca^{2+} 的释放有关。主要用于缓解子痫和破伤风引起的惊厥。

3. 心血管系统　血镁升高引起血管舒张。低剂量出现脸红和出汗，较高剂量导致血压降低，主要用于高血压危象。

镁离子的血浆浓度正常在 $0.8\sim1mmol/L$，超过 $4\ mmol/L$ 可引起腱反射消失、呼吸抑制、心脏抑制、血压骤降甚至死亡。肌腱反射消失是呼吸抑制的先兆，连续注射过程中要经常检查肌腱反射。镁离子的外周或中枢毒性可通过静脉注射钙离子来消除 Mg^{2+}。

目标检测

答案解析

1. 癫痫的发病机制有哪些？
2. 治疗癫痫大发作、小发作以及癫痫持续发作的代表性药物分别有哪些？
3. 硫酸镁的临床应用有哪些？

（林芳　朱益）

书网融合……

本章小结　　　　　微课　　　　　题库

第十五章 治疗中枢神经退行性疾病药

PPT

📖 学习目标

1. **掌握** 左旋多巴体内过程、临床应用和不良反应，以及卡比多巴的作用特点。
2. **熟悉** 苯海索的药理作用和临床应用。
3. **了解** 治疗阿尔茨海默病药物的作用机制。
4. 具备为帕金森病患者选择药物、减少不良反应并最大化药物疗效的能力。

中枢神经退行性疾病是一类与年龄相关的、中枢神经系统出现的慢性退行性病变的总称。包括帕金森病（Parkinson's disease，PD）、阿尔茨海默病（Alzheimer's disease，AD）、亨廷顿舞蹈病（Huntington's disease，HD）、肌萎缩侧索硬化症（Amyotrophic lateral sclerosis，ALS）等。这类疾病在病理上可见脑或（和）脊髓神经元死亡，其确切病因和发病机制尚不清楚。可能与氧化应激、线粒体功能障碍、兴奋性毒性、炎症等相关。随着寿命延长，神经退行性疾病成为仅次于心血管疾病和癌症的严重影响人类健康和生活质量的第三位疾病。目前，通过合理用药可控制帕金森病患者的症状，对其他神经退行性疾病的治疗效果较差。

第一节 抗帕金森病药 📱微课

帕金森病（Parkinson's disease）又称震颤麻痹（paralysis agitans），临床症状主要为肌肉震颤、僵硬、运动困难，姿势和运动平衡失调，有些患者有嗅觉异常、记忆障碍和痴呆。

大多数帕金森病患者为散发性，病因不明，可能与黑质纹状体多巴胺能神经－胆碱能神经功能失衡相关。仅有约10%的帕金森病患者是由于基因突变引起的，常见于年轻患者和有家族史的患者。帕金森病患者因黑质病变，多巴胺（DA）合成减少，使纹状体内DA含量降低（不到正常人的10%），造成黑质－纹状体通路多巴胺能神经功能减弱，胆碱能神经功能相对增强，致使锥体外系功能失调，从而发生震颤、麻痹、僵直等症状。因此，经典的治疗帕金森病药物有两大类，一类补充脑内DA含量或激活DA功能，另一类为中枢抗胆碱药物，总体目标都是恢复多巴胺能和胆碱能神经系统对运动功能调节的平衡。

一、多巴胺功能增强药物

（一）拟多巴胺类药

左旋多巴

左旋多巴（levodopa）是从豆科植物常绿油麻藤（*mucuna sempevirens hemsl.*）的种子藜豆中提取的。为多巴胺的前体，现已人工合成。

【体内过程】左旋多巴口服易吸收，生物利用度为41% ±16%，口服1小时左右血药浓度达峰值，$t_{1/2}$为1～3小时。口服后绝大多数左旋多巴被肠黏膜及肝脏等外周组织的L－芳香族氨基酸脱羧酶（ADCC）脱羧转化为DA（图15－1），故仅1%～3%左右左旋多巴能进入脑内。

【药理作用及临床应用】

1. 抗帕金森病 左旋多巴可适用于治疗各类帕金森病患者，能逐渐改善症状。其中改善肌僵直及运动困难效果好，缓解震颤效果差。由于纹状体中残存的多巴胺能神经末梢对 DA 有摄取和贮存能力，经外源性补充 DA 前体后，可以恢复多巴胺能神经元的功能。完全退变的神经元则无此能力，故左旋多巴对轻至中等病变程度的患者效果较好，而对病变严重、残存的神经元愈少者疗效愈差。服用左旋多巴 2~3 周才显效，1~6 个月后疗效达最大。目前临床上，左旋多巴是治疗帕金森病的金标准方案。

左旋多巴对氯丙嗪等抗精神病药所引起的锥体外系反应无效，因后者阻断 DA 受体而使左旋多巴不能发挥作用。

2. 治疗肝昏迷 当肝功能障碍时，蛋白质代谢产物苯乙胺和酪胺不能在肝内被氧化，导致其在血中积聚，并通过血-脑屏障在神经细胞内经 β-羟化形成鳝胺，其结构与去甲肾上腺素相似，使中枢功能紊乱。服用左旋多巴后，它在脑内转化成去甲肾上腺素，恢复中枢神经功能，从而使肝昏迷患者苏醒。但左旋多巴不能改善肝功能。

【不良反应】

1. 早期反应

（1）消化道反应 约80%患者在治疗早期出现厌食、恶心、呕吐等胃肠道反应，这是由于 DA 直接刺激胃肠道和兴奋延髓呕吐化学感受区引起的。左旋多巴也可使消化道溃疡出血、穿孔，故消化性溃疡病人慎用。也能引起腹气胀、腹痛、腹泻或便秘，饭后服药或减慢剂量递增速度均可使上述反应减轻。

（2）心血管反应 治疗初期可致体位性低血压、心动过速或室性早搏。

2. 长期反应

（1）运动障碍 如抽搐、手足徐缓运动症、肌张力障碍等。服用 2 年以上者发生率达90%。这是由于服用大量左旋多巴后，DA 受体过度兴奋所致。

（2）症状波动 服药 3~5 年后，有40%~80%患者出现症状快速波动，重则出现"开关反应"（on-off response）。"开"，即症状控制期，此时活动正常或几近正常；"关"，即症状失控期，突然出现严重的帕金森病症状。症状波动的发生可能与帕金森病病情进展导致 DA 的贮存能力下降有关，此时病人更依赖于左旋多巴转运入脑的速率以满足 DA 的生成。为减轻症状波动，可使用左旋多巴/多巴脱羧酶抑制剂，或用 DA 受体激动药，或加用 MAO 抑制药如司来吉兰等。

（3）其他不良反应还有扩瞳、幻觉、抑郁或躁狂以及癫痫等，故严重心血管病、内分泌失调及精神病患者禁用。

【药物相互作用】 维生素 B_6 是多巴脱羧酶的辅基，能加速左旋多巴在肝中转化成 DA；抗精神病药物，如吩噻嗪类和丁酰苯类，均能阻断黑质-纹状体多巴胺通路的功能，利血平能耗竭 DA，它们均能引起锥体外系运动失调，出现药源性帕金森病，对抗左旋多巴的疗效；抗抑郁药能引起直立性低血压，会加强左旋多巴的副作用。以上药物均不宜与左旋多巴合用。

🌐 **知识链接**

左旋多巴的发现

1913 年，Marcus Guggenheim 从植物中分离出了左旋多巴，并亲自试药后，发现其可导致剧烈的恶心和呕吐；1969 年，口服左旋多巴治疗帕金森病的临床试验取得了极大的成功。1970 年，左旋多巴获批上市，开启了近五十年来左旋多巴作为帕金森病治疗的金标准时代。

对左旋多巴的研究获得了两项诺贝尔奖。1958 年，Arivid Carlsson 因为发现左旋多巴通过血-

脑屏障转化为神经递质多巴胺的研究，直接推动了左旋多巴成为帕金森病的治疗药物，获得了 2000 年的诺贝尔生理医学奖。20 世纪 60 年代，化学家 William S. Knowles、Ryoji Noyori 和 K. Barry Sharpless 使用金属催化剂，成功完成了化学反应中加氢反应和加氧反应的"不对称催化"，首次完成了几乎 100% 纯度的左旋多巴的合成，为左旋多巴的临床应用推广奠定了基础。他们也因为这项突破性研究在 2001 年获得了诺贝尔化学奖。

（二）外周多巴脱羧抑制药

卡比多巴

卡比多巴（carbidopa）是较强的 L-芳香氨基酸脱羧酶抑制剂。由于卡比多巴不能通过血-脑屏障，故与左旋多巴合用时，可在外周抑制左旋多巴脱羧，降低外周 DA 的生成（图 15-1）；同时由于血浆左旋多巴浓度处于较高水平，使得进入中枢神经系统内的左旋多巴水平提高 5~10 倍。因此二者合用可降低左旋多巴用药量 75% 左右。目前常用的本品与左旋多巴的复方制剂有心宁美（sinemet），混合比例卡比多巴：左旋多巴 =1：10 或 1：4。现有心宁美控释制剂可使左旋多巴血浓度更稳定并达 4~6 小时以上，有利于减少左旋多巴的剂末现象、开关现象和剂量高峰多动现象。

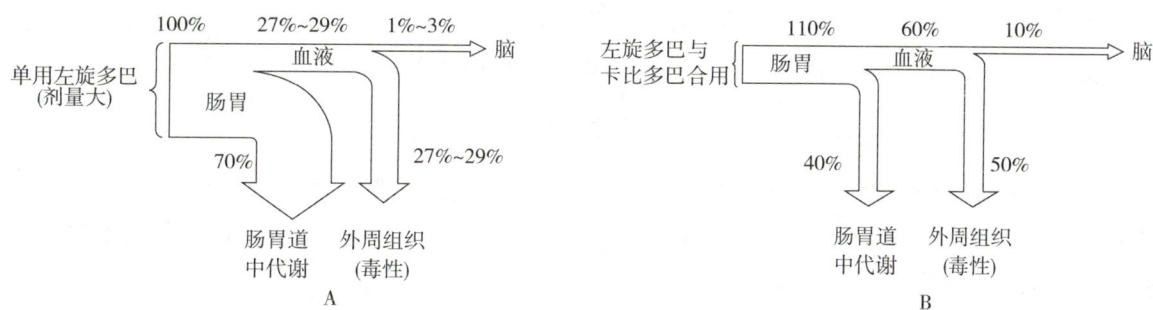

图 15-1 单用左旋多巴、左旋多巴与卡比多巴合用体内过程
图中箭头的宽度代表药物在该部位的绝对量；百分数表示药物的相对比例。
两药合用可减少左旋多巴在外周的损失，增加脑内左旋多巴水平（动物资料）

苄丝肼

苄丝肼（benserazide）又称羟苄丝肼，其作用特性与卡比多巴相同。口服吸收快，吸收率约为 58%。与左旋多巴的复方制剂为美多巴（madopar, madopa），混合比例苄丝肼：左旋多巴 = 1：4。美多巴较心宁美起效快。

（三）单胺氧化酶抑制药

司来吉兰

司来吉兰（selegiline）是 MAO-B 选择性不可逆抑制剂。口服吸收迅速，并迅速通过血-脑屏障。单独服用本品作用较弱。与左旋多巴合用时效果明显，可降低左旋多巴的用量并改善患者的症状波动。司来吉兰作为神经保护剂能优先抑制黑质-纹状体的超氧阴离子和羟自由基形成，延迟神经元死亡和帕金森病发展。

不良反应偶有兴奋、失眠、幻觉及肠胃道不适等。本品必须严格控制剂量，大剂量（＞10mg/d）亦可抑制 MAO-A，有可能引起高血压危象。

（四）儿茶酚－氧位－甲基转移酶（COMT）抑制药

托卡朋和安托卡朋

托卡朋（tocapone）可同时抑制外周和中枢 COMT，安托卡朋（entacapone）特异性抑制外周 COMT。两药均能降低左旋多巴的降解，提高左旋多巴的生物利用度和进入脑内左旋多巴的水平，从而增强左旋多巴的作用效果。临床上两者可分别与左旋多巴合用，能明显稳定帕金森病患者的日常生活能力和运动功能，尤其适用于症状波动的患者。常见不良反应为腹泻等。

（五）多巴胺受体激动药

多巴胺受体激动药直接作用于脑内多巴胺受体，其疗效不易受到黑质多巴胺能神经元进行性丢失的影响并可减少不良反应。有精神病史的患者不宜服用多巴胺受体激动剂。

溴隐亭

溴隐亭（bromocriptine）是麦角碱衍生物，为 D_2 受体强激动药，可激动黑质－纹状体通路的 D_2 受体。对缺乏 DA 引起的震颤麻痹有效。可用于左旋多巴效果较小的患者。与左旋多巴合用可协同增强药效，并减少左旋多巴不良反应。此外，可激动丘脑漏斗－结节部 D_2 受体，抑制催乳素的释放，临床用于闭经或乳溢，抑制生理性泌乳，以及催乳素增高所致经前期综合征如乳房痛、液体潴留、乳房肿大等。该药还能抑制生长激素的释放，对血清高生长激素的肢端肥大症患者和垂体瘤患者有效。常见不良反应有厌食、恶心和呕吐、体位性低血压、运动困难和精神症状等。

培高利特

培高利特（pergolide）对 D_2 类受体激动作用强于溴隐亭，对 D_1 类受体激动作用较弱。作用时间长。适用于长期应用左旋多巴而疗效减退的病人。可单用，也可与左旋多巴合用。此药诱发不自主运动较少，但可发生恶心、鼻塞和焦虑等症状。

利修来得

利修来得（lisuride）为 D_2 类受体激动药，激动作用比溴隐亭明显增强，用于治疗帕金森病的优点是有改善运动功能障碍、减少严重的"开关反应"和左旋多巴引起的异常运动亢进。

罗匹尼罗和普拉克索

罗匹尼罗（ropinirole）和普拉克索（pramipexole）能选择性地激动 D_2 样受体（特别是 D_2、D_3 受体），而对 D_1 样受体几乎没有作用。这类药物较少引起"开－关反应"和运动障碍。但罗匹尼罗和普拉克索会触发某些患者突然昏睡，从事驾驶和机器操作者需特别注意。

罗替伐汀

罗替伐汀（rotigotine）为选择性 D_2 样受体激动药，对脑部尾状核上的 D_2 受体有高度的亲和性。药效强于溴隐亭、培高利特等。目前本品已被开发成透皮贴剂，1 日 1 次。

（六）促多巴胺释放药

金刚烷胺

金刚烷胺（amantadine）促进黑质－纹状体内残存的多巴胺能神经元释放多巴胺，并抑制多巴胺再摄取。对肌肉僵硬、震颤及运动徐缓均有缓解作用。口服吸收完全，$t_{1/2}$ 约为 10～28 小时，约 90% 以原型从尿排出。起效较左旋多巴快。一般服药后 48 小时即可获得最高疗效。与左旋多巴合用，可协同增强药效，并减少左旋多巴剂量及不良反应。偶见皮肤青斑和踝部水肿，其次为激动或抑郁、失眠或嗜睡、口干及肠胃反应等。精神病人、癫痫患者及哺乳期妇女等禁用。

二、中枢抗胆碱药

苯海索

苯海索（benzhexol），又名安坦（artane）抗胆碱作用约为阿托品的 1/10 ~ 1/3，副作用与阿托品相同。口服易吸收，通过拮抗胆碱受体而减弱黑质 – 纹状体通路的胆碱能神经功能。对震颤及僵硬效果好，但对运动迟缓效果差。对一些继发症状如忧郁、流涎、多汗等有改善作用。临床上主要用于少数不能耐受左旋多巴或多巴胺受体激动药的帕金森病患者。青光眼病人禁用，前列腺肥大者慎用。口服 1 小时起效，作用可持续 6 ~ 12 小时。与氯丙嗪合用时，本品的血药浓度降低。

⇨ **案例引导**

> **临床案例**　患者，女，62 岁，起病八年。自述右上肢有僵硬感并伴不自主抖动，情绪紧张时症状加重，睡眠时症状消失。患者神清，面具脸，四肢肌张力呈齿轮样增高，腱反射双侧正常，双手放置时呈搓丸样。不自主震颤，无明显共济失调。诊断为帕金森病。六年前开始服用美多巴 250mg，一天 3 次。最近左上肢亦出现类似症状，并逐渐出现起身落座动作困难，行走时前冲，易跌倒，步态幅度小，转身困难；记忆力明显减退，情绪低落。除美多巴外，加服普拉克索 1 片（0.375mg），一天 3 次。
>
> **问题**　1. 美多巴的药物组成是什么？其作用机制分别是什么？
> 　　　　 2. 普拉克索的作用机制及其不良反应是什么？

第二节　治疗阿尔茨海默病药

阿尔茨海默病为原发性老年痴呆，其临床特征为进行性记忆和认知功能的障碍，通常发生在老年期或老年前期。阿尔茨海默病患者比同年龄人的脑皮质变薄，脑室系统对称性扩大。其特异性病理学改变包括：选择性神经元死亡、神经元纤维缠结（neurofibrillary tangles，NFT）和脑组织内的 Aβ 蛋白沉积形成的老年斑（senile plaque，SP）。

一、胆碱酯酶抑制药

治疗 AD 的药物主要为可逆性胆碱酯酶抑制剂，抑制突触间隙乙酰胆碱的水解，从而改善突触后神经元的功能。第一代胆碱酯酶抑制药他克林（tacrine）肝毒性较大，现在临床少用。目前临床常用的是第二代胆碱酯酶抑制药。

加兰他敏

加兰他敏（galanthamin）是石蒜科中的一种生物碱，肝毒性低。不良反应主要为恶心、呕吐、腹泻等胃肠道反应，以治疗开始的 2 ~ 3 周多见，以后逐渐消失。推荐治疗剂量为 30 ~ 60 mg/d。

多奈哌齐

多奈哌齐（donepezil）是一种新的六氢吡啶衍生物，它对中枢神经系统的乙酰胆碱酯酶具有高度的选择性，没有明显的外周胆碱能作用，副作用较小。

石杉碱甲

石杉碱甲（huperzine A）是我国从蛇足石杉（俗名千层塔）中提取的一种生物碱。不良反应主要为恶心、呕吐、厌食、胃肠道不适、腹泻等消化道症状，以及头晕、乏力、兴奋、失眠等反应，一般可自行消失。

二、NMDA 受体阻断药

美金刚

谷氨酸是一种兴奋性神经递质，可能导致神经元兴奋性毒性并引起神经元死亡。美金刚（memantine）是谷氨酸受体 NMDA 受体的非竞争性拮抗剂，它可阻断谷氨酸浓度病理性升高导致的神经元损伤，可用于治疗中度至重度阿尔茨海默病。

除了上述药物之外，阿司匹林（aspirin）通过抑制中枢神经系统炎症和抑制血栓形成等，可能有助于延缓 AD 进展。在散发型 AD 发病的危险因素中，脂类及其相关蛋白起到了十分重要的作用。许多脂类相关的治疗方法，如低脂饮食、他汀类降脂药物等，也可能改善痴呆的发生和发展。

目标检测

答案解析

1. 治疗帕金森病的药物有哪几类？代表药物是什么？
2. 美多巴是一复方制剂，含左旋多巴与苄丝肼。该复方制剂的药理学基础是什么？
3. 左旋多巴能治疗由氯丙嗪引起的帕金森综合症吗？为什么？

（林芳　薛洁）

书网融合……

本章小结　　微课　　题库

第十六章　抗精神失常药

📖 **学习目标**

1. 掌握　氯丙嗪治疗精神分裂症的药理学作用机制、临床应用和不良反应；掌握抗抑郁症药的分类和临床应用。

2. 熟悉　碳酸锂治疗双极性精神病的作用机制和应用注意事项。

3. 了解　抗焦虑药的分类、药理作用、临床应用和常见不良反应。

4. 具备根据精神失常类型选择药物、减少不良反应并最大化药物疗效的能力。

精神失常是由多种原因引起的以精神活动障碍为特征的一类疾病，包括精神分裂症、躁狂症、抑郁症和焦虑症。治疗这些疾病的药物统称为抗精神失常药。根据其临床用途分为：抗精神病药（antipsychotic drugs）、抗躁狂药（antimanic drugs）、抗抑郁药（antidepressants）和抗焦虑药（anxiolytics）。

第一节　抗精神病药

精神分裂症是一组以思维、情感、行为之间不协调，精神活动与现实脱离为主要表现特征的最常见的一类精神病。根据临床症状，精神分裂症可分为 I 型和 II 型。I 型以幻觉、妄想、思维紊乱等阳性症状为主；II 型以情感淡漠、意志缺失、主动性缺乏等阴性症状为主。

以氯丙嗪为代表的第一代抗精神病药物是多巴胺（dopamine，DA）受体阻断药，也被称为经典抗精神病药（typical antipsychotics），主要用于治疗精神分裂症，尤其对 I 型精神分裂症患者疗效较好，而对 II 型精神分裂症患者疗效较差，甚至无效，因此这类药物也被称为神经安定药（neuroleptics）。目前临床上常用的是第二代抗精神病药物，也被称为非经典抗精神病药（atypical antipsychotics），它们除了阻断 DA 受体，也阻断 5 - 羟色胺（5 - hydroxytryptamine，5 - HT）受体。

【作用机制】

1. 阻断中脑 - 边缘系统和中脑 - 皮质系统多巴胺受体　多巴胺（DA）是中枢神经系统中一种重要的神经递质，与脑内 DA 受体结合后参与人类神经精神活动的调节。目前认为 I 型精神分裂症与中脑 - 边缘和中脑 - 皮质 DA 通路功能亢进密切相关，临床应用的抗精神病药大多因阻断中脑 - 边缘和中脑 - 皮质通路 D_2 样受体而发挥作用。抗精神病药如氯丙嗪对 D_2 样 DA 受体有较高的亲和力，通过阻断中脑 - 边缘和中脑 - 皮质通路 D_2 样 DA 受体，消除精神分裂症患者的阳性症状；但同时因阻断黑质 - 纹状体通路 D_2 样受体产生锥体外系不良反应，阻断结节 - 漏斗通路 D_2 样受体产生内分泌系统紊乱的不良反应（图 16 - 1）。

2. 阻断 5 - HT 受体　目前临床常用的抗精神病药如利培酮等，与经典抗精神病药不同，它们除了阻断 DA 受体，也阻断 5 - HT 受体，从而发挥治疗精神分裂症的作用。此类药物的锥体外系不良反应轻于经典抗精神病药。

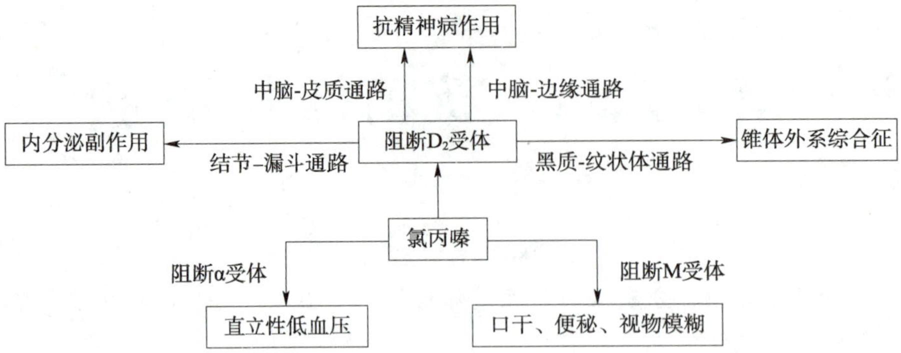

图 16-1 氯丙嗪的主要药理作用机制

🌐 知识链接

抗精神失常药研究动态

从 20 世纪 50 年代开始，已有众多抗精神病药物上市，这些药物是以氯丙嗪为代表的 DA 受体阻断剂和以氯氮平为代表的 DA/5-HT 受体阻断剂。前者也被称为经典抗精神病药物（第一代），后者被称为非经典抗精神病药物（第二代）。

目前在研的新的靶点阻断剂主要有：5-HT$_6$ 受体阻断剂、磷酸二酯酶（PDE）抑制剂、代谢型谷氨酸受体（mGlu-R）激动剂、甘氨酸转运体（GlyT1）抑制剂以及神经激肽-3（NK3）阻断剂等。

针对单一靶点的抗精神病药物研究多以失败告终，开发新的更好的抗精神病药物仍存在着巨大的挑战。如何更好地在治疗精神分裂症阴性症状和认知功能障碍的同时降低锥体外系作用和体重增加等不良反应将是后续药物研发的重点。而寻找新的作用靶点和多靶点策略将成为现有抗精神病药物研发的主要方向和突破口。

一、经典抗精神病药

（一）吩噻嗪类

氯丙嗪 🅔 微课

氯丙嗪（chlorpromazine）又称冬眠灵（wintermine），是第一个问世的吩噻嗪类抗精神病药，为这类药物的典型代表。氯丙嗪因阻断 DA 受体、5-HT$_2$ 受体、α 受体、M 胆碱受体和 H$_1$ 受体，因此作用广泛，不良反应也多。

【体内过程】口服吸收慢而不规则，2~4 小时后血药浓度达峰值。不同个体血药浓度可相差 10 倍，故给药时应注意剂量个体化。血浆蛋白结合率为 90% 以上，表观分布容积约为 10~20L/kg，$t_{1/2}$ 约为 30 小时。氯丙嗪在体内分布广泛，脑、肺、肝、脾、肾组织中药物浓度较高，其中脑内浓度可达血浆浓度的 10 倍。主要在肝代谢，代谢产物经肾排泄。因其脂溶性高，易蓄积于脂肪组织，停药后数周乃至半年后，尿中仍可检出其代谢物。氯丙嗪在体内的消除和代谢速度随年龄而递减，故老年患者须减量。

【药理作用】

1. 中枢神经系统作用

（1）镇静作用和抗精神病作用　氯丙嗪对中枢神经系统有轻微的抑制作用，起到安定效果。正常人口服普通剂量氯丙嗪后，可出现安静、少动、淡漠、迟钝，但理智正常，在安静环境中易入睡。精神分裂症患者服用氯丙嗪后，能消除患者的幻觉、妄想，迅速控制兴奋躁动状态、减轻思维障碍，使患者恢复理智，情绪稳定，生活自理。

（2）镇吐作用　氯丙嗪有较强的镇吐作用。小剂量氯丙嗪阻断延髓第四脑室底部催吐化学感受区 D_2 样受体，大剂量氯丙嗪直接抑制呕吐中枢，能对抗 DA 受体激动药阿扑吗啡引起的呕吐反应，但不能对抗前庭刺激引起的呕吐。氯丙嗪也可治疗顽固性呃逆，其机制可能是氯丙嗪抑制位于延脑与催吐化学感受区旁的呃逆中枢调节部位。

（3）对体温调节的作用　氯丙嗪对下丘脑体温调节中枢有很强的抑制作用，不但降低发热机体的体温，还能降低正常的体温。氯丙嗪的降温作用随环境温度而变化，在低温环境时，配合物理降温，可使体温降至正常体温以下。

2. 对自主神经系统的作用　氯丙嗪阻断 α 受体，可致血管扩张、血压下降，可翻转肾上腺素的升压效应，故肾上腺素不适用于氯丙嗪急性中毒引起的血压降低乃至休克。氯丙嗪还可阻断 M 受体，可引起口干、便秘和视力模糊等。

3. 对内分泌系统的影响　阻断结节－漏斗通路 D_2 样受体，减少催乳素释放抑制因子的释放，使催乳素上升；抑制促性腺激素释放因子的释放，使性激素下降；抑制 ACTH 的释放，使糖皮质激素下降；降低垂体生长激素的释放，使生长激素减少。

【临床应用】

1. 精神分裂症　氯丙嗪作为一种强效神经安定药，多用于治疗精神分裂症。其中，以妄想型疗效尤为突出，其次为青春型、偏执型和紧张型，对单纯型疗效最差。氯丙嗪对急性患者效果显著，但不能根治，需长期用药，甚至终身治疗；对慢性精神分裂症患者疗效较差。氯丙嗪还用于预防精神分裂症的复发。氯丙嗪抗幻觉及抗妄想作用一般需连续用药 6 周至 6 个月才充分显效。

2. 呕吐和顽固性呃逆　氯丙嗪可用于药物（如强心苷、吗啡、四环素等）和疾病（如尿毒症、恶性肿瘤、妊娠中毒等）所致的呕吐。对晕动病引起的呕吐无效。对顽固性呃逆也有显著疗效。

3. 低温麻醉与人工冬眠　氯丙嗪与其他中枢抑制药（哌替啶、异丙嗪）合用，可使患者深睡，降低体温、基础代谢及组织耗氧量，增强患者对缺氧的耐受力，减轻机体对伤害性刺激的反应，并可使自主神经传导阻滞及中枢神经系统反应性降低，此种状态称为"人工冬眠"，为进行其他有效的对因治疗争取时间。多用于严重创伤、感染性休克、高热惊厥、中枢性高热、甲状腺危象等病症的辅助治疗。

【不良反应】

1. 一般不良反应　包括中枢抑制症状（嗜睡、淡漠、无力等）、M 受体阻断症状（视物模糊、口干、便秘、眼压升高等）、α 受体阻断症状（血压下降、直立性低血压、心悸等）。氯丙嗪局部刺激性较强，宜深部肌内注射。静脉注射可致血栓性静脉炎，应以生理盐水或葡萄糖溶液稀释后缓慢注射。为防止直立性低血压，注射用药后静卧 1～2 小时，然后缓慢起立。

2. 锥体外系反应　锥体外系反应是长期大量服用抗精神病药后最常见的共同不良反应。通常表现为以下三种反应。

（1）药源性帕金森综合征　多见于中、老年人，表现为肌张力增高、面容呆板、动作迟缓、肌肉震颤、流涎等。

（2）静坐不能　多见于青、中年人，患者出现坐立不安、反复徘徊等。

（3）急性肌张力障碍　多见于青少年，出现在用药后 1～5 天，由于舌、面、颈及背部肌肉痉挛，患者可出现强迫性张口、伸舌、斜颈、呼吸运动障碍、吞咽困难等。

上述不良反应是由于氯丙嗪阻断了黑质－纹状体通路的 D_2 样受体，使纹状体中的 DA 功能减弱、

ACh 功能相对增强引起的。减少药量或停药后，症状可减轻或自行消失，也可用胆碱受体阻断药（苯海索、东莨菪碱）或促 DA 释放药（金刚烷胺）缓解锥体外系反应。

（4）迟发性运动障碍　仅见于部分患者，表现为口 - 舌 - 颊三联症：吸吮、舐舌、咀嚼不自主的刻板运动及四肢舞蹈样动作。这是长期服用氯丙嗪后引起一种特殊而持久的运动障碍。其机制可能是由于 DA 受体长期被阻断，受体敏感性增加或反馈性促进突触前膜 DA 释放增加所致。停药后难消失，用抗胆碱药反而会使症状加重，而非经典抗精神病药氯氮平能使此反应减轻。

3. 药源性精神异常　表现为意识障碍、淡漠、兴奋、躁动、消极、抑郁、幻觉、妄想等。目前缺乏有效治疗措施，严重时应停药。

4. 惊厥与癫痫　少数患者用药过程中出现局部或全身抽搐，脑电图可见癫痫样放电。有癫痫病史的患者应慎用。

5. 过敏反应　皮疹、接触性皮炎。少数患者出现肝损害、黄疸，也可出现粒细胞减少、溶血性贫血和再生障碍性贫血等。应立即停药或换药。

6. 心血管和内分泌系统反应　出现房室传导阻滞、室性心律失常。心电图异常，表现为 Q - T 间期延长，ST 段异常及 T 波低平或倒置。多见于老年伴有动脉硬化、高血压患者。冠心病患者易致猝死，应慎用。长期用药还会引起内分泌系统紊乱，如乳腺增大、泌乳、闭经、排卵延迟、男性性欲低下、抑制儿童生长等。

7. 急性中毒　一次吞服大剂量氯丙嗪后，可致急性中毒，患者出现昏睡、血压下降、休克和心肌损害如心动过速、心电图异常，此时应立即对症治疗，早期可用去甲肾上腺素升高血压。

其他吩噻嗪类药物

吩噻嗪类药物中侧链为哌嗪环的有：奋乃静（perphenazine）、氟奋乃静（fluphenazine）及三氟拉嗪（trifluoperazine）。属于高效价药物。与氯丙嗪相比，它们的抗精神病作用及锥体外系不良反应强，而镇静作用弱，对心血管系统、肝脏及造血系统的不良反应较氯丙嗪轻。奋乃静对慢性精神分裂症的疗效高于氯丙嗪。氟奋乃静和三氟拉嗪对行为退缩、情感淡漠等症状有较好疗效，适用于偏执型精神分裂症和慢性精神分裂症。

吩噻嗪类药物中侧链为哌啶环的是硫利达嗪（thioridazine，甲硫达嗪）。属于低效价药物。此药有明显的镇静作用，抗幻觉抗妄想作用不如氯丙嗪，锥体外系不良反应小，老年人易耐受。

（二）硫杂蒽类

氯普噻吨

氯普噻吨（chlorprothixene）也称泰尔登（tardan），又名氯丙硫蒽，是本类药的代表，其结构与三环类抗抑郁药相似，故有较弱的抗抑郁作用。其调整情绪、控制焦虑抑郁的作用较氯丙嗪强，但抗幻觉抗妄想作用不及氯丙嗪。氯普噻吨适用于带有强迫状态或焦虑抑郁情绪的精神分裂症、焦虑性神经官能症以及更年期抑郁症患者。由于其抗肾上腺素与抗胆碱作用较弱，故不良反应较轻，锥体外系症状也较少。

氟哌噻吨

氟哌噻吨（flupentixol）又名三氟噻吨。抗精神病作用与氯丙嗪相似，有一定的抗抑郁、抗焦虑作用，镇静作用弱，锥体外系反应多见，偶有猝死报道。其血浆蛋白结合率大于 95%，$t_{1/2}$ 为 35 小时。氟哌噻吨适用于抑郁症或伴焦虑的抑郁症。禁用于躁狂症患者。

（三）丁酰苯类

尽管丁酰苯类的化学结构与吩噻嗪类完全不同，但其药理作用和临床应用与吩噻嗪类相似。

氟哌啶醇

氟哌啶醇（haloperidol）能选择性拮抗 D_2 样受体，有很强的抗精神病作用。可显著控制各种精神运动兴奋的作用，同时对慢性症状有较好疗效。其锥体外系不良反应发生率高、程度严重，但对心血管系统的不良反应较轻、对肝功能影响小。

氟哌利多

氟哌利多（droperidol）也称氟哌啶。氟哌利多在体内代谢快，作用维持时间短。临床上主要用于增强镇痛药的作用，如与芬太尼配合使用，使患者处于一种特殊的麻醉状态：痛觉消失、精神恍惚、对环境淡漠，被称为神经阻滞镇痛术。用于烧伤清创、窥镜检查、造影等，其特点是集镇痛、安定、镇吐、抗休克作用于一体。也用于麻醉前给药、镇吐、控制精神分裂症患者的攻击行为。

五氟利多

五氟利多（penfluridol）的结构与丁酰苯类相似的二苯丁基哌啶类的衍生物。五氟利多是口服长效抗精神病药，一次用药疗效可维持一周。其长效的原因可能与其贮存于脂肪组织，从而缓慢释放入血有关。对精神分裂症的疗效与氟哌啶醇相似，镇静作用较弱，适用于急慢性精神分裂症，尤其适用于慢性患者，对幻觉、妄想、退缩均有较好疗效。不良反应以锥体外系反应最为常见。

二、非经典抗精神病药

氯氮平

氯氮平（clozapine）可特异性阻断中脑－边缘系统和中脑－皮质系统的 D_4 受体，而对黑质－纹状体的 D_2 受体亲和力弱。亦可阻断 $5-HT_{2A}$ 受体，是广谱神经安定药。氯氮平对精神分裂症的疗效与氯丙嗪相似，具有见效快、作用强等特点，能较快控制兴奋、躁动、焦虑不安、幻觉、妄想、痴呆等症状，而对情感淡漠和逻辑思维障碍的改善功能较弱。几乎无锥体外系反应，亦无内分泌方面的不良反应，但可引起粒细胞减少，严重者可致粒细胞缺乏、引起死亡，应常规做血常规检查。

舒必利

舒必利（sulpiride）属苯甲酰胺类，可选择性拮抗中脑－边缘系统 D_2 样受体，此外，还可促进 $5-HT$ 的释放。因此，舒必利不仅对紧张型精神分裂症疗效高、奏效较快，可改善患者与周围的接触、活跃情绪、减轻幻觉和妄想，还对情绪低落、忧郁等症状也有疗效，对难治性病例也有一定疗效。舒必利对纹状体 D_2 受体亲和力较低，因此，其锥体外系不良反应较少。

利培酮

利培酮（risperidone）对 $5-HT$ 受体和 D_2 样受体均有拮抗作用，但对前者的作用显著强于后者。利培酮对精神分裂症阳性症状如幻觉、妄想、思维障碍等以及阴性症状均有疗效，对精神分裂症患者的认知功能障碍和继发性抑郁亦具治疗作用。锥体外系反应轻，且抗胆碱作用及镇静作用弱，患者治疗依从性较好。本药对需要警觉性的活动有影响，治疗期间避免驾驶等精密操作。

喹硫平

喹硫平（quetiapine）对多种神经递质受体有相互作用。在脑中，喹硫平对 $5-HT_2$ 受体具有高度亲和力，且大于对脑中多巴胺受体的亲和力。对治疗精神分裂症的阳性和阴性症状均有效。常见不良反应包括困倦、头晕、便秘、体位性低血压、口干和肝功能异常。偶见头痛、衰弱、发热、胸痛、心悸、消化不良、白细胞减少等。

阿立哌唑

阿立哌唑（aripiprazole）对 DA 能神经系统具有双向调节作用，是 DA 递质的稳定剂。与 D_2、D_3、$5-HT_{1A}$ 和 $5-HT_{2A}$ 受体有很高的亲和力。通过对 D_2 样受体和 $5-HT_{1A}$ 受体的部分激动作用及对 $5-HT_{2A}$ 受体的拮抗作用来产生抗精神病作用。阿立哌唑口服后血药浓度达峰时间为 3~5 小时，半衰期为 48~68 小时。去氢阿立哌唑为主要活性代谢物。阿立哌唑对精神分裂症的阳性和阴性症状均有明显疗效，也能改善伴发的情感症状，降低精神分裂症的复发率。不良反应主要有头痛、焦虑失眠、嗜睡、小便失禁、静坐不能等。不良反应比较轻，体重增加、锥体外系反应等发生率低，所以患者的耐受性比较好。

⇒ 案例引导

临床案例 患者，男，30 岁，一直勤奋学习努力工作。三个月前开始表现异常。他对他的同事说，他正通过手里的报纸收到一些信息，是来自宇宙的神秘力量，而只有他能够解读外星人的密码。他甚至听到外星人给他的指令，要他到空旷的山岭等候宇宙飞船。当别人问他为何那么肯定是来自外星人的信息，他坚信自己是对的，只不过是别人不理解他罢了。经医生诊断，他患上了精神分裂症。医生建议他服用氯丙嗪，服药两个月后，患者情绪安定平和，妄想及幻听现象基本消失。

问题 1. 氯丙嗪治疗精神分裂症的作用机制是什么？主要不良反应有哪些？
2. 新型抗精神病药物如利培酮等，其作用机制是什么？与氯丙嗪相比，利培酮具备哪些优点？

第二节　抗躁狂抑郁药

躁狂抑郁症（manic depression）又被称为双相情感障碍（bipolar affective disorder），是一种以情感的异常高涨或低落为特征的精神障碍性疾病，兼有躁狂状态和抑郁状态两种主要表现形式，具有周期性和可缓解性，间歇期病人精神活动完全正常。发病原因不明。遗传、长期压力以及童年生活的阴影都与发病相关。

躁狂性抑郁症的发病机制可能与脑内单胺类物质失衡相关。$5-HT$ 功能降低与抑郁症有关；双相情感障碍与 NA 有关，抑郁时尿中 NA 代谢产物 3-甲氧基-4-羟基苯乙二醇（MHPG）含量降低，转躁狂时 MHPG 升高；研究还发现抑郁症患者脑内 DA 功能降低，躁狂症 DA 功能增高。另外，躁狂症还与 GABA、cAMP 和磷脂酰肌醇系统（PI）失衡有关，cAMP 功能降低，PI 系统功能亢进导致抑郁，反之，会导致躁狂。

碳酸锂

碳酸锂（lithium carbonate）口服吸收快，血药浓度高峰出现于服药后 2~4 小时。锂离子（Li^+）先分布于细胞外液，然后逐渐蓄积于细胞内。不与血浆蛋白结合，$t_{1/2}$ 为 18~36 小时。锂虽吸收快，但通过血-脑屏障进入脑组织和神经细胞需要一定时间，因此，锂盐显效较慢。碳酸锂主要自肾排泄，Li^+ 在近曲小管与 Na^+ 竞争重吸收，故增加钠摄入可促进其排泄，而缺钠或肾小球滤出减少时，可导致体内锂蓄积，引起中毒。

治疗量的锂盐可使躁狂症患者言语行为恢复正常。能抑制脑内 NA 和 DA 释放并增加神经元再摄取，使突触间隙 NA 下降，由于 NA 减少，抑制脑中腺苷酸环化酶的激活，使第二信使 cAMP 下降；锂盐也可抑制磷脂酰肌醇 $-4,5-$ 二磷酸（PIP_2）产生。临床主要用于治疗躁狂症，包括躁狂性抑郁症的躁狂状态以及精神分裂症的躁狂症状。

锂盐安全范围较窄，用药初期有恶心、呕吐、腹泻、疲乏、肌肉无力、肢体震颤、口干、多尿等不良反应。常在继续治疗 1~2 周内逐渐减轻或消失。此外，可引起甲状腺功能低下或甲状腺肿，一般无明显症状，停药后可恢复。锂盐中毒主要表现为意识障碍、昏迷、肌张力增加、共济失调、震颤。静脉注射生理盐水可促进锂的排泄。为了防止严重不良反应的发生，最好每日做血药浓度监测，当血锂高达 1.6mmol/L 时应立即减量或停药。

除碳酸锂外，用于躁狂症的药物还有抗精神病药如氯丙嗪、硫利达嗪、氟哌啶醇、氯氮平等，效果好、作用快；抗癫痫药如卡马西平、丙戊酸钠；钙离子通道阻滞药如维拉帕米等也可用于抗躁狂症。

第三节 抗抑郁症药

抑郁症是一种常见的精神疾病，主要表现为情绪低落、兴趣减低、悲观、思维迟缓、缺乏主动性、自责自罪等，严重者可出现自杀念头和行为。

抑郁症发病机制有待阐明。目前的单胺神经递质学说认为：大脑神经递质在神经突触间隙的浓度相对或绝对不足，导致整体精神活动和心理功能处于低下状态。临床观察到抑郁症患者突触间隙 5-HT 和 NA 水平降低，抗抑郁药就是通过抑制神经系统对这两种神经递质的再摄取，使得突触间隙这两种神经递质浓度增高而发挥抗抑郁作用。

需要注意的是，患者从服抗抑郁药开始到出现明显缓解抑郁症状，大约需要两周时间。在此期间，要注意对患者的护理，防止自杀性事件发生。

一、5-HT/NA 非选择性再摄取抑制药

20 世纪 50 年代末丙米嗪（imipramine）被首先用于治疗抑郁症，此后陆续有阿咪替林（amitriptyline）、氯丙米嗪（clomipamine）、多塞平（doxepin）等药物上市。这些药物的化学结构中含有由 1 个中央杂环与 2 个苯环连接构成的三环，故也被称为三环类（tricyclic antidepressants）抗抑郁药。该类药物可抑制神经元突触间隙 5-HT 和 NA 的再摄取。除了三环类药物外，还有新上市的个别药物，也是 5-HT/NA 非选择性再摄取抑制药。

丙米嗪

丙米嗪（imipramine）又名米帕明。

【药理作用】 以丙米嗪为代表的三环类抗抑郁药属于非选择性单胺再摄取抑制剂，主要阻断 NA 和 5-HT 递质的再摄取，从而使突触间隙的递质浓度增高，促进突触传递功能而发挥抗抑郁作用。抑郁症患者连续服用药物 2 周后，可表现出抑郁症状减轻，情绪高涨。

此外，丙米嗪可阻断 M 胆碱受体和 α_1 受体，产生口干、便秘等抗胆碱反应以及心血管系统不良反应。

【临床应用】 丙米嗪用于各种原因引起的抑郁症，还可用于治疗焦虑症、强迫症、睡眠瘫痪、遗尿症、贪食症、偏头痛、神经痛等。丙咪嗪可用于治疗内源性抑郁症、更年期抑郁症、反应性抑郁症，但对精神病的抑郁症状效果较差。

【不良反应】 常见的不良反应有口干、扩瞳、视物模糊、便秘、排尿困难和心动过速等抗胆碱作

用，还出现多汗、无力、头晕、失眠、皮疹、直立性低血压、共济失调、肝功能异常、粒细胞缺乏症等。因抗抑郁药易致尿潴留、眼内压升高及麻痹性肠梗阻，故前列腺肥大、青光眼和肠麻痹患者禁用。

文拉法辛

文拉法辛（venlafaxine）主要通过阻断 5 - HT 和 NA 的再摄取而发挥作用，对 5 - HT 再摄取的抑制作用弱于 SSRI，对 NA 再摄取的抑制作用弱于一些三环类抗抑郁药和选择性 NA 再摄取抑制剂。该药对各种抑郁症包括单相抑郁、伴焦虑的抑郁、双相抑郁、难治性抑郁均有较好疗效。常见的不良反应为胃肠道不适、眩晕、嗜睡、失眠、视觉异常和性功能异常等，偶见无力、气胀、震颤、激动、鼻炎等。

二、选择性 5 - HT 再摄取抑制药

选择性 5 - HT 再摄取抑制剂（selective serotonin reuptake inhibitor，SSRI）治疗中、轻度抑郁症的疗效与三环类抗抑郁药相似。该类药耐受性好，不良反应轻，较少引起体位性低血压、心动过速、视力模糊、口干等不良反应。

氟西汀

氟西汀（fluoxetine）属强效选择性 SSRI，抑制 5 - HT 摄取比抑制 NA 摄取作用强 200 倍。适用于老年人和儿童的抑郁症，还可用于强迫症和贪食症。口服吸收良好，达峰时间 6 ~ 8 小时，血浆蛋白结合率 80% ~ 95%，$t_{1/2}$ 为 48 ~ 72 小时，经肝脏代谢为去甲氟西汀，活性与母体相似。偶有消化道症状、头痛头晕等不良反应。

帕罗西汀

帕罗西汀（paroxetine）属强效 SSRI，与其他神经递质受体亲和力极小，故镇静作用、抗胆碱能不良反应比三环类抗抑郁药轻。对抑郁症患者伴随的焦虑心境和社交回避等症状有较明显的改善作用。口服吸收良好，主要经肝代谢。主要不良反应为口干、便秘、视物模糊、震颤、头痛、恶心等。

舍曲林

舍曲林（sertraline）口服易吸收，但吸收慢。实验证明，舍曲林可选择性对抗氯苯异丙胺诱导的大脑内 5 - HT 耗竭，抑制 5 - HT 再摄取，从而使突触间隙中 5 - HT 含量升高而发挥抗抑郁作用。本品无抗胆碱作用，不良反应比三环类抗抑郁药少。偶见恶心、呕吐、射精困难和消化不良等。可用于治疗抑郁症和预防抑郁症的发作。

西酞普兰

西酞普兰（citalopram）是强效 SSRI，对其他神经递质受体的亲和力不明显。长期应用不出现耐受性。单次给药达峰时间为 4 小时，生物利用度为 80%，血浆蛋白结合率为 80%，主要经肝代谢，$t_{1/2}$ 约为 35 小时。约 20% 经肾清除。该药是消旋体，但主要的疗效是由左旋体产生的。

该药的左旋体艾司西酞普兰（escitalopram）作用为西酞普兰右旋对映体作用的 100 倍。临床用于重症抑郁症和广泛性焦虑症的治疗。不良反应主要包括失眠、阳痿、恶心、便秘、多汗、口干、疲劳、头痛、嗜睡、焦虑等。

三、NA 再摄取抑制药

NA 再摄取抑制药（norepinephrine reuptake inhibitors）通过选择性抑制突触前膜 NA 的再摄取，增强中枢神经系统 NA 的功能而发挥抗抑郁作用。这类药物的特点是起效快，镇静作用、抗胆碱作用和降压

作用均比三环类抗抑郁药弱。

地昔帕明

地昔帕明（desipramine）又名去甲丙米嗪，是强效选择性 NA 摄取抑制药。其抑制 NA 摄取的效率为抑制 5 - HT 摄取的效率 100 倍以上，对 DA 的摄取亦有一定的抑制作用，对 H$_1$ 受体有强拮抗作用，对 α 受体和 M 受体拮抗作用较弱。临床主要用于治疗抑郁症，对轻、中度的抑郁症疗效好，也可用于遗尿症的治疗。与丙米嗪相比，地昔帕明不良反应较小，但地昔帕明对心脏影响与丙米嗪相似。有轻度镇静作用，过量则导致心律失常、震颤、惊厥、口干及便秘等。偶致直立性低血压。

马普替林

马普替林（maprotiline）选择性抑制 NA 再摄取，对 5 - HT 摄取几乎无影响，有较强抗组胺，故镇静作用较强，抗胆碱作用和心血管作用较弱。具有广谱、起效快和不良反应少的特点。临床用于各型抑郁症，老年型抑郁症患者尤为适用。

去甲替林

去甲替林（nortriptyline）对 NA 摄取有明显的抑制作用，而对 5 - HT 摄取的抑制作用较弱。此药有助于抑郁症患者入睡，但缩短 REM 睡眠时间。临床用于治疗内源性抑郁症效果优于反应性抑郁症，显效快。亦可用于治疗遗尿症。镇静、抗胆碱、直立性低血压及对心脏的影响和诱发惊厥等均较弱。阻断 α$_1$ 受体引起直立性低血压，阻断 M 受体引起心率加快，过量可引起心律失常。

普罗替林

普罗替林（protriptyline）选择性抑制中枢和外周 NA 摄取，对 5 - HT 系统几乎无影响，与其他三环类抗抑郁药相比，拮抗 α$_1$ 受体、H$_1$ 受体和 M 受体的作用较弱。镇静作用较弱，可缩短 REM 睡眠，但延长深睡眠。主要用于治疗抑郁症，发挥疗效需 2~3 周。与其他三环类抗抑郁药类似，较大剂量时需注意对心脏的影响。

四、单胺氧化酶抑制剂

吗氯贝胺

吗氯贝胺（moclobemide）为单胺氧化酶抑制剂（monoamine oxidase inhibitors，MAOI）类抗抑郁药，选择性抑制 MAO - A，抑制 NA、5 - HT 和 DA 等单胺类神经递质的降解，故突触间隙的单胺类神经递质浓度相对升高，起到抗抑郁作用，具有作用快，停药后单胺氧化酶活性复活的特点。对那些三环类抗抑郁药不适用或无效的患者也可能有效，对儿童注意力缺乏性多动症亦有效。不良反应包括轻度恶心、口干、头痛、头晕、出汗、心悸、失眠、体位性低血压等。少见不良反应有过敏性皮疹。偶见意识障碍及肝功能损害。大剂量时可能诱发癫痫。躁狂症患者、嗜铬细胞瘤和甲状腺亢进者禁用。

第四节　抗焦虑药

焦虑是多种精神疾病的常见症状。焦虑症则是一种以急性焦虑反复发作为特征的神经官能症，并伴有自主神经功能紊乱，发作时患者多自觉恐惧、紧张、忧虑、心悸、出冷汗、震颤及睡眠障碍等。临床上常用抗焦虑药物有苯二氮䓬类和丁螺环酮等。

一、苯二氮䓬类

以地西泮为代表的苯二氮䓬类药物在远低于镇静催眠作用的剂量下，就可产生明显的抗焦虑作用。可有效缓解患者紧张、忧虑、恐惧和不安等症状。

艾司唑仑（estazolam）是一种中效苯二氮䓬类药物，达峰时间 1~8 小时，$t_{1/2}$ 大约 8~31 小时，平均 19 小时。主要用于抗焦虑、治疗失眠，也可用于抗癫痫和抗惊厥。小剂量（口服 1mg）有助于减少焦虑。

二、丁螺环酮

丁螺环酮（buspirone）是非苯二氮䓬类抗焦虑药。与地西泮有相当的抗焦虑作用，但无镇静、肌松和抗惊厥作用。对 $5-HT_{1A}$ 具有高亲和性，部分激动该受体而发挥抗焦虑作用；对大脑多巴胺 D_2 样受体也有中等活性，但对 GABA 受体无显著亲和力。临床用于治疗焦虑症。不良反应包括头晕、头痛、恶心、呕吐等。无明显生理依赖性和成瘾性。

目标检测

答案解析

1. 氯丙嗪的临床应用及不良反应的药理基础是什么？
2. 治疗躁狂症的药物有哪些？
3. 治疗抑郁症的药物有哪些？

（林芳　王燕）

书网融合……

本章小结　　　　微课　　　　题库

第十七章　镇痛药

PPT

学习目标

1. **掌握**　吗啡和哌替啶的药理作用、临床应用不良反应及禁忌证；阿片受体、内源性阿片样物质及吗啡镇痛作用原理。

2. **熟悉**　镇痛药耐受性和成瘾性产生特点及原因；可待因、喷他佐辛、美沙酮、曲马多及芬太尼的特点及临床应用。

3. **了解**　吗啡的构效关系及体内过程；镇痛药的社会危害性及其严格生产和使用相关法规；布托啡诺及罗通定的特点。

4. 具备根据镇痛药作用的两重性指导合理用药并具有专业性宣传镇痛药成瘾社会危害性的能力。

疼痛是与真正或潜在组织损伤相关的一种不愉快的主观感觉和情感体验。它既是机体受到伤害的一种警告，可引起机体一系列防御性保护反应；也是临床许多疾病的常见症状，是临床疾病诊断的重要依据。另一方面，剧烈的疼痛可导致患者紧张不安、失眠等情绪反应，还可导致呼吸及心血管等生理功能紊乱，甚至引起休克危及生命。控制疼痛是目前临床用药的重要目的之一。

疼痛的种类很多，按疼痛冲动产生部位可以大致分为三类。①躯体痛，是由于身体表面和身体深层组织的痛觉感受器受到可能的伤害性刺激所致，可分为锐痛和钝痛两种，锐痛又称快痛，为尖锐而定位明确的刺痛，感觉迅速产生又迅速消失，引起较弱的情绪变化；钝痛又称慢痛，为缓慢加剧而定位模糊的烧灼感疼痛，持续时间较久，患者难以忍受时伴有较强的情绪反应。②内脏痛，是由于内脏器官、体腔壁浆膜及盆腔器官组织部位的痛觉感受器受到炎症、压力、摩擦或牵拉等刺激所致，表现为酸痛、胀痛、绞痛等，定位模糊，有时很难描述，可引起较强的情绪变化或内脏反应，如恶心、呕吐和腹泻等。③神经痛，是由于神经系统损伤或受到肿瘤压迫或浸润所致，有剧烈的阵发性的反复疼痛（如三叉神经痛），有程度不等的持续性疼痛（如晚期癌症痛），患者的心理压力、紧张、恐惧等精神情绪对神经痛的感知有明显影响。

镇痛药（analgesics）是一类通过激动中枢神经系统特定部位的阿片受体（opioid receptor），产生镇痛作用，并同时缓解疼痛引起的不愉快情绪的药物。因其镇痛作用与激动阿片受体有关，故称为阿片类镇痛药（opioid analgesics）；与阿司匹林类解热镇痛药不同，此类镇痛药的作用部位在中枢神经系统，镇痛作用强大而广泛并能改变患者对疼痛的情绪反应，也称为中枢性镇痛药（central analgesics）；由于药物易产生药物依赖性或成瘾性，易导致药物滥用及停药戒断症状，又称为麻醉性镇痛药（narcotic analgesics）或成瘾性镇痛药（addictive analgesics）。本类药物中的绝大多数被归为管制药品之列，其生产、运输、销售和使用必须严格遵守"国际禁毒公约"和《麻醉药品和精神药品管理条例》等。

疼痛是很多疾病的临床表现，其特点可以作为疾病诊断的依据，故在疾病诊断未明确前应慎用镇痛药，以免掩盖病情，贻误诊断和治疗。此外，因其反复应用易成瘾，即使有用药指征，亦应尽量减少用药次数和剂量。

本章介绍的镇痛药有阿片生物碱类，如吗啡和可待因；人工合成镇痛药，如哌替啶、芬太尼和美沙酮等；以及一些其他的镇痛药，如曲马多和罗通定等。

第一节　阿片生物碱类

阿片（opium）为希腊文"浆汁"的意思，是来源于罂粟科植物罂粟未成熟蒴果浆汁的干燥物，在公元16世纪已被广泛用于镇痛、止咳、止泻、镇静等。阿片中含有20多种生物碱，含量达25%，这些生物碱按化学结构可分为菲类和异喹啉类，前者如吗啡和可待因，通过激动阿片受体产生镇痛等中枢作用，是阿片类镇痛药的主要镇痛成分；后者如罂粟碱，具有松弛平滑肌和舒张血管作用。

吗啡 🄴 微课

吗啡（morphine）是以希腊梦幻之神孟菲斯（morphus）的名字而命名，是阿片类中最主要的生物碱，相当于阿片生物碱总量的一半。

【构效关系】吗啡化学结构于1902年确定，基本骨架是以 A、B、C、D 环构成的氢化菲核（图17-1），其中 A 环与 C 环以氧桥连接，此结构破坏则形成去水吗啡，失去镇痛效应而产生催吐作用；B 环与 D 环的稠合组成吗啡的镇痛作用的基本化学结构 γ-苯基-N甲基哌啶；A 环上的一个酚羟基与 C 环上的醇羟基具有重要的药理作用。A 环上酚羟基氢原子被甲基取代得到可待因（codeine），必须在体内代谢生成吗啡才发挥作用，镇痛作用减弱。3 和 6 位羟基的氢原子被乙酰基取代得到海洛因（heroin），镇痛作用和成瘾作用均增强。当 17 位侧链甲基被烯丙基取代，则变成阿片受体部分激动药或拮抗药，如烯丙吗啡（naloyphine）、纳洛酮（naloxone）和纳曲酮（naltrexone）（表17-1）。

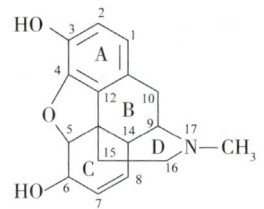

表 17-1　吗啡及其衍生物的构效关系

药名	取代部位和取代基团					
	3	6	17	14	7 和 8	效应特点
吗啡	—OH	—OH	—CH₃	—	双键	激动药
可待因	—OCH₃	—OH	—CH₃	—	双键	激动药
海洛因	—OCOCH₃	—OCOCH₃	—CH₃	—	双键	激动药
纳洛酮	—OH	=O	—CH₂CH=CH₂	—OH	单键	拮抗药
烯丙吗啡	—OH	—OH	—CH₂CH=CH₂	—	单键	部分激动药

【体内过程】吗啡经胃肠道、鼻黏膜及肺等部位吸收良好，但胃肠道给药首过消除明显，生物利用度只有25%。常注射给药或呼吸道给药，皮下注射30分钟后吸收60%，血浆蛋白结合率约为30%，游离型吗啡迅速分布全身各组织器官。本品脂溶性低，成人仅有少量透过血-脑屏障，但足以发挥中枢性药理作用，易透过小儿的血-脑屏障，也可通过胎盘到达胎儿体内。主要在肝脏生物转化，60%~70%与葡萄糖醛酸结合，主要代谢产物吗啡-6-葡萄糖醛酸的生物活性比吗啡强，但也难透过血-脑屏障。吗啡血浆 $t_{1/2}$ 为 2~3 小时，吗啡-6-葡萄糖醛酸 $t_{1/2}$ 稍长于吗啡，吗啡代谢物及原型大部分自肾排出，少量经乳汁及胆汁排出。

【药理作用】

1. 中枢神经系统

（1）镇痛作用　吗啡具有强大的镇痛作用，皮下注射 5~10mg 吗啡即能显著减轻患者对疼痛的感受，明显改善患者对疼痛的反应。用药后患者常出现嗜睡、精神恍惚、理智不清等，安静环境下易入睡，也易被唤醒；镇痛作用选择性低，对各种物理性、化学性伤害疼痛均有明显缓减，对持续性、慢性钝痛的效力大于间断性锐痛，对神经性疼痛的效果较差；吗啡明显镇痛的同时不影响意识及其他感觉，患者疼痛感知完全消失，但意识清楚，听觉、视觉及触觉等均正常。一次给药，镇痛作用可维持 4～6 小时，主要与激动脊髓胶质区、丘脑内侧、脑室及导水管周围灰质的阿片受体有关。

（2）镇静和致欣快作用　在镇痛的同时，吗啡可消除由疼痛引起的焦虑、紧张、恐惧等情绪反应，提高患者对疼痛的耐受力；吗啡也可使病人沉醉于美好幻想之中，自我满足感强，并可引起飘飘欲仙的欣快感（euphoria），对处于疼痛折磨的患者十分明显，这也是造成强迫用药的重要原因。吗啡对情绪的改变作用有利于加强吗啡的镇痛效果，这一作用与其激活中脑边缘系统和蓝斑核的阿片受体有关。

（3）呼吸抑制　治疗量的吗啡即可引起呼吸频率减慢，潮气量降低，肺通气量减少。随着剂量增加而抑制作用增强，急性中毒呼吸频率可减慢至 3～4 次/分钟，呼吸抑制是吗啡急性中毒致死的主要原因。吗啡抑制呼吸与其作用于呼吸中枢的阿片受体有关，能降低脑干呼吸中枢对 CO_2 张力的敏感性，并抑制脑桥呼吸调节中枢。这种呼吸抑制作用易被中枢兴奋药拮抗，与全麻药、镇静催眠药及乙醇等合用，能加重其呼吸抑制作用。

（4）镇咳作用　直接抑制延髓咳嗽中枢，使咳嗽反射减轻或消失，对多种原因引起的咳嗽均有强大抑制作用，与吗啡作用于延髓孤束核的阿片受体有关。因易成瘾，临床上多以可待因代替。

（5）其他中枢作用　吗啡与中枢盖前核的阿片受体相结合，兴奋动眼神经缩瞳核，可引起瞳孔缩小似针尖（针尖样缩瞳），吗啡的缩瞳作用不产生耐受性，长期大量应用缩瞳也很明显，因此针尖样瞳孔为吗啡中毒指征；吗啡能兴奋延脑催吐化学感受区，引起恶心、呕吐；吗啡也能作用于下丘脑体温调节中枢，改变体温调定点而使体温略有下降，但大剂量应用，体温反而升高；吗啡还能抑制下丘脑释放促性腺激素释放激素和促肾上腺皮质激素释放激素。

2. 兴奋平滑肌

（1）胃肠道　吗啡兴奋胃肠道平滑肌，提高胃窦部及十二指肠上部的肌张力，使胃排空延迟；提高小肠及大肠的平滑肌张力甚至引起痉挛，使推进性蠕动减弱并增加水分的吸收，同时抑制消化液的分泌，使食物消化和推进延迟；提高回盲瓣及肛门括约肌张力，延缓肠内容物通过，而且吗啡抑制中枢，减弱便意，因而易引起便秘。这与其作用于中枢及肠道的阿片受体有关。

（2）胆道　吗啡可致胆道奥狄氏括约肌收缩，使胆内压升高，引起患者上腹部不适甚至诱发胆绞痛，对输尿管也有收缩作用，故胆绞痛和肾绞痛不宜单独使用吗啡。阿托品可部分缓解吗啡引起胆道痉挛，阿片拮抗剂可以完全逆转。

（3）其他平滑肌　治疗量吗啡还能增强膀胱括约肌张力，引起排尿困难，尿潴留；尽管治疗量的吗啡很少出现支气管收缩作用，但对支气管哮喘患者可诱发哮喘发作，故支气管哮喘患者忌用；吗啡能降低子宫平滑肌对缩宫素的敏感性，减弱子宫收缩频率和幅度，延长产妇分娩时程。

3. 心血管系统

治疗量的吗啡对心肌收缩力、心率和心律无明显影响，但可扩张外周血管，降低外周血管阻力，引起体位性低血压。这是由于吗啡可引起组胺释放和激动延髓孤束核的阿片受体而抑制血管运动中枢所致。吗啡由于抑制呼吸引起 CO_2 潴留，继发地扩张脑血管，脑血流量增加而致颅内压升高。因此，颅外伤及颅内占位性病变患者禁用。

4. 免疫系统

对细胞免疫和体液免疫均有抑制作用，在停药后戒断症状出现期最为明显，长期给药对免疫的抑制作用可出现耐受现象。

【作用机制】随着脑内阿片受体的分布、内源性阿片肽以及机体内在抗痛系统逐渐被揭示，吗啡的镇痛作用机制取得了突破性进展。

1. 阿片受体及效应

1962 年我国学者最先发现用微量吗啡（10μg）注入家兔第三脑室周围及导水

管周围灰质时，可明显消除疼痛反应，同样的剂量作静脉注射则完全不能镇痛，因而提出吗啡在脑内存在有效的镇痛作用部位。1973年Peter和Snyder证实脑内广泛存在阿片受体，脊髓胶质区、丘脑内侧、脑室及导水管周围灰质阿片受体密度高，与痛觉的整合及感受有关，影响着痛觉冲动的传入。边缘系统及蓝斑核阿片受体的密度最高，涉及情绪及精神活动。与缩瞳相关的中脑盖前核，与咳嗽反射、呼吸中枢和交感神经中枢有关的延脑的孤束核，与胃肠活动有关的脑干极后区、迷走神经背核等结构均有阿片受体分布。

体内存在阿片受体多种亚型，已知的有μ、δ、κ、ε和σ亚型，1993年首次成功克隆κ-受体，参与镇痛镇静作用，属于G蛋白偶联受体家族。阿片受体各亚型在脑内分布部位和密度等不同，吗啡类药物对不同亚型的阿片受体，亲和力和内在活性均不完全相同，各亚型的效应见表17-2。吗啡的主要药理效应如镇痛、镇静、呼吸抑制、缩瞳、欣快和依赖性等主要由μ受体介导。

表17-2 阿片受体亚型及效应

亚型	效应					
	痛	呼吸	心率	血压	瞳孔	精神情绪
κ	↓	±	±	±	↓	镇静
δ	↓	↓↓	±	↓		欣快
ε	↓	↑	↑	↑	↑	幻觉 谵妄
σ	↓	↓	↓	↓	↓	欣快

2. 内源性阿片肽 脑内阿片受体的存在意味着脑内有相应的阿片受体配基。1975年，从猪脑内成功分离出与吗啡竞争受体且有吗啡样作用的两种五肽，即甲硫氨基脑啡肽与亮氨酸脑啡肽，其后又从脑组织中分离出β-内啡肽、α-内啡肽及强啡肽A和B等约20多种与阿片类药物作用相似的肽，总称为内源性阿片样肽（endogenous opioid peptides）。脑啡肽对δ受体有较强的选择性，强啡肽对κ受体的选择性强，分别被认为是δ和κ受体的内源性配体，而内啡肽对μ受体和δ受体均有较强亲和力。

3. 阿片类镇痛药作用机制 内源性阿片样肽和阿片受体共同组成了机体的抗痛系统。痛觉刺激使脊髓痛觉初级传入神经纤维末梢释放兴奋性递质（可能为P物质或ACh等），与突触后膜的受体结合后，将痛觉冲动传入脑内引起疼痛。痛觉初级传入神经纤维末梢上存在阿片受体，内源性阿片样肽由特定神经元释放后激动传入神经末梢的阿片受体，抑制腺苷酸环化酶、促进K^+外流、减少Ca^{2+}内流，使突触前膜兴奋性递质释放减少，从而减弱或阻断痛觉信号传入中枢，起到镇痛作用（图17-1）。外源性阿片类药物如吗啡，模拟内源性阿片肽的作用，结合并激动脊髓胶质区、丘脑内侧、脑室及导水管周围灰质的阿片受体，激活了脑内存在的抗痛系统而发挥镇痛作用。

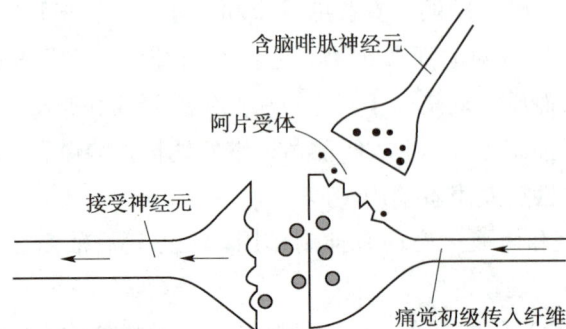

图17-1 阿片类镇痛药作用机制示意图

【临床应用】

1. 镇痛　适用于其他镇痛药无效的急性锐痛，如严重创伤、晚期癌痛及烧伤痛等，但易于成瘾，应短期用药；对内脏绞痛如胆绞痛和肾绞痛与解痉药阿托品合用；心肌梗死引起的心绞痛，血压正常者可用吗啡止痛，而且吗啡可使患者镇静，消除焦虑不安情绪及扩张外周血管，减轻心脏负担。

⇒ 案例引导

临床案例　患者，女，69 岁，半年前因胰腺中 – 低分化腺癌，接受胰十二指肠切除术后好转出院，生活规律，心情愉快，精神状态很好。最近一段时间食欲欠佳，体重有下降，近几日后背隐感疼痛，遂就医。CT 检查发现患者腰椎多发骨质破坏，诊断为肿瘤骨转移。医院治疗除化疗和营养治疗外，建议按时口服消炎镇痛药治疗，疼痛不能缓解，可改用盐酸曲马多缓释片（100mg，每 12 小时 1 次）止痛，2 月后，患者感觉服用曲马多效果明显不如以前，疼痛难忍，医嘱改用美施康定（硫酸吗啡控释片，30mg，每 12 小时 1 次），疼痛好转，并嘱咐注意营养、按时按量吃药，维持一段轻松生活后，疼痛再一次加重，建议盐酸吗啡缓释片一次 60mg，按时服用，同时给予积极的心理安慰，希望患者能没有疼痛地度过余生。

问题　1. 为何口服消炎镇痛药，疼痛难忍后才改用硫酸吗啡控释片？

　　　　2. 吗啡的剂量从一次 30mg 增加到一次 60mg 的原因是什么？为何嘱咐患者按时服用镇痛药？

　　　　3. 请分析讨论该如何改善晚期癌症患者的生活质量。

2. 心源性哮喘　心源性哮喘是由于左心衰竭而突然发生急性肺水肿，使肺换气功能降低，血中 CO_2 潴留，刺激呼吸中枢引起浅而快的呼吸。除采用吸氧、注射速效的强心苷及速尿措施外，静脉注射小剂量吗啡，可以使呼吸紧迫和窒息等症状得以迅速改善。其作用机制：①扩张外周血管，降低外周阻力，减轻心脏前、后负荷，有利于改善心功能；②降低呼吸中枢对 CO_2 的敏感性，减弱了过度的反射性呼吸兴奋，使浅而快的呼吸变为深而慢，改善肺换气功能；③镇静作用消除患者的紧张不安、恐惧情绪，减少耗氧量，间接减轻心脏负担。但对伴有昏迷、休克、严重肺部疾患或痰多患者禁用。

3. 止泻　常选用阿片酊或复方樟脑酊，用于单纯性的急、慢性腹泻，可缓解症状。伴细菌感染者应合用有效的抗菌药物。

【不良反应及注意事项】

1. 一般反应　治疗剂量的吗啡可引起嗜睡、眩晕、恶心呕吐、便秘、排尿困难、胆内压升高、直立性低血压和免疫抑制等。

（1）耐受性和依赖性　长期反复应用吗啡类药物其效力会逐渐减弱，形成耐受性，此时必须增加剂量才可获得原来的镇痛效果和欣快感，剂量越大，给药间隔越短，耐受发生越快越强，部分患者能耐受正常量的 25 倍而不中毒。

依赖性可分为躯体依赖性和精神依赖性，躯体依赖性也称成瘾性，是指机体对药物产生耐受性后，不能增加剂量或停药后，机体明显感到不适，可表现出烦躁不安，失眠，焦虑、流泪，流涕、震颤、肌痛、呕吐，腹痛腹泻，出汗，甚至虚脱，意识丧失，精神出现变态等戒断综合征（withdrawal syndrome），有显著强迫性觅药行为。精神依赖型也称习惯性，是指患者心理对重复用药所达到的欣快感体验的觅药渴求，一般精神依赖性最早产生，而后产生身体依赖性，二者相互促成，药物依赖性越来越重。吗啡成瘾作用很强，使用治疗剂量的吗啡，每日 3 次，连续 1～2 周即可成瘾，少数病人仅用 2～3 日亦可成瘾。蓝斑核是最重要的阿片类生理依赖性的调控部位，吗啡能抑制蓝斑核放电，当停用吗啡时，吗啡对成瘾者蓝斑核的抑制被解除，放电增加，从而出现一系列自主神经系统紊乱症状（戒断症状）。此时蓝斑核去甲肾上腺素能神经元的功能增强，可乐定可激动突触前膜的 α_2 受体，抑制去甲肾上腺素释放，抑制蓝斑核放电，可缓解吗啡的许多戒断症状，但不能消除成瘾者对吗啡的渴求心理。

（2）成瘾性的治疗 患者停用阿片类一周左右可基本脱瘾，但是停药期间患者的戒断症状严重，不用药物治疗难以坚持。常用依赖性较轻的美沙酮或二氢埃托啡替代治疗帮助脱毒，连续用药 6~7 天，逐渐减量至停药可基本脱毒；也可使用可乐定治疗，逐渐增加剂量至有效控制戒断症状而无严重不良反应，维持 1 周后，逐渐减量至停药可脱毒。

2. 急性中毒 过量可引起急性中毒，表现为昏迷、针尖样缩瞳、呼吸高度抑制，继而反射消失、体温和血压降低甚至休克，呼吸麻痹是吗啡致死的主要原因。抢救措施为人工呼吸、适量给氧、补液以及静脉注射阿片受体阻断药纳洛酮。

⊕ 知识链接

阿片受体阻断剂纳洛酮和纳曲酮

纳洛酮（naloxone）化学结构与吗啡相似，对 μ、δ 和 κ 受体有竞争性阻断作用，能快速对抗阿片类药物过量中毒所致的呼吸抑制、血压下降和中枢抑制等症状，能使长期应用阿片类药物的成瘾者立即出现戒断症状；此外，近年来认为内啡肽是一种休克因子，作用于 μ 和 κ 受体，引起心血管抑制，纳洛酮可对抗内啡肽的作用，能逆转休克时内啡肽大量释放所致的低血压效应，对多种原因引起的休克有明显的治疗作用。口服生物利用度低，临床采用注射给药，2 分钟起效，作用维持 30~60 分钟。主要用于阿片类药物急性中毒的抢救，改善呼吸抑制作用，需要重复用药；解除阿片类药物复合麻醉的手术后残余的呼吸抑制及其他中枢抑制症状；治疗新生儿受其母体中阿片类镇痛药影响而致的呼吸抑制；诱发阿片类药成瘾者的戒断症状，有鉴别诊断价值；也适用于各种休克、酒精中毒、脊髓和脑创伤等。此外，纳洛酮也是疼痛研究中常用工具药之一。不良反应少而轻。

纳曲酮（naltrexone）作用与纳洛酮相似，阻断效价为纳洛酮的 2 倍，口服吸收迅速，目前临床只有口服制剂，麻醉中无应用价值，主要用于阿片成瘾者的鉴别诊断。

【禁忌证】吗啡有呼吸抑制、扩张血管、升高颅内压及延长产程等作用，而且能通过胎盘屏障或乳汁分泌抑制胎儿和婴儿的呼吸，故禁用于支气管哮喘、肺源性心脏病、颅脑外伤或颅内压升高者，也禁用于分娩止痛和妊娠期、哺乳期妇女及婴儿止痛。肝功能严重减退者禁用。

可待因

可待因（codeine）又称甲基吗啡，口服易吸收，生物利用度可达 60%，脂溶性较高易通过血 - 脑屏障而进入中枢神经系统。吸收后约有 10% 在肝内脱甲基转变为吗啡而发挥镇痛作用。可待因的镇痛作用仅为吗啡的 1/12，镇咳作用为其 1/4，持续时间与吗啡相似，无明显镇静作用，欣快感及成瘾性也较吗啡弱。但仍属限制性应用的成瘾性镇痛药。对呼吸中枢抑制较轻，无明显便秘、尿潴留及直立性低血压的不良反应。临床上主要用于剧烈的干咳，也用于中等程度疼痛。

第二节 人工合成镇痛药

吗啡镇痛作用虽然很强，但成瘾性及呼吸抑制等不良反应也很强，因此，目前临床上多采用人工合成镇痛药。

哌替啶

哌替啶（pethidine）又称度冷丁（dolantin），是 1937 年人工合成的苯基哌啶衍生物，具有吗啡样作用，是目前临床上应用最广泛的人工合成镇痛药。

【体内过程】　哌替啶口服或注射给药均能吸收，口服生物利用度约为 52%，血浆药物浓度降低，临床常采用注射给药。血浆蛋白结合率为 60%，可透过胎盘屏障，大部分在肝脏代谢为哌替啶酸和去甲哌替啶，$t_{1/2}$ 约为 3~4 小时，肝功能不全时 $t_{1/2}$ 延长，主要经肾排出，少量经乳汁排出。代谢产物去甲哌替啶具有明显的中枢兴奋作用，$t_{1/2}$ 为 15~20 小时，反复大量应用可引起蓄积，是哌替啶过量中毒时出现惊厥的原因。

【药理作用】　哌替啶主要激动 μ 型阿片受体，药理作用与吗啡相似。

1. 中枢神经系统　皮下或肌内注射哌替啶后 10 分钟后出现镇痛、镇静作用，但作用弱于吗啡，其效价强度约相当于吗啡的 1/10~1/8，作用持续时间较短，约为 2~4 小时。少数患者可出现欣快感。哌替啶的呼吸抑制作用较吗啡弱，维持时间短。可兴奋延髓催吐化学感受区，增加前庭器官的敏感性，出现恶心、呕吐和眩晕现象；无明显的咳嗽中枢抑制作用和缩瞳缩小作用。

2. 平滑肌　哌替啶能提高平滑肌和括约肌张力，但因作用较弱，时间短，无明显止泻作用，也较少引起便秘和尿潴留；大剂量可引起支气管收缩而诱发支气管哮喘；有轻微的子宫兴奋作用，但对妊娠末期子宫的正常节律性收缩无明显影响，也不对抗缩宫素的作用，不延缓产程。

3. 心血管系统　治疗剂量的哌替啶偶可引起直立性低血压。由于抑制呼吸，也使体内 CO_2 蓄积，继发脑血管扩张而可致颅内压升高。

【临床应用】

1. 镇痛　因依赖性、致平滑肌兴奋作用等不良反应产生较吗啡轻，且口服有效，哌替啶几乎完全代替吗啡用于各种原因的剧烈疼痛，但对胆绞痛和肾绞痛等内脏绞痛需加用平滑肌解痉药阿托品。哌替啶可透过血-脑屏障，而且新生儿对其呼吸抑制作用特别敏感，故用于分娩止痛时，产前 2~4 小时内不宜使用。由于其半衰期短以及代谢产物具有神经毒性，不宜长期给药。

2. 心源性哮喘　代替吗啡用于心源性哮喘的辅助治疗。

3. 麻醉前给药和人工冬眠　哌替啶的镇静作用可解除患者对手术的紧张和恐惧情绪，减少麻醉药用量，增强麻醉效果。哌替啶与氯丙嗪、异丙嗪组成冬眠合剂，用于如高热、惊厥、甲状腺危象和严重创伤时的人工冬眠。

【不良反应】　治疗量可致眩晕、恶心、呕吐、口干、心动过速及直立性低血压等，较少引起便秘和尿潴留，长期反复应用也易产生耐受性和依赖性。剂量过大可致震颤、肌肉抽搐、反射亢进，甚至惊厥。禁忌证与吗啡相似。

芬太尼

芬太尼（fentanyl）为强效镇痛药，起效快，维持时间短，静脉注射几乎立即起效，维持约 10~30 分钟；肌内注射 15 分钟起效，维持 1~2 小时，血浆蛋白结合率 84%，$t_{1/2}$ 为 3.7 小时。作用与吗啡相似，镇痛效力为吗啡的 100 倍，主要激动 μ 阿片受体，也能产生明显的欣快感、呼吸抑制和依赖性。用于短时的强效镇痛；或与麻醉药合用以减少麻醉药用量和增强麻醉效果；也与氟哌啶醇（haloperidol）配伍，具有神经安定镇痛作用，用于外科小手术如烧伤换药或器械检查如内窥镜检查等；此外，芬太尼透皮贴剂使血药浓度维持 72 小时，镇痛效果稳定，使用方便，适用于中至重度的癌痛患者。不良反应有轻度呼吸抑制、眩晕、恶心、呕吐、胆道平滑肌痉挛及依赖性等，大剂量能引起胸壁及腹壁肌肉僵直而影响通气，络洛酮非除极化肌松药可对抗。禁忌证与吗啡相同。

美沙酮

美沙酮（methadone）口服吸收好，生物利用度为92%，血浆蛋白结合率89%，$t_{1/2}$为35小时。镇痛强度与吗啡相当，但起效慢，作用持续时间长，适用于慢性疼痛。抑制呼吸、缩瞳、致便秘及升高胆道内压等作用与吗啡相似或稍弱。口服美沙酮后不能引起致欣快感作用，也不出现吗啡的戒断症状，使成瘾性发生减弱，用于吗啡和海洛因等脱毒的替代治疗。不良反应与哌替啶相似。

喷他佐辛

喷他佐辛（pentazocine）又名镇痛新，口服和注射给药均吸收良好，但口服首过消除明显，生物利用度低，血浆蛋白结合率为65%，$t_{1/2}$为3～5小时。喷他佐辛是阿片受体部分激动剂，能激动 κ 和 σ 受体而拮抗 μ 受体。镇痛效力是吗啡的1/3，能减弱吗啡的镇痛作用，对吗啡依赖者可促进戒断症状的产生；其呼吸抑制作用是吗啡的1/2，对平滑肌作用与吗啡相似或较弱，也没有缩瞳作用；对心血管系统的影响与吗啡不同，大剂量可使血压升高、心率加快，静脉注射可增加左室舒张期末压和平均动脉压。由于喷他佐辛轻度拮抗 μ 受体，故无明显欣快感和成瘾性，已被国家食品药品监督管理局列为非麻醉性镇痛药，临床主要用于慢性疼痛患者。

布托啡诺

布托啡诺（butuorphanol）为阿片受体部分激动剂，激动 κ 受体，对 μ 受体有弱的拮抗作用。镇痛和呼吸抑制作用为吗啡的3.5～7倍，但药物剂量增加后呼吸抑制程度并不加重。对胃肠道平滑肌的兴奋作用较吗啡弱。本品可增加外周血管阻力和肺血管阻力，因而增加心脏做功。布托啡诺口服首关消除明显，肌内注射吸收迅速而完全，10分钟起效，持续时间4～6小时，$t_{1/2}$约为4～5小时，临床用于缓解各种疼痛，也可作麻醉前用药。

第三节　其他镇痛药

曲马多

曲马多（tramadol）为阿片受体的激动剂，镇痛效力与喷他佐辛相当；镇咳效力约为可待因的1/2，呼吸抑制作用弱，无明显扩血管和降压作用；耐受性和成瘾性较弱。曲马多口服吸收快而完全，生物利用度为90%，$t_{1/2}$约为5小时，口服后1小时起效，作用维持6小时，临床适用于中、重度的急、慢性疼痛，如外科、产科术后痛及晚期肿瘤疼痛等。常见的不良反应为出汗、眩晕、恶心、呕吐和疲劳等，长期应用也可成瘾。

布桂嗪

布桂嗪（bucinnazine）又名强痛定，镇痛效力约为吗啡的1/3。口服30分钟或皮下注射10分钟起效，作用维持3～6小时。临床常用于偏头痛、三叉神经痛、炎症性及外伤性疼痛、关节痛、痛经、癌症等引起的疼痛，对内脏器官的止痛作用较差。偶有恶心或头晕、困倦等，停药后即消失。个别病例曾出现成瘾性，应慎用。

延胡索乙素及罗通定

延胡索乙素（tetrahydropalmatine）为我国科学家从罂粟科植物延胡索中提取的生物碱，即消旋四氢帕马丁，有效部分为左旋体，即罗通定（rotundine）。本品口服吸收良好，10～30分钟起效，作用维持2～5小时，具有镇静、安定、镇痛和中枢性肌肉松弛作用，无明显成瘾性。镇痛作用弱于哌替啶，对慢性持续性钝痛效果好，对创伤、手术后疼痛和晚期癌痛疗效较差。其作用机制可能是阻断脑内多巴胺受体，促进与痛觉有关的特定脑区脑啡肽和内啡肽的释放。临床主要口服用于慢性持续性钝痛，如一般性头痛、脑震荡后头痛以及胃肠或肝胆系统内脏痛等，也可用于月经痛和分娩止痛。治疗剂量一般无不良反应，安全性大，对产程和胎儿无不良影响，但过大剂量可抑制呼吸，偶见眩晕、乏力、恶心及其他锥体外系反应。

目标检测

答案解析

1. 简述吗啡的药理作用和临床应用。
2. 简述吗啡可以治疗心源性哮喘而禁用于支气管哮喘的原因。
3. 简述哌替啶与吗啡在药理作用和临床用途上的异同。
4. 简述吗啡的镇痛作用机制。

（许丽萍）

书网融合……

本章小结　　　　　微课　　　　　题库

第十八章　解热镇痛抗炎药

PPT

学习目标

1. 掌握　解热镇痛抗炎药的共同作用机制，阿司匹林的体内过程、药理作用、临床应用与不良反应；对乙酰氨基酚的药理作用与临床应用。

2. 熟悉　布洛芬、吲哚美辛、双氯芬酸、尼美舒利的药理作用与临床应用。

3. 了解　解热镇痛药的复方配伍。

4. 具备将解热镇痛抗炎药对 COX 酶的抑制作用与其药理作用和不良反应的关系联系起来的逻辑思维和能力。

第一节　概　　述 ⓔ微课

解热镇痛抗炎药（antipyretic – analgesic and anti – inflammatory drugs）是一类具有解热、镇痛，大多数还有抗炎、抗风湿作用的药物。其抗炎作用与糖皮质激素不同，因此又称为非甾体抗炎药（non – steroidal anti – inflammatory drugs，NSAIDs）。本类药物多数为有机酸类化合物，它们都可通过抑制花生四烯酸（arachidonicacid，AA）代谢过程中的环氧酶（cycloxygenase，COX），使前列腺素（prostaglan-din，PG）合成减少，发挥解热、镇痛、抗炎等共同的药理作用。根据其对 COX 作用的选择性可分为非选择性 COX 抑制药和选择性 COX – 2 抑制药。

一、解热作用

人体通过体温调节中枢对产热和散热过程精细调节，使体温维持在相对恒定的水平。当某些病理状态下，外源性致热原，如病原微生物（病毒、真菌、细菌）、非微生物抗原、炎症渗出物和致热性类固醇等，刺激机体单核细胞或中性粒细胞产生并释放内热原，如白介素 1（IL – 1）、肿瘤坏死因子（TNF – α）、白介素 6（IL – 6）。内热原通过血 – 脑屏障，作用于下丘脑体温调节中枢，使 PGE_2 合成与释放增多，使体温调定点升高，引起产热增加，散热减少，体温上升而发热。

解热镇痛抗炎药通过抑制下丘脑体温调节中枢处的 COX，减少 PG 的合成，使体温调定点恢复正常，使发热的体温恢复正常，对正常体温几乎没有影响。

COX 分为 COX – 1 和 COX – 2 两种同工酶。COX – 1 为固有型，属正常组织成分，广泛存在于血管、胃、肾和血小板等大多数组织器官中，催化产生 PGs 等，参与维持正常生理功能，如调节胃黏液正常的分泌、血管的舒缩、血小板的聚集与黏附等。COX – 2 为诱导型，在炎症组织中由多种细胞因子如 IL – 1、TNF – α、IL – 6 和炎症介质介导产生。物理、化学、生物性的损伤因子可通过激活磷脂酶 A_2（phospholipase，PLA_2）使细胞膜磷脂水解成 AA，AA 经 COX – 2 催化生成 PGs（图 18 – 1）。解热镇痛抗炎药的不良反应与抑制 COX – 1 有关；而解热、镇痛、抗炎作用则与抑制 COX – 2 有关。因此，一个较理想的解热镇痛抗炎药，应选择性地抑制 COX – 2，而对 COX – 1 的抑制作用极弱。最近在人和犬脑组织中发现一种新的同工酶 COX – 3，其特征尚在研究中。

细胞膜磷脂
↓
磷脂酶A₂ ← (−) ← 糖皮质激素
↓
花生四烯酸
↓
脂氧酸　　环氧酶 ← (−) ← 非甾体抗炎药

(5-氢过氧化二十碳四烯酸)　　PGG₂
↓　　↓
5-脂氧合酶　　PGH₂

PG合成酶（血管内皮）　　PG合成酶（异构酶还原酶）　　血栓素A₂合成酶（血小板）

白三烯　　PGI₂　　PGE₂　　PGE₂a　　血栓素A₂（TXA₂）

白三烯	PGI₂	PGE₂	PGE₂a	血栓素A₂（TXA₂）
参与过敏反应 支气管收缩 白细胞趋化 诱发炎症 胃肠平滑肌收缩	血小板解聚 扩张血管	诱发炎症 发热致痛 舒张支气管 扩张血管 收缩子宫 保护胃黏膜	收缩支气管 收缩血管 收缩子宫	血小板聚集 收缩血管

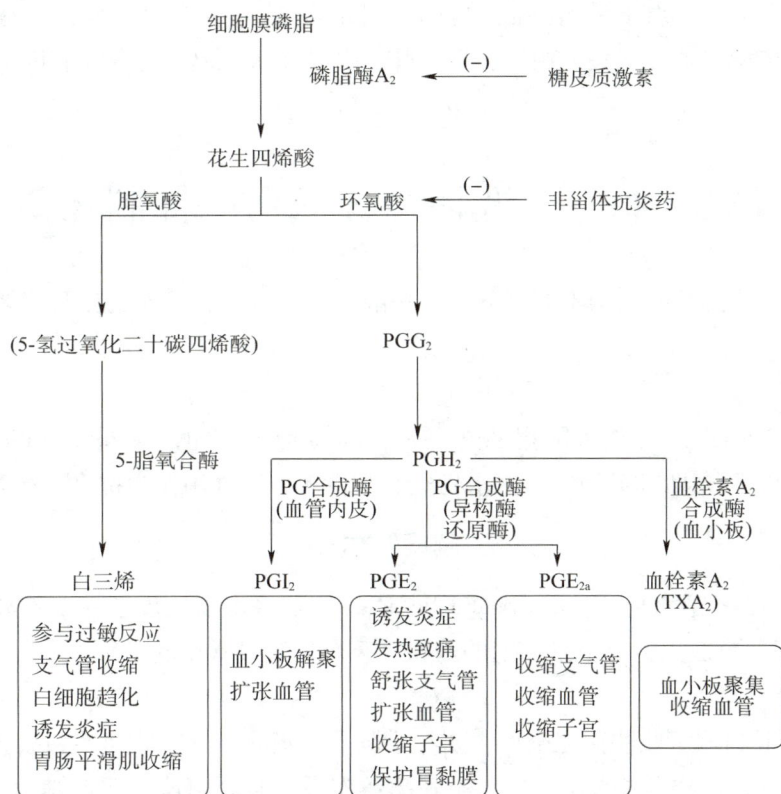

图 18 – 1　花生四烯酸的代谢途径及药物作用环节

发热是机体的一种防御反应，热型是诊断疾病的重要依据之一。因此，不宜见热就解热。但高热或发热时间过久则消耗体力，引起头痛、失眠、肌肉关节酸痛，甚至惊厥、抽搐、昏迷，严重者可危及生命，此时应合理使用解热镇痛抗炎药以缓解症状。对幼儿、老年和体弱的患者用量不宜过大，以免因解热镇痛抗炎药引起出汗过多而导致虚脱。解热镇痛热抗炎药的解热作用只是对症治疗，对引起发热的原因无作用，应配合对因治疗。

二、镇痛作用

当组织损伤或炎症反应时，局部产生并释放致痛的化学物质如 PG、缓激肽和 5 – HT 等，作用于痛觉感受器引起疼痛。PGE₁、PGE₂、PGF₂有直接而持久的致痛作用，并可增敏痛觉感受器，增强其他镇痛物质的作用。解热镇痛抗炎药通过抑制外周病变部位的 COX，减少 PGs 合成而发挥镇痛作用。也能通过部分影响脊髓和皮质下中枢发挥镇痛作用。

三、抗炎作用

在炎症反应早期，炎症局部在致炎介质的作用下表现为血管扩张，毛细血管通透性增加，白细胞和巨噬细胞游走至炎性区域；在炎症反应晚期则表现为成纤维细胞增生和肉芽组织的形成。PGE₁、PGE₂具有强致炎作用，不仅能使血管扩张，使血管通透性增加，引起局部充血、水肿和疼痛，还与缓激肽、组胺、5 – HT 等的致炎因子产生协同效应。本类药物的抗炎作用还可能与抑制多种细胞黏附分子的表达及白细胞与血小板的黏附有关。

除苯胺类的药物外，其他的解热镇痛抗炎药均有抗炎作用，但抗炎作用程度相差较大。解热镇痛抗炎药通过抑制炎症局部 COX，使 PG 合成减少，减轻炎症反应早期的红、热、肿、痛等症状，但对炎症后期的增生过程影响不明显，对于引起炎症反应的原因亦无作用。故临床上常用于风湿关节炎、类风湿关节炎的对症治疗，能明显地缓解关节的红、热、肿、痛等症状，但不能根除病因，也不能阻止病程的发展或并发症的出现。

第二节　非选择性环氧合酶抑制药

常用的解热镇痛抗炎药按其结构不同可分为水杨酸类、苯胺类、吡唑酮类及其他有机酸类等。

一、水杨酸类

水杨酸类（salicylates）药物包括阿司匹林（aspirin）、水杨酸钠（sodium salicylate）和二氟尼柳（diflunisal）等，其中以阿司匹林最为常用。水杨酸刺激性大，仅外用作为抗真菌药和角质溶解药。

阿司匹林

阿司匹林（aspirin，乙酰水杨酸，acetylsalicylic acid），是将水杨酸加了一个乙酰基的合成药，阿司匹林 1899 年上市，很快就成了世界上最畅销的药物，至今仍是最常用的药物之一。

【体内过程】

1. 吸收　阿司匹林口服吸收快而完全，主要在小肠上段吸收，其吸收速率和吸收程度与胃肠内 pH、片剂崩解度、溶出速率、药物颗粒大小、胃排空速率等有关。食物可降低吸收速度，但不影响吸收量。片剂口服 1~2 小时左右血药浓度达峰值。

2. 分布　阿司匹林本身与血浆蛋白结合较少，可被胃肠黏膜、肝脏和红细胞中的酯酶水解成水杨酸，V_d 为 0.17 L/kg，与血浆蛋白结合率可达 80%~90%。游离型的水杨酸盐在体内迅速分布到各组织器官，也能进入关节腔、脑脊液和乳汁中，并通过胎盘进入胎儿体内。甲状腺激素、苯妥英钠、青霉素及其他的有机酸类 NSAIDs 与阿司匹林竞争与血浆蛋白的结合，使游离型药物增多。

3. 消除　阿司匹林主要在肝脏氧化代谢，其代谢物与甘氨酸、葡萄糖醛酸结合后经肾排泄。阿司匹林排泄速度与其给药剂量有关。当口服阿司匹林小剂量（< 1.0g）时，水解生成的水杨酸的量较少，按一级动力学消除，$t_{1/2}$ 为 2~3 小时。当口服较大剂量（≥1.0g）时，由于水杨酸生成量大，肝脏代谢水杨酸的能力已达饱和，则按零级动力学消除，$t_{1/2}$ 可达 15~30 小时，发生水杨酸盐急性中毒。尿液 pH 可影响水杨酸的排泄速度，在碱性和酸性尿液中水杨酸盐的排泄量分别为 85% 和 5%。故当水杨酸盐急性中毒时，可用碳酸氢钠碱化尿液，加速其排出，是解救中毒的有效方法之一。

【药理作用】阿司匹林使环氧酶不可逆的乙酰化，抑制其活性；其他 NSAIDs 药物则是与环氧酶活性部位结合，抑制其活性。

1. 解热镇痛　常用剂量（0.5g）即有较强而持久的解热镇痛作用。通过作用于下丘脑体温调节中枢，抑制 PG 的合成，使散热增加而使发热患者的体温降至正常。通过抑制外周疼痛部位 PG 的合成而镇痛。

2. 抗炎抗风湿　亦有较强的抗炎作用，且其抗炎作用随剂量增加而增强。通过抑制 PG 的合成而产生抗炎作用。

3. 影响血栓形成　血栓的形成与血小板的聚集有关。在血小板内花生四烯酸在 COX-1 和血栓烷素 A_2（thromboxane A_2，TXA_2）合成酶催化下生成 PGH_2，进而生成 TXA_2，TXA_2 能诱导血小板释放 ADP 和聚集；在血管内膜中，花生四烯酸在 COX-1 及 PGI_2 合成酶催化下生成 PGH_2，进而形成前列环素（prostacyclin，PGI_2），PGI_2 是 TXA_2 的生理对抗剂，可抑制血小板聚集。小剂量阿司匹林（50~

100mg/d）能抑制血小板中 TXA_2 合成酶，使 TXA_2 生成减少，而对血管内皮中 PGI_2 合成无影响，从而抑制血小板聚集，防止血栓形成。过量则可引起凝血障碍，延长出血时间。大剂量阿司匹林能抑制血管内皮 PGI_2 合成酶，使 PGI_2 减少，而 TXA_2 占优势，促进血小板聚集，促进血栓形成。

【临床应用】

1. 发热及轻、中度疼痛 临床可用于感冒发热、头痛、牙痛、肌肉痛、神经痛、关节痛、月经痛和术后创口痛等，对一些小手术后的疼痛也有镇痛作用，是轻中度疼痛的首选用药，常与其他药物配成复方制剂如复方阿司匹林（aspirin phenacetin caffeine，APC），但对创伤性剧痛及内脏平滑肌绞痛无效。对轻度癌症疼痛有较好的镇痛作用，是推荐的"癌症三梯度治疗方案"轻度疼痛的主要药物，也用于中重度疼痛以加强阿片受体激动药的效果。

2. 风湿热及炎症 大剂量（3～5g/d）有明显抗炎抗风湿作用，疗效迅速可靠，用药后 24～48 小时可使急性风湿热患者退热，关节红、肿、痛明显缓解，是临床治疗风湿、类风湿关节炎的首选药，最好用至耐受量。也可作风湿热的鉴别诊断。

3. 预防血栓形成 每日给予小剂量（50～100mg）阿司匹林可防治血栓性疾病，如冠状动脉硬化性疾病、心肌梗死、脑血栓形成及手术后有静脉血栓形成倾向的患者，能减少缺血性心脏病发作和复发的危险，也可使一过性脑缺血发作患者的脑卒中发生率和病死率降低。

4. 其他 最近报道，脑内 COX－2 过度表达与阿尔茨海默病（Alzheimer disease，AD）有关，阿司匹林对阿尔茨海默病的治疗可能有益。也有报道孕妇血中 TXA_2/PGI_2 的升高与妊娠高血压的发生有关，服用阿司匹林 40～100mg/d 可降低妊娠高血压和子痫的发生率。另外，阿司匹林口服还可治疗胆道蛔虫病，粉末外用可治足癣。

【不良反应及注意事项】 短期应用于解热镇痛不良反应少，长期或大量服用不良反应多且严重。

1. 胃肠道反应 最为常见，阿司匹林为酸性较强的有机酸，口服对胃黏膜有直接刺激作用，引起恶心、呕吐、上腹部不适等，大剂量的阿司匹林刺激延髓催吐化学感受区（CTZ）引起恶心、呕吐。内源性 PG 有抑制胃酸分泌及增强胃黏膜屏障保护作用，而阿司匹林抑制 COX－1，胃黏膜 PG 的合成减少，以致胃酸分泌增加，胃黏膜保护作用降低，故长期服用阿司匹林可致胃黏膜不同程度损伤如糜烂性胃炎，很少发生严重的上消化道出血。胃溃疡患者禁用。饭后服用、服用阿司匹林肠溶制剂、与抗酸药或与胃黏膜保护药如硫糖铝、米索前列醇等合用可减轻胃黏膜损伤，减少胃溃疡的发生率。

2. 凝血障碍 阿司匹林小剂量长期应用，因抑制血小板聚集，出血时间延长。大剂量可抑制肝脏合成凝血酶原，引起凝血障碍而致出血，可用维生素 K 预防或对抗。故严重肝损害、低凝血酶原血症、维生素 K 缺乏和血友病患者、产妇、月经过多者禁用，手术前 1 周的患者应停用以防出血过多。

3. 过敏反应 偶见皮疹、荨麻疹、血管神经性水肿和过敏性休克。部分哮喘患者服用阿司匹林后可诱发支气管哮喘，称为"阿司匹林哮喘"。其发病机制可能与阿司匹林抑制 COX，PG 合成受阻，而脂氧酶活性相对增高，白三烯类（LTs）合成增加致支气管强烈痉挛而诱发哮喘。哮喘和慢性荨麻疹患者禁用。"阿司匹林哮喘"用肾上腺素治疗无效，可用糖皮质激素联合抗组胺药治疗。阿司匹林和其他 NSAIDs 药物有交叉过敏反应。

4. 水杨酸反应 使用大剂量阿司匹林后出现头痛、眩晕、恶心、呕吐、耳鸣以及视力和听力下降，严重者出现高热、脱水、惊厥、精神错乱、昏迷等反应，称水杨酸反应，是水杨酸中毒的表现。应立即停药，静脉滴注碳酸氢钠以加速水杨酸盐从尿排出，并进行对症治疗。

5. 瑞夷（Reye）综合征 病毒感染伴有发热的儿童和青少年服用阿司匹林后，表现为急性脑病和肝脂肪变性。患者有急性感染症状，继而惊厥、频繁呕吐、颅内压增高与昏迷等，虽少见，但预后恶劣，可致死。其发生可能与阿司匹林抑制体内干扰素的形成，机体抗病毒能力下降，肝细胞线粒体损伤,造成一系列代谢紊乱有关。故 12 岁以下儿童,流感或水痘病毒感染患者不宜用阿司匹林或其他水杨酸盐。

→ 案例引导

临床案例 患者,女,65 岁,高血压 20 年,目前服用缬沙坦,80mg/d,血压控制在 135mmHg/85mmHg,3 年前患"脑梗死",住院治疗后恢复出院,无后遗症。医生建议每天服用阿司匹林肠溶片。

问题 1. 阿司匹林作为缺血性疾病的二级预防用药,剂量一般为多少?

2. 小剂量阿司匹林抗血栓形成的机制是什么?

3. 对癌性疼痛,阿司匹林可以发挥什么作用?

二氟尼柳

二氟尼柳(diflunisal,二氟苯水杨酸,双氟尼酸,dolobid)为水杨酸衍生物,口服吸收好,2~3 小时血液浓度达峰值,血浆蛋白结合率为 90%,在体内不被代谢,主要以结合型药物随尿排泄,少量随乳汁排出。二氟尼柳通过抑制 PG 合成而产生解热、镇痛、抗炎作用,比阿司匹林镇痛抗炎作用强且维持时间长。主要用于轻、中度疼痛的镇痛,如关节炎、腕、踝关节的扭伤及小手术、肿瘤等疼痛,也可用于骨关节炎、类风湿关节炎。胃肠道刺激较阿司匹林小,但对肾功能有较明显的损伤。

二、苯胺类

苯胺类衍生物中,非那西汀和乙酰苯胺已被更安全的对乙酰氨基酚(acetaminophen)所取代。

对乙酰氨基酚

对乙酰氨基酚又名醋氨酚、扑热息痛(paracetamol)。

【体内过程】口服易吸收,0.5~2 小时血药浓度达峰值,血浆蛋白结合率为 25%~50%,90% 以上在肝脏代谢,中间代谢产物对肝脏有毒性,主要以与葡萄糖醛酸结合的形式从肾脏排泄,$t_{1/2}$ 为 2~3 小时。

【药理作用】解热:对乙酰氨基酚通过抑制环氧酶,选择性抑制下丘脑体温调节中枢 PG 的合成,导致外周血管扩张、出汗而达到解热的作用,其解热作用强度与阿司匹林相似;镇痛:对乙酰氨基酚抑制 PG 等的合成和释放,提高痛阈而起到镇痛作用,作用较阿司匹林弱;对乙酰氨基酚有微弱的抗炎作用。

【临床应用】用于感冒发热、头痛、关节痛、神经痛、肌肉痛、牙痛等,尤其适用于对阿司匹林不能耐受或过敏的患者。儿童因病毒感染引起发热头痛需用 NSAIDs 时,可首选对乙酰氨基酚。

对乙酰氨基酚常配成复方制剂(表 18-1),与其配伍的药物类别有:①中枢兴奋药,加用小剂量的中枢兴奋药如咖啡因,可对抗中枢抑制作用,消除疲倦、嗜睡等症状;②抗过敏药及黏膜血管收缩药,合用抗组胺药如苯海拉明或氯苯那敏等,黏膜血管收缩药如麻黄碱可减轻头痛、鼻塞等症状;③解热镇痛药,2 种或 2 种以上的解热镇痛药合用,可产生协同作用,且剂量减小;④合用镇咳、祛痰药,可减轻咳嗽、痰多等症状。

表 18-1 常用对乙酰氨基酚复方制剂

药名	对乙酰氨基酚	伪麻黄碱	氯苯那敏	右美沙芬	其他成分
银得菲片	√	√	√		
酚麻美敏片	√	√	√	√	

续表

药名	对乙酰氨基酚	伪麻黄碱	氯苯那敏	右美沙芬	其他成分
白加黑（日片）	√	√		√	
白加黑（夜片）	√	√		√	苯海拉明
小儿速效伤风干糖浆	√		√		咖啡因、人工牛黄
复方氨酚烷胺胶囊	√				咖啡因、人工牛黄、金刚烷胺
康必得胶囊	√				葡萄糖酸锌、板蓝根、异丙嗪
力克舒胶囊	√		√		咖啡因、消炎酶
可立克胶囊	√		√		咖啡因、人工牛黄、金刚烷胺
感冒灵片	√				水杨酰胺、去甲肾上腺素、咖啡因

【不良反应】治疗量不良反应较少，偶见皮疹、荨麻疹、药热及粒细胞减少等过敏反应。过量引起严重肝损伤，早期表现为恶心、呕吐，随后出现肝衰竭、脑病、昏迷。可能是对乙酰氨基酚在体内代谢产生过多的毒性代谢物（N-乙酰对苯醌亚胺），耗竭了减毒的谷胱甘肽，导致肝细胞坏死。解毒常用乙酰半胱氨酸。长期用药也可致肾小管坏死。因此对乙酰氨基酚不宜大剂量或长期服用，乙醇依赖、肝病或病毒性肝炎、肾功能不全患者慎用。

三、吡唑酮类

保泰松（phenylbutazone）、羟基保泰松（oxyphenbutazone）、氨基比林（amidopyrine）、安乃近（analgine）均属吡唑酮类解热镇痛抗炎药，其抗炎抗风湿作用强，但解热作用较弱。由于保泰松等可引起致命的造血系统的毒性反应，现已较少用，其他的吡唑酮类药物也较少单独应用，氨基比林仅作为某些解热镇痛药复方制剂的成分。

保泰松

保泰松口服吸收迅速、完全，血浆蛋白结合率达90%，血浆半衰期长。抗炎抗风湿作用很强，而解热作用较弱。临床主要用于风湿性和类风湿关节炎、强直性脊柱炎；因能减少肾小管对尿酸盐的重吸收而促进尿酸排泄，可用于急性痛风。偶尔用于某些恶性高热。因可引起粒细胞缺乏症和再生障碍性贫血，已少用。

四、吲哚乙酸类

吲哚美辛

【体内过程】吲哚美辛（indomethacin，消炎痛）口服易吸收，直肠给药较口服更易吸收。口服1～4小时血药浓度达峰值，血浆蛋白结合率达90%，主要经肝脏代谢，约60%经肾脏排泄，30%随胆汁排泄

【药理作用】吲哚美辛是最强的PG合成酶抑制药之一，对COX-1和COX-2都有强大的抑制作用，亦有PLA_2抑制作用。具有显著的抗炎抗风湿和解热镇痛作用。抗炎作用为阿司匹林10～40倍。

【临床应用】主要用于急性风湿及类风湿关节炎、强直性关节炎、骨关节炎、急性痛风性关节炎、癌性发热及其他顽固性发热。由于该药不良反应多且严重，不宜作为治疗关节炎的首选药，仅用于其他NSAIDs药物无效或不耐受的病例。

【不良反应】不良反应发生率高，约有 20% 患者必须停药。

1. 消化道反应 常见，有恶心、呕吐、腹痛、腹泻（12.5% ~ 44%）等，甚至胃溃疡、出血、穿孔（2% ~ 5%），尤其与水杨酸盐类合用时增强，故消化性溃疡患者忌用。饭后服用可减少胃肠反应。

2. 中枢神经反应 发生率较高，约 20% ~ 50%，症状有头痛、眩晕等，偶有精神失常，故癫痫、精神失常患者禁用。

3. 肝肾功能及造血功能损害 可表现为黄疸、转氨酶升高、粒细胞及血小板减少、再生障碍性贫血等，与氨苯蝶啶合用可引起肾功能损害。故肝肾功能不全者、出血性疾病患者禁用。

4. 其他 常见皮疹、哮喘等过敏反应，也可发生"阿司匹林哮喘"，故过敏性体质患者慎用，阿司匹林过敏者不宜使用；儿童对吲哚美辛较敏感，有用药后因激发潜在性感染而死亡者，故 14 岁以下儿童禁用；可引起胎儿动脉导管早闭，故孕妇禁用；长期应用可致角膜沉着及视网膜改变，引起视物模糊，应立即做眼科检查。

五、邻氨基苯甲酸类

甲芬那酸（mefenamic acid，甲灭酸）和氯芬那酸（clofenamic acid，氯灭酸）不良反应较多且重，不作为首选药物；临床常用的药物有双氯芬酸（diclofenac）等。

双氯芬酸

双氯芬酸为强效抗炎镇痛药，口服易吸收。主要用于类风湿关节炎、骨关节炎、痛风性关节炎；非关节性的软组织风湿痛，如肩痛、腱鞘痛、滑囊炎、肌痛等；急性轻中度疼痛，如术后疼痛、扭伤、劳损、痛经、头痛、急性痛风等。不良反应主要有胃肠道刺激，如恶心、呕吐、腹痛、腹泻、胃不适、胃纳差，少数出现胃、十二指肠溃疡、胃黏膜出血、穿孔等；中枢神经系统反应如头痛、眩晕、嗜睡、失眠及视、听障碍等；偶见肝功能异常，白细胞减少等。故活动性消化性溃疡、过敏性鼻炎或荨麻疹的患者不宜使用。哺乳妇女慎用，14 岁以下儿童不推荐使用。

六、芳基烷酸类

常用药物包括：布洛芬（ibuprofen，brufen）、氟比洛芬（flurbiprofen）、酮洛芬（ketoprofen）、阿明洛芬（alminoprofen）等。

布洛芬

【体内过程】布洛芬（异丁苯丙酸）口服吸收快而完全，服药后 1 ~ 2 小时血药浓度达峰值，血浆蛋白结合率 90% 以上，服药 5 小时后关节液浓度与血药浓度相等，以后的 12 小时内关节液浓度高于血药浓度。

【临床应用】

（1）慢性关节炎（风湿性关节炎、骨关节炎、强直性脊柱炎、痛风）急性发作或持续性关节肿痛症状。

（2）非关节性的软组织风湿痛或炎症，如肩痛、肌痛、腱鞘炎、滑囊炎等。

（3）急性轻中度疼痛，如术后疼痛、扭伤、劳损、痛经、偏头痛、急性痛风等。

（4）普通感冒或流行性感冒、急性上呼吸道感染等所致的发热。

【不良反应】胃肠道不良反应较阿司匹林轻，患者较易耐受，但长期服用应注意胃肠溃疡和出血。偶见头痛、眩晕和视物模糊，其他不良反应较少见。孕妇、哺乳期妇女及哮喘患者禁用。

知识链接

风湿性疾病的药物治疗

风湿性疾病是一类侵犯多种组织多系统和内脏器官的自身免疫性疾病。程度不同的免疫性炎症反应，可致各种组织和器官损伤，严重影响其正常功能。风湿病大多有关节病变和症状，约50%有疼痛、红、肿、热和功能受损等炎症表现。药物治疗除非甾体抗炎药外，还有如下药物。

1. 糖皮质激素，这类药物有抗炎和免疫抑制作用，能较强和快速地消除炎症及炎症反应带来的发热、关节肿胀和疼痛。常被用作各种风湿性疾病的第一线药物。

2. 改善病情的抗风湿药物（DMARDs）又称为慢作用抗风湿药物，它们并无直接止痛作用，但通过不同的机制可以起到抗炎及免疫抑制作用，如羟氯喹、柳氮磺吡啶、甲氨蝶呤、硫唑嘌呤、环磷酰胺、青霉胺、环孢素A及来氟米特等。

3. 其他治疗药物如雷公藤总苷，可抑制T、B细胞增殖，抑制前列腺、免疫球蛋白产生，有较强的抗炎和免疫抑制作用。

第三节　选择性环氧合酶-2抑制药

传统的解热镇痛抗炎药多为非选择性COX抑制药，其治疗作用主要与抑制COX-2有关，其对COX-1的抑制作用会引起胃黏膜损伤等不良反应。近年来已合成系列选择性COX-2抑制药，如美洛昔康（meloxicam）、塞来昔布（celecoxib）、尼美舒利（nimesulide）等。

塞来昔布

塞来昔布是选择性的COX-2抑制药。在治疗剂量时对COX-1无明显影响，也不影响TXA_2的合成。口服易吸收，血浆蛋白结合率高，主要在肝脏代谢。作用持续时间6~8小时。用于风湿性、类风湿关节炎、骨关节炎的治疗，也可用于手术后疼痛、痛经、牙痛及发热等。不可用于已知对磺胺过敏者，长期应用可见消化不良、腹痛、腹泻等不良反应，可引起头痛、水肿、多尿和肾损害，有增加心血管不良事件的可能性，心肌梗死、脑卒中患者应尽量避免使用。

尼美舒利

尼美舒利（美舒宁、尼蒙舒）为选择性COX-2抑制药，使PG合成减少，亦可抑制炎症过程中的其他炎性介质的生成。口服吸收快而完全，服药后1~2小时血药浓度达峰值，血浆蛋白结合率达99%，作用持续时间6~8小时。适用于治疗风湿性及类风湿关节炎、骨关节炎、痛经、手术后疼痛或上呼吸道感染引起的发热等。胃肠道不良反应少且轻微，该药导致肝中毒的风险较大。尼美舒利口服制剂禁用于12岁以下儿童。

其他解热镇痛抗炎药物见表18-2。

表18-2　其他解热镇痛抗炎药物

药名	作用特点	临床应用	不良反应
双水杨酯（salsalate，水杨酰水杨酸）	作用似阿司匹林	①感冒发热；②中等疼痛；③急慢性风湿性关节炎；④痛风	少见。对胃刺激性较阿司匹林小，肾功能不全者慎用
水杨酸镁（magnesium salicylate）	与阿司匹林相似，对血小板聚集则无显著影响	风湿性及类风湿关节炎、关节痛	胃肠道刺激小，长期服用不影响消化功能，偶见眩晕、耳鸣

续表

药名	作用特点	临床应用	不良反应
芬布芬 (fenbufen)	抗炎、镇痛作用比阿司匹林强，长效	①风湿性、类风湿关节炎，强直性脊柱炎；②其他疼痛，③痛风	少见
萘普生 (naproxen)	有较强的抗炎抗风湿和解热镇痛作用	风湿性和类风湿关节炎、骨关节炎及急性痛风等。对三叉神经痛、头痛也有较好的疗效	胃肠道的不良反应较阿司匹林轻，患者较易耐受
酮洛芬 (ketoprofen)	抗炎较布洛芬强	同布洛芬	胃肠道反应为主，不与丙磺舒、阿司匹林同用
舒林酸 (sulindac)	似吲哚美辛，作用强度为其1/2	风湿病、滑囊炎。急性痛风性关节炎	少而轻，多见胃肠道反应
醋氯芬酸 (aceclofenac)	作用类似双氯芬酸，另外还有促进软骨修复的作用	类风湿关节炎、骨关节炎	同"双氯芬酸"的不良反应
美洛昔康 (meloxicam)	选择性COX-2抑制药	类风湿关节炎、骨关节炎、脊柱关节病等	胃肠道反应、转氨酶升高等

目标检测

答案解析

1. 解热镇痛抗炎药对COX酶的抑制作用与其药理作用和不良反应的关系是什么？
2. 解热镇痛抗炎药的主要不良反应有哪些？如何防治？
3. 阿司匹林不同剂量的临床应用分别是什么？
4. 比较阿司匹林和氯丙嗪对体温的影响。

（龚勇珍）

书网融合……

本章小结　　　微课　　　题库

第十九章　中枢兴奋药

学习目标

1. **掌握**　尼可刹米、洛贝林、胞磷胆碱的特点及临床应用。
2. **熟悉**　咖啡因、甲氯芬酯的作用及用途。
3. **了解**　中枢兴奋药的分类。
4. 具备在临床上合理应用中枢兴奋药的能力。

中枢兴奋药（central nervous system stimulants）是指兴奋中枢神经系统，提高其功能活动的药物。各种中枢兴奋药对整个中枢神经系统都能兴奋，对不同部位有一定选择性。根据中枢兴奋药的作用部位及临床作用不同，可分为以下几类：①主要兴奋大脑皮质药，能提高大脑皮质高级神经活动，如咖啡因、可可碱、茶碱等；②主要兴奋延髓呼吸中枢药，用于解救呼吸衰竭，如尼可刹米、洛贝林等；③主要兴奋脊髓药，作用于脊髓运动神经元，提高反射功能，如士的宁、一叶萩碱等，此类药由于极易引起惊厥，临床已少用，主要作为实验工具药；④精神兴奋药，甲氯芬酯、哌甲酯、吡拉西坦等，具有脑功能改善作用。

中枢兴奋药作用时间短，需反复用药，一旦过量，易引起中枢神经系统广泛而强烈的兴奋，甚至惊厥，继而转入中枢抑制，这种抑制状态不能再用中枢兴奋药来对抗，所以应用时须严格掌握适应证和剂量，目前中枢兴奋药的治疗用途已逐步减少。另外安非他明类、可卡因类、小剂量尼古丁等致幻药亦具有中枢兴奋作用，但多因涉及药品滥用，临床应用较少。

第一节　主要兴奋大脑皮质药

咖啡因 微课

咖啡因（caffeine）为甲基黄嘌呤衍生物，为咖啡豆、可可和茶叶中的主要生物碱。咖啡因在咖啡豆中含量最高，也存在于可可饮料、茶、可乐饮料、巧克力糖中。属于一类精神药品管理范畴，是国际奥委会规定禁止使用的兴奋剂，尿检浓度超过 $12\mu g/ml$ 即视为阳性。

【体内过程】咖啡因口服易吸收，与苯甲酸钠结合形成复盐吸收更好，临床常采用皮下或肌内注射。生物利用度接近 100%，分布全身，$t_{1/2}$ 为 2.5 ~ 4.5 小时。脂溶性高，主要以简单扩散方式透过血 - 脑屏障，口服后 5 分钟脑内浓度即上升，30 分钟达高峰，可通过胎盘屏障，也可随乳汁分泌排出。在肝中 84% 去甲基化成为副黄嘌呤仍具有与咖啡因相同的药理活性，最终转化形成 1, 7 - 二甲基尿酸、1 - 甲基尿酸等随尿液排出体外，1% ~ 5% 以原型肾排泄。

【药理作用及机制】

1. 中枢神经系统　小剂量（50 ~ 200mg）咖啡因能兴奋大脑皮质，减轻疲劳，使精神振奋，思维敏捷，工作效率提高；大剂量（250 ~ 500mg）直接兴奋延髓呼吸中枢和血管运动中枢，使呼吸中枢对 CO_2 的敏感性增加，呼吸加深加快，血压升高；中毒剂量（一次 >800mg 或 >3g/d）则兴奋脊髓，引起强直、惊厥甚至死亡。

2. 心血管系统　小剂量咖啡因可减慢心率，可能是兴奋迷走神经中枢的结果；较大剂量能直接兴奋心脏，表现为正性肌力和正性频率作用，该作用不利于心绞痛患者及室性快速型心律失常患者。咖啡因还能扩张冠状动脉和肾动脉血管；但对脑血管具有收缩作用，可缓解血管过度扩张引起的搏动性头痛。

3. 舒张平滑肌　咖啡因有较弱的舒张支气管平滑肌和胆道平滑肌作用。其化学结构与腺苷类似，可竞争性拮抗腺苷受体和抑制磷酸二酯酶（PDE），其舒张支气管平滑肌的作用可能与其抑制 PDE 使 cAMP 增加有关。

4. 其他作用　咖啡因可促进胃酸分泌，使溃疡加重或诱发溃疡，机制可能与甲基黄嘌呤类直接刺激胃壁细胞分泌胃酸以及直接兴奋心脏后反射性兴奋迷走神经有关。另外咖啡因还有增加基础代谢和利尿作用。

【临床应用】

1. 中枢抑制状态　治疗严重传染病或中枢抑制药过量等导致的中枢抑制，如镇静催眠药过量引起的昏睡和呼吸抑制；急性感染及麻醉药、镇痛药中毒引发的呼吸、循环衰竭，但这方面应用越来越少。

2. 头痛　与麦角胺配伍治疗偏头痛，两者均可使脑血管收缩，减少脑动脉搏动。与解热镇痛药合用治疗一般性头痛。

3. 神经官能症　与溴化物合用调节大脑皮质的兴奋与抑制过程。

【不良反应】口服中等剂量咖啡因可引发激动、失眠、焦虑、烦躁不安、心悸、呼吸加快、肌肉抽搐等症状；可诱发心律失常，但罕见；中毒量可引发呕吐、强直、惊厥；故儿童高热惊厥时不宜使用含咖啡因的复方退热制剂；致死量为 10g 左右。另外饮用咖啡因 >600mg/d 可产生类似焦虑状态综合征和慢性中毒，包括焦虑、烦躁不安、失眠和自发性流产、死胎、活动性溃疡等。长期饮用含咖啡因的饮料，可产生习惯性甚至依赖性，突然停用，20 小时后可出现沮丧、易激和头痛等戒断症状。

第二节　呼吸兴奋药

该类药主要有尼可刹米、洛贝林、二甲弗林等，具有直接或间接的兴奋延髓呼吸中枢作用，能使呼吸加深，改善通气量，升高血中氧分压和降低二氧化碳分压，参与临床呼吸衰竭急救。

本类呼吸兴奋药主要用于对抗中枢抑制药中毒或某些严重疾病引起的中枢昏迷和呼吸抑制，如慢性阻塞性肺疾病（COPD）引起的慢性呼吸衰竭以及缺氧、二氧化碳潴留引起的肺性脑病等，可避免吸氧疗法引起的呼吸抑制。应注意呼吸兴奋药对急性中枢性呼吸衰竭治疗作用是有限的，仅适合抢救短时间内能纠正呼吸衰竭的患者。临床呼吸衰竭需配合原发病治疗、防治疾病诱因、物理通气（如较为安全有效的人工呼吸机维持）、供氧、抗感染治疗等进行综合救治，不可过分依赖呼吸兴奋药。对心跳暂停、循环衰竭引起的呼吸停止应少用或不用，因其能增强脑细胞代谢，增加氧耗而加重脑细胞缺氧。对呼吸肌麻痹等外周呼吸抑制，本类呼吸兴奋药无效。

多数中枢呼吸兴奋药选择性低，安全范围小，兴奋呼吸中枢的剂量与致惊厥剂量之间的距离小。随着剂量的增加或静脉滴注过快易引起烦躁不安、肌肉抽搐、惊厥甚至导致呼吸抑制（此类中枢抑制不能用兴奋延髓呼吸中枢药物进行解救）。所以应用时须严格控制给药剂量及给药间隔时间，密切观测患者呼吸功能恢复情况及肌肉紧张度，亦可采用几种药物交替使用以降低不良反应发生。

尼可刹米

【体内过程】尼可刹米（nikethamide）口服易吸收，临床主要采用静脉注射给药，也可肌内注射。

全身分布，效应持续时间短，一次静脉注射可维持 5～10 分钟。代谢成烟酰胺，经甲基化成 N-甲基烟酰胺经尿排出。

【药理作用】

（1）直接兴奋延髓呼吸中枢，增加通气量；也可刺激颈动脉体和主动脉体化学感受器，反射性兴奋呼吸中枢；提高呼吸中枢对二氧化碳的敏感性，使呼吸加深加快。

（2）对血管运动中枢、大脑皮质、脊髓也有一定兴奋作用，此作用能改善注意力和催醒，但持续时间短。

【临床应用】

1. 中枢性呼吸抑制　作用温和，安全范围较宽，常用于解救各种原因引发的呼吸抑制。

2. 中枢抑制药中毒　解除吗啡中毒引起的呼吸抑制疗效好，对巴比妥类效果差。巴比妥类中毒时临床抢救应以改善通气（如吸氧、人工呼吸、呼吸机）为主，中枢兴奋药只作为辅助用药，或抢救时送往医院途中使用。

【不良反应】不良反应少，安全范围较大。治疗量可见出汗、皮肤瘙痒等；大剂量可引起血压升高、心悸、心律失常、呛咳、呕吐、肌肉震颤和僵直等（应及时停药，以免出现惊厥）；严重者出现癫痫样惊厥大发作，随后转为中枢抑制。

洛贝林

洛贝林（lobeline），是从山梗菜中提取的生物碱，现已人工合成。通过刺激颈动脉体和主动脉体化学感受器反射性兴奋呼吸中枢，作用较尼可刹米弱，临床常用于新生儿窒息、小儿感染性疾病（肺炎、白喉）引发的呼吸衰竭，也可用于吸入麻醉药、其他中枢神经抑制药（如巴比妥类药物）或一氧化碳中毒引起的呼吸抑制。肌内或皮下注射、静脉注射或滴注给药均可，作用持续时间短，安全范围大，较少引起惊厥。但大剂量可引起迷走神经兴奋，导致心动过缓、传导阻滞；更大剂量可激动交感神经及肾上腺髓质，释放大量儿茶酚胺类物质引发心动过速；严重者引起惊厥，昏迷和呼吸抑制。

⇨ 案例引导

临床案例　患者，男，68 岁，意识不清 2 小时入院。家属代述患者在家中无明显诱因突发意识不清，症状进行性加重，来院救治。患者精神状态极差，发热，恶心呕吐，呕吐物为咖啡样物，无二便失禁。既往脑出血史 3 次，上消化道溃疡史多年，否认高血压、糖尿病史。刺痛不睁眼，失语，格拉斯哥昏迷评分 3 分，角弓反张。CT 示脑干出血，出血量约 8ml。诊断：脑干出血，上消化道溃疡出血。患者入院后不久出现过度换气和呼吸暂停，立即给予吸氧，人工呼吸器辅助呼吸，尼可刹米和洛贝林静脉滴注。

问题　1. 尼可刹米和洛贝林对抗呼吸衰竭的机制是什么？

　　　　2. 你对抢救药品"呼三联"（尼可刹米、洛贝林、二甲弗林）在临床上的应用怎么理解？

第三节　脑功能改善药

脑功能改善药又称为促智药，是指对脑的高级整合活动有促进作用，能促进学习和记忆的药物。老年神经系统疾病中的阿尔茨海默病、血管性痴呆患者表现有认知和记忆障碍，相关中枢退行性疾病的治疗用药见第十五章。

胞磷胆碱

胞磷胆碱（citicoline）为脑代谢激活剂，能够改善脑功能，增强上行网状结构激活系统的功能，促进苏醒；通过减少大脑血流阻力，增加大脑血流而促进大脑物质代谢。临床主要用于治疗急性颅脑外伤及脑手术后的意识障碍；颅脑损伤和脑血管意外所引起的神经系统的后遗症；帕金森综合征。偶见发热、倦怠、过敏样反应，严重者有过敏性休克。

甲氯芬酯

甲氯芬酯（meclofenoxate）能促进脑细胞代谢，增加对糖类的利用；对中枢抑制的患者有兴奋作用。临床用于外伤性昏迷、乙醇或一氧化碳中毒、新生儿缺氧、小儿遗尿症。高血压患者慎用。精神过度兴奋及有锥体外系症状患者禁用。

吡拉西坦

吡拉西坦（piracetam）属氨基丁酸的环化衍生物，可对抗理化因素所致的脑功能损伤，作用机制可能是促进乙酰胆碱合成，增强神经兴奋的传导，促进脑内代谢。临床用于治疗：①急、慢性脑血管病、脑外伤、各种中毒性脑病等多种原因所致的记忆减退及轻、中度脑功能障碍；②儿童智能发育迟缓。中枢神经系统的不良反应有兴奋、易激动、头晕、头痛和失眠等。偶见轻度肝功能损害，表现为轻度转氨酶升高。

哌甲酯

哌甲酯（methylphenidate）口服吸收好，半衰期为 2 小时，透皮贴剂为去掉贴片后 3~4 小时。哌甲酯可兴奋大脑皮质、皮质下中枢以及呼吸中枢；促进多巴胺和去甲肾上腺素的释放，抑制神经末梢对儿茶酚胺的再摄取，提高中枢神经系统的觉醒水平。本药是 6 岁及以上的小儿多动症主要治疗药物，用于发作性睡眠综合征的治疗以及中枢抑制药中毒解救。主要不良反应有失眠、头晕、头痛、焦虑、心悸、血清转氨酶及碱性磷酸酶升高等；注射给药可致血压升高。儿童用于多动症的治疗需监测身高和体重。

答案解析

目标检测

1. 洛贝林的临床应用有哪些？
2. 如何看待中枢兴奋药在临床上的应用现状？
3. 呼吸衰竭的治疗用药有哪些？

（龚勇珍）

书网融合……

本章小结　　　　微课　　　　题库

第四篇
作用于心血管系统的药物

第二十章　钙通道阻滞药

PPT

📋 **学习目标**

1. **掌握**　钙离子通道阻滞药的药理作用、临床应用与主要不良反应。
2. **熟悉**　钙通道阻滞药的概念、分类及不良反应。
3. **了解**　离子通道的分类、特性及生理意义。
4. 具备根据钙通道阻滞药的基础知识合理使用本类药物的能力。

第一节　概　论

离子通道（ion channels）是一种跨膜蛋白，对某些离子能选择通透，其功能是细胞生物电活动的基础。研究细胞离子通道的特性、各种药物对离子通道的作用以及作用机制，对阐明细胞生物电现象本质、揭示疾病发生原因和疾病防治具有重要意义。

离子通道的基本功能是产生细胞生物电现象，与细胞的兴奋性直接相关。此外，离子通道还具有维持细胞正常形态和功能完整的作用。当编码离子通道亚单位的基因发生突变/表达异常，导致通道结构异常或体内出现针对通道的病理性内源性物质时，通道的功能出现不同程度的削弱或增强，从而导致机体整体生理功能的紊乱，就称为离子通道病（ion channelopathy）。目前很多治疗心血管疾病的药物是通过影响某些离子通道功能异常而发挥作用的。离子通道一般结构及状态如图 20 – 1 所示。

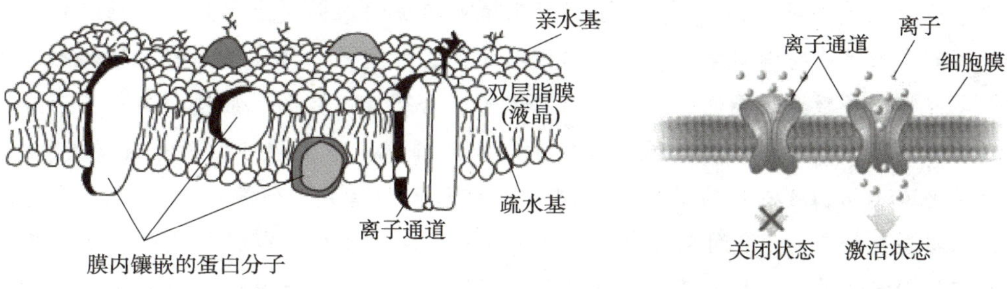

图 20 – 1　离子通道一般结构及状态示意图

钙通道（calcium channels）在正常情况下为细胞外 Ca^{2+} 内流的离子通道，存在于机体各种组织细胞中，是调节细胞内 Ca^{2+} 的主要途径。

一、钙通道的结构

由 α_1、α_2、β、γ 和 δ 5 个亚单位组成的大分子糖蛋白复合体，其中 α_1 亚单位形成跨膜孔道，承担了钙通道的主要功能，具备各种钙通道阻滞药的结合位点，有通道和电压感受器的双重作用，控制 Ca^{2+} 内流。电压门控钙通道结构示意图见图 20 - 2。

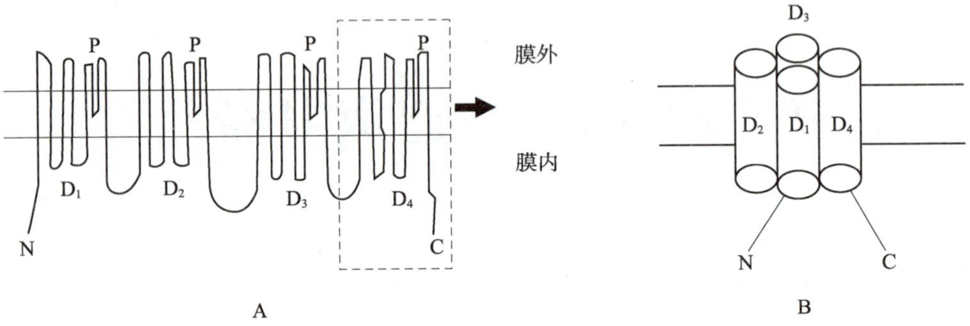

图 20 - 2 电压门控钙通道结构示意图

二、钙通道分类

目前已经克隆出 L、N、T、P、Q 和 R 6 种亚型的电压依赖性钙通道，心血管系统电压门控钙通道主要有 L 型和 T 型。

1. L 型（long - lasting type）钙通道 也称长程型慢钙通道，由于二氢吡啶类药物（DHPs）钙通道阻滞药选择性阻滞此类通道，因而又称为 DHPs 敏感的钙通道。L 型钙通道在心血管系统细胞上密度较高，也是激素、神经递质、自体活性物质以及第二信使如二酰甘油、环核苷酸等的主要靶点。其作用持续时间长、激活电压高、电导较大，是细胞兴奋时外钙内流的主要途径，分布于各种可兴奋细胞。在心脏，L 型钙电流是影响心脏兴奋 - 收缩偶联及血管舒缩的关键环节。

2. T 型（transient type）钙通道 也称临时通道。在心脏多见于心脏传导组织，激活电压低、电导低、且迅速失活、持续时间短。对调节心脏的自律性和血管张力有一定作用。

🌐 知识链接

心脏离子通道病

心脏离子通道病是编码心肌细胞各主要离子通道亚单位的基因突变导致离子通道功能异常的一组遗传性疾病。多数具有特殊心电图表现，临床以发作恶性室性心律失常和猝死为特征，不伴有心脏结构解剖学异常，多数为常染色体显性或隐性遗传，有家族性倾向或散发。其特点为发作前无先兆症状，通常以晕厥或猝死为首发表现，多发生在夜间睡眠状态，伴呻吟、呼吸浅慢、呼吸困难。根据突变离子通道不同，可以分为钠离子通道病、钾离子通道病、钙离子通道病、氯离子通道病等。常见临床类型包括长 Q - T 间期综合征、短 Q - T 间期综合征、布鲁加达综合征、儿茶酚胺敏感性多形性室性心动过速等。依靠基因检测确诊，通过戒除不良生活习惯、应用 β 受体拮抗药及相应离子通道阻滞药对某些离子通道病可能有效。药物可作为本病的辅助治疗措施；补充相应的离子也是本病有效的辅助治疗方法；植入型心律转复除颤器对大多数心脏离子通道病有效。

第二节 钙通道阻滞药 e 微课

钙通道阻滞药（calcium channel blockers）是指一类选择性阻滞电压依赖性钙通道，抑制细胞外 Ca^{2+} 流入细胞内，降低细胞内 Ca^{2+} 浓度，进而影响细胞功能的药物。

1992 年，国际药理学联合会按照电压依赖性钙通道的亚型，将钙通道阻滞剂分为 3 类：第 I 类是作用于 L 型通道的药物，可细分为 4 个亚类：即 I a 类（二氢吡啶类），包括硝苯地平、尼卡地平、尼群地平、氨氯地平、尼莫地平等；I b 类（地尔硫䓬类），包括地尔硫䓬、二氯呋利等、I c 类（苯烷胺类），包括维拉帕米、戈洛帕米、噻帕米等；I d 类为粉防己碱。第 II 类是作用于其他钙通道的药物；第 III 类是非选择性钙通道阻滞剂。

目前，临床应用的钙通道阻滞药主要是选择性作用于电压依赖性 Ca^{2+} 通道 L 亚型的药物，根据其化学结构特点，主要分为 3 类：二氢吡啶类（dihydropyridines，DHPs），代表药物有硝苯地平（nifedipine）、尼卡地平（nicardipine）、尼群地平（nitrendipine）、尼莫地平（nimodipine）、氨氯地平（amlodipine）等；苯烷胺类（phenyl alkyl amines，PAAs），代表药物维拉帕米（verapamil）；苯并噻氮䓬类（benzothiazepines，BTZs），代表药物地尔硫䓬（diltiazem）、克伦硫䓬（clentiazem）、二氯呋利（diclofurine）等。按照药物的发展历史及特点，又可以分为以下三代。

第一代：以苯烷胺类的维拉帕米、二氢吡啶类的硝苯地平以及苯并噻氮䓬类的地尔硫䓬为代表。本类药物疗效稳定、不良反应少，在抗心律失常、抗高血压以及心绞痛的防治方面得到广泛的应用。

第二代：以在二氢吡啶结构基础上发展而来的非洛地平、尼群地平、尼莫地平、尼卡地平等为代表。本类药物性质稳定、疗效确切，对血管具有高度的选择性。

第三代：以普拉地平（pranidipine）、氨氯地平（amlodipine）以及苄普地尔（bepridil）等为代表。本类药物除具有高度的血管选择性外，还具有半衰期长、作用持久的特点。

钙通道阻滞药与电压依赖性钙通道的相互作用与通道所处的状态和药物的理化性质密切相关。维拉帕米等亲水性药物易与激活状态的通道结合，降低通道开放的速率；硝苯地平等二氢吡啶类疏水性药物易与失活状态的通道结合，延长失活后复活所需时间。

【体内过程】钙通道阻滞药均为脂溶性药物，口服易吸收，吸收率可达 90% 以上，硝苯地平亦可以舌下含服。但维拉帕米与地尔硫䓬首过效应明显，与硝苯地平相比，生物利用度低，血浆蛋白结合率高。大多数药物经肝脏代谢为无活性或活性明显降低的物质从肾脏排出，肝肾功能不良的患者用药宜减少用量。三种常用的钙通道阻滞药的药代动力学参数见表 20 - 1。

表 20 - 1 三种常用钙通道阻滞药的主要药代动力学参数

药动学参数	维拉帕米	地尔硫䓬	硝苯地平
口服吸收率（%）	>90	70% ~90%	>90
生物利用度（%）	20 ~35	40 ~50	60 ~70
血浆蛋白结合率（%）	90	80	95
治疗血药浓度（ng/ml）	30 ~300	50 ~200	25 ~100
达峰时间（h）	3 ~5	0.5	1 ~2
血浆半衰期（h）	4 ~8	4 ~8	4 ~11
血浆清除率（L/h）	58	49	32
肾排泄（%）	70	30	90

【药理作用】

1. 对心脏的作用

(1) 负性肌力作用　钙通道阻滞药能明显抑制细胞外 Ca^{2+} 经电压依赖性钙通道进入细胞内，使细胞内 Ca^{2+} 浓度降低，抑制心肌收缩功能，即呈现负性肌力作用。钙通道阻滞药虽然明显影响心肌动作电位 2 相期的慢 Ca^{2+} 内流，但它可在不影响动作电位 0 相及整个复极的情况下，产生心肌兴奋 – 收缩脱耦联，明显降低心肌细胞收缩力，降低心肌耗氧量。

钙通道阻滞药还能舒张血管、降低后负荷，继而在整体动物中，使交感神经活性反射性增高，抵消部分负性肌力作用。硝苯地平的这一作用比较明显，可能会超过其负性肌力作用而表现为轻微的正性肌力作用；而地尔硫䓬和维拉帕米由于舒张血管作用较弱，而且其通道结合位点靠近细胞内面，易进入细胞内直接抑制胞内收缩系统的功能，因此，负性肌力作用相对明显。

(2) 负性频率和负性传导作用　心肌细胞根据其反应性，分为慢反应细胞和快反应细胞两大类。窦房结和房室结等慢反应细胞的 0 相除极和 4 相自动慢除极均由胞外 Ca^{2+} 缓慢内流所致。故其传导速度和自律性由 Ca^{2+} 内流决定。钙通道阻滞药通过减少 4 相钙内流，抑制慢反应细胞自动除极，降低其自律性及传导性，延长有效不应期，消除折返激动，减慢房室结的传导速度，降低窦房结的自律性而减慢心率，这是钙通道阻滞剂治疗室上性心动过速的理论基础。但在整体情况下，这种负性频率作用可被钙通道阻滞药舒张血管所致的交感神经兴奋部分抵消。因而，钙通道阻滞药治疗窦性心动过速疗效较差。硝苯地平扩张血管作用强，对窦房结和房室结作用弱，还能反射性加快心率；维拉帕米和地尔硫䓬的负性频率和负性传导作用最强。

(3) 保护缺血的心肌细胞　心肌细胞内"钙超载"是心肌缺血或再灌注损伤时造成心肌细胞，尤其是线粒体功能严重受损、甚至细胞死亡的重要因素。钙通道阻滞药能阻滞 Ca^{2+} 内流而减轻"钙超载"，保护线粒体磷酸化的功能；减少组织 ATP 的分解，抑制自由基的产生和脂质过氧化；抑制心肌缺氧时 cAMP 的堆积，可减轻由于 cAMP 浓度过高所诱发的正性肌力作用和心律失常，减少心肌梗死后猝死的发生。

(4) 抗心肌肥厚　新一代的长效二氢吡啶如氨氯地平和非洛地平等钙通道阻滞药能抑制去甲肾上腺素、血管紧张素 II 及内皮素等通过 Ca^{2+} 所介导的促生长作用，可防止或逆转心肌肥厚。

2. 对平滑肌的作用

(1) 血管平滑肌　血管平滑肌的肌浆网发育较差，收缩时所需的 Ca^{2+} 主要来自于细胞外。因此，血管平滑肌对钙离子阻滞药的作用很敏感。但由于各类血管的平滑肌细胞膜通道、膜受体等分布有差异。因此，对于药物的敏感性也不相同。该类药物能明显舒张血管，主要舒张动脉，对静脉影响较小。动脉中又以冠状血管较为敏感，能舒张输送血管和阻力血管，增加冠状动脉流量及侧支循环血量。脑血管对钙离子阻滞药也较敏感，尼莫地平舒张脑血管的作用较强，能增加脑血流量。钙通道阻滞药也能舒张外周血管，解除其痉挛，用于治疗外周血管痉挛性疾病。

(2) 其他平滑肌　钙通道阻滞药对支气管平滑肌的松弛作用也较明显，较大剂量也能松弛胃肠道、输尿管及子宫平滑肌。常用钙通道阻滞药心血管效应比较见表 20 – 2。

表 20 – 2　几种钙通道阻滞药心血管效应的比较

效应	维拉帕米	地尔硫䓬	硝苯地平	尼莫地平	尼卡地平
负性肌力作用	4	2	1	1	0
负性频率作用	5	5	1	1	1
负性传导作用	5	4	0	0	0
舒张血管作用	4	3	5	5	5

注：0 ~ 5 为作用强度程度。

3. 抗动脉粥样硬化作用　动脉粥样硬化的病理进程中，动脉壁平滑肌细胞内"钙超载"是重要的促进因素之一。钙通道阻滞药可以减少 Ca^{2+} 内流，减轻了 Ca^{2+} 所引起的动脉壁损害；抑制平滑肌细胞增殖和动脉基质蛋白质的合成，增加血管壁顺应性；抑制脂质过氧化，保护内皮细胞。硝苯地平因可增高细胞内 cAMP 的含量，提高溶酶体酶及胆固醇酯的水解活性，有助于动脉壁脂蛋白的代谢，从而降低细胞内胆固醇水平。

4. 对红细胞和血小板的影响

（1）对红细胞的影响　红细胞膜的稳定性与 Ca^{2+} 有密切关系。红细胞膜富含磷脂成分，Ca^{2+} 能激活磷脂酶降解红细胞膜磷脂，结构破坏，膜的脆性增加，在外界因素的作用下，容易发生溶血。钙通道阻滞药可抑制 Ca^{2+} 内流，降低细胞内含量，减轻 Ca^{2+} 超载对红细胞的损伤，红细胞变形能力增强，降低血液黏度。

（2）对血小板活化的抑制作用　钙通道阻滞药可阻滞血小板表面钙通道，减少 Ca^{2+} 内流，抑制血小板聚集与活性产物的合成释放；促进血小板膜磷脂的合成，稳定血小板膜，从而对血小板活化具有抑制作用。

5. 对肾脏功能的影响　钙通道阻滞药可扩张肾入球微动脉和出球微动脉，能有效降低肾血管阻力，增加肾血流量；钙通道阻滞药在舒张血管、降低血压的同时，不伴有水、钠潴留，并抑制肾小管对水、钠的重吸收，有不同程度的排钠利尿作用；抑制肾脏肥厚，特别是抑制肾小球系膜的增生，改善肾微循环，减轻尿毒症患者的肾钙沉积；减少压力诱导的 Ca^{2+} 内流和自由基产生，钙通道阻滞药对肾脏这些保护作用，在伴有肾功能障碍的高血压和心功能不全的治疗中有着重要的意义。

【临床应用】

1. 高血压　钙通道阻滞药在高血压中的治疗作用已经得到肯定，其降压作用与用药前的血压相关，对正常人血压影响不明显，但可使高血压患者的血压明显下降，血压越高降压效果越明显。其中二氢吡啶类药物如硝苯地平、尼卡地平、尼莫地平等，扩张外周血管作用较强，用于治疗严重高血压。长期用药后，外周阻力下降30%～50%，肺循环阻力也明显下降，这一作用特别适用于并发心源性哮喘的高血压危象患者。维拉帕米和地尔硫䓬可用于轻度及中度高血压患者。

临床应用钙通道阻滞药时应根据患者的具体病情进行选择，对伴有冠心病的患者，宜用硝苯地平；伴有脑血管疾病的以尼莫地平为宜；伴有快速性心律失常的以维拉帕米为好。这些药物既可以单用，也可以与其他药物合用，如与 β 受体阻断药普萘洛尔合用，可消除硝苯地平的因扩张血管所致的反射性心动过速；中效利尿药可以减轻硝苯地平扩血管作用所引起的脚踝水肿等，并可一定程度加强降压作用。

2. 心绞痛　钙通道阻滞药对各型心绞痛均有不同程度的治疗作用。变异型心绞痛是由冠状动脉痉挛所致，钙通道阻滞药对此类心绞痛特别有效。维拉帕米、地尔硫䓬等钙通道阻滞药通过舒张冠状动脉、减慢心率、降低血压，降低心脏负荷，减弱心肌收缩力、使心肌耗氧量减少，对稳定型心绞痛疗效良好。不稳定型心绞痛由动脉粥样斑块的形成或破裂及冠状动脉张力增高所致，维拉帕米和地尔硫䓬疗效较好，而硝苯地平需与 β 受体阻断药合用。

3. 心律失常　钙通道阻滞药治疗室上性心动过速及后除极触发活动所致的心律失常有较好疗效；但三类钙通道阻滞药减慢心率的作用程度有差异，维拉帕米和地尔硫䓬减慢心率的作用明显，对阵发性室上性心动过速，维拉帕米是首选。硝苯地平疗效较差，甚至反射性加速心率，故不宜用于治疗心律失常。

钙通道阻滞药阻滞 Ca^{2+} 内流的作用呈现"使用或频率依赖性"，通道开放愈频繁，药物的作用愈强。所以，治疗频率较高的室上性心动过速远比治疗频率较低的室上性心动过速更为有效。钙通道阻滞药因扩张冠状动脉，故对冠状动脉痉挛所引起的室性心律失常也有明显疗效。

4. 充血性心力衰竭 钙通道阻滞药具有的负性肌力作用及反射性交感兴奋作用对心力衰竭的治疗不利，其应用争议较多。一些新型药物如非洛地平等，正在进行临床研究。目前较为一致的观点是：当充血性心力衰竭合并心绞痛及（或）高血压时，可应用钙通道阻滞药，多与硝酸酯类药物、利尿药及血管紧张素转化酶抑制药合用；对心舒张功能障碍型心衰的疗效较心收缩功能障碍型心衰为好。

5. 肥厚型心肌病 钙通道阻滞药可用于肥厚型心肌病的治疗，其中维拉帕米疗效确切，是一类有前景的治疗药物。但维拉帕米轻度减轻心脏后负荷，可使左心室腔与流出道间压力梯度增加，故不宜用于梗死型的治疗。对伴有左心衰竭、病窦综合症、房室传导阻滞的患者也不宜使用。

6. 动脉粥样硬化 钙通道阻滞药可防止新的血管损伤，可减慢动脉粥样硬化的发展进程。

7. 脑血管疾病 尼莫地平等钙通道阻滞药能显著舒张脑血管，增加脑血流量，可治疗短暂性脑缺血发作、脑血栓形成及脑栓塞。

8. 外周血管疾病 尼莫地平、硝苯地平等可扩张外周血管，解除肢端小动脉痉挛，用于如雷诺病等外周血管痉挛性疾病。

9. 其他 钙通道阻滞药还可松弛支气管平滑肌，减少组胺等过敏性介质的释放和白三烯的合成，可用于支气管哮喘。另也用于偏头痛、蛛网膜下腔出血等。

⇒ 案例引导

> **临床案例** 患者，男，55 岁，高血压 10 年，间断胸闷、心悸入院。5 天前无诱因出现明显胸闷、心悸、伴有头晕、恶心，持续半小时后缓解，未出现明显前胸部疼痛，无呕吐。自发病以来，多次出现前胸部闷痛，伴左肩部疼痛，无放射痛，持续 2～3 分钟可自行缓解。入院查体：血压160/100mmHg。心脏听诊正常，其他未见异常。初步诊断为：冠心病、不稳定型心绞痛。
>
> **问题** 1. 冠心病发作，冠状动脉的痉挛与哪些因素有关？
>
> 　　　　2. 不稳定型心绞痛应选用哪些药物治疗？

【不良反应】钙通道阻滞药不良反应较轻，不良反应与其扩张血管、抑制心肌等有关。主要表现为颜面潮红、头痛、恶心、眩晕、脚踝水肿等。严重不良反应有低血压、心动过缓或心脏停搏、心功能抑制等。维拉帕米和地尔硫䓬可引起房室传导阻滞及心肌收缩力下降，禁用于严重心衰及中、重度房室传导阻滞。各类钙通道阻滞药在低血压时都应禁用。

【药物相互作用】钙通道阻滞药血浆蛋白结合率相对较高，所以用药应注意药物之间的相互作用。其可增高地高辛血药浓度、延长西咪替丁 $t_{1/2}$、加强 β 受体阻断药抑制室性传导的作用、增强哌唑嗪及硝酸酯类的降压作用。

一、二氢吡啶类药物

硝苯地平

硝苯地平（nifedipine）扩张血管作用易引起反射性交感神经兴奋，因此，缺乏抗心律失常作用；在整体状态下，其直接负性肌力作用可被其反射性兴奋心脏作用抵消甚至表现为正性肌力作用，能明显增加缺血区心肌的收缩力，从而改善缺血区心肌做功。硝苯地平主要是扩张冠状动脉和外周血管，冠心病患者静脉或舌下给药，可使正常心肌及冠状动脉狭窄区心肌的血流增加。同时，硝苯地平还可拮抗乙酰胆碱、去甲肾上腺素、5 – HT 及强心苷等引起的冠状动脉痉挛。

尼群地平

尼群地平（nitrendipine）口服易吸收，30 分钟后血药浓度达到高峰，血浆蛋白结合率高达 98％，

$t_{1/2}$ 约为 2～4 小时。主要经肝脏代谢，其代谢产物无药理活性。舒张血管作用比硝苯地平强 6 倍。除舒张血管外，其降压作用还包括抑制醛固酮分泌，降压作用温和而持久，同时具有明显的利尿作用。主要适应证为各型高血压的长期治疗，也可用于缺血性心脏病和慢性心功能不全，对高血压伴有心、脑供血不足疗效好。

尼莫地平

尼莫地平（nimodipine）主要经肝脏代谢，其代谢产物具有药理活性，大部分经肾脏排泄，$t_{1/2}$ 3 小时，严重肾功能不良患者应减少用量。尼莫地平对脑血管平滑肌的松弛作用选择性高于外周血管，而降压作用较弱。长期使用，对大脑的记忆功能有保护及促进作用，也有明显的舒张冠状动脉的作用。主要适用于脑血管痉挛、脑缺血（尤其是脑卒中早期使用）及蛛网膜下腔出血。

尼卡地平

尼卡地平（nicardipine）水溶性较好，无光敏性，静脉用药较好。口服吸收迅速，个体差异较大，生物利用度约为 7%～30%，血浆蛋白结合率 98%～99.5%。主要经肝脏代谢，$t_{1/2}$ 为 4～5 小时，代谢产物无药理活性。对脑血管及冠状动脉有较高选择性，舒张冠状动脉的作用强于硝苯地平，可能与其还可以抑制磷酸二酯酶有关。主要适应证为高血压、心绞痛、脑血管痉挛及脑缺血。

氨氯地平

氨氯地平（amlodipine）作用强度与硝苯地平相似，显著区别是作用时间明显延长，起效时间相对缓慢，$t_{1/2}$ 40～50 小时，每日只需服药 1 次，降压作用平稳。对血管选择性更高，可舒张全身血管和冠状动脉，降低血压，为目前治疗原发性高血压的常用药物，也可用于稳定型及变异型心绞痛。

二、苯烷胺类药物

维拉帕米

维拉帕米（verapamil）口服吸收迅速而完全。口服后 2～3 小时血药浓度达峰值。生物利用度为 10%～35%，首过效应明显。血浆蛋白结合率 90%，大部分在肝脏代谢，其代谢产物去甲维拉帕米仍具有药理活性。

维拉帕米通过降低舒张期自动除极化速率，使窦房结冲动发放频率降低，也可抑制慢反应动作电位速率，使房室结传导减慢，过高浓度甚至可以使窦房结及房室结的电活动消失。维拉帕米对心脏的负性肌力作用特别强，也具有舒张冠状动脉的作用，即使在降低血压的同时，也可以阻止冠状动脉收缩。维拉帕米对外周血管的舒张作用较硝苯地平弱，其降压所致的交感神经反射性兴奋也较弱。临床主要适用于治疗室上性心动过速、心绞痛、高血压及肥厚型心肌病。

口服耐受较好，常见的不良反应为便秘，其他如头痛、面红、眩晕及瘙痒均少见。静脉注射可出现低血压，也可见房室传导阻滞，严重者甚至可出现室性停搏。病窦综合征、房室传导阻滞、心动过缓、洋地黄中毒、低血压及心力衰竭禁用。

三、地尔硫䓬类药物

地尔硫䓬

地尔硫䓬（diltiazem）口服吸收迅速而完全，生利用度 40%，65% 由肝脏代谢，$t_{1/2}$ 4 小时。地尔硫䓬的生理效应与维拉帕米相似。地尔硫䓬直接减慢心率的作用强，对病态窦房结综合征患者有更明显的抑制作用；对大的冠状动脉及侧支循环血管均有舒张作用，增加侧支循环的血流量，也降低心脏负荷，可改善缺血区心肌的收缩及解除神经性冠状动脉痉挛；除舒张冠状动脉外，还舒张外周血管，降低血压，用药后平均动脉压下降，但脉压差无明显变化。主要适用于治疗室上性心动过速、心绞痛、高血压及肥厚型心肌病。不良反应少见，可见药疹、便秘、头痛、眩晕、踝部水肿等，多在较高剂量时出现。静脉给药时可出现对房室结及心肌的抑制作用。禁忌证与维拉帕米相同。

答案解析

目标检测

1. 三代钙通道阻滞药的代表药物有哪些？作用特点是什么？
2. 钙通道阻滞药的主要药理作用有哪些？
3. 钙通道阻滞药的临床应用主要有哪些？分别与什么药理作用相关？
4. 钙通道阻滞药主要不良反应是什么？
5. 硝苯地平的药理作用及应用特点是什么？

（钱海兵）

书网融合……

本章小结　　　　　微课　　　　　题库

第二十一章　抗心律失常药

　　正常情况下心脏有规律且心房心室协调地收缩、舒张，顺利地泵出血液以满足机体的需要。心律失常（arrhythmia）即心动节律和频率异常，心脏泵血功能受损，是一种严重的心脏疾病。按照心率的快慢，心律失常可分为快速型心律失常和缓慢型心律失常。本章主要讨论抗快速型心律失常药。

　　心律失常可不出现临床症状，也可以出现一些临床症状，如心悸、头晕、晕厥、引起心绞痛或心力衰竭、猝死等。良性或能够自行终止的心律失常无需治疗，而另一些尤其是持续的室上性和室性快速心律失常可严重影响生活质量，甚至引起死亡，则需要积极有效的治疗，以终止心律失常或治疗其根本病因。心律失常的治疗方式有药物治疗和非药物治疗（起搏器、电复律、导管消融和手术等）两种。治疗方法的选择要根据具体情况而定。

第一节　心脏的电生理学基础和心律失常的发生机制

PPT

一、心脏的电生理学特性

　　心脏正常功能的维持有赖于其正常的电活动，其正常电活动基础是组成心脏的每一个细胞动作电位活动的整体协调平衡，而每一个细胞的动作电位又取决于细胞的各种跨膜电流。心肌细胞的电位分为静息电位和动作电位。

（一）静息电位（resting potential）

　　人和哺乳动物心室肌细胞在静息状态为内负外正（$-80mV \sim -90mV$）的极化状态，在静息状态时细胞内 K^+ 浓度高，细胞外 Na^+ 浓度高，细胞膜对 K^+ 通透形成内负外正的电位，当 K^+ 浓度差和由 K^+ 形成的电位差这两种力量达到平衡时，即形成静息电位（即 K^+ 平衡电位）。同时，心肌细胞膜在静息状态时对 Na^+ 也有一定的通透性，由少量 Na^+ 内流所引起的内向电流可部分抵消细胞内的负电位。

（二）动作电位（action potential）

　　动作电位是指可兴奋细胞受到刺激时在静息电位的基础上产生的可扩布的电位变化过程。心肌细胞兴奋时，细胞膜对 Na^+ 通透性增高，造成大量 Na^+ 内流，由 Na^+ 的浓度差和电位差形成 Na^+ 内流的动力，由 Na^+ 内流形成的内正电位是 Na^+ 内流的阻力，当动力和阻力达平衡时，所形成的电位即动作电位。按其发生的顺序，动作电位分为 5 个时相：0 相是快速除极化期，由 Na^+ 快速内流所致；1 相是快速复极初期，由 K$^+$ 短暂外流所致；2 相是平台期，复极缓慢，由 Ca^{2+} 及少量 Na$^+$ 经慢通道内流与 K$^+$ 外流所致；3 相是快速复极末期，由 K$^+$ 外流所致；4 相在非自律细胞为静息期，其膜电位维持在静息水平，而自律细胞则为自发性除极化，是特殊 Na$^+$ 内流所致。

不同部位心肌细胞的动作电位特征不完全相同，按动作电位特征可分为两大类：快反应细胞和慢反应细胞。两类细胞动作电位时程（action potential duration，APD）中参与的跨膜电流不同，故各类细胞都有自己的特征。

1. 快反应细胞（fast response cells）　快反应细胞包括心房肌细胞、心室肌细胞和浦肯野纤维，其动作电位 0 相除极由 Na$^+$ 内流介导，产生的膜电位负值大（ -90 mV），除极快、振幅大、传导快。

2. 慢反应细胞（slow response cells）　包括窦房结和房室结细胞。其动作电位 0 相除极由 Ca^{2+} 内流介导，产生的最大复极膜电位负值小（ -60 mV ~ -70 mV），除极慢、振幅小、传导慢。慢反应细胞动作电位是内向电流和外向电流相互消长的结果，最大复极膜电位不稳定、易除极，因此自律性高。

（三）有效不应期（effective refractory period，ERP）

从动作电位 0 相到复极至细胞接受刺激能够再一次产生可扩布动作电位的时间被称为有效不应期，它反映快钠通道恢复有效开放所需的最短时间。适当延长 ERP 能够延长心肌不起反应的时间，使快速型心律失常不易发生，是抗心律失常药物作用的重要机制之一。

二、心律失常的发生机制

冲动形成异常和（或）冲动传导异常均可导致心律失常发生。心肌细胞自律性增高、出现后除极和心肌组织内形成折返是心律失常发生的主要机制。此外，遗传性长 Q–T 间期综合征也是临床常见的心律失常类型。

（一）自律性增高

窦房结、房室结和浦肯野纤维都具有自律性，自律性源于动作电位 4 期自动除极，浦肯野纤维 4 相自动除极主要由起搏电流（ I_f ）决定，窦房结、房室结细胞 4 相自动除极是由延迟整流钾电流逐渐减小，而起搏电流、T 型钙电流和 L 型钙电流逐渐增强所致。当交感神经活性增高、低血钾、心肌细胞受到机械牵张时，动作电位 4 相斜率增加，自律性升高。非自律性心肌细胞，如心室肌细胞，在缺血缺氧条件下也会出现异常自律性，这种异常自律性向周围组织扩布也会引发心律失常。

（二）后除极

某些情况下，心肌细胞在一个动作电位后产生一个提前的除极化，称为后除极（after depolarization）。后除极的扩布即可触发异常节律，发生心律失常。后除极有以下两种类型。

1. 早后除极（early after depolarization，EAD）　是一种发生在完全复极之前的后除极，常发生在动作电位的 2 ~ 3 相中，APD 过度延长时容易发生，由 Ca^{2+} 内流增多所致。延长 APD 的因素如药物、细胞外低钾等都存在诱发早后除极的危险。早后除极所致心律失常以尖端扭转型室性心动过速常见。

2. 迟后除极（delayed after depolarization，DAD）　发生在动作电位的 4 相中，是细胞内钙超载时发生在动作电位完全或接近完全复极时的一种短暂的震荡性除极。细胞内钙超载时，激活钠钙交换电流（Na$^+$/Ca^{2+} exchanger），钠钙交换电流具有生电性（钠钙交换电流有双向性，当细胞内钙升高时，泵出 1 个 Ca^{2+}，泵入 3 个 Na$^+$，表现为内向电流），引起细胞膜除极，当达到钠通道激活电位时，引起动作电位。强心苷中毒、心肌缺血、细胞外高钙等均可诱发迟后除极。

（三）折返

折返（reentry）指一次冲动下传后，又沿着另一环形传导通路返回，提前再次兴奋原已兴奋过的心肌，是引发快速型心律失常的重要机制之一，其形成过程见图21-1。心肌传导功能障碍是诱发折返的重要原因。折返环路中通常存在单向传导阻滞区，冲动不能正常通过该区域从近端下传，却可使周围正常心肌顺序去极化，当冲动到达单向传导阻滞区远端时可缓慢逆向通过该区并到达其近端，此时近端相邻心肌已恢复其反应性并可在该冲动作用下再次兴奋，从而形成折返。

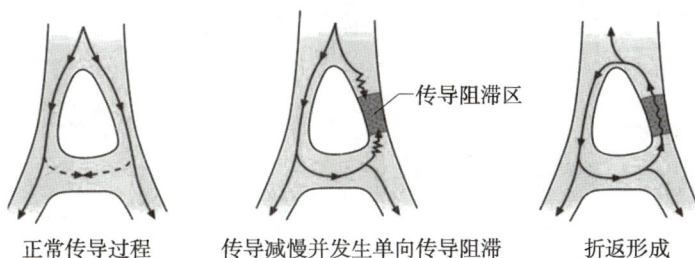

图 21-1　折返形成机制

　　折返分为解剖性折返和功能性折返两类。当心脏内两点间存在不止一条传导通路，而且这些通路具有不同的电生理特征时容易发生解剖性折返。如预激综合征（Wolff-Parkinson-White syndrome，WPW syndrome）的发生是由于存在房室连接旁路，在心房、房室结和心室间形成折返所致。解剖性折返发生在房室结或房室之间者，表现为阵发性室上性心动过速；发生在心房内，表现为心房扑动或心房纤颤；心室内存在多个折返环路，则可诱发心室扑动或颤动。解剖性折返的发生有三个决定因素：①存在解剖学环路；②环路中各部位有效不应期不一致；③环路中有传导性下降的部位。而功能性折返在无明显解剖环路时即可发生，如急性心肌梗死后细胞间耦联（cell-cell coupling）改变所导致的折返型室性心动过速。

⊕ 知识链接

心律失常发生的离子靶点假说及长 Q-T 间期综合征

　　心律失常发生的离子靶点假说：心肌细胞膜上存在多种离子通道，产生如 I_{Na}、I_{Ca}、I_{Kr}/hERG、I_{Ks}、I_{Kur}、I_{K1}、I_{KM3} 等电流，这些通道蛋白表达和功能的彼此平衡是心脏正常功能的基础。当某种通道的功能或蛋白表达异常时，通道间平衡被打破，将出现心律失常。如对 I_{Na} 抑制过强，易出现传导阻滞；I_{Kur} 主要存在于心房，与房颤等房性心律失常发生密切相关。心肌细胞膜上的各离子通道与心律失常发生、发展及消除关系密切，是抗心律失常药物作用的有效靶点。一个理想的抗心律失常药物应对上述靶点有调控作用，能使失衡的通道恢复平衡，并使过度延长或缩短的动作电位趋近正常。

　　长 Q-T 间期综合征（long Q-T syndrome，LQTS）是以突发晕厥、惊厥甚至猝死为特征的心脏病，表现为体表心电图 Q-T 间期延长，出现尖端扭转型室性心动过速（Torsade de pointes），易致猝死。LQTS 分为遗传性 LQTS（congenital LQTS）和获得性 LQTS（acquired LQTS）两类。遗传性 LQTS 是由基因缺陷引起的心肌复极异常疾病，迄今为止，已明确有 13 个基因的突变可致心肌细胞离子通道功能异常而引起 LQTS：KCNQ1（影响 I_{Ks}）、KCNH2（影响 I_{Kr}）、SCN5A（影响 I_{Na}）、ANK2（影响钠、钾、钙电流）、KCNE1（影响 I_{Ks}）、KCNE2（影响 I_{Kr}）、KCNJ2（影响 I_{K1}）、CACNA1C（影响 $I_{Ca(L)}$）、CAV3（影响 I_{Na}）、SCN4β（影响 I_{Na}）、AKAP9（影响 I_{Ks}）、SNTAI（影响 I_{Na}）和 KCNJ5（影响 $I_{K,Ach}$）。临床上使用延长 Q-T 间期的药物可能致获得性 LQTS，其原因与药物直接或间接过度抑制 hERG 通道相关。

第二节　抗心律失常药的基本作用机制和分类

PPT

目前治疗心律失常的主要策略是降低心肌细胞的异常自律性、减少后除极、调节传导性或有效不应期以消除折返。达到上述目的的主要方式包括：①阻滞钠通道；②拮抗心脏的交感效应；③阻滞钾通道；④阻滞钙通道。抗心律失常药影响心脏的多种离子通道，故具有潜在致心律失常危险。当酸中毒、高血钾、心肌缺血或心动过速时，即使治疗浓度的抗心律失常药，也可诱发心律失常。

一、抗心律失常药的基本作用机制

（一）降低自律性

抗心律失常药可通过以下途径降低自律性：①提高动作电位的发生阈值（Na^+ 通道阻滞药、Ca^{2+} 通道阻滞药）；②增加静息膜电位绝对值（腺苷、乙酰胆碱促进 K^+ 外流）；③降低动作电位 4 相自动除极速率（β 肾上腺素受体阻断药）；④延长动作电位时程（K^+ 通道阻滞药）。

自律细胞 4 相除极斜率主要由 I_f 决定，细胞内 cAMP 水平升高可引起 I_f 增大，使自动除极速度加快。β 肾上腺素受体阻断药可降低细胞内 cAMP 水平而减小 I_f，从而降低动作电位 4 相斜率。钠通道阻滞药阻滞钠通道，可提高快反应细胞动作电位的发生阈值；钙通道阻滞药阻滞钙通道，可提高慢反应细胞动作电位的发生阈值。腺苷和乙酰胆碱分别通过 G 蛋白偶联的腺苷受体和乙酰胆碱受体，激活乙酰胆碱敏感性钾通道，促进钾离子外流，可增加静息膜电位绝对值。钾通道阻滞药可阻滞钾离子外流，从而延长动作电位时程。

（二）减少后除极

细胞内钙超载可致迟后除极，钙通道阻滞药通过抑制细胞内钙超载而减少迟后除极产生，钠通道阻滞药可抑制迟后除极的 0 相去极化；动作电位时程过度延长可引起早后除极，缩短动作电位时程的药物能减少早后除极发生。

（三）消除折返

药物改变传导性或延长有效不应期可消除折返。钙通道阻滞药和 β 肾上腺素受体阻断药可减慢房室结传导，从而消除房室结折返所致的室上性心动过速；钠通道阻滞药和钾通道阻滞药可延长快反应细胞的有效不应期，钙通道阻滞药如维拉帕米和钾通道阻滞药可延长慢反应细胞的有效不应期。

二、抗心律失常药分类 📱微课

根据药物的主要作用通道和电生理特点，Vaughan Williams 分类法将众多结构不同的快速型抗心律失常药归纳成四大类：Ⅰ类，钠通道阻滞药；Ⅱ类，β 肾上腺素受体阻断药；Ⅲ类，延长动作电位时程药；Ⅳ类 钙通道阻滞药。抗快速型心律失常药的分类和作用特点如下。

（一）Ⅰ类　钠通道阻滞药

复活时间常数（$\tau_{recovery}$）表示从药物对通道产生阻滞作用到阻滞作用解除的时间，可反映钠通道阻滞药的作用强度。根据复活时间常数的长短，此类药物又可分为三个亚类，即Ⅰa、Ⅰb、Ⅰc类。

1. Ⅰa类　$\tau_{recovery}$ 为 1~10 秒，适度阻滞钠通道，降低动作电位 0 相除极速率，不同程度抑制心肌细胞膜上的钾和钙通道，延长复极过程，尤其显著延长有效不应期。代表药是奎尼丁、普鲁卡因胺。奎尼丁的作用靶点多，属于广谱抗心律失常药。

2. Ⅰb类　$\tau_{recovery}$ <1 秒，轻度阻滞钠通道，轻度降低动作电位 0 相除极速率，降低自律性，缩短或

不影响动作电位时程。代表药是利多卡因、苯妥英钠。

3. Ic类 $\tau_{recovery} > 10$ 秒，明显阻滞钠通道，显著降低动作电位 0 相极速率和幅度，显著降低传导性。代表药是普罗帕酮、氟卡尼。

（二）Ⅱ类 β肾上腺素受体阻断药

该类药物通过阻滞心肌细胞 β 肾上腺素受体，抑制交感神经兴奋所致的起搏电流、钠电流和 L 型钙电流增加，表现为减慢 4 相舒张期除极速率而降低自律性；同时，降低动作电位 0 相上升速率而减慢传导速度。代表药是普萘洛尔。

（三）Ⅲ类 延长动作电位时程药

抑制多种钾通道，延长 APD 和 ERP，对动作电位幅度和除极化速率影响小。代表药是胺碘酮。胺碘酮是典型的多靶点单组分药物，除阻滞钾通道外，还阻滞起搏细胞的钠、钙通道等。应注意，药物延长 APD 时不宜过度，否则容易诱发心律失常。

（四）Ⅳ类 钙通道阻滞药

主要抑制 L 型钙电流，降低窦房结自律性，减慢房室结传导性，抑制细胞内钙超载。本类药物有维拉帕米、地尔硫䓬。

第三节 常用抗心律失常药

PPT

一、Ⅰ类 钠通道阻滞药

此类药物能阻滞心肌和心脏传导系统的钠通道，具有膜稳定作用，降低动作电位 0 相除极上升速率和幅度，减慢传导速度，延长 APD 和 ERP。对静息膜电位无影响。根据药物对钠通道阻滞作用的不同，又分为三个亚类，即Ⅰa、Ⅰb、Ⅰc。

（一）Ⅰa类

奎尼丁

【体内过程】奎尼丁（quinidine）口服后几乎全部被胃肠道吸收，经 1~2 小时血药浓度达高峰，生物利用度为 70%~80%。血浆蛋白结合率约 80%，组织中药物浓度较血药浓度高 10~20 倍，心肌浓度尤高。$t_{1/2}$ 为 5~7 小时。主要经过肝脏 CYP450 氧化代谢，其羟化代谢物仍有药理活性，20% 以原型经尿液排出。

【药理作用及机制】本品为茜草科植物金鸡钠树皮所含的一种生物碱，是奎宁（抗疟药，有兴奋子宫作用，为左旋体）的右旋体，对心脏的作用比奎宁强 5~10 倍，有抗心律失常作用。奎尼丁低浓度（1μmol/L）时即可阻滞 I_{Na}、I_{kr}，较高浓度尚具有阻滞 I_{ks}、I_{kl}、I_{to} 及 $I_{Ca(L)}$ 作用。此外，此药还具有明显的抗胆碱作用和阻滞外周血管 α 受体作用。奎尼丁阻滞激活状态的钠通道，并使通道复活减慢，因此显著抑制异位起搏活动和除极化组织的传导性、兴奋性，并延长除极化组织的不应期。奎尼丁阻滞钠通道、延长 APD 的作用也使大部分心肌组织的不应期延长。奎尼丁能阻滞多种钾通道，延长心房、心室和浦肯野纤维的 APD，这种作用在心率减慢和细胞外低钾时更明显，易诱发早后除极。奎尼丁还可减少 Ca^{2+} 内流，具有负性肌力作用。

【临床应用】奎尼丁是广谱抗心律失常药，适用于心房纤颤、心房扑动、室上性和室性心动过速的转复和预防，以及频发室上性和室性期前收缩的治疗。目前临床上对心房纤颤、心房扑动多采用电转律法，但奎尼丁仍有应用价值，用于转律后防止复发。

【不良反应及药物相互作用】不良反应较多，胃肠道反应最常见。用药初期，30%～50%患者会出现恶心、呕吐、腹泻等反应，腹泻引起低血钾。长期用药，血浆奎尼丁水平过高，可出现"金鸡纳反应（cinchonic reaction）"，表现为头痛、头晕、耳鸣、腹泻、恶心、视物模糊等症状。奎尼丁心脏毒性较为严重，中毒浓度可致房室及室内传导阻滞，2%～8%用药患者可出现 Q-T 间期延长和尖端扭转型心动过速。奎尼丁的 α 受体阻断作用使血管扩张、心肌收缩力减弱、血压下降。奎尼丁的抗胆碱作用可增加窦性频率、加快房室传导，治疗心房扑动时能加快心室率，因此应先给予钙通道阻滞药、β 肾上腺素受体阻断药或地高辛以减慢房室传导、降低心室率。

奎尼丁与地高辛合用，使后者肾清除率降低而增加其血药浓度；与双香豆素、华法林合用，可竞争与血浆蛋白的结合，使后者抗凝作用增强；肝药酶诱导剂苯巴比妥能加速奎尼丁在肝脏的代谢。

普鲁卡因胺

【体内过程】普鲁卡因胺（procainamide）口服吸收迅速而完全，1 小时血药浓度达高峰。肌内注射后 0.5～1 小时、静脉注射后仅 4 分钟血药浓度即达峰值。生物利用度约 80%，$t_{1/2}$ 为 3～4 小时。该药在肝脏代谢为仍具活性的 N-乙酰普鲁卡因胺，N-乙酰普鲁卡因胺也具有抗心律失常作用，其延长 APD 的作用与普鲁卡因胺相当；但 N-乙酰普鲁卡因基本不阻滞钠通道，而具有明显Ⅲ类药物（钾通道阻滞药）的作用。

【药理作用及机制】普鲁卡因胺对心肌的直接作用与奎尼丁相似，但无明显的抗胆碱作用和阻滞外周血管 α 肾上腺素受体作用。普鲁卡因胺阻滞开放状态的钠通道，能降低心肌自律性，减慢传导，延长大部分心脏组织的 APD 和 ERP。

【临床应用】普鲁卡因胺是广谱抗心律失常药，临床应用与奎尼丁相同，对房性、室性心律失常均有效。静脉注射或静脉滴注用于室上性及室性心律失常急性发作的抢救，但对于急性心肌梗死所致的持续性室性心律失常，普鲁卡因胺不作为首选（首选利多卡因）。

【不良反应】口服有胃肠道反应；静脉给药（血药浓度 >10μg/ml）可引起低血压和传导减慢。大剂量（N-乙酰普鲁卡因胺的血药浓度 >30μg/ml）时可发生尖端扭转型心动过速。过敏反应较常见，如皮疹、药热、白细胞减少、肌痛等。还可出现幻觉、精神失常等中枢不良反应。长期应用，少数患者可出现红斑狼疮综合征。

（二）Ⅰb 类

利多卡因

【体内过程】利多卡因（lidocaine）首关消除明显，生物利用度低，只能非肠道用药。血浆蛋白结合率为 70%，体内分布广泛。该药几乎全部在肝脏中代谢，$t_{1/2}$ 为 2 小时。

【药理作用及机制】利多卡因对激活和失活状态的钠通道都有阻滞作用，当通道恢复至静息态时，阻滞作用迅速解除，因此对除极化组织（如缺血区）作用强，对缺血或强心苷中毒所致的除极化型心律失常有较强抑制作用。心房肌细胞 APD 短，钠通道处于失活状态的时间短，利多卡因作用弱，因此对房性心律失常疗效差。利多卡因抑制参与动作电位复极 2 相的少量钠内流，缩短或不影响浦肯野纤维和心室肌的 APD。利多卡因能减小动作电位 4 相除极斜率，提高兴奋阈值，降低自律性。利多卡因对正常心肌组织的电生理特性影响小。

【临床应用】本药为窄谱抗心律失常药，主要用于治疗室性心律失常，一般静脉滴注用于危重病例，如心脏手术、心导管术、急性心肌梗死或强心苷中毒所致的室性心动过速或心室纤颤。

【不良反应】不良反应少而轻，肝功能不良患者静脉注射过快时，可出现头晕、嗜睡或激动不安、感觉异常等。剂量过大可引起心率减慢、房室传导阻滞和低血压，故Ⅱ、Ⅲ度房室传导阻滞病人禁用。眼球震颤是利多卡因中毒的早期信号。心脏衰竭、肝功能不全者长期滴注后可导致药物蓄积，儿童或老年人应适当减量。

苯妥英钠

作用与利多卡因相似，苯妥英钠（phenytoin sodium）能够抑制失活状态的钠通道，降低部分除极的浦肯野纤维4相自发除极速率，降低其自律性。能够与强心苷竞争 Na^+, K^+ – ATP 酶，抑制强心苷中毒所致的迟后除极。本药主要用于治疗室性心律失常，首选用于强心苷中毒引起的室性心律失常。亦可用于心肌梗死、心脏手术、心导管术等所引发的室性心律失常，但疗效不如利多卡因。苯妥英钠快速静脉注射容易引起低血压，高浓度可引起心动过缓。常见中枢不良反应有头昏、眩晕、震颤、共济失调等，严重者出现呼吸抑制。低血压时慎用，窦性心动过缓及Ⅱ、Ⅲ度房室传导阻滞患者禁用。苯妥英钠能加速奎尼丁、美西律、地高辛、茶碱、雌激素和维生素 D 的肝脏代谢。孕妇用药可致胎儿畸形，故禁用于孕妇。

美西律

美西律（mexiletine）电生理作用与利多卡因相似。口服吸收迅速、完全，口服后3小时血药浓度达峰值，作用维持8小时，生物利用度为90%，$t_{1/2}$约12小时。主要用于室性心律失常，特别对心肌梗死后急性室性心律失常有效。不良反应与剂量相关，早期可出现胃肠道不适，如恶心、呕吐；长期口服可出现神经症状，如震颤、共济失调、复视、精神失常等。房室传导阻滞、窦房结功能不全、心室内传导阻滞、有癫痫史、低血压和肝病者慎用。

（三）Ⅰc类

普罗帕酮

普罗帕酮（propafenone）的化学结构与普萘洛尔相似，具有弱的β肾上腺素受体拮抗作用。能明显抑制钠通道的激活态和失活态。能够减慢心房、心室和浦肯野纤维的传导，抑制钾通道，延长 APD 和 ERP，但对复极过程的影响弱于奎尼丁。

口服吸收良好，经肝脏和肾脏消除，其经肝脏首关消除后的代谢产物5-羟基普罗帕酮的钠通道阻滞作用与普罗帕酮相近，但β肾上腺素受体拮抗作用减弱。长期口服维持室上性心动过速（包括心房颤动）的窦性心律，也用于治疗室性心律失常。可出现胃肠道不适，如恶心、呕吐、味觉改变等。心血管系统不良反应常见折返性室性心动过速、加重充血性心力衰竭。其β肾上腺素受体拮抗作用可致窦性心动过缓和支气管痉挛。心电图 QRS 延长超过20%或 Q-T 间期明显延长者宜减量或停药。本药一般不宜与其他抗心律失常药合用，以避免心脏抑制。肝肾功能不全时应减量。

二、Ⅱ类　β肾上腺素受体阻断药

用于抗心律失常的β肾上腺素受体阻断药主要有普萘洛尔（propranolol）、美托洛尔（metoprolol）、阿替洛尔（atenolol）、纳多洛尔（nadolol）、醋丁洛尔（acebutolol）、噻吗洛尔（timolol）、阿普洛尔（alprenolol）、艾司洛尔（esmolol）和比索洛尔（bisoprolol）等。其抗心律失常的机制是β肾上腺素受体拮抗作用，可通过减慢心率、抑制细胞内钙超载、减少后除极等作用治疗快速型心律失常。

普萘洛尔

【体内过程】普萘洛尔（propranolol）口服吸收完全，首过效应强，生物利用度约30%，口服后2小时血药浓度达峰值，但个体差异大。血浆蛋白结合率高，可达93%。主要经肝脏代谢，$t_{1/2}$为3～4小时，肝功能受损时明显延长。90%以上经肾脏排泄，尿中原型药不到1%。

【药理作用及机制】 主要是β肾上腺素受体阻断作用，同时也可阻滞 Na$^+$、Ca^{2+} 内流、促进 K$^+$ 外流，从而降低窦房结、心房和浦肯野纤维的自律性，尤其在运动及情绪激动时明显。能够减少儿茶酚胺所致的迟后除极的发生，减慢房室结传导，延长房室结 ERP。

【临床应用】 主要用于室上性心律失常，尤其对于交感神经兴奋性过高、甲状腺功能亢进及嗜铬细胞瘤等引起的窦性心动过速效果良好，属于首选药物。合用强心苷或地尔硫䓬控制心房扑动、心房颤动及阵发性室上性心动过速时的心室率过快效果较好。心肌梗死患者应用本品，可减少心律失常的发生，缩小心肌梗死范围，降低死亡率。还可用于运动或情绪变动所引发的室性心律失常，减少肥厚型心肌病所致的心律失常。

【不良反应】 不良反应较多，可致窦性心动过缓、房室传导阻滞，可能诱发心力衰竭和哮喘、低血压、精神压抑、记忆力减退等。长期应用对脂质代谢和糖代谢有不良影响。突然停药可产生反跳现象。

阿替洛尔

阿替洛尔（atenolol）$t_{1/2}$ 为7小时，是长效 β$_1$ 肾上腺素受体阻断药，心脏选择性强，抑制窦房结及房室结自律性，减慢房室结传导，对浦肯野纤维也有抑制作用。可用于室上性心律失常。对室性心律失常亦有效。其不良反应与普萘洛尔相似，但由于受体作用选择性强，可用于糖尿病和哮喘患者。

艾司洛尔

艾司洛尔（esmolol）$t_{1/2}$ 为9分钟，是短效 β$_1$ 肾上腺素受体阻断药，具有心脏选择性，抑制窦房结及房室结自律性、传导性。主要用于室上性心律失常。不良反应有低血压、降低心肌收缩力等。

三、Ⅲ类 延长动作电位时程药

胺碘酮

【体内过程】 胺碘酮（amiodarone，安律酮）脂溶性高，口服、静脉注射均可，生物利用度为35%~65%。经肝脏代谢，其代谢产物去乙胺碘酮仍有活性。消除半衰期较复杂，快速消除相为3~10天，缓慢消除相约数周。停药后作用可维持1~3个月。

【药理作用及机制】 能够抑制心脏的多种离子通道，降低窦房结、浦肯野纤维的自律性和传导性，明显延长 APD 和 ERP，延长 Q-T 间期和 QRS 波。同时有 α、β 肾上腺素受体阻断作用，能扩张冠状动脉、增加冠脉流量、减少心肌耗氧量。

【临床应用】 是广谱抗心律失常药，对心房扑动、心房颤动、室上性心动过速和室性心动过速都有效。长期口服能防止室性心动过速、室颤复发。对伴有器质性心脏病患者，能降低猝死率。

【不良反应】 不良反应为胃肠道反应如食欲减退、恶心、呕吐等。会引起甲状腺功能亢进或低下、肝坏死，最为严重的是引起间质性肺炎或肺纤维化。静脉注射可致心律失常或加重心功能不全，与Ⅰ、Ⅱ类药合用，能使作用增强，引起窦性心动过缓，甚至停搏。

决奈达隆

决奈达隆（dronedarone）是一种新型抗心律失常药物，主要用于心房扑动和心房颤动患者以维持窦性节律。其结构与胺碘酮相似，但不含碘，对甲状腺等器官的毒性明显降低。其不良反应是可能会增加严重心力衰竭和左心收缩功能不全患者的死亡风险。

索他洛尔

索他洛尔（sotalol）有 β 肾上腺素受体拮抗作用，降低自律性，减慢房室结传导；明显延长心房、心室和浦肯野纤维的 APD 和 ERP，可消除折返。用于各种严重的室性心律失常，也可治疗阵发性室上性心动过速及心房颤动。不良反应较少，少数 Q-T 间期延长者偶可出现尖端扭转型室性心动过速。

多非利特

多非利特（dofetilide）是特异性 I_{kr} 钾通道阻滞药，无其他药理作用。长期口服可有效维持心房颤动或心房扑动复律后的窦性心律。主要不良反应是易诱发尖端扭转型室性心动过速。

四、IV类　钙通道阻滞药

维拉帕米

【体内过程】维拉帕米（verapamil），又称异搏定（isoptin）口服吸收迅速而安全。口服后 2~3 小时血药浓度达峰值。由于首过效应明显，生物利用度低，仅 10%~30%。在肝脏代谢，其代谢物去甲维拉帕米仍有活性。

【药理作用及机制】能够阻滞 Ca^{2+} 内流，对 K^+ 通道亦有抑制作用。从而表现为：降低窦房结自律性，减少或取消后除极引发的触发活动；减慢房室结传导性，可终止房室结折返，且能防止心房扑动、心房颤动引起的心室率加快；延长窦房结、房室结的 ERP，大剂量延长浦肯野纤维的 APD 和 ERP。

【临床应用】治疗室上性和房室结折返引起的心律失常效果好，对急性心肌梗死、心肌缺血及强心苷中毒引起的室性早搏有效。首选用于阵发性室上性心动过速。

【不良反应】口服较安全，可出现便秘、腹胀、腹泻、头痛、瘙痒等。静脉给药可引起血压降低、暂时窦性停搏。

五、其他类

腺苷

腺苷（adenosine）作用于 G 蛋白耦联的腺苷受体，激活心房、房室结、心室的乙酰胆碱敏感 K^+ 通道，缩短 APD，降低自律性。且可抑制 Ca^{2+} 通道，从而延长房室结 ERP，抑制交感神经兴奋所致的迟后除极。该药使用时需静脉注射给药，可以迅速降低窦性频率、减慢房室结传导、延长房室结有效不应期。腺苷可被体内大部分组织细胞摄取，并被腺苷脱氨酶灭活，$t_{1/2}$ 仅为数秒，故临床上需静脉快速注射给药。主要用于迅速终止折返性室上性心律失常。该药在静脉注射速度过快时可致短暂心脏停搏。在治疗剂量，多数病人会出现胸闷、呼吸困难。

⇒ **案例引导**

　　临床案例　患者，男，48 岁，主诉：心悸、呼吸急促、无力 6 小时。经询问病史，患者自诉症状开始前曾经因紧急工作任务连续 36 小时不能睡眠。体格检查：脉搏不规则波动，达到 120 次/分钟；心电图显示：心律不齐，P 波消失，代之以大小不等、形态不同的 f 波，心率 120~150 次/分钟；血液检查（包括甲状腺功能测试）、胸片检查等显示无异常。初步诊断：心房纤颤。

　　问题　根据现有知识，如何为患者选择正确的治疗方法及选择依据？

第四节　抗心律失常药的合理应用

一、抗心律失常药临床应用中容易出现的问题

1. 抗心律失常药都有不同程度的"致"或"促"心律失常作用　"促"是指使原有的心律失常恶化加重，如普罗帕酮用于心肌梗死后或心力衰竭的患者时。而"致"心律失常作用是指抗心律失常药物引起用药前没有的更为严重的心律失常，如奎尼丁、索他洛尔 Q－T 间期延长者可出现尖端扭转型室性心动过速。

2. 其他不良反应　最常见的为胃肠道反应，如恶心、呕吐等，其他如血压降低、肝功能损伤等。

二、如何合理应用抗心律失常药

（1）严格把握抗心律失常药物的适应证，决定是否使用抗心律失常药和选择何种抗心律失常药。熟知所选药物的药代动力学、药效学及其对心脏电生理的影响。

（2）注意观察、监测抗心律失常药的致（促）心律失常作用及其他不良反应。如普鲁卡因胺易引起过敏反应，故静脉滴注前需做皮试。

（3）对有明确基础心脏病的心律失常患者，应避免单纯使用抗心律失常药物，而应认真治疗基础心脏病，并注意查找和纠正心律失常的病因和诱因。如对于由急性心肌梗死引起的心律失常，应及时解决心肌缺血问题；对慢性心力衰竭伴有室性心律失常的病人，一方面要进行有效的抗心力衰竭治疗，同时要注意询问是否使用强心苷类药物及使用剂量、血液中 K^+ 和 Mg^{2+} 含量，防止产生强心苷中毒。

（4）遵循个体化治疗原则，包括药物种类、剂量、用药方式的选择和把握等。

目标检测

1. 心律失常发生的主要机制是什么？
2. 抗心律失常药的作用机制有哪些？
3. 常用抗心律失常药物的分类及代表药物分别是什么？
4. 奎尼丁的临床应用有哪些？

（陈伟）

书网融合……

本章小结　　微课　　题库

第二十二章 肾素-血管紧张素-醛固酮系统药理

学习目标

1. 掌握 肾素-血管紧张素系统抑制药（包括血管紧张素转换酶抑制药和血管紧张素Ⅱ受体阻断药）的药理作用与作用机制、临床应用及主要不良反应。

2. 熟悉 醛固酮受体阻断药螺内酯的药理作用和临床应用。

3. 了解 肾素-血管紧张素-醛固酮系统的组成和生理功能。

4. 具备根据血管紧张素转换酶抑制药和血管紧张素Ⅱ受体阻断药的特点合理使用两类药物治疗心血管系统常见疾病的能力。

肾素-血管紧张素-醛固酮系统（renin-angiotensin-aldosterone system，RAAS）在高血压、缺血性心脏病、充血性心力衰竭等的病理过程中起着至关重要的作用，能拮抗该体液系统的药物，如血管紧张素转化酶抑制药、血管紧张素Ⅱ受体阻断药、醛固酮受体阻断药等，对治疗心血管疾病有良好的疗效。

第一节 肾素-血管紧张素-醛固酮系统

一、肾素-血管紧张素-醛固酮系统的组成

RAAS 由肾素（rennin）、血管紧张素原（angiotensinogen）、血管紧张素转化酶（angiotensin-converting enzyme，ACE）、血管紧张素（angiotensin，Ang）、醛固酮（aldosterone，ADS）及其相应的受体构成。血管紧张素原由肝脏及其他组织合成后，在肾小球球旁细胞分泌的肾素作用下，生成一种 10 肽化合物，即血管紧张素Ⅰ（angiotensin Ⅰ，Ang Ⅰ），进而在 ACE 的作用下转化为血管紧张素Ⅱ（angiotensin Ⅱ，Ang Ⅱ）。糜酶（chymase，Chy）、组织蛋白酶 G（cathepsin G）等也能使 Ang Ⅰ 转化为 Ang Ⅱ。Ang Ⅱ 是 RAAS 的关键活性产物，能与效应器细胞膜上的特异性受体结合，产生生物学效应。Ang Ⅱ作用于肾上腺皮质的特异性受体，则使 ADS 生成增加。血管紧张素受体（angiotensin receptors）根据受体蛋白结构、药理特性与信号转导过程的不同主要包括 1 型受体（angiotensin type 1 receptor，AT$_1$受体）和 2 型受体（angiotensin type 2 receptor，AT$_2$受体），此外还有 AT$_3$受体和 AT$_4$受体。AT$_1$ 与 AT$_2$受体属于 G 蛋白偶联受体，Ang Ⅱ 的绝大多数作用是由 AT$_1$受体介导的。

RAAS 不仅存在于循环系统，也存在于心脏、血管、脑、肾脏等组织局部，称为局部组织 RAS。局部组织产生的 Ang Ⅱ可通过自分泌、旁分泌或胞内分泌等方式作用于效应器，对组织的生理功能及其结构起重要调节作用。RAAS 的组成及抑制药作用环节如图 22-1 所示。

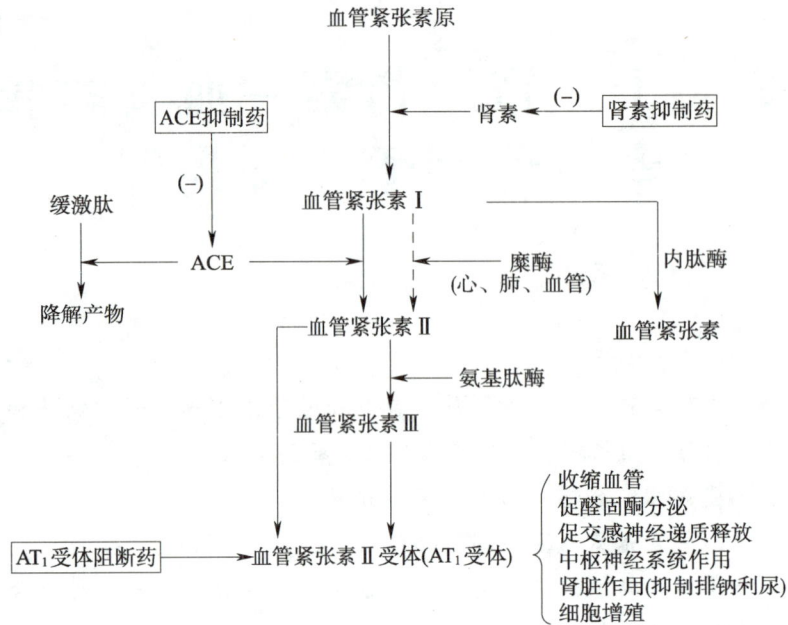

图 22-1　肾素-血管紧张素-醛固酮系统的组成及其抑制药作用环节

二、血管紧张素 II 的生理学效应

血管紧张素 II（Ang II）通过作用于效应器膜上的相应受体，产生广泛的生理学效应，主要表现如下。

1. 对血管和血压的影响　Ang II 可收缩血管，增加外周血管阻力，升高血压。一方面是因其可激活血管平滑肌细胞的 AT_1 受体，引起血管收缩；另一方面是通过促进外周交感神经末梢释放 NA，导致外周交感神经张力增高，产生血管收缩的作用。

Ang II 可使血管组织形态发生改变，促进血管平滑肌细胞肥大和增生，使血管壁厚度增加，中层/管腔直径比例增加，血管壁顺应性降低，引起血管构型重建（remodeling），血管重构是血压长期持续增高的重要原因。

2. 对心脏的作用　血液循环与局部组织中的 Ang II 均可直接作用于心肌细胞和非心肌细胞，也可通过促进心脏交感神经末梢释放 NA，使心肌收缩力增强，心率加快。Ang II 在心肌肥厚与重构中起关键作用。研究表明，Ang II 经 AT_1 受体介导，能增加心肌细胞的 DNA 和蛋白质合成，促进基因重组，使心肌胚胎型基因如 β-肌球蛋白重链、骨骼肌 α-肌动蛋白、心房利钠因子基因表达增强。同时，Ang II 也促进心脏成纤维细胞增生，使其 DNA 及蛋白质合成增加。

3. 对肾脏的作用　Ang II 通过直接收缩血管或通过增加肾交感神经张力，使肾脏入球小动脉和出球小动脉收缩，从而降低肾血流量。

4. 对肾上腺皮质的影响　Ang II 作用于肾上腺皮质的球状带，促进 ADS 的合成与分泌，ADS 可作用于肾脏远曲小管和集合管，产生保钠排钾作用，增加水钠潴留，增加血容量，进一步使血压升高。ADS 还具有促进心肌间质纤维化的作用，在心肌肥厚和心肌重构中起重要作用。

第二节　血管紧张素转化酶抑制药

血管紧张素转化酶抑制药（angiotensin converting enzyme inhibitors，ACEI）是一类通过抑制 ACE，减

少 Ang Ⅱ，抑制 RAAS 活性的药物。卡托普利（captopril）是于 1981 年最早被批准用于临床且口服有效的 ACEI。随后，一系列高效、长效且不良反应少的 ACEI 陆续问世，目前已有 17 种以上的 ACEI 用于临床，这类药物是治疗高血压、充血性心力衰竭及缺血性心脏病的重要药物。不同的 ACEI 具有共同的药理作用，因化学结构的差异，在药物代谢动力学、作用强度和持续时间上有所不同。

【化学结构与分类】 ACE 结构中含 Zn^{2+} 的活性部位是 ACEI 有效基团必须结合的位点。二者结合后，能使 ACE 的活性消失。根据药物化学结构中与 Zn^{2+} 结合的基团不同，可将目前应用的 ACEI 药物分为三类。

（1）含巯基（—SH）类　如卡托普利（captopril）。

（2）含羧基（COO—）类　如依那普利（enalapril，恩那普利），雷米普利（ramipril），赖诺普利（lisinopril）等。

（3）含磷酸基（POO—）类　如福辛普利（fosinopril）等。

ACEI 的作用强度与作用持续时间取决于 ACEI 化学结构中与 ACE 活性部位 Zn^{2+} 的亲和力及附加结合点的数目。一般情况下，含羧基类 ACEI 与 Zn^{2+} 结合牢固，对 ACE 的抑制作用强，作用时间也较为持久。

某些 ACEI 在体外没有活性，如依那普利、福辛普利等，必须在体内转换成依那普利拉、福辛普利酸，才能与 Zn^{2+} 结合，发挥抑制 ACE 的作用，称该类药物为前体药（prodrug）。

【体内过程】 不同 ACEI 因化学结构不同，体内过程有较大差异性（表 22–1）。福辛普利 44% ～ 50% 经肾脏清除，46% ～50% 经肝脏代谢后从肠道排泄，其他 ACEI 类药物主要通过肾脏排泄。故肾功能减退者，应减量。

表 22–1　不同 ACEI 的体内过程

药物	前体药	达峰时间（h）	$t_{1/2}$（h）	作用持续时间（h）	代谢脏器	蛋白结合率（%）	绝对生物利用度（%）
卡托普利	非	1	2.3	6～12	肝	30	70
依那普利	是	1	11	12～24	肝	50	40
赖诺普利	非	2～4	12～24	24～36		少	25
喹那普利	是	2	1	24	肾	97	10～12
培哚普利	是	1	24	40	肾	30	65～70
雷米普利	是	1	9～18	>24	肾	36	50～60
福辛普利	是	1	11.5	>24	肝、肾	95	36

【药理作用】

1. 降压作用　ACEI 对动脉及静脉均有扩张作用，使外周阻力降低、血压下降，还可使 ADS 释放减少，从而减少水钠潴留，降低血容量，增强降压作用。ACEI 对实验性高血压动物及高血压患者均有明显的降压作用。其优点是在降压时不引起反射性心率增快，少见直立性低血压，不引起水钠潴留现象，也不易产生耐药性。多数 ACEI 的作用维持时间较长，24 小时血压监测显示 ACEI 能平稳降压，一般只需每日服药一次。

2. 对血流动力学的影响　对心功能正常者，ACEI 不影响心率、心输出量和肺毛细血管楔压。但对慢性心功能不全者，则能通过减慢心率、降低心脏的前、后负荷，增加心输出量，改善心功能。ACEI 能扩张冠状动脉和脑部的大血管，降低血管阻力，增加心、脑的血液灌注量。还能增加大血管顺应性，这有利于降低高血压患者的收缩压。

3. 防止和逆转心血管重构　长期使用 ACEI 可减轻或逆转高血压所致的心肌肥厚，使左心室重量减轻，改善心肌硬度及心脏的舒缩功能，增加冠状动脉血流量。同时能降低动脉壁中层的厚度，及中层/管腔直径比率，使动脉的顺应性提高，组织血液供应增加，从而保护靶器官。

4. 对肾脏的保护作用　ACEI 对肾脏的出球小动脉有明显扩张作用，能增加肾血流量，但一般不影响肾小球滤过率。可抑制肾小球血管间质细胞增生、基质蛋白聚集，减轻或防止肾小球损伤、肾小球硬化病变，阻止或抑制糖尿病肾病等肾脏疾病的发生发展。

5. 保护血管内皮细胞和抗动脉粥样硬化作用　在高血压、动脉粥样硬化时，血管内皮受损，对乙酰胆碱的扩血管反应明显降低。ACEI 通过减少氧自由基产生，抑制缓激肽降解，促进 NO 及 PGI_2 生成，恢复依赖内皮的血管扩张功能，对血管内皮细胞有保护作用。研究显示，ACEI 对多种动脉粥样硬化动物模型，能延缓其动脉粥样硬化病变的进程，可能与其降低低密度脂蛋白的氧化，抑制血管平滑肌细胞的增生与迁移以及抑制巨噬细胞的功能等作用有关。

【作用机制】 ACEI 能通过结合 ACE 的活性部位，使该酶失活。以卡托普利为例，其化学结构上有 3 个基团可与酶的活性部位相结合（图 22-2）：①脯氨酸末端羧基以离子键结合于 ACE 的精氨酸正电荷部位；②肽键的羰基以氢键与 ACE 的供氢部位相结合；③巯基与 ACE 活性中心的 Zn^{2+} 结合。

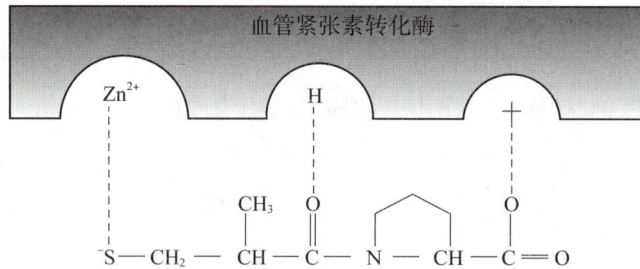

图 22-2　卡托普利与 ACE 活性部位结合示意图

ACEI 通过抑制 ACE，能降低循环和局部组织中的 Ang Ⅱ，同时使缓激肽降解减少，发挥其药理作用。

1. 抑制肾素血管经张素系统（RAAS）

（1）抑制血液循环中的 RAAS　ACEI 抑制循环中的 ACE，使血浆中的 Ang Ⅱ 和 ADS 减少，扩张血管，减少血容量，从而使血压降低。这是 ACEI 类药物的初期降压机制。这一时期由于 Ang Ⅱ 减少，产生负反馈性调节，使肾素和 Ang Ⅰ 产生增多，可部分拮抗 ACEI 的降压作用。

（2）抑制局部组织中的 RAS　这是 ACEI 发挥长期作用的重要机制，ACEI 能持久抑制局部组织中 ACE，减少局部组织中产生的 Ang Ⅱ，可通过以下环节发挥对心血管的作用：①产生直接的扩血管作用；②减弱了对交感神经末梢突触前膜 AT_1 受体的作用，使 NA 释放减少，减弱 NA 对心血管的作用；③抑制 ADS 的分泌，减轻水钠潴留，减少血容量；④减弱 Ang Ⅱ 和 ADS 所产生的促进细胞增生肥大等作用，发挥防止和逆转心血管病理性重构的作用。

2. 减少缓激肽的降解　ACE 本身就是激肽酶Ⅱ，该酶可使缓激肽降解为无活性肽。ACEI 能抑制 ACE，从而抑制缓激肽降解，使血管局部的缓激肽增多。缓激肽通过激动血管内皮细胞的缓激肽受体，促进血管内皮产生 NO，使前列环素（PGI_2）合成增加，二者均能扩张血管、抑制血小板聚集、抗心血管细胞的增生肥大，降低外周阻力，降低血压等作用。

3. 清除自由基　Ang Ⅱ 激活 NADP/NADPH 氧化酶，使氧自由基产生增加。ACEI 通过减少 Ang Ⅱ 的生成，可产生清除氧自由基的作用。心肌缺血再灌注时氧自由基增加，导致脂质过氧化而加重心肌损伤，ACEI 则通过清除氧自由基和增加 NO，对心肌缺血再灌注损伤起保护作用。

【临床应用】

1. 高血压 单用可治疗轻、中度高血压，合用利尿药及β受体阻断药能增强疗效，用于治疗重度或顽固性高血压。尤其适用于伴有缺血性心脏病、慢性心功能不全、糖尿病肾病、代谢综合征等的高血压患者。

2. 充血性心力衰竭 ACEI 广泛用于充血性心力衰竭的治疗，常作为治疗心衰的基础药物，能降低充血性心力衰竭病人的病死率，可与利尿药、强心苷类合用以增强疗效。

3. 心肌梗死 ACEI 可在心肌梗死早期或溶栓治疗前给予，能保护心肌细胞，降低急性心肌梗死的死亡率。适用于急性心肌梗死最初 24 小时内的高危患者；或超过 24 小时并发心力衰竭或无症状的左室功能异常患者；以及所有心肌梗死后患者长期应用。

4. 糖尿病肾病及其他肾病 ACEI 可抑制糖尿病肾病的进展或恶化，延缓肾衰竭的进程，减少蛋白尿的排泄。

【不良反应】 ACEI 的不良反应轻微，一般不良反应有恶心、腹泻、头痛、疲倦等，主要不良反应有咳嗽、血管神经性水肿、高血钾、加重肾功能损害等。

1. 咳嗽 为最常见的不良反应，主要为持续性的刺激性干咳，是病人被迫停药的主要原因之一。其发生原因可能是由于 ACEI 类药物使缓激肽、P 物质、前列腺素等在肺血管床积聚所致。

2. 血管神经性水肿 其发生与缓激肽及其代谢物有关，可发生于口腔部位（唇、舌、声门、咽喉等），发生率低（如卡托普利发生率为 0.04%），但可危及生命，一旦发生，应立即停药。

3. 高血钾 由于 ACEI 减少了 Ang Ⅱ，继而使 ADS 生成减少，保钠排钾的作用减弱，导致血钾升高，肾功能受损或同服保钾利尿药的病人较多见。故 ACEI 禁用于伴有高血钾的病人。

4. 加重肾功能损害 肾动脉狭窄患者依靠 Ang Ⅱ 收缩肾出球小动脉，维持肾小球毛细血管内压力而维持肾小球滤过率。在肾动脉阻塞或肾动脉硬化造成的双侧肾血管病的患者，使用 ACEI 减少 Ang Ⅱ 的生成，舒张了肾出球小动脉，而使肾小球滤过率显著降低，可加重肾功能损伤，导致肾衰竭。故 ACEI 禁用于双侧肾动脉狭窄患者。

5. 首剂低血压 所有 ACEI 均能引起低血压，多数无症状。有症状者可发生于首剂给药后。常见于老年患者（因其压力感受器功能减退），或使用大剂量利尿剂、低钠状态、充血性心力衰竭等高肾素活性的患者。

6. 其他 ①在妊娠早期应用 ACEI 可致胎儿畸形、胎儿发育不全，甚至发生死胎，故孕妇禁用；②亲脂性的 ACEI 如雷米普利与福辛普利等，可经乳汁分泌，故哺乳期妇女禁用。

卡托普利

卡托普利（captopril）又名巯甲丙脯酸，是最早发现并第一个用于临床的 ACEI 类药物，为目前治疗高血压的一线药物之一，也适用于心力衰竭以及其他心血管疾病等的治疗。

【体内过程】 口服吸收快，生物利用度75%，约 1 小时血药浓度达峰。血浆蛋白结合率约为30%，在体内分布较广，但分布至中枢神经系统及哺乳期妇女乳汁中的浓度较低，其巯基在体内易被氧化而成为二硫化合物。40%～50%的药物以原型自肾排出，其余部分则以其代谢物自肾排泄，$t_{1/2}$ 约 2 小时。

【药理作用及作用机制】

1. 降低血压、改善血流动力学 卡托普利在体内及体外均能抑制 ACE，使血浆中 Ang Ⅱ 和 ADS 含量减少而发挥对心血管的作用，但同时也减弱了二者对肾素释放的负反馈作用，导致血浆肾素活性增高。卡托普利也能减少缓激肽的降解，使血中缓激肽浓度增加，促进 NO 和 PGI_2 生成，使血管扩张，血压下降。

2. 改善肾功能 卡托普利能降低肾血管阻力，增加肾血流量。对正常或低血浆肾素活性者，一般不影响肾小球滤过率，但对低钠、高血浆肾素活性者，则使肾小球滤过率增加。对高血压合并糖尿病性肾病患者，卡托普利能通过扩张肾脏出球小动脉，降低肾小球囊内压，使尿蛋白减少，血清肌酐清除率增加和肾功能改善，可使糖尿病患者的肾脏病变得以改善。

【临床应用】

1. 高血压 卡托普利单用或与其他抗高血压药合用治疗各型高血压。轻度或中度原发性高血压患者口服卡托普利可使收缩压、舒张压均降低，降压时不伴有反射性心率增快；对高血压并发左室肥厚与左室功能不全者，长期服用卡托普利能逆转左室肥厚及改善心功能，增加心输出量。

2. 充血性心力衰竭 卡托普利用于充血性心力衰竭是有效和安全的治疗药物，能降低充血性心力衰竭病人的病死率。充血性心力衰竭患者口服卡托普利可使外周血管阻力及肺血管阻力降低、血压轻度下降、心率减慢或不变、肺毛细血管楔压降低、心脏指数增加、心输出量增加，改善心功能。

3. 心肌梗死 卡托普利对缺血心肌有保护作用，能减轻缺血/再灌注损伤和由此引起的心律失常。心肌梗死后早期应用卡托普利，能改善心功能，降低病死率。

【不良反应】 较少发生，主要为用药后出现频繁干咳，严重呼吸系统疾病患者慎用。其他不良反应有皮疹、瘙痒、嗜酸性粒细胞增多、味觉缺失等，与其化学结构中含有巯基有关，但都较短暂，可自行消失。少数患者用药后出现中性粒细胞减少、血管神经性水肿。心衰或重度高血压患者在应用利尿药基础上，首次应用卡托普利时可引起血压降低，应予注意。对肾功能不全患者使用卡托普利时应适当调整剂量，并在用药后经常检查患者的血常规和尿液。禁用于双侧肾动脉狭窄患者。该药对胎儿有损害，故孕妇禁用。

依那普利

依那普利（enalapril）为前体药。口服易吸收，不受食物影响，需要在肝或其他组织的酯酶作用下，生成二羧酸活性代谢物依那普利拉（enalaprilat），后者对 ACE 的抑制作用比卡托普利强约 10 倍。依那普利在体内分布较广，主要经肾排泄，$t_{1/2}$ 约 36 小时。依那普利降压作用出现较缓慢，口服后 4~6 小时作用达高峰，但作用维持时间较长，可每日给药 1 次。降压时外周血管阻力降低，心率和心输出量则无明显改变；同时，肾血管阻力也降低，肾血流量增加，对肾小球滤过率无明显影响；长期应用依那普利能逆转左室肥厚，改善大动脉的顺应性；对血糖和脂质代谢影响小。临床上依那普利可用于各型高血压及充血性心力衰竭患者。不良反应与剂量大小密切相关，发生率低于 10%，一般均轻度、短暂，不影响继续治疗。禁忌证同卡托普利。

雷米普利

雷米普利（ramipril）是一种新型的 ACEI，其优点为适用范围广、疗效显著、不良反应少。该药口服吸收快且完全，生物利用度达 60% 以上，$t_{1/2}$ 为 9~18 小时，主要经肾排泄。口服后迅速在肝内代谢成其活性代谢物雷米普利拉（ramiprilat），发挥抑制 ACE 作用，降低外周血管及肾血管阻力、增加肾血流量。降压作用较依那普利快、强，口服后 4 小时降压作用达峰值，对 ACE 的抑制作用时间超过 24 小时。可用于轻度至中度高血压患者，也可用于充血性心力衰竭慢性心功能不全患者。不良反应少且轻，可见低血压、头痛、眩晕等，部分患者有咳嗽、皮疹等，患者大多都能耐受，或在治疗晚期恢复。

⇒ 案例引导

> **临床案例** 患者，男，76 岁，因"发作性胸闷气短 3 月，加重 20 天"入院就诊。查体，体温 36℃，脉搏 92 次/分，呼吸 26 次/分，血压 159/60mmHg，意识清楚，精神差，唇稍绀，双肺呼吸音粗，左肺可闻及散在湿啰音，右肺可闻及少许湿啰音，心界扩大，心率 92 次/分，律齐，各瓣膜听诊区未闻及杂音，腹软，无压痛及反跳痛，肝脾肋下未触及，双足轻度凹陷性水肿。结合辅助检查确诊为充血性心力衰竭（心功能Ⅳ级），高血压 3 级（很高危）。治疗：使用依那普利、

左旋氨氯地平、托拉塞米、螺内酯以及阿司匹林和阿托伐他汀等药物。

　　问题　1. 依那普利在该病例中治疗高血压、充血性心力衰竭的依据是什么？
　　　　　　2. 托拉塞米、螺内酯、阿司匹林和阿托伐他汀在该病例的治疗中起什么作用？

第三节　血管紧张素Ⅱ受体（AT_1受体）阻断药

　　AT_1受体阻断药对AT_1受体有高度选择性，亲和力强，作用持久。AT_1受体阻断药通过选择性阻断AT_1受体，抑制 Ang Ⅱ发挥其收缩血管、促进醛固酮分泌和促进细胞增生肥大等作用，使血压降低，改善血流动力学，抑制和逆转心血管的病理性重构，以及产生保护肾功能、保护脑血管的作用。

　　临床常用的AT_1受体阻断药有氯沙坦（losartan），缬沙坦（valsartan），厄贝沙坦（irbesartan），坎地沙坦（candesartan）等，可用于治疗高血压、充血性心力衰竭以及其他心血管系统疾病。

　　与 ACEI 相比，一般认为AT_1受体阻断药的作用特点有：

　　（1）对 Ang Ⅱ的作用阻断更完全。不仅阻断经 ACE 途径产生的 Ang Ⅱ的作用，还可阻断经糜蛋白酶旁路途径产生的 Ang Ⅱ的作用。

　　（2）不影响缓激肽，咳嗽、血管神经性水肿等不良反应发生率较低，但亦不能发挥缓激肽的扩张血管、抗细胞增殖等治疗作用。

　　可见，AT_1受体阻断药和 ACEI 各有优缺点。

⊕ 知识链接

血管紧张素受体分型

　　目前发现血管紧张素受体有 4 种亚型，分别为AT_1、AT_2、AT_3、AT_4。AT_1受体位于细胞膜上，为 G 蛋白偶联受体家族成员，主要分布于脑、心脏、血管平滑肌、肾上腺皮质、肾脏、肝脏肺等多种器官和组织，介导 Ang Ⅱ在心血管的主要作用。激动AT_1受体，可增加心肌收缩力，收缩血管，升高血压。其升压机制包括：①兴奋血管平滑肌的AT_1受体，直接收缩血管；②兴奋肾上腺髓质的AT_1受体，促进儿茶酚胺释放；③兴奋肾上腺皮质的AT_1受体，促进醛固酮释放，增加水钠潴留；④兴奋交感神经末梢突触前膜AT_1受体，促进去甲肾上腺素释放。AT_2受体在人类胚胎组织中含量丰富，出生后表达迅速减少，故认为与胎儿发育有关，但其介导的作用尚未完全阐明，其病理学意义尚无定论。现阶段对AT_3、AT_4的研究较少。

氯沙坦 [e] 微课

　　氯沙坦（losartan）为第一个用于临床、口服有效的AT_1受体阻断药，属于二苯咪唑类化合物，其对AT_1受体的亲和力比其对AT_2受体的亲和力高约 20000~30000 倍，可选择性阻断AT_1受体。

　　【体内过程】氯沙坦口服吸收迅速，首过效应明显，生物利用度约为 33%，血浆蛋白结合率高（可达 99% 以上）。大约有 14% 的氯沙坦经肝脏代谢为活性更强的 5－羧酸代谢产物（EXP3174），二者均不易透过血－脑屏障，氯沙坦的$t_{1/2}$为 2 小时，代谢产物 EXP3174 的$t_{1/2}$为 6~9 小时。给药后 3~6 小时达最大降压作用，可持续 24 小时。氯沙坦 65% 被肝细胞色素 P450 酶系统代谢后随胆汁排泄，肝药酶抑制剂和诱导剂对该药的血药浓度有显著影响，其余约 35% 以原型随尿排出，肾功能损害的患者可不调整剂量。

【药理作用及作用机制】氯沙坦具有降血压、减低心脏负荷、改善胰岛素抵抗等作用，其降压作用平稳、持久，无首剂现象、无水钠蓄积现象。长期使用氯沙坦能抑制左室心肌肥厚和血管壁增厚，降低心血管疾病患者的病死率；对肾功能的保护作用与 ACEI 相似，在降压的同时能保持肾小球滤过率，增加肾血流量，促进排钠利尿，减少蛋白尿，对高血压、糖尿病合并肾功能不全患者具有保护作用，对肾脏还有促进尿酸排泄的作用。

氯沙坦与活性代谢物 EXP3174 共同作用于 AT_1 受体而发挥作用，以后者为主。EXP3174 与 AT_1 受体结合牢固，对 AT_1 受体的拮抗作用比氯沙坦强 $10 \sim 40$ 倍。二者通过选择性地阻断 AT_1 受体，使 Ang II 产生的缩血管作用、增强交感神经活性作用、促进 ADS 分泌等作用均被抑制，从而发挥降低血压、改善血流动力学、防止和逆转心血管重构等作用。

【临床应用】氯沙坦可用于治疗高血压，合用利尿药或钙通道阻滞药、ACEI 等，可增强降压疗效，对合并糖尿病及心力衰竭的患者效果尤佳。

【不良反应】氯沙坦不良反应较少。少数患者用药后出现眩晕，干咳发生率比服用 ACEI 明显少，对血糖、血脂含量无影响，也不引起直立性低血压。低血压及严重肾功能不全、肝病患者慎用。应避免与补钾或留钾利尿药合用。禁用于孕妇、哺乳期妇女及肾动脉狭窄者。

缬沙坦

缬沙坦（valsartan）选择性阻断 AT_1 受体，对 AT_1 受体的亲和力比对 AT_2 受体的亲和力强 24000 倍。口服吸收迅速，生物利用度为 25%，血药浓度于服药后 2 小时达峰值，$4 \sim 6$ 小时可获最大降压效果，$t_{1/2}$ 约 $6 \sim 7$ 小时，降压作用可持续 24 小时，与利尿剂合用可增强疗效。长期给药还可以逆转左室肥厚和血管壁增厚。缬沙坦可单用或与其他抗高血压药物合用治疗高血压。不良反应发生率较低，且不引起首剂现象。但低钠或血容量不足、肾动脉狭窄、严重肾功能不全、胆汁性肝硬化或胆道梗阻患者，服用时有可能引起低血压。用药期间应慎用留钾利尿药与补钾药。禁用于妊娠期与哺乳期妇女。

厄贝沙坦

厄贝沙坦（irbesartan），又名依贝沙坦，是强效、长效的 AT_1 受体阻断药，其对 AT_1 受体的选择性比 AT_2 受体高 $8500 \sim 10000$ 倍。口服经胃肠道吸收，不受食物影响，生物利用度 $60\% \sim 80\%$，血药浓度于 $1 \sim 2$ 小时达峰值，在体内主要经肝脏代谢，部分药物随尿排出体外。$t_{1/2}$ 为 $11 \sim 15$ 小时，降压作用于用药后 $3 \sim 4$ 小时达峰值，持续 24 小时以上。可单用或与其他抗高血压药物合用治疗高血压，更适用于高血压合并糖尿病性肾病患者，能减轻肾损害，减少尿蛋白，增加肌酐清除率。不良反应与氯沙坦相似。

坎地沙坦

坎地沙坦（candesartan），又名康德沙坦，是坎地沙坦酯（candesartan cilexetil）的活性代谢物，对 AT_1 受体具有强效、长效、选择性较高等特点，对 AT_1 受体的亲和力比氯沙坦高 $50 \sim 80$ 倍，结合牢固，解离缓慢。口服吸收好，食物不影响其吸收，生物利用度为 42%，$3 \sim 5$ 小时血药浓度达峰值，血浆蛋白结合率高（90% 以上）。主要以原型经肾排除，少量经肝代谢由胆汁排出体外，药物血浆 $t_{1/2}$ 为 $3 \sim 11$ 小时。临床用于高血压治疗，能剂量依赖性地降低收缩压、舒张压，降压效果可持续 24 小时以上。长期应用能逆转左室肥厚，对肾脏也有保护作用。不良反应较少，禁忌证同其他 AT_1 受体阻断药。

第四节　醛固酮受体阻断药

20 世纪 80 年代后，由于 ACEI 以及 AT$_1$ 受体阻断药在临床应用中具有良好的效果，人们曾一度认为，阻滞了 ACE 和 AT$_1$ 受体，也就阻断了醛固酮的合成，而醛固酮本身对于心血管系统的作用被忽略了。之后有研究者在对充血性心力衰竭患者的临床研究中发现使用 ACEI 治疗期间，出现了"醛固酮逃逸"现象，即长期使用 ACEI 的患者出现了血浆醛固酮升高的现象，自此，醛固酮及其拮抗剂在心功能不全治疗中的作用又受到重视。

醛固酮能独立于 Ang Ⅱ 之外，或与 Ang Ⅱ 的作用相加对心肌重构产生不良作用，尤其是对心肌细胞外基质。在人衰竭心脏中发现心室醛固酮的生成及活化均增加，且与心衰严重程度成正比。螺内酯（spironolactone）最早作为保钾利尿药应用。近年来研究发现，该药可产生明确的抗心肌和血管纤维化作用，改善血流动力学和临床症状，有抗心力衰竭作用。可用于伴充血性心力衰竭或心肌梗死后的高血压患者，与 ACEI 或 AT$_1$ 受体阻断药合用疗效更好，是目前能降低心衰死亡率的药物之一。

答案解析

目标检测

1. 卡托普利的临床应用有哪些？
2. ACEI 的不良反应有哪些？
3. 比较 ACEI 与 AT$_1$ 受体阻断药的异同点。

（陈伟）

书网融合……

本章小结　　　微课　　　题库

第二十三章　利尿药和脱水药

📖 **学习目标**

1. 掌握　利尿药的作用部位、分类及常用药物；呋塞米、氢氯噻嗪的药理作用、利尿作用机制、临床应用及不良反应；螺内酯、氨苯蝶啶的利尿作用特点及临床应用。

2. 熟悉　阿米洛利的利尿作用特点及临床应用；脱水药甘露醇的药理作用及临床应用。

3. 了解　乙酰唑胺的作用特点及临床应用。

4. 具备运用利尿药和脱水药的作用特点、临床应用及不良反应等知识合理选用药物进行相关疾病治疗的能力。

利尿药（diuretics）是一类主要作用于肾脏，增加电解质和水分排出，使尿量增多的药物。临床应用利尿药治疗各种原因所致水肿，如心功能不全、肾功能衰竭、肾病综合征及肝硬化等原因引起的水肿，也用于高血压、肾结石、高钙血症等非水肿性疾病的治疗。

目前，关于利尿药的分类尚不一致。可根据其化学结构、效能或作用部位进行分类，本章按药物的利尿作用部位分为以下 5 类。

1. 袢利尿药（loop diuretics）　又称高效能利尿药，主要作用于髓袢升支粗段，利尿作用强大，代表药物有呋塞米（furosemide，速尿）、布美他尼（bumetanide）、托拉塞米（torsemide）等。

2. 噻嗪类（thiazide）利尿药　又称中效能利尿药，主要作用于远曲小管，利尿作用中等，代表药物有氢氯噻嗪（hydrochlorothiazide）。

3. 保钾利尿药（potassium - retaining diuretics）　又称低效能利尿药，主要作用于远曲小管远端和集合管，利尿作用弱，有减少 K^+ 排出的作用，药物有螺内酯（spironolactone）、氨苯蝶啶（triamterene）和阿米洛利（amiloride）等。

4. 碳酸酐酶（carbonic anhydrase，CA）抑制药　主要作用于近曲小管，利尿作用弱，代表药物有乙酰唑胺。

5. 渗透性利尿药（osmotic diuretics）　常称为脱水药（dehydrant agents），主要作用于髓袢及肾小管其他部位，提高血浆及尿液渗透压，稀释血液，增加肾小球滤过，减少肾小管水分重吸收。代表药物有甘露醇（mannitol）。

第一节　利尿药作用的生理学基础 📱微课

肾单位是肾脏的基本结构和功能单位，包括肾小球和肾小管，与集合管一起参与尿液的形成，在调节水电解质代谢，维持酸碱平衡和内环境的稳定中起着重要作用。尿液生成过程包括肾小球滤过、肾小管和集合管的重吸收和分泌三个环节，利尿药作用于肾单位的不同部位而产生利尿作用。

一、肾小球滤过

正常人在安静状态下，每昼夜大约有 1700 L 血液流经两侧肾脏，经肾小球滤去血浆蛋白和血液中的有形成分，生成 180 L 原尿，流入近曲小管腔，称为小管液。正常成人每 24 小时排出体外的终尿量为 1～2 L，说明约 99% 的小管液在肾小管和集合管中被重吸收。有些药物如强心苷、多巴胺、氨茶碱等，可通过扩张肾血管，增加肾血流量和肾小球滤过率，使原尿生成增加，但由于肾脏球 - 管平衡调节机制的存在，终尿量并不能够明显增多，利尿作用很弱。因此，目前常用的利尿药的作用部位并不在肾小球，而是直接作用于肾小管，通过减少肾小管对水、电解质的重吸收而发挥利尿作用。

二、肾小管的重吸收

小管液在流经肾小管和集合管的过程中，99% 的水、Na^+ 被重吸收，各段肾小管和集合管对水和电解质的重吸收性能各异（图 23 - 1）。

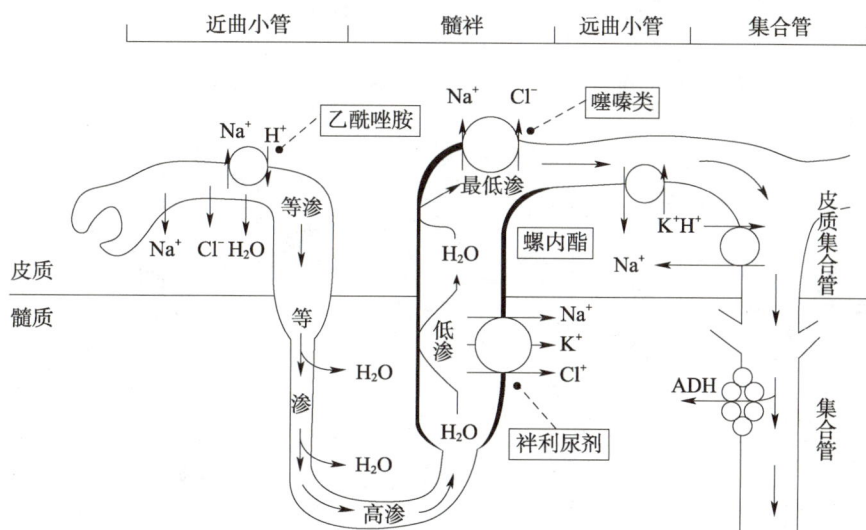

图 23 - 1　肾小管转运系统及利尿药作用部位

（一）近曲小管

小管液中约 65% 的 Na^+ 被近曲小管重吸收，涉及 Na^+-H^+ 交换、Na^+ - 葡萄糖交换、Na^+ - 氨基酸交换、Na^+ - 乳酸协同转运等机制，其中以 Na^+-H^+ 交换为主要方式（图 23 - 2A）。

近曲小管上皮细胞内的碳酸酐酶（carbonic anhydrase，CA）催化 CO_2 和 H_2O 生成 H_2CO_3（水化反应），H_2CO_3 进而解离成 H^+ 和 HCO_3^-，HCO_3^- 可经一种特殊的转运子转运，通过细胞基侧膜进入管周间隙，然后进入血液循环。H^+ 与 Na^+-H^+ 转运子的内侧结合，管腔内的 Na^+ 则与转运子的外侧结合，进行 1∶1 的 Na^+-H^+ 交换，结果使近曲小管液中 Na^+ 被重吸收到细胞内，细胞内 H^+ 向管腔分泌。分泌进入管腔的 H^+ 与 HCO_3^- 结合形成 H_2CO_3，在碳酸酐酶作用下又解离成 CO_2 和水（脱水反应），CO_2 迅速扩散进入细胞内。重吸收到细胞内的 Na^+ 再经过基侧膜的 Na^+,K^+ - ATP 酶转运到管周间隙。近曲小管的管腔膜对水有高度通透性，Na^+ 被重吸收时，伴有水的重吸收。

碳酸酐酶抑制药可抑制碳酸酐酶的活性，从而抑制 H^+ 的生成，减少 Na^+-H^+ 交换，使 Na^+ 重吸收减少而引起利尿。但即使近曲小管对 Na^+、水的重吸收有所减少，当小管液流经髓袢、远曲小管时，Na^+、水仍可被重吸收，所以碳酸酐酶抑制药的利尿作用弱，现已不作为常用的利尿药。

（二）髓袢

髓袢各段对水电解质重吸收机制比较复杂。髓袢降支细段对 Na^+、Cl^- 的通透性极低，此段管腔膜和基侧膜有水通道蛋白（water channel protein）或称水孔蛋白（aquaporin，AQP），对水的通透性较高，

近曲小管 管腔 组织间液

Na^+ ATP K^+

$HCO_3^- + H^+$ $H^+ + HCO_3^-$

H_2CO_3 H_2CO_3

CA   CA

$H_2O + CO_2$ $CO_2 + H_2O$

Cl^-

Base$^-$

A.碳酸酐酶抑制剂

升支粗段 管腔 组织间液

Na^+ ATP Na^+

K^+ K^+

$2Cl^-$

K^+

Cl^-

电位$^{(+)}$

Mg^{2+}, Ca^{2+}

B.袢利尿药

远曲小管 管腔 组织间液

Na^+ R 甲状旁腺液素

Cl^- ATP Na^+

   K^+

Ca^{2+} Na^+

Ca^{2+}

C.噻嗪类利尿药

集合管 管腔 组织间液

Cl^-

(氨苯蝶啶、阿米洛利) 主细胞 醛固酮

Na^+ R

(螺内酯) Na^+

K^+ ATP

  K^+

H_2O R ADH

水通道蛋白

D.保钾利尿药

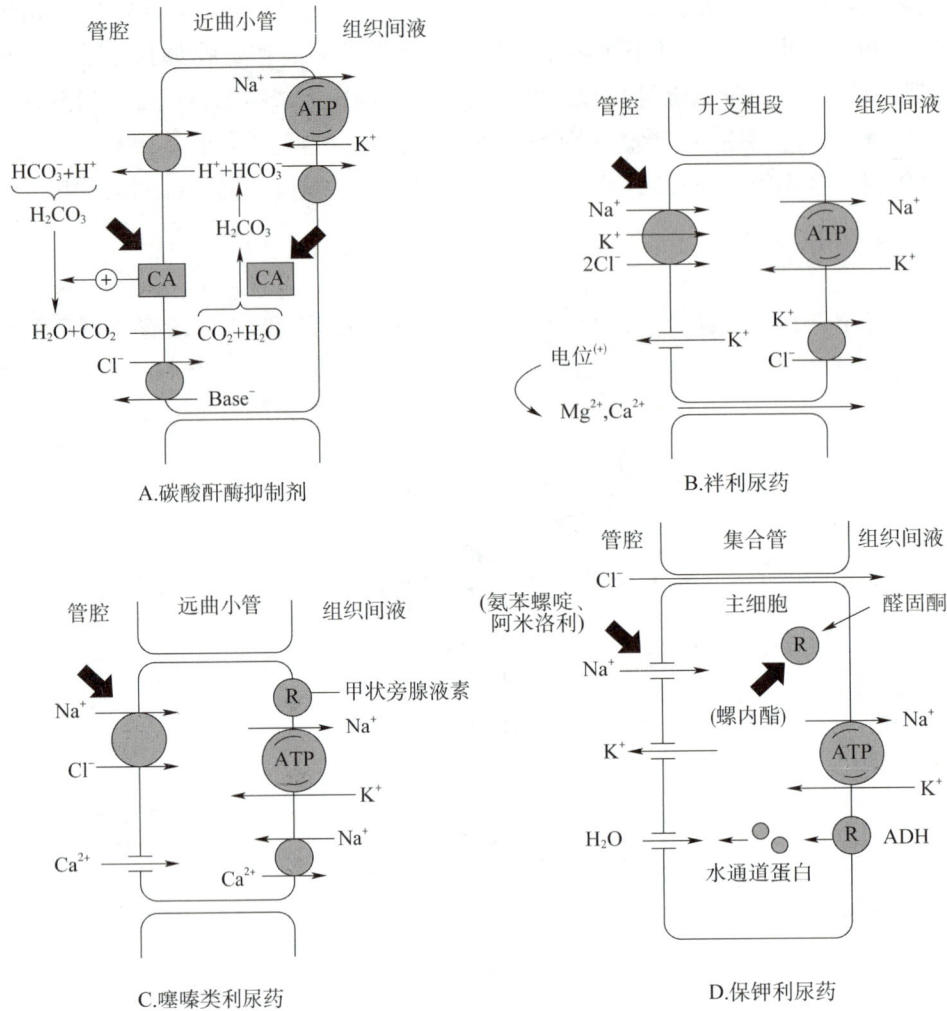

图 23-2　利尿药作用机制示意图

由于水分不断渗透至管周组织液中，使小管液中 NaCl 浓度升高。髓袢升支细段对水几乎不通透，但对 Na^+、Cl^- 的通透性高，小管液中 Na^+、Cl^- 顺浓度梯度被重吸收。

髓袢升支粗段是吸收 Na^+、Cl^- 的重要部位，对细胞外液容积的调节和排出的尿量影响很大，小管液中约 25% 的 Na^+ 在此段被重吸收。髓袢升支粗段对 NaCl 的重吸收依赖于管腔膜上的 $Na^+ - K^+ - 2Cl^-$ 共转运子，作用于此段肾小管的利尿药可阻断该转运子，因而被称为袢利尿药（图 23-2B）。

进入细胞内的 Na^+ 由细胞基侧膜上的 $Na^+, K^+ -$ ATP 酶主动转运至管周间隙，再进入血液循环，以降低细胞内 Na^+ 浓度。同时，小管液中的 Na^+、K^+、Cl^- 相继与管腔膜的 $Na^+, K^+ - 2Cl^-$ 共转运子结合，并被转运到细胞内。在细胞内蓄积的 K^+，一部分通过管腔膜的 K^+ 通道扩散返回管腔，形成 K^+ 的再循环，造成管腔内正电位，驱动 Mg^{2+} 和 Ca^{2+} 的重吸收；另一部分 K^+ 则通过基侧膜的 $K^+ - Cl^-$ 共转运子，被转运到管周间隙。因此，抑制髓袢升支粗段的利尿药，不仅增加 NaCl 的排出，也增加 Ca^{2+}、Mg^{2+} 的排出。

髓袢升支粗段细胞对抗利尿激素（antidiuretic hormone，ADH）不敏感，所以对水的通透性极低。小管液 Na^+ 被重吸收的同时并未伴有水的重吸收，因此不仅稀释了管腔液，而且吸收的 Na^+ 与尿素一起维持此段髓质的高渗，当集合管的小管液流经高渗髓质时，小管液与间质之间产生渗透压差，在 ADH 调节下，集合管管腔膜的水通道开放，大量的水被再吸收，使尿液浓缩。袢利尿药抑制 NaCl 的重吸收，一方面降低了肾的稀释功能，另一方面由于无法维持髓质的高渗而降低了肾的浓缩功能，排出大量接近于等渗的尿液，产生强大的利尿作用。

（三）远曲小管

小管液中约 7% 的 Na^+ 在远曲小管被重吸收，在远曲小管近端主要是通过 $Na^+ - Cl^-$ 共转运子将管腔液中的 NaCl 重吸收。远曲小管相对不通透水，NaCl 的重吸收进一步稀释了小管液。噻嗪类利尿药通过阻断 $Na^+ - Cl^-$ 共转运子，产生利尿作用（图 23 - 2C）。另外，Ca^{2+} 通过顶质膜上的 Ca^{2+} 通道和基侧膜上的 $Na^+ - Ca^{2+}$ 交换子被重吸收，该过程受甲状旁腺激素调节。

（四）集合管

小管液中 2% ~ 3% 的 NaCl 被集合管重吸收。集合管主细胞顶质膜通过不同的通道转运 Na^+ 和分泌 K^+，进入主细胞内的 Na^+，通过基侧膜的 $Na^+, K^+ - ATP$ 酶转运进入血液循环。由于 Na^+ 的重吸收超过 K^+ 的分泌，形成电位差，进一步驱动 K^+ 向管腔分泌，也驱动 Cl^- 通过旁细胞途径吸收入血。

在远曲小管和集合管细胞的胞质中都存在醛固酮（aldosterone）受体，受醛固酮调节，可增加顶质膜 Na^+ 和 K^+ 通道的活性，以及 $Na^+, K^+ - ATP$ 酶的活性，促进小管液中 Na^+ 的重吸收以及 K^+ 向管腔的分泌，即醛固酮的排钠保钾功能。螺内酯等醛固酮受体阻断药作用于此部位，对抗醛固酮的作用，呈现排钠利尿和抑制 K^+ 分泌的作用，它们又称为保钾利尿药（图 23 - 2D）。

在远曲小管远端和集合管还存在着阿米洛利敏感的 Na^+ 通道，小管液中的 Na^+ 通过此通道被重吸收。此通道可被利尿药阿米洛利阻断，袢利尿药和噻嗪类利尿药则无效。

第二节 常用利尿药

一、袢利尿药

本类药物利尿作用快速而强大，即使在肾小球滤过率低于 10 ml/min、其他利尿药难以奏效的情况下，仍能产生利尿作用。药物主要作用于髓袢升支粗段，选择性地抑制 NaCl 的重吸收，进而减少水的重吸收，产生利尿作用。常用药物有呋塞米、布美他尼、托拉塞米等，虽然化学结构不尽相同，但各药的利尿作用机制、不良反应以及用途基本一致。

【体内过程】常用袢利尿药的主要药物代谢动力学参数见表 23 - 1。本类药物口服或静脉注射给药均可，口服后胃肠道吸收较好，主要分布于细胞外液。此类药物为弱酸性药物，主要以原型通过肾脏近曲小管有机酸分泌机制分泌到小管腔，随尿排出，尚有部分药物在肝内代谢成葡萄糖醛酸化合物后，由尿排泄。由于袢利尿药作用于肾小管的管腔侧，其作用的发挥与药物在尿中的排泄量有一定关系。

表 23 - 1 袢利尿药的体内过程

药物	生物利用度（%）	血浆蛋白结合率（%）	表观分布容积（L/kg）	半衰期（小时）	消除途径	
					肾（%）	肝（%）
呋塞米	50 ~ 69	91 ~ 99	0.11	0.3 ~ 3.4	60	40
布美他尼	80	95	0.15	0.3 ~ 1.5	65	35
托拉塞米	70 ~ 91	97 ~ 99	0.14	2.2 ~ 3.8	30	70

【药理作用及作用机制】

1. 利尿作用 袢利尿药起效快，口服后 30 分钟起效，作用维持 2 ~ 3 小时。常用药物中，布美他尼利尿作用最强，托拉塞米次之，呋塞米较弱，在肾功能正常者，口服布美他尼 1mg 或托拉塞米 20mg 的利尿效果与呋塞米 40mg 相当。

　　袢利尿药可与髓袢升支粗段的 $Na^+ - K^+ - 2Cl^-$ 共转运子可逆性结合，抑制其转运能力，减少 NaCl 的重吸收，降低肾脏的稀释功能；同时，降低髓质间隙渗透压，降低肾脏的浓缩功能，利尿作用强大，排出大量接近于等渗的尿液。

　　髓袢升支粗段亦是 Ca^{2+}、Mg^{2+} 重吸收的部位，袢利尿药在抑制 Na^+、Cl^- 重吸收的同时，造成管腔正电位下降，使 Ca^{2+}、Mg^{2+} 重吸收的驱动力减弱，增加尿中 Mg^{2+} 的浓度，可在某些病人产生明显的低血镁。虽然 Ca^{2+} 的重吸收也减少，但当尿液流经远端肾小管时，Ca^{2+} 仍可被重吸收，故一般不引起低血钙。大剂量呋塞米也可抑制近曲小管的碳酸酐酶活性，抑制近曲小管对 Na^+ 的重吸收，使 HCO_3^- 排出增加。

　　2. 扩张血管　呋塞米可扩张肾血管，增加肾血流量，改变肾皮质内血流分布。亦可扩张小静脉，减轻心脏负荷，降低左室充盈压，减轻肺水肿。此作用发生在尿量增加之前，与利尿作用无明显关系。作用机制尚未完全阐明，可能与该类药物促进前列腺素合成有关。

　　【临床应用】

　　1. 急性肺水肿和脑水肿　静脉注射呋塞米能迅速扩张容量血管，回心血量减少，在利尿作用发生之前即可缓解急性肺水肿，是治疗急性肺水肿的快捷、有效的急救措施，对伴有左心衰竭的肺水肿病人也有效。同时由于利尿，使血液浓缩，血浆渗透压增高，也有利于消除脑水肿，对脑水肿合并心功能不全者尤为适用。

　　2. 其他严重水肿　可治疗心、肝、肾等疾病引起的各类水肿，因利尿作用强大，一般不作首选，多用于其他利尿药无效的严重水肿病人。

　　3. 急性肾功能衰竭　早期使用袢利尿药，对急性肾功能衰竭有预防作用。急性肾衰时，袢利尿药可扩张肾血管，增加肾血流量，通过利尿作用增加尿量和 K^+ 的排出，冲洗肾小管，减少肾小管的萎缩和坏死，但并不能延缓肾衰的进程。大剂量呋塞米可以治疗慢性肾衰，增加尿量，在其他药物无效时，仍然能产生作用。

　　4. 高钙血症　本类药可以一定程度抑制 Ca^{2+} 的重吸收，降低血钙。通过联合应用袢利尿药和静脉输入生理盐水而大大增加 Ca^{2+} 的排泄，这对迅速控制高钙血症有一定的临床意义。

　　5. 加速某些毒物的排泄　应用本类药物，结合输液，可使尿量增加，在一天内达到 5 L 以上，可加速毒物排出，主要用于经肾排出的药物或毒物中毒的抢救，如长效巴比妥类、水杨酸类、溴剂、氟化物、碘化物等。

　　【不良反应】

　　1. 水与电解质紊乱　常为过度利尿作用所引起，表现为低血容量、低血钾、低血钠、低氯性碱血症、长期应用还可引起低血镁。其中以低血钾最为常见，一般在用药后 1 ~ 4 周出现，症状为恶心、呕吐、腹胀、无力及心律失常等。应严密监测血钾浓度，如低于 3.0 mmol/L，应及时补充钾盐。合用保钾利尿药有一定的预防作用。当低血钾和低血镁同时存在时，如不纠正低血镁，即使补充 K^+ 也不易纠正低钾血症。发生低血钠时，应停药，适当补充钠、钾离子。

　　2. 耳毒性　表现为眩晕、耳鸣、听力减退或暂时性耳聋，呈剂量依赖性，可能与药物引起内耳淋巴液电解质成分改变有关。肾功能不全或同时使用其他耳毒性药物时较易发生耳毒性。依他尼酸最易引起，且可能发生永久性耳聋。布美他尼的耳毒性最小，为呋塞米的 1/6，对听力有缺陷及急性肾衰者宜选用布美他尼。

　　3. 高尿酸血症　长期使用袢利尿药可造成高尿酸血症，并可能诱发痛风。本类药和尿酸竞争近曲小管的有机酸分泌途径，用药期间可减少尿酸排出。此外，利尿后血容量降低，细胞外液容积减少，导致尿酸经近曲小管的重吸收增加亦为可能的机制。

4. 其他 可有恶心、呕吐，大剂量时尚可出现胃肠出血，依他尼酸的胃肠道反应较严重。少数病人可发生白细胞、血小板减少。亦可发生过敏反应，表现为皮疹、嗜酸细胞增多、偶有间质性肾炎等，停药后可以迅速恢复。大剂量应用布美他尼可出现肌肉疼痛，多见于腓肠肌、肩胛肌。

【药物相互作用】

吲哚美辛可抑制前列腺素的合成，减弱呋塞米的排钠利尿和舒张静脉血管作用。阿司匹林、丙磺舒为弱酸性药物，与袢利尿药相互竞争近曲小管有机酸分泌途径，影响后者的排泄和作用。顺铂或氨基糖苷类抗生素与呋塞米合用，易引起耳聋。

🌐 **知识链接**

水 肿

水肿是指过多的液体在组织间隙或体腔内积聚。根据水肿波及的范围分为全身性水肿和局部性水肿；根据发病原因分为肾性水肿、肝性水肿、心性水肿、营养不良性水肿、炎性水肿等；根据水肿发生的部位可分为皮下水肿、肺水肿、脑水肿等。水肿不是独立的疾病，而是多种疾病的重要的病理过程。水肿发生的病理生理机制包括：血浆胶体渗透压降低、毛细血管内流体静力压升高、毛细血管壁通透性增高、淋巴液回流受阻、水钠潴留等。水肿对机体的影响取决于水肿的部位、程度、发生速度和持续时间，严重的脑水肿、肺水肿、喉头水肿等可危及生命。合理使用利尿药或脱水药是缓解水肿常用的治疗措施。

二、噻嗪类利尿药

噻嗪类利尿药是临床常用药物，毒性较低、口服有效。本类药物的基本结构相同，在肾小管的作用部位及作用机制相同，利尿效能基本一致，只是起效快慢及维持时间、所用剂量各不相同。氢氯噻嗪（hydrochlorothiazide）是本类药物的原型药物，常用药物还有氯噻嗪（chlorothiazide）。其他如吲达帕胺（indapamide）、氯噻酮（chlortalidone，氯酞酮）、美托拉宗（metolazone）、喹乙宗（quinithazone），它们虽无噻嗪环但有磺胺结构，其利尿作用与噻嗪类利尿药相似，称为类噻嗪药物，在本节一并归入噻嗪类利尿药介绍。

【体内过程】噻嗪类利尿药脂溶性较高，口服吸收迅速而完全，口服后 1~2 小时起效，4~6 小时血药浓度达高峰。所有药物均可由肾脏近曲小管有机酸分泌系统排入管腔，随尿排泄，因而可与尿酸的分泌产生竞争，使尿酸的分泌速率降低。

氯噻嗪相对脂溶性小，生物利用度为 10%~21%，常采用相对大的剂量。氢氯噻嗪口服后生物利用度为 65%，2 小时起效，作用可维持 24 小时，$t_{1/2}$ 为 12~27 小时。吲达帕胺口服生物利用度为 90%，约 75%~80% 药物与血浆蛋白结合，60%~70% 由肾脏排泄，部分药物在肝脏代谢，$t_{1/2}$ 为 10~22 小时。

【药理作用及作用机制】

1. 利尿作用 噻嗪类药物增强 NaCl 和水的排出，产生温和持久的利尿作用。其作用机制是抑制远曲小管近端 Na^+–Cl^- 共转运子，使 NaCl 重吸收减少，可降低肾脏的稀释功能，但对浓缩功能无影响。由于转运至远曲小管的 Na^+ 增加，促进了 Na^+–K^+ 交换，K^+ 的排出增多。本类药对碳酸酐酶也有一定的抑制作用，故略增加 HCO_3^- 的排出。因此，服用此类药物后，尿中 Na^+、Cl^-、K^+、Mg^{2+}、HCO_3^- 的排出均有增加，长期服用可致低血钾、低血镁。

本类药物还促进远曲小管由甲状旁腺激素调节的 Ca^{2+} 重吸收过程，减少尿 Ca^{2+} 含量，减少 Ca^{2+} 在肾小管内沉积，抑制因高尿钙所致的肾结石形成，可用于治疗高钙尿症。

2. 降压作用 噻嗪类利尿药降压作用确定，用药早期通过利尿、血容量减少而降压，长期用药则通过扩张外周血管而产生降压作用。

3. 抗利尿作用 应用噻嗪类药物治疗肾性尿崩症患者，可减少尿量，减轻或缓解口渴症状，其机制不明。

【临床应用】

1. 水肿 可用于各种原因引起的水肿。对轻、中度心源性水肿疗效较好，是慢性心功能不全的主要治疗措施之一。对肾性水肿的疗效与肾功能损害程度有关，受损较轻者效果较好；治疗肝性水肿时，要注意防止低血钾诱发肝昏迷。

2. 高血压 噻嗪类利尿药是利尿降压药中最常用的一类，可单用或与其他抗高血压药联合应用治疗各类高血压。

3. 其他 可用于肾性尿崩症及加压素无效的垂体性尿崩症。也可用于高尿钙伴有肾结石者，以抑制高尿钙引起的肾结石的形成。

【不良反应】

1. 电解质紊乱 低血钾较常见，长期用药者或伴有腹泻、呕吐的病人更易发生，合用保钾利尿药可防治。低血镁多与低血钾共存，其机制未明。此外尚可发生低血钠、低氯性碱血症等。

2. 代谢变化 长期应用可导致高血糖、高脂血症、高尿酸血症等。噻嗪类药物可使糖尿病患者以及糖耐量中度异常的患者血糖升高，可能是因其抑制了胰岛素的分泌以及减少组织利用葡萄糖。这些不良反应的发生多与用药剂量有关，因此宜用小剂量。糖尿病和痛风患者慎用，肾功能不全者禁用。

3. 过敏反应 可见皮疹、皮炎（包括光敏性皮炎）等，偶见严重的过敏反应如溶血性贫血、血小板减少、坏死性胰腺炎等。

【药物相互作用】 吲哚美辛抑制前列腺素的合成，减弱噻嗪类利尿药的排钠利尿作用。降血脂药考来烯胺影响噻嗪类利尿药的胃肠道吸收，降低其利尿作用。肾上腺皮质激素或两性霉素 B 加重噻嗪类利尿药引起的低血钾。

三、保钾利尿药

保钾利尿药作用于远曲小管远端和集合管，轻度抑制 Na^+ 的重吸收，减少 K^+ 的分泌，具有保钾排钠的利尿作用。利尿作用弱，单用效果差，常与其他利尿药合用，可增加利尿效果，减少 K^+ 的排出。

螺内酯

螺内酯（spironolactone）又称安体舒通（antisterone），是人工合成的甾体化合物，其化学结构与醛固酮相似，二者具有竞争性拮抗关系。与螺内酯作用相似的药物还有依普利酮（eplerenone）。

【体内过程】 螺内酯口服易吸收，起效较慢，服药后 1 日起效，2~4 日出现最大利尿效应。螺内酯经肝脏代谢，代谢产物坎利酮（canrenone）仍有活性，坎利酮的 $t_{1/2}$ 约 18 小时，作用时间长，停药后作用可持续 2~3 日，甚至更久。

【药理作用及作用机制】 螺内酯的利尿作用弱，起效缓慢而持久。其利尿作用与体内醛固酮的浓度有关，体内醛固酮水平升高时，此药的利尿作用显著，而当醛固酮浓度不高时，作用较弱，对切除肾上腺的动物则无利尿作用。

螺内酯及其代谢产物坎利酮的化学结构与醛固酮相似，与体内醛固酮竞争远端肾小管细胞内和集合管细胞内的醛固酮受体，阻断醛固酮与受体的结合，影响醛固酮诱导蛋白的形成，从而干扰体内醛固酮的作用。螺内酯抑制远端肾小管醛固酮调节的 $Na^+ - K^+$ 交换机制，导致 Na^+ 重吸收的减少，同时有 K^+ 分泌的减少，尿中排出 Na^+、水增加和 K^+ 减少，表现为保钾排钠的利尿作用。

【临床应用】

（1）治疗与醛固酮升高有关的顽固性水肿，对肝硬化、肾病综合征所致水肿较为有效。

（2）充血性心力衰竭　近年来认识到醛固酮在心衰发生发展中起重要作用，因而螺内酯用于心衰的治疗已经不仅仅限于通过排 Na^+、利尿消除水肿，而是通过多方面的作用改善病人的状况。

【不良反应】 其不良反应较轻，少数患者可引起头痛、困倦与精神紊乱等。久用可引起高血钾，尤其当肾功能不良时，故肾功能不全者禁用。此外，还有性激素样副作用，可引起男子乳房女性化和性功能障碍及妇女多毛症等。

氨苯蝶啶和阿米洛利

氨苯蝶啶（triamterene）和阿米洛利（amiloride）虽化学结构不同，但有相同的药理作用。

【体内过程】 氨苯蝶啶口服吸收迅速，生物利用度 50%。口服后 2 小时发挥利尿作用，6 小时作用最强，作用可维持 16 小时，$t_{1/2}$ 为 3~5 小时。本药在肝脏代谢，肝功能不良者，可发生药物的蓄积，其活性形式及代谢物从肾脏排泄。阿米洛利口服吸收较差，与血浆蛋白结合较少，作用可维持 24 小时。$t_{1/2}$ 为 6~9 小时，主要以原型药物由近曲小管的有机碱分泌系统进入管腔，部分药物由胆汁排出。

【药理作用及作用机制】 氨苯蝶啶和阿米洛利的利尿作用机制与螺内酯不同，它们作用于远曲小管远端和集合管，阻断细胞膜上的 Na^+ 通道，减少 Na^+ 与水的重吸收。同时，由于 Na^+ 的重吸收减少，使管腔的负电位降低，继而使 K^+ 向管腔分泌的驱动力减少，产生排 Na^+、利尿、保 K^+ 的作用。二药的作用并非竞争性拮抗醛固酮，它们对肾上腺切除的动物仍有保钾利尿作用。

【临床应用】 常与排钾利尿药合用治疗顽固性水肿。

【不良反应】 不良反应较少。常见嗜睡、恶心、呕吐、腹泻等症状。长期服用可致高钾血症，严重肝、肾功能不全者、有高钾血症倾向者禁用。氨苯蝶啶抑制二氢叶酸还原酶，可引起叶酸缺乏。

四、碳酸酐酶抑制药

乙酰唑胺

乙酰唑胺（acetazolamide）又称醋唑磺胺（diamox），是碳酸酐酶抑制药的原型药。

【药理作用及作用机制】 乙酰唑胺抑制近曲小管碳酸酐酶的活性，减少 HCO_3^- 的重吸收，由于 Na^+ 在近曲小管可与 HCO_3^- 结合而排出，因此可减少近曲小管内 Na^+ 的重吸收。但集合管内 Na^+ 的重吸收会大大增加，使 K^+ 的分泌相应增多（Na^+–K^+ 交换增多）。因而乙酰唑胺会使尿中 HCO_3^-、K^+ 和水的排出增多。乙酰唑胺还抑制眼睫状体碳酸酐酶活性，减少 HCO_3^- 和房水生成，能降低眼内压。还能作用于脉络丛，减少脑脊液生成。

【临床应用】 碳酸酐酶抑制药的利尿作用较弱，现已很少作为利尿药使用。但它们仍有几种特殊的用途。

1. 治疗青光眼　本药可减少房水的生成，降低眼内压，可用于治疗多种类型的青光眼。新的碳酸酐酶抑制药在眼局部应用也能够降低眼内压。

2. 急性高山病　乙酰唑胺可减少脑脊液的生成，减轻症状，改善机体功能。在开始登山前 24 小时口服乙酰唑胺可起到预防作用。

3. 碱化尿液　可增加尿中 HCO_3^- 排出而碱化尿液，可促进尿酸及弱酸性药物（如阿司匹林）的排泄，但只在用药早期有效。

4. 纠正代谢性碱中毒　心力衰竭的病人在使用过多利尿药造成代谢性碱中毒时可使用乙酰唑胺增加尿中 HCO_3^- 的排出，还可用于迅速纠正呼吸性酸中毒继发的代谢性碱中毒。

【不良反应】 主要有困倦、头晕、恶心、口渴、食欲不振等，一般症状较轻，停药可消失。较为严重的有变态反应，可能会造成骨髓抑制、皮肤毒性、磺胺样肾损害、对磺胺过敏的病人易对本药产生过敏反应。其他还会引起代谢性酸中毒、尿结石、失钾等。

五、渗透性利尿药

渗透性利尿药又称为脱水药（dehydrants），包括甘露醇（mannitol）、山梨醇（sorbitol）、高渗葡萄糖和尿素等。渗透性利尿药静脉注射给药后，可以提高血浆渗透压，产生组织脱水作用。当这些药物通过肾脏时，可提高小管液的渗透压，促进水和部分离子的排出，产生渗透性利尿作用。这类药物一般是低分子量的非盐类物质，静脉注射后不易通过毛细血管，能提高血浆渗透压；在体内不易被代谢，易经肾小球滤过，但不被肾小管重吸收，可迅速排出体外；对机体无明显毒性和变态反应。

甘露醇

甘露醇（mannitol）为一种惰性小分子物质，一般用 20% 的高渗溶液静脉注射或静脉滴注。

【药理作用及临床应用】

1. 脱水作用 静脉注射后，能迅速提高血浆渗透压，使组织间液向血浆内转移而产生组织脱水作用。对脑、眼前房等具有屏障功能的组织，脱水作用更明显，可降低颅内压和眼内压。甘露醇口服用药，则造成渗透性腹泻，可用于从胃肠道消除毒性物质。

甘露醇是治疗脑水肿、降低颅内压的首选药物。也可于青光眼病人的急性发作和术前应用以降低眼内压。

2. 利尿作用 静脉注射后，甘露醇可经肾小球滤过，但几乎不被肾小管重吸收，使小管液呈高渗状态，增加水和电解质的排出。此外，因血浆渗透压升高而引起血液稀释，使循环血容量增加，亦提高肾小球滤过率，有助于水的排出。

早期应用甘露醇可预防和治疗急性肾功能衰竭。在少尿期，及时应用甘露醇，通过脱水作用可减轻肾间质水肿。同时渗透性利尿效应可维持足够的尿量，稀释肾小管内有害物质，保护肾小管免于坏死。另外，还能改善急性肾衰早期的血流动力学变化，对肾功能衰竭伴有低血压者效果较好。

【不良反应】 少见，注射过快时可引起一过性头痛、眩晕、畏寒和视力模糊。禁用于慢性心功能不全者和活动性颅内出血者。

⇒ **案例引导**

临床案例　患者，男，40 岁，因发热，头痛，喷射状呕吐、神志不清急诊入院。体格检查：体温 39.4℃，呼吸 21 次/分，心率 112 次/分，血压 152/104 mmHg，神志不清，压眶有反应，面色红，呼吸急促，瞳孔等大，瞳孔对光反射迟钝，颈抵抗阳性，两肺呼吸音清，心律齐，未闻及病理性杂音，腹平软，肝脾未及，四肢肌张力增高，膝反射未引出，巴氏征阳性。辅助检查：乙脑特异性抗体阳性。诊断：乙型脑炎。医嘱之一是用 20% 甘露醇脱水治疗脑水肿，每 4 小时一次。

问题　1. 甘露醇应采取何种途径给药？
　　　2. 甘露醇治疗脑水肿的机制是什么？

山梨醇

山梨醇（sorbitol）是甘露醇的同分异构体，易溶于水，作用较弱，临床用途、不良反应及注意事项同甘露醇，一般可制成 25% 的高渗液使用。

高渗葡萄糖

高渗葡萄糖（hypertonic glucose solution）也有脱水及渗透性利尿作用，但因其可部分地从血管弥散进入组织中，且易被代谢，故作用弱而不持久。停药后，可出现颅内压回升而引起反跳，临床上可与甘露醇合用治疗脑水肿和急性肺水肿。

目标检测

答案解析

1. 常用利尿药按药物作用部位和作用机制分为哪几类？并举出每类的代表药物。
2. 简述呋塞米的临床用途及不良反应。
3. 简述噻嗪类利尿药的临床应用与不良反应。
4. 简述脱水药甘露醇利尿的作用机制及其临床用途。
5. 比较呋塞米、氢氯噻嗪、螺内酯利尿的作用部位及作用机制。

（李利生）

书网融合……

本章小结　　　微课　　　题库

第二十四章　抗高血压药

PPT

📖 **学习目标**

1. **掌握**　常用抗高血压药物的分类、代表药的药理作用及临床应用。
2. **熟悉**　可乐定、硝普钠、哌唑嗪的降压作用特点；抗高血压药物的应用原则。
3. **了解**　其他抗高血压药物的降压作用特点。
4. 具备根据各类抗高血压药的作用特点和患者的实际情况合理选用抗高血压药的能力。

凡能降低血压用于治疗高血压的药物称为抗高血压药。高血压是指在未使用降压药物的情况下，收缩压≥140 mmHg 和（或）舒张压≥90 mmHg。绝大多数高血压病因未明，称为原发性高血压或高血压病。少数高血压继发于主动脉狭窄、嗜铬细胞瘤、妊娠、原发性醛固酮增多症等，称为继发性高血压。

高血压病大多起病缓慢，缺乏特殊临床表现，导致诊断和治疗延迟，患者常发生心脏、脑、肾脏等器官损害，其直接并发症有脑血管意外、肾功能衰竭、心功能衰竭等。总体而言，高血压病患者如不经合理治疗，平均寿命较正常人群缩短 15～20 岁。

高血压病的发病机制不明，可能与交感神经－肾上腺素系统、肾素－血管紧张素系统（rennin-angiotensin system，RAS）、血管舒缓肽－激肽－前列腺素系统及血管内皮松弛因子－收缩因子系统等有关。抗高血压药可分别作用于上述不同的环节，从而降低血压。

第一节　抗高血压药的分类

形成动脉血压的基本因素是心输出量和外周血管阻力。前者受心脏功能、回心血量和血容量的影响，后者主要受小动脉紧张度的影响。交感神经系统和 RAS 调节着上述两种因素，使血压维持在一定的范围内。根据药物的作用和作用部位不同，可将抗高血压药分为以下几类。

一、利尿药

如氢氯噻嗪等。

二、交感神经抑制药

1. **肾上腺素受体拮抗药**　如普萘洛尔、哌唑嗪等。
2. **去甲肾上腺素能神经末梢阻滞药**　如利血平、胍乙啶等。
3. **中枢性降压药**　如可乐定、利美尼定等。

三、肾素－血管紧张素系统抑制药

1. **血管紧张素转化酶抑制药（ACEI）**　如卡托普利等。
2. **血管紧张素 I 型受体拮抗药（AT_1）**　如氯沙坦等。
3. **肾素抑制药**　如雷米克林。

四、钙通道阻滞药

如硝苯地平等。

五、血管扩张药

如肼屈嗪、硝普钠等。

目前，国内外应用广泛或称为第一线抗高血压药的是利尿药、钙通道阻滞药、β 肾上腺素受体阻断药、ACEI 和 AT₁ 受体阻断药，统称为常用抗高血压药。其他抗高血压药如中枢性降压药和血管扩张药等较少单独应用。

> ⊕ **知识链接**
>
> ### 高血压的分类、分层及治疗目标
>
> 根据血压升高水平，将高血压分为 1 级、2 级和 3 级。根据血压水平、心血管危险因素、靶器官损害、临床并发症和糖尿病进行心血管风险分层，分为低危、中危、高危和很高危 4 个层次。
>
> 高血压治疗的根本目标是降低发生心、脑、肾及血管并发症和死亡的风险。降压治疗的获益主要来自血压降低本身。在改善生活方式的基础上，应根据高血压患者的总体风险水平决定给予降压药物，同时干预可纠正的危险因素、靶器官损害和并存的临床疾病。在条件允许的情况下，应采取强化降压的治疗策略，以取得最大的心血管获益。降压目标：一般高血压患者应降至 <140/90 mmHg，能耐受者和部分高危及以上的患者可进一步降至 <130/80 mmHg。

第二节　常用抗高血压药

一、利尿药

利尿药治疗高血压病的主要机制是改变体内 Na⁺ 平衡。利尿药单用即有降压作用，与其他降压药合用可增强降压效果。利尿降压药中最常用的是氢氯噻嗪。

氢氯噻嗪

【药理作用及作用机制】　氢氯噻嗪（hydrochlorothiazide）降低血压的机制尚不十分明确。其可能机制为：在应用初期，由于排钠利尿作用，减少细胞外液容量及心输出量，从而降低血压；长期用药后，由于排钠作用，促进钠钙交换，使得细胞内 Ca²⁺ 浓度降低，导致血管平滑肌对缩血管物质的反应性降低，产生扩血管作用，从而降低血压。其降压作用缓慢、温和、持久，无耐受性，且可以对抗水钠潴留。

大规模临床试验表明，噻嗪类利尿药可降低高血压并发症如脑卒中和心力衰竭的发病率和死亡率。单独使用噻嗪类利尿药作降压治疗时，剂量应尽量小。研究发现，许多患者使用 12.5 mg 的氢氯噻嗪即有降压作用，剂量超过 25 mg 后其降压作用并不一定增强，反而可能使不良反应发生率增加。因此，单用利尿药降压时的剂量不宜超过 25 mg，如 25 mg 仍不能有效地控制血压，则应合用或换用其他类型抗高血压药。单用噻嗪类降压药治疗，尤其是长期使用应合并使用留 K⁺ 利尿药或合用 ACEI 以减少 K⁺ 的

排出。

【临床应用】作为基础降压药，氢氯噻嗪应用于各型高血压。临床可单独应用治疗轻度高血压，也可与其他降压药联合应用治疗中、重度高血压，以增强疗效、减少不良反应。

【不良反应】长期大剂量使用噻嗪类利尿药可引起低血钾、低血钠、低血镁、高血糖、高血脂、高尿酸症等不良反应。

对合并有氮质血症或尿毒症的患者可选用高效利尿药呋塞米（furosemide，速尿），对伴有高脂血症的高血压患者选用吲达帕胺（indapamide）。

二、钙通道阻滞药

血管平滑肌细胞的收缩依赖于细胞内游离的钙离子，钙通道阻滞药可阻滞钙通道，进而减少细胞内钙离子含量而松弛血管平滑肌。二氢吡啶类对血管平滑肌有选择性，较少影响心脏，作为抗高血压药常用的有硝苯地平、尼群地平、拉西地平和氨氯地平等。非二氢吡啶类以维拉帕米为代表，对心脏和血管均有作用。

硝苯地平

【体内过程】硝苯地平（nifedipine）口服首过消除明显，生物利用度较低，$t_{1/2}$约为 4 小时，但其缓释制剂持续时间较长，可持续 24 小时，因此，每日仅需给药 1 次。

【药理作用及作用机制】阻断钙离子内流，导致小动脉扩张，总外周血管阻力下降而降低血压。

【临床应用】其降压效果与血压水平成正比，用于治疗各型高血压，尤其是伴有心绞痛、糖尿病、哮喘、高脂血症、肾脏疾病及恶性高血压患者。

【不良反应】主要表现为血管过度扩张所致的心率加快、面部潮红、眩晕、头痛、踝部水肿等，长期使用还可引起牙龈增生。推荐使用缓释片剂，以减轻迅速降压造成的反射性交感活性增强。大剂量可能增加急性心肌梗死患者心律失常的发生率和病死率，故不宜用于急性心肌梗死后的高血压患者。

尼群地平

尼群地平（nitrendipine）作用与硝苯地平相似，但血管松弛作用较硝苯地平强，降压作用温和而持久。该药每日口服 1~2 次，适用于各型高血压。不良反应与硝苯地平相似，肝功能不良者宜慎用或减量。可增加地高辛血药浓度，故合用地高辛时应注意减量。

拉西地平

拉西地平（lacidipine）作用与硝苯地平相似，但血管选择性强，不易引起反射性心动过速和心搏出量增加。降压作用起效慢、持续时间长，每日口服 1 次。同时具有抗动脉粥样硬化作用。用于轻、中度高血压。不良反应有心悸、头痛、颜面潮红、水肿等。

氨氯地平

氨氯地平（amlodipine）作用与硝苯地平相似，但降压作用较硝苯地平平缓，持续时间较硝苯地平显著延长。用于轻、中度高血压。不良反应与拉西地平相似。

以上各种钙通道阻滞药均有良好的降压作用。短效药硝苯地平等价格低廉、降压作用确切，在临床最常用。而长效药如拉西地平，有利于保护高血压靶器官免受损伤，但价格较昂贵。中效药如尼群地平，疗效确切、价格相对低廉。

三、β 肾上腺素受体阻断药

β 肾上腺素受体阻断药广泛用于治疗各种程度的高血压，长期应用一般不引起水钠潴留，也无明显的耐受性。不具有内在拟交感活性的 β 肾上腺素受体拮抗药可增加血浆三酰甘油浓度，降低 HDL － 胆固醇，而有内在拟交感活性者对血脂影响很小或无影响。

普萘洛尔

【体内过程】普萘洛尔（propranolol）口服吸收完全，肝脏首过消除显著，生物利用度低，约为 25%，且个体差异较大。主要经肝脏、肾脏代谢。

【药理作用及机制】普萘洛尔是非选择性 β 受体拮抗药，可通过多种机制产生降压作用：抑制心脏 β_1 受体，降低心率和心肌收缩力，从而减少心输出量；抑制肾脏的 β_1 受体，减少肾素分泌，阻断肾素 － 血管紧张素 － 醛固酮系统；抑制外周交感神经末梢突触前膜的 β_2 受体，减少去甲肾上腺素释放；抑制中枢 β_1 受体，使外周交感张力降低；改变压力感受器的敏感性；增加前列环素的合成等。本品降压作用缓慢、安全可靠，不引起体位性低血压，长期使用不产生耐受性。

【临床应用】可用于各型高血压，尤其是伴有心绞痛、偏头痛、焦虑症、血浆肾素活性较高、心输出量较高的患者。也适用于联合用药。

【不良反应】诱发或加重糖尿病、痛风、支气管哮喘。长期服用后骤然停药时会出现反跳现象，故长期服药必须逐渐减量后缓慢停药。

阿替洛尔

阿替洛尔（atenolol）降压机制与普萘洛尔相同，但对心脏的 β_1 受体的选择性高。对血管及支气管的 β_2 受体的影响较小，但较大剂量时对血管及支气管平滑肌的 β_2 受体也有作用。降压作用持续时间较长，每日仅需服药 1 次。无膜稳定作用，无内在拟交感活性。临床可用于各型高血压。

拉贝洛尔

拉贝洛尔（labetalol）同时拮抗 β 受体和 α 受体，其中拮抗 β_1 受体和 β_2 受体的作用强度相似，对 α_1 受体作用较弱，对 α_2 受体则无作用。可用于各种程度的高血压和高血压急症、妊娠期高血压、嗜铬细胞瘤、麻醉或手术时高血压，治疗高血压急症时需静脉注射或静脉滴注。合用利尿药可增强其降压效果。

卡维地洛

卡维地洛（carvedilol）作用机制同拉贝洛尔，同时拮抗 β 受体和 α 受体。口服首关消除显著，生物利用度低，约为 22%。药效维持时间长达 24 小时，故每日仅需服药 1 次。主要用于治疗轻度及中度高血压或伴有肾功能不全、糖尿病的高血压患者。

四、血管紧张素转化酶抑制药

该类药能够抑制 ACE 活性，使血管紧张素（angiotensin Ⅱ，Ang Ⅱ）的生成减少以及缓激肽的降解减少，进而扩张血管、降低血压。此类药物不仅具有良好的降压效果，对高血压合并糖尿病、左心室肥厚、左心功能障碍及急性心肌梗死的患者尤为适用。因减少醛固酮的分泌，可以增强利尿药的作用。因有轻度潴留钾离子的作用，故有高血钾倾向的患者尤应注意。血管神经性水肿是该类药物少见而严重的不良反应。服药后患者发生顽固性咳嗽往往是停药的原因之一。

卡托普利 微课

【体内过程】卡托普利（captopril，甲巯丙脯酸，开博通）口服吸收快，生物利用度为 75%，食物影响其吸收，故应在进餐前 1 小时服用。血浆蛋白结合率约为 30%。在体内分布较广，消除较快，其巯基在体内易被氧化而成为二硫化合物。40% ~ 50% 的药物以原型自肾脏排出，其余部分则以其代谢物形式自肾脏排泄。

【药理作用及作用机制】卡托普利能够抑制血管紧张素转化酶，从而可减少血管紧张素 II 的生成，减弱收缩血管作用；抑制缓激肽水解，增强其扩张血管作用；减少醛固酮分泌，增加 Na^+ 排出，使血容量减少；抑制左心室肥厚和血管壁增生；也可抑制交感神经系统活性。

【临床应用】适用于各型高血压，可逆转左心室肥厚、血管壁增生，改善胰岛素抵抗，尤其适用于伴有充血性心力衰竭、急性心肌梗死、左心室肥厚、糖尿病及胰岛素抵抗的高血压患者，可明显改善患者生活质量且无耐受性，停药无反跳现象。

【不良反应】不良反应有皮疹、味觉异常或丧失，无痰干咳是卡托普利较常见的不良反应，是被迫停药的主要原因。首剂低血压亦为常见副作用。对长期用药、剂量较大或肾功能障碍者，可引起中性粒细胞减少，应定期检查血常规。在肾动脉阻塞或肾动脉硬化造成的双侧肾血管病患者，能加重肾功能损伤。因含有巯基基团，亦有患者可出现青霉胺样反应，表现为皮疹、嗜酸粒细胞增高、味觉异常或丧失。在用药初期，有些患者会出现血管神经性水肿，可发生于嘴唇、舌头、口腔与面部其他部位，一旦发现应停药。孕妇禁用本药。

依那普利

依那普利（enalapril）是不含巯基的长效、高效 ACEI，为前体药，在体内被肝脏酯酶水解转化成苯丁羟脯酸，后者能与 ACE 持久结合而发挥抑制作用。其降压机制与卡托普利相似，但抑制 ACE 的作用较卡托普利强 10 倍。能降低总外周血管阻力，增加肾血流量。降压作用强而持久，每日给药 1 次。临床可用于各型高血压。该药不良反应与卡托普利相似，但因为其不含巯基，故无青霉胺样反应。引起咳嗽较多，合并有心衰时低血压亦较常见。

其他 ACEI 还有赖诺普利（lisinopril）、贝那普利（benazepril）、福辛普利（fosinopril）、喹那普利（quinapril）、雷米普利（ramipril）、培哚普利（perindopril）和西拉普利（cilazapril）等。它们的共同特点是长效，每天只需服用 1 次。除了赖诺普利外，其余均为前体药，药理作用及临床应用与依那普利相同。

五、血管紧张素 II 受体阻断药

血管紧张素受体分两型，即 AT_1 受体和 AT_2 受体。目前研发的血管紧张素受体阻断药主要为 AT_1 受体阻断药，可拮抗由 AT_1 受体介导的所有作用，具有良好的降压作用。与 ACEI 不同，AT_1 受体阻断药不影响缓激肽的代谢，不会产生血管神经性水肿、咳嗽等不良反应。

氯沙坦

【体内过程】氯沙坦（losartan）口服易吸收，口服后约 14% 在肝脏内代谢为 5 - 羟酸代谢物 EXP - 3174，两者均不易通过血 - 脑屏障。大部分药物在体内被肝细胞色素 P450 系统代谢，仅少量氯沙坦和 EXP - 3174 以原型随尿液排出体外。

【药理作用及作用机制】对 AT_1 受体有选择性拮抗作用，使得 Ang II 收缩血管与刺激肾上腺释放醛固酮的作用受到抑制，导致血压降低。同时，又能阻滞 Ang II 的促心血管细胞增殖肥大作用，防治心血管重构。因该药在受体水平阻断肾素 - 血管紧张素 - 醛固酮系统，比 ACEI 选择性更高。

【临床应用】可用于各型高血压。如 3 ~ 6 周后血压下降仍不理想，可加用利尿药。

【不良反应】不良反应较少。少数患者可出现眩晕，干咳发生率较 ACEI 明显减少，对血脂、血糖水平无影响，也不引起直立性低血压。禁用于孕妇、哺乳期妇女及肾动脉狭窄者。低血压及严重肾功能不全、肝病患者慎用。应避免与补钾或留钾利尿药合用。

同类药物还有缬沙坦（valsartan）、厄贝沙坦（irbesartan）、坎替沙坦（candesartan）和替米沙坦（telmisartan）等。其中坎替沙坦作用强大、应用剂量小、维持时间长、谷峰比值高（>80%），是目前此类药物中最优者。

⇨ **案例引导**

临床案例 患者，男，72岁，主诉：头痛、头晕6天。患者有吸烟史，10年前曾测得血压高于正常，但未进行规范治疗。血压测量结果：163/95 mmHg。餐后2小时血糖9.2 mmol/L，TG 2.92 mmol/L，TC 5.14 mmol/L，HDL－CH 0.93 mmol/L。颈动脉超声提示右侧颈总动脉粥样硬化斑块形成。

问题 1. 如果给患者联合使用美托洛尔和氢氯噻嗪进行降压，是否可行？为什么？
2. 请根据患者的情况制定抗高血压治疗方案并详述其原因。

第三节 其他抗高血压药物

一、中枢降压药

中枢性降压药包括可乐定、甲基多巴、胍法新、胍那苄、莫索尼定和利美尼定等。

可乐定

【体内过程】可乐定（clonidine）口服易吸收，服药后 $1.5 \sim 3$ 小时血药浓度达峰值，口服后 $t_{1/2}$ 为 $5.2 \sim 13$ 小时，生物利用度为 71% ～82%。血浆蛋白结合率为 20%，能通过血－脑屏障，约50%以原型经尿液排出体外。

【药理作用及作用机制】可乐定主要通过兴奋延髓背侧孤束核突触后膜的 α_2 受体，抑制交感神经中枢的传出冲动，使外周血管扩张，血压下降。同时，也可作用于延髓嘴端腹外侧区的咪唑啉受体，使交感神经张力下降，外周血管阻力降低，从而产生降压作用。大剂量的可乐定还可兴奋外周血管平滑肌上的 α 受体，引起血管收缩，使降压作用减弱。另外，可乐定激动中枢 α_2 受体，产生镇静作用。该药也有镇痛作用，此作用可被纳洛酮所拮抗。

【临床应用】降压作用中等偏强，适于治疗中度高血压，尤其是伴有胃肠道溃疡的高血压患者，常用于其他药物无效时。因不影响肾血流量和肾小球滤过率，可用于高血压的长期治疗。与利尿药合用有协同作用，可用于重度高血压的治疗。口服也可用于预防偏头痛或治疗吗啡类镇痛药成瘾者的戒毒药。其溶液剂滴眼可治疗开角型青光眼。

【不良反应】因抑制胃肠道腺体分泌及运动，可引起口干与便秘。长期使用可有嗜睡、抑郁、眩晕、血管性水肿、腮腺肿痛、恶心、食欲不振、心动过缓等不良反应。可乐定不宜用于高空作业或驾驶机动车辆的人员，以免因注意力不集中、嗜睡而导致事故。

【药物相互作用】可乐定能加强其他中枢神经系统抑制药的作用，合用时应慎重。三环类化合物如丙咪嗪等药物在中枢可与可乐定发生竞争性拮抗，从而取消可乐定的降压作用，故不宜合用。

莫索尼定

莫索尼定（moxonidine）作用机制与可乐定相似，但对咪唑啉 I_1 受体的选择性比可乐定高。降压作用略低于可乐定，长期应用有良好的降压效果，并能逆转高血压患者的心肌肥厚。降压作用中等偏强，常用于其他药物治疗无效时的中度高血压。不良反应较少。

二、血管扩张药

血管扩张药通过直接扩张血管而产生降压作用。本类药物不抑制交感神经活性，不引起体位性低血压。该类药物易反射性兴奋交感神经，使心率加快、心肌收缩力增强、心排出量增加，从而部分对抗了其降压作用；易发生心悸、诱发心绞痛等不良反应；还可反射性增加醛固酮分泌，导致水钠潴留，并可能增加高血压患者的心肌肥厚程度。

由于直接扩张血管平滑肌的药物不良反应较多，一般不单独用于治疗高血压，仅在利尿药、β肾上腺素受体阻断药或其他降压药无效时才加用该类药物。

硝普钠

【体内过程】 硝普钠（sodium nitroprusside）口服不吸收，静脉滴注给药起效快。本品在体内经肝脏代谢、经肾脏排泄。

【药理作用及机制】 硝普钠在血管平滑肌内代谢产生一氧化氮（NO），NO可激活鸟苷酸环化酶，促进cGMP的形成，从而产生血管扩张作用。可直接扩张小动脉和静脉平滑肌，降压作用强大、快速，但持续时间短。硝普钠属于非选择性血管扩张药，很少影响局部血流分布，一般不降低冠状动脉血流、肾血流及肾小球滤过率。该药遇光易破坏，应避光且现配现用。

【临床应用】 硝普钠为速效、强效降压药，主要用于高血压危象、高血压脑病、伴有急性心肌梗死或左心衰的严重高血压，以及手术麻醉时的控制性低血压。也可用于高血压合并顽固性心衰或嗜铬细胞瘤发作引起的血压升高。

【不良反应】 静脉滴注时可出现恶心、呕吐、精神不安、肌肉痉挛、头痛、皮疹、出汗、发热等。大剂量或连续应用（特别在肝肾功能损害的病人），可引起血浆氰化物或硫氰化物浓度升高而中毒，用药时须严密监测血浆氰化物浓度。

肼屈嗪

肼屈嗪（hydralazine）能扩张小动脉，降低外周阻力，扩张肾动脉、冠状动脉及内脏血管作用强于骨骼肌血管。降压的同时，可反射性兴奋交感神经，使心脏兴奋，肾素上升，降低疗效。降压作用快而强。一般用于中度高血压的联合用药，不单独使用。不良反应较多见，较严重时表现为心肌缺血、心衰，长期大量使用可致全身性红斑狼疮样综合征。

三、α₁受体阻断药

本类药物有哌唑嗪（prazosin）、特拉唑嗪（terazosin）、多沙唑嗪（doxazosin）。

哌唑嗪

哌唑嗪（prazosin）选择性拮抗突触后膜上α₁受体，降低外周血管阻力、增加静脉容量、增加血浆肾素活性，具有中等偏强的降压作用。不影响突触前膜α₂受体，故无促进去甲肾上腺素释放及明显加快心率作用。对代谢无不良影响，能增加血中HDL，对血脂代谢有益。

主要用于治疗轻、中度高血压，与利尿药、β肾上腺素受体拮抗药合用可增强其降压作用，用于重度高血压。主要不良反应为首剂现象（低血压），首剂减半或临睡前服药可避免。其他不良反应有嗜睡、乏力、眩晕。

四、去甲肾上腺素能神经末梢阻滞药

利血平和胍乙啶

利血平（reserpine）和胍乙啶（guanethidine）主要通过影响儿茶酚胺的贮存及释放产生降压作用。利血平作用较弱且不良反应多，现已不单独应用。胍乙啶主要用于重症高血压。胍乙啶较易引起肾、脑血流量减少及水、钠潴留。

其他尚有一些人工合成的胍乙啶类似物，如倍他尼定（bethanidine）、胍那决尔（guanadrel）等，作用与胍乙啶相似，可作为胍乙啶的替代品，但较少用于临床。

五、钾通道开放药（钾外流促进药）

此类药包括米诺地尔（minoxidil）、吡那地尔（pinacidil）、尼可地尔（nicorandil）。该类药物可通过促进钾通道开放，使钾离子外流增多，细胞膜超极化，膜兴奋性降低，钙离子内流减少，血管舒张，血压下降。这类药物在降压时常伴有反射性心动过速和心输出量增加。血管扩张作用具有选择性，可扩张冠状动脉、胃肠道血管和脑血管，而不扩张肾和皮肤血管。

六、其他

其他尚有一些药物通过不同的作用机制进行降压，但目前较少应用。如沙克太宁（cicletanine，西氯他宁），是呋喃吡啶类，能增加前列环素的合成，有直接松弛血管平滑肌的作用，对血管壁脆化、组织水肿、缺血再灌注心脏有保护作用，且作用温和、副作用相对较少。依那克林（enalkiren）和雷米克林（remikiren）是肾素抑制剂，其作用还需进一步研究。酮色林（ketanserin）具有拮抗 $5-HT_{2A}$ 受体的作用以及轻度的 α 受体阻断作用，作用温和，特别适用于老年人。

第四节 抗高血压药物的合理应用

长期坚持健康的生活方式是高血压治疗的基石，合理使用降压药是血压达标的关键，两者缺一不可。患者确诊高血压后，应立即采取并长期坚持非药物治疗，如减轻体重、低盐饮食、规律运动、戒烟、限制饮酒等，消除不利于心理和身体健康的行为和习惯。同时，根据患者血压水平和危险程度，确定治疗方案。

一、有效治疗与终身治疗

切实有效的降压治疗可以大幅度减少并发症的发生率。一般认为，经过非同日 2~3 次测压，血压仍 ≥ 150/95 mmHg 就需要降压治疗。如伴有老年、吸烟、肥胖、血脂异常、缺少体力活动、糖尿病这几个条件中的 1~2 条，当血压 ≥ 140/90 mmHg 时就需要治疗。所谓有效治疗，就是将血压控制在 140/90 mmHg 以下。然而，我国仅 10% 左右的高血压患者血压得到良好控制。因此，必须加强宣传工作，纠正"尽量不用药"的错误观念。非药物治疗，只能作为药物治疗的辅助措施。因高血压病因不明，无法根治，故需要终生治疗。有些患者经过一段时间治疗后血压控制到接近正常，便自行停止服用降压药，使血压重新升高，造成"停药反跳"现象；另外，血压升高只是高血压病的临床表现的其中之一，高血压病会造成患者的靶器官损伤。因此，在高血压病的治疗中要强调有效治疗和终身治疗。

二、保护靶器官

高血压的靶器官损伤包括心肌肥厚、肾小球硬化和小动脉重构等。在抗高血压病治疗中必须考虑逆转或阻止靶器官损伤。一般而言，降低血压即可减少靶器官损伤，但并非所有药物均如此。如肼屈嗪，虽然能降低血压，但对靶器官损伤无保护作用。根据以往临床抗高血压治疗的经验，认为对靶器官的保护作用较好的药物是 ACEI 药和长效钙通道阻滞药，AT_1 受体拮抗药也具有良好的靶器官保护作用。其他药物对靶器官损伤也有一定的保护作用，但作用一般较弱。JNC 8 指南建议，对于合并慢性肾脏疾病的高血压患者，治疗起始或继续抗高血压治疗时，应该使用 ACEI 或 AT_1 受体阻断药，以改善肾脏功能。

三、平稳降压

国内外研究表明，血压不稳定可导致器官损伤。血压在 24 小时内存在自发性波动，这种自发性波动被称为血压波动性（blood pressure variability，BPV）。在血压水平相同的高血压病患者中，若 BPV 高，则靶器官损伤严重。实验表明，若去除大鼠动脉压力感受器的传入神经，会造成大鼠的血压极不稳定（虽此时 24 小时平均血压水平与正常大鼠血压水平相当），导致严重的器官损伤。至于在长期应用中究竟有哪些药物确实能够使血压保持稳定，尚缺乏系统研究。目前抗高血压用药要求尽可能减少人为因素造成的血压不稳定。

"谷峰比值"是目前衡量抗高血压药物降压稳定性的一个指标。其测量方法为第一天给患者使用安慰剂，第二天给予降压药。药物效应最大时两天的血压差值称为"峰"，下一次给药前的差值称为"谷"，两者的比值即为"谷峰比值"。一般要求抗高血压药物的"谷峰比值"在 50% 以上。

短效降压药常引起血压较大波动，24 小时有效的长效制剂能够较好地保持血压稳定，改善患者的依从性，改善清晨血压。为了有效地防止靶器官损害，积极推荐使用一天给药一次而药效能持续 24 小时的长效药物。

四、个体化治疗

根据患者的年龄、性别、种族、病情程度、并发症、合并其他疾病等个体情况制定治疗方案。所选用的药物、剂量在各个患者之间都可能不同。由于药物代谢酶受遗传因素影响，存在多态性（Polymorphism），药物作用的靶点（受体或酶）也存在多态性，因此对药物的反应存在差异。建议采用较小的有效剂量开始，以获得疗效而不良反应最小。随着分子生物学技术的发展，将来有可能对患者进行类似抗菌药药敏试验的抗高血压药物反应敏感性试验，并据此进行合理选药。

五、联合用药

抗高血压药物的联合应用常常是有益的。JNC8 指南指出，如治疗 1 个月仍未达目标血压，应增大初始药物量，或联合使用其他合适的降压药物；如血压仍未达标，加用第 3 种药物并调整剂量。2 期以上高血压（≥160/100 mmHg）多数需 2 种以上降压药联合应用。通常为噻嗪类利尿剂加 ACEI 或血管紧张素 II 受体阻断剂或 β 受体阻断剂或钙通道阻滞剂。

对于接受一种药物治疗而血压控制不理想的患者有三种可能的对策。①加大药物的剂量：除非患者使用的药物起始剂量很小，否则带来的后果可能是效应没有增强而不良反应增加。②换用其他药物：如果换药后治理效果不佳，容易导致患者的用药依从性降低或对治疗失去信心。③联合用药：有研究表明，血压控制良好的患者中有 2/3 左右是联合用药。在目前常用的五类抗高血压药物（利尿药、β 肾上腺素受体阻滞药、二氢吡啶类钙通道阻滞药、ACEI 和 AT_1 受体拮抗药）中，可以联用其中的任何两类。

其中，以β肾上腺素受体阻断药联用二氢吡啶类钙通道阻滞药、二氢吡啶类钙通道阻滞药联用 ACEI 这两种用法的效果较好。药物联合应用的优势在于，不同作用机制的药物联合应用可能起到协同作用，可减少两种药物的剂量，从而减轻不良反应。同时，有些药物联合应用后，还可以相互抵消一些不良反应。故联合用药可使有效率升高，并增加患者的依从性。此外联合用药有利于控制多种危险因素和并存疾病，保护靶器官，减少心血管事件。

联合用药时要注意，药物搭配应具有协同作用，应为两种不同降压机制药物的联用，常为小剂量联合，以降低单药高剂量所致剂量相关性不良反应，不良反应最好相互抵消或少于两药单用。为简化治疗、提高患者依从性，联用药物需服用方便，每日 1 次，疗效持续 24 小时以上。选择药物时还应注意是否有利于改善靶器官损害、心血管病、肾脏病或糖尿病，有无对某种疾病的禁忌等。

目标检测

答案解析

1. 根据药物的作用及作用部位可将抗高血压药分为哪几类？各举一代表药。
2. 简述 ACEI 抗高血压机制及其临床应用。
3. 简述氢氯噻嗪抗高血压机制及其临床应用。
4. 简述硝苯地平抗高血压机制及其临床应用。
5. 简述普萘洛尔抗高血压机制及其临床应用。

（李利生）

书网融合……

本章小结　　　　　微课　　　　　题库

第二十五章　抗充血性心力衰竭药

学习目标

1. 掌握　治疗充血性心力衰竭药物的分类；肾素－血管紧张素－醛固酮系统阻断药、利尿药及β受体阻断药在充血性心力衰竭治疗中的作用特点；强心苷类药物的药理作用、作用机制、临床应用和不良反应及其防治。

2. 熟悉　其他治疗充血性心力衰竭药物的临床应用特点。

3. 了解　充血性心力衰竭的发病原因及药物合理应用的理论基础。

4. 具备合理选用治疗充血性心力衰竭药物的能力。

充血性心力衰竭（congestive heart failure，CHF）是多种原因所导致的各类心脏疾病发展到严重阶段的临床综合征。绝大多数情况下，CHF患者心脏心肌收缩力减弱，导致心排出量不能满足机体代谢的需要，器官和组织血液灌流不足；少数情况下，患者心肌收缩力尚可使心排出量维持正常，但由于异常增高的左室充盈压，使肺静脉回流受阻，而导致肺循环淤血。因此，CHF的临床表现以组织血液灌流不足及肺循环和（或）体循环淤血为主要特征。心脏具有丰富的储备能力，能及时根据机体的需求变化进行功能强度的调整。当心脏负荷增加时，机体可通过心脏的代偿性扩张、心率加快等，使心排出量恢复正常或接近正常，以维持组织代谢的需要，此即为心功能的代偿期（compensatory stage），在一定时期内具有积极意义。但是心脏的代偿能力有限，长期负荷加重，可使心脏功能进一步降低，即为失代偿期（incompensatory stage），表现为一系列的临床症状。如以呼吸困难、咳嗽和肺水肿为特征的左心衰竭，以下肢水肿、内脏瘀血肿大、腹腔积液、颈静脉怒张为特征的右心衰竭等，最终导致全心衰竭。目前，药物治疗仍是CHF的主要治疗手段。

案例引导

临床案例　患者，男，50岁，风湿性心脏病史25年。近日感冒后出现胸闷，气短，夜间不能平卧，双下肢和脚踝水胀就诊入院。查体：体温36.8℃，呼吸30次/分，脉搏105次/分，血压120/75 mmHg。双肺底可闻及湿啰音，颈静脉怒张。心界向两侧扩大，心尖部可闻及收缩期吹风样杂音。肝大肋下三指，脚踝和下肢凹陷性水肿。超声心动图示左心室收缩及舒张功能减低，二尖瓣轻度关闭不全，左心室射血分数波动于30%～40%。诊断：①风湿性心脏瓣膜病（二尖瓣关闭不全）；②慢性心力衰竭（心功能Ⅲ级）。

问题　1. 患者可选用哪些抗慢性心力衰竭的药物？其药理学基础是什么？会出现哪些不良反应？

　　　　2. 为了抑制并逆转心肌重构，降低死亡率，可选用哪些药物？

第一节　概　述

一、充血性心力衰竭的病理生理学

（一）心力衰竭时心肌功能和结构的变化

1. CHF 时心脏功能的变化　CHF 时，心肌收缩力减弱，心率加快，前、后负荷增加，心肌耗氧量亦增加，同时发生收缩功能和舒张功能障碍。大多数患者以收缩功能障碍为主，表现为心肌收缩力减弱，心输出量减少，组织器官灌流不足，收缩功能障碍为主的 CHF 患者对正性肌力药物反应良好；少数患者以舒张功能障碍为主，表现为心室充盈异常，心室舒张受限、不协调，心室顺应性降低，心输出量减少，心室舒张末期压增高，体循环和（或）肺循环淤血，对正性肌力药反应差。极少数由贫血、甲状腺功能亢进、动静脉瘘等所致的心力衰竭，心输出量并不减少甚至增高，为高输出量心力衰竭，该类患者用本章所讨论的药物治疗心力衰竭难以奏效。

2. CHF 时心脏结构的变化　CHF 发病过程中，心肌处于长期超负荷状态中，心肌细胞发生凋亡和（或）坏死，导致心肌细胞数目减少，而心肌细胞能量代谢障碍，进一步加剧其数目减少。CHF 时，心肌细胞外基质（extracellular matrix，ECM）堆积，心肌组织纤维化，心肌发生重构（remodeling），表现为心肌肥厚、心腔扩大、心脏的收缩和舒张功能障碍。

（二）心力衰竭时神经内分泌的变化

CHF 时神经内分泌细胞因子系统的激活，既是机体的代偿机制，又是导致心室重构和心衰恶化的重要原因（图 25-1）。

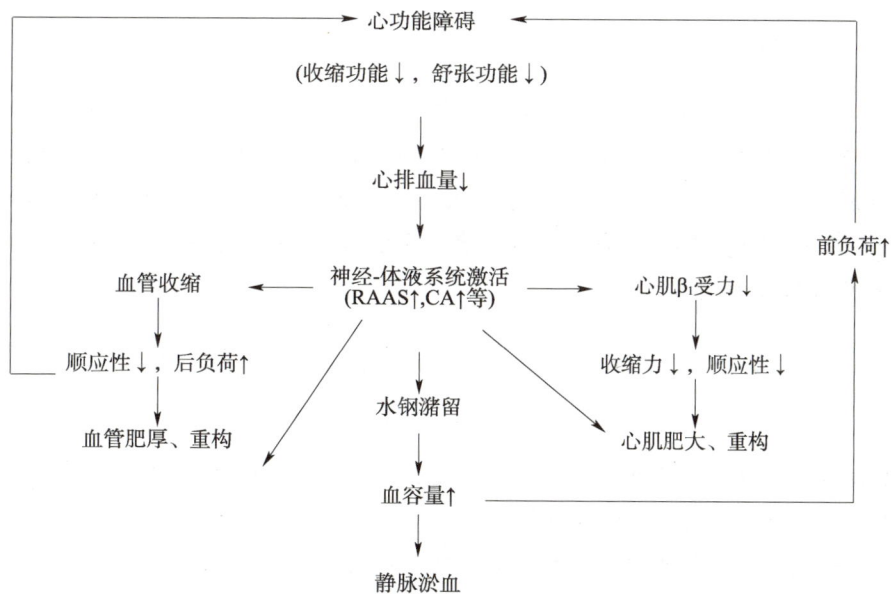

图 25-1　心功能障碍的病理生理学

（RAAS：肾素－血管紧张素－醛固酮系统，CA：儿茶酚胺）

1. 交感神经系统的激活　交感神经系统激活是 CHF 最敏感的调节与代偿机制。CHF 时，心肌收缩力减弱，心排出量降低，交感神经系统反射性增高，这在早期可起到一定的代偿作用。但是长期的交感神经兴奋，可使心肌后负荷和耗氧增加，促进心肌肥厚，诱发心律失常至猝死。此外，高浓度的儿茶酚胺类可直接对心脏有毒性作用，导致心肌细胞凋亡、坏死，使病情恶化。

另一方面，交感神经系统长期激活可导致心肌 β_1 受体下调，以减轻释放的大量儿茶酚胺对心肌的损害作用。同时，β_1 受体与兴奋性 Gs 蛋白脱耦联，细胞内 Ca^{2+} 减少，心肌收缩功能障碍。

2. 肾素 – 血管紧张素 – 醛固酮系统（RAAS）激活　心力衰竭时，肾血流量减少，导致 RAAS 被激活。RAAS 激活在心功能不全早期有一定代偿作用。但 RAAS 长期激活，使小动脉收缩，促进醛固酮释放而导致水钠潴留及低血钾，增加心脏的负荷而加重心力衰竭，而且还可以促进多种生长因子的基因表达，促进细胞生长，增加心肌细胞外基质合成等等，从而引起心肌肥厚、心室重构。

3. 其他　CHF 时，还有精氨酸加压素（arginine vasopressin，AVP）、内皮素（endothelin，ET）、肿瘤坏死因子 α（tumor necrosis factor TNF – α）和利钠肽类等增多，而内皮细胞舒张因子（EDRF，即一氧化氮）、降钙素基因相关肽等减少，从而进一步促进病情恶化。

二、治疗 CHF 药物的分类

根据药物的作用及作用机制，治疗 CHF 的药物可分为以下几类。

1. 肾素 – 血管紧张素 – 醛固酮系统抑制药　包括血管紧张素转化酶（ACE）抑制药，如卡托普利等。血管紧张素Ⅱ受体（AT_1）阻断药，如氯沙坦等。醛固酮受体阻断药，如螺内酯。

2. 强心苷类药　地高辛等。

3. 利尿药　氢氯噻嗪、呋塞米等。

4. β 受体阻断药　美托洛尔、卡维地洛等。

5. 血管扩张药　硝普钠、肼屈嗪、哌唑嗪等。

6. 非苷类正性肌力药　儿茶酚胺类、磷酸二酯酶抑制药、钙通道增敏药等。

7. 钙通道阻滞药　氨氯地平等。

三、心衰药物治疗目标

CHF 药物治疗在缓解症状，改善血流动力学的变化的同时，还应防止并逆转心肌肥厚，延长患者生存期，减少再住院率，提高生活质量及降低病死率和改善预后。目前治疗 CHF 的药物主要包括肾素 – 血管紧张素系统抑制剂，即 ACEI 类药物（血管紧张素转换酶抑制剂）/ARB（血管紧张素Ⅱ受体阻断剂）、β 受体阻断剂和醛固酮受体拮抗剂。如果患者有收缩功能障碍，可加用地高辛，它能缓解症状，改善生活质量，但并不减少病死率。

⊕ **知识链接**

心功能分级

临床上慢性心力衰竭主要采用的分级方法是美国纽约心脏病学会根据心力衰竭严重程度所划分的分级方法，一共分为四级，具体如下。

Ⅰ级　是指一般的体力活动都不受限，没有任何气短、呼吸急促等现象。

Ⅱ级　是指体力活动轻度受限，休息时是没有症状的，一般活动下可能会出现心衰的症状。

Ⅲ级　是指体力活动明显受限，低于平时的一般活动，也会引发心衰的症状。

Ⅳ级　是指不能从事任何体力活动，即使在休息状态下也会出现心衰的症状，在活动后尤其会加重。

第二节　作用于肾素－血管紧张素－醛固酮系统药物

一、血管紧张素转化酶抑制药

常用于治疗 CHF 的药物有卡托普利（captopril）、依那普利（enalapril）、福辛普利（fosinopril）等。ACE 抑制药具有扩血管作用，能降低外周血管阻力，从而降低心脏后负荷；也可降低肾血管阻力，增加肾血流量，有肾脏保护作用。同时，可减少醛固酮生成，减轻水钠潴留，降低心脏前负荷。ACE 抑制药还可以通过减少 Ang Ⅱ 及醛固酮的形成，防止甚至逆转心肌与血管重构，改善心功能。ACE 抑制药也可通过其抗交感作用进一步改善心功能：如恢复下调的 β 受体的数量，增加腺苷酸环化酶活性，直接或间接降低血中儿茶酚胺类含量，提高副交感神经张力等。

ACE 抑制药对各阶段心力衰竭者均有益，既能消除或缓解 CHF 症状、提高运动耐力、改进生活质量，能防止和逆转心肌肥厚、降低病死率；还可延缓尚未出现症状的早期心功能不全者的进展，延缓心力衰竭的发生。故已作为治疗心力衰竭的一线药物广泛用于临床。

二、血管紧张素 Ⅱ 受体阻断药

血管紧张素 Ⅱ 受体（AT$_1$）阻断药可直接阻断 Ang Ⅱ 与其受体的结合，发挥拮抗作用。本类药物对 CHF 的作用与 ACE 抑制药相似，不良反应较少，不影响缓激肽代谢，不易引起咳嗽、血管神经性水肿等，常作为对 ACE 抑制药不耐受者的替代品。

此类药物常用的有氯沙坦（losartan）、缬沙坦（valsartan）及厄贝沙坦（irbesartan）等。

三、抗醛固酮药

CHF 时血中醛固酮的浓度明显增高，长期高浓度的醛固酮引发心房、心室、大血管的重构，加速心衰恶化。此外，它还可阻止心肌摄取 NA，使 NA 游离浓度增加而诱发冠状动脉痉挛和心律失常，增加心衰时室性心律失常和猝死的可能性。

临床研究证明，在常规治疗的基础上，加用抗醛固酮药螺内酯（spironolactone）可明显降低 CHF 病死率，防止左室肥厚时心肌间质纤维化，改善血流动力学和临床症状。与 ACE 抑制药合用则可同时降低 Ang Ⅱ 及醛固酮水平，既能进一步减少患者的病死率，又能降低室性心律失常的发生率，效果更佳。

第三节　强心苷类 🔲微课

【来源与化学结构】强心苷（cardiac glycosides）是一类历史悠久的具有强心作用的苷类化合物，它们均来源于植物，如紫花洋地黄和毛花洋地黄，故强心苷类又称为洋地黄类药物（digitalis）。天然存在于植物中的为一级强心苷，经化学处理分离后的为二级强心苷。临床上常用的是地高辛（digoxin）、洋地黄毒苷（digitoxin）、毛花丙苷（cedilanid）和毒毛花苷 K（strophanthin K）等，主要用以治疗 CHF，此外也可治疗某些心律失常。

强心苷由苷元结合于数量不等的糖分子而构成，其中苷元具有药理学的活性，含固醇核（甾核）和一个不饱和内酯环，其糖部分由洋地黄毒糖、葡萄糖等组成（图 25-2）。

【体内过程】强心苷类药物化学结构相似，作用性质相同，但由于侧链的不同，导致它们药代动力学有差异。洋地黄毒苷脂溶性高，口服吸收好，主要在肝内转化代谢，经肾脏排出，也有一部分经胆道

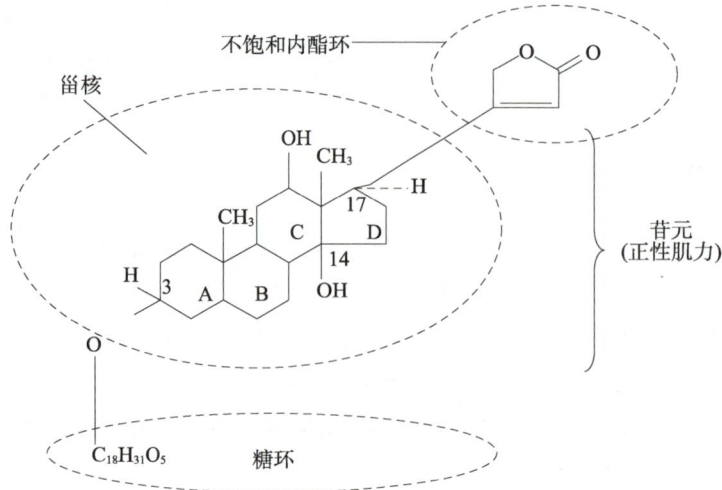

图 25 - 2 强心苷类化合物的化学结构

排出而形成肝肠循环，$t_{1/2}$ 长达 5 ~ 7 天，故属长效强心苷。中效类的地高辛口服生物利用度个体差异大，不同厂家、不同批号的相同制剂也有可能有较大差异，临床上应用时注意调整剂量。口服吸收的地高辛分布广泛，能通过血 - 脑屏障，约 25% 与血浆蛋白结合，2/3 的地高辛以原型经肾脏排出，$t_{1/2}$ 为 36 小时。肠道细菌迟缓真杆菌可将地高辛的转化为无活性的代谢物，因此红霉素、四环素等抗菌药抑制肠道细菌生长，可提高地高辛的血药浓度，而增加其毒性反应。毛花苷丙及毒毛花苷 K 口服不吸收，需静脉注射，绝大部分以原型经肾脏排出，显效快，作用维持时间短，属短效类。

【药理作用及作用机制】各种强心苷的药理作用基本相同，只是作用的强弱、起效的快慢和药效持续的长短有所差异。

1. 对心脏的作用

（1）正性肌力作用（positive inotropic action） 强心苷对心脏具有高度选择性，具有直接加强心肌收缩力作用，这一作用在衰竭的心脏表现特别明显。强心苷提高心肌最高张力和最大缩短速率，使心脏收缩有力而敏捷。其作用具有以下几个特点：①加快心肌纤维缩短速度，使心肌收缩敏捷，因此舒张期相对延长；②对衰竭且已扩大的心脏，在加强心肌收缩力时，不增加甚至可减少心肌的耗氧量；③强心苷对正常人和心力衰竭患者心脏都有正性肌力作用，但只增加心力衰竭患者心搏出量。因为强心苷收缩正常人血管，会提高正常人外周阻力，所以对心搏出量无影响，而心力衰竭患者用强心苷后，反射性降低交感神经活性，不会增加外周阻力，可提高心排血量。

强心苷正性肌力作用的基本机制是增加兴奋时心肌细胞内的 Ca^{2+} 含量（图 25 - 3）。

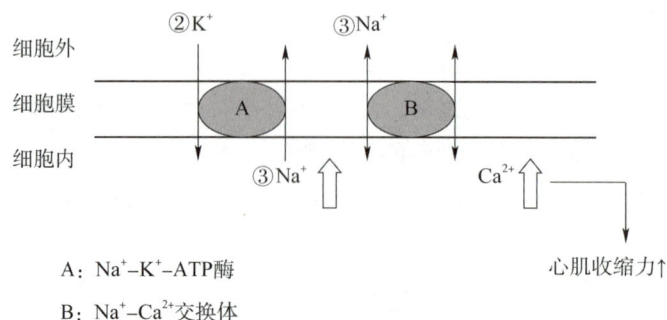

A：Na^+–K^+–ATP酶
B：Na^+–Ca^{2+}交换体

图 25 - 3 强心苷作用机制示意图

强心苷可以抑制细胞膜上的 Na^+, K^+-ATP 酶，致使心肌细胞内游离 Ca^{2+} 浓度升高。目前认为 Na^+, K^+-ATP 酶是强心苷的特异性受体，强心苷与其结合，抑制酶的活性，使细胞内 Na^+ 逐渐增加，K^+ 逐渐减少，然后由于细胞内 Na^+ 浓度的升高，又通过细胞膜上 Na^+-Ca^{2+} 双向交换系统，使胞内 Na^+ 外流增加，Ca^{2+} 内流增加或者使 Na^+ 内流减少，Ca^{2+} 外流减少，最终导致细胞内 Ca^{2+} 浓度升高，从而增加心肌的收缩性。

（2）负性频率作用（negative chronotropic action）　强心苷可使 CHF 患者心率减慢，但对正常心率影响小。强心苷通过增强心肌收缩力，增加心排出量，反射性提高迷走神经兴奋性，抑制窦房结，减慢心率。强心苷也可能具有直接增强迷走神经活性和抑制交感神经活性的作用。强心苷减慢心率的作用，使得心脏舒张期延长，有利于增加静脉回流，有利于提高心输出量，也使得心脏更加充分休息并获得更多冠脉供血，对心力衰竭患者十分有利。

（3）对传导组织和心肌电生理特性的影响　治疗量的强心苷对窦房结及心房传导组织的自律性几乎无直接作用。但由于强心苷减慢心率、增强心肌收缩力，从而间接兴奋迷走神经，使窦房结自律性降低，房室结传导减慢。减慢房室传导是强心苷减少心房颤动时心室频率的重要药理学基础。

强心苷能提高浦肯野纤维的自律性并缩短其有效不应期（effective refractory period，ERP）：中毒剂量强心苷能直接抑制浦肯野纤维 Na^+, K^+-ATP 酶，使细胞内缺钾，使最大舒张电位绝对值减小而接近阈电位，从而增加浦肯野纤维自律性；同时亦可使浦肯野纤维的 ERP 也缩短，这是高浓度时强心苷中毒时出现室颤或室性心动过速的机制。

强心苷间接兴奋迷走神经，加速心房肌细胞 K^+ 外流，也会引起心房 ERP 缩短。这也是强心苷使房扑转为房颤的原因。同样，由于兴奋迷走神经，加速 K^+ 外流，使心房肌细胞最大舒张电位加大（负值更大），加快了心房肌的传导速度。

表 25-1　强心苷对心肌电生理特性的作用

电生理特性	窦房结	心房	房室结	浦肯野纤维
自律性	↓			↑
传导性		↑	↓	
有效不应期		↓		↓

2. 对神经-内分泌系统的作用　强心苷通过其正性肌力作用，不仅能兴奋迷走神经而间接地降低交感神经张力，还能直接抑制交感神经活性，降低 NA 水平。强心苷还能降低心衰患者血浆肾素活性，进而减少血管紧张素Ⅱ及醛固酮含量，对 CHF 时过度激活的 RAAS 产生拮抗作用。而中毒剂量的强心苷则通过中枢和外周作用升高交感神经活性，并引起中枢兴奋。

3. 对肾脏的作用　强心苷对 CHF 患者有明显的利尿作用。一方面是由于其正性肌力作用后使得肾血流量增加所致，另一方面与其直接抑制肾小管 Na^+-K^+-ATP 酶，减少肾小管对 Na^+ 的重吸收，促进 Na^+ 和水的排出有关。

4. 对血管的作用　强心苷能直接收缩血管，增加外周阻力，升高血压，减少局部血流，这一作用与交感神经系统及心排血量的变化无关。但 CHF 患者用药后，因交感神经活性降低的作用超过直接收缩血管的效应，因此血管阻力下降，心排出量增加。

【临床应用】

1. 治疗心力衰竭　CHF 对强心苷的反应取决于心肌的功能状况及心力衰竭的病因，在疗效上个体差异很大。

（1）强心苷对伴有房颤或心室率较快的心力衰竭疗效最好。

（2）对心脏瓣膜病、先天性心脏病及心脏负担过重（如高血压）引起的 CHF 疗效良好。

（3）对甲状腺功能亢进、严重贫血及维生素 B_1 缺乏等能量产生障碍的 CHF 疗效较差，因为这些疾病主要由于心肌收缩所需能量的产生或贮存发生障碍，强心苷对此很难奏效。

（4）对肺源性心脏病、活动性心肌炎以及严重心肌损害引起的 CHF，疗效也较差，因为这些情况下，心肌伴有严重缺氧，能量产生有障碍。

（5）机械性阻塞如缩窄性心包炎、重度二尖瓣狭窄等引起的心力衰竭，强心苷疗效很差或无效，因为这些情况主要矛盾是心室舒张受到限制，心收缩力虽可增加，但心排出量仍少，不能改善心力衰竭的症状，应进行手术治疗。

2. 治疗某些心律失常　强心苷抑制房室传导和减慢心率的作用，可用于治疗心房纤颤、心房扑动和阵发性室上性心动过速。但强心苷有诱发心室颤动的危险，因此室性心动过速禁用强心苷。

【不良反应及其防治】强心苷治疗安全范围小，一般治疗量已接近中毒剂量的 60%，而且生物利用度及患者对强心苷敏感的个体差异大，所以容易发生不同程度的毒性反应。特别是当低血钾、高血钙、低血镁、心肌缺氧、酸碱平衡失调、发热、肾功能不全等诱因存在时更易发生。

强心苷中毒最常见的早期症状为胃肠道反应，表现为厌食、恶心、呕吐和腹泻等。剧烈呕吐可导致失钾而加重强心苷中毒。此外，中枢神经系统中毒症状可见头痛、眩晕、失眠、噩梦、幻觉，以及视觉障碍，如黄、绿视症和视物模糊等。视觉异常通常是强心苷中毒的先兆，可作为停药指征。心脏毒性是最严重的中毒反应，常见室上性或室性心律失常及房室传导障碍。

防治强心苷中毒，首先应注意避免诱发因素，如低血钾、低血镁、高血钙、心肌缺血；还应警惕中毒先兆症状，如视觉障碍、室性期前收缩、窦性心动过缓低于 50 ~ 60 次/分，应及时停药；另外，监测强心苷血药浓度有助于及早发现，一般地高辛血药浓度在 3ng/ml，洋地黄毒苷在 45ng/ml 即可诊断为中毒。一旦出现强心苷中毒，首先应停用强心苷。对过速性心律失常者可静脉滴注钾盐，轻者口服。因为细胞外 K^+ 可减少强心苷与膜 Na^+, K^+ - ATP 酶结合。补钾时不可过量，同时还要注意患者的肾功能，以防止高血钾发生。

严重室性心律失常者，还可用苯妥英钠治疗，它与强心苷竞争 Na^+, K^+ - ATP 酶，恢复其活性。也可用利多卡因解救室性心动过速及心室纤颤。对危及生命的极严重中毒患者，宜用地高辛抗体 Fab 片段作静脉滴注，它能迅速结合并能中和地高辛。

对强心苷中毒时的心动过缓或二、三度房室传导阻滞等缓慢型心律失常，不宜补钾，宜用阿托品解救，无效时采用快速起搏。

【药物相互作用】奎尼丁可从组织中置换结合态的地高辛，其他抗心律失常药胺碘酮、钙通道阻滞药、普罗帕酮可使地高辛血药浓度升高 70%，引起缓慢型心律失常，因此合用时酌减地高辛用量；苯妥英钠等增加地高辛的清除而降低其血药浓度。拟肾上腺素药可提高心肌自律性，使心肌对强心苷的敏感性增高，而导致强心苷中毒。排钾利尿药可导致低血钾而加重强心苷毒性，呋塞米还能促进心肌细胞钾外流，所以合用时，应根据患者肾功能状况适量补钾。

第四节　利尿药

利尿药在心衰的治疗中起着重要的作用，目前仍作为一线药物广泛用于各种心力衰竭的治疗。利尿药促进 Na^+、H_2O 的排泄，减少血容量，降低心脏前负荷，改善心功能；降低静脉压，消除或缓解静脉淤血及其所引发的肺水肿和外周水肿。对 CHF 伴有水肿或有明显淤血者尤为适用。此外，利尿药通过促进 Na^+ 的排出，降低血管内皮细胞中 Na^+ 含量而减少 Na^+ - Ca^{2+} 交换，降低血管张力和收缩性，而降低心脏后负荷，改善心脏泵血功能。

对轻度 CHF，单独应用噻嗪类利尿药多能收到良好疗效；对中、重度 CHF 或单用噻嗪类疗效不佳者，可用袢利尿药，或合用噻嗪类与保钾利尿药；对严重 CHF、慢性 CHF 急性发作、急性肺水肿或全身水肿者，噻嗪类药物常无效，宜静脉注射呋塞米。保钾利尿药作用较弱，多与其他利尿药如袢利尿药和噻嗪类药物等合用，能有效拮抗 RAAS 激活所致的醛固酮水平的升高，增强利尿效果及防止失钾，还可抑制胶原增生和防止纤维化。

大剂量利尿药可减少有效循环血量，反射性兴奋交感神经，加重组织器官灌流不足，减少肾血流量，加重肝肾功能障碍，导致心力衰竭恶化。利尿药引起的电解质平衡紊乱是 CHF 时诱发心律失常的常见原因之一，特别是与强心苷类合用时更易发生。应注意补充钾盐或与保钾利尿药合用。

第五节　β 受体阻断药

20 世纪 80 年代以来人们对心力衰竭发生机制的认识产生了根本性的转变，认为神经内分泌系统的过度激活会通过多种机制加速衰竭心脏的恶化。β 受体阻断药在治疗 CHF 中，由禁忌到提倡，是近年来治疗 CHF 的重要进展之一。

选择性 $β_1$ 受体阻断药（美托洛尔、比索洛尔、阿替洛尔）和兼有 $α_1$ 受体阻断作用的制剂（拉贝洛尔、卡维地洛）是临床上治疗 CHF 的常用药物。

一、β 受体阻断药在治疗 CHF 中的作用机制以及临床应用

β 受体阻断药治疗 CHF 的作用机制可能与下列因素有关（图 25 - 4）。

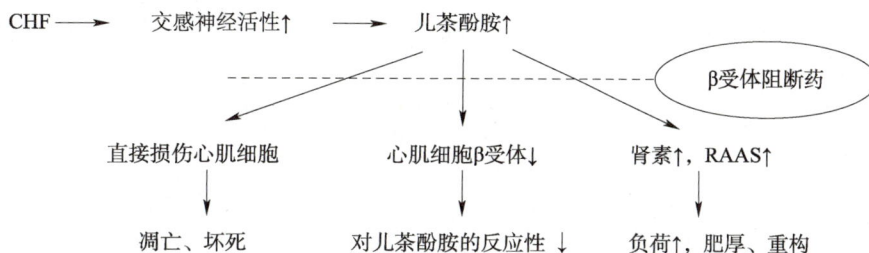

图 25 - 4　心力衰竭时交感神经激活及 β 受体阻断药的干预

（一）对心功能与血液动力学的作用

β 受体阻断药对心功能的影响是双向的。短期效应是血压下降、心率减慢，心输出量减少，心功能恶化。这是对心脏的抑制作用，也是传统认为 β 受体阻断药禁用于 CHF 治疗的原因。但长期使用后，可通过减慢心率，延长左室充盈时间，增加心肌血流灌注，减少心肌耗氧量，从而明显改善心功能与血流动力学变化。

（二）抑制交感神经过度兴奋

交感神经系统激活是 CHF 时神经体液变化的最重要因素。β 受体阻断药通过阻断心脏的 β 受体，拮抗过量的儿茶酚胺对心脏的毒性作用；防止过量的儿茶酚胺所引起的大量 Ca^{2+} 内流，避免心肌细胞坏死；上调心肌 β 受体的数目以及恢复其信号转导能力，改善心肌对儿茶酚胺的敏感性等作用来治疗 CHF。

（三）抑制 RAAS 激活

β 受体阻断药可以抑制肾素的释放，减少 Ang Ⅱ 及醛固酮的形成，使血管扩张、水钠潴留减少，从

而降低前、后负荷，防止和逆转心肌与血管重构，改善心功能。

（四）抗心律失常

β 受体阻断药可显著降低 CHF 的猝死发生率。心源性猝死多发于清晨，这也与儿茶酚胺清晨分泌高峰有关。因而 β 受体阻断药防止猝死的作用是其他心血管药物无可比拟的，β 受体阻断药是唯一能通过减少猝死而降低总死亡率的抗心律失常药物。

（五）抗缺血作用

冠心病心力衰竭患者，β 受体阻断药有明确的抗心肌缺血作用及预防心肌梗死患者再梗的作用。这些益处与其能减慢心率、降低心肌耗氧量等作用有关。

大量的临床试验证实，β 受体阻断药在治疗 CHF 中，能明显降低患者的死亡率和猝死率，提高患者的生活质量。NYHA（New York Heart Association）心功能分类是按诱发心力衰竭症状的活动程度将心功能的受损状况分为四级，在射血分数小于 35%，NYHA Ⅱ - Ⅲ级的患者中，除了应用 ACE 抑制药/AT₁ 受体阻断药和利尿药减轻症状外，可以常规应用 β 受体阻断药，尤其扩张型心肌病患者尤为适宜。NYHA 心功能Ⅳ级的心衰患者，需待病情稳定（4 天内未静脉用药，已无液体潴留且体重恒定）后，在专科医师指导下应用。使用时须注意不能擅自停药或加量。

二、β 受体阻断药治疗 CHF 时的注意事项

应用 β 受体阻断药治疗 CHF 时，应该注意下列情况。

（1）用药至少 3 个月后再评价药效。一般心功能改善的平均起效时间为 3 个月，心功能改善与治疗时间呈正相关，长期使用对预后有明显效果。

（2）应该从小剂量开始，酌情加量，最终达到患者既能耐受又不至于引起 CHF 的剂量，一开始剂量过大会导致 CHF 加重。

（3）在充分使用利尿药、ACE 抑制药和地高辛的基础上，心功能相对稳定后，使用 β 受体阻断药。

（4）正确选择适应证，对扩张型心肌病 CHF 的疗效最好。

卡维地洛在治疗 CHF 中疗效显著，是美国 FDA 第一个批准为正式治疗 CHF 的 β 受体阻断药。但 β 受体阻断药在治疗 CHF 中的应用尚需不断总结经验，对严重心动过缓、严重左室功能减退、明显房室传导阻滞、低血压及支气管哮喘患者慎用或禁用。

第六节　扩血管药

扩血管药物因迅速降低心脏的前后负荷可改善急性心力衰竭症状，但多数扩血管药不能降低病死率。扩血管药是临床上治疗心功能不全的辅助用药，多用于正性肌力药物和利尿药无效的 CHF 或顽固性 CHF。

扩血管药硝酸酯类对肺静脉压明显升高及肺淤血症状显著的患者作用较好，可扩张静脉，使静脉回心血量减少，降低心脏的前负荷，进而缓解肺部淤血症状；肼屈嗪则宜作用于外周阻力升高及心输出量明显减少的患者，可扩张小动脉，降低外周阻力，降低心脏的后负荷，增加心输出量，增加动脉供血，缓解组织缺血，并弥补或抵消因小动脉扩张而可能发生的血压下降和冠状动脉供血不足等不利影响；而对肺静脉压和外周阻力均升高及心输出量明显降低者，宜选用哌唑嗪、卡托普利等，或合用硝酸酯类与肼屈嗪。

第七节　非苷类正性肌力药

非苷类正性肌力药，在短期内应用可以获得一定疗效，但长期应用时不良反应较多，可增加病死率，甚至缩短生存时间，故不宜作为常规药物使用。

1. 儿茶酚胺类　β受体激动药如多巴胺（dopamine）和多巴酚丁胺（dobutamine）可激动β受体，加强心肌收缩性，增加心输出量。主要用于强心苷反应不佳或禁忌者，尤其伴有心率减慢或传导阻滞的患者。

异布帕明（ibopamine）作用与多巴胺相似，激动 D_1、D_2、β和α受体。可增加心排出量。

2. 磷酸二酯酶抑制药　磷酸二酯酶抑制剂能抑制磷酸二酯酶（phosphodiesterase，PDE），使cAMP水平增高，增加细胞内 Ca^{2+} 浓度，发挥正性肌力作用和血管舒张双重作用，缓解心衰症状。

氨力农（amrinone）是第一个用于临床的磷酸二酯酶抑制剂，但其副作用较多。米力农（milrinone），对PDE - Ⅲ的选择性更高，强心活性为氨力农的10~20倍，具有显著的正性肌力作用和扩血管作用，可以口服，不良反应少。

3. 钙增敏药　钙增敏药可以增强肌纤维丝对 Ca^{2+} 的敏感性，在不增加细胞内的 Ca^{2+} 浓度的条件下，增强心肌收缩力，多数药物都兼有PDE - I的作用，其代表药物为匹莫苯（pimobendan）等。

第八节　钙通道阻滞药

钙通道阻滞药用于治疗CHF的机制为：①具有扩张外周动脉作用，降低外周阻力，减轻心脏后负荷，改善CHF的血流动力学障碍；②扩张冠状动脉，对抗心肌缺血；③改善舒张功能障碍，可缓解钙超载，改善心室的松弛性和僵硬度。但临床报道，短效钙通道阻滞药如硝苯地平、地尔硫䓬、维拉帕米等可以使CHF症状恶化，增加CHF患者的病死率，原因可能与其负性肌力作用及反射性激活神经内分泌系统有关，因此短效钙通道阻滞药不适用于CHF治疗。

长效钙通道阻滞药如氨氯地平和非洛地平可用于CHF治疗。氨氯地平和非洛地平作用出现较慢，维持时间较长，舒张血管作用强；负性肌力作用以及反射性神经 - 内分泌方面的不利作用较弱；降低左室肥厚的作用与ACEI相当。氨氯地平还有抗动脉粥样硬化、抗TNF - α等作用。长期应用可以治疗左室功能障碍伴有心绞痛、高血压的患者，也可降低缺血患者的病死率。

钙通道阻滞药最佳适应证是继发于冠心病、高血压以及舒张功能障碍的CHF，尤其是其他药物无效的病例。但对于CHF患者伴有房室传导阻滞、低血压、左室功能低下伴有后负荷低以及有严重收缩功能障碍的患者，不宜应用钙通道阻滞药。

目标检测

答案解析

1. 抗充血性心力衰竭的药物有哪些？代表药物？
2. 目前β受体阻断药应用于心衰的药理学依据是什么？
3. 试述在治疗慢性心衰中RAS阻断药的应用价值？
4. 简述强心苷正性肌力作用的机制。

5. 简述强心苷的不良反应及中毒的防治措施。

（来丽娜）

书网融合……

本章小结　　　　　微课　　　　　题库

第二十六章　抗心绞痛药

学习目标

1. 掌握　硝酸酯类、β受体阻断药、钙离子通道阻滞药的抗心绞痛药理作用、临床应用、作用机制及主要不良反应。

2. 熟悉　抗心绞痛药物联合应用。

3. 了解　心绞痛的概念、分型及基本病理生理机制。

4. 具备正确选用抗心绞痛药物的能力。

心绞痛（angina pectoris）是暂时性心肌缺血缺氧引起的以胸痛或胸部不适为主要特征的临床综合征，主要病理生理基础是冠状动脉病变引起的心肌需氧与供氧的平衡失调。临床常用的抗心绞痛药物主要包括以下三大类。

1. 硝酸酯类　硝酸甘油、硝酸异山梨酯、单硝酸异山梨酯等。

2. β受体阻断药　普萘洛尔、美托洛尔、卡维地洛等。

3. 钙离子通道阻滞药　硝苯地平、地尔硫䓬、维拉帕米等。

由于冠状动脉粥样硬化斑块破裂诱发血小板聚集和血栓形成是诱发不稳定型心绞痛的重要因素，临床应用抗血小板药阿司匹林有助于减少心梗死亡危险。另外还有一些新型的抗心绞痛药如尼可地尔可通过促进 K^+ 离子通道开放扩张血管而产生抗心绞痛作用。近年来研究发现血管紧张素 I 转化酶抑制药通过改善心血管重构，对动脉粥样硬化时心血管的病理有一定的逆转作用。

案例引导

临床案例　患者，女，68 岁，既往高血压病史 20 余年，3 天前劳累后出现胸痛，位于心前区，呈憋闷感，伴颈部紧缩感，休息后自然缓解，舌下含服"硝酸甘油"胸痛也可缓解，今日就诊于我院门诊，心电图检查提示 ST 段轻度压低，心肌酶正常。诊断：高血压、冠心病、心绞痛。治疗：阿司匹林每次 100mg，1 次/日，单硝酸异山梨酯每次 20mg，2 次/日，阿托伐他汀钙片每次 20mg，1 次/晚。

问题　1. 心绞痛发作的主要病理生理学基础是什么？

2. 硝酸甘油为什么舌下含服，其缓解心绞痛的机制是什么？

3. 抗心绞痛药物使用时有哪些注意事项？

第一节　概　述

一、心绞痛分型

心绞痛典型临床表现为阵发性、突发性的胸骨后压榨性疼痛并向心前区或左上肢放散。按照世界卫生组织"缺血性心脏病的命名及诊断标准"，临床上将心绞痛分为以下三种类型（表 26-1）。

表 26 - 1 心绞痛的类型

类型	特点	分型 根据病程、发作频率及转归分
劳累性	由体力活动劳累、精神应激或其他增加心肌需氧量的因素诱发，休息或舌下含服硝酸甘油可缓解	①稳定型；②初发型；③恶化型
自发性	疼痛发作与心肌需氧量增加无明显关系，多发生于安静状态，症状重、持续时间较长，含服硝酸甘油不易缓解	卧位型（休息或熟睡时发生）、变异型（冠状动脉痉挛所致）、中间综合征及梗死后心绞痛
混合性	心肌需氧量有或无明显增加时都可能发生	

临床上将初发型、恶化型及自发性心绞痛通称为不稳定型心绞痛。

二、心绞痛的病理生理基础

冠状动脉粥样硬化引起心肌供血障碍是心绞痛发生的常见病理基础。心肌缺血、缺氧时，组织中无氧酵解代谢产物如乳酸、丙酮酸等以及组胺、类似激肽样多肽、K^+、H^+等物质在心肌组织聚积，刺激心肌自主神经传入纤维末梢引起疼痛。

（一）影响心肌供氧的因素

心肌氧供取决于动脉血氧含量、冠脉血流量、心肌摄氧率。正常情况下，动脉血氧含量已处于较高水平，心肌细胞摄取血液氧含量的65%～75%，已接近于极限，因此改善心肌供氧的方法主要是增加冠状动脉的血流量。影响冠状动脉血流量的因素如下。

1. 冠脉循环的灌注压 冠脉循环由冠状动脉、毛细血管和静脉组成，冠脉循环灌注压是指冠状动脉起始至静脉回流到右心房终末部的动静脉压力差，在其他条件不变时，升高动脉压或降低心室内压使压力差增大，冠状动脉血流量增多。

2. 冠脉血管阻力 冠状动脉是给心脏供血供氧的重要血管，其口径的大小对冠脉血流量起着主要作用。正常的冠状动脉有很大的储备能力，在运动和缺氧情况下通过冠脉扩张，降低血管阻力，冠脉血流量可增加数倍。心肌缺血时，正常状态下关闭的侧支循环血管通路开放，对改善心肌供血有一定作用。

3. 心脏舒张时间 心室收缩期，随着心室内压的增大冠脉血流迅速减少，在舒张期心室才能得到足够的血液供应，因此舒张期的长短也是决定心肌血流量的重要因素。

（二）影响心肌耗氧的因素

1. 心肌收缩力 与心肌耗氧量成正比，心肌收缩力增强、收缩速度加快均可使心肌的机械做功增加而增加心肌耗氧量。

2. 心率 心率与心肌耗氧量成正比。

3. 心室壁张力 心室壁张力越大，维持张力所需的能量越多，心肌耗氧量就越大。心室壁张力与心室内压力（相当于收缩期动脉血压）和心室容积成正比，与心室壁厚度成反比。心室内压增高与心室容积增大均可使心肌耗氧量增加。

心肌缺血时，会出现有氧代谢障碍、心肌细胞凋亡甚至坏死等病理生理学变化，因此心绞痛持续发作得不到及时缓解则可能发展为急性心肌梗死，故应采取有效的治疗措施及时缓解心绞痛。

心绞痛通常见于冠状动脉至少一支主要分支管腔直径狭窄≥50%的患者，动脉粥样硬化引起冠状动脉狭窄或部分分支闭塞时，其血流量减少，冠脉扩张性减弱，冠脉循环的储备能力下降，因而对动脉粥样硬化性心脏病依靠增加冠状动脉的血流量来增加心肌组织供氧是有一定限度的，因此，降低心肌组织对氧的需求量即成为治疗心绞痛的最主要治疗对策之一。

第二节　硝酸酯类 📱微课

常用的硝酸酯类药物有：硝酸甘油、硝酸异山梨醇酯、单硝酸异山梨醇酯等。

硝酸甘油

【体内过程】硝酸甘油（nitroglycerin）口服给药首过消除达90%以上，生物利用度非常低，故临床上多采用舌下含服给药，迅速达到有效血药浓度。因其脂溶性高，硝酸甘油也可经皮肤吸收，将2%硝酸甘油软膏涂抹在前臂皮肤或贴膜剂贴在胸部皮肤，可维持较长时间有效浓度。经口腔颊膜吸收也是硝酸甘油的缓释给药方式之一。

【药理作用】硝酸甘油显著松弛血管平滑肌，扩张动静脉血管、冠状血管，是其抗心绞痛的药理作用基础。

1. 降低心肌耗氧量　硝酸甘油在最小有效剂量即可显著扩张静脉血管，特别是较大的静脉血管，从而减少回心血量，心室容积明显缩小，降低心室壁张力，从而减少心肌耗氧量。稍大剂量的硝酸甘油也可显著舒张动脉血管，特别是较大的动脉血管，降低了心脏的射血阻力，从而降低左室内压，降低心室壁张力而降低心肌耗氧量。

2. 增加心肌缺血区供血供氧

（1）选择性扩张冠状动脉，增加病变缺血区的供血供氧　冠状动脉从心外膜垂直于心脏表面的方向穿入心室壁呈网状分布于心内膜下。当冠状动脉粥样硬化或痉挛而发生狭窄时，缺血区的阻力血管因缺氧，局部代谢产物如腺苷、CO_2、乳酸等堆积而处于代偿性舒张状态，此时缺血区阻力比非缺血区阻力小。硝酸甘油选择性扩张冠状动脉较大的心外膜输送血管，扩张侧支循环血管，尤其在冠状动脉痉挛时舒张作用更为明显，而对小的阻力血管的舒张作用较弱。用药后将改变心肌血流分布，迫使血液顺压力差从输送血管经侧支血管流向阻力相对小的缺血区，从而增加病变缺血区的血液供应（图26-1 B）。如果药物具有明显扩张冠脉阻力血管的作用，血液将流向非缺血区阻力血管，反而使缺血区血流量减少，引起窃血现象，如药物双嘧达莫就有这种作用（图26-1 C）。

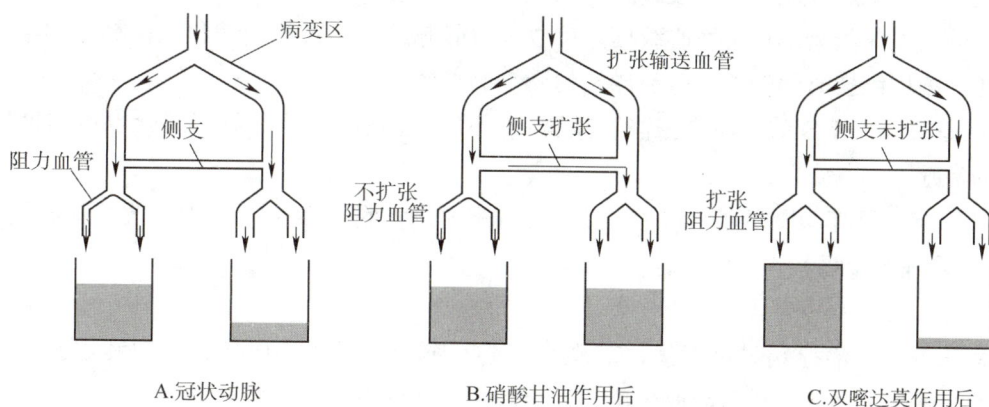

图 26-1　硝酸甘油和双嘧达莫对心肌缺血区血流量的影响

（2）增加心内膜-相对缺血区的供血供氧　心内膜下血流易受心室内压及心室壁肌张力的影响，是相对缺血区。当心绞痛发作时，因心肌组织缺血缺氧，左室舒张末压增高，降低了心外膜血流与心内膜血流的压力差，使心内膜下区域缺血更为严重。硝酸甘油扩张静脉血管，减少回心血量，降低心室容积，降低左室充盈压；扩张动脉血管，降低射血阻力，降低心室内压，从而加大了心外膜与心内膜之间的血流压力差，有利于血液从心外膜流向心内膜缺血区。

🌐 知识链接

冠状动脉的走行与分布

　　冠状动脉起始于主动脉根部分，分左右两支，行于心脏表面。正常情况下，它对血液的阻力很小，从心外膜进入心壁的血管，一类成丛状分散支配心室壁的外、中层心肌（丛支）；一类垂直进入室壁直达心内膜下（穿支），直径几乎不减，并在心内膜下与其他穿支构成弓状网络，然后再分出微动脉和毛细血管。丛支和穿支在心肌纤维间形成丰富的毛细血管网，供给心肌血液。冠状动脉在心肌内行走，易受心肌收缩的影响，心脏收缩时血液不易通过，只有当其舒张时，心脏方能得到足够的血流。

　　3. 其他作用　硝酸甘油具有保护缺血心肌细胞的作用。硝酸甘油通过释放一氧化氮（NO），促进内源性的前列环素（PGI_2）、降钙素基因相关肽（CGRP）等物质生成，这些物质对心肌细胞具有直接保护作用，还可通过诱导心肌缺血预适应状态而起到保护心肌的作用。硝酸甘油能增强缺血心肌的电稳定性，提高室颤阈，消除折返，改善房室传导等，减少缺血心肌并发症。此外，硝酸甘油通过释放 NO 激活血小板中的鸟苷酸环化酶，使血小板中 cGMP 增多从而产生抑制血小板聚集和黏附的作用。

　　【作用机制】硝酸甘油自身作为 NO 的供体释放出 NO，具有明显舒张血管平滑肌的作用。NO 与其受体可溶性鸟苷酸环化酶（GC）活性中心的 Fe^{2+} 结合后，可激活 GC，增加细胞内第二信使 cGMP 的含量，进而激活 cGMP 依赖性蛋白激酶，减少细胞外 Ca^{2+} 内流和细胞内 Ca^{2+} 释放，细胞内 Ca^{2+} 减少使肌球蛋白轻链去磷酸化而松弛血管平滑肌，血管扩张。扩血管作用还与 NO 促进 PGI_2、CGRP 的合成及释放有关，CGRP 能激活血管平滑肌细胞的 ATP 敏感型钾通道，从而使平滑肌细胞膜超极化，产生强烈的扩血管效应。

　　【临床应用】

　　1. 各种类型心绞痛　对劳累性心绞痛、变异型心绞痛、不稳定型心绞痛硝酸甘油均有良好的作用。舌下含服或气雾吸入硝酸甘油能迅速缓解急性发作，舌下含服后 1~3 分钟即可起效，疗效持续 20~30 分钟。对严重的、发作频繁的自发性心绞痛，可以采取静脉给药方式。硝酸甘油口颊片和经皮吸收制剂吸收缓慢，血药浓度维持时间较长，但易导致耐受性的发生。

　　2. 充血性心衰　由于硝酸甘油扩张静、动脉，可降低心脏前、后负荷，因此也可辅助用于急慢性充血性心衰的治疗。

　　3. 急性呼吸衰竭及肺动脉高压　硝酸甘油可舒张肺血管，降低肺血管阻力，改善肺通气。

　　【不良反应及注意事项】

　　1. 血管扩张反应

　　（1）低血压反应，治疗剂量可发生，表现为恶心、呕吐、虚弱、出汗、苍白和虚脱，尤其在直立位时，舌下含服用药时患者应尽可能取坐位，以免因头晕而摔倒。偶见晕厥。

　　（2）头痛、面颈部潮红　可为剧痛和呈持续性，由于颈部、脑血管舒张，颅内压增高引起。

　　（3）心动过速　血压过度下降会导致冠状动脉灌注压过低，反射性兴奋交感神经导致心率加快、心肌收缩性加强，使耗氧量增加而加重心绞痛发作。

　　（4）眼内血管扩张则可升高眼内压，青光眼患者慎用。

　　2. 高铁血红蛋白血症　硝酸酯类产生的亚硝酸根离子可以将血红蛋白中的亚铁离子氧化成高价铁，高铁血红蛋白携氧能力很差，导致发绀、组织缺氧，呕吐现象，常因剂量过大或频繁用药引起。成人较少发生，婴幼儿由于肠道菌群转化能力很强，甚至能把无机硝酸盐转化为亚硝酸根离子，因此使用较大剂量的硝酸酯类药物可能使血浆亚硝酸根离子水平很高而产生严重的毒性。治疗方法是静脉注射亚甲蓝。

3. 耐受性　硝酸甘油连续静脉滴注或透皮给药超过 24 小时，连续口服 2 周左右，即可产生耐受性，停药 1 周后耐受性可消失。不同的硝酸酯类药物之间存在交叉耐受性。耐受性产生的可能机制：①使细胞内—SH 氧化消耗；②硝酸酯类的扩血管作用使机体代偿性激活交感神经系统、肾素 - 血管紧张素系统、钠、水潴留，抵消 NO 的扩血管作用。耐受性常发生于用药剂量大或反复应用过频。因此补充含—SH 的乙酰半胱氨酸，避免大剂量给药、采用间歇疗法，联合应用 ACEI 及利尿药对减少耐受性有一定帮助。

其他硝酸酯类药物特点见表 26 - 2。

表 26 - 2　其他硝酸酯类药物特点

药物名称	特点	用途
硝酸异山梨酯	口服生物利用度30%，肝脏代谢活性产物2 - 单硝酸异山梨酯（15% ~25%）和5 - 单硝酸异山梨醇酯（75% ~85%，扩张血管活性更强），剂量个体差异大，起效较慢5 ~30 分钟	作用较弱，用于预防用药或心绞痛的长期治疗
单硝酸异山梨酯	5 - 单硝酸异山梨醇酯，口服生物利用度90% ~100%，15 分钟起效，维持6 ~10 小时	预防、治疗心绞痛，与强心苷类及（或）利尿剂合用治疗慢性心衰

第三节　β 肾上腺素受体阻断药

β 肾上腺素受体阻断药不仅可以减轻症状，减少心绞痛发作次数，改善心肌缺血，心肌梗死后患者长期使用还可改善预后，减低病死率。

【抗心绞痛作用】

1. 降低心肌耗氧量　心肌缺血者在心绞痛发作时，交感神经兴奋，心肌局部和血中儿茶酚胺含量显著增加，使心肌收缩力增强、心率加快、血管收缩，从而使心肌耗氧量增加。同时因心率加快，心室舒张时间相对缩短，冠脉供血减少，因而加重心肌缺血缺氧。β 受体阻断药通过阻断 β 受体，拮抗儿茶酚胺的作用，使心肌收缩力减弱，心率减慢，可明显减少心肌耗氧量。但它抑制心肌收缩力使心脏排血不充分，增加了心室容积，导致心肌耗氧增加，但总效应仍是减少心肌耗氧量。

2. 改善心肌缺血区供血供氧　心脏 β 受体阻断后，由于心率减慢，心舒张期相对延长，有利于血液从心外膜血管流向易缺血的心内膜区。冠状动脉 β 受体阻断后，α 受体相对占优势，易致冠状动脉收缩，冠脉总血流量减少，但可使冠脉血流重新分布，因为非缺血区阻力血管较之因缺氧已经代偿扩张的缺血区阻力血管来说收缩更明显，所以非缺血区与缺血区血管张力差促使血液流向缺血区。此外，β 受体阻断药也可增加缺血区侧支循环，从而增加缺血区血流量。

3. 其他　阻断 β 受体，可抑制脂肪分解酶活性，减少心肌游离脂肪酸含量；改善心肌缺血区心肌对葡萄糖的摄取和利用，改善糖代谢；促进氧合血红蛋白结合氧的解离而增加心脏供氧。

【临床应用】该类药物普萘洛尔、吲哚洛尔、噻吗洛尔及选择性 β₁ 受体阻断药美托洛尔、醋丁洛尔、比索洛尔等均可用于治疗心绞痛。

1. 稳定型心绞痛　β 受体阻断药是慢性稳定型心绞痛患者改善心肌缺血的最主要药物，应逐步增加到最大耐受剂量。长期使用能缩短缺血时间，减少心绞痛发作次数，由于其减慢心率、降低血压的作用，对伴有心律失常和高血压的患者尤为适用。

2. 不稳定型心绞痛　对控制症状，预防缺血复发和猝死及改善其近远期预后均有好处。变异型心绞痛不宜应用，因冠脉 β 受体被阻断，α 受体相对占优势，易致冠状动脉痉挛加剧。

3. 心肌梗死 能缩小梗死区范围，减少缺血心肌心律失常的发生，还能降低病死率。

【**不良反应**】心动过缓者、严重心功能不全、二或三度房室传导阻滞、低血压、支气管哮喘、慢性阻塞性肺疾病患者不宜应用。应根据症状、心率、血压等调整剂量，停用时应逐渐减量，突停可致心绞痛加剧或（和）诱发心肌梗死或猝死。长期应用对血脂也有影响。

第四节 钙通道阻滞药

钙离子通道阻滞药是临床用于预防和治疗心绞痛的常用药，主要是选择性作用于 L 型 Ca^{2+} 通道的三类药物，非选择性钙离子通道类药物哌克昔林、普尼拉明等也有一定应用。

【**抗心绞痛作用及机制**】

1. 降低心肌耗氧量 阻滞心肌 Ca^{2+} 通道，使心肌细胞内 Ca^{2+} 减少，从而使心肌收缩力减弱，心率减慢；阻滞血管平滑肌 Ca^{2+} 通道，使血管平滑肌松弛，主要舒张动脉，使外周血管扩张，心脏负荷减轻，从而使心肌耗氧量减少。其中硝苯地平扩张血管作用强，维拉帕米对心脏抑制作用强。

2. 舒张冠状血管，增加心肌供血供氧 本类药物显著扩张冠脉，对较大的输送血管及小阻力血管都有作用，特别是对处于痉挛状态的血管有显著解除痉挛的作用。此外还可开放侧支循环，还有促进血管内皮细胞产生及释放内源性 NO 而产生扩张血管的作用，从而改善心肌缺血区的供血供氧。

3. 其他

（1）保护缺血心肌细胞 心肌缺血时，细胞膜对 Ca^{2+} 的通透性增加，外排能力减弱，使胞内 Ca^{2+} 积聚，特别是线粒体内 Ca^{2+} 超载，从而失去氧化磷酸化的能力，促使细胞死亡。Ca^{2+} 通道阻滞药通过抑制外钙内流，减轻缺血心肌细胞的 Ca^{2+} 超载现象而保护心肌细胞。

（2）抑制血小板聚集 钙通道阻滞药阻滞血小板膜表面的 Ca^{2+} 通道，阻滞 Ca^{2+} 内流，拮抗心肌缺血时儿茶酚胺诱导的血小板聚集。

【**临床应用**】

1. 各型心绞痛 由于钙通道阻滞药有显著解除冠状动脉痉挛的作用，因此变异型心绞痛是本类药最佳适用证。对稳定型心绞痛维拉帕米、硝苯地平、地尔硫䓬均可使用，不稳定型心绞痛维拉帕米、地尔硫䓬疗效较好。

2. 伴有其他疾病的心肌缺血患者 对伴有高血压或心律失常的心肌缺血患者可选其中某些药物。硝苯地平扩张外周血管反射性加速心率，不用于伴心律失常者。伴支气管哮喘、伴外周血管痉挛性疾病的心肌缺血患者，不宜用 β 受体阻断药，而钙通道阻滞药有松弛支气管平滑肌、扩张外周血管的作用，恰好适用。

各种钙通道阻滞药具有不同的特点及不良反应，见表 26-3，临床选药时应予以注意。

表 26-3 不同钙通道阻滞药抗心绞痛特点

药物名称	作用特点	临床应用	不良反应
硝苯地平	扩张冠脉缓解痉挛强 扩张外周小动脉作用强	变异型心绞痛首选 可与地尔硫䓬或 β 受体阻断药合用，增加疗效	短效药能引起低血压和反射性心率加快，可增加心肌梗死的危险
维拉帕米	心脏抑制作用强 扩血管作用弱 扩张冠脉作用较弱	特别适用于伴心律失常的心绞痛患者 多用于心绞痛合并支气管哮喘不能使用 β 受体阻断药的患者 对变异型心绞痛多不单用本药	明显减慢心率、抑制心肌收缩力 对伴心衰、窦房结或明显房室传导阻滞的心绞痛患者禁用

续表

药物名称	作用特点	临床应用	不良反应
地尔硫䓬	心脏抑制、血管扩张作用介于上述两药之间 对周围血管扩张作用较弱 扩张冠状动脉作用较强	变异型、稳定型和不稳定型心绞痛都可应用。30~60mg，每天 3~4 次。可与硝酸硝酸酯类合用，可与 β 受体阻断药合用，但需密切观察心率和心功能	窦性心动过缓、伴房室传导阻滞或左心功能不全患者禁用

【抗心绞痛药合用】硝酸酯类和 β 受体阻断药合用可减少用量，协同降低心耗氧量，互相取长补短，减少不良反应（如通常以普萘洛尔与硝酸异山梨酯合用，普萘洛尔能对抗硝酸酯类所引起的反射性心率加快和心肌收缩力增强；硝酸酯类可缩小普萘洛尔所致的心室容积增大和心室射血时间延长）。但合用时由于两类药都可降压，如血压下降过多，冠脉流量减少，对心绞痛反而不利。

钙通道阻滞药与 β 受体阻断药联合应用可以治疗心绞痛，特别是硝苯地平与 β 受体阻断药合用更为安全。β 受件阻断药可消除钙通道阻滞药引起的反射性心动过速，后者可抵消前者收缩血管作用。临床证明对心绞痛伴高血压及运动时心率显著加快者最适宜。维拉帕米，地尔硫䓬具有抑制心功能的作用，与 β 受体阻断药合用可明显抑制心肌收缩力和传导，应慎重。

第五节　其他抗心绞痛药物

一、血管紧张素转化酶抑制药

卡托普利、雷米普利等血管紧张素转化酶抑制药（ACEI）减少血管紧张度，降低心室壁张力，扩张冠脉增加心肌供血，抑制缓激肽的降解，缓激肽促进 NO、PGI_2 生成，两者均可舒张血管，改善心肌缺血现象，ACEI 类还能抑制心血管重构。因此在高血压、心力衰竭、心肌梗死、糖尿病等患者降低心血管事件的疗效已经大量临床试验证实。

二、K^+ 通道激活剂

尼可地尔

尼可地尔（nicorandil）激活血管平滑肌细胞膜 K^+ 通道，促进 K^+ 外流，使细胞膜超极化，还有释放 NO，减少细胞内 Ca^{2+} 的作用，使血管平滑肌松弛，冠脉血管扩张供血增加，减轻 Ca^{2+} 超载对缺血心肌细胞的损害。主要适用于变异型和慢性稳定型心绞痛，且不易产生耐受性。

三、NO 的供体

吗多明

吗多明（molsidomine）在肝脏的代谢产物能作为 NO 的供体，释放 NO，通过与硝酸酯类相似的作用机制，扩张血管降低心肌耗氧量，也可以扩张冠脉，改善心肌供血。舌下含服或喷雾吸入用于稳定型心绞痛或心肌梗死伴高充盈压者。起效慢，作用持久，长期用药易致氧化损伤。

另外抗血小板药阿司匹林小剂量（75~150mg/d）有改善预后、预防心肌梗死的作用，对阿司匹林过敏或不能应用者，氯吡格雷可作为替代治疗。

目标检测

答案解析

1. 影响心肌耗氧、心肌供氧的因素主要有哪些？
2. 抗心绞痛药物分类和代表药有哪些？
3. 硝酸酯类与 β 受体阻断药合用治疗心绞痛的药理学基础是什么？
4. 钙通道阻滞药与 β 受体阻断药合用治疗心绞痛的药理学基础是什么？
5. 硝酸甘油产生耐受性的机制及改善方法有哪些？

（来丽娜）

书网融合……

本章小结　　　　微课　　　　题库

第二十七章　抗动脉粥样硬化药

学习目标

1. 掌握　洛伐他汀、非诺贝特、考来烯胺的药理作用、作用机制、临床应用及主要不良反应。

2. 熟悉　烟酸和依折麦布的药理作用特点及临床应用。

3. 了解　普罗布考和其他调血脂药物的药理作用及临床应用。

4. 具备应用本章知识拟定临床高脂血症药物治疗方案的能力。

动脉粥样硬化（atherosclerosis，AS）是缺血性心脑血管疾病的主要病理学基础，其发生与发展的因素众多，其中以脂质代谢紊乱最早被认识。AS 主要病理改变为动脉壁上胆固醇沉积，受累动脉壁形成动脉粥样硬化斑块（atheroma），导致血管壁硬化、管腔狭窄和血栓形成。近年来，AS 引起的冠心病、脑卒中等心脑血管疾病的发病率与死亡率呈明显上升趋势。AS 的早期或轻症治疗一般采取饮食疗法，无效或重症者则采取药物治疗，可以采用手术介入治疗或基因治疗等。具有抗 AS 作用的药物统称为抗动脉粥样硬化药（antiatherosclerotic drugs）。常用药物包括调血脂药、抗氧化剂、多烯脂肪酸类、黏多糖和多糖类等具有动脉内皮保护作用的药物。

知识链接

冠心病二级预防

冠心病的二级预防是对于已有冠心病的患者，严格控制危险因素，防止心血管事件复发和心力衰竭。其目的在于降低冠心病的致死率和致残率，改善生存和生活质量。冠心病二级预防措施包括非药物干预（治疗性生活方式改善和运动康复）与药物治疗以及心血管危险因素的综合防控，这些措施相结合有助于最大程度改善患者的预后，其目的在于降低冠心病的致死率和致残率，改善生存和生活质量，冠心病的二级预防用药应遵从"ABCDE"原则。所谓的"ABCDE"均为英文缩写的字头：A，抗血小板治疗（anti‑platelet therapy）、血管紧张素转化酶抑制剂（ACEI）；B，β 受体阻断剂（beta blocker）、血压控制（blood pressure control）；C，血脂控制（cholesterol lowering）、戒烟（cigarette quitting）；D，饮食（diet）、糖尿病控制（diabetes control）；E，运动（exercise）、教育（education）。

第一节　调血脂药

血脂是血浆中所含脂肪和类脂等脂类的总称，包括胆固醇（cholesterol，Ch）、三酰甘油（triglyceride，TG）、磷脂（phosphlipid，PL）和游离脂肪酸（free fatty acid，FFA）等。胆固醇分为游离胆固醇（free cholesterol，FC）和胆固醇脂（cholesterol ester，CE），两者相加为总胆固醇（total cholesterol，TC）。由于脂质不溶于水或微溶于水，它们在血浆中与载脂蛋白（apoprotein，apo）结合形成血浆脂蛋白后才能溶于血浆，进行转运和代谢。血浆载脂蛋白包括乳糜微粒（chylomicron，CM）、极低密度脂蛋白（very low density lipoprotein，VLDL）、中间密度脂蛋白（intermediate density lipoprotein，IDL）、低密度脂蛋白（low density lipoprotein，LDL）、高密度脂蛋白（high density lipoprotein，HDL）以及脂蛋白（a）[lipoprotein（a），LP（a）]等。

血浆脂蛋白水平与 AS 的形成有密切关系。血浆总胆固醇（TC）、极低密度脂蛋白-胆固醇（VLDL-C）、低密度脂蛋白-胆固醇（LDL-C）以及脂蛋白（a）[LP（a）]的升高，高密度脂蛋白（HDL）的降低均可以导致 AS 的发生。其中尤以氧化 LDL 在促进 AS 的发展中占有重要的地位。

各种脂蛋白在血浆中的浓度相对稳定并维持相对平衡，一旦比例失调为脂代谢失常，某些血脂或脂蛋白高出正常范围则称为高脂血症（即高脂蛋白血症）。高脂血症分为原发性和继发性两种。原发性高脂血症病因尚不清楚，可能与调控脂蛋白的基因突变有关，多为先天性遗传性疾病，可有家族史，亦称为家族性高脂蛋白血症。继发性高脂血症主要继发于某种疾病，最常见的如糖尿病、肾病综合征、高血压、甲状腺功能低下、酒精中毒、免疫性疾病和某些药物的影响如服用避孕药等。降血脂药物可以通过调整血浆脂质或脂蛋白的紊乱进而治疗高脂血症，以产生抗 AS 作用。根据世界卫生组织的建议，一般将高脂蛋白血症分为六型（表 27-1），其中Ⅱ型和Ⅲ型致动脉粥样硬化风险较大。临床主要使用的调血脂药物包括：他汀类、胆汁酸结合树脂、烟酸类、贝特类等。

表 27-1　原发性高脂蛋血症分类

类型	升高的脂蛋白	TC	TG	动脉粥样硬化发生的危险
Ⅰ	CM	↑→	↑↑	—
Ⅱa	LDL	↑↑	→	高度
Ⅱb	LDL + VLDL	↑↑	↑↑	高度
Ⅲ	βVLDL	↑↑	↑↑	中度
Ⅳ	VLDL	↑→	↑↑	中度
Ⅴ	CM + VLDL	↑	↑↑	—

注：↑，浓度增加；→，无变化；—，不明显。

一、主要降低 TC 和 LDL 的药物

（一）HMG-CoA 还原酶抑制剂

血浆总胆固醇（TC）和低密度脂蛋白-胆固醇（LDL-C）升高与 AS 的发生和发展密切相关。羟甲基戊二酸单酰辅酶 A 还原酶抑制药（HMG-CoA reductase inhibitors，他汀类药物，statins）为目前临床上治疗 TC 和 LDL-C 升高的首选调血脂药物。第一个应用于临床的 HMG-CoA 还原酶抑制剂为从红曲霉中提取得到的霉菌代谢产物洛伐他汀（lovastatin），并于 1987 年被批准为降血脂药。现临床常用的药物包括洛伐他汀（lovastatin）、辛伐他汀（simvastatin）、普伐他汀（pravastain）、阿伐他汀（atorvastatin）、氟伐他汀（fluvastatin）、西立伐他汀（cerivastatin）等。目前，这类药物不仅是一线调血脂药物，也是冠心病一级和二级预防药物，成为冠心病治疗的标准药物。

【体内过程】他汀类药物均具有二羟基庚酸结构，为内酯环或开环羟基酸，但内酯环必须转化成相应的开环羟基酸才具有药理活性。洛伐他汀和辛伐他汀是无活性的前药，口服吸收后，经肝脏代谢为有活性的开环羟酸衍生物而发挥作用。他汀类药物均能被肠道吸收，很少进入外周组织，具有较高的首关消除。大部分经肝脏代谢，多数经胆汁排泄，约 5% ~20% 由肾脏排泄。常用的他汀类药物代谢动力学特点见表 27-2。

表 27 - 2　常用他汀类药物代谢动力学特点

药物	口服吸收率（%）	血浆蛋白结合率（%）	生物利用度（%）	半衰期（小时）	肝代谢率（%）	肾排泄率（%）	达峰时间（小时）
洛伐他汀	30	>95	<5	3	≥70	<13	2～4
辛伐他汀	85	>95	<5	1.5～2	50	<13	1～2
阿伐他汀	-	98	40.7	12～57.6	≥80	2.3	2～4
普伐他汀	34	40～55	10～26	1.8	≥90	43～48	1～1.5

注：-，未知。

【药理作用】　他汀类药物有相似的药理作用，即调血脂及非调血脂两方面作用。

1. 调血脂作用　肝脏是合成内源性胆固醇的主要场所（约占总量的20%）。在肝细胞质中，胆固醇合成的限速酶为 HMG - CoA 还原酶，它催化具有开环羟酸结构的 HMG - CoA 转化成为甲羟戊酸（mevalonic acid，MVA），MVA 进一步生成法尼焦磷酸、鲨烯，最终合成胆固醇。

他汀类药物因其本身或其代谢的结构与 HMG - CoA 相似，可竞争性地抑制 HMG - CoA 还原酶，使 MVA 形成发生障碍，进而阻碍内源性胆固醇在肝脏中的合成。同时，肝细胞内胆固醇的降低促使 LDL 受体蛋白上调，使血浆中大量的 LDL 经 LDL 受体途径代谢为胆汁酸而排出体外，从而降低血浆 LDL 水平。胆固醇合成减少也可促使肝合成载脂蛋白 B 减少，使 VLDL 减少，HDL 水平升高。

2. 非调脂作用　他汀类对心脑血管疾病的治疗作用得益于其多种非调脂作用，这些作用在临床越来越受到重视。他汀类非调脂作用包括：① 抑制脂蛋白的氧化修饰作用；② 抗炎作用和稳定动脉粥样硬化斑块；③ 抑制血管平滑肌细胞增殖；④ 免疫调节；⑤ 保护血管内皮功能；⑥ 抑制血小板的黏附、聚集和血栓形成；⑦ 延缓巨噬细胞泡沫化等，这些作用都有助于防治动脉粥样硬化病变。

3. 肾保护作用　他汀类药物不仅可通过降低胆固醇保护肾脏，还可通过抗炎、免疫抑制、抗骨质疏松等作用，减轻肾脏损伤。

【临床应用】

1. 调血脂　他汀类药物用于原发性高胆固醇血症、杂合子家族性高胆固醇血症、Ⅲ型高脂蛋白血症以及糖尿病性和肾性高脂血症。

2. 肾病综合征　他汀类药物对肾功能有一定的保护和改善作用，该作用除与调血脂作用有关外，也可能与其可以抑制肾小球系膜细胞的增殖、延缓肾动脉硬化有关。

3. 血管成形术后的再狭窄　血管成形术后再狭窄的发生与 AS 的形成有类似性，他汀类药物有一定的预防作用。

4. 预防心血管急性事件　他汀类药物可增加 AS 斑块的稳定性或使斑块缩小，减少心肌梗死和脑卒中的发生。

5. 其他　缓解器官移植后的排异反应和治疗骨质疏松。

【不良反应】　不良反应较轻且少见，但儿童、孕妇、哺乳期妇女及肝、肾功能异常者不宜使用，原有肝病病史者慎用。部分患者有胃肠道反应、失眠和皮疹等反应；严重者可出现胆汁淤积和转氨酶升高，停药后可恢复；或出现机制不明的骨骼肌溶解症，早期用药应注意观察肌酶谱和肌肉症状；诱发白内障。

【禁忌证】　儿童、孕妇、哺乳期及计划妊娠的妇女；过敏或有肌病的患者禁用。低血压、大手术、外伤、急重症感染、严重代谢和内分泌疾患、未控制的癫痫均为诱发肾功能衰竭和骨骼肌溶解的危险因素，应禁用所有种类的他汀类药物。

【药物相互作用】　与苯氧酸类、大环内酯类抗生素（红霉素和克拉霉素）、烟酸、环孢素 A、贝特类药物合用可增加骨骼肌溶解症的发生率或使其加重，应避免合用。

洛伐他汀

洛伐他汀（lovastatin）是从红曲霉（或土曲霉）中提取的霉菌代谢产物，为无活性的内酯环型，口服 30 分钟后被吸收并经肝脏水解为开环羟酸呈现药理活性。为第一个应用于临床的 HMG – CoA 还原酶抑制剂。

调血脂作用稳定、可靠，呈剂量依赖性，一般用药 2 周即可出现效应，4～6 周可达到最佳治疗效果。临床主要是用于治疗以胆固醇升高为主的高脂蛋白血症，尤其对伴有 LDL 升高的患者疗效较好。

辛伐他汀

辛伐他汀（simvastatin）为洛伐他汀的甲基衍化物，为无活性的内酯环型，调血脂作用较洛伐他汀强，升高 HDL 和 apo – A1 的作用强于阿伐他汀。临床试验证明，长期应用能有效地降低胆固醇，延缓动脉粥样硬化病变的进展和恶化，减少心脏事件和不稳定心绞痛的发生。主要用于原发性、继发性高胆固醇血症的治疗，以预防 AS 的发生，控制冠心病的进展。

普伐他汀

普伐他汀（pravastain）为开环活性结构，口服吸收迅速，亲水性强，不易通过血 – 脑屏障。除具有稳定、安全的降脂作用外，还有非降脂作用如抑制单核 – 巨噬细胞向内皮的聚集和黏附、抗炎等作用，增加斑块稳定性，改变血小板的反应性。对急性冠脉综合征患者，早期应用能迅速改善内皮功能，减少冠脉再狭窄和心血管事件的发生。

阿伐他汀

阿伐他汀（atorvastatin）口服吸收迅速，不受食物影响，经肝代谢，产生的活性代谢产物的作用占总作用的大部分。在发挥调血脂的同时，尚可抑制血小板活性及改善胰岛素抵抗、抑制氧化应激、改善内皮功能等。

（二）胆酸结合树脂

胆固醇在体内代谢的主要途径是在肝内转化成胆汁酸，经胆总管排入肠道，正常情况下，95% 可在空肠和回肠被重吸收。胆汁酸结合树脂进入肠道后不被吸收，与胆汁酸牢固结合，阻碍胆汁酸的重吸收，干扰胆汁酸肝肠循环，促进胆固醇排泄，从而大量消耗胆固醇，使 TC 和 LDL – C 水平降低。代表药物为考来烯胺（cholestyramin）和考来替泊（colestipol）。

考来烯胺

考来烯胺又称消胆胺，为苯乙烯型强碱性阴离子交换树脂，不溶于水，在肠道内不易被吸收。

【药理作用】降低 TC、LDL – C 和载脂蛋白 B 水平，对 HDL 没有作用，对 TG 无降低作用甚至稍有升高。

口服考来烯胺后，在肠道通过离子交换，与胆汁酸牢固结合成不被吸收的胆汁酸螯合物，阻碍了胆汁酸的重吸收，促进其从肠道排出。胆汁酸大量的丢失，加速肝内 TC 的下降。肝内胆固醇经 7 – α 羟化酶的作用加速转化为胆汁酸，胆固醇向胆汁酸转化使肝中胆固醇的含量减少后，代偿性的增加肝细胞上 LDL 受体，使大量含胆固醇的 LDL 经受体进入肝细胞而被代谢，血浆 TC 和 LDL 水平降低。

另外，胆汁酸也是外源性胆固醇吸收所依赖的必需物质，被结合的胆汁酸失去活性后，也减少脂质（包括外源性胆固醇）的吸收。

本品可反馈性增强 HMG – CoA 还原酶活性，使胆固醇合成增加，因此，本类药物与他汀类合用可增强降脂作用。

【临床应用】 主要用于治疗以 TC 和 LDL – C 升高为主的高胆固醇血症以及 TG 水平正常，又不能使用他汀类的高胆固醇血症患者。对纯合子家族性高脂血症无效。

【不良反应】 不良反应较多，常见胃肠道不适，便秘等。长期应用，干扰脂溶性维生素（如维生素 A、D、K）的吸收；影响镁、铁、锌、脂肪及叶酸的吸收；出现出血倾向、骨质疏松、脂肪痢及高氯性血症。应适当补充维生素 A、D、K 等脂溶性维生素及钙盐。

【药物相互作用】 与 HMG – CoA 还原酶抑制剂合用有协同调血脂作用；与普罗布考合用既有协同调脂作用，又可减少不良反应；能减少华法林、地高辛、保泰松、甲状腺素、β 受体阻断剂和其他一些阴离子药物的吸收，应在给予本药物前 1 小时或 4~6 小时后使用。

（三）胆固醇吸收抑制药

依折麦布

依折麦布（ezetimibe）是第一个上市的胆固醇吸收抑制药，降低胆固醇的吸收，发挥调血脂的作用。

【体内过程】 口服吸收迅速，血药浓度达峰时间为 4~12 小时，$t_{1/2}$ 为 22 小时。主要在小肠和肝脏代谢，经葡萄糖醛酸化快速代谢为酚羟基葡萄糖醛酸化合物。代谢物及原型药经胆汁和肾脏排泄。

【药理作用】 本品附着于胆固醇的吸收部位 – 小肠绒毛的刷状缘，选择性的抑制饮食和胆汁中的胆固醇跨小肠壁转运到肝脏中，持久地抑制胆固醇的吸收，从而降低胆固醇和相关植物甾醇的吸收，使肝脏胆固醇储存减少，导致肝脏 LDL 受体合成增加，LDL 代谢加快，使血浆中 LDL – C 水平降低。

【临床应用】 适应于原发性高胆固醇血症、纯合子家族性高胆固醇血症、纯合子谷甾醇血症（或植物甾醇血症）。

【不良反应及应用注意】 不良反应较少，口服后少数患者出现转氨酶升高、血清肌酸激酶升高、血小板减少等不良反应。

怀孕或哺乳期妇女、10 岁以下儿童、活动性肝病、不明原因的血清转氨酶持续升高者及对本品过敏的患者禁用。

【药物相互作用】 本品临床常与他汀类药物连用，分别从胆固醇的内、外源性途径对血脂水平进行调节。

二、主要降低 TG 和 VLDL 的药物

（一）贝特类

本类药物亦称苯氧芳酸类药物，是从氯贝特（clofibrate）衍生出来的一组化合物，种类较多。主要包括吉非贝齐（gemfibrozi），非诺贝特（fenofibrate），苯扎贝特（benzafibrate）和环丙贝特（ciprofibrate）等，由于该类调脂药中多数药物的译名中含有"贝特"二字，故常将此类药物称作贝特类调脂药。

【体内过程】 口服吸收迅速而完全，血浆蛋白结合率为 92%~96%，不易分布到外周组织，在肝或肾脏代谢，主要与葡萄糖醛酸结合后经肾脏排泄。贝特类药物因结构不同，故代谢、半衰期也不完全相同，如吉非贝特和苯扎贝特为活性形式，吸收后发挥作用快，维持时间短，$t_{1/2}$ 为 1~2 小时；非诺贝特吸收后，需在体内水解为具有活性的酸性形式发挥作用，$t_{1/2}$ 为 20 小时。

【药理作用】 贝特类药物有相似的药理作用，即调血脂及非调血脂两方面作用。

1. 调血脂作用　贝特类能明显降低血浆 VLDL - C，亦降低 TG，中等程度降低 TC 和 LDL，升高 HDL 水平。贝特类通过激活过氧化物酶增殖激活受体 α（peroxisome proliferation activated receptor - α，PPAR - α）发挥作用。PPAR - α 激活后，可增加脂蛋白脂肪酶（lipoprotein lipase，LPL）和 apoA - Ⅰ、apoA - Ⅱ的基因表达，下调 apoC - Ⅲ的转录。LPL 能促进 CM 和 VLDL 分解代谢；apoA - Ⅰ增加使 HDL 合成增加。

2. 非调脂作用　贝特类具有抗凝血和降低血浆黏度，增加纤维蛋白溶解以及抗炎和改善胰岛素敏感性等作用。这些与降脂无关的作用对心血管疾病具有一定的治疗作用。

【临床应用】　主要用于治疗以 TG 或 VLDL 升高为主的高脂血症，如Ⅱb、Ⅲ、Ⅳ、Ⅴ型高脂血症；也可用于 2 型糖尿病的高脂蛋白血症治疗。对家族性高乳糜微粒血症、LDL 升高的患者无效。

【不良反应】　一般耐受良好。部分人可致腹痛、腹泻、恶心等。与剂量相关，减少用量，症状可减轻或消失，必要时需停药。少数出现过敏反应。还可见乏力、头痛、失眠、阳痿和轻度一过性转氨酶升高，用药早期应检测肝功能。偶见尿氮升高。

妊娠期、哺乳期妇女、胆石症患者以及肝、肾功能不良者禁用。小儿慎用。

【药物相互作用】　与口服抗凝药合用，因可增强抗凝药物的抗凝活性，应减少抗凝药物的剂量；对糖尿病患者，因其可轻度升高血糖，应适当调整胰岛素或口服降糖药的剂量。

非诺贝特

非诺贝特（fenofibrate）口服吸收快，约 50%～75% 被吸收，与食物同服能增加吸收，血浆蛋白结合率为 99%，在肝和肾组织代谢，$t_{1/2}$ 为 22 小时左右，65% 经肾脏排泄。其降低 TG 及混合性血脂异常较胆固醇作用明显，为血清 TG 升高为主的高脂血症的首选药物。

（二）烟酸类 🅔 微课

烟酸

烟酸（nicotinic acid）属 B 族维生素，大剂量时，产生明显的广谱降脂作用，但与其维生素作用无关。由于其不良反应限制了其临床应用，目前多用其副作用较少的衍生物如阿昔莫司、烟酸肌醇酯和烟酸维生素 E 酯等。

【体内过程】　口服吸收迅速而完全，约 1 小时达到血药峰浓度，血浆蛋白结合率低，广泛分布于各组织器官和体液。$t_{1/2}$ 约为 45 分钟。低剂量时多在肝脏代谢，大剂量时，原型药物经肾脏排出增加。

【药理作用】

1. 调脂作用　大剂量烟酸抑制肝脏合成 TG 和释放 VLDL，间接使 VLDL 的降解产物 LDL 水平降低；通过脂蛋白酶途径增加 VLDL 的清除，进一步使 TG 水平降低；升高 HDL，减少胆固醇摄取过程中 HDL 中 apoA - Ⅰ的摄取和分解，增强胆固醇的逆向转运。最近认为，烟酸是少有的降低 Lp（a）的药物。

2. 非调脂作用　增加 PGI_2 的合成、抑制 TXA_2 的生成以及减少纤维蛋白原含量，抗血小板聚集和扩张血管，抑制血栓形成和缓解动脉粥样硬化。

【临床应用】　为广谱调脂药物，可应用于除Ⅰ型以外的各种高脂血症，对Ⅱb 和Ⅳ型最好。与胆汁酸结合树脂或贝特类合用，可提高疗效。也可用于防治糙皮病等烟酸缺乏症。

【不良反应】　副作用较多，常见有面部皮肤潮红、瘙痒等，可能为前列腺素引起的皮肤血管扩张所致，严重者可于服药前 30 分钟给予阿司匹林以减轻症状。胃肠刺激症状如恶心、呕吐、腹泻等也常见。大剂量偶尔可见高血糖、高尿酸、肝功能异常和过敏反应。痛风、消化道溃疡、2 型糖尿病、肝功能异常者禁用，肾功能不良者慎用。

阿昔莫司

阿昔莫司（acipimox）为 1980 年发现的烟酸异构体。口服吸收快，2 小时达血药浓度高峰，$t_{1/2}$ 为 2 小时，以原型经肾脏排泄。药理作用与烟酸相似，但降脂作用更强更持久，不易致血糖和血尿酸升高，不良反应较少而轻。临床主要用于治疗 Ⅱ b、Ⅲ 和 Ⅳ 型高脂血症，也可用于治疗伴有 2 型糖尿病或伴有痛风的高脂血症患者。此外尚能降低血浆纤维蛋白和全血黏度。

第二节　抗氧化剂

氧自由基是机体氧化代谢的产物，具有强氧化性，可对 LDL 进行氧化修饰产生氧化型 LDL（oxydized LDL，ox – LDL）。ox – LDL 具有损伤血管内皮、诱导单核细胞黏附并向内皮下趋化以及促进巨噬细胞泡沫化的作用，促进 AS 的发生和发展。抗氧化剂如普罗布考、维生素 E、黄酮类化合物等可阻止 ox – LDL 的形成，具有抗动脉粥样硬化作用。

普罗布考

【体内过程】普罗布考（probucol）口服吸收不完全（＜10%，餐后服用可增加其吸收，生物利用度 5% ~ 10%）。一次服用临床剂量，24 小时达血药浓度峰值。$t_{1/2}$ 为 6 ~ 10 小时。吸收后主要分布于脂肪组织，脂肪中浓度可为血药浓度的 100 倍。可在脂肪蓄积，长期用药停药后，药物仍可在脂肪组织中保留数月。主要经胆汁由肠道排出。

【药理作用】

1. 调血脂作用　普罗布考通过影响脂蛋白代谢而调脂，可降低血浆中 TC、LDL，对 TG 和 VLDL 基本无影响。普罗布考也显著降低 HDL（25%），但认为是改变了 HDL 的结构与代谢功能，使其逆转运胆固醇的能力提高，更有利于 HDL 来发挥抗动脉粥样硬化的作用。

2. 抗氧化作用　普罗布考为强效脂溶性抗氧化剂，可阻止各种脂蛋白被氧化修饰，防止 ox – LDL 的形成及其所致 AS 作用。

3. 对动脉粥样硬化病变的影响　较长期应用，可使冠心病发病率降低，已经形成的动脉粥样硬化病变停止或消退，黄色瘤明显缩小或消除。

【临床应用】

（1）主要与其他调脂药物合用治疗高胆固醇血症，可使家族性高胆固醇血症患者肌腱等部位的黄色瘤消退。

（2）防治经皮冠状动脉腔内血管成形术（PTCA）后再狭窄。

（3）抗动脉粥样硬化，预防冠心病及心绞痛。

【不良反应】不良反应少而轻，10% 患者可出现胃肠道反应。还可致肝功能异常、血管神经性水肿、高血糖、高尿酸、血小板减少等。可延长 Q – T 间期，故禁用于 Q – T 间期延长者，也不宜与有 Q – T 间期延长作用的药物如奎尼丁等合用。孕妇及小儿禁用。

第三节　多烯脂肪酸类

多烯脂肪酸类（polyunsaturated fatty acids，PUFAs）又称多烯不饱和脂肪酸类，根据其不饱和键在脂肪酸链中开始出现的位置不同分为 $n – 3$（或 $\omega – 3$）和 $n – 6$（或 $\omega – 6$）两型。

一、n-3型多烯脂肪酸

n-3型PUFAs包括α亚麻油酸、二十碳五烯酸（eicosapentaenoic acid, EPA）和二十二碳六烯酸（docosahexaenoic acid, DHA）等长链PUFAs，主要存在于海洋生物藻、鱼及贝壳类中长期服用能预防AS的形成，并使斑块消退，药用有多烯康胶丸等鱼油制剂。

【药理作用】

1. 调血脂作用 EPA和DHA有明显调脂作用，降低TG和VLDL-C的作用较强，升高HDL。但对TC和LDL作用弱。DHA能降低TC和LDL-C，EPA作用弱。调脂作用可能与抑制肝脏合成TG和apoB，减少VLDL的生成，并促进VLDL转化为LDL，活化脂蛋白脂肪酶（lipoprotein lipase, LPL）促进VLDL分解有关。

2. 非调脂作用 抑制血小板聚集，增加红细胞的变形能力，降低血液黏滞度、扩张血管、抗血酸和防治动脉粥样硬化；抑制血管平滑肌细胞的增殖，预防再狭窄等。

【临床应用】 主要用于高TG性高脂血症，可明显改善心肌梗死患者预后。也可以用于糖尿病并发高脂血症患者。

【不良反应】 一般无不良反应，但长期或大量服用，可出现出血倾向。

二、n-6型多烯脂肪酸

n-6型PUFA主要来源于植物油，包括亚油酸（1inoleic acid, LNA）、γ-亚麻油酸（γ-1inoleic acid, γ-LNA）等。常用月见草油（evening primrose oil）和亚油酸（1inoleic acid）。有调血脂和抗AS作用，用于防治冠心病及心肌梗死等，但作用较弱。

第四节　黏多糖和多糖类

多糖类包括硫酸类肝素（heparan sulfate）、硫酸皮肤素（dermantan sulfate）、硫酸软骨素（chondroitin sulfate）及硫酸葡聚糖（dextran sulfate）等。这类药物含有大量负电荷，结合在血管内皮表面，阻止LDL与动脉壁结合，防止白细胞、血小板及有害因子的黏附，产生血管内皮保护作用，保护血管内皮免于损伤，也能抑制血管平滑肌细胞增生，防止再狭窄，同时兼有调脂、抗凝和抑制血小板聚集的作用，临床主要用于防治AS、心绞痛、心肌梗死以及血管再造术后再狭窄的预防。

藻酸双酯钠

藻酸双酯钠（polysccharide sulfate）为酸性多糖类药物，来源于海洋生物，有类肝素样生理活性。可降低血浆中胆固醇、三酰甘油、LDL、VLDL水平，升高HDL水平。尚具有降低血液黏度，扩张血管、改善微循环等作用。主要适用于高脂蛋白血症。对缺血性心脑血管疾病、高血压也有一定疗效。不良反应发生率为5%~23%，可见发热、头痛、心悸、烦躁、乏力、嗜睡、白细胞及血小板减少、血压降低、过敏反应等，也可出现子宫或结合膜下出血，肝功能及心电图异常等。有出血史及严重肝肾功能不良的患者禁用。

⇒ 案例引导

临床案例　患者，男，55 岁，血压升高 10 年，血脂增高 1 月入院。入院查体：血压 150/90mmHg，体型肥胖。心脏听诊正常，其余查体均正常。辅助检查：总胆固醇 6.23mmol/L，三酰甘油 4.69mmol/L，低密度脂蛋白 4.53mmol/L，高密度脂蛋白 0.92mmol/L；心电图提示正常心电图；空腹血糖 6.56mmol/L，餐后血糖 9.22mmol/L。诊断：高血压病；高脂血症；糖耐量异常。

问题　1. 如何选择调血脂药物？
　　　　　2. 在选择抗高血压药物时，哪些药物应该考虑对血脂的影响？

目标检测

答案解析

1. 调血脂药物的分类有哪些？代表药物是什么？
2. 贝特类药物的药理作用、不良反应及临床应用特点是什么？
3. 他汀类药物的药理作用、不良反应及临床应用特点是什么？
4. 考来烯胺的药理作用、不良反应及临床应用特点是什么？
5. 抗氧化剂普罗布考的药理作用有哪些？

（钱海兵）

书网融合……

本章小结　　　微课　　　题库

第五篇
作用于血液系统和内脏的药物

第二十八章　作用于血液系统药物

PPT

血液由血浆和血细胞组成，具有运输功能、防御保护功能，并参与内环境稳态维持与体液调节。要实现血液系统的生理功能，一是血液的组成要稳定，二是血液的流动要通畅。

血细胞包括红细胞、白细胞和血小板。血液中红细胞数目或血红蛋白含量长期低于正常值则出现贫血，白细胞数量长期减少则表现为感染，血小板数目不足则表现为出血。血浆由蛋白质、脂类、无机盐和大量其他化合物组成，大量失血或大面积烧伤可使血容量降低，血压下降，甚至可导致休克。

在生理情况下，体内血液凝固与抗凝、纤维蛋白的形成与溶解作用均保持动态平衡，从而起到防止出血、抑制血栓形成和保持血管内血流通畅的作用。一旦这种平衡遭到破坏，就会出现血栓栓塞性疾病或出血性疾病。

作用于血液系统的药物在临床上用于治疗贫血、出血、血栓形成、休克等血液系统的疾病，常用的药物可分为以下几类。

1. 与抗凝和促凝有关的药物　包括：①抗凝血药；②纤维蛋白溶解药；③抗血小板药；④促凝血药。

2. 促进血细胞生成的药物　如抗贫血药、造血细胞生长因子。

3. 增加血容量的药物　如血容量扩充药等。

第一节　抗凝血药

血液的凝固是由一系列凝血因子参与的蛋白质水解活化过程，包括内源性凝血和外源性凝血两条途径。血液凝固过程包括 3 个阶段。①凝血酶原激活物的形成：通过一系列凝血因子的相继激活，最后使因子 X 激活为 Xa，Xa、因子 V、Ca^{2+} 和血小板因子 3（PF_3）结合形成凝血酶原激活物。②凝血酶的形成：因子 Ⅱ（凝血酶原）被凝血酶原激活物激活成因子 Ⅱa（凝血酶）。③纤维蛋白的形成：可溶性因子 Ⅰ（纤维蛋白原）在 Ⅱa 作用下转变成因子 Ⅰa（纤维蛋白），然后聚合成纤维蛋白多聚体，最后形成难溶的纤维蛋白（图 28 - 1）。

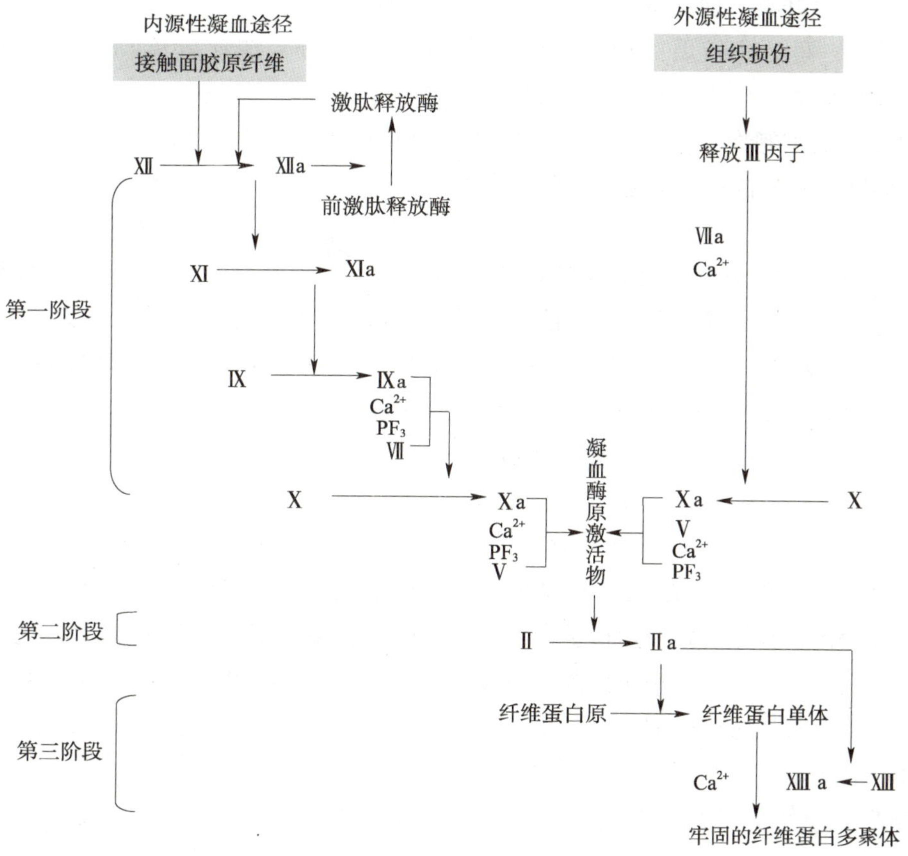

图 28 - 1 血液凝固过程示意图

抗凝血药（anticoagulants）是指通过干扰某些凝血过程而阻止血液凝固的药物，临床上主要用于血栓栓塞性疾病的预防和治疗。

一、肝素

肝素（heparin）因最早在肝脏中发现而得名。药用肝素多由猪小肠黏膜或牛肺脏中提取，其化学结构为 D - 葡萄糖胺、D - 葡萄糖醛酸和 L - 艾杜糖醛酸交替连接而成黏多糖的硫酸酯，带负电荷，呈强酸性。普通肝素的分子量为 3 ~ 30 kDa。

【体内过程】肝素为大分子物质，口服不易吸收，肌内注射易引起局部出血和刺激症状，故常静脉给药。80% 与血浆蛋白结合，不能通过胸膜、腹膜和胎盘，不进入乳汁。主要在肝脏中被肝素酶所破坏，部分肝素可经肾脏排泄，其余部分经肝网状内皮系统等清除。其 $t_{1/2}$ 因剂量而异。肺气肿、肺栓塞患者半衰期缩短，肝、肾功能障碍患者半衰期明显延长。

【药理作用及作用机制】

1. 抗凝作用 肝素在体内、体外均有强大抗凝作用，可延长凝血时间，静脉注射给药起效迅速，维持时间 3 ~ 4 小时。肝素主要通过激活血浆中的抗凝血酶Ⅲ（antithrombin Ⅲ，AT Ⅲ）而实现抗凝作用。AT Ⅲ是凝血酶Ⅱa 及凝血因子Ⅸa、Ⅹa、Ⅺa 和Ⅻa 等含丝氨酸残基蛋白酶的抑制剂，其结构中的精氨酸残基能以肽键与凝血因子活性中心的丝氨酸残基结合，使上述凝血因子失活，产生抗凝作用。肝素能与 AT Ⅲ 所含的赖氨酸残基形成可逆性复合物，引起 AT Ⅲ 构象改变，暴露出精氨酸活性位点，使 AT Ⅲ 的精氨酸残基更易与凝血酶的丝氨酸残基结合，从而加速 AT Ⅲ 对凝血因子 Ⅱa、Ⅸa、Ⅹa、Ⅺa 和 Ⅻa 等的灭活。肝素可加速此过程达 1000 倍以上。

2. 抗血小板聚集 肝素可抑制凝血酶诱导的血小板聚集。

3. 降血脂 肝素可促进脂蛋白脂酶从组织释放到血浆中，加速乳糜微粒和极低密度脂蛋白（VLDL）分解，发挥调血脂作用。但停用肝素后，此作用立即消失。

4. 其他 肝素还有抑制血管平滑肌增生、抗炎、降低血黏度、促纤溶、抗补体等作用。肝素可通过调血脂、保护动脉内皮和抗血管平滑肌细胞增殖等作用而产生抗动脉粥样硬化效应。

【临床应用】

1. 血栓栓塞性疾病 能防止血栓形成与扩大，如肺栓塞、脑栓塞、心肌梗死、深部静脉血栓和外周动脉血栓形成等，以及心血管手术及外周静脉术后血栓形成。但对已形成的血栓无溶解作用。

2. 弥散性血管内凝血（DIC） 用于各种原因如脓毒血症、胎盘早剥、恶性肿瘤溶解等所致的 DIC。早期应用，可防止因纤维蛋白原和其他凝血因子耗竭而发生的继发性出血。

3. 体外抗凝 可用于心血管手术、心导管检查、血液透析、体外循环等。

【不良反应】

1. 自发性出血 肝素在应用过量时可引起自发性出血，表现为各种黏膜出血、关节积血、组织出血等。因此，应适当控制剂量，监测凝血酶原时间和部分凝血活酶时间。轻度出血停药即可，如出血严重应立即停药，并缓慢静脉注射硫酸鱼精蛋白解救。硫酸鱼精蛋白精氨酸含量高，呈强碱性，可以离子键与肝素结合而使之失效，1 mg 鱼精蛋白能中和 100U 肝素。活动性出血、血友病、紫癜、血小板减少症、颅内出血、毛细血管通透性增加、胃肠道溃疡、亚急性心内膜炎、严重高血压患者及先兆流产者禁用肝素。手术期间和手术后不宜用肝素。

2. 血小板减少症 约 25% 患者在用药后 2~14 天出现血小板减少，可能与免疫反应有关，停药后可恢复。

3. 过敏反应 偶发皮疹、荨麻疹、药热、哮喘、鼻炎等。

4. 其他 长期用药还可致脱发、骨质疏松和自发性骨折等。妊娠妇女应用可引起早产及胎儿死亡，故妊娠期妇女禁用。

低分子量肝素

低分子量肝素（low molecular weight heparin，LMWH）是普通肝素经化学或酶法解聚而得，相对分子量小于 6.5kDa。与普通肝素相比较具有以下特点：①选择性高，可选择性抑制凝血因子 Xa 活性，对凝血酶及其他的凝血因子影响较小，使抗血栓作用与致出血作用分离，保持了肝素的抗血栓作用而降低了出血的危险，出血并发症少；②对血小板功能的影响较小，体内激活的血小板释放的血小板因子 4（PF_4）可抑制普通肝素的作用，而 LMWH 则由于分子量小而较少受 PF_4 的抑制；③生物利用度高、半衰期长。LMWH 皮下注射的 $t_{1/2}$ 为 200~300 分钟，是普通肝素的 2~4 倍；④骨质疏松的发生率低，LMWH 使骨骼中钙的丢失比普通肝素少。

目前 LMWH 已逐渐取代普通肝素用于临床，常用的制剂有依诺肝素、替地肝素、那屈肝素等。

二、香豆素类

香豆素类（coumarin）为人工合成口服抗凝血药，包括双香豆素（dicoumarol）、华法林（warfarin，苄丙酮香豆素）、醋硝香豆素（acenocoumarol，新抗凝）等，均具有 4 - 羟基香豆素的基本结构（图

28-2），药理作用与临床用途相似。

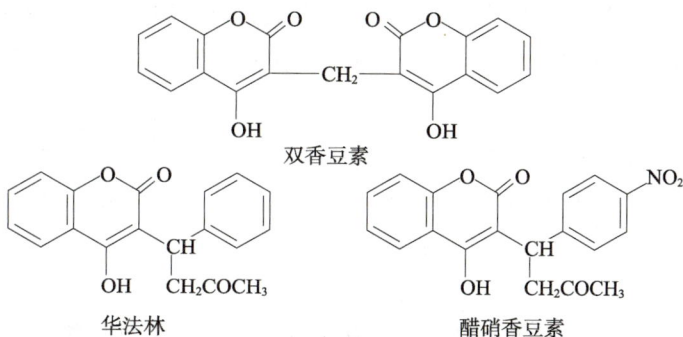

图 28-2 香豆素类药物化学结构

【体内过程】华法林口服吸收快而完全，与血浆蛋白结合率达99%以上，可通过胎盘屏障，主要在肝脏代谢，代谢产物经肾排出，半衰期长。双香豆素吸收慢且不规则，吸收后几乎全部与血浆蛋白结合，与其他血浆蛋白结合率高的药物同服时，可增加双香豆素的游离药物浓度，甚至诱发出血。醋硝香豆素大部以原型经肾脏排出。

【药理作用及作用机制】维生素K是肝脏γ-羧化酶的辅酶，参与凝血因子Ⅱ、Ⅶ、Ⅸ、Ⅹ以及内源性抗凝血蛋白C和蛋白S的肽链末端谷氨酸残基的γ-羧化作用，羧化后的结构是这些因子活化、并与钙和膜磷脂结合的必要结构。经过羧化反应，氢醌型维生素K转变为环氧型维生素K，后者可经环氧还原酶作用还原为氢醌型，继续参与羧化反应。

香豆素类药物结构与维生素K相似，是维生素K拮抗剂，通过抑制肝脏维生素K环氧还原酶，阻止维生素K从环氧型向氢醌型的转变，阻碍维生素K的反复利用，阻断凝血因子Ⅱ、Ⅶ、Ⅸ、Ⅹ的γ-羧化，阻止其活化，从而产生抗凝作用（图28-3）。能干扰维生素K合成、吸收及代谢的药物也会影响香豆素类药物的抗凝作用。

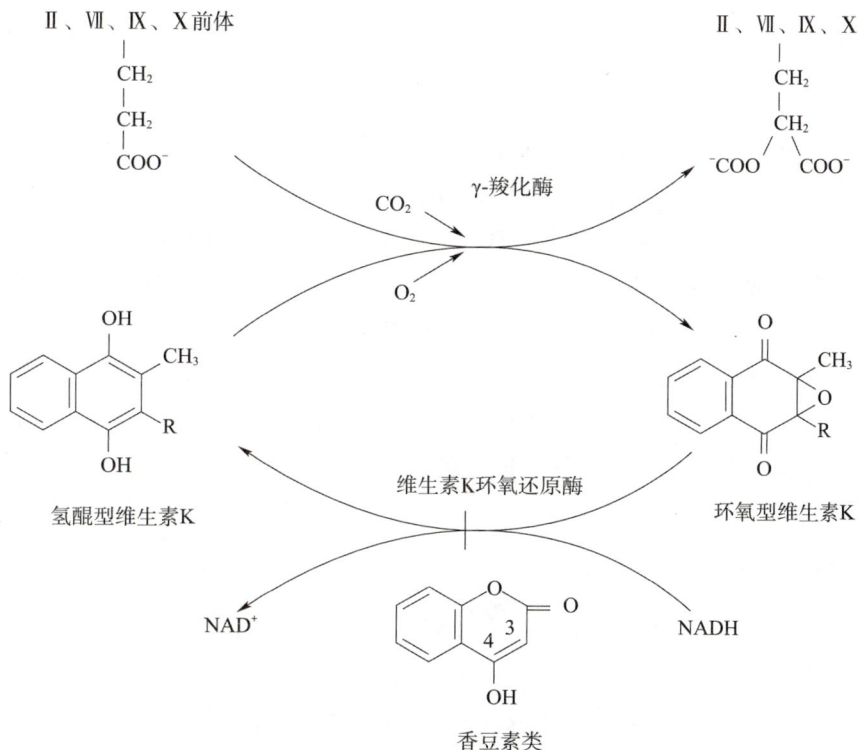

图 28-3 香豆素抗凝作用机制

对已经合成的凝血因子 Ⅱ、Ⅶ、Ⅸ、Ⅹ，香豆素类药物并无直接对抗作用，必须待这些因子在体内相对耗竭后，才能发挥抗凝效应，所以起效缓慢，口服需经 12～24 小时出现作用，且只有体内抗凝作用。停药后，凝血因子恢复正常水平尚需一定时间，故作用维持时间长，停药后抗凝作用可维持 2～5 天。

【临床应用】 主要用于防治血栓栓塞性疾病，如肺栓塞、脑栓塞、心肌梗死、静脉血栓等，也可用于人工心脏瓣膜置换术、关节固定术等术后预防静脉血栓形成。优点是口服有效，作用维持时间较长，缺点是药效出现缓慢，剂量不易控制。临床上需快速抗凝者应先选用肝素，再应用香豆素类进行长期抗凝。

【不良反应】 过量易致自发性出血，如出血严重，可给予大剂量维生素 K 对抗，必要时可输新鲜血浆或全血。偶有胃肠道反应、过敏、致畸等，早孕妇女禁用。

其他用于抗凝血药作用特点见表 28-1。

表 28-1　其他抗凝血药的作用特点

药物名称	药理作用	临床应用	不良反应
达比加群脂 （dabigatran Etexilate）	口服给药后，可被迅速吸收，并在血浆和肝脏经由酯酶催化水解转化为达比加群，是强效、竞争性、可逆性、直接凝血酶抑制剂	预防心脏节律异常（心房颤动）患者卒中和血栓的发生	自发性出血
阿加曲班（argatroban）	可与凝血酶的活性部位可逆结合、抑制凝血酶	口服无效。主要用于治疗或预防肝素诱发的血小板减少症后的血栓形成	出血，使用时建议监测凝血活酶时间
利伐沙班（rivaroxaban）	高度选择性和可竞争性抑制游离和结合的 Xa 因子以及凝血酶原活性，以剂量-依赖方式延长活化部分凝血活酶时间（APTT）和凝血酶原时间（PT）	预防髋关节和膝关节置换术后深静脉血栓（DVT）和肺栓塞（PE）的形成。可用于预防非瓣膜性心房纤颤患者脑卒中和非中枢神经系统性栓塞	出血，肝、肾损害

⊕ 知识链接

新型抗凝药物研发动态

　　抗凝药物被广泛用于血栓栓塞性疾病的预防和治疗。传统抗凝药如肝素、低分子肝素、华法林由于存在某些缺点和不良反应，临床应用受到限制。针对凝血过程中的关键环节成功研发了诸多新型抗凝药物，如凝血酶直接抑制剂（DTI）、FXa 抑制剂、还有抑制 IXa 因子，Ⅶa-组织因子复合物，Va-Ⅷa 因子复合物等，其中 DTI 和 FXa 抑制剂是最具前途的新型抗凝剂。DTI 包括：①水蛭素及其衍生物；②希美加群；③达比加群脂等。FXa 抑制剂包括：①间接 FXa 抑制剂如磺达肝葵钠、艾卓肝素；②直接 FXa 抑制剂如利伐沙班、阿哌沙班、依多沙班等。以上新型抗凝具有效果好，安全度高，特异性强，其药效学与药动学可预测，迅速起效及消除，可固定剂量，有效治疗窗口宽，无需监测，口服途径给药，不与食物和其他药物相互作用等优点。

第二节　纤维蛋白溶解药

　　纤维蛋白溶解系统是抗凝系统的重要组成部分，纤溶系统能使体内已产生的纤维蛋白凝块随时得到清除。纤溶系统的激活包括两个阶段：①纤溶酶原（plasminogen）在纤溶酶原激活物作用下转为纤溶酶（plasmin）；②纤维蛋白及纤维蛋白原在纤溶酶参与下转为纤维蛋白降解产物，血栓溶解。

纤维蛋白溶解药（fibrinolytic drugs，纤溶药）可使纤维蛋白溶解酶原（纤溶酶原）转化成为纤维蛋白溶解酶（纤溶酶），从而促进纤溶（图 28 - 4），溶解已形成的血栓，也称溶栓药（thrombolytic drugs）。纤溶药可分为三代：①第一代包括链激酶、尿激酶等，能溶解血栓，但选择性低，导致全身出血；②第二代包括组织型纤溶酶原激活物等，能选择性地溶解病变区的凝血块，全身出血的不良反应相对少；③第三代包括葡萄球菌激酶等，其选择性高、半衰期长，用药剂量小和不良反应更少。纤溶药对急性血栓栓塞性疾病如急性心肌梗死、脑梗死等的治疗具有重要意义，但对形成已久，已钙化或陈旧性血栓难以发挥作用。

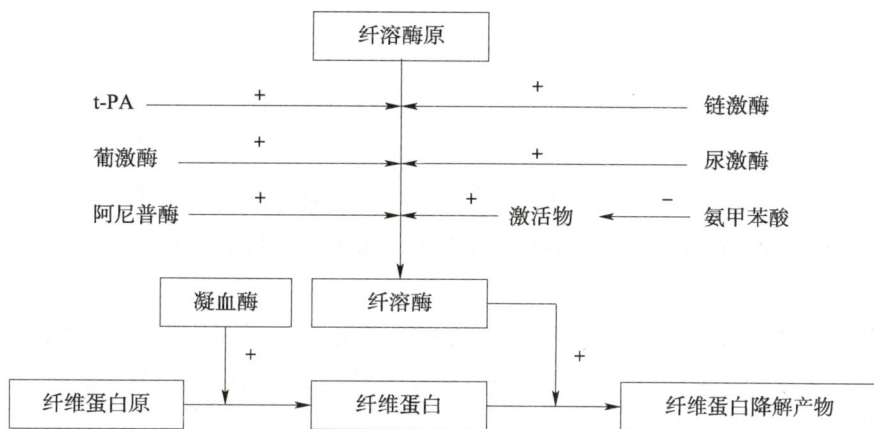

图 28 - 4　纤维蛋白溶解药的作用机制

组织型纤溶酶原激活剂

组织型纤溶酶原激活剂（tissue plasminogen activator，t - PA）通过激活内源性纤溶酶原转变成纤溶酶，溶解纤维蛋白。t - PA 可通过基因重组技术获得，临床使用的 t - PA 是重组组织型纤溶酶原激活剂（recombinant tissue plasminogen activator，rt - PA）。t - PA 主要选择性激活与纤维蛋白结合的纤溶酶原，比激活循环中游离的纤溶酶原强几百倍，生理剂量的 t - PA 不能激活纤溶酶，体内存在纤维蛋白时，激活纤溶酶的活性才增强。t - PA 主要在肝脏代谢，$t_{1/2}$ 约 5 分钟。改良型重组 t - PA 比普通重组 t - PA 半衰期长。

静脉注射 t - PA 主要用于治疗急性心肌梗死、急性缺血性脑卒中、危及生命的肺栓塞。在起病后 4.5 小时内使用。对陈旧性血栓无溶解作用。虽然相对选择性激活与纤维蛋白结合的纤溶酶原，对循环中游离的纤溶酶原影响比较小，出血并发症少，但剂量过大仍然会导致出血。改良型重组 t - PA 适应证、不良反应与普通重组 t - PA 基本相似。

其他的纤溶药见表 28 - 2。

表 28 - 2　其他纤溶药的特点

药物名称	来源	作用机制	作用特点
链激酶（streptokinase，SK）	β - 溶血性链球菌培养液分离或基因工程重组技术制备	与纤溶酶原结合形成 SK - 纤溶酶原复合物，促进纤溶酶原转变为纤溶酶	选择性低，对病理性和生理性纤维蛋白均可有溶解作用，故过量可致全身出血
尿激酶（urokinase，UK）	胚胎肾细胞培养液分离或基因重组技术制备	直接激活纤溶酶原转换成纤溶酶	①不具抗原性，无过敏反应；②对血栓和血浆中纤溶酶原无选择性，可引起全身出血；③作用时间短，$t_{1/2}$ 为 15 分钟
阿尼普酶（anistreplas）	链激酶与乙酰化纤溶酶原的复合物	脱酰化后激活纤溶酶原成为纤溶酶	①可选择性地激活血栓中纤溶酶原；②潜伏期较长；③大剂量引起出血反应；④$t_{1/2}$ 为 90 ~ 105 分钟

续表

药物名称	来源	作用机制	作用特点
葡萄球菌激酶（staphylokinase, SAK）	金黄色葡萄球菌培养液分离或基因重组技术制备	与纤溶酶原结合形成葡激酶－纤溶酶原激活物，促进纤溶酶原转变为纤溶酶	①选择性激活血栓中纤溶酶原；②大剂量可引起出血；③抗原作用弱于链激酶；④$t_{1/2}$为70分钟
雷特普酶（reteptase）	基因重组技术制备	激活组织纤溶酶原	①疗效好、起效快；②可防止血栓再形成；③可引起全身出血。④作用时间较短，$t_{1/2}$为16～18分钟

第三节 抗血小板药

血小板的黏附、聚集和释放是血栓形成的重要过程。血小板对血栓栓塞性疾病具有重要发病学意义。抗血小板药通过抑制血小板黏附、聚集和分泌功能，在止血、抗血栓形成、抗动脉粥样硬化等过程中起着重要作用。

常用抗血小板药可分为三类：①影响血小板代谢的药物，如阿司匹林、奥扎格雷、双嘧达莫等；②ADP拮抗剂，如噻氯匹定、氯吡格雷、普拉格雷、替格瑞洛等；③血小板膜蛋白 GpⅡb/Ⅲa 受体拮抗药，如阿昔单抗等。

双嘧达莫

双嘧达莫（dipyridamole）又称潘生丁（persantin），对体、内外血栓的形成均有抑制作用。其作用机制可能是：①抑制磷酸二酯酶（PDE），使血小板 cAMP 降解减少；②激活腺苷活性，进而激活血小板腺苷酸环化酶（AC），使 cAMP 生成增加；③轻度抑制血小板环氧酶，使 TXA_2 合成减少；④增强内源性 PGI_2 活性。临床主要用于血栓栓塞性疾病、人工心脏瓣膜置换术后，防止血小板血栓形成，还可以阻抑动脉粥样硬化早期的病变过程。多与香豆素类、阿司匹林等合用。不良反应有胃肠道反应、血管扩张反应，少数心绞痛患者用药后可出现"冠状动脉窃血"，从而诱发心绞痛。亦有过敏反应。

其他用于抗血小板药作用特点见表28-3。

表28-3 其他抗血小板药的作用特点

药物名称	药理作用	临床应用	不良反应
阿司匹林（aspirin）	抑制环氧酶，减少 TXA_2 生成，抑制血小板聚集而防止血栓形成	小剂量防治心脑血栓形成、心绞痛、心肌梗死、一过性脑缺血发作	胃肠道反应，凝血障碍，过敏反应，水杨酸反应，瑞夷综合征
替格瑞洛（ticagrelor）	抑制 ADP 诱导的血小板聚集	用于急性冠脉综合征（不稳定性心绞痛、非 ST 段抬高心肌梗死或 ST 段抬高心肌梗死）患者，包括接受药物治疗和经皮冠状动脉介入（PCI）治疗的患者	出血，诱发呼吸困难
西洛他唑（cilostazol）	抑制 PDE，增加血小板内 cAMP 浓度	治疗慢性动脉闭塞症，改善慢性动脉硬化性闭塞症引起的慢性溃疡、疼痛、发冷及间歇跛行等症状	皮疹、心悸、头痛、失眠、皮下出血、恶心、呕吐等，有出血倾向
奥扎格雷（ozagrel）	抑制 TXA_2 合成酶，减少 TXA_2 生成而抗血小板聚集，并有解除血管痉挛的作用	用于蛛网膜下腔出血手术后血管痉挛及其并发脑缺血症状的改善	胃肠道反应、过敏、出血倾向等
噻氯匹啶（ticlopidine）	阻止纤维蛋白原与 GpⅡb/Ⅲa 的结合，阻碍 ADP 诱导的 α 颗粒分泌，抑制血管壁损伤的黏附反应，提高血小板 cAMP 水平	防治动脉血栓栓塞性疾病，也用于预防外周动脉血栓性疾病的复发及糖尿病性视网膜病	中性粒细胞减少，轻度出血、皮疹、肝脏毒性等

续表

药物名称	药理作用	临床应用	不良反应
阿昔单抗（abciximab，C7E3Fab）	能与纤维蛋白原竞争 GpⅡb/Ⅲa 受体上的结合位点，防止纤维蛋白原、血小板凝集因子（VWD）、玻璃体结合蛋白及纤维蛋白结合素与激活的血小板结合	不稳定型心绞痛、急性心肌梗死、冠脉成形术后的急性缺血性并发症的预防	出血反应

第四节　促凝血药

促凝血药（coagulants）又称止血药，可通过激活凝血过程而发挥止血作用的药物，用于治疗因凝血因子缺乏、纤溶过强或血小板减少等原因所致凝血功能障碍。按其作用机制可分为：①促凝血因子活性药，如维生素 K；②凝血因子制剂，如凝血酶、凝血酶原复合物；③抗纤维蛋白溶解药，如氨甲苯酸、氨甲环酸等。

一、促凝血因子活性药

【体内过程】维生素 K（vitamin K）的基本结构为甲萘醌，包括维生素 K_1、K_2、K_3 和 K_4 四种。其中 K_1 存在于绿色植物中，K_2 来自由肠道细菌或由腐败鱼粉，两者均为脂溶性，需要胆汁协助其吸收。K_3、K_4 为人工合成品，水溶性，可以直接吸收。

【药理作用及机制】氢醌型维生素 K 是肝脏谷氨酸残基 γ - 羧化酶的辅酶，参与凝血因子 Ⅱ、Ⅶ、Ⅸ、Ⅹ 及抗凝血蛋白 C 和抗凝血蛋白 S 谷氨酸残基 γ - 羧化作用，使凝血因子前体、抗凝血蛋白 C 和抗凝血蛋白 S 转为活性型，产生凝血作用。同时氢醌型维生素 K 氧化为环氧化型维生素 K，后者又在维生素 K 环氧化物还原酶的作用下，再还原成氢醌型维生素 K 而循环利用（图 28 - 3）。因此，维生素 K 缺乏时，肝脏合成的无活性凝血因子前体蛋白将无法转化成有活性的凝血因子，导致凝血功能障碍，引起出血。

【临床应用】

1. 维生素 K 缺乏引起的出血　阻塞性黄疸、胆瘘、慢性腹泻、胃肠广泛手术后患者，因维生素 K 吸收不良或利用障碍所致的低凝血酶原血症；长期服用广谱抗菌药引起的出血、新生儿或早产儿出血；维生素 K 拮抗药香豆素类药物过量或水杨酸类药物过量引起的出血。

2. 其他　维生素 K_1 或 K_3 肌内注射有解痉止痛作用，可用于胆道蛔虫所致的胆绞痛。大剂量维生素 K_1 可用于抗凝血类灭鼠药中毒的解救。

【不良反应】维生素 K 毒性低。维生素 K_1 静脉注射过快，可引起面部潮红、出汗、呼吸困难、胸痛、血压下降、虚脱、甚至休克等血管扩张反应；维生素 K_3、K_4 有较强刺激性，口服引起恶心、呕吐等胃肠道反应，宜饭后服；新生儿、早产儿、孕妇及授乳妇女大剂量使用维生素 K_3、K_4 可引起溶血性贫血及高铁血红蛋白血症，遗传性葡萄糖 - 6 - 磷酸脱氢酶缺乏者也可诱发溶血性贫血和高胆红素血症。

二、抗纤维蛋白溶解药

氨甲苯酸（para - aminomethylbenzoic acid，PAMBA）又称为对羧基苄胺，为赖氨酸类似物，与纤溶酶和纤溶酶原中的赖氨酸结合位点结合，阻断纤溶酶的作用，抑制纤维蛋白溶解。用于纤溶系统亢进引起的各种出血。常见胃肠道反应，用量过大可促进血栓形成，故有血栓形成倾向或有血栓栓塞病史者禁用或慎用；偶致头痛、头晕、嗜睡等；肾功能不全者慎用。

氨甲环酸（tranexamic acid，AMCHA）的抗纤溶活性为氨甲苯酸的 7～10 倍。不良反应较 PAMBA 多。

三、凝血因子制剂

（一）凝血酶

凝血酶（thrombin）是从人或动物血中提取精制而成的无菌制剂。能切去纤维蛋白原中肽 A 和肽 B，催化纤维蛋白原水解成纤维蛋白。局部应用于创面，可使血液凝固而止血。须直接接触创面才能起止血作用。临床适用于结扎止血困难的小血管、毛细血管以及实质性脏器出血的止血，常与明胶海绵同用。严禁进入血管内，以防引起局部坏死甚至形成血栓而危及生命；有抗原性，如出现过敏反应症状时应停药。

（二）凝血酶原复合物

为含有凝血酶原、凝血因子Ⅶ、Ⅸ、Ⅹ以及少量其他血浆蛋白的混合制剂，临床主要用于防治因凝血因子缺乏导致的出血，如乙型血友病（先天性凝血因子Ⅸ缺乏）、严重肝病、维生素 K 依赖凝血因子Ⅱ、Ⅶ、Ⅸ、Ⅹ缺乏所致出血以及香豆素类抗凝药过量诱导的出血；也可用于治疗敌鼠钠中毒引起的出血；对已产生凝血因子Ⅷ抑制性抗体的甲型血友病患者也有预防和治疗出血的作用。凝血酶原复合物有抗原性，输注过快可引起短暂发热、寒战、头痛、荨麻疹、恶心、呕吐、嗜睡、冷漠、潮红、耳鸣，以及脉率、血压改变甚至过敏性休克。肝病患者易引起 DIC，还可诱发血栓形成，应慎用。

（三）抗血友病球蛋白

抗血友病球蛋白又称为抗血友病因子（antihemophilic factor，AHF）或凝血因子Ⅷ（blood coagulation factor Ⅷ）。主要成分为凝血因子Ⅷa，可加速凝血因子Ⅹa 生成，并进一步促进凝血酶原向凝血酶转化的过程。临床主要用于防治血友病甲（先天性凝血因子Ⅷ缺乏症）、获得性凝血因子Ⅷ缺乏症和血管性假血友病的补充疗法。对血友病乙无效。大剂量输注时可出现头痛、发热、肺水肿等症状。

第五节　抗贫血药

贫血是指循环血液中红细胞数目或血红蛋白含量长期低于正常值。常见贫血可分为：①由于铁缺乏所致缺铁性贫血，又称小细胞低色素性贫血；②因叶酸或（和）维生素 B_{12} 缺乏所致巨幼细胞贫血，又称大细胞高色素性贫血；③骨髓造血功能被抑制所致再生障碍性贫血，除红细胞数目减少，还表现有血小板和白细胞数目减少，且药物治疗效果不理想。

对于贫血的治疗常采用对因及补充治疗。常用抗贫血药有：①铁剂；②叶酸、维生素 B_{12}；③造血细胞生长因子。临床应根据贫血的类型选择不同的药物治疗。

一、铁剂 🅴微课

铁是构成血红蛋白、肌红蛋白等的重要成分。人体所需要的铁来源于：①外源性铁，每天只要从食物摄 10～15 mg 的铁，就能满足机体需要；②内源性铁，红细胞破坏后所释放的铁，每天约 25mg，可重新用于血红蛋白的合成。故一般情况下机体不缺铁。当铁的需要量增加而铁的供应量不足（生育年龄妇女、或是生长发育时期的儿童）、铁的吸收减少（胃或十二指肠疾病）、铁的丢失增加（长期少量失血），就会出现铁的缺乏或缺铁性贫血，应补充铁剂治疗。

常用铁剂有：硫酸亚铁（ferrous sulfate）、富马酸亚铁（ferrous fumarate）、葡萄糖酸亚铁（ferrous gluconate）、乳酸亚铁（ferrous lactate）、枸橼酸铁铵（ferric ammonium citrate）、右旋糖酐铁（iron dextran）、山梨醇铁（iron sorbitex）等，其中以硫酸亚铁、枸橼酸铁铵和右旋糖酐铁最常用。

【体内过程】　铁剂以 Fe^{2+} 形式在十二指肠及近端空肠吸收，进入肠黏膜中的 Fe^{2+} 部分转为 Fe^{3+}，与去铁蛋白结合成复合物，滞留在细胞内。入血后 Fe^{2+} 被迅速氧化成 Fe^{3+}，与转铁蛋白结合，转运到肝、脾、骨髓等组织中去。铁的排泄以肠道、皮肤等含铁细胞的脱落为主要途径，少量经胆汁、尿、汗及乳汁排泄。

铁剂的吸收受很多因素的影响：①铁剂或食物中的高价铁，需经胃酸、果糖、半胱氨酸和维生素C等还原成 Fe^{2+} 形式才能吸收；②酸性环境可促进铁的吸收，胃酸缺乏、应用抗酸剂等情况下铁剂吸收减少；③钙剂、磷酸盐、鞣酸、浓茶等可使铁盐沉淀，四环素可与铁剂形成络合物，均可妨碍铁的吸收；④体内贮铁量多时，血浆铁的转运率低，铁的吸收减少，缺铁时铁的吸收率可达 20%～60%。

【药理作用及作用机制】　补充作用。转运到骨髓的 Fe^{2+} 吸附在幼红细胞膜上，并进入细胞内的线粒体，与原卟啉结合生成血红蛋白，后者再与珠蛋白结合形成血红蛋白。

【临床应用】　用于防治缺铁性贫血，如慢性失血（月经过多、上消化道溃疡出血、痔疮、钩虫病出血）、营养不良、妊娠、儿童发育期等引起的缺铁性贫血。用药4～5天症状逐渐改善，7～12天左右即可见网织红细胞增多，约4～10周血红蛋白可恢复至正常。待血红蛋白正常后，尚需减半量继续服药2～3个月以使体内铁贮存恢复正常。

【不良反应】

1. 胃肠道刺激性　可致恶心、呕吐、腹痛、腹泻等，饭后服用或小剂量递增可减轻刺激性。

2. 便秘　铁可与肠腔硫化氢生成硫化铁，减少了硫化氢对肠蠕动的刺激作用而致便秘。

3. 急性中毒　儿童误服1g以上铁剂可引起急性中毒反应，表现为恶心、呕吐、腹痛、血性腹泻、惊厥，严重者致休克、死亡等。以磷酸盐或碳酸盐溶液洗胃，将去铁胺（deferoxamine）注入胃内以结合残留铁剂进行解救。

二、叶酸

叶酸（folic acid）是由喋啶、对氨基苯甲酸和谷氨酸三部分组成。肉类、水果及绿叶蔬菜含丰富叶酸，人体细胞不能合成叶酸，只能从食物中摄取。叶酸性质不稳定，易被光和热破坏。正常人每日需要叶酸量50～100μg。

【药理作用及作用机制】　叶酸进入体内后，经二氢叶酸还原酶及维生素B_{12}的作用，形成有活性的四氢叶酸（THFA），THFA作为甲基（—CH_3）、甲酰基（—CHO）等一碳基团的传递体，参与嘌呤、嘧啶等物质的合成（图28-5）。叶酸缺乏时，一碳基团缺乏，影响核苷酸的合成，最为明显的是胸腺嘧啶核苷酸（dTMP）的合成受阻，导致DNA合成减少，细胞分裂与增殖受阻。由于对RNA和蛋白质合成影响较少，使细胞的DNA/RNA比值降低，出现细胞增大、胞质丰富、细胞核中染色质疏松分散。红细胞最为明显，表现为巨幼细胞贫血。同时消化道上皮增殖受抑制，出现舌炎、腹泻。

【临床应用】

1. 巨幼红细胞贫血　尤其适用于营养不良、婴儿期、妊娠期叶酸需求增加所致的巨幼红细胞性贫血。使用叶酸对抗剂如甲氨蝶呤、乙胺嘧啶、甲氧苄啶等所致的巨幼细胞贫血，因二氢叶酸还原酶被抑制，四氢叶酸生成障碍，应用叶酸无效，需选用甲酰四氢叶酸钙治疗。

2. 恶性贫血　大剂量叶酸可纠正血常规，但不能改善神经症状，需以应用维生素B_{12}为主，叶酸为辅。

3. 其他　还可单用或与维生素B_{12}联合使用治疗高同型半胱氨酸血症。

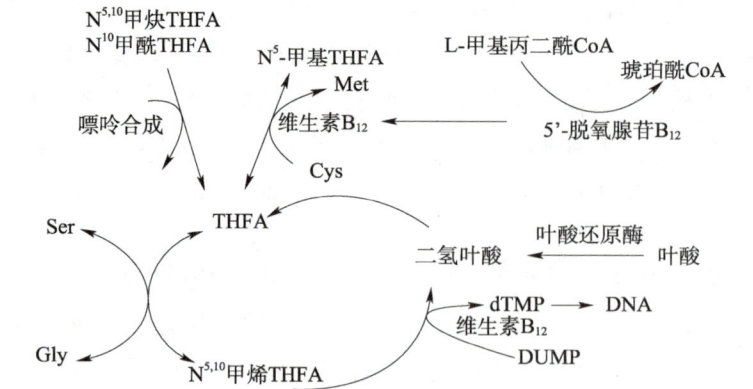

THFA，四氢叶酸；Met，甲硫氨酸；Cys，半胱氨酸；Ser，丝氨酸；Gly，甘氨酸

图 28 – 5　叶酸和维生素 B12 的作用

三、维生素 B_{12}

维生素 B_{12}（vitaminum B_{12}，钴胺素）为含钴复合物，广泛存在于动物内脏、牛奶、蛋黄中。体内具有辅酶活性的维生素 B_{12} 为甲钴胺和 $5'$ – 脱氧腺苷钴胺。正常人每日需要维生素 B_{12} 约 $1\mu g$，主要来源于食物，肠道微生物亦能合成少量维生素 B_{12}。

【体内过程】口服维生素 B_{12} 必须与胃黏膜壁细胞分泌内因子结合形成复合物，方不被消化液破坏，在回肠吸收。萎缩性胃炎、胃次切除术后，因内因子缺乏而致维生素 B_{12} 吸收障碍可引起恶性贫血，必须肌内注射给药。吸收后有 90% 贮存于肝，少量经胆汁、胃液、胰液排入肠内，其中小部分吸收入血，主要经肾排出。

【药理作用及作用机制】维生素 B_{12} 主要参与下列代谢过程，从而促进细胞分裂和维持神经组织髓鞘完整性。

1. 参与同型半胱氨酸甲基化生成蛋氨酸反应　催化这一反应的蛋氨酸合成酶（或称甲基转移酶）的辅基为维生素 B_{12}，它参与甲基的转移。维生素 B_{12} 缺乏时，从 N – 甲基四氢叶酸上转移甲基不能转移，导致甲硫氨酸生成受阻，四氢叶酸的再循环利用受到影响，导致叶酸缺乏症；另一方面导致同型半胱氨酸堆积，产生高同型半胱氨酸血症。

2. 参与三羧酸循环　甲基丙二酰辅酶 A 变位酶可促使甲基丙二酰辅酶 A 变为琥珀酰辅酶 A，后者可进入三羧酸循环，脱氧腺苷 B_{12} 是甲基丙二酰辅酶 A 变位酶的辅酶。维生素 B_{12} 缺乏，此反应不能正常进行，致甲基丙二酰辅酶 A 堆积，合成异常的脂肪酸，与神经鞘膜的类脂结合，影响髓鞘的更新转换，髓鞘退化，引起神经损害症状。

【临床应用】用于恶性贫血及巨幼细胞贫血。也可作为神经系统疾病如神经炎、神经萎缩等以及肝脏疾病等的辅助治疗，或与叶酸联合使用治疗高同型半胱氨酸血症。

【不良反应】不良反应少。可致过敏反应，甚至过敏性休克，有过敏史者禁用。

四、造血细胞生长因子

造血细胞生长因子（hemopoietic growth factor）是由骨髓细胞或外周组织产生能调控造血功能的细胞因子，能促进造血细胞的增殖、分化和成熟。目前临床上常用的造血细胞生长因子有促红细胞生成素、粒细胞刺激因子、粒细胞/巨噬细胞集落刺激因子等，多是基因重组技术产品。

造血细胞生长因子的作用特点见表 28 – 4。

表 28 - 4　造血细胞生长因子的作用特点

药名	作用及机制	临床用途	不良反应
促红细胞生成素（erythropoietin，EPO）	作用于 EPO 受体结合，促使红系干细胞增殖与分化，并促使网织红细胞从骨髓中释放入血，增加外周血液红细胞的数目与血红蛋白含量；稳定红细胞膜，提高红细胞膜抗氧化功能；改善血小板功能，有助于止血	多种原因所致的贫血	血栓形成，皮肤反应和关节疼痛
重组人粒细胞集落刺激因子（recombinant human granulocyte colonystimulatingfactor，rhG - CSF，非格司亭）	与粒细胞系细胞膜受体结合，促进粒细胞集落形成，使多能造血干细胞由静止期进入细胞周期；促进造血干细胞向中性粒细胞的增殖、分化与成熟；促使骨髓释放成熟粒细胞；提高中性粒细胞趋功能及吞噬活性等	多种血液系统疾病所致中性粒细胞减少症	轻中度骨痛，局部刺激作用
重组人粒细胞 - 巨噬细胞集落刺激因子（recombinant human molgramostim，rhGM - CSF，沙格司亭）	与白细胞系细胞膜受体结合，刺激造血前体细胞增殖与分化；促进单核细胞和粒细胞的成熟，促进巨核细胞生长；诱导形成红细胞、巨噬细胞集落以及粒细胞/巨噬细胞集落；促进红细胞的增殖和分化	肿瘤放疗或化疗后引起的白细胞减少症；骨髓造血功能障碍所致白细胞低下；再生障碍性贫血及艾滋病导致的白细胞低下	发热、骨痛、腹泻、皮疹、呼吸急促等

⇒ 案例引导

临床案例　患者，男，62 岁，因反复双下肢水肿 10 余年、乏力纳差 3 月、胸闷 5 天入院。检查发现血肌酐 874μmol/L，尿素氮 34.7mmol/L，红细胞 1.64×10^{12}/L，血红蛋白 56g/L，血清铁蛋白 8.66ng/ml，转铁蛋白饱和度 18%。诊断为慢性肾脏病 5 期、慢性肾炎综合征、继发性贫血。

问题　1. 根据现有知识，请选择你认为合理的药物治疗方案并阐述原因。

2. 治疗过程中患者口服药物后出现腹胀、恶心、呕吐、便秘表现，食欲下降，查血清铁蛋白、转铁蛋白饱和度低，医生停用口服药物而改为药物静脉滴注治疗，你如何看待医生的治疗更改？

3. 药物治疗过程中，还应该从哪些方面给予患者关爱。

第六节　血容量扩充药

大量失血或大面积烧伤可使血容量降低，甚至可导致低血容量休克。迅速扩充血容量是治疗低血容量休克的基本疗法。除了使用全血和血浆外，也可用血容量扩充药。血容量扩充药共同特点是：有一定的胶体渗透压；无毒性和无抗原性；排泄较慢。临床最常用的是右旋糖酐。

右旋糖酐

右旋糖酐（dextran）为高分子葡萄糖聚合物，依聚合的葡萄糖分子数目的不同，有中分子右旋糖酐（dextran 70，右旋糖酐 70）、低分子右旋糖酐（dextran 40，右旋糖酐 40）、小分子右旋糖酐（dextran 10，右旋糖酐 10）。

【药理作用及作用机制】

1. 扩充血容量　静脉滴注后可提高血浆胶体渗透压而扩充血容量，维持血压。其作用强度与维持时间取决于给药量及药物分子量大小，以右旋糖酐 70 的扩容作用最强，右旋糖酐 40 次之，右旋糖酐 10 较弱。

2. 抗血栓形成和改善微循环　通过稀释血液及覆盖于红细胞、血小板和胶原表面，减少红细胞、血小板的黏附和聚集，降低血液黏稠度；抑制凝血因子Ⅱ激活，可阻止血栓形成，改善微循环。以右旋糖酐 10 作用最强，右旋糖酐 40 次之。

3. 渗透性利尿　小分子右旋糖酐在体内停留时间较短，静脉注射后立即开始从血液中通过肾脏排出体外，故有较强的渗透性利尿作用。

【临床应用】

1. 休克　主要用于低血容量性休克，也可用于中毒性休克，可防止休克后 DIC。

2. 预防手术后静脉血栓形成　用于肢体再植和血管外科手术等预防术后血栓形成。

3. 血管栓塞性疾病　如心肌梗死、脑血栓形成、脑供血不足、血栓闭塞性脉管炎以及视网膜动静脉血栓等。

4. 体外循环　代替部分血液预充人工心肺机，既节省血液又可改善循环。

【不良反应】

1. 过敏反应　少数患者可出现过敏反应，如皮肤瘙痒、荨麻疹、恶心、呕吐、哮喘，严重者口唇发绀、血压剧降、支气管痉挛，个别患者出现过敏性休克，甚至死亡。有过敏史者慎用。

2. 增加血容量　因扩充血容量会增加心脏负荷，故充血性心力衰竭及其他血容量过多的患者禁用。心、肝、肾功能不良患者慎用，少尿或无尿者禁用。

3. 出血倾向　可引起凝血障碍，使出血时间延长，故严重血小板减少，凝血障碍等出血患者禁用。

4. 其他　偶见发热、寒战、淋巴结肿大、关节炎等。

目标检测

答案解析

1. 试比较肝素与双香豆素抗凝作用的不同点。
2. 试述纤溶药的作用特点。
3. 维生素 K 可用于哪些原因引起的出血？为什么？
4. 铁剂的药理作用及临床应用是什么。
5. 简述贫血的类型和主要临床治疗药物。
6. 简述常用的抗血小板药的分类和代表药。

（黄丽萍）

书网融合……

本章小结　　微课　　题库

第二十九章　作用于呼吸系统的药物

📖 **学习目标**

1. **掌握** 常用平喘药的药理作用、临床应用和主要不良反应。
2. **熟悉** 常用平喘药的作用机制和镇咳药的药理作用、临床应用和主要不良反应。
3. **了解** 祛痰药的药理作用和临床应用。
4. 具备合理选用平喘药物的能力。

由于大气污染、吸烟、人口老龄化等因素，近年来呼吸系统疾病如支气管哮喘（asthma）、慢性阻塞性肺疾病（chronic obstructive pulmonary disease，COPD）的发病率明显增加。喘、咳、痰是呼吸系统疾病的常见症状。平喘药（anti-asthmatic drugs）、镇咳药（antitussives）和祛痰药（expectorants）是呼吸系统疾病对症治疗的常用药物。

第一节　平喘药

一、抗炎平喘药

抗炎平喘药通过抑制气道炎性反应，可达到长期预防哮喘发作的效果，已成为临床使用的一线药物。

（一）糖皮质激素

糖皮质激素（glucocorticoids，GCs）从 20 世纪 60 年代开始用于哮喘的治疗，目前仍是最有效的哮喘治疗用药。该类药物全身应用时不良反应较多，而采用吸入给药剂型可使药物在气道内形成有效的高浓度，充分发挥局部抗炎作用，同时明显减少不良反应，兼具速效性、安全性和方便性。因此吸入剂型的糖皮质激素近年来得到了广泛的临床应用。吸入型糖皮质激素主要有丙酸氟替卡松（fluticasone propionate）、丙酸倍氯米松（beclomethasone dipropionate）、布地奈德（budesonide）等，以及丙酸氟替卡松与长效 β_2 受体激动剂昔萘酸沙美特罗组成的复方制剂等。

【药理作用及作用机制】糖皮质激素可通过抑制哮喘炎症反应的多个环节发挥平喘作用：其与靶细胞内受体结合生成复合物，随后进入细胞核内，影响炎症相关基因的转录，从而改变炎性介质相关蛋白水平，影响炎症细胞和炎症因子（见第三十二章）。

【临床应用】主要用于支气管扩张药不能有效控制病情的慢性哮喘患者。长期使用可减少或终止发作，但不能缓解急性症状。持续性哮喘病人可能因无法吸入足够的气雾量而达不到药物有效浓度，故不宜使用，可应用静脉注射方法给药。

【不良反应】吸入常用剂量的 GCs 时一般不产生不良反应。但长期用药时药物在咽部和呼吸道残留可引起声音嘶哑、声带萎缩变形，同时可能诱发口咽部念珠菌感染。局部大剂量应用时可抑制下丘脑-垂体-肾上腺皮质轴的功能，但作用远比口服制剂轻微。

（二）抗白三烯药物

白三烯（leukotrienes）是哮喘发病过程中的一种重要炎性介质，不仅能收缩呼吸道平滑肌，而且能促进炎症细胞在呼吸道聚集及促进呼吸道上皮、成纤维细胞等增殖，从而参与呼吸道炎症和重塑的过程。白三烯调节剂于 20 世纪 90 年代中期开始上市，是除吸入激素外，唯一可单独应用的长效控制药，可作为轻度哮喘的替代治疗药物和中重度哮喘的联合治疗用药。

常用的抗白三烯药物包括：扎鲁司特（zafirlukast），用于成人和 12 岁以上的儿童支气管哮喘的预防和长期治疗。孟鲁司特（montelukast），用于支气管哮喘的预防和长期治疗、预防运动引起的支气管痉挛和控制过敏性鼻炎。普仑司特（pranlukast），用于支气管哮喘的预防和长期治疗。

【药理作用及作用机制】白三烯受体竞争性拮抗剂主能抑制支气管收缩，显著降低过敏原引起的速发期和迟发期变态反应，抑制炎症细胞的聚积和炎症介质的释放，并降低气道高反应性，抑制运动诱发的气道痉挛，抑制气道重塑，明显改善肺功能，减轻症状和 β_2 受体激动剂用量，减少激素依赖型哮喘患者的哮喘发作及减少吸入激素的用量。

【临床应用】本品可减轻哮喘症状、改善肺功能、控制哮喘病情的恶化。由于白三烯调节剂的抗炎谱相对较窄，其作用不如吸入激素，所以尚不能完全替代激素的抗炎作用，不能单独用于治疗中、重度哮喘患者。但作为联合治疗中的一种药物，本品可减少中至重度哮喘患者每天吸入激素的剂量，并可提高吸入激素治疗的临床疗效。本品服用方便，尤适用于阿司匹林哮喘、运动性哮喘和伴有过敏性鼻炎哮喘患者的治疗。

【不良反应】本品使用较为安全。虽然有文献报道接受这类药物治疗的患者可出现 Churg – Strauss 综合征，但其与白三烯调节剂的因果关系尚未肯定，可能与减少全身应用激素的剂量有关。

（三）过敏介质阻释剂

主要作用是稳定肺组织肥大细胞膜，抑制过敏介质释放。此外，尚可阻断引起支气管痉挛的神经反射，降低哮喘患者的气道高反应性。其平喘作用起效较慢，不宜用于哮喘急性发作时的治疗，临床上主要用于预防哮喘的发作。本类药物包括肥大细胞膜稳定药色甘酸钠、奈多罗米钠和抗组胺药酮替芬等。

1. 肥大细胞膜稳定药 稳定肺组织肥大细胞膜，抑制肥大细胞及嗜酸性粒细胞和巨噬细胞释放炎症介质，此外还可阻断引起支气管痉挛的神经反射，降低哮喘患者的气道反应性。临床上用于防治过敏性哮喘、运动性哮喘等。

色甘酸钠

色甘酸钠（disodium cromoglycate）是最常用的过敏介质阻释药，它具有一定的抗炎作用，不良反应少，但不能直接平喘，一般使用吸入方式用作预防哮喘发作。作用机制主要包括三个方面：①稳定肥大细胞膜，抑制由抗原诱发的肥大细胞过敏介质释放反应；②抑制气道感觉神经末梢功能，同时抑制气道神经源性炎症；③抑制巨噬细胞和嗜酸性粒细胞介导的过敏反应。

奈多罗米钠

奈多罗米钠（nedocromil sodium）比色甘酸钠作用更强，抑制炎症介质释放的范围更广，还能抑制气道 C 神经纤维的传递，降低非特异性气道反应性。对变态反应和运动诱发的哮喘均有效。临床用于慢性哮喘的维持治疗，起到在哮喘缓解期内替代激素或减少激素和支气管扩张药用量的效果。

2. 抗组胺药 该类药中酮替芬（ketotifen）、西替利嗪（cetirizine）、氯雷他定（loratadine），不仅高选择性地抑制 H_1 受体，阻遏组胺诱导的气道高反应性，还兼有稳定肥大细胞和拮抗其他介质的作用，可用于防治轻、中度哮喘。不良反应有嗜睡、头晕、疲倦等，因此从事危险作业和驾驶人员禁用。

色甘酸钠的研发

　　色甘酸钠作为抗炎平喘药，1973 年就已上市，历经半个世纪，如今仍在临床应用，说明其在药物发展中的重要地位。著名英国医生 Roger Altounyan 是色甘酸钠的主要发明者。色甘酸钠的整个研发过程都充满了曲折、偶然性和传奇色彩。，他与药物化学家合作，以天然化合物 khellin 为先导物合成并评价了色酮类化合物的活性，用组胺诱导豚鼠哮喘作为评价化合物活性的模型。巧合的是，Altounyan 本人也是哮喘病患者，他认为该模型并不可靠的，因为自己用抗组胺药物医治哮喘无效。为评价化合物的活性，他冒险直接服用合成的化合物。为引起显著的哮喘症状，他用不同的过敏源喷入自己的气管中，服用化合物观察疗效，通过上千次的吸入试验，终于发现了色甘酸钠。

　　在研发过程还有一个重要的插曲，Altounyan 服用有效的化合物扩大病例治疗时效果却不好。后来研究发现，原来他服用的色酮化合物纯度差，样品中混有副产物，即为双色酮结构的色甘酸钠，而大样本实验用的纯品，没有混杂物所以无效，从而发明了色甘酸钠。Altounyan 的善于思考、献身精神和持之以恒的毅力是成功的决定性因素。这位传奇医生最终因肺部感染于 1987 年逝世。近年来还发现色甘酸钠有新的作用，例如治疗糖尿病患者因胰岛素引发的脂肪萎缩症。

二、支气管扩张药

　　支气管扩张药是临床常用的一类平喘药，主要包括 β_2 肾上腺素受体激动药、茶碱类药物以及抗胆碱药。

（一）β_2 肾上腺素受体激动药 ⓔ 微课

　　β 受体激动剂应用临床治疗哮喘病已有近百年的历史，在 20 世纪初先后发现了包括麻黄碱、肾上腺素、异丙肾上腺素等肾上腺受体激动剂。人气道中 β 肾上腺受体主要是 β_2 受体，因上述药物对 β_2 受体选择性较差，心血管方面的不良反应较强，现已很少用于支气管哮喘的治疗。自 20 世纪 60 年代以来，选择性更强、疗效好、副作用少的短效 β_2 受体激动剂逐渐进入临床，先后发现了 30 余种 β_2 受体激动剂。进入 80 年代后期，随着长效 β_2 受体激动剂的出现，使每天用药次数由过去的 4～6 次减为 1～2 次，尤其是配合吸入方式给药，在缓解哮喘症状、提高哮喘病人生活质量方面取得了良好的效果。

　　选择性 β_2 受体激动药根据起效的"快"与"慢"，同时结合维持时间的"短"与"长"，可分为四类：第一类起效迅速而作用持续时间长（＞12 小时），如吸入型福莫特罗；第二类起效缓慢而作用时间长，如吸入型沙美特罗，口服班布特罗；第三类起效缓慢而作用持续时间也短，如口服特布他林、沙丁胺醇；第四类起效迅速，但作用持续时间短，如吸入型特布他林或沙丁胺醇。临床常用的 β_2 受体激动药的作用特点见表 29 - 1。

表 29 - 1　临床上常用的 β_2 受体激动药的作用特点

药名	吸入（μg）	口服（mg）	作用强度*			药效维持时间（小时）
			α	β_1	β_2	
沙丁胺醇（salbutamol）	200～400	2～4	－	＋	＋＋＋	3～6
特布他林（terbutaline）	200～500	2.5～5.0	－	＋	＋＋＋	4～8
氯丙那林（clorprenaline）	500	5～10	＋－	＋＋	＋＋＋	4～6
克伦特罗（clenbuterol）	10～20	20～40		＋－～＋	＋＋＋	4～8

续表

药名	吸入（μg）	口服（mg）	作用强度*			药效维持时间（小时）
			α	β$_1$	β$_2$	
沙美特罗（salmeterol）	50～100	–	–	+－～+	+++	12
福莫特罗（formoterol）	4.5～9	40～80	–	+－～+	+++	12～20
班布特罗（bambuterol）	–	10	–	+－～+	+++	24

* 作用强度按照 －、+－、+、++、+++ 顺序依次增强。

【药理作用及作用机制】

1. 舒张支气管作用 β$_2$受体激动剂通过对气道平滑肌和肥大细胞膜表面 β$_2$ 受体的兴奋作用，激活腺苷酸环化酶，催化细胞内 cAMP 的合成，使胞内 cAMP 含量增加，cAMP 作为细胞内第二信使，使蛋白激酶 A（PKA）活化，再通过降低细胞内游离 Ca^{2+} 浓度、使肌球蛋白轻链激酶失活以及开放钾通道三个途径，使气道平滑肌松弛。

2. 抑制炎症介质释放 β$_2$受体激动剂还能抑制肥大细胞、嗜酸性粒细胞脱颗粒，使炎症介质如组胺、白三烯（LTs）、前列腺素（PGs）及血小板活化因子（PAF）等释放减少。

3. 对纤毛清除功能的作用 对实验动物、健康志愿者以及慢性支气管炎患者进行的研究中发现沙丁胺醇、特布他林具有促进支气管黏液分泌、增加纤毛摆动频率和运送速率的作用。福莫特罗有明显增强纤毛运动的功能。

【不良反应】 β$_2$受体激动剂出现的不良反应与剂量密切相关，主要在口服和静脉用药时表现。吸入治疗因所需剂量减少，不良反应亦明显降低。本类药物对心律失常、心功能不全及糖尿病患者应慎用。

1. 心动过速和心悸 作用于外周血管床 β$_2$受体引起血管扩张，反射性引起心脏兴奋，也可直接刺激心肌 β$_2$受体，引起心脏兴奋。

2. 肌肉震颤 常见于四肢及面部肌肉，为骨骼肌慢收缩纤维的 β 受体兴奋，使之收缩加快而干扰慢性收缩纤维的融合所致。

3. 代谢紊乱 大剂量使用后可引起血液中游离脂肪、葡萄糖、丙酮酸、乳酸等含量增加。糖尿病人应用时应注意可能引起酮中毒或乳酸中毒的风险。

4. 低钾血症 特别静脉使用时，β$_2$受体激动剂可以促进钾向骨骼肌细胞内转移，使钾重新分布，因而可以导致低钾血症，严重者可以导致心律失常。

5. 其他 头痛、恶心。长期用药可形成耐受性，致使疗效降低，甚至引起哮喘加重，可能与 β$_2$受体下调有关。

【常用药物】

1. 短效 β$_2$受体激动剂

沙丁胺醇

沙丁胺醇（salbutamol） 是第一个用于哮喘治疗的高选择性 β$_2$受体激动剂，一般以吸入方式给药，吸入后 2～5 分钟起效，作用维持 3～6 小时。口服吸收好，15～30 分钟显效，维持 4～6 小时或更长。可迅速缓解哮喘急性症状，快速扩张支气管，强度为异丙肾上腺素的 10～12 倍，作用持续时间为异丙肾上腺素的 3～4 倍，而对心血管的不良反应仅为异丙肾上腺素的 1/10。

特布他林

特布他林（terbutaline） 支气管扩张效应稍弱于沙丁胺醇，具有较强的肥大细胞膜稳定作用。可以多种途径给药，吸入后 5～15 分钟起效，维持 6～8 小时。口服后 30～60 分钟起效，维持 4～7 小时。

对心脏和肌肉的副作用更少，仅为沙丁胺醇的 1/10。

氯丙那林

氯丙那林（clorprenaline） 对 β_2 受体的选择性低于沙丁胺醇，对心脏有弱的兴奋作用。可以气雾吸入或口服，气雾吸入 5 分钟起效，口服后 15～30 分钟起效，两种给药方式均能维持药效 4～6 小时。

克仑特罗

克仑特罗（clenbuterol） 是强效选择性 β_2 受体激动剂，其松弛支气管平滑肌的作用强而持久，约为沙丁胺醇的 100 倍，并具有增强纤毛运动的作用。可以雾化吸入、口服、注射或直肠内给药。气雾吸入后 5 分钟起效，作用维持约 4 小时。口服后 10～20 分钟起效，药效维持 6～8 小时。直肠给药维持时间更长，可达 24 小时。

溴沙特罗

溴沙特罗（broxaterol） 近年研发的一种新型 β_2 受体激动剂，可吸入或注射给药，用于支气管哮喘和 COPD 的治疗。

2. 长效 β_2 受体激动剂

沙美特罗

沙美特罗（salmeterol） 是沙丁胺醇的衍生物，药效长达 12 小时。除具有明显的支气管扩张作用外，沙美特罗还具有明显的气道抗炎作用和降低血管通透性作用，能长时间抑制肥大细胞的活性，抑制组胺诱导的血浆外渗和炎症细胞浸润。

本品对夜间症状的控制较好，适用于哮喘（包括夜间哮喘和运动性哮喘）的长期维持治疗，以及成人和 l2 岁以上儿童伴有可逆性气道阻塞的支气管痉挛的预防治疗。该药对 COPD 患者的支气管有明显的扩张作用，同时能够明显改善 COPD 患者的肺功能、FEV1 和最大呼气流速，因此可应用于 COPD 病情缓解后的长期维持治疗。

福莫特罗

福莫特罗（formoterol） 是一种新型的长效选择性 β_2 受体激动剂，其扩张支气管的作用长而持久，而且具有明显的抗炎作用。福莫特罗的起效时间很短，2～5 分钟即可起效，与短效 β_2 受体激动剂相似，而作用时间可维持 12 小时左右。可作为按需使用的支气管扩张剂，并可拮抗运动诱发的支气管收缩反应，减弱过敏原诱发的迟发型哮喘反应。主要用于慢性哮喘和 COPD 的维持治疗以及急性发作的预防，尤其适用于有明显夜间症状的患者。

班布特罗

班布特罗（bambuterol） 是特布他林的前体药，口服吸收后缓慢水解为具有活性的特布他林，药效可持续 24 小时。疗效和不良反应与特布他林相似。

（二）茶碱类药物

茶碱（theophylline）在化学结构上属于甲基黄嘌呤衍生物，是一种常用的支气管扩张药。但由于其频发的不良反应和相对较低的治疗作用，在多数发达国家茶碱只作为一种三线用药，一般仅用于治疗那些病情难以控制的患者。但是随着对 COPD 发病机制和茶碱作用机制的深入探讨，茶碱缓释、控释剂型的开发，以及选择性磷酸二酯酶（PDE）抑制剂的研究，使茶碱在 COPD 治疗中的地位有所提高。

【药理作用及作用机制】茶碱的治疗作用是通过多个环节产生的，主要有以下几个方面。

1. 抑制磷酸二酯酶（PDE）　茶碱是非选择性的 PDE 抑制剂，而 PDE 能水解细胞内的环核苷酸。茶碱通过抑制 PDE$_3$、PDE$_4$，减慢 cAMP 的水解速度；抑制 PDE$_5$，减慢 cGMP 的水解速度，从而提高细胞内 cAMP 和 cGMP 的水平，cAMP 和 cGMP 分别通过激活蛋白激酶 A（PKA）与蛋白激酶 C（PKC），使气道平滑肌松弛。但是常规治疗剂量的茶碱最多只能使组织中 20% 的 PDE 活性受到抑制，提示茶碱可能有其他方面的作用机制。

2. 增加内源性儿茶酚胺的释放　应用茶碱后，血中肾上腺素、去甲肾上腺素均呈剂量依赖性增高。表明茶碱可促进肾上腺髓质分泌肾上腺素，但其血浆浓度的增高有限，且只有在静脉给药时方有此效果，不能完全解释其支气管扩张效应。

3. 影响气道平滑肌 Ca^{2+} 转运　茶碱可能通过受体调控的钙通道影响细胞外钙内流，抑制细胞内钙的释放和钙在平滑肌细胞内的重新分布，导致钙激活的钾通道激活，细胞内钙浓度及钙对刺激剂的敏感性降低，从而舒张支气管平滑肌。

4. 阻断腺苷受体　治疗剂量茶碱是强效的腺苷受体拮抗剂，而腺苷能使肥大细胞释放组胺和白三烯，从而引起气道收缩。提示茶碱可通过抑制腺苷受体而发挥支气管舒张作用。

5. 抗炎和免疫调节作用　茶碱在较低血浆浓度（5~10mg/L）时具有抗炎和免疫调节作用。研究表明，茶碱能减少 COPD 病人诱导痰中炎性细胞总数和中性粒细胞比例，使 IL-8 水平和中性粒细胞趋化性明显降低。

6. 对呼吸肌的作用　茶碱能兴奋呼吸中枢，增强膈肌收缩力，增加膈肌血流，减轻膈肌疲劳，该作用有利于 COPD 的治疗。

7. 促进纤毛运动　茶碱通过促进纤毛摆动，增加气道上皮对水的转运，提高黏膜纤毛清除功能，有助于哮喘急性发作时的治疗。

【临床应用】

1. 支气管哮喘　茶碱在治疗哮喘时主要有以下应用：①慢性哮喘的维持治疗，防止急性发作；②对于大剂量糖皮质激素不能控制的哮喘，茶碱能够增强糖皮质激素的抗炎作用，取得理想的治疗效果；③哮喘急性发作时吸入 β$_2$ 受体激动药疗效不显著时，可加静脉滴注茶碱，以收到相加作用的疗效。

2. 慢性阻塞性肺疾病　由于茶碱具有扩张支气管、抗炎、增强膈肌收缩力、改善通气不足、扩张肺动脉及降低肺动脉高压等多方面的综合作用，茶碱能够显著改善患者的气促症状，对 COPD 具有明显的疗效。

3. 中枢性睡眠呼吸暂停综合征　茶碱具有中枢兴奋作用，对于脑部疾病或原发性呼吸中枢病变导致通气不足的患者，能明显增强通气功能，改善症状。

【不良反应】　茶碱治疗的安全浓度较窄，不良反应的发生率与其血药浓度密切相关。一般认为，茶碱血药浓度高于 20μg/ml 时容易发生不良反应，主要不良反应有胃肠道反应如恶心、呕吐、腹痛等，中枢神经兴奋反应如烦躁、失眠、头痛、抽搐等；血药浓度超过 30μg/ml 时可引起严重心血管系统不良反应如心动过速、心律失常、心搏骤停等。急性心肌梗死、低血压和休克时禁用茶碱。我国茶碱在 COPD 和哮喘中使用仍较为普遍，其用量一般较小，严重不良反应不多见。

氨茶碱

氨茶碱（aminophylline，euphylline）为茶碱与二乙胺形成的复盐，其药理作用主要来自茶碱，乙二胺使其水溶性增强。该药口服时容易引起胃肠道刺激症状，一般使用注射剂型进行静脉注射或静脉滴注。适用于支气管哮喘、喘息性支气管炎、COPD 等缓解喘息症状，也可用于心源性哮喘。对急性重度哮喘或哮喘持续发作患者可采用氨茶碱静脉给药，以迅速缓解喘息与呼吸困难等症状。

二羟丙茶碱

二羟丙茶碱（diprophylline）是茶碱的中性制剂，其 pH 值近中性，对胃肠道刺激小，且在胃液中稳定，主要用于口服给药。有扩张支气管和冠状动脉的作用，并有利尿作用。二羟丙茶碱平喘作用与氨茶碱相似，尤适用于伴有心动过速的哮喘患者。

胆茶碱

胆茶碱（cholinophylline）是茶碱与胆碱形成的复盐，水溶性比氨茶碱更强。口服吸收快，对胃肠道的刺激小，适宜口服，患者耐受性较好。

（三）抗胆碱药（M 胆碱受体阻断药）

近年来胆碱能神经系统在人类气道调节中的作用受到广泛关注，胆碱能受体拮抗剂的地位逐渐上升。M 胆碱受体阻断药是美国胸科协会（ATS）和欧洲呼吸协会（ERS）的 COPD 指南中推荐的首选用药，并推荐长期规律使用。

研究表明，抗胆碱药不仅能有效舒张支气管，抑制气道黏液分泌，还有抑制炎症反应和气道重塑的作用。迷走神经张力是 COPD 气流受限的唯一可逆成分，因此，抗胆碱药在 COPD 治疗中具有重要地位。目前临床用于 COPD 治疗的抗胆碱药主要有异丙托溴铵，氧托溴铵和噻托溴铵，且都以吸入给药为主。

【药理作用及作用机制】抗胆碱药阻断 M 受体后通过抑制细胞内环磷酸鸟苷（cGMP）的转化提高环磷酸腺苷（cAMP）的活性来降低细胞内钙离子浓度，从而松弛气道平滑肌，舒张支气管，抑制气道腺体的黏液分泌。

【不良反应】仅少数人出现口干、咽部刺激感、恶心和咳嗽。对阿托品类药物过敏者应避免使用，青光眼和前列腺肥大患者宜慎用。

异丙托溴铵

异丙托溴铵（ipratropium bromide）是目前临床上使用最广泛的抗胆碱药，吸入后 5 分钟左右起效，作用持续 4~6 小时。由于对 M 受体亚型无选择性，其与 M 受体结合后可促使突触前乙酰胆碱释放，因而会削弱其支气管舒张作用。临床研究表明，异丙托溴铵能明显改善 COPD 患者的肺功能、运动耐量、呼吸困难、睡眠及生活质量。本品是季铵结构，属于非脂溶性化合物，不能通过血－脑屏障；因此吸入后特异性地作用于呼吸道，血药浓度极低，虽抗胆碱作用为阿托品的 1.4~2 倍，但不良反应如口干、口苦、震颤、排尿困难等却大大减少。青光眼、阿托品过敏者禁用。

可必特

可必特（combivent）是异丙托溴铵和硫酸沙丁胺醇的复方制剂。由于 M 受体分布在大、中气道，而 β_2 受体分布在终末小气道，胆碱能受体拮抗剂与 β_2 受体拮抗剂有协同作用。联合用药的效果明显优于各自单用，同时不良反应不受影响。

噻托溴铵

噻托溴铵（tiotropium bromide）是一种新的长效季铵类抗胆碱药，其结构类似于异丙托溴铵，但有如下特点：①噻托溴铵选择性抑制 M_1、M_3 受体，尤其是 M_3 受体，结合试验显示其作用强度是异丙托溴铵的 6~20 倍；②噻托溴铵与 M_1 和 M_3 受体的解离时间较异丙托溴铵长 100 倍。单次使用后 90~120 分钟达到最大效应，对肺功能的改善作用可延续 24 小时以上，故只需每天给药 1 次；③噻托溴铵能显著减少 COPD 急性加重的频率；④干粉吸入型噻托溴铵的药物肺部沉积率很高，达 42%，并且不受使用者肺功能的影响；⑤噻托溴铵不良反应很少，与异丙托溴铵相似，仅口干的发生率略高。因此，噻托溴铵有成为 COPD 长期维持治疗中首选药物的趋势。

临床案例 患者，男，25 岁，哮喘复发 5 天，有 7 年哮喘史。伴有轻度咳嗽，痰显泡沫状，量不多。诊断：支气管哮喘。处方如下：①醋酸泼尼松片 5mg×30 片；用法：每次 5mg，3 次/天；②氨茶碱片 0.1g×20 片；用法：每次 0.1g，3 次/天；③溴己新片 8mg×40 片；用法：每次 16mg，3 次/天。

问题 1. 该处方是否合理？为什么？
2. 患者所用的几种药物分别有哪些药理作用？其作用机制如何？

第二节　镇咳药

咳嗽是呼吸系统疾病的一种常见症状，咳嗽通常由气管、支气管黏膜或胸膜受炎症、异物、物理或化学性刺激引起，具有清除呼吸道异物和分泌物的保护性作用。在应用镇咳药前，应明确引起咳嗽的病因，并针对病因进行治疗。如在细菌性感染引发咳嗽时，只使用镇咳药是不恰当的，而应同时应用抗菌药物进行治疗。对于剧烈无痰的咳嗽，例如上呼吸道病毒感染所致的慢性咳嗽或者经对因治疗后咳嗽未见减轻者，为了减轻病人的痛苦，防止原发疾病的发展，避免剧烈咳嗽引起的并发症，应该采用镇咳药物进行治疗。若咳嗽伴有咳痰困难，则应使用祛痰药，慎用镇咳药，否则积痰无法排出，容易引起继发感染，并且阻塞呼吸道，引起窒息。

镇咳药（antitussives）可作用于中枢，直接抑制延脑咳嗽中枢，称为中枢性镇咳药；也可作用于外周，抑制咳嗽反射弧中的感受器和传入神经纤维的末梢，称为外周性镇咳药。某些药物兼具中枢和外周两种作用。

一、中枢性镇咳药

可待因

可待因（codeine）为阿片类生物碱之一，镇咳作用强而迅速，对咳嗽中枢的作用为吗啡的 1/4；亦有镇痛作用，约为吗啡的 1/10～1/7。镇咳剂量不抑制呼吸，成瘾性也较弱。因其能抑制咳嗽反射，容易导致痰液不易排出。

口服吸收快而完全，其生物利用度为 40%～70%。口服后约 20 分钟起效，1 小时左右血药浓度达峰值，作用持续 4～6 小时。主要在肝脏与葡萄糖醛酸结合，约 15% 在体内经脱甲基变成吗啡，这可能是可待因发挥药效的方式。临床主要用于剧烈的刺激性干咳，对胸膜炎干咳伴胸痛患者尤为适用。

长期使用具有成瘾，也可产生耐受性，导致止咳作用逐渐减弱甚至消失，应控制使用。少数患者发生恶心、呕吐，大剂量使用时可致中枢兴奋、烦躁不安。可抑制呼吸道腺体分泌和纤毛运动，使痰液黏稠度升高，不利于排痰，对有少量痰的剧烈咳嗽患者应与祛痰药并用，对黏痰且量多的患者易造成气道堵塞，故不宜使用。

右美沙芬

右美沙芬（dextromethorphan）为中枢性镇咳药，强度与可待因相当，但无成瘾性，亦无镇痛作用。口服吸收好，15～30 分钟起效，作用可维持 3～6 小时。用于各种原因引起的干咳。本品不良反应较少，偶有头晕、口干、便秘、恶心和食欲不振，中毒量时才有中枢抑制作用。痰多患者慎用，妊娠 3 个月内妇女禁用。

喷托维林

喷托维林（pentoxyverine）为人工合成的非成瘾性中枢镇咳药。选择性抑制咳嗽中枢，强度约为可待因的 1/3。并有阿托品样作用和局部麻醉作用，还能抑制呼吸道感受器和传入神经末梢，松弛支气管平滑肌，减轻气道阻力，具有部分外周性镇咳作用。一次给药作用可持续 4~6 小时。适用于上呼吸道感染引起的无痰干咳和百日咳等。偶有轻度头痛、头晕、口干、恶心和便秘等不良反应。有阿托品样作用，青光眼及心功能不全患者禁用，痰多者宜与祛痰药合用。

苯丙哌林

苯丙哌林（benproperine）为非成瘾性兼具中枢和外周双重作用的强效镇咳药。能抑制咳嗽中枢，也能抑制肺及胸膜牵张感受器引起的肺 – 迷走神经反射，且有平滑肌解痉作用。其镇咳作用比可待因强 2~4 倍。口服后 15~20 分钟生效，镇咳作用维持 4~7 小时。可用于各种原因引起的刺激性干咳。有轻度口干、头晕、胃部烧灼感和皮疹等不良反应。

二、外周性镇咳药

那可汀

那可汀（noscapine）是外周性镇咳药，能够抑制肺牵张反射引起的咳嗽，但无其他中枢抑制作用，具有与可待因相当的镇咳作用。镇咳作用可持续 4 小时左右。不产生依赖性，不良反应少发，偶见轻度嗜睡和头痛，不宜用于痰多患者。

第三节　祛痰药

能使痰液易于排出的药物称祛痰药（expectorants）。气道上的痰液刺激气管黏膜而引起咳嗽。黏痰积于小气道内可使气道狭窄而致喘息。因此，祛痰药还能起到镇咳、平喘作用。

祛痰药按作用方式可分为三类：①刺激性祛痰药，如氯化铵、愈创甘油醚等，口服后可刺激胃黏膜，反射性地促进呼吸道腺体的分泌增加，从而使黏痰稀释易于咳出；②痰液溶解剂，如乙酰半胱氨酸，可分解痰液中的黏性成分，使痰液液化，黏滞性降低而易咯出；③黏液调节剂，如溴己新和氨溴索，作用于气管和支气管的黏液产生细胞，使分泌物黏滞性降低，痰液变稀而易咳出。

一、刺激性祛痰药

氯化铵

氯化铵（ammonium chloride）口服对胃黏膜产生局部刺激作用，反射性地引起呼吸道的分泌，使痰液变稀，易于咳出。本品很少单独应用，常与其他药物配伍制成复方。应用于急、慢性呼吸道炎症而痰多不易咳出的患者。氯化铵吸收可使体液及尿呈酸性，可用于酸化尿液及某些碱血症。溃疡病与肝、肾功能不良者慎用。

二、痰液溶解剂

乙酰半胱氨酸

乙酰半胱氨酸（acetylcysteine）性质不稳定，能使黏痰中连接黏蛋白肽链的二硫键断裂，变成小分子的肽链，从而降低痰的黏滞性，易于咳出。雾化吸入用于治疗黏稠痰阻塞气道，咳嗽困难者。紧急时气管内滴入，可迅速使痰变稀，便于吸引排痰。有特殊臭味，可引起恶心、呕吐。对呼吸道有刺激性，可致支气管痉挛，加用异丙肾上腺素可以避免。支气管哮喘患者慎用。滴入气管可产生大量分泌液，故应及时吸引排痰。

三、黏液调节剂

溴己新

溴己新（bromhexine）可抑制气管和支气管腺体合成酸性黏多糖，同时使之合成分泌小分子的黏蛋白，从而使痰液黏稠度降低，易于咳出。还能促进呼吸道黏膜纤毛运动，起到促进痰液排出作用。本品可口服、吸入及静脉给药，口服后1小时起效，药效持续6~8小时。适用于慢性支气管炎、哮喘、肺气肿、慢性肺炎及支气管扩张症等有黏稠痰液不易咳出患者。不良反应少，少数患者可感胃部不适，偶见转氨酶升高。消化性溃疡、肝功能不良者慎用。

氨溴索

氨溴索（ambroxol）为溴己新的代谢产物，作用强于溴己新，能增加呼吸道黏膜浆液腺的分泌，减少黏液腺分泌，从而降低痰液黏度；还可促进肺表面活性物质的分泌，增加支气管纤毛运动，使痰液易于咳出。不良反应更少，可有上腹部不适、纳差、腹泻。

目标检测

答案解析

1. 试述丙酸氟替卡松治疗哮喘的作用机制。
2. 试述色甘酸钠治疗哮喘的作用机制。
3. 平喘药可分为哪些种类？每类的代表药物有哪些？
4. 简述选择性 β_2 受体激动剂用于治疗哮喘的药理作用、作用机制以及不良反应。
5. 应用镇咳药时应注意哪些问题？

（李娟）

书网融合……

本章小结　　　　微课　　　　题库

第三十章　作用于消化系统的药物

学习目标

1. **掌握**　常用的抗消化性溃疡药的药理作用、临床应用和主要不良反应。
2. **熟悉**　各类常用抗消化性溃疡药的作用机制。
3. **了解**　抗消化功能调节药的分类及药理作用。
4. 具备合理选用抗消化性溃疡药物的能力。

消化系统由消化道如胃、小肠、大肠以及消化腺如肝脏和胰腺两部分组成，其功能为摄入、容纳、消化食物，吸收食物中的营养成分，并排出废物。中枢神经系统通过内脏神经调节消化系统的功能；同时，消化系统还受到复杂的激素调节。消化系统疾病是一类常见病和多发病，本章主要介绍以胃肠道为主要作用靶点的药物，包括抗消化性溃疡药物和消化功能调节药两大类。

第一节　抗消化性溃疡药物

消化性溃疡（peptic ulcer）的发病与黏膜局部损伤和保护机制之间的平衡失调有关。损伤因素（胃酸、胃蛋白酶和幽门螺杆菌）增强或保护因素（黏液/HCO_3^-屏障和黏膜修复）减弱，均可引起消化性溃疡。当今的治疗主要着眼于减少胃酸，增强胃黏膜的保护作用，以及控制幽门螺杆菌的感染。临床上治疗消化性溃疡的药物可分为 4 类：抗酸药、胃酸分泌抑制药、胃黏膜保护药和抗幽门螺杆菌药。

一、抗酸药

抗酸药（antacids）是一类弱碱性物质，口服后能降低胃内容物酸度，从而减少胃酸对胃、十二指肠黏膜的侵蚀和对溃疡面的刺激，并降低胃蛋白酶活性，发挥缓解疼痛和促进愈合的作用。常用抗酸药及其作用特点见表 30 - 1。

表 30 - 1　常用抗酸药及其作用特点

药物名称	作用特点
氢氧化镁 （magnesium hydroxide）	抗酸作用较强、较快。镁离子有导泻作用，少量吸收经肾排出，如肾功能不良可引起血镁过高
三硅酸镁 （magnesium trisilicate）	作用较弱而慢，但持久。在胃内生成胶状二氧化硅对溃疡面有保护作用
氢氧化铝 （aluminum hydroxide）	作用较强，起效缓慢，作用持久。作用后产生氧化铝有收敛、止血和引起便秘作用。还可影响磷酸盐、四环素、地高辛等药物的吸收
碳酸钙 （calcium carbonate）	作用较强，迅速而持久。可产生 CO_2 气体。进入小肠的 Ca^{2+} 可促进胃泌素分泌，引起反跳性的胃酸分泌增多
碳酸氢钠 （sodium bicarbonate）	又称小苏打。作用强、快而短暂。可产生 CO_2 气体。未被中和的碳酸氢钠几乎全部被肠道吸收，能引起碱血症和尿液碱化

二、胃酸分泌抑制药 微课

胃酸的分泌受中枢（神经性）和外周的诸多因子（内分泌性和旁分泌性）的复杂调控（图30-1）。其中包括迷走神经释放的递质乙酰胆碱，旁分泌细胞（ECL cell）释放的组胺，以及胃窦部 G 细胞释放的胃泌素。分泌胃酸的胃壁细胞的基底膜上存在上述调控物质的相应受体。这三种物质作用于相对应的受体后，激活该细胞黏膜侧的 H^+, K^+ - ATP 酶（质子泵），使胃酸的分泌增加。

H^+, K^+ - ATP 酶在分泌胃酸的最后一环节发挥作用，向胃黏膜腔排出 H^+，使胃液的 pH 值维持在 0.8 左右。正是因为胃酸的分泌与上述三种受体及 H^+, K^+ - ATP 酶有关，所以目前的胃酸分泌抑制药都是作用于上述受体。分别称为 H_2 受体阻断药、H^+, K^+ - ATP 酶抑制剂、M 胆碱受体阻断药和胃泌素受体阻断药。

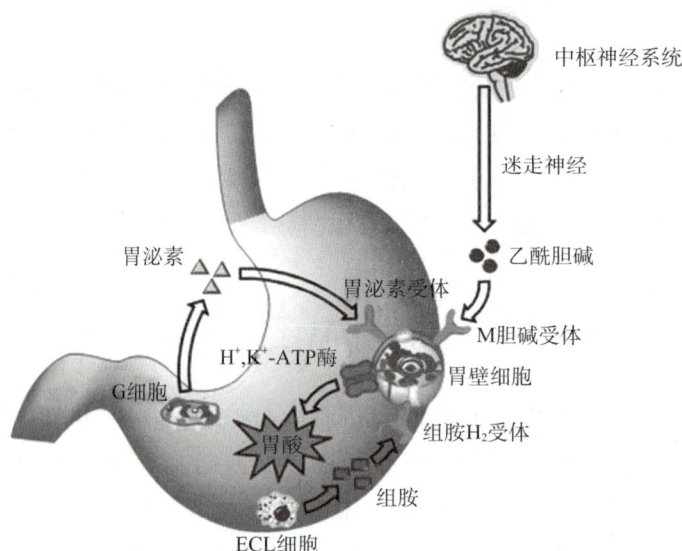

图 30 - 1　胃酸分泌的调节途径

大量研究表明，虽然乙酰胆碱和胃泌素也参与了胃酸分泌，但 ECL 细胞释放的组胺是促进胃酸分泌最重要的调节途径。而 H^+, K^+ - ATP 酶是在分泌胃酸的最后一环节发挥作用，对其进行抑制能取得最佳治疗效果。因此，H_2 受体阻断药和 H^+, K^+ - ATP 酶抑制剂就成为临床上最常用的两种胃酸分泌抑制药。

（一）H_2 受体阻断药

【药理作用及作用机制】竞争性阻断壁细胞基底膜的 H_2 受体。此类药物对基础胃酸分泌的抑制作用最强，对进食、胃泌素、迷走神经以及低血糖等诱导的胃酸分泌抑制作用较弱。对以基础胃酸分泌为主的夜间胃酸分泌有良好的抑制作用。夜间胃酸分泌减少对十二指肠溃疡的愈合十分重要，因此常睡前服用，成为治疗十二指肠溃疡的首选。也可以用于胃食管反流病和预防应激性溃疡的发生。常用药物有：西咪替丁（cimetidine）、雷尼替丁（ranitidine）、法莫替丁（famotidine）、尼扎替丁（nizatidinum）等。

【临床应用】主要用于胃和十二指肠溃疡的治疗，能减轻溃疡引起的疼痛，促进溃疡的愈合。

【不良反应】不良反应发生率较低，主要是轻微腹泻、眩晕、乏力、便秘等。中枢神经系统反应如焦虑、幻觉、定向障碍等较少见。西咪替丁因能拮抗雄激素受体，对内分泌系统有所影响，偶见男性性功能减退、乳腺发育，女性溢乳等。

【药物相互作用】西咪替丁是肝药酶抑制剂，可抑制苯二氮䓬类、华法林、苯妥英钠、普萘洛尔等药物在体内的转化，使上述药物血药浓度升高。

（二）H^+,K^+-ATP 酶抑制药（质子泵抑制药）

壁细胞通过受体（M_1、H_2受体、胃泌素受体）、第二信使和 H^+,K^+-ATP 酶酶三个环节来分泌胃酸。H^+,K^+-ATP 酶（质子泵）位于壁细胞的管状囊泡和分泌管上。它能将 H^+ 从壁细胞内转运到胃腔中，将 K^+ 从胃腔中转运到壁细胞内，进行 H^+-K^+ 交换。抑制 H^+,K^+-ATP 酶，就能抑制胃酸形成的最后环节，是最直接和有效的抑制胃酸分泌的手段，发挥强大的治疗作用。已成为临床上应用最广泛的胃酸分泌抑制药。其主要代表药物为奥美拉唑和兰索拉唑。

奥美拉唑

【体内过程】奥美拉唑（omeprazole）口服生物利用度为 35%，重复给药时生物利用度可增至 60%。1～3 小时血药浓度达高峰。其活性代谢产物不易透过壁细胞膜，提高了药物选择性和特异性。$t_{1/2}$ 为 0.5～1 小时，但因抑制 H^+,K^+-ATP 酶的作用为非可逆性，故作用持久。80% 代谢产物由尿排出，其余随粪排出。

【药理作用与机制】奥美拉唑口服后转变为有活性的次磺酰胺代谢产物，并与 H^+,K^+-ATP 酶结合形成酶–抑制剂复合物，发挥抑制 H^+ 泵功能，抑制基础胃酸与最大胃酸分泌量。能缓解疼痛迅速，服药 1～3 天起效。经 4～6 周，胃镜观察溃疡愈合率达 97%。其他药物无效者用药 4 周，愈合率也高达 90% 左右。还能使贲门、胃体、胃窦处黏膜血流量增加。也可以使幽门螺杆菌数量下降，约有 83%～88% 患者的幽门螺杆菌转阴。胃酸分泌的抑制，可反馈性地使胃窦 G 细胞分泌胃泌素增加。用药 4～6 周，血浆中胃泌素增加 2～4 倍。由于其促进胃酸分泌作用亦被奥美拉唑阻断，可发挥胃酸分泌以外的其他作用，如促进血流量的作用，对溃疡愈合有利。

【临床应用】主要用于胃和十二指肠溃疡的治疗。对其他药物包括 H_2 受体阻断药无效的消化性溃疡患者，也能收到较好效果。对反流性食管炎，有效率达 75%～85%。

【不良反应】不良反应率为 1.1%～2.8%。主要有头痛、头昏、口干、恶心、腹胀、失眠。偶有皮疹、外周神经炎、男性乳房女性化等。长期持续抑制胃酸分泌，可致胃内细菌过度滋长，亚硝酸类物质含量升高。

兰索拉唑

兰索拉唑（lansoprazole）是第二代质子泵抑制药，抑制胃酸分泌的药理作用和机制与奥美拉唑相同。减少胃酸分泌和抗幽门螺杆菌作用比奥美拉唑更强，且副作用较轻。一次口服 30 mg，作用可维持 24 小时。口服易吸收，生物利用度达 85%。

⊕ **知识链接**

质子泵抑制剂对肠道菌群的影响

肠道菌群主要存在于下消化道中，几乎所有的消化道疾病均与肠道菌群有联系。而药物代谢和疗效不仅取决于机体本身，还取决于存在于宿主胃肠道的微生态系统。肠道是药物吸收的主要场所，肠道菌群直接或间接影响各种药物的代谢，同时，药物也会影响肠道菌群的组成和功能，两者形成了一种潜在的相互作用机制。

质子泵抑制剂是阻碍胃壁细胞 H^+,K^+-ATP 酶而抑制胃酸分泌的抗溃病药物，是治疗消化系统疾病的常用药物，被广泛用于消化性溃疡、胃食管反流病、上消化道出血和根除幽门螺杆菌等。然而，质子泵抑制剂的长期使用会改变肠道菌群的组成，并有可能增加艰难梭状芽孢杆菌和弯曲杆菌的数量，甚至会提高小肠细菌过度生长的发生率。

奥美拉唑是一种高效抑制胃酸分泌的质子泵抑制剂。奥美拉唑能够改变胃肠道 pH 值和胃排空率，直接影响肠道菌群和肠道病原体的存活。使用奥美拉唑后，肠道菌群的多样性显著降低，肠道菌群组成比使用前改变了 20%，其中放线菌门、毛螺菌科、红杉木菌科、双歧杆菌科的数量显著降低，链球菌科的数量显著增多。

（三）M 胆碱受体阻断药

M 胆碱受体阻断药如阿托品及其合成代用品可减少胃酸分泌、解除胃肠痉挛。但在一般治疗剂量下对胃酸分泌抑制作用较弱，增大剂量则不良反应较多，已很少单独应用。而哌仑西平（pirenzepine）对引起胃酸分泌的 M_1 胆碱受体亲和力较高，而对唾液腺、平滑肌、心房的 M 胆碱受体亲和力低。治疗效果与西咪替丁相仿，不良反应轻微，如口干、头痛、眩晕等。

（四）胃泌素受体阻断药

丙谷胺（proglumide）由于化学结构与胃泌素相似，可竞争性阻断胃泌素受体，减少胃酸分泌。并对胃粘膜有保护和促进愈合作用。可用于胃溃疡，十二指肠溃疡和胃炎。也可用于急性上消化道出血。

三、胃黏膜保护药

（一）前列腺素衍生物

胃黏膜能合成前列腺素 E_2（PGE_2）及前列环素（PGI_2），它们能防止有害因子损伤胃黏膜。实验证明它们能预防化学刺激引起的胃黏膜出血、糜烂与坏死，发挥细胞和黏膜保护作用。临床应用较多的是稳定性好、作用较强的前列腺素衍生物。

米索前列醇

米索前列醇（misoprostol）性质稳定，口服吸收良好，$t_{1/2}$ 为 1.6 ~ 1.8 小时。口服后能抑制基础胃酸和组胺、胃泌素、食物刺激所致的胃酸分泌，胃蛋白酶分泌也减少。给动物应用小于抑制胃酸分泌的剂量，也能预防乙酰水杨酸等引起胃出血、溃疡或坏死，表明有强大的细胞保护作用。治疗十二指肠溃疡 4 周和 8 周的愈合率分别为 61% 和 71%。临床应用于胃、十二指肠溃疡及急性胃炎引起消化道出血。其主要不良反应为稀便或腹泻。因能引起子宫收缩，可用于产后止血，妊娠期妇女禁用。

恩前列醇

恩前列醇（enprostil）可使基础胃酸下降71%，也可明显抑制组胺、胃泌素和进餐所引起的胃酸分泌。也有细胞保护作用。治疗胃溃疡时 6 周和 8 周愈合率分别为 80% 和 86%。口服后 $t_{1/2\alpha}$ 和 $t_{1/2\beta}$ 为 1.75 和 34.3 小时，主要从尿排出。用途及不良反应同米索前列醇。

（二）其他类药物

硫糖铝

硫糖铝（sucralfate, ulcerlmine）是蔗糖硫酸酯的碱式铝盐，在 pH < 4 时，可聚合成胶冻，牢固地黏附于上皮细胞和溃疡基底，抵御胃酸和消化酶的侵蚀；还能促进胃黏液和碳酸氢盐分泌，发挥细胞保护效应。治疗消化性溃疡、慢性糜烂性胃炎、反流性食管炎有较好疗效。硫糖铝在酸性环境中才发挥作用，所以不能与抗酸药、抑制胃酸分泌药同用。不良反应较轻，偶有便秘、口干、恶心及胃部不适。

胶体碱式枸橼酸铋

胶体碱式枸橼酸铋（colloidal bismuth subcitrate）为枸橼酸铋钾溶于水形成的胶体溶液。本品在胃液 pH 条件下能形成氧化铋胶体，在溃疡表面形成保护膜而抵御胃酸、胃蛋白酶对溃疡面的刺激。还能降低胃蛋白酶活性并促进粘液分泌。用于胃、十二指肠溃疡，疗效与 H_2 受体阻断剂相似，但复发率较低。抗酸药可干扰其作用。偶见恶心等消化道症状。肾功能不良者禁用，以免引起血铋过高。

四、抗幽门螺杆菌药

幽门螺杆菌是慢性胃窦炎的主要病因，它能产生有害物质，分解黏液，引起组织炎症。消除幽门螺杆菌能明显减少胃和十二指肠溃疡的复发率。近年来的研究表明必须根除幽门螺杆菌才能真正达到临床治愈胃和十二指肠溃疡的目的。因此，根治幽门螺杆菌对消化道溃疡的治疗具有非常重要的意义。

幽门螺杆菌在体外实验中对多种抗生素都非常敏感，但在体内单用一种药物很难根除幽门螺杆菌的感染。临床常以甲硝唑、四环素、阿莫西林、克拉霉素等抗生素与 H^+,K^+-ATP 酶抑制药和枸橼酸铋钾等 3~4 种药物作联合应用，其根治率能达到 80%~90%。

⇒ 案例引导

临床案例　患者，男，52 岁，近半年来经常出现上腹部隐痛，多在饭后半小时左右发生，没有泛酸现象。经胃镜诊断为胃溃疡，处方如下：①雷尼替丁片 0.15 g×50 片；用法：每次 0.15 g，2 次/天，早、晚饭后服用；②硫糖铝片 0.25 g×100 片；用法：每次 1.0 g，4 次/天，饭后 2 小时服用。

问题　1. 该处方是否合理？为什么？
2. 雷尼替丁的作用机制是什么？
3. 硫糖铝是如何发挥抗胃溃疡作用的？

第二节　消化功能调节药

一、助消化药

助消化药多为消化液中成分或促进消化液分泌的药物。能促进食物的消化，增进食欲。用于消化道分泌功能减弱，消化不良。有些药物能阻止肠道的过度发酵，也用于消化不良的治疗。

胃蛋白酶

胃蛋白酶（pepsin）得自牛、猪、羊等动物的胃黏膜，常与稀盐酸同服用于胃酸及蛋白酶缺乏引起的消化不良。本品不能与碱性药物配伍使用。

胰酶

胰酶（pancreatin）得自动物的胰腺，含胰蛋白酶、胰淀粉酶及胰脂肪酶。在酸性溶液中易被破坏，一般制成肠衣片吞服。用于消化不良并能促进食欲。

乳酶生

乳酶生（biofermin）为干燥活乳酸杆菌制剂，能分解糖类产生乳酸，使肠内酸性增高，从而抑制肠内腐败菌的繁殖，减少发酵和产气。常用于消化不良，腹胀及小儿消化不良性腹泻。不宜与抗菌药或吸附药同时服用，以免降低疗效。

二、止吐药

延脑的呕吐中枢可接受来自化学催吐感受区（CTZ）、前庭器官、内脏等传入冲动而引发呕吐。已知 CTZ 含有丰富的组胺、胆碱、多巴胺受体，前庭器官有胆碱能、组胺能神经纤维与呕吐中枢相联。5 – 羟色胺的 5 – HT$_3$ 亚型受体通过外周、中枢部位如孤束核也与呕吐有关。临床应用的止吐药主要有以下四种类型：组胺 H$_1$ 受体阻断药、M 胆碱受体阻断药、多巴胺受体阻断药和 5 – HT$_3$ 受体阻断药。呕吐治疗时应针对其原因选用合适的药物。

（一）组胺 H$_1$ 受体阻断药

如苯海拉明（diphenhydramine）、茶苯海明（dimenhydrate）等有较强的止吐作用和中枢镇静作用，用于预防和治疗晕动病（常见于晕车和晕船），内耳性眩晕病等。

（二）M 胆碱受体阻断药

东莨菪碱（scopolamine）、阿托品（atropine）、苯海索（trihexyphenidyl）等胆碱受体阻断剂能通过阻断呕吐中枢和外周途径的 M 胆碱受体，降低迷路感受器的敏感性和抑制前庭小脑通路的传导，产生抗晕动病和预防恶心呕吐的作用。

（三）多巴胺 D$_2$ 受体阻断药

甲氧氯普胺

甲氧氯普胺（metoclopramide）对多巴胺 D$_2$ 受体有阻断作用，通过阻断 CTZ 的 D$_2$ 受体发挥止吐作用。阻断胃肠道多巴胺受体，可引起从食道至近段小肠平滑肌运动，加速胃的正向排空和加速肠内容物的推进，发挥胃肠促动药（prokinetics）作用。常用于包括肿瘤化疗、放疗所引起的各种呕吐，对胃肠的促动作用可治疗慢性功能性消化不良引起的胃肠运动障碍包括恶心、呕吐等症。大剂量静脉注射或长期应用可引起锥体外系反应，如肌震颤、震颤麻痹（帕金森病）、坐立不安等。

多潘立酮

多潘立酮（domperidone）又名吗丁啉（motilium），通过阻断多巴胺 D$_2$ 受体而止吐。不易通过血 – 脑屏障，主要作用于外周胃肠 D$_2$ 受体。还能阻断多巴胺对胃肠肌层神经丛突触后胆碱能神经元的抑制作用，加强胃肠蠕动，促进胃的排空与协调胃肠运动，防止食物反流，发挥胃肠促动药的作用。对偏头痛、颅外伤、放射治疗引起恶心、呕吐有效，对胃肠运动障碍性疾病也有效。不良反应较轻，偶有轻度腹部痉挛，注射给药引起过敏。

胃肠促动药还有西沙必利（cisapride），它能促进食管、胃、小肠直至结肠的运动。无锥体外系、催乳素释放及胃酸分泌等不良反应。用于治疗胃肠运动障碍性疾病，包括胃食管反流、慢性功能性和非溃疡性消化不良，胃轻瘫及便秘等有良好效果。

（四）5 – HT$_3$ 受体阻断药

昂丹司琼

昂丹司琼（ondansetron）能选择性阻断中枢及迷走神经传入纤维 5 – HT$_3$ 受体，产生强大止吐作用。对抗肿瘤药顺铂、环磷酰胺、阿霉素等引起呕吐的止吐作用迅速强大。但对晕动病引起呕吐无效。$t_{1/2}$ 为 3 ~ 4 小时，代谢产物大多经肾排泄。临床用于化疗、放疗引起的恶心、呕吐。不良反应较轻，可有头痛、疲劳或便秘、腹泻。

同类药物格拉司琼（granisetron）和托烷司琼（tropisetron）等药效作用更强，均已投入临床使用。

三、泻药

泻药（cathartics）是能增加肠内水分，促进蠕动，软化粪便或润滑肠道促进排便的药物。临床主要用于功能性便秘。分为容积性、刺激性和润滑性泻药三类。

（一）容积性泻药

为非吸收的盐类和食物性纤维素等物质，口服后肠道吸收很少，可增加肠容积以促进肠道蠕动，起到泻下的效果。

硫酸镁和硫酸钠

硫酸镁（magnesium sulfate）和硫酸钠（sodium sulfate）也称盐类泻药。大量口服后其硫酸根离子和镁离子在肠道难以吸收，形成高渗透压而阻止肠内水分的吸收，扩张肠道，刺激肠壁，促进肠道蠕动。一般空腹应用，并大量饮水，1~3 小时即发生泻下作用，排出液体性粪便。导泻作用剧烈，临床主要用于排除肠内毒物及某些驱肠虫药服后连虫带药一起排出。可引起反射性盆腔充血和失水，月经期、妊娠期妇女及老人慎用。

乳果糖

乳果糖（lactulose）为半乳糖和果糖的双糖。它在小肠内不被消化吸收，进入结肠后被细菌代谢成乳酸等，提高肠内渗透压，产生轻度泻下作用。食物纤维素包括蔬菜、水果中天然和半合成的多糖及纤维素衍生物如甲基纤维素、羧甲基纤维素等不被肠道吸收，增加肠内容积并保持粪便湿软，有良好通便作用。可防治功能性便秘。

（二）接触性泻药

酚酞

酚酞（phenolphthalein）口服后在肠道内与碱性肠液相遇形成可溶性钠盐，能促进结肠蠕动。服药后 6~8 小时排出软便，作用温和，适用于慢性便秘。同类药物比沙可啶（bisacodyl，双醋苯啶）用于便秘或 X 线，内窥镜检查或术前排空肠内容。

蒽醌类

蒽醌类（anthroquinones）大黄、番泻叶和芦荟等植物，含有蒽醌苷类，口服后被大肠内细菌分解为蒽醌，能增加结肠推进性蠕动。用药后 6~8 小时排便，常用于急、慢性便秘。

（三）润滑性泻药

润滑性泻药是通过局部润滑并软化粪便而发挥作用。适用于老人及痔疮、肛门手术患者。

液体石蜡

液体石蜡（liquid paraffin）为矿物油，不被肠道消化吸收，产生滑润肠壁和软化粪便的作用，使粪便易于排出。

甘油

甘油（glycerin）以 50% 浓度的液体注入肛门，由于高渗压刺激肠壁引起排便反应，并有局部润滑作用，数分内引起排便。适用于儿童及老人。

四、止泻药

腹泻是多种疾病的症状，治疗时应采取对因疗法。例如肠道细菌感染引起的腹泻，应当首先用抗菌药物。但剧烈而持久的腹泻，可引起脱水和电解质紊乱，可在对因治疗的同时，适当给予止泻药。常用的药物如下。

（一）阿片制剂

阿片制剂（opiates）多用于较严重的非细菌感染性腹泻（参见第十七章）。不良反应轻而少见。大剂量长期服用可产生成瘾性。

（二）洛哌丁胺

洛哌丁胺（loperamide）可直接抑制肠道蠕动，还能减少肠壁神经末梢释放乙酰胆碱。作用强而迅速。用于急、慢性腹泻。不良反应轻微。

（三）收敛剂和吸附药

口服鞣酸蛋白（tannalbin）在肠中释出鞣酸能与肠黏膜表面的蛋白质形成沉淀，附着在肠黏膜上，减轻刺激，降低炎性渗出物，起收敛止泻作用。次碳酸铋（bismuth subcarbonate）也有相同作用。药用炭（medicinal activated charcoal）是不溶性粉末，因其颗粒很小，总面积很大，能吸附大量气体、毒物，起保护、止泻和阻止毒物吸收的作用。

五、利胆药

利胆药为促进胆汁分泌或促进胆囊排空的药物。

去氢胆酸

去氢胆酸（dehydrocholic acid）可增加胆汁的分泌，使胆汁变稀。对脂肪的消化吸收也有促进作用。临床用于胆囊及胆道功能失调，胆汁淤滞，阻止胆道上行性感染，也可用于排除胆结石。对胆道完全梗阻及严重肝肾功能减退者禁用。

熊脱氧胆酸

熊脱氧胆酸（ursodeoxycholic acid）可减少普通胆酸和胆固醇吸收，抑制胆固醇合成与分泌，从而降低胆汁中胆固醇含量，不仅可阻止胆石形成，长期应用还可促胆石溶解。对胆色素结石、混合性结石无效。对胆囊炎、胆道炎也有治疗作用。

硫酸镁

硫酸镁除作为泻药使用之外，还能刺激十二指肠黏膜，反射性地引起胆总管括约肌松弛、胆囊收缩，从而促进胆囊排空，有利胆之功效。可用于治疗胆囊炎和胆石症。

目标检测

答案解析

1. 胃酸分泌抑制药可分为哪几类？列举每类的代表药物。
2. 简述奥美拉唑的药理作用、临床应用以及不良反应。
3. 晕动病（如晕车和晕船）的常用预防和治疗药物有哪些？它们主要通过什么途径发挥作用？

4. 试述多潘立酮的药理作用和临床应用。

5. 硫酸镁的药理作用有哪些？

（李娟）

书网融合……

本章小结　　　　　微课　　　　　题库

第三十一章　子宫平滑肌兴奋药和抑制药

PPT

📎 **学习目标**

　　1. 熟悉　常用的子宫平滑肌兴奋药的药理作用、临床应用和主要不良反应；常用的子宫平滑肌兴奋药的作用机制。

　　2. 了解　子宫平滑肌抑制药的分类及其药理作用。

　　3. 具备设计兴奋子宫平滑肌、加强子宫收缩的药理学实验能力。

第一节　子宫平滑肌兴奋药 🅴微课

　　子宫平滑肌兴奋药（oxytocics）是一类选择性直接兴奋子宫平滑肌的药物，它们的作用可因子宫生理状态及剂量的不同而有差异，或使子宫产生节律性收缩，或产生强直性收缩。如用于催产或引产，则希望发挥近似生理分娩的节律性收缩作用；如用于产后止血或子宫复原，则希望引起强直性收缩。如使用不当，可能造成子宫破裂与胎儿窒息的严重后果。因此，必须慎重使用和适当选择剂量。

缩宫素

　　缩宫素（oxytocin；又名催产素 pitocin）是垂体后叶激素的主要成分之一。先是在下丘脑的视上核与室旁核的神经元内合成大分子的前激素，然后与载体后叶激素运载蛋白（neurophysin）结合成为复合体并转运至垂体。在转运途中，前激素转化为九肽的缩宫素，然后贮存在神经末梢，当神经冲动到达时即被释放。这一过程类似神经递质，不同之处是缩宫素作为激素不是释放入神经突触间隙中，而是通过毛细血管进入血液循环到达远离器官而发挥作用。

　　缩宫素可从牛、猪垂体后叶提取，也可人工合成。从动物垂体后叶提取得到的缩宫素中含少量加压素（vasopressin），人工合成品内则无加压素。我国药典规定缩宫素的效价以单位（unit，U）计算，一个单位相当于 2 μg 纯缩宫素。

　　【体内过程】　口服后在消化道易被破坏，故缩宫素口服无效。能经鼻腔及口腔黏膜吸收，肌内注射吸收良好，35 分钟内生效。可透过胎盘，大部分经肝及肾破坏，效果可维持 20～30 分钟。

　　【药理作用与机制】

　　1. 兴奋子宫　缩宫素能直接兴奋子宫平滑肌，加强其收缩。小剂量缩宫素（2～5 U）加强子宫（特别是妊娠末期的子宫）的节律性收缩，使收缩幅度加大，张力稍增加，其收缩的性质与正常分娩相似，即使子宫底部肌肉发生节律性收缩，又使子宫颈平滑肌松弛，以促进胎儿娩出。随着剂量加大（5～10 U），将引起肌张力持续增高，最后可致强直性收缩，这对胎儿和母体都是不利的。子宫平滑肌对缩宫素的敏感性与体内雌激素和孕激素水平有密切关系。雌激素可提高敏感性，孕激素则降低其敏感性；在妊娠早期，孕激素水平高，敏感性低，妊娠后期雌激素水平高，敏感性高。在妊娠 20 周至 39 周之间，敏感性可增加 8 倍。临产时子宫最为敏感，此时只需很小剂量的缩宫素即可达到引产、催产的目的；而分娩后子宫的敏感性又会逐渐降低。妊娠子宫对缩宫素的敏感性有个体差异。

　　研究发现在人子宫平滑肌胞质膜上存在特异性缩宫素受体，故认为缩宫素通过与受体结合而发挥作用。妊娠期间缩宫素受体数量增加，对缩宫素敏感。钙通道的开放引起 Ca^{2+} 的内流也参与缩宫素的作用机制。也有认为缩宫素作用于蜕膜的受体，促进前列腺素 F2α（PGF2α）及其代谢物的合成，而前列腺素能兴奋子宫并使子宫颈变软、展平及扩张。

2. 其他作用　缩宫素能使乳腺泡周围的肌上皮细胞（属平滑肌）收缩，促进排乳。大剂量还能短暂地松弛血管平滑肌，引起血压下降，并有抗利尿作用。

【临床应用】

1. 催产和引产　对于无产道障碍而宫缩无力的难产，可用小剂量缩宫素加强子宫的收缩性能，促进分娩。对于死胎、过期妊娠、或因患严重心脏病等病的孕妇，需提前中断妊娠者，可用缩宫素引产。

2. 产后止血　产后出血时立即皮下或肌内注射较大剂量缩宫素（5～10 U），迅速引起子宫强直性收缩，压迫子宫肌层内血管而止血。但缩宫素作用不持久，应加用麦角制剂使子宫维持收缩状态。

【不良反应】缩宫素剂量过大时会引起子宫高频率甚至持续性强直收缩，可致胎儿窒息或子宫破裂，因此作催产或引产时，必须注意下列两点：①严格掌握剂量，避免发生子宫强直性收缩；②严格掌握禁忌证，凡产道异常、胎位不正、头盆不称、前置胎盘，以及三次妊娠以上的经产妇或有剖宫产史者禁用，以防引起子宫破裂或胎儿窒息。

⇒ **案例引导**

　　临床案例　赵某，27 岁，初产妇，妊娠 38 周，出现规律宫缩 17 小时，阴道有少量淡黄色液体流出，宫缩 25 秒/6～8 分，胎心音 150 次/分，肛查：宫口开大 2 厘米，宫颈轻度水肿，胎头 S－2，无明显骨产道异常。诊断为宫缩乏力，处方如下。

　　缩宫素 2.5 U 加入 5% 葡萄糖 500ml，静脉滴注，10 滴/分。密切观察子宫收缩和胎心情况。

　　问题　1. 该处方是否合理？为什么？

　　　　　　2. 如果观察半小时后胎心音降至 110 次/分，应如何处理？

垂体后叶素

垂体后叶素（pituitrin）是从牛、猪的垂体后叶中提取的粗制品，内含缩宫素和加压素，因而对子宫平滑肌的选择性不高，在产科已逐渐被缩宫素所代替。它所含的加压素能与肾脏集合管的受体相结合，增加集合管对水分的再吸收，使尿量明显减少；可用于治疗尿崩症。它还能收缩血管（特别是毛细血管和小动脉），在肺出血时可用来收缩小动脉而止血。它也能收缩冠状血管，故冠心病者禁用。本品不良反应有面色苍白、心悸、胸闷、恶心、腹痛及过敏反应等。

前列腺素

前列腺素（prostaglandins，PGs）是一类广泛存在于体内的不饱和脂肪酸，早期是从羊的精囊中提取得到，现可用生物合成法或全合成法制备。对心血管、呼吸、消化以及生殖系统等有广泛的生理和药理作用。作为子宫兴奋药应用的前列腺素有前列腺素 E_2（PGE_2）、前列腺素 $F_{2\alpha}$（$PGF_{2\alpha}$）和 15－甲基前列腺素 $F_{2\alpha}$ 等。

与缩宫素不同，上述几种前列腺素对各期妊娠的人子宫都有显著的兴奋作用，对分娩前的子宫更敏感。故除用于足月引产外，对早期或中期妊娠子宫也能引起足以导致流产的高频率和大幅度的收缩，可用于 28 周前的宫腔内死胎及良性葡萄胎时排除宫腔内异物。除静脉滴注外，阴道内、宫腔内或羊膜腔内给药也有效。

不良反应主要为恶心、呕吐、腹痛等胃肠道兴奋现象。不宜用于支气管哮喘和青光眼患者。引产时的禁忌证和注意事项与缩宫素相同。

前列腺素和诺贝尔奖

1982 年，三位科学家 Sune Bergström、Bengt Samuelsson 和 John Vanc 被授予了诺贝尔生理学或医学奖。他们在前列腺素及有关生物活性物质的研究方面有卓越的贡献。

在前列腺素研究领域中，英国药理学家 Vanc 的第一个重大贡献是在 20 世纪 60 年代末证明肺在前列腺素代谢和灭活中有巨大效力。1969 年他提出，肺组织内产生一种极不稳定的物质，它可引起兔分离的主动脉条收缩，称其为兔主动脉收缩物质（RCS），认为它可能是前列腺素合成过程中的中间产物。这个发现在前列腺素历史中具有重要意义。

Bergström 和 Samuelsson 的分析工作为生物学研究提供了坚实的基础，Vane 的兔主动脉收缩物质迅速衰变的特性，促进血栓素 A_2 的发现，后者又间接导致前列腺环素的发现。前列腺素研究的巨大成就与许多其他科学家的努力是分不开的。

麦角生物碱

麦角（ergot）是寄生在黑麦中的一种麦角菌的干燥菌核，因在麦穗上突出如角而得名。麦角中含多种作用强大的生物碱类成分，称为麦角生物碱（ergot alkaloids），它们在化学结构上都是麦角酸的衍生物，可分为氨基酸麦角碱和氨基麦角碱两类。

1. 氨基酸麦角碱类 包括麦角胺（ergotamine）和麦角毒（ergotoxine），后者是三种麦角碱（ergocristine，ergokryptine，ergocornine）的混合物。难溶于水，口服吸收不良且不规则，作用缓慢而持久。

2. 氨基麦角碱类 以麦角新碱（ergometrine）为代表，口服吸收容易而规则，作用迅速而短暂。

【药理作用】

1. 兴奋子宫 麦角碱类能选择性地兴奋子宫平滑肌，其作用也取决于子宫的功能状态，妊娠子宫对麦角碱类比未妊娠子宫敏感。在临产时或新产后时最敏感。与缩宫素的不同，它们的作用比较强而持久，剂量稍大即引起子宫强直性收缩，对子宫体和子宫颈的兴奋作用无明显差别，因此，不宜用于催产和引产。麦角新碱的作用最快最强。

2. 收缩血管 氨基酸麦角碱类，特别是麦角胺，能直接作用于动静脉血管使其收缩；大剂量还会伤害血管内皮细胞，长期服用可导致肢端干性坏疽。

3. 阻断 α 肾上腺素受体 氨基酸麦角碱类尚有阻断 α 肾上腺素受体的作用，使肾上腺素的升压作用翻转。但在临床上，此剂量已能引起很多副作用，故无应用价值。麦角新碱则无此作用。

【临床应用】

1. 治疗子宫出血 产后或其他原因引起的子宫出血都可用麦角新碱止血，它能使子宫平滑肌强直性收缩，机械性压迫血管而止血。

2. 产后子宫复原 产后的最初十天子宫复原过程进行很快，如进行缓慢就易发生出血或感染，因此，须服用麦角制剂等子宫兴奋药以加速子宫复原。常用麦角流浸膏。

3. 治疗偏头痛 偏头痛可能由脑动脉舒张和搏动幅度加大引起，麦角胺与咖啡因都能收缩脑血管，减少动脉搏动的幅度，因此可用于偏头痛的治疗。合用咖啡因可使麦角胺的吸收速率和血药峰浓度提高到两倍。

4. 中枢抑制作用 麦角毒的氢化物称氢麦角毒（dihydroergotoxine），具有抑制中枢、舒张血管（主要由于抑制血管运动中枢）和降低血压的作用。可与异丙嗪、哌替啶配成冬眠合剂。

【不良反应】注射麦角新碱可致呕吐、血压升高等不良反应，因此，妊娠毒血症产妇的产后应用须慎重。麦角流浸膏中含有麦角毒和麦角胺，长期应用可损害血管内皮细胞，特别是肝病或外周血管病患者更为敏感。此外，麦角新碱偶致过敏反应，严重者出现呼吸困难和血压下降。麦角制剂禁用于催产和引产，血管硬化及冠状动脉疾病患者忌用。

益母草

为唇形科植物益母草（*Lenourus japonicus* Houtt.）的地上部分，药用全草，全国各地都有分布。有效成分为生物碱（如益母草碱 leonurine 等）。动物实验显示益母草能兴奋子宫平滑肌，增加子宫收缩频率，也能提高其张力，但作用较脑垂体后叶制剂为弱。临床用于产后止血和促使产后子宫复原。

第二节　子宫平滑肌抑制药

子宫平滑肌抑制药又称抗分娩药（tocolytic drugs），主要用于治疗痛经和抗早产。常用的子宫平滑肌抑制药包括 β_2 肾上腺素受体激动药、硫酸镁、前列腺素合成酶抑制药以及钙拮抗药。

利托君

人子宫平滑肌含有 β 肾上腺素受体，且以 β_2 受体占优势。许多常见 β_2 受体激动药如沙丁醇胺、特布他林等都有松弛子宫平滑肌作用，并试用于防治早产。利托君（nitodrine）的化学结构与异丙肾上腺素相似，对非妊娠和妊娠子宫都有抑制作用。可用于防治早产。

硫酸镁

硫酸镁（magnesium sulfate）能抑制神经 - 肌肉接头乙酰胆碱释放，抑制子宫平滑肌收缩，可用于早产治疗。还能使血管平滑肌收缩作用减弱，缓解外周血管痉挛，因而对高血压和子痫有防治作用。硫酸镁静脉注射常引起潮热、出汗和口干，注射过快能引起头晕、恶心、呕吐等不良反应。

吲哚美辛

吲哚美辛（indomecin）通过抑制前列腺素的合成发挥子宫平滑肌收缩抑制作用。但其可引起胎儿动脉导管提前关闭，进而导致肺动脉高压并损害肾脏，故临床使用受限。仅在 β_2 受体激动药和硫酸镁等药物无效时使用，且只能用于妊娠 34 周之前。

硝苯地平

硝苯地平（nifedipine）属于钙拮抗剂，能减少细胞 Ca^{2+} 内流，使子宫平滑肌细胞内 Ca^{2+} 浓度下降从而抑制宫缩。

目标检测

答案解析

1. 试述缩宫素的药理作用和临床应用。
2. 比较缩宫素和麦角新碱药理作用和临床应用的异同点。
3. 缩宫素用于催产和引产时需注意哪些问题？

4. 子宫平滑肌兴奋药和子宫平滑肌抑制药的临床应用分别包括哪些?

（李娟）

书网融合……

本章小结	微课	题库

第六篇 作用于内分泌系统和代谢疾病的药物

第三十二章 肾上腺皮质激素类药物

PPT

📖 **学习目标**

1. **掌握** 糖皮质激素类药物的生理及药理作用、临床应用、不良反应及禁忌征等。
2. **熟悉** 肾上腺皮质激素的分泌调节和糖皮质激素类药物的抗炎作用机制，糖皮质激素类药物的体内过程、用法和疗程等。
3. **了解** 盐皮质激素、促皮质素类药物的作用特点。
4. 具备合理指导糖皮质激素的临床使用的能力。

肾上腺皮质激素（adrenocortical hormones）是肾上腺皮质分泌激素的总称，肾上腺皮质由外向内依次为球状带、束状带和网状带。球状带只能合成醛固酮（aldosterone）和去氧皮质酮（desoxycorticosterone）等盐皮质激素（mineralocorticoids）；束状带是合成氢化可的松（hydrocortisone）和可的松（cortisone）等糖皮质激素（glucocorticoids）的重要场所；网状带主要合成性激素（sex hormones）类。肾上腺皮质激素基本结构为甾核（固醇核），属甾体类化合物，其中具有强大抗炎作用的糖皮质激素类药物又称为甾体类抗炎药，是临床常用的皮质激素类药物。肾上腺皮质激素的分泌和生成受促肾上腺皮质激素（adrenocorticotrophin，ACTH，又名促皮质素，corticotrophin）的调节（图 32 – 1），而 ACTH 的分泌受昼夜节律的影响。

【化学结构与构效关系】 肾上腺皮质激素的基本结构为甾核，其中 A 环上 $C_{4\sim5}$ 之间的双键，C_3 上的酮基，C_{20} 上的羧基是保持其生理功能所必需的基团。糖皮质激素的结构特征是甾核 D 环的 C_{17} 上有 α 羟基，C 环的 C_{11} 有氧（如可的松）或羟基（如氢化可的松），对糖代谢的作用强，而对水盐代谢作用弱。盐皮质激素对水盐代谢作用较强，而对糖代谢作用很弱，其结构的特征是在甾核 D 环的 C_{17} 无 α 羟基且 C 环的 C_{11} 无氧（如去氧皮质酮）或虽有氧但与 18 位碳结合（如醛固酮）。为了提高临床疗效，降低副作用，对该类药物进行

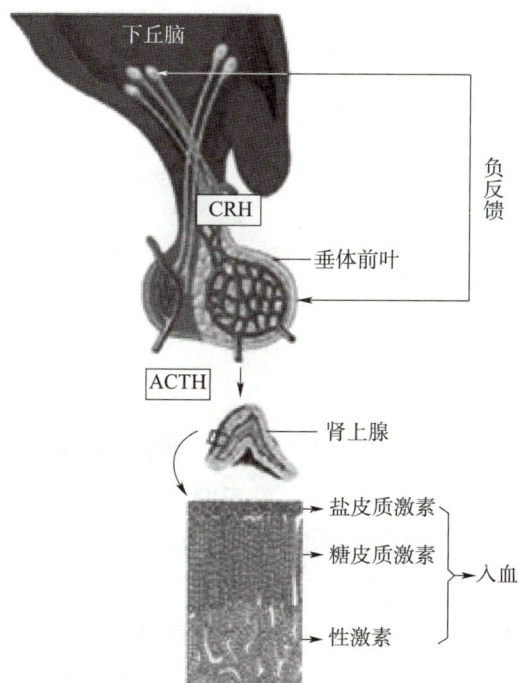

图 32 – 1 肾上腺皮质激素分泌的调节

结构改造，合成一系列皮质激素类药物（图32-2）。绝大多数人工合成的皮质激素 $C_{1\sim2}$ 之间为不饱和双键，在体内的还原灭活反应减弱，作用更强。

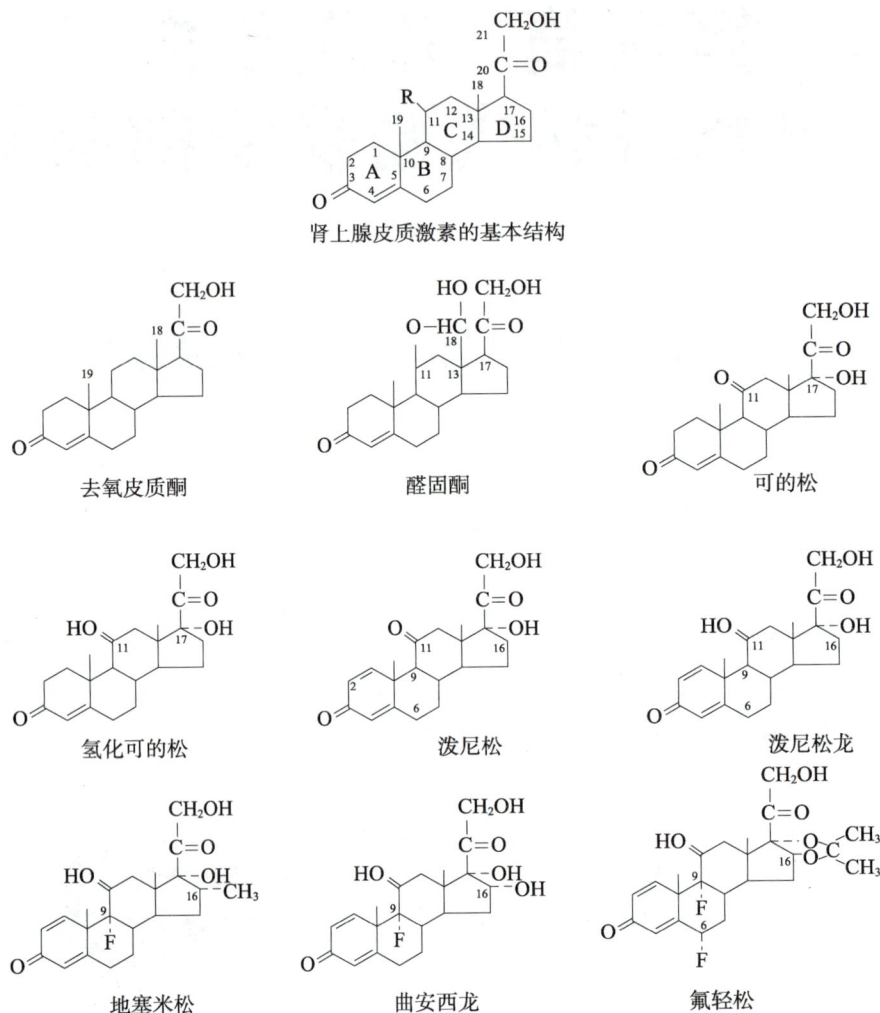

图32-2　肾上腺皮质激素类药物结构图

第一节　糖皮质激素类药物 🅔微课

　　糖皮质激素作用广泛而复杂，且随着剂量变化而作用不同，在生理情况下分泌的糖皮质激素主要影响正常的物质代谢，缺乏时，将引起代谢失调甚至死亡。在应激状态时，大量糖皮质激素分泌入血，通过允许作用等使机体能适应内外环境变化所致的强烈刺激。超生理剂量（药理剂量）糖皮质激素除影响物质代谢外，还具有抗炎、免疫抑制和抗休克等多种药理作用。其临床应用非常广泛，但不适当地使用或长期大剂量应用可导致多种不良反应和并发症，甚至危及生命。

　　【体内过程】口服、注射给药均可吸收。口服可的松或氢化可的松后 1～2 小时血药浓度达高峰，一次性给药作用可维持 8～10 小时。氢化可的松吸收进入血液后约 90% 与血浆蛋白结合，其中 80% 与皮质激素转运蛋白（corticosteroid binding globulin，CBG）结合，10% 与白蛋白结合，CBG 在肝脏合成，肝脏疾病时 CBG 减少，游离型激素增多；雌激素可促进 CBG 合成，减少游离型激素，妊娠过程雌激素水平增加，血中 CBG 浓度可增高 2～3 倍，但当游离型激素减少时，可反馈性增加 ACTH 的释放，使游离型激素达正常水平。

糖皮质激素在肝脏代谢转化，经肾脏排出，肝肾功能不良时可致糖皮质激素类药物血浆半衰期延长。可的松与泼尼松（prednisone）等 C11 上的氧在肝脏转化为羟基，生成氢化可的松和泼尼松龙（prednisolone）才有活性，因此严重肝功能不全的病人只宜用氢化可的松或泼尼松龙。

【药理作用及机制】

1. 对代谢的影响

（1）糖代谢　糖皮质激素是机体糖代谢的重要激素之一，能增加肝糖原与肌糖原含量并升高血糖。其机制是：①促进糖原异生，特别是利用肌肉蛋白质代谢中的一些氨基酸及其中间代谢物作为原料合成糖原；②减慢葡萄糖分解为 CO_2 的氧化过程，增加代谢中间产物如丙酮酸和乳酸等在肝脏和肾脏再合成葡萄糖，增加血糖的来源；③减少机体组织对葡萄糖的利用。

（2）蛋白质代谢　糖皮质激素能加速胸腺、肌肉、骨等组织蛋白质分解，增加尿中氮的排泄量，导致负氮平衡；大剂量糖皮质激素还能抑制蛋白质合成。因此，长期用药应用可引起胸腺、淋巴组织萎缩，肌肉蛋白质含量下降，伤口愈合迟缓，骨质形成障碍等。故在用药期间应高蛋白、低糖饮食，在严重丢失蛋白质的肾病患者及多种影响蛋白质代谢的疾病中，应用糖皮质激素类药物治疗时，需合用蛋白质同化类激素。

（3）脂质代谢　短期使用对脂质代谢无明显影响；长期大剂量使用可增高血浆胆固醇，激活四肢皮下的脂酶，促使皮下脂肪分解，并重新分布在面部、上胸部、颈背部、腹部和臀部，表现为满月脸、水牛背，形成向心性肥胖。

（4）水电解质代谢　糖皮质激素也有一定盐皮质激素样作用，但较弱。此外，还可通过增加肾小球滤过率和拮抗抗利尿激素的作用，减少肾小管对水的重吸收而产生利尿作用。长期用药所致骨质脱钙，可能与减少小肠对钙的吸收和抑制肾小管对钙的重吸收、促进尿钙排泄有关。常用糖皮质激素类药物作用比较见表 32-1。

表 32-1　常用糖皮质激素类药物的比较

药物	药理作用			等效口服剂量（mg）
	抗炎	局部应用	水盐代谢	
短效				
氢化可的松	1	1	1	20
可的松	0.8	0	0.8	25
泼尼松	4	0	0.3	5
泼尼松龙	5	4	0.3	5
中效				
曲安西龙（triamcinolone）	5	5	0	4
甲泼尼松龙（methylprednisolone）	5	5	0	4
氟泼尼松龙（fluprednisolone）	15	7	0	1.5
长效				
倍他米松（betamethasone）	25~40	10	0	0.6
地塞米松（dexamethasone）	30	10	0	0.75

注：各值均为与氢化可的松比较的相对强度。

2. 抗炎作用　糖皮质激素抗炎作用强大，能抑制多种原因所致的炎症反应，包括各种病原生物所致的感染性炎症和物理性（烧伤、创伤）、化学性、免疫性及无菌性（缺血性组织损伤）等非感染性炎症。在炎症初期，糖皮质激素能降低毛细血管的通透性，抑制白细胞的浸润及吞噬反应，减少各种炎性因子释放，从而缓解红、热、肿、痛等症状。在炎症后期，糖皮质激素通过抑制毛细血管和成纤维细胞的增生，抑制胶原蛋白合成和肉芽组织的增生，防止粘连及瘢痕形成，减轻后遗症。但糖皮质激素抗炎不抗菌，且炎症反应是机体的一种防御机制，炎症后期更是组织修复的重要过程，若使用不当可致感染扩散、创面愈合延迟。因此糖皮质激素在治疗感染性疾病时，必须与足量有效的抗菌药联合。

糖皮质激素抗炎作用的基本机制是基因组效应。激素作为一种脂溶性分子，易于通过细胞膜与胞浆内的糖皮质激素受体（glucocorticoid receptor，GR）结合。GR 有 GRα 和 GRβ 两种亚型，GRα 与激素结合后产生经典的激素效应，GRβ 不具备与激素结合的能力，作为 GRα 拮抗体而起作用。未活化的 GRα 在胞质内与热激蛋白 90（heat shock protein 90，HSP90）结合形成 GRα – HSP90 复合体。这种复合体与糖皮质激素结合后，HSP90 与 GRα 分离，随之糖皮质激素 – GRα 复合体易位进入细胞核，在细胞核内与特异性 DNA 靶基因的启动子序列的糖皮质激素反应成分或负性糖皮质激素反应成分结合，影响基因转录，改变介质相关蛋白的水平，进而对炎症细胞和分子产生影响而发挥抗炎作用。具体表现如下。

（1）诱导炎症抑制蛋白（如脂质素 1）生成和抑制某些靶酶（如诱导型 NO 合酶和环加氧酶 2）的表达，阻断相关炎性介质的产生，发挥抗炎作用。

（2）影响细胞因子（如 TNFα、IL – 1、IL – 2、IL – 6、IL – 8）的产生和抑制黏附分子（如 E – 选择素和 ICAM – 1）的表达，并影响其生物效应的发挥。

（3）诱导炎性细胞凋亡，糖皮质激素首先由 GR 介导基因转录变化，最终激活 caspase 和特异性核酸内切酶而导致细胞凋亡。

非基因组效应是糖皮质激素产生其药理作用的另一重要机制，其主要特点为起效迅速，对转录和蛋白合成抑制剂不敏感，发挥快速效应，如细胞膜类固醇受体介导的快速非基因效应以及对直接影响细胞能量代谢的非基因生化效应；糖皮质激素也有可能与细胞中其他成分进行非特异性结合，如直接改变生物膜的磷脂成分、改变膜的稳定性而产生效应；细胞质受体的受体外成分（如 HSP90 等）进一步激活某些信号通路产生快速效应。

3. 免疫抑制及抗过敏作用

（1）免疫抑制作用　糖皮质激素对免疫系统有多方面抑制作用，小剂量糖皮质激素主要抑制细胞免疫，大剂量则能抑制 B 细胞转化成浆细胞的过程，减少抗体生成干扰体液免疫。但抑制作用存在动物种属差异。糖皮质激素能抑制人体淋巴细胞 DNA 和蛋白的合成，干扰淋巴组织在抗原作用下的分裂和增殖，还能阻断敏感化 T 细胞所诱发的单核细胞和巨噬细胞的募集，从而抑制皮肤迟发性变态反应。目前认为糖皮质激素抑制免疫有多种机制：①诱导淋巴细胞 DNA 降解；②影响淋巴细胞的物质代谢；③诱导淋巴细胞凋亡；④抑制核转录因子 NF – κB 活性，阻断其对移植排斥反应、炎症等疾病发展的相关调控作用。

（2）抗过敏作用　在免疫过程中，由于抗原 – 抗体反应引起肥大细胞脱颗粒而释放组胺、5 – 羟色胺、过敏性慢反应物质、缓激肽等，从而引起一系列过敏性反应症状。糖皮质激素能减少上述过敏介质的释放，减轻过敏症状。

4. 抗毒作用　糖皮质激素可提高机体对细菌内毒素的耐受力，改善一系列中毒症状，但对外毒素则无防御作用。其机制可能与其降低体温调节中枢对致热源的敏感性，减少内热源的释放有关。

5. 抗休克作用　糖皮质激素抗休克作用机制与下列因素有关：①抑制某些炎性因子的产生，减轻全身炎症反应及组织损伤，使微循环血流动力学恢复正常，改善休克状态；②扩张血管和兴奋心脏、加强心脏收缩力；③稳定溶酶体膜，减少心肌抑制因子（myocardial depressant factor，MDF）的形成和释放；④提高机体对细菌内毒素的耐受力；⑤抗休克作用还与其减轻氧自由基脂质过氧化损伤；减少 TXA_2 形成，抑制血小板聚集，防止 DIC 发生等有关。

6. 其他作用

（1）允许作用　糖皮质激素对有些组织细胞无直接作用，但可为其他激素发挥作用创造有利条件，称为允许作用（permissive action）。如糖皮质激素可增强儿茶酚胺的缩血管作用及胰高血糖素的升糖作用等。

（2）血液及造血系统　糖皮质激素能刺激骨髓造血功能，使红细胞和血红蛋白含量增加；大剂量可使血小板增多，提高纤维蛋白原浓度，缩短凝血酶原时间；刺激骨髓中的中性粒细胞释放入血，使中性粒细胞数增多，但降低其游走、吞噬、消化及糖酵解等功能，减弱对炎症区的浸润与吞噬活动。糖皮质激素可减少淋巴细胞，但存在明显的动物种属差异。

（3）中枢神经系统　氢化可的松可减少脑中 γ - 氨基丁酸浓度，提高中枢的兴奋性，有些患者长期大量应用或对药物的敏感性高，即使很小剂量亦可引起欣快、激动、失眠等，偶可诱发精神失常，且能降低大脑的电兴奋阈，促使癫痫发作，故精神病患者和癫痫患者宜慎用，大剂量对儿童能致惊厥。

（4）消化系统　糖皮质激素能使胃蛋白酶和胃酸分泌增加，提高食欲，促进消化。但大剂量应用可诱发或加重胃及十二指肠溃疡。

（5）骨骼　长期大量应用本类药物时可出现骨质疏松，特别是脊椎骨，故可有腰背痛，甚至发生压缩性骨折、鱼骨样及楔形畸形。糖皮质激素抑制成骨细胞的活力、减少骨中胶原的合成、促进胶原和骨基质的分解，使骨盐不易沉积，骨质形成发生障碍。此外，大量糖皮质激素还可促进钙从尿中排出，使骨盐进一步减少。

（6）退热作用　糖皮质激素用于严重的中毒型感染如肝炎、脑膜炎、败血症及晚期癌症的发热，常具有迅速而良好的退热作用。可能与氢化可的松能抑制体温中枢对致热原的反应、稳定溶酶体膜，减少内源性致热原的释放有关。但是在发热诊断未明前，不可滥用糖皮质激素，以免掩盖症状贻误病情诊断。

【临床应用】

1. 严重感染或预防炎症后遗症

（1）严重急性感染　主要用于中毒性感染或同时伴有休克者，如中毒性菌痢、暴发型流脑、猩红热等，在应用足量有效抗菌药物的同时，可用糖皮质激素作为辅助治疗。

病毒性感染一般不用糖皮质激素，因其降低机体的防御能力反而使感染扩散加剧，带状疱疹、水痘患者禁用。但对严重感染，如严重急性呼吸综合征、传染性肝炎、流行性腮腺炎、麻疹和乙型脑炎等，有明显缓解症状、甚至挽救生命的作用。

对多种结核病的急性期，尤其是以渗出为主的结核病，如结核性脑膜炎、胸膜炎、心包炎、腹膜炎等，在早期应用抗结核药的同时辅以短程糖皮质激素，可迅速退热，减轻炎症渗出，使积液消退，减少愈合过程中发生的纤维增生及粘连。但宜小剂量，一般为常规剂量的 1/2 ~ 2/3。

（2）防止某些炎症的后遗症　炎症发生在机体重要器官或部位，如风湿性心瓣膜炎、脑炎、心包炎、损伤性关节炎、睾丸炎以及烧伤后瘢痕挛缩等，由于炎症损害或恢复时产生粘连和瘢痕，将引起严重功能障碍，早期应用糖皮质激素可减少炎性渗出，减轻愈合过程中纤维组织过度增生及粘连，防止后遗症的发生。对眼科疾病如虹膜炎、角膜炎、视网膜炎和视神经炎等非特异性眼炎，应用后也可迅速消炎止痛、防止角膜混浊和瘢痕粘连的发生。但有角膜溃疡者禁用。

🌐 知识链接

糖皮质激素与严重急性呼吸综合征

严重急性呼吸综合征（severe acute respiratory syndrome，SARS）又称传染性非典型性肺炎，

2003 年在我国及全球三十多个国家发现病例，是一种由冠状病毒引起的严重的肺部感染，临床表现为起病急，持续高热、咳嗽，伴全身和呼吸系统症状。部分重症患者出现肺间质可见单个核细胞浸润、肺泡腔内细胞性纤维黏液样渗出物及肺水肿等，之后肺部病变进行性加重，表现为胸闷、气促、呼吸困难，超过 10% 的患者出现呼吸窘迫综合征而危及生命。因无肯定有效的抗病毒药物治疗，临床主要采用氧疗（面罩、气管插管或呼吸机给氧）和必要的糖皮质激素等对症处理。糖皮质激素的恰当应用可减轻肺组织的渗出和损伤，减轻后期肺纤维化的程度。但由于大剂量应用，后期少部分患者出现股骨头坏死。

2. 自身免疫性疾病、过敏性疾病及器官移植排斥反应

（1）自身免疫性疾病　对严重风湿热、风湿性心肌炎、风湿性及类风湿关节炎、系统性红斑狼疮、自身免疫性贫血和肾病综合征等，应用糖皮质激素后可缓解症状。但一般采用综合疗法，不宜单用，以免引起不良反应。

（2）过敏性疾病　如荨麻疹、血管神经性水肿、支气管哮喘和过敏性休克等，治疗主要应用肾上腺素受体激动药和抗组胺药物。对严重病例或其他药物无效时，可应用糖皮质激素辅助治疗，目的是抑制抗原 – 抗体反应所引起的组织损害和炎症过程。

（3）器官移植排斥反应　糖皮质激素可预防异体器官移植术后的免疫排斥反应。一般术前 1 ~ 2 天开始口服泼尼松，每日 100mg，术后第 1 周改为每日 60mg，以后逐渐减量。若已发生排斥反应，需应用大剂量氢化可的松静脉滴注，排斥反应控制后再逐步减少剂量至最小维持量，并改为口服。若与环孢霉素 A 等免疫抑制剂合用，疗效更好，并可减少两药的剂量。

3. 抗休克　糖皮质激素可用于多种类型的严重休克。特别是感染脓毒症休克的治疗，在应用有效抗菌药物治疗下，可尽早、短时间使用大剂量糖皮质激素。至微循环改善、脱离休克状态时停用，且尽可能在抗菌药物之后使用，抗菌药物撤去前停药。对过敏性休克，糖皮质激素为次选药，可与首选药肾上腺素合用。对低血容量性休克，在补液或输血后效果不佳者，可合用超大剂量的糖皮质激素。

4. 血液病　糖皮质激素多用于治疗儿童急性淋巴细胞白血病，现多与抗肿瘤药物联合用药；此外，还可用于再生障碍性贫血，粒细胞减少症，血小板减少症和过敏性紫癜等的治疗。停药后易复发。

5. 局部应用　对一般性皮肤病如湿疹、肛门瘙痒、接触性皮炎、银屑病等均有较好疗效。常采用氢化可的松、泼尼松龙或氟轻松等软膏、霜剂或洗剂局部用药，当肌肉韧带或关节劳损时，可将醋酸氢化可的松或醋酸氢化泼尼松混悬液加入 1% 普鲁卡因注射液肌内注射，也可注入韧带压痛点或关节腔内以消炎止痛。

6. 替代疗法（replacement therapy）　用于急、慢性肾上腺皮质功能不全者，脑垂体前叶功能减退及肾上腺次全切除术后。

【不良反应与注意事项】

1. 长期大剂量应用引起的不良反应

（1）医源性肾上腺皮质功能亢进症，又称类肾上腺皮质功能亢进，是因长期应用过量糖皮质激素致物质代谢和水盐代谢紊乱的结果，表现为满月脸、水牛背、皮肤变薄、水肿、多毛、痤疮、低血钾、高血压、高血脂、糖尿病等，称为库欣综合征（Cushing's syndrome，CS）。停药后症状可自行消失。必要时加用抗高血压药、降糖药治疗，并采取低盐、低糖、高蛋白饮食及加用氯化钾等措施。

（2）诱发或加重感染，糖皮质激素可降低机体的免疫功能，长期应用易诱发感染或使潜在的病灶扩散。尤其是原有疾病已使抵抗力降低的疾病如白血病、再生障碍性贫血、肾病综合征等患者更易发生。

还可使原来静止的结核病灶扩散恶化，故肺结核、脑膜结核及淋巴结核等患者应合用抗结核药。

（3）诱发或加重溃疡，糖皮质激素刺激胃酸、胃蛋白酶的分泌并抑制胃黏液分泌，降低胃肠黏膜的抵抗力，可诱发或加剧胃、十二指肠溃疡，甚至造成消化道出血或穿孔。对少数患者可致胰腺炎及脂肪肝。

（4）骨质疏松、肌肉萎缩、伤口愈合迟缓等，与糖皮质激素促蛋白质分解、抑制其合成及增加钙、磷排泄有关。骨质疏松多见于儿童、绝经妇女和老人，严重者可产生自发性骨折，应加强蛋白质、维生素 D 和钙盐的补充。由于抑制生长激素的分泌和造成负氮平衡，还可影响生长发育。孕妇应用偶致胎儿畸形。

（5）糖皮质激素还可引起糖皮质激素性青光眼，长期应用其发生率可达40%。此外，精神失常，有癫痫或精神病史者禁用或慎用。

知识链接

糖皮质激素与股骨头缺血性坏死

患者对糖皮质激素遗传易感性或给药方案的不同，都会影响到股骨头坏死发生的可能。早期会出现胯部疼痛，常常间歇性发作，并逐渐加重，活动时疼痛更加明显。糖皮质激素导致股骨头缺血性坏死大致有三种情况。一是糖皮质激素促进蛋白质分解，抑制其合成，增加钙磷排泄，长期应用致骨质疏松，随后产生关节软骨下细微骨折，引起骨塌陷、碎裂，局限性缺血性坏死。二是糖皮质激素引起肝脂肪变，产生脂肪栓子进入血液循环引起骨血管栓塞，形成局部坏死。三是糖皮质激素引起血管炎及凝血功能改变，而致血管栓塞。出现股骨头坏死后，应尽可能地减少激素剂量，直到停用。

2. 停药反应

（1）医源性肾上腺皮质功能不全　长期应用患者，减量过快或突然停药，特别是当遇到感染、创伤、手术等严重应激情况时，可引起肾上腺皮质功能不全或危象，表现为恶心、呕吐、乏力、低血压和休克等，需及时抢救，这是由于长期应用糖皮质激素，反馈性抑制垂体 – 肾上腺皮质轴致使肾上腺皮质萎缩所致。防治：应缓慢停药；停用糖皮质激素后需连续应用 ACTH 7 天左右；在停药 1 年内如遇应激情况（如感染或手术等），应及时给予足量的糖皮质激素。

肾上腺皮质功能恢复时间与药物剂量、用药时间和个体差异有关。垂体分泌 ACTH 的功能一般需经 3 ~ 5 个月恢复；肾上腺皮质对 ACTH 起反应功能的恢复约需 6 ~ 9 个月，甚至长达 1 ~ 2 年。

（2）反跳现象　长期应用糖皮质激素的患者对激素产生依赖性或病情尚未完全控制，突然停药或减量过快而致原病复发或恶化。常需加大剂量再行治疗，待症状缓解后再缓慢减量、停药。

案例引导

临床案例　患者，女，66 岁，40 年前诊断为"支气管哮喘"，服用泼尼松、氨茶碱治疗，症状缓解，由于发病频率及持续时间逐年增加常自服泼尼松 10 ~ 40mg/d，每年服用约 3 个月，10 年前诊断为高血压后一直服用降压药维持血压。1 个月前哮喘发作，自服泼尼松、氨茶碱治疗，症状缓解不明显，且近日明显感觉双下肢无力。查体：满月脸，皮肤变薄，桶状胸，脊柱后弯畸形，四肢肌力减退。血压 160/90mmHg，结合胸片和胸椎 MRI 结果，诊断：Cushing 综合征、支气管哮喘、阻塞性肺气肿，骨质疏松，胸椎退行性病变；高血压。

问题　1. 泼尼松在治疗中的作用和机制是什么？

2. 该患者病情为何会有如此进展？机制是什么？

【禁忌证】糖皮质激素的禁忌证有：抗菌药物不能控制的病毒、真菌感染如水痘、麻疹、真菌感染等，活动性结核病，严重的精神病和癫痫，活动性消化性溃疡病，新近胃肠吻合术，角膜溃疡，肾上腺皮质功能亢进症，严重高血压，糖尿病，骨质疏松，创伤或手术修复期，骨折，肾上腺皮质功能亢进症，孕妇。但禁忌证和适应证并存时，应全面分析，权衡利弊，慎重决定，对病情危急的适应证，虽有禁忌证存在，仍可考虑使用，待危急情况缓解后，尽早停药或减量。

【用法与疗程】

1. 大剂量冲击疗法 适用于急、危、重症患者的抢救，常用氢化可的松静脉给药，首剂 200 ~ 300mg，1 日可超过 1g，以后逐渐减量，疗程 3 ~ 5 天。大剂量应用宜并用氢氧化铝凝胶等以防止急性消化道出血。

2. 一般剂量长期疗法 多用于结缔组织病和肾病综合征等。常在配以糖皮质激素的综合治疗获得临床疗效后，逐渐减量，直到最小有效维持量。维持量应较生理分泌的皮质激素量稍高，维持量给药法有两种。①每日晨给药法：将一日的用药总量于每晨 7 ~ 8 点 1 次给予。②隔日晨给药法：将两日用药总量每隔 1 日早晨 7 ~ 8 点 1 次给予。一般不用长效的糖皮质激素，以免产生对下丘脑 - 垂体 - 肾上腺轴的抑制。

长期应用糖皮质激素治疗的过程中，如发生下列情况之一者应停药：①维持量已减至正常基础需要量，经过长期观察，病情已稳定不再活动者；②治疗效果差，不宜再用糖皮质激素，应改用其他药物；③因严重副作用或并发症，难以继续用药者。

3. 小剂量替代疗法 适用于急、慢性肾上腺皮质功能不全症（如肾上腺危象、阿狄森病）、脑垂体前叶功能减退及肾上腺次全切除术后。较重的患者或单用糖皮质激素无效的患者，可加用盐皮质激素。

第二节　盐皮质激素类药物

盐皮质激素主要有醛固酮和去氧皮质酮。对维持机体正常的水、电解质代谢起重要作用。

醛固酮主要作用于肾脏远曲小管，促进 Na^+ 的重吸收及 K^+ 的排出，产生保钠排钾作用，与下丘脑分泌的抗利尿激素相互协调，共同维持机体的水、电解质平衡。去氧皮质酮在机体内的分泌量小，其潴钠作用只有醛固酮的 1% ~ 3%，但远大于氢化可的松。醛固酮和去氧皮质酮在肠内均不易吸收，肌内注射吸收良好。在肝中迅速被代谢失活，经肾排出，无蓄积作用。临床上盐皮质激素与糖皮质激素如氢化可的松合用作为替代疗法，治疗慢性肾上腺皮质功能减退症，以纠正患者失钠、失水和钾潴留等，恢复水和电解质的平衡。替代疗法的同时，每日需补充食盐 6 ~ 10g。

第三节　促皮质素和皮质激素抑制药

一、促皮质素

天然的促肾上腺皮质激素（ACTH，又名促皮质素）由垂体前叶合成分泌，其合成和分泌受到下丘脑促皮质素释放激素（corticotropin releasing hormone，CRH）的调节，对维持机体肾上腺正常形态和功能具有重要作用。在生理情况下，下丘脑、垂体和肾上腺三者处于动态平衡，ACTH 缺乏，将引起肾上腺皮质萎缩、分泌功能减退。ACTH 还控制自身释放的短负反馈调节。

天然 ACTH 多从牛、猪、羊的垂体提取，过敏反应发生率高；人工合成的 ACTH 仅有 24 个氨基酸残基，免疫原性相对较低，过敏反应发生率低。ACTH 口服后在胃内被胃蛋白酶破坏而失效，故仅注射给药。血浆 $t_{1/2}$ 约为 15 分钟。其主要作用是促进糖皮质激素的分泌，但必须在皮质功能完好时方能发挥作用。一般在 ACTH 给药后 2 小时，肾上腺皮质才开始分泌氢化可的松。临床上利用此作用诊断脑垂体前叶 – 肾上腺皮质功能水平状态及长期使用糖皮质激素停药前后的皮质功能水平，以防止因停药而发生皮质功能不全。

二、皮质激素抑制药

皮质激素抑制药可代替外科的肾上腺皮质切除术，临床常用的有米托坦和美替拉酮等。抗醛固酮的螺内酯为盐皮质激素抑制药。

米托坦

米托坦（mitotane）又称双氯苯二氯乙烷，为杀虫剂滴滴涕（DDT）一类化合物。对肾上腺皮质的正常细胞或瘤细胞都有损伤作用，尤其是选择性地作用于肾上腺皮质束状带及网状带细胞，使其萎缩、坏死。用药后血、尿中氢化可的松及其代谢物迅速减少，但不影响球状带，故醛固酮分泌不受影响。临床主要用于无法切除的皮质癌、切除复发癌以及皮质癌术后辅助治疗。口服约有 40% 被吸收，分布于全身各处，脂肪是其主要贮藏器官，代谢产物经尿中排出。停药后 6 ~ 9 周，血浆中仍能测到微量的米托坦。常见有消化道不适、中枢抑制及运动失调等不良反应，减小剂量这些症状可以消失。

美替拉酮

美替拉酮（metyrapone）又称甲吡酮，能抑制 11β – 羟化反应，干扰 11 – 去氧皮质酮转化为皮质酮，抑制 11 – 去氧氢化可的松转化为氢化可的松，而降低其血浆水平；又能反馈性地促进 ACTH 分泌，导致 11 – 去氧皮质酮和 11 – 去氧氢化可的松代偿性增加，故尿中 17 – 羟类固醇排泄也相应增加。临床用于治疗肾上腺皮质肿瘤和产生 ACTH 的肿瘤所引起的氢化可的松过多症和皮质癌，还可用于垂体释放 ACTH 功能试验。不良反应少而轻，可有眩晕、消化道反应等。

氨鲁米特

氨鲁米特（aminoglutethimide）又称氨基苯哌啶酮，能抑制胆固醇转变成 20α – 羟胆固醇，阻断类胆固醇生物合成的第一个反应，从而对氢化可的松和醛固酮的合成产生抑制作用。临床主要与美替拉酮合用，治疗由垂体所致 ACTH 过度分泌诱发的库欣综合征。为防止肾上腺功能不足，可给予生理剂量的氢化可的松。

目标检测

答案解析

1. 简述糖皮质激素的药理作用。
2. 简述糖皮质激素的临床应用。
3. 长期大量应用糖皮质激素的不良反应。
4. 糖皮质激素的禁忌证有哪些？

5. 简述糖皮质激素的抗炎机制。

6. 论述糖皮质激素治疗感染性休克的机制，分析治疗中应注意的问题及原因。

（许丽萍）

书网融合……

| 本章小结 | 微课 | 题库 |

第三十三章　甲状腺激素及抗甲状腺药

PPT

📖 **学习目标**

1. **掌握** 甲状腺激素的临床应用，硫脲类、碘及碘化物的药理作用、临床应用及不良反应。
2. **熟悉** 放射性碘、β肾上腺素受体阻断药在甲状腺疾病中的应用与注意事项。
3. **了解** 甲状腺激素的合成、储存、分泌与调节。
4. 具备对甲状腺疾病进行合理药物治疗的能力。

甲状腺激素（thyroid hormone）包括四碘甲状腺原氨酸（甲状腺素，tetraiodothyronine，T_4）和三碘甲状腺原氨酸（triiodothyronine，T_3），分泌过少引起甲状腺功能低下（甲减），需补充；分泌过多引起甲状腺功能亢进症（甲亢），可用手术疗法，也可用抗甲状腺药来治疗。

第一节　甲状腺激素

【合成、分泌与调节】

1. 甲状腺激素合成 甲状腺激素为碘化酪氨酸的衍生物，以碘为原料，经以下4个步骤合成。

（1）碘的摄取 甲状腺腺泡细胞的碘泵主动摄取血中的碘，其中浓度在正常时为血浆中浓度的25倍，甲亢时可达250倍，故摄碘率是甲状腺功能指标之一。

（2）碘的活化 碘化物在过氧化物酶的作用下被氧化成活性碘。

（3）酪氨酸碘化 活性碘与甲状腺球蛋白（thyroglobulin，TG）中的酪氨酸残基结合，生成一碘酪氨酸（monoiodotyrosine，MIT）和二碘酪氨酸（diiodotyrosine，DIT）。

（4）碘化酪氨酸耦联 过氧化物酶的作用下，两分子DIT耦联生成一分子T_4，一分子DIT和一分子MIT耦联成一分子T_3。

2. 甲状腺激素贮存和分泌 合成的T_4和T_3，结合在TG分子上，贮存在甲状腺腺泡腔中。在蛋白水解酶作用下，T_4和T_3被释放入血。其中T_4约占分泌总量的90%以上，在外周组织脱碘酶作用下，约36%T_4转为T_3，T_3的生物活性比T_4大5倍左右。T_4和T_3的比例取决于碘的供应，正常时T_4较多，缺碘时则T_3所占比例增大，这样能更有效地利用碘，使甲状腺激素活性维持平衡。

3. 甲状腺激素调节 T_4和T_3的合成和分泌受下丘脑 – 垂体 – 甲状腺轴的控制，下丘脑分泌促甲状腺激素释放激素（thyrotropin – releasing hormone，TRH），促进垂体释放促甲状腺激素（thyroid – stimulating hormone，TSH），TSH促进T_4和T_3的合成和分泌，血中的T_4和T_3浓度对TSH和TRH的释放有负反馈调节作用。

【体内过程】

T_3口服易吸收，生物利用度约95%，T_4的吸收率因肠内容物等的影响而不恒定，生物利用度约65%。严重黏液性水肿时口服吸收不良，须肠外给药。T_4和T_3在血浆中主要与甲状腺结合球蛋白结合，血浆蛋白结合率均在99%以上，但T_3的血浆蛋白亲和力低于T_4，其游离量可为T_4的10倍。T_3和T_4可通过胎盘和乳汁，故在妊娠期和哺乳期慎用，但相对来说，T_4较不易通过胎盘屏障。甲状腺激素主要在肝、肾线粒体内脱碘，并与葡萄糖醛酸或硫酸结合而经肾排泄，T_3 作用快而强，$t_{1/2}$ 约为 2 天，维持时间短；T_4 作用弱而慢，$t_{1/2}$ 约为 5 天，维持时间较长，故 T_4 和 T_3 每天只需用药 1 次。

【药理作用】

1. 维持正常生长发育 T_4 和 T_3 在小儿骨骼和脑神经的生长发育中具有重要作用。缺乏可导致身材矮小、智力低下的呆小病（克汀病），还影响胎儿肺发育，新生儿呼吸窘迫综合征常与 T_4、T_3 不足有关。成年人甲状腺功能不全时，引起黏液性水肿，中枢神经兴奋性降低、反应迟钝、记忆力减退等。

2. 促进代谢和产热 甲状腺激素能促进糖原、脂肪、蛋白质等物质分解，加强其氧化代谢，使心、肝、肾、骨骼肌代谢率增加，产热增多，同时增加氧耗；也可影响水盐代谢。甲亢时有怕热、多汗等症状；甲减时有畏寒、无汗等症状，严重时可引起黏液性水肿（Na^+ - 水潴留，细胞间液增加，大量黏蛋白沉积于皮下而产生），甚至引起关节腔、胸腔等浆膜腔积液现象。

3. 提高交感神经的活性 甲状腺激素能提高交感 - 肾上腺素系统活性，甲亢时机体对儿茶酚胺的反应性提高，出现神经过敏、烦躁、震颤、心率加快、心肌收缩力加强、心排出量增加及血压增高等现象，甚至可见心房颤动等心律失常。甲减时则出现心率减慢，心排出量下降等症状。

【作用机制】

1. 基因作用 甲状腺激素可进入细胞核，与甲状腺激素受体（thyroid hormone receptor，TR）结合，引起辅助抑制因子与 TR 分离，TR 活化，从而启动靶基因转录，促进 mRNA 形成和相关蛋白的合成而产生效应。TR 对 T_3 的亲和力比 T_4 大 10 倍，85% ~ 90% 的 TR 与 T_3 结合，故 TR 又称为 T_3 受体。

2. 非基因作用 甲状腺激素还可与细胞膜上的甲状腺激素受体结合，增加葡萄糖、氨基酸的细胞摄入，与线粒体上甲状腺激素受体结合，影响能量代谢，间接影响蛋白质合成和细胞活性。

【临床应用】 主要用于甲状腺功能低下的替代疗法。

1. 呆小病 胎儿或新生儿时期甲状腺功能低下导致，若治疗过晚，则智力持续低下。常用甲状腺素，从小剂量开始，逐渐增加至症状明显好转时给维持量，并随时调整剂量，有效者应终身治疗。

⊕ **知识链接**

呆小病

由先天性缺乏甲状腺或甲状腺功能严重不足，出现一系列代谢障碍，致使骨骼、肌肉和中枢神经系统发育阻滞。患者终身智力低下，精神发育缓慢，皮肤有面团状水肿，即黏液性水肿，由于骨化过程延缓，身体异常矮小。

2. 黏液性水肿 给予甲状腺素治疗，从小剂量开始，逐渐增至足量，2 ~ 3 周后如基础代谢率恢复正常，可逐渐减为维持量。一般能消除水肿、困倦、低体温、肌无力等症状。老年及心血管疾病患者增量宜缓慢，以防过量诱发或加重心脏病变；垂体功能低下者宜先用糖皮质激素，再用甲状腺激素，以防发生急性肾上腺皮质功能不全。黏液性水肿昏迷患者必须立即静脉注射大量 T_3，同时给予足量氢化可的松，直至清醒后改为口服。如无静脉注射剂，也可用 T_3 片剂研碎后加水鼻饲。

3. 单纯性甲状腺肿 缺碘者应补碘，原因不明者可给予适量甲状腺激素，可抑制 TSH 分泌过多导致的甲状腺组织代偿性增生肥大。甲状腺素治疗能使轻度弥漫性甲状腺肿大恢复正常，但不能消除甲状腺结节。

4. 其他 甲状腺癌术后应用 T_4 反馈性抑制 TSH 产生而抑制腺泡生长，抑制残余甲状腺癌变组织，减少复发。甲亢患者服用抗甲状腺药时，加服 T_4 有利于减轻突眼，防止甲减症状。T_3 抑制试验可对摄碘率高者作鉴别诊断用，目前少用。

【不良反应】

剂量增加过快或者过量可引起甲状腺功能亢进的临床症状，轻者可见失眠、体重减轻、多汗、手震颤、心悸等，重者可见腹泻、呕吐、发热、脉搏快而不规则等，老年人和心脏病者可发生心绞痛、心力衰竭或心律失常。一旦出现上述现象，应立即停药，用β受体阻断药对抗。停药一周后再从小剂量开始应用。

第二节　抗甲状腺药

抗甲状腺药（antithyroid drugs）是指能阻止或减少甲状腺激素合成和（或）分泌，用于治疗甲亢的药物。包括硫脲类（thioureas）、碘和碘化物、放射性碘、β肾上腺素受体阻断药等，其中硫脲类最常用。

一、硫脲类 e微课

可分为两类：①硫氧嘧啶类，包括甲硫氧嘧啶（methylthiouracil，MTU），丙硫氧嘧啶（propylthiouracil，PTU）；②咪唑类，包括甲巯咪唑（thiamazole，他巴唑），卡比马唑（carbimazole，甲亢平）。

【体内过程】 本类药口服易吸收，生物利用度约80%；血浆蛋白结合率约75%，分布于全身各组织，尤以甲状腺浓度较高，能通过胎盘或乳汁，丙硫氧嘧啶血浆蛋白结合率高、通过胎盘的量较少；主要在肝脏代谢，部分结合葡萄糖醛酸后随尿排出。丙硫氧嘧啶作用快而短，$t_{1/2}$约1.5小时，甲硫氧嘧啶$t_{1/2}$约6~8小时，甲巯咪唑$t_{1/2}$约4~6小时，卡比马唑为甲巯咪唑的衍生物，在体内转化成甲巯咪唑而发挥作用。

【药理作用及机制】

1. 抑制甲状腺激素的合成　通过抑制甲状腺过氧化物酶催化的氧化反应，从而抑制碘的活化、酪氨酸的碘化及碘化酪氨酸的缩合，减少甲状腺激素的合成。硫脲类对甲状腺过氧化物酶并没有直接抑制作用，而是作为过氧化物酶的底物本身被氧化。不影响已合成的甲状腺激素的释放，也不能直接拮抗甲状腺激素的作用，须待腺泡内T_4和T_3被消耗到一定程度后才能显效。症状改善常需2周左右，基础代谢率恢复正常一般需至少1~2个月。

2. 免疫抑制作用　该类药物除能控制高代谢症状外，还能降低血液循环中甲状腺刺激性免疫球蛋白水平，故对甲亢病因也有一定的治疗作用。

丙硫氧嘧啶能抑制外周组织T4转化为T3，从而迅速控制血清中T_3水平，故在重症甲亢、甲状腺危象时，可选用该药。

【临床应用】

1. 甲亢的内科治疗　适用于轻症、不宜手术或放射性碘治疗的患者，如儿童、青少年、术后复发患者、年老体弱的中重度患者或兼有心、肝、肾、出血性疾患等患者。若剂量适当，症状可在1~2月内得到控制，当基础代谢率接近正常时，可逐渐递减至维持量，疗程约1~2年，遇有感染或其他应激时酌加剂量。应以T_3抑制试验或TRH兴奋试验来监测疗效，结果正常后停药，则复发率较低。内科治疗可使40%~70%患者不再复发。碘剂可明显延缓硫脲类起效时间，一般情况不宜合用。

2. 甲状腺术前准备　在甲状腺次全切手术前应先服用硫脲类药物，使甲状腺功能恢复或接近正常，减少麻醉和术后并发症，防止术后发生甲状腺危象。由于用硫脲类后TSH分泌增多，使甲状腺组织增生充血，不利于手术进行，须在手术前两周左右加服大量碘剂，可使腺体缩小、变硬，减少术中出血。

3. 甲状腺危象辅助治疗　甲状腺危象指短时间内大量甲状腺激素突然释放入血（感染、外伤、手术、情绪激动等诱因所致），患者出现高热、虚脱、心衰、肺水肿、水电解质紊乱等症状，严重可致昏迷和死亡。主要给予大剂量碘剂以抑制甲状腺激素释放，同时立即应用硫脲类（常选用丙硫氧嘧啶）阻止甲状腺激素合成，剂量约为治疗量2倍，疗程一般不超过1周。同时采取综合措施消除诱因，控制病情。

【不良反应】

硫脲类用药后约有5%～12%患者发生不良反应，丙硫氧嘧啶和甲巯咪唑不良反应率较低，甲硫氧嘧啶较多。

1. 过敏反应　最常见，如皮肤瘙痒、皮疹，少数伴有发热，一般不需停药也可消失，应给予密切观察，少数可发生剥脱性皮炎等严重反应，用糖皮质激素处理。

2. 消化道反应　厌食、恶心、呕吐、腹痛、腹泻等。可见肝功能受损，罕见黄疸和中毒性肝炎。

3. 粒细胞缺乏症　为最严重不良反应，发生率为0.3%左右。一般发生在治疗后的2～3月内，老年人较易发生，粒细胞减少发生较快，应定期检查血常规，有咽痛、发热等反应时应立即停药，可以逆转。注意与甲亢本身引起的白细胞数偏低相区别。罕见血小板减少症。

4. 甲状腺肿及甲状腺功能减退　长期用药后，血清T_4、T_3水平显著下降，反馈性增加TSH分泌而引起甲状腺腺体代偿性增生、肿大、充血，还可诱导甲状腺功能减退，及时停药常可恢复。

该类药物慎用于妊娠妇女，防止药物通过胎盘浓集于胎儿甲状腺；哺乳期妇女应避免哺乳；结节性甲状腺肿合并甲亢及甲状腺癌患者禁用。

⇒ 案例引导

　　临床案例　患者，男，37岁。因怕热、多汗，多食、消瘦、易怒失眠、心慌等入院。检查结果显示：体温37.4℃，血压151/87 mmHg，脉搏106次/分，双侧甲状腺肿大，心尖区第一心音亢进。$FT_4 > 31$ pmol/L，$FT_3 > 15$ pmol/L，TSH <0.1 mU/L。诊断：甲状腺功能亢进。

　　问题　1. 甲亢的内科治疗可以选择哪类药物？
　　　　　　2. 该类药物的不良反应有哪些？最严重的是什么？

二、碘及碘化物

该类药物包括碘化钾、碘化钠、复方碘溶液（又称卢戈氏液，含碘5%，碘化钾10%），其中复方碘溶液最常用。

【药理作用及机制】　碘化物对甲状腺的作用随剂量不同而不同。

1. 小剂量碘　碘是合成甲状腺激素的原料，小剂量碘可防治单纯性甲状腺肿。对早期患者疗效好，如腺体太大或已有压迫症状者．应考虑手术治疗。

2. 大剂量碘　大剂量碘抗甲状腺作用机制如下。①抑制甲状腺激素的释放：T_4、T_3从TG上水解释放时，需足够的还原型谷胱甘肽（GSH），使TG中的二硫键还原，大剂量碘剂能抑制谷胱甘肽还原酶，减少GSH，从而使TG对蛋白水解酶不敏感。②减少甲状腺激素的合成：抑制甲状腺过氧化物酶，影响酪氨酸碘化，碘化酪氨酸的偶联，从而减少T_4、T_3的合成。③拮抗TSH的作用：使腺体增生减少，血管减少。

【临床应用】

1. 甲亢术前准备　一般在术前2周给予复方碘溶液，作用快而强，1～2天起效，10～15天达最大效应。大剂量碘能抑制TSH促进腺体增生的作用，使腺体缩小变韧、血管减少，利于手术进行。

2. 甲状腺危象　可将碘化物加到10%葡萄糖溶液中静脉滴注，也可服用复方碘溶液，其抗甲状腺作用发生迅速，在 2 周内逐渐停服。需同时配合服用硫脲类药物。

碘化物不能单独用于甲亢的内科治疗，原因是当腺泡细胞内碘离子浓度增高到一定程度时，细胞摄碘功能自动降低，使胞内碘离子浓度下降，从而失去抑制甲状腺激素合成的效应。

【不良反应】

1. 急性过敏反应　用药后立即或几小时内发生，表现为发热、皮疹、皮炎和血管神经性水肿等，严重者出现喉头水肿，可导致窒息。一般停药可消退，增加饮水量和给予氯化钠可促进碘排泄，必要时采取抗过敏措施。

2. 一般反应　主要表现为眼、鼻、呼吸道刺激症状，如眼结膜炎症状，鼻窦炎，口内金属味、咽喉灼烧感、唾液分泌增多和唾液腺胞大等，停药后可消退。

3. 甲状腺功能紊乱

（1）诱发甲亢　长期或过量服用碘化物可能诱发甲亢，已用硫脲类控制症状的甲亢病人，也可因服用少量碘化物而复发。

（2）引起甲减　可引起甲状腺功能减退和甲状腺肿。碘能通过胎盘屏障或进入乳汁，可能引起新生儿和婴儿甲状腺功能异常或甲状腺肿，妊娠期和哺乳期妇女应慎用。

三、放射性碘

【体内过程】　口服 $Na^{131}I$ 后，^{131}I 被甲状腺主动摄取浓集于甲状腺，$t_{1/2}$ 为 8 天，用药后 1 个月消除约 90%，56 天可消除 99% 以上。

【药理作用】^{131}I 主要产生两种射线，99% 的 β 射线和 1% 的 γ 射线，其中 β 射线射程不到 2mm，辐射损伤只限于甲状腺内，减少甲状腺细胞，从而减少甲状腺激素的合成和分泌，又因增生细胞对辐射作用较敏感，很少损伤周围其他组织，可起到类似手术切除部分甲状腺的作用。γ 射线射程较远，在体外可以检测到，用于甲状腺摄碘功能的测定。

【临床应用】

1. 甲亢　^{131}I 限用于不能进行手术或术后复发的患者，用于硫脲类无效或过敏的甲亢患者。作用缓慢，一般用药 1 个月见效，3～4 个月后甲状腺功能可恢复正常。不同患者对 ^{131}I 敏感性的个体差异大，严格掌握剂量。由于儿童甲状腺组织处于生长期，对辐射较敏感；卵巢也可浓集放射性碘，可能影响遗传。因此，20 岁以下病人、妊娠或哺乳的妇女及肾功能不佳者不宜使用。

2. 摄碘功能检测　口服 ^{131}I 后分别于 1、3、24 小时测定甲状腺的放射性，计算摄碘率。甲亢患者摄碘率高，摄碘高峰前移。

【不良反应】　剂量过大可造成甲状腺功能低下，一旦发现可补充甲状腺激素对抗。^{131}I 是否有致癌和诱发白血病作用尚待确定。甲状腺危象、重症浸润性突眼症及甲状腺不能摄碘者禁用。

四、β 肾上腺素受体阻断药

【药理作用】　通过阻断 β 受体而改善甲亢所致的心率加快、心收缩力增强等交感神经激活症状。普萘洛尔、氧烯洛尔、阿替洛尔、美多洛尔等还能抑制 5′-脱碘酶，减少 T_3 生成。

【临床应用】

1. 甲亢辅助治疗　用在硫脲类、放射性碘等疗效尚未显现前控制心动过速、心律失常、震颤、紧张焦虑等症状。但单用时控制症状有限，与硫脲类合用作用显著。适用于不宜用抗甲状腺药、不宜手术及不宜 ^{131}I 治疗的甲亢患者。通常选用无内在拟交感活性的 β 受体阻断药，如普萘洛尔等。

2. 甲状腺危象的辅助治疗　静脉注射能帮助患者度过危险期。

3. 甲状腺术前准备　术前 2 周用 β 受体阻断药控制症状，而且可以避免腺体增生充血，常与硫脲类合用。甲亢患者因故需紧急手术（甲状腺或其他手术）时，也可用 β 受体阻断药保护患者。

【不良反应】注意防止 β 受体阻断引起的心脏抑制、血管收缩、气管平滑肌收缩痉挛等不良反应。

目标检测

答案解析

1. 硫脲类的作用机制是什么？临床如何应用？
2. 甲亢术前准备需应用哪些药物？为什么？
3. 甲状腺激素的临床用途有哪些？
4. 大剂量碘及碘化物的作用机制是什么？临床如何应用？

（王芙蓉）

书网融合……

本章小结　　　　微课　　　　题库

第三十四章　胰岛素及其他降血糖药

PPT

📖 **学习目标**

　　1. 掌握　胰岛素的药理作用、临床应用；胰岛素增敏剂罗格列酮、磺酰脲类、双胍类、α-葡萄糖苷酶抑制剂阿卡波糖等口服降糖药的药理作用、临床应用。

　　2. 熟悉　胰岛素的不良反应；口服降糖药的作用机制及主要不良反应。

　　3. 了解　其他类降糖药的临床应用。

　　4. 具备对糖尿病进行合理药物治疗的能力。

　　糖尿病（diabetes mellitus）是一种由遗传和环境等多种因素引起的以高血糖为特征的代谢性疾病。主要分为 1 型（胰岛素依赖型）、2 型（非胰岛素依赖型），另外还有糖尿病前期和妊娠期糖尿病。常用口服降糖药有双胍类、胰岛素促泌剂（磺酰脲类、非磺酰脲类）、α-葡萄糖苷酶抑制剂、噻唑烷二酮类胰岛素增敏剂等。此外，一些新靶点的降糖药如胰高血糖素样肽 1 受体激动剂等为 2 型糖尿病的治疗提供了新的用药选择。

第一节　胰岛素 🔊微课

　　胰岛素（insulin）是胰岛 B 细胞分泌的一种多肽类激素，由 A、B 两条多肽链通过两个二硫键组成的酸性蛋白质。

　　药用胰岛素可从猪、牛胰腺提取，由于种属差异，具有抗原性，易引起过敏反应，也可通过生物工程技术，将猪胰岛素 B 链第 30 位的丙氨酸用苏氨酸替代而获得人胰岛素，或通过重组 DNA 技术合成人胰岛素类似物，异体抗原性弱，过敏反应小。

　　【体内过程】胰岛素易为消化酶所破坏，故口服无效，须注射给药。皮下注射吸收快，尤以前臂外侧和腹壁明显。30 分钟起效，$t_{1/2}$ 约 10 分钟，但作用可维持数小时。血浆中以游离型为主，部分与球蛋白结合，在体内分布广。主要在肝、肾灭活，10% 以原型自尿液排出，严重肝肾功能不良影响其灭活。为延长胰岛素的作用时间，可用碱性蛋白质与之结合，使等电点提高到 7.3，接近体液 pH 值，再加入微量锌使之稳定，可制成中效或长效制剂。这类制剂经皮下及肌内注射后，在注射部位发生沉淀，再缓慢释放、吸收。胰岛素中、长效制剂均为混悬剂，不可静脉注射。见表 34 - 1。

表 34 - 1　注射用胰岛素分类

分类	药名	给药途径	起效（h）	维持时间（h）	用法
速效	正规胰岛素（RI）	皮下，静脉	0.5~1，立即	6~82	餐前 0.5 小时内，降低餐后高血糖，酮症昏迷等急救
	单组分中性胰岛素（McI，纯度>99%）	同上	0.5~1，立即	6~82	糖尿病昏迷、手术、怀孕糖尿病患者的急救
中效	低精蛋白锌胰岛素	皮下	3~4	18~24	早餐前 0.5~1 小时
	珠蛋白锌胰岛素	皮下	2~4	12~18	早餐前 0.5~1 小时
长效	精蛋白锌胰岛素	皮下	3~6	24~36	早餐或晚餐前 0.5~1 小时

【药理作用】 胰岛素作用的靶器官主要是肝脏、肌肉和脂肪组织，促进糖原、蛋白质和脂肪的合成贮存，抑制其降解。

1. 糖代谢 胰岛素通过增加葡萄糖的组织转运，加速葡萄糖的氧化和酵解，促进糖原的合成和贮存并抑制糖原分解，抑制糖异生途径等而降低血糖。

2. 脂肪代谢 胰岛素增加脂肪酸的转运，促进脂肪合成，抑制脂肪分解，减少游离脂肪酸和酮体的生成。

3. 蛋白质代谢 胰岛素增加氨基酸的转运，促进核酸、蛋白质的合成，抑制蛋白质的分解，促进正氮平衡。

4. 其他 促进钾离子进入细胞内，降低血钾浓度；加快心率，加强心肌收缩力；减少肾血流，在伴发相应疾病时应予充分注意。

【作用机制】 胰岛素作用于细胞膜胰岛素受体，通过细胞内一系列反应而产生生物效应。胰岛素受体是由两个 α 亚基和两个 β 亚基组成的大分子蛋白复合物，α 亚基在胞外，含胰岛素识别和结合部位，β 亚基为跨膜蛋白，其胞内部分含酪氨酸蛋白激酶（TPK）。胰岛素与胰岛素受体的 α 亚基结合后迅速引起受体蛋白自身 β 亚基的磷酸化，进而激活 β 亚基上的酪氨酸蛋白激酶，催化胞内其他蛋白的酪氨酸残基磷酸化，从而促进葡萄糖转运体（GLUT）从胞内重新分布到细胞膜，促进葡萄糖组织转运而产生降血糖生物效应。该过程任一环节受阻如产生胰岛素抗体，胰岛素受体水平下调等均可影响胰岛素的作用。

【临床应用】 胰岛素是治疗 1 型糖尿病的主要药物，对胰岛素缺乏的各型糖尿病均有效，还可以纠正细胞内缺钾防治心律失常。

1. 糖尿病

（1）1 型糖尿病，患者需长期终身用药。

（2）2 型糖尿病，轻、中型经饮食控制和口服降血糖药治疗无效者，新诊断的 2 型糖尿病如有明显的高血糖症状和/或糖化血红蛋白（HbA1c）水平明显升高者，可考虑胰岛素治疗。

（3）重型、消瘦、营养不良的糖尿病患者。

（4）合并各种急性或严重并发症的糖尿病。如严重代谢紊乱（酮症酸中毒、非酮症性高渗性昏迷或乳酸酸中毒），进行性视网膜、肾、神经等病变者。酮症酸中毒治疗原则是立即给予足够的胰岛素，纠正失水、电解质紊乱等异常和去除诱因。高渗性非酮症性糖尿病昏迷治疗原则是纠正高血糖、高渗状态及酸中毒，适当补钾，但不宜贸然使用大剂量胰岛素，以免血糖下降太快，细胞外液中水分向高渗的细胞内转移而导致或加重脑水肿。

（5）合并重度感染、高热、消耗性疾病（如肺结核、肝硬化）、急性心肌梗死、妊娠、分娩、创伤以及手术的各型糖尿病。

2. 细胞内缺钾和高钾血症患者 胰岛素与葡萄糖同用可促使钾内流，纠正细胞内缺钾及高钾血症；胰岛素与葡萄糖和氯化钾配成极化液（GIK）可防治心肌梗死或其他心肌病变时诱发的心律失常。

【不良反应】

1. 低血糖 是最常见的不良反应，为胰岛素剂量过大、肝肾功能不全或未按时进餐等原因所致。早期表现为饥饿感、出汗、心跳加快、焦虑、震颤等症状，严重者可引起昏迷、休克及脑损伤甚至死亡。轻者可饮用糖水或摄食，严重者应立即静脉注射 50% 葡萄糖。为防止低血糖的严重后果，应加强病人教育。必须在糖尿病患者中鉴别低血糖昏迷、酮症酸中毒性昏迷及非酮症性糖尿病昏迷。

2. 过敏反应 可见斑丘疹、瘙痒、荨麻疹、过敏性紫癜等反应，偶可引起过敏性休克，主要由于来自动物的胰岛素有一定抗原性或者制剂纯度较低。可选用其他种属动物的胰岛素、人胰岛素或高纯度制剂如单组分胰岛素代替。

3. 胰岛素抵抗

（1）急性抵抗　胰岛素不能正常发挥作用，需短时间内增加胰岛素剂量达数百乃至数千单位，急性抵抗往往可以找到诱因，如酮血症、酸碱失衡或并发感染、创伤、手术等应激状态。机体应激时血中拮抗胰岛素作用的物质如糖皮质激素等增多，pH 降低可减少胰岛素与受体结合，或血中有大量游离脂肪酸和酮体时，可妨碍葡萄糖的摄取利用，使胰岛素作用锐减，只要正确处理诱因，调整酸碱、电解质平衡，适当加大胰岛素剂量，常可取得良好疗效。

（2）慢性抵抗　临床指每日需用胰岛素 200U 以上，且无并发症者。胰岛素作用不能正常发挥可能主要有三个重要环节异常：①受体前异常，主要因胰岛素抗体与胰岛素结合后妨碍胰岛素向靶部位转运所致；②受体水平变化，高胰岛素血症时靶细胞上的胰岛素受体数目减少；老年、肥胖、肢端肥大症及尿毒症时胰岛素受体数目也减少；酸中毒时受体与胰岛素之亲和力减低；③受体后异常，靶细胞膜上葡萄糖转运系统及某些酶系统失常或微量元素含量异常等都可能妨碍胰岛素的正常作用而表现为胰岛素抵抗性。

4. 其他　皮下注射可出现局部红肿、硬结，脂肪萎缩（应用高纯胰岛素制剂后已较少见），应经常更换注射部位。另外也可见腹部肥胖、颜面四肢水肿、屈光不正等现象。

⊕ **知识链接**

胰岛素制剂的种类

胰岛素制剂根据作用时间不同分为速效、中效、长效、混合制剂，根据来源不同分为动物来源、基因工程合成、人胰岛素类似物。

速效胰岛素类似物是通过 DNA 重组技术，改善了普通人胰岛素的自我聚合特性，因此起效快（起效时间 10~15 分钟），持续时间短（2~5 小时），使用更灵活，能更好地控制餐后血糖水平。

长效胰岛素类似物是通过 DNA 重组技术，将人胰岛素 B 链 C 端加上两个带正电荷的精氨酸残基，使胰岛素等电点由 pH 5.4 变为 pH 7.6，把 A 链 21 位天冬酰胺用甘氨酸代替成为甘精胰岛素。皮下注射后形成细小胰岛素微沉淀，持续稳定释放胰岛素，比常规长效胰岛素作用时间更长，血糖得到良好控制的同时减少低血糖的发生率。

第二节　口服降血糖药

一、胰岛素分泌促进剂

（一）磺酰脲类

磺酰脲类（Sulfonylureas）降糖药是在磺胺类抗菌药结构基础上发展而来。20 世纪 30~50 年代应用磺胺治疗伤寒、尿路等感染时发现患者出现低血糖现象，1954 年成功研制出了第一个磺酰脲类口服降血糖药。磺酰脲类降糖药分类及代表药，见表 34-2。

表 34 – 2　磺酰脲类降糖药分类及代表药

分类	结构区别及特点	药名	作用强度	半衰期（h）
第一代	磺胺类药结构	甲苯磺丁脲	1	6～8
		氯磺丙脲	起效慢，降糖持久	30～40
第二代	磺胺类苯环上接一带芳香环的碳酰胺，作用增强	格列本脲	200 倍	10～14
		格列吡嗪 格列喹酮	100 倍	2～4 1.5
第三代	磺胺类尿素部分加一个二环杂环，不仅降血糖，且能改变血小板功能	格列美脲		5～8
		格列齐特	10～20 倍	10～12

注：以甲苯磺丁脲作用强度为 1。

【体内过程】 磺酰脲类降糖药在胃肠道吸收迅速而完全，血浆蛋白结合率高。多数药物在肝内氧化成羟基化合物，并迅速从尿中排出。氯磺丙脲口服后 10 小时达峰浓度，半衰期长约 36 小时，故每天只需给药一次，部分以原型由肾小管分泌排出，排泄缓慢，易发生低血糖。格列吡嗪口服后 1 小时达峰浓度，$t_{1/2}$ 约 2 小时，作用维持 6～10 小时，灭活及排泄快，较少发生低血糖。格列齐特吸收速度因人而异。

【药理作用及机制】

1. 降血糖作用 该类药对正常人和胰岛功能尚存的患者有降血糖作用，但对 1 型糖尿病病人及切除胰腺的动物则无作用。其降糖机制主要是刺激胰岛 B 细胞释放胰岛素。当该类药物与胰岛 B 细胞膜上磺酰脲受体结合后，可阻滞与受体相耦联的 ATP 敏感钾通道而阻止钾外流，致使细胞膜去极化，使电压依赖性钙通道开放，促进胞外钙内流，细胞内 Ca^{2+} 浓度升高，从而促使胰岛素分泌。长期服用磺酰脲类降糖药且在胰岛素已恢复至给药前水平的情况下，其降血糖作用仍然存在，可能与其增加了靶细胞膜上胰岛素受体的数目和亲和力等，从而改善了外周组织的胰岛素抵抗有关。

2. 抗利尿作用 氯磺丙脲有抗利尿作用，这是促进抗利尿激素（antidiuretic hormone，ADH）释放的结果，能增加肾小管上皮对 ADH 的敏感性，可用于尿崩症的治疗。

3. 其他 第三代磺酰脲类影响凝血功能，能减少血小板黏附与聚集，增加内皮细胞纤维蛋白溶解酶原活性。格列齐特有一定防止血管病变（如改善视网膜病变和肾功能）的作用。格列吡嗪有降低三酰甘油的作用。

【临床应用】

1. 糖尿病 适用于单用饮食控制疗效不满意的轻、中度 2 型糖尿病。

2. 尿崩症 氯磺丙脲可用于治疗中枢性尿崩症，对肾原性尿崩症无效。每日服用 0.25g 可减少尿量 60% 左右，如单用的效果不满意，可加用一种噻嗪类利尿剂，能有效地缓解病情。

【不良反应】

1. 低血糖 是较严重的不良反应。年老体弱者或肝肾功能不全者，剂量偏大可引起严重低血糖。氯磺丙脲的排泄慢，发生低血糖反应时间持久而严重，甚至引起死亡，故慎用。新型磺酰脲类降糖药低血糖的程度轻，发生率少。如格列美脲较少引起严重低血糖，这一特点可能与其结合及解离磺酰脲受体的速度较格列本脲快有关。格列齐特降糖作用温和、作用时间短，低血糖发生率少而轻，较适合于肥胖患者及老年患者。

2. 消化系统反应 可见恶心、呕吐、食欲减退、上腹不适、腹泻、黄疸、肝脏损害等反应。

3. 血液系统反应 可见白细胞、粒细胞、血小板计数减少，溶血性贫血，骨髓抑制等。少见。因此需定期检查肝功能和血常规。

4. 其他 少数患者可见皮肤过敏、嗜睡、头晕、神经痛等不良反应。

【禁忌证】①对本药或其他磺酰脲类药物过敏者，或对磺胺类药物过敏者。②已明确诊断的 1 型糖尿病患者。③伴有酮症酸中毒、昏迷、严重烧伤、感染、外伤和重大手术等应激情况的患者。④严重肝、肾功能损害患者。⑤白细胞减少者。⑥孕产妇。⑦哺乳期妇女。

（二）非磺酰脲类

该类代表药物瑞格列奈（repaglinide）、那格列奈等，瑞格列奈 1998 年作为第一个餐时血糖调节药上市。

瑞格列奈

【体内过程】口服后迅速吸收入血，15 分钟起效，1 小时内达峰浓度，$t_{1/2}$ 约 1 小时，通过肝代谢，约 92% 随胆汁进入消化道经粪便排出，其余经尿排泄。那格列奈作用更迅速，持续时间更短。

【药理作用及机制】该类药是非磺酰脲结构的促胰岛素分泌剂，其作用机制可能是通过与胰岛 B 细胞膜上的特异性受体结合，促进与受体耦联的 ATP 敏感性 K^+ 通道关闭，从而使电压依赖的 Ca^{2+} 通道开放，使细胞外 Ca^{2+} 进入胞内，促进胰岛素分泌。最大的优点是促进糖尿病患者胰岛素生理性分泌曲线的恢复。

【临床应用】主要适用于 2 型糖尿病患者，老年糖尿病患者也可服用，且适用于糖尿病肾病患者。因其结构中不含硫，故对磺酰脲类药物过敏者仍可使用。与食物同时服用来控制血糖。

【不良反应】主要不良反应为低血糖，但较磺脲类药物少见，头痛、腹泻，大多轻微而短暂。

二、双胍类

国内常用的有二甲双胍（metformin）、苯乙双胍（phenformin）。苯乙双胍不良反应大，欧美一些国家已停止使用，我国控制使用。

【体内过程】二甲双胍在体内不与蛋白结合，$t_{1/2}$ 约 1.5 小时，作用时间短，大部分以原型从尿中排出。苯乙双胍 $t_{1/2}$ 约 3 小时，约 1/3 以原型从尿排出，作用维持 4~6 小时。

【药理作用及机制】该类药物可明显降低糖尿病病人的血糖，但对正常人血糖无明显影响。其作用机制可能是增加外周组织对葡萄糖的摄取利用，减少葡萄糖在肠的吸收，抑制糖异生作用，降低肝糖输出。抑制胆固醇的生物合成和储存，降低血三酰甘油、总胆固醇水平。与胰岛素作用不同，本品无促进脂肪合成作用，还有减轻体重的作用。近年来发现，二甲双胍可以增加外周组织胰岛素的敏感性，还能降低糖尿病血管病变。

【临床应用】

1. 2 型糖尿病治疗　如果没有禁忌证且能够耐受，二甲双胍是 2 型糖尿病起始治疗的首选药物。主要用于轻症糖尿病患者，尤适用于肥胖及单用饮食控制无效者。本品应从小剂量开始使用，根据病人状况，逐渐增加剂量。在发热、感染或外科手术等应激状态时，必须暂时停用本品，改用胰岛素，待应激状态缓解后恢复使用。本品也可与磺脲类口服降糖药合用，具协同作用。如果最大耐受剂量的非胰岛素单药治疗在 3 个月不能达到或维持 HbA1c 目标，加第二种口服药物、GLP-1 受体激动剂或基础胰岛素。

2. 2 型糖尿病预防　《美国 2015 年糖尿病诊疗指南》指出除了控制饮食及运动，对于糖耐量异常、空腹血糖受损或 HbA1c 在 5.7%~6.4% 之间，特别是体重指数（BMI）>35kg/m²，年龄<60 岁和有妊娠糖尿病史的妇女，可以考虑使用二甲双胍预防 2 型糖尿病。

3. 1 型糖尿病　不宜单独使用本品，而应与胰岛素合用，作为症状控制不满意者的辅助药物，可减少胰岛素用量。

【不良反应】

1. 胃肠道反应 常见，包括食欲下降、恶心、腹部不适、胃胀、乏力、消化不良、腹泻等，发生率较磺酰脲类高。

2. 乳酸性酸血症 为双胍类药物的严重不良反应。苯乙双胍有引起乳酸性酸血症危险，二甲双胍在治疗剂量范围内该反应较少发生，但对于肾功能不全、心力衰竭（休克）、急性心肌梗死、败血症、外科大手术或严重肺疾患等患者禁用，一旦发现血肌酐升高应停用。应定期检查肾功能，可以减少乳酸中毒的发生，尤其是老年患者。

3. 血液系统反应 长期应用二甲双胍可减少叶酸、维生素 B_{12} 的吸收，应及时补充此类物质。罕见引起巨幼细胞贫血，但应定期进行血液学检查。

4. 其他 如低血糖、肌痛、头昏、头晕、指甲异常、皮疹、出汗增加、味觉异常、胸部不适、寒战、流感症状、潮热、心悸、体重减轻等，较少见。

三、α - 葡萄糖苷酶抑制剂

阿卡波糖

该类药物还有伏格列波糖、米格列醇等。

【药理作用及机制】 食物中的糖类在淀粉酶和胰酶作用下被水解成寡糖，然后在十二指肠和小肠黏膜上皮细胞内的 α - 葡萄糖苷酶作用下转变为单糖而被吸收。该类药物竞争性抑制 α - 葡萄糖苷酶，抑制寡糖转变为单糖，从而减慢碳水化合物水解及产生葡萄糖的速度并延缓葡萄糖的吸收，从而减慢餐后血糖的急剧上升。

【临床应用】 进餐时服用，主要用于降低餐后血糖，单独应用或与其他降糖药合用。也有报道认为可降低空腹血糖及糖化血红蛋白。服药期间应限制单糖的摄入量，以提高药物的疗效。

【不良反应】 主要不良反应为胃肠道反应，未被吸收类的糖类滞留在肠道内，由细菌作用后出现恶心、胀气等症状；个别患者，出现红斑、皮疹和荨麻疹等皮肤过敏反应，偶见无症状的肝功酶升高（尤其是在使用大剂量时）。

四、胰岛素增敏剂

胰岛素抵抗（IR）是指胰岛素靶器官如肝脏、骨骼肌、脂肪组织等对胰岛素反应性降低。IR 和胰岛 B 细胞功能受损是 2 型糖尿病的主要病理生理机制，是目前临床糖尿病治疗的两大难题。噻唑烷二酮类胰岛素增敏剂的出现，使人们对 2 型糖尿病治疗从单纯增加胰岛素的量转移到提高对胰岛素的敏感性上来。

噻唑烷二酮类化合物（thiazolidinediones，TZD）为一类具有 2，4 - 二酮噻唑烷结构的化合物，包括罗格列酮、吡格列酮、曲格列酮、环格列酮、恩格列酮等，能改善胰岛 B 细胞功能，显著改善胰岛素抵抗及相关代谢紊乱，对 2 型糖尿病及其心血管并发症均有明显疗效。

罗格列酮

【药理作用】

1. 改善胰岛素抵抗 罗格列酮（rosiglitazone）可使患者血浆胰岛素水平明显降低，上调胰岛素受体，增强胰岛素敏感性。罗格列酮单独或与磺酰脲类/二甲双胍联合治疗均可显著降低胰岛素抵抗，合用较单用更为明显。

2. 改善胰岛 B 细胞功能 罗格列酮可增加胰腺胰岛面积、密度和胰岛中胰岛素含量而对胰岛素的分泌无影响，通过减少细胞死亡来阻止胰岛 B 细胞功能的衰退。

3. 改善血糖控制　罗格列酮可有效地改善空腹和餐后血糖控制，降低 HbA1c 水平。对使用最大剂量二甲双胍后血糖仍控制较差的患者，加用罗格列酮或吡格列酮也能显著改善血糖水平。在口服常规降糖药失效而改用胰岛素仍控制欠佳的患者中，加用罗格列酮也可明显减少每日所需的胰岛素用量，使血糖和糖化血红蛋白稳定地维持于理想水平，且低血糖的发生率也明显降低。

4. 对脂肪代谢的影响　罗格列酮能显著降低 2 型糖尿病患者游离脂肪酸，增加总胆固醇、低密度脂蛋白（LDL）和高密度脂蛋白（HDL）的含量，游离脂肪酸水平升高对胰腺有毒性作用，由此降低游离脂肪酸水平对 B 细胞有保护作用。

5. 防治血管并发症　可抑制血小板聚集、炎症反应和内皮细胞的增生，延缓动脉粥样硬化，使肾小球的病理改变明显减轻，延缓蛋白尿的发生。

【作用机制】　该类药物竞争性激活脂肪、骨骼肌和肝脏等胰岛素靶组织的核转录因子－过氧化物酶增殖体活化受体（peroxisome proliferators－activated receptors，PPARγ），调节许多与葡萄糖、脂肪代谢有关的胰岛素敏感基因的转录。PPARγ 激活后通过下列途径改善胰岛素抵抗：①改善胰岛素信号转导②增加了脂肪细胞总量，降低脂肪细胞瘦素和肿瘤坏死因子 α 的表达，提高和改善脂肪细胞对胰岛素的敏感性；③增加外周组织葡萄糖转运体 1 及葡萄糖转运体 4 等的转录和蛋白合成，增加基础葡萄糖的摄取和转运。

【临床应用】　主要用于其他降糖药疗效不佳的 2 型糖尿病患者，尤其有胰岛素抵抗者。

鉴于罗格列酮仅在胰岛素存在的条件下才可发挥作用，故本品不宜用于 1 型糖尿病或糖尿病酮症酸中毒患者。本品与二甲双胍或磺酰脲类药物合用可明显降低高血糖，疗效优于单一用药。

【不良反应】

1. 肝毒性　该类药物可引起程度不等的肝毒性，可引起 AST、ALT 升高的肝功能障碍或黄疸、脂肪肝等，曲格列酮对极少数高敏感人群具有明显的肝毒性，引起肝功能衰竭甚至死亡，已经撤市。罗格列酮也有引起肝毒性的报告，若 2 型糖尿病患者有活动性肝脏疾患的临床表现或血清转氨酶升高（ALT ＞正常上限的 2.5 倍）时，则不应服用，用药过程中应定期查肝功，若复查结果肝酶仍大于正常值 3 倍以上时，则应停止服用。

2. 心血管疾病　可引起体液潴留，轻至中度水肿，血容量增加，以及由于前负荷增加所致的心脏肥大，有加重充血性心衰的危险。对有心衰危险的患者（尤其是合用胰岛素治疗者）应严密监测其心衰的症状和体征。罗格列酮禁用于心衰患者或缺血性心脏病患者。

3. 低血糖　发生率低。与胰岛素或其他口服降糖药合用时，患者有发生低血糖的危险，必要时可减少合用药物的剂量。出现低血糖症状时，通常给予蔗糖，但与 α－葡萄糖苷酶抑制剂并用而出现低血糖症状时，应给予葡萄糖。

4. 其他　①体重增加；②贫血，罗格列酮与二甲双胍合用，贫血的发生率为 7.1%，明显高于单用本品或与磺酰脲类药物合用；③嗜睡、头痛、肌痛和骨骼痛，呼吸道感染，消化道症状等。

吡格列酮有增加女性骨折发生的风险，大部分发生在上肢远端或下肢远端部位，另有报道可引起膀胱癌。

⇒ **案例引导**

临床案例　患者，女，58 岁。主诉口干、多饮多尿，实验室检查显示空腹血糖 11.6 mmol/L，餐后血糖 18.2 mmol/L，糖化血红蛋白 8.0%；血常规正常，血尿素氮 11.5 mmol/L，肌酐 217 μmol/L，血胰岛素 13 mU/L；尿微量蛋白 76mg/L，红细胞＋，管型（－）；24 小时尿蛋白 8.1g。诊断：2 型糖尿病，糖尿病肾病早期。

　　问题　1. 常用的口服降糖药有哪些？
　　　　　　2. 该患者可考虑选用何药治疗？依据是什么？

第三节　其他新型降血糖药

一、GLP-1 受体激动剂

GLP-1 是一种肠促胰素，由肠道 L 细胞分泌。GLP-1 由胰高糖素原基因表达，此基因在胰岛 A 细胞的主要表达产物是胰高血糖素，而在肠黏膜 L 细胞表达的为 GLP-1。GLP-1 主要通过作用于 GLP-1 受体发挥药理作用：增加葡萄糖依赖性胰岛素合成和分泌；抑制胰高血糖素分泌；刺激 B 细胞的增殖和分化，抑制凋亡，增加胰岛 B 细胞数量；抑制食欲与摄食，延缓胃内容物排空等。然而，GLP-1 在体内可迅速被二肽基肽酶 IV（DPP-IV）降解而失去生物活性，$t_{1/2}$ 不到 2 分钟，这大大限制了其临床应用。因此，长效 GLP-1 受体激动剂依克那肽及口服 DPP-IV 抑制剂磷酸西他列汀，为 2 型糖尿病的治疗提供了更新的用药选择。

依克那肽

依克那肽（exenatide）是人工合成的肠促胰岛素样类似物，一种长效 GLP-1 受体激动剂，2006 年由欧盟和美国 FDA 分别批准上市。半衰期约 1 小时，主要作用与 GLP-1 相同。目前应用依克那肽的适应证是采用二甲双胍、硫酰脲类制剂，或两种药物联合治疗达不到目标血糖水平的 2 型糖尿病患者。该药以依赖于血糖增高的方式发挥其作用，引起低血糖和增加体重的风险小。依克那肽每天两次注射给药（通常在早餐和晚餐之前）。最常见的不良反应是胃肠反应如恶心、呕吐、腹泻等，一般为轻到中度，通常随继续用药而减轻。其禁忌证包括严重的胃肠道疾病和明显的肾功能不全。

磷酸西他列汀

磷酸西他列汀（sitagliptin phosphate）2006 年 10 月由 FDA 批准上市的一种 DPP-IV 抑制剂。它主要通过抑制二肽基肽酶IV的活性而减少内源性 GLP-1 的降解，使血清 GLP-1 水平升高，导致葡萄糖刺激的胰岛素分泌增加，最终产生降血糖作用。研究发现其作用完全依赖于内源性 GLP-1 水平，故不适用于 GLP-1 分泌缺陷患者。

二、胰淀粉样多肽类似物

醋酸普兰林肽

醋酸普兰林肽（pramlintide acetate）是天然胰淀粉样多肽的 25、28、29 位脯氨酸取代类似物，克服了天然胰淀粉样多肽不稳定、易水解、黏稠性大、易凝集的缺陷，与内源性胰淀粉样多肽有着相同的生物学功能。普兰林肽可以延迟胃排空产生饱胀感，延缓葡萄糖的吸收，抑制胰高血糖素的分泌，减少肝糖生成和释放，是至今为止继胰岛素之后第二个获准用于治疗 1 型糖尿病的药物，但不能替代胰岛素。也可辅助用于降低 2 型糖尿病患者的餐后血糖，减少血糖波动频率和幅度，改善总体血糖控制。昔兰林肽不可用于胰岛素治疗依从性差，自我血糖监测依从性差的患者，有低血糖的危险，本药与胰岛素联用可增加胰岛素诱导严重低血糖的风险，尤其是 1 型糖尿病患者，应增加监测血糖的次数，降低餐时胰岛素给药量。为减少胰岛素对其药代动力学的影响。两者最好不要放置在同一注射器或在同一注射部位给药。其他不良反应有头痛、头晕、疲劳、关节痛、咳嗽及咽炎等。

目标检测

答案解析

1. 临床如何应用胰岛素？
2. 二甲双胍的临床应用是什么？
3. 胰岛素增敏剂罗格列酮的不良反应及使用注意事项有哪些？
4. 胰岛素的不良反应有哪些？

（王芙蓉）

书网融合……

本章小结　　　微课　　　题库

第三十五章　性激素类药与避孕药

📖 **学习目标**

1. **掌握** 雌激素类、孕激素类、雄激素类药的临床应用和主要不良反应。
2. **熟悉** 雌激素、孕激素、雄激素的药理作用及常用避孕药的药理作用。
3. **了解** 性激素的分泌与调节及其他类型避孕药的特点。
4. 具备性激素类药与避孕药的应用及对性激素相关疾病进行合理治疗的能力。

性激素（sex hormone）是由性腺分泌的甾体类激素，包括雌激素、孕激素和雄激素。临床使用的性激素制剂主要是其衍生物及人工合成品。临床上除用于治疗某些疾病外，目前主要可用做避孕，常用的避孕药多为雌激素与孕激素的复合制剂。

【性激素的分泌及调节】性激素的产生和分泌受到下丘脑、腺垂体的调节。下丘脑产生的促性腺激素释放激素（gonadotropin - releasing hormone，GnRH）可以促进腺垂体分泌促卵泡素（follicle stimulating hoemone，FSH）和黄体生成素（luteinizing hormone，LH）。在女性体内，FSH 促进卵泡的生长发育，FSH 和 LH 共同作用促进成熟的卵泡分泌雌激素和孕激素，刺激排卵。在男性体内，下丘脑也释放 GnRH，促进垂体释放 FSH 和 LH，前者促进睾丸中精子的生成，后者促进睾丸间质细胞分泌雄激素。

性激素对下丘脑和腺垂体的分泌功能亦有反馈作用。这种反馈通过正负反馈两种形式，长反馈、短反馈和超短反馈三种途径，完成对性激素分泌的调节（图 35 - 1）。以女性的月经周期为例：在上一次月经结束后，雌激素的水平开始逐渐增加，增加的雌激素可以直接刺激腺垂体或者下丘脑（长反馈），使得 LH 分泌增加促进排卵，这一过程是正反馈调节；在黄体期（月经周期的分泌期），雌激素、孕激素水平都较高，通过负反馈抑制下丘脑 GnRH 的分泌，抑制排卵。绝大多数常用甾体避孕药就是根据这一负反馈机制而设计的。另外，腺垂体分泌的 FSH、LH 本身亦可以负反馈抑制下丘脑 GnRH 的释放（短反馈），而下丘脑分泌的 GnRH 自身也可以抑制下丘脑的分泌功能（超短反馈）。

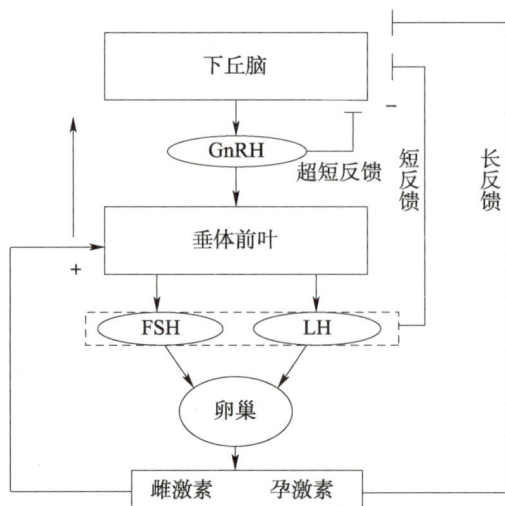

图 35 - 1　女性激素的调节

+ 为正反馈； - 为负反馈

性激素与位于靶细胞核内的受体结合形成复合物，通过作用于 DNA 进而影响 mRNA 的转录和蛋白质的合成发挥其生物活性作用。

第一节　雌激素类药与抗雌激素类药

一、雌激素类药 [e]微课

卵巢分泌的天然雌激素主要有雌二醇（estradiol，E_2），在肝脏被氧化成雌酮（estrone，E_1）。以雌二醇为母体，经过结构改造，人工合成的雌二醇衍生物有炔雌醇（ethinylestradiol）、炔雌醚（quinestrol）、戊酸雌二醇（estradiol valerate）等，己烯雌酚（diethylstilbestrol，DES）是合成的结构简单的非甾体类雌激素。

【体内过程】天然雌激素（雌二醇）经胃肠道吸收，但在肝脏内被迅速破坏，生物利用度很低，通常需注射给药。人工合成的雌激素口服利用度高，在肝脏中代谢较慢，其中炔雌醇、炔雌醚吸收后，可以储存在体内脂肪中，药效维持时间较长。

【药理作用及机制】雌激素（estrogen）可以和细胞内的雌激素受体（ER）结合，进入细胞核后调控相应的基因表达，另外，雌激素还可以直接诱导激活一氧化氮合酶（eNOS），使血管内皮细胞一氧化氮释放增加。

1. 促进女性性器官的发育和成熟，维持女性第二性征　雌激素和孕激素协同作用，使子宫内膜产生周期性变化，形成月经周期；雌激素可显著增加子宫平滑肌对缩宫素的敏感性；可使子宫颈管腺体分泌粘液有利于精子的穿透和存活；雌激素可以促进输卵管基层发育及收缩，使输卵管管腔上皮细胞分泌增加及纤毛生长；此外，雌激素可刺激阴道上皮增生、浅表层细胞角化，细胞内糖原储存使阴道保持酸性环境以维持阴道的清洁。

2. 影响排卵　小剂量的雌激素在孕激素的配合下，刺激促进性腺激素的分泌，从而促进排卵；但较大剂量的雌激素可通过负反馈机制可减少 GnRH 而抑制排卵。

3. 对心血管系统的影响　雌激素可以增加一氧化氮和前列腺素的合成，舒张血管，抑制血管平滑肌的异常增殖和迁移，并且可通过减轻心肌缺血 - 再灌注损伤和抗心律失常等发挥明显的心血管保护作用。

4. 代谢　雌激素能激活肾素 - 血管紧张素系统，使醛固酮分泌增加，促进水、钠重吸收，有轻度的水钠潴留和升压作用；此外，雌激素能增加骨骼中的钙盐沉积，促进骨骺闭合，对青春期的生长发育有促进作用，在成人则能增加骨量，改善骨质疏松；大剂量的雌激素能增加高密度脂蛋白（HDL），减少低密度脂蛋白（LDL）；雌激素还可以降低糖耐量；降低女性结肠癌的发生率。

5. 其他　雌激素可增加凝血因子 Ⅱ、Ⅶ、Ⅸ、Ⅹ 的活性和血小板黏附性，促进血液凝固，还能增加纤溶活性；雌激素还可以促进神经细胞的生长、分化、存活与再生，促进神经胶质细胞的发育及突触的形成和多巴胺等神经递质的合成。

【临床应用】

1. 避孕　雌激素与孕激素合用可避孕。

2. 围绝经期综合征　女性绝经期，雌激素分泌减少，垂体促性腺激素的分泌增多会产生内分泌失调所导致的一系列症状，也称为更年期综合征。应用雌激素替代疗法，可以抑制垂体促性腺激素的分泌，从而缓解围绝经期综合征的症状。应用小剂量雌激素可预防绝经期妇女的骨质疏松症和冠心病的发生风险率。

3. 卵巢功能不全和闭经　雌激素可以促进子宫、外生殖器以及第二性征的发育，可用雌激素替代疗法治疗原发性或继发性卵巢功能不全。雌激素与孕激素合用可产生人工月经。

4. 功能性子宫出血　雌激素可以促进子宫内膜增生，修复出血创面而起到止血的作用，配合孕激素还可以调节月经周期。

5. 乳房胀痛及退乳　大剂量雌激素能干扰催乳素对乳腺的刺激作用，从而使乳汁分泌减少，可用于退乳和缓解哺乳期妇女在停止授乳后的乳房胀痛。

6. 前列腺癌　雌激素一方面有抗雄激素的作用，另一方面大剂量的雌激素可以形成负反馈，抑制垂体促性腺激素的分泌，使睾丸萎缩以及减少雄激素的分泌用于治疗前列腺癌。

7. 痤疮　青春期痤疮是由于雄激素分泌过多，刺激皮脂腺分泌，引起腺管阻塞及继发性感染所致。雌激素可抑制雄激素的分泌，并可拮抗雄激素的作用。

8. 晚期乳腺癌　乳腺癌的发生可能与内源性的雌酮有关，大剂量的雌激素可抑制垂体前叶分泌促性腺激素，进而减少雌酮的产生，故雌激素能缓解绝经期后的晚期不宜手术的乳腺癌患者的症状。但绝经期以前的患者禁用，因为此时的雌激素反而可促进肿瘤的生长。

9. 神经保护作用　小剂量雌激素对阿尔茨海默病有一定的治疗作用。

【不良反应】

（1）常见厌食、恶心、呕吐以及头昏等反应，反应的严重程度与剂量有关，故应用从小剂量开始逐渐增量。

（2）长期大剂量的雌激素会使子宫内膜过度增生，容易触发子宫出血，有子宫内膜炎的患者慎用。此外，雌激素还会增加子宫内膜癌、乳腺癌的发生率，故子宫内膜癌和绝经前乳腺癌患者禁用。妊娠初期服用雌激素可提高女性青春期阴道癌的发生率。

（3）长期大量使用雌激素可导致钠水储留而导致水肿；可引起胆汁淤积性黄疸，故肝功能不良、高血压患者慎用。

（4）雌激素可加重偏头痛和引发抑郁症；妊娠期间不应使用雌激素。

二、抗雌激素类药

本类药物根据作用机制的不同可分为雌激素受体拮抗药、选择性雌激素受体调节药和芳香化酶抑制药。

（一）雌激素受体拮抗药

雌激素拮抗药竞争性拮抗雌激素受体，从而抑制雌激素的作用。常用的有氯米芬（clomiphene）、他莫昔芬（tamoxifen）和雷诺昔芬（raloxifen）等。此类药物可阻断下丘脑的雌激素受体，消除雌二醇的负反馈抑制，促进垂体分泌促性腺激素，从而诱发排卵。临床上可用于功能性不孕症、功能性子宫出血、月经不调、晚期乳腺癌及长期应用避孕药后发生的闭经等。不良反应主要有多胎及视觉异常，连续大剂量应用该类药物可引起卵巢肥大，故卵巢囊肿患者禁用。

（二）选择性雌激素受体调节药

本类药物亦成为组织特异性雌激素受体调节药，对不同的组织的雌激素受体具有选择性激动或拮抗作用。如雷诺昔芬（raloxifen）对乳腺和子宫内膜上的雌激素受体没有作用，但能特异性拮抗骨组织的雌激素受体而发挥作用，临床主要用于防治绝经后妇女的骨质疏松症。

（三）芳香化酶抑制药

芳香化酶存在于卵巢、脑、脂肪和骨骼等组织中，抑制芳香化酶可减少雌激素的生成。临床多用于雌激素依赖性肿瘤的治疗。

第二节　孕激素类药及抗孕激素类药

一、孕激素类药

孕激素（progestogens）主要由卵巢分泌的黄体酮，一般在妊娠3~4个月之后，黄体开始萎缩，胎盘可继续分泌孕激素直到分娩。天然孕激素为黄体酮（又称孕酮，progesterone），临床上使用的孕激素一般是人工合成黄体酮及其衍生物，如17-羟孕酮类如甲地孕酮（megestrol progesterone），甲羟孕酮（medroxy progesterone）和19-去甲睾酮类如炔诺孕酮（norethisterone）等。

【体内过程】天然孕酮口服后，在经过肠道和肝脏时被灭活，故需要注射给药。人工合成的黄体酮在肝脏破坏较慢，可口服给药，临床上常用油性溶液肌内注射延缓吸收而发挥其长效作用。代谢产物经肾脏排泄。

【药理作用与机制】

1. 生殖系统　主要为助孕和安胎作用。月经后期，孕激素在雌激素作用的基础上，促进子宫内膜继续增厚、充血、腺体增生并分支，由增殖期转为分泌期，有利于受精卵的着床和胚胎发育；在妊娠期，孕激素与缩宫素竞争受体，降低子宫对缩宫素的敏感性，抑制子宫收缩，从而起到保胎作用，并与雌激素一起促进乳腺腺泡发育，为哺乳作准备；此外，大剂量的孕激素可以抑制垂体前叶 LH 的分泌，从而阻止排卵。

2. 代谢　孕激素可竞争性对抗醛固酮的作用，增加钠和氯的排出，从而产生利尿作用；可促进蛋白质的分解，增加尿素氮的排泄；此外，孕激素还是肝药酶诱导剂，可促进药物的代谢。

3. 升高体温　孕激素通过影响下丘脑体温调节中枢，提高体温调定点，可使基础体温轻度升高。临床上，可以通过对基础体温的检测来监测排卵。

【临床应用】

1. 功能性子宫出血　黄体功能不足可以引起子宫内膜不规则的成熟与脱落，致使子宫持续性出血。使用孕激素可使子宫内膜同步转为分泌期，在行经期有助于子宫内膜全部脱落。

2. 痛经和子宫内膜异位症　由雌激素和孕激素组成的复合避孕药（COCP）可抑制子宫痉挛性收缩而止痛，还可以使异位的子宫内膜萎缩退化。

3. 先兆流产和习惯性流产　对因黄体功能不足所致的流产，可用大剂量孕激素安胎；但对习惯性流产，疗效不确切。炔诺酮类不宜使用，它有雄激素样作用，可能导致女性胎儿男性化。

🌐 **知识链接**

子宫内膜异位症

子宫内膜异位症是指内膜细胞种植在不正常的位置而形成的一种女性常见妇科疾病。内膜细胞本该生长在子宫腔内，但由于子宫腔通过输卵管与盆腔相通，因此使得内膜细胞可经由输卵管进入盆腔异位生长。目前对此病发病的机制有多种说法，其中被普遍认可的是子宫内膜种植学说。此外，子宫内膜异位症的发生还与机体的免疫功能、遗传因素、环境因素有关。

---

4. 子宫内膜癌、前列腺肥大和前列腺癌　大剂量孕激素可使子宫内膜癌细胞分泌耗竭而致腺体萎缩退化，也可提高子宫内膜癌对放疗的敏感性用于子宫内膜癌的治疗。大剂量孕激素还可通过负反馈机

制抑制垂体前叶分泌间质细胞刺激素，从而减少睾酮的产生，促使前列腺细胞萎缩退化，对前列腺肥大和癌肿有一定的治疗作用。

【不良反应】不良反应轻，偶见恶心、呕吐或头晕，有时可致乳房胀痛，性欲改变、多毛、脱发、痤疮等症状。大剂量黄体酮可引起胎儿生殖器畸形，大剂量炔诺酮可致肝功能障碍。

二、抗孕激素类药

抗孕激素类药可干扰孕酮的合成和代谢，主要包括：孕酮受体阻断药，如米非司酮（mifepristone）；3-羟甾脱氢酶抑制剂，如曲洛司坦（trilostane）。详见本章抗早期中期妊娠药。

第三节 雄激素类药和抗雄激素类药

一、雄激素类药

天然雄激素（androgen）主要是由睾丸间质细胞分泌的睾酮，也称睾丸素（testosterone）。临床上多用人工合成睾酮及其衍生物，包括甲睾酮（methyltestosterone）、苯乙酸睾酮（testosterone phenylacetate）、丙酸睾酮（testosterone propionate）等。

【体内过程】天然睾酮口服极易被肝脏破坏，生物利用度低，故一般用其油性溶液肌内注射或植入皮下给药。人工合成的睾酮类药物吸收缓慢，作用时间长。甲睾酮不易被肝脏破坏，既可口服也可舌下给药。

【药理作用与机制】雄激素在细胞内与相应的雄激素受体结合，调控基因表达，其作用方式与雌激素类似。雄激素对机体的影响如下。

1. 生殖系统 睾酮可促进男性生殖器官的形成和第二性征的发育，促进精子发生和成熟。大剂量睾酮通过负反馈机制，抑制下丘脑及腺垂体促性腺激素的分泌，减少雄激素的分泌。

2. 同化作用 睾酮能明显促进蛋白质合成，减少蛋白分解，减少尿氮的排出，形成正氮平衡，从而促进生长发育，使肌肉增长，骨骼成熟，体重增加；同时可有水、钠、钙、磷的潴留。

3. 刺激骨髓造血功能 较大剂量雄激素可刺激肾脏分泌促红细胞生成素（EPO），也可直接刺激骨髓造血。

4. 免疫增强作用 睾酮可促进免疫球蛋白的合成，增强机体免疫功能和巨噬细胞的吞噬功能，并且具有糖皮质激素样抗炎作用。

5. 心血管系统的调节作用 睾酮可通过激活雄激素受体和耦联钾离子通道影响脂质代谢；调节凝血和纤溶过程；抑制高胰岛素血症、高糖和代谢综合征；使血管平滑肌细胞舒张等。

【临床应用】

1. 替代疗法 可用睾酮替代疗法治疗无睾症（先天或后天两侧睾丸缺损）或类无睾症（睾丸功能不足）、男子性功能低下。

2. 功能性子宫出血与围绝经期综合征 可用睾酮的抗雌激素作用，促使子宫平滑肌及其血管收缩，内膜萎缩而止血。更年期患者更适用。对严重出血病例，可用己烯雌酚、黄体酮和丙酸睾酮等三种混合物作注射，可达到迅速止血的目的。

3. 晚期乳腺癌 用睾酮治疗晚期乳腺癌或乳腺癌转移者可使部分病例的病情得到缓解。这可能与其抗雌激素和抗催乳素作用有关。

4. 贫血 丙酸睾酮或甲睾酮可用于再生障碍性贫血及其他贫血，可使骨髓造血功能得到改善。

5. 其他 预防良性前列腺增生。

6. 虚弱　由于其同化作用，临床上可用于纠正负氮平衡、改善慢性消耗性病理状态。如重度营养不良、严重烧伤、慢性腹泻、大手术后蛋白质分解和损失过多以及恶性肿瘤晚期等。也用于治疗骨折后不易愈合、骨质疏松症、早产儿、儿童生长发育迟缓和营养不良等。

【不良反应】女性患者长期使用雄激素后，会出现痤疮、多毛、声音变粗、闭经、乳腺退化等男性化倾向。雄激素会干扰肝内毛细血管的排泄功能，引发胆汁淤积性黄疸。孕妇及前列腺癌患者禁用。肝肾功能不全者、高血压、心力衰竭患者慎用。用于治疗功能性子宫出血，停药后可出现撤退性出血。同化激素同时也是体育竞技比赛中禁用的兴奋剂。

二、抗雄激素类药

抗雄激素（antiandrogen）类药是指能对抗雄激素生理效应的药物，包括雄激素合成抑制剂和雄激素受体阻断剂。临床上常用的雄激素受体阻断药为环丙孕酮和非那雄胺。

环丙孕酮

环丙孕酮（cyproterone）是17-羟孕酮类化合物，具有较强的孕激素样作用，可反馈抑制下丘脑-垂体系统，降低血浆中的 LH、FSH 水平，从而降低睾酮的分泌水平。此外环丙孕酮还可阻断雄激素受体，从而抑制内源性雄激素的药理作用，抑制男性严重的性功能亢进。可用于其他药物治疗无效且不能手术的前列腺癌患者。环丙孕酮与雄激素合用可治疗女性严重痤疮和迟发性多毛症。由环丙孕酮2mg 与炔雌醇35μg组成的复方避孕片，不但避孕效果良好，同时可使增加女性的 HDL 水平。环丙孕酮抑制性激素分泌，可显著降低心血管不良事件的发生率。环丙孕酮对抗雄激素可抑制生长发育和性功能，故禁用于未成年人。

非那雄胺

非那雄胺（finasteride）用于前列腺增生的治疗，非那雄胺可使前列腺缩小，使约 1/3 患者的尿量和症状得到改善。服用非那雄胺可使血清前列腺癌指标降低，故前列腺增生患者治疗之前应排除恶性肿瘤。此外，可引起男性胎儿生殖道异常，故妊娠期妇女应避免接触。

第四节　避孕药

生殖过程包括精子和卵子的形成、成熟、排卵、受精、着床及胚胎发育等多个环节。阻断其中任何一个环节都可以达到避孕和终止妊娠的目的。由于避孕药的种类、剂量、制剂、给药途径和用药方法不同，其作用环节也不同。但主要有通过干扰下丘脑-垂体系统抑制排卵；通过对于生殖器官（特别是卵巢、子宫及内膜、宫颈）的直接作用防止妊娠或着床的两大类。临床上常用的避孕药包括：主要抑制排卵的避孕药、抗着床的避孕药、抗早孕的避孕药、女性避孕药、男性避孕药和外用避孕药。

一、主要抑制排卵的药物

该类药物由不同类型的雌激素和孕激素组合而成，是目前常用的甾体类避孕药。
【药理作用与机制】
（1）外源性的雌激素通过负反馈机制抑制下丘脑释放 GnRH，从而减少腺垂体 FSH 的分泌，使卵泡的生长成熟过程受到抑制，同时外源性的孕激素又抑制 LH 的释放，二者协同作用可抑制排卵。动物实验表明，甾体避孕药的抗排卵作用可被外源性的促性腺激素所解除，因此停药后，机体能很快恢复排卵功能。
（2）抑制子宫内膜正常增殖，阻碍受精卵着床。

（3）使宫颈分泌液黏稠度增加，阻碍精子不易进入子宫腔。

（4）可影响子宫和输卵管平滑肌的正常活动，使受精卵的运行速度改变不能按时到达子宫而难以植入；同时抑制黄体内甾体激素的合成。

【药物分类及用法】本类药物的应用不受月经周期的限制。针对不同的避孕需求，这类避孕药又分为短效口服制剂、长效口服制剂、长效注射剂、缓释制剂及多相片剂，如表35-1所示。

表35-1　抑制排卵药物分类及用法　　　　　　　　　　　　单位：mg

制剂	名称	孕激素	雌激素	用法
短效口服	复方炔诺酮片	炔诺酮0.625	炔雌醇0.035	月经第5天开始，每晚1片，连续22天
	复方甲地孕酮片	甲地孕酮1.0	炔雌醇0.035	
长效口服	复方炔诺孕酮乙片	炔诺孕酮12.0	炔雌醚3.0	月经第5天服用第1片最初两次间隔20天，以后每月服1次，每次1片
	复方氯地孕酮片	氯地孕酮12.0	炔雌醚3.0	
长效注射	复方甲地孕酮注射液	甲地孕酮25.0	雌二醇3.5	月经第5日注射第1次，第7日注射第2次，以后每月注射1次。
	复方己酸孕酮注射液	己酸孕酮250.0	戊酸雌二醇5.0	
多相片	炔诺酮双相片	1. 炔诺酮0.5 2. 诀诺酮1.0	炔雌醇0.035 炔雌醇0.035	开始10天每天1片 之后11天每天1片
	炔诺酮三相片	1. 炔诺酮0.5 2. 炔诺酮0.75 3. 炔诺酮1.0	炔雌醇0.035 炔雌醇0.035 炔雌醇0.035	开始第7天 中期7天 最后7天
	炔诺孕酮三相片	1. 炔诺孕酮0.05 2. 炔诺孕酮0.75 3. 炔诺孕酮0.125	炔雌醇0.03 炔雌醇0.04 炔雌醇0.03	开始6天 中期第5天 最后10天

【不良反应】少数妇女在服药初期有头晕、恶心、厌食以及乳房胀痛等类早孕反应，坚持服药2～3个月后，该反应减轻或消失；少数用药者如发生子宫不规则出血时，可加服炔雌醇；约有1%～22%的服药女性可发生闭经，如连续闭经2个月，应停药；由于雌激素会激活凝血系统，国外报道，服用含有雌激素的避孕药有增加服药者发生血栓性疾病的风险，应予注意；哺乳期妇女用药后可使乳汁减少；个别服药者可出现血压升高、痤疮、色素沉着。宫颈癌患者禁用。肝药酶诱导剂如苯巴比妥类药物可降低其避孕效果。

二、抗孕卵着床的药物

【药理作用与机制】该类药物可改变正常的子宫内膜周期性变化，使内膜正常转化受到干扰，表现为内膜变薄、分泌不良、萎缩退化，破坏了受精卵和子宫内膜的同步现象，不利于孕卵着床。抗着床药物是大剂量孕激素，其优点是不受月经周期影响，可在探亲当日开始服用，所以亦称探亲避孕药。双炔失碳酯（anordrin，又称53号抗孕片）可作为房事后避孕药，有抗着床作用，不受月经周期的限制，也无需连续服药，但影响雌激素活性，副作用较大。

【药物分类及用法】本类药物的用法见表35-2。

表35-2　抗孕卵着床的药物用法　　　　　　　　　　　　单位：mg

制剂		成分	用法
探亲避孕片	甲地孕酮片（探亲避孕1号）	甲地孕酮2.0	探亲当日中午服1片，当晚加服1片，以后每晚服1片，直到探亲结束的次日再服1片
	炔诺酮片（探亲避孕片）	炔诺酮5.0	于探亲同房当晚开始，每晚服1片。若探亲超过半个月则于服完14片后接着服1号或2号口服避孕片

三、抗早期及中期妊娠药物

米非司酮

米非司酮（mifepristone）　米非司酮是炔诺酮的衍生物，由于炔诺酮 17a 位上的乙炔基被丙炔基所取代，所以显著提高了米非司酮与孕激素受体的亲和力；炔诺酮 11 位连接的二甲胺苯基也增加了米非司酮与受体结合稳定性。

米非司酮不仅有抗孕激素和皮质激素的活性，而且还具有较弱的雄性激素样活性。阻断子宫孕酮受体，破坏子宫蜕膜，使胚泡脱落，进而绒毛膜促性腺激素分泌减少，使黄体分泌孕酮减少，加快蜕膜破坏，使孕酮水平降低，受体阻断导致子宫平滑肌的收缩作用增强，宫颈发生软化、扩张，从而诱发流产。临床上单用可作为房事后的避孕措施；合用前列腺素类药终止早期妊娠；也可用于诱导分娩。可能会出现阴道出血的不良反应，一般无需特殊处理。贫血和正在接受抗凝治疗及皮质激素治疗患者慎用。少数药者可能发生眼中出血，应当在医师指导下用本类药物。

前列腺素类

现多用人工合成的衍生物如硫前列酮（sulprostone）、地诺前列酮（dinoprostone）、米索前列酮（misoprostol）等。该类药物具有较强的收缩子宫平滑肌和松弛子宫颈作用。临床上用于抗早孕和中期引产。不良反应为乏力、食欲减退、恶心、呕吐、心悸，偶见肝功异常和低血钾症。

米非司酮合用前列腺素类制剂可提高完全流产率，临床上常用米非司酮 200mg 口服 48 小时后，服用米索前列醇 0.6mg 的方法终止妊娠，流产成功率可达 93%～99%。

四、男性避孕药

棉酚（gossypol）是棉花根、茎和种子中所含的一种黄色酚类物质。动物实验表明，棉酚可以破坏睾丸细精管的生精上皮，使精子数量减少，甚至无精子生成。停药后可逐渐恢复。由于棉酚会引起不可逆性的精子生成障碍，限制了其作为常规避孕药的使用。

五、外用避孕药

外用避孕药多具有较强的杀精子作用，一般制成胶冻、片剂或栓剂等，放入阴道后，发挥杀精子作用，目前常用的有孟苯醇醚（menfegol）、烷苯醇醚（alfenoxynol）等。单独应用时避孕效果不够满意，与避孕工具同时应用，可提高效果。

目标检测

答案解析

1. 雌激素类药的临床应用有哪些？
2. 雌激素类药的主要不良反应有哪些？

（王雪）

书网融合……

本章小结　　　　微课　　　　题库

第七篇　化学治疗药物

第三十六章　抗菌药物概论

PPT

学习目标

　　1. **掌握**　抗菌谱、抗生素、抗菌活性、抑菌药、杀菌药、最小抑菌浓度、抗菌后效应、化疗指数等基本概念以及抗菌药作用机制的主要类型。

　　2. **熟悉**　细菌产生耐药性的机制和抗菌药物联合应用的原则。

　　3. **了解**　机体、药物和病原体三者之间的关系。

　　4. 具备正确运用抗菌药物、避免抗菌药滥用的能力。

　　抗菌药物（antibacterial drugs）是指对病原菌具有抑制或杀灭作用，主要用于防治细菌性感染疾病的一类药物。凡是治疗细菌和其他微生物、寄生虫及恶性肿瘤细胞所致疾病的药物，统称为化学治疗药物（chemotherapy），简称化疗药物。理想的化疗药物应具备以下特点：对细菌有高度选择性；对人体无毒或毒性很低；细菌不易对其产生耐受性；具有良好的药代动力学特点；最好为强效、速效和长效药物；使用方便；价格低廉。当前许多新的化疗药物被不断开发，随着细胞生物学和分子生物学的迅速发展，将会有更多高效低毒的新药出现。

　　在应用化疗药物治疗感染性疾病过程中，应注意机体、病原体与药物三者的相互关系（图 36 - 1）。这三者包括：①药物对病原体抑制或杀灭作用以及对机体的不良反应；②病原体对药物的耐药性以及对机体产生的致病作用；③机体对药物的体内处理过程（即药动学过程）以及机体抗病原微生物感染的能力。研究三个关系的目标是为了寻找并合理地使用抗病原微生物药物，避免或延缓耐药性产生，同时减少药物对机体的毒副作用。

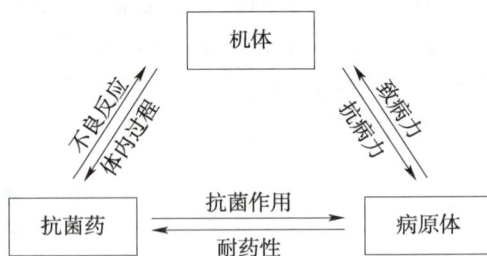

图 36 - 1　机体 - 药物 - 病原体相互关系示意图

第一节　抗菌药物的常用术语

　　1. 抗微生物药（antimicrobial drug）　　指对病原微生物具有抑制或杀灭作用，用于防治病原微生物所致感染性疾病的药物。

　　2. 抗菌谱（antibacterial spectrum）　　是指抗菌药物的抗菌范围。根据抗菌谱将抗菌药分成广谱抗菌药和窄谱抗菌药，前者对多种病原微生物有抑制或杀灭作用，如氟喹诺酮类、四环素类、氯霉素类抗菌药；后者仅对一种或少数几种病原微生物有抑制或杀灭作用，如异烟肼（isoniazid）仅对结核分枝杆菌有作用，对其他细菌无效。

3. 抗生素（antibiotics） 指某些微生物的代谢产物，对其他微生物或肿瘤细胞有抑制或杀灭作用的物质。包括天然抗生素和人工半合成抗生素，前者由微生物培养液提取而得，如青霉素G；后者是对天然抗生素进行结构改造获得，如头孢菌素类。

4. 抗菌活性（antibacterial activity） 是指药物抑制或杀灭病原微生物的能力。根据抗菌活性不同将抗菌药分为抑菌药和杀菌药。

5. 抑菌药（bacteriostatic drug） 指能抑制病原菌生长繁殖的药物，如四环素类。

6. 杀菌药（bactericidal drug） 指不仅能抑制病原菌生长繁殖而且能杀灭病原菌的药物，如青霉素类、头孢菌素类。

7. 最小抑菌浓度（minimum inhibitory concentration，MIC） 指体外抗菌实验中，抑制供试细菌生长的抗菌药物的最低浓度。

8. 最小杀菌浓度（minimum bactericidal concentration，MBC） 指体外抗菌实验中，杀灭供试细菌的抗菌药物的最低浓度。

9. 抗菌后效应（postantibiotic effect，PAE） 指细菌与抗菌药物短暂接触后，在抗菌药物浓度低于MIC或者被完全清除的情况下细菌生长仍受抑制的现象。

10. 化疗指数（chemotherapeutic index） 是衡量化疗药物安全性的评价参数，指动物的半数致死量（LD_{50}）与治疗动物的半数有效量（ED_{50}）的比值（用 LD_{50}/ED_{50}）或者5%的致死量（LD_5）与95%的有效量（ED_{95}）的比值（用 LD_5/ED_{95}），通常该值越大表示毒性越小，临床使用的安全性可能越大。但化疗指数有时不能作为安全性评价的唯一指标，例如尽管青霉素的化疗指数很大，但在小于常用量时，也有可能引起过敏性休克甚至死亡。

11. 首次接触效应（first expose effect） 指抗病原微生物药物在初次接触病原微生物时有强大的抗菌效应，再度接触或连续与细菌接触，并不明显地增强或再次出现这种明显的效应，需要间隔相当时间（数小时）以后，才会再起作用。氨基糖苷类抗生素有明显的首次接触效应。

第二节 抗菌药物作用机制 微课

微生物要想维持其自身的生长繁殖，有赖于结构完整和代谢功能正常。抗菌药物可特异性地干扰病原微生物的生化代谢过程或破坏其结构的完整性而产生抑菌或杀菌作用（图36-2）。

根据抗菌药物对细菌结构和功能的干扰环节不同，其作用机制可分为下列几类。

1. 干扰细菌细胞壁合成 细菌细胞壁是维持细菌外形完整和菌体内环境稳定及正常生长的重要结构。对于革兰阳性菌（G^+）细胞壁的主要成分为肽聚糖多聚物（peptidoglycan），又称黏肽。黏肽含量占细胞壁成分的50%~80%，由多糖和多肽组成。多糖包括可变氨基葡萄糖、氮乙酰葡萄糖胺和氮乙酰胞壁酸，5个氨基酸的多肽与氮乙酰胞壁酸葡萄糖连接，转肽酶（青霉素结合蛋白，PBPs）催化转肽反应，使肽链末端的D-丙氨酸脱落并与邻近多肽形成交叉网状连接。G^+菌细胞壁坚厚，肽聚糖的含量为50%-80%，菌体内含有多种氨基酸、核苷酸、蛋白质、糖、无机离子等，故菌体内渗透压高。β-内酰胺类抗生素能抑制转肽酶的作用，阻碍黏肽交叉联合，致使细胞壁缺损，导致水分大量内渗，菌体肿胀、变形，加之细菌胞壁自溶酶活性被激活，细菌最终破裂溶解而死亡。对于革兰阴性菌（G^-）胞壁主要成分是磷脂，因此对青霉素不敏感。人体细胞无细胞壁，故这类抗菌药对人体细胞几乎没有毒性。

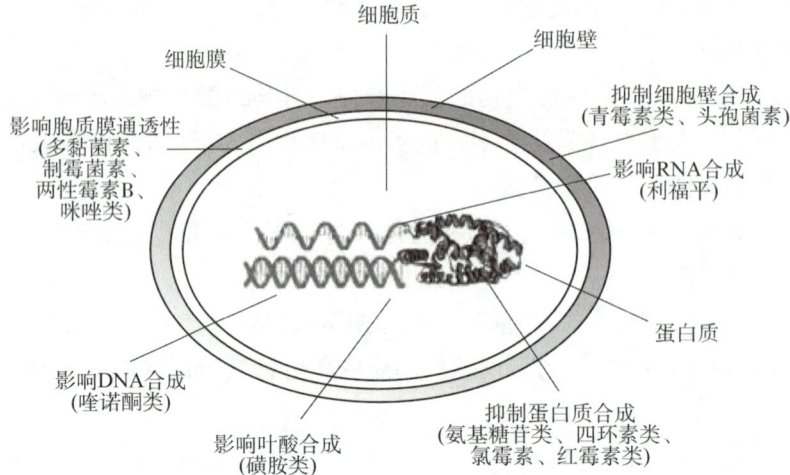

图 36-2　细菌结构与抗菌药物作用部位示意图

2. 改变细菌胞质膜的通透性　细菌胞质膜位于细胞壁内侧，主要是由类脂质和蛋白质分子构成的一种半透膜，具有渗透屏障、合成黏肽、脂多糖及运输物质的功能。哺乳动物的胞质膜含有胆固醇，真菌的胞质膜含有麦角固醇，细菌胞质膜不含麦角固醇和胆固醇。多黏菌素类能选择性地与细菌胞质膜中的磷脂结合。制霉菌素、两性霉素 B 和咪唑类药物能与真菌胞质膜中固醇类或麦角固醇结合，使胞质膜受损，膜通透性增加，菌体内物质外漏，造成细菌死亡。

3. 抑制细菌蛋白质合成　细菌的核糖体是合成蛋白质的重要场所，由 30S 和 50S 亚基组成的 70S 复合体，而哺乳动物细胞的核糖体是由 40S 和 60S 亚基组成的 80S 复合体，因此抗菌药物在临床常用剂量一般对哺乳动物细胞蛋白质合成没有明显影响。细菌蛋白质的合成包括起始、肽链延伸及合成终止三个阶段，在胞质内通过核糖体循环完成。氨基糖苷类和四环素类能特异性地作用于 30S 亚基，大环内酯类、氯霉素和林可霉素能选择性地作用于 50S 亚基，从而作用于细菌蛋白质合成过程的不同阶段而产生抑制或杀灭细菌的作用：①始动阶段，氨基糖苷类药物干扰功能性核糖体组装，抑制 70S 始动复合物的形成；②肽链延伸阶段，四环素类药物与 30S 亚基上的 A 位结合，阻止氨基酰 tRNA 进入该位；大环内酯类药物抑制移位酶；氯霉素和林可霉素抑制肽酰基转移酶；氨基糖苷类药物与 30S 亚基上的 P_{10} 蛋白结合，导致 mRNA 遗传密码的错读，从而合成无功用的蛋白质；③终止阶段氨基糖苷类药物阻止终止因子 R 进入 A 位，使已合成的肽链不能从核糖体释放，核糖体循环受阻。

4. 影响叶酸代谢　哺乳动物细胞能直接利用周围环境中的叶酸进行代谢，但大多数致病菌必须自身合成叶酸。磺胺类药和甲氧苄啶（TMP）通过干扰敏感细菌叶酸合成而影响核酸的合成，抑制细菌生长繁殖。

5. 抑制核酸代谢　利福平特异性地抑制细菌 DNA 依赖的 RNA 多聚酶，阻碍 mRNA 的合成；喹诺酮类抑制 DNA 回旋酶，妨碍细菌 DNA 的复制和 mRNA 的转录，从而达到杀灭细菌的目的。

第三节　细菌耐药性

细菌耐药性（resistance）又称抗药性，是指细菌与抗菌药物反复接触后对药物的敏感性降低甚至消失。细菌对某一药物产生耐药后，对其他药物也产生耐药的特性称为交叉耐药性，多出现于化学结构相似或作用机制相似的抗菌药之间。如细菌对一种磺胺药产生耐药性后，对其余的磺胺类药物也不再敏感，这称为完全交叉耐药性。此外，细菌对某一类抗菌药物的不同品种之间，也可以表现为单向交叉耐药现象，如在氨基糖苷类抗生素中链霉素与庆大霉素、卡那霉素、新霉素之间就存在单向交叉耐药性，即对链霉素不敏感的细菌有可能对庆大霉素、卡那霉素、新霉素仍然敏感；而对庆大霉素、卡那霉素、新霉素不敏感的细菌对链霉素也不会敏感。

耐药可分为固有耐药（intrinsic resistance）和获得性耐药（acquired resistance）。固有耐药性又称为天然耐药性，是染色体介导的、代代相传的天然耐药性，如肠道阴性杆菌对青霉素；铜绿假单胞菌对氨苄西林；以及链球菌对庆大霉素。获得性耐药性多由质粒介导，也可由染色体介导，当微生物接触抗菌药物后，通过改变自身的代谢途径、使其能避免被药物抑制或杀灭。

一、细菌耐药性产生的机制

（一）产生灭活酶

细菌通过耐药因子产生改变药物结构的酶并使之失去抗菌活性。①β-内酰胺酶：细菌产生的β-内酰胺酶可以水解破坏青霉素类和头孢菌素类的β-内酰胺环，使其失去抗菌活性。②酯化酶：红霉素酯化酶通过水解红霉素的内酯环使其失去抗菌活性。③氨基糖苷类抗生素钝化酶：细菌在接触氨基糖苷类抗生素后产生钝化酶使后者失去抗菌活性，常见的氨基糖苷类钝化酶有乙酰化酶、腺苷化酶和磷酸化酶。如革兰阴性菌产生的乙酰转移酶可以使氨基糖苷类的抗菌必需结构 $-NH_2$ 乙酰化而失去对细菌的作用。④其他酶类：细菌可产生氯霉素乙酰转移酶灭活氯霉素，金黄色葡萄球菌产生核苷转移酶灭活林可霉素。

（二）改变靶位结构

抗菌药物的作用部位又称靶位，耐药菌可通过多种途径影响抗菌药对靶位的作用。如：①改变靶蛋白的结构，降低靶蛋白与抗生素的亲合力。如肠球菌的突变菌株的核糖体30S亚基上的 P_{10} 蛋白质发生结构改变后，链霉素与之结合力下降，作用减弱。②增加靶蛋白的数量。如金黄色葡萄球菌对甲氧西林耐药及多数细菌对磺胺类耐药。③合成新的与抗菌药亲合力低的靶蛋白。如耐喹诺酮类细菌由于基因突变引起自身DNA回旋酶A亚基变异，降低了喹诺酮类与DNA回旋酶的亲和力，使其失去杀菌作用；④产生靶位酶代谢拮抗物（对药物有拮抗作用的底物），耐磺胺菌株经突变或质粒转移使二氢叶酸合成酶与磺胺亲和力降低，金黄色葡萄球菌则增加自身产生对氨基苯甲酸的量，与磺胺药竞争二氢叶酸合成酶，这两种耐药方式均使磺胺的抗菌作用降低甚至消失。

（三）降低细胞膜的通透性

耐药菌通过改变细胞膜通透性使药物不易进入靶部位。如革兰阴性菌细胞膜孔蛋白结构发生改变引起孔径减小或闭塞，经膜孔或通道进入的药物减少；耐喹诺酮类细菌基因突变，使喹诺酮进入菌体的特异孔道蛋白表达减少，药物不易进入菌体而减少在菌体内蓄积量。

（四）加强主动流出系统

大肠埃希菌、金黄色葡萄球菌、铜绿假单胞菌和空肠弯曲杆菌等均有主动流出系统，是获得性耐药的重要机制。流出系统是由外排蛋白系统介导的运输子、附加蛋白和外膜蛋白三个蛋白组成，三种蛋白缺一不可，又称三联外排系统。由于细菌加强主动流出系统外排而致耐药的抗菌药物有四环素类、氯霉素、氟喹诺酮类、大环内酯类和β-内酰胺类药物。

二、耐药基因的转移方式

获得性细菌耐药性产生的机制主要是基因突变（mutation），耐药基因能从亲代垂直传递给子代，但更多情况下是通过水平转移的方式在细菌间传递。这种方式包括：①转导（transduction），以噬菌体及含有 DNA 的质粒为媒介，将供体菌的耐药基因转移到受体菌内。转导机制一般只发生在同种细菌间，如葡萄球菌和链球菌就以这种方式转移耐药性；②转化（transformation），少数细菌还可从周围环境中摄入裸 DNA（naked DNA），并将之掺入自身染色体中，当此 DNA 中含有耐药基因时，细菌就转变为耐药菌。肺炎球菌耐青霉素的分子基础是转化的典型表现，耐青霉素的肺炎球菌产生不同的青霉素结合蛋白（PBPs），该 PBPs 与青霉素的亲和力低。对编码这些不同的 PBPs 基因进行核苷酸序列分析，发现有一段外来的 DNA；③结合（conjugation），细菌间通过性菌毛（sex fimbria）或桥接相互沟通，将遗传物质如质粒或染色质的 DNA 从供体菌转移给受体菌。

由于耐药基因的多种方式在同种和不同种细菌间移动，导致了细菌耐药性和多重耐药性的产生与发展。多重耐药性已成为一个世界范围内的问题，致使抗菌药的产生速度追不上细菌耐药性的产生速度。因此，临床医生必须严格掌握使用抗菌药物的适应证，合理使用抗菌药物可有效降低耐药的发生率和危害性。

> 🌐 **知识链接**
>
> ### 人工合成抗菌药研发迫在眉睫
>
> 氟喹诺酮类抗菌药具有抗菌谱广、杀菌活性强、毒性低及疗效高等诸多优点，在临床上广泛用于各种细菌感染的治疗。然而长时间的使用甚至滥用，细菌已通过突变和染色体介导等途径对这类药物产生了严重的耐药性。氟喹诺酮的 C-7 位取代基与抗菌谱、抗菌活性、药代动力学性质和安全性等息息相关，被认为是最适合修饰的位点。研究表明氟喹诺酮的 C-7 位引入大体积的取代基并不会影响此类化合物的渗透性，故向此位点引入其他药效团的杂合体策略引起了研究人员的广泛兴趣。目前多个氟喹诺酮杂合体如利福霉素-氟喹诺酮杂合体 CBR-2092 和 β-内酰胺-氟喹诺酮杂合体 Ro-23-9424 等已处于临床评价阶段。氟喹诺酮杂合体可能具有双重作用机制，对耐药菌和厌氧菌具有潜在的活性。期待科学家们设计出更多毒性小且不易耐药的候选抗菌药。

第四节 抗菌药物合理应用原则

抗菌药是临床控制感染不可或缺的药物，但目前国家对抗菌药应用的政策规定尚有不完善之处，患者可从多种渠道获得抗生素，给感染性疾病的治疗带来许多新的问题。抗菌药的不合理应用甚至滥用可引起各种不良反应的发生，同时还可导致耐药菌的产生和播散。抗菌药的合理应用是指在全面了解患者、病原菌和抗菌药三者的基本情况及相互关系的基础上，安全有效地应用抗菌药，使患者用药风险最小获得治疗效益最大。临床应用抗菌药需满足的基本原则如下。

1. 诊断为细菌性感染，方可选用抗菌药 根据患者的症状、体征和实验室检查，初步诊断为病原微生物感染方可应用抗菌药物。诊断不能成立及病毒性感染，不能应用抗菌药物。

2. 尽早确定病原菌 在患者出现症状时，尽早从患者的感染部位取样分离培养致病菌，并进行体外抗菌药物敏感试验。如果患者感染症状严重，可在临床诊断的基础上预测最可能的致病菌，选择适当的药物进行经验性治疗。

3. 根据适应证选药 各种药物有不同的抗菌谱，抗菌谱相同还存在药效学和药动学差异，故各种抗菌药物的临床适应证亦有所不同。应用抗菌药物有效地控制感染，必须在感染部位达到有效的药物浓度，一般药物在血供丰富的器官（肝、肺、肾）浓度高，在血供较少的部位及脑脊液浓度低。对于血供少的组织和器官，应尽量选用在这些部位达到有效浓度的药物。另外，选药时还应该考虑患者的肝肾功能状态，细菌的耐药性及药品的不良反应及价格等多方面因素。

4. 抗菌药物的预防应用应注意的原则 预防用药的目的是防止细菌可能引起的感染，目前占了抗菌药物使用量的30%～40%。不适当的预防用药可引起病原菌高度耐药，发生继发感染而难以控制。因此，预防用药仅限于：①苄星青霉素、普鲁卡因青霉素或红霉素用于预防风湿性心脏病患儿及链球菌感染引起的咽炎或风湿热的儿童或成人的风湿热的发作；②在流行性脑脊髓膜炎的发病季节，用磺胺嘧啶口服预防给药；③进入疟疾区的人在前两周开始服用乙胺嘧啶和磺胺多辛的复方制剂，用药时间不宜超过3个月；④青霉素、阿莫西林、头孢唑林分别用于风湿性心脏病、先天性心脏病人工瓣膜患者进行口腔、上呼吸道、尿道及心脏手术前；⑤青霉素或阿莫西林用于战伤、复合外伤、闭塞性脉管炎患者截肢手术后，防止气性坏疽，对青霉素过敏者选克林霉素或甲硝唑；⑥胃肠道、胸腹部手术后用药1～3天。

5. 抗菌药物的联合应用应注意的原则

（1）联合用药的适应证 ①不明病原体的严重性感染，为扩大抗菌范围，可选联合用药，待细菌诊断明确后即调整给药方案；②单一抗菌药不能控制的严重感染；③结核病、慢性骨髓炎需长期用药治疗；④两性霉素在治疗隐球菌脑炎时可合用氟胞嘧啶，减少两性霉素的毒性反应；⑤大剂量青霉素治疗细菌性脑膜炎时可加入磺胺等联合用药。其目的是利用药物的协同作用而减少用药剂量和提高疗效，降低药物的不良反应性。

（2）联合用药的可能效果 根据抗菌药物的作用性质分为四大类：第一类为繁殖期杀菌药（Ⅰ），如β-内酰胺类；第二类为静止期杀菌药（Ⅱ），如氨基糖苷类、多黏菌素类，对繁殖期和静止期细菌均有杀菌作用；第三类为快速抑菌药（Ⅲ），如四环素、大环内酯类；第四类为慢速抑菌药（Ⅳ），如磺胺类药物等。为达到联合用药的目的，需根据抗菌药物的作用性质进行恰当的配伍。Ⅰ、Ⅱ类药物联合应用可获得协同作用，如青霉素与链霉素或庆大霉素配伍治疗肠球菌心内膜炎是由于Ⅰ类的青霉素破坏细菌细胞壁有利于Ⅱ类进入胞内作用于胞内蛋白靶位，杀灭细菌；Ⅰ、Ⅲ类药物联合应用时由于Ⅲ类抗菌药迅速抑制蛋白质合成而使细菌处于静止状态，造成Ⅰ类抗菌药作用被减弱；如青霉素与四环素类合用；若Ⅰ、Ⅳ类合用，Ⅳ类抗菌药对Ⅰ类抗菌药不会产生重要影响，通常产生相加作用，如青霉素与磺胺合用治疗流行性脑脊髓膜炎可提高疗效；Ⅱ、Ⅲ类抗菌药物合用，可产生相加和协同作用；Ⅲ、Ⅳ类抗菌药合用，也可获得相加作用。

6. 避免抗菌药物的不合理使用 ①病毒感染：抗菌药通常对病毒无效，除非伴有细菌感染或继发感染，否则一般不用抗菌药物；②原因未明的发热患者：病因不明，除非伴有感染，一般不用抗菌药物，否则易掩盖典型临床症状和难于检出病原体而延误正确的诊断和治疗；③尽量避免抗菌药物的局部应用，否则可引起细菌耐药和变态反应的发生；④剂量要适宜，疗程要足够。过小剂量达不到治疗的目的且易产生耐药性，剂量过大，易产生严重不良反应，疗程过短易造成疾病的复发或转为慢性感染。

7. 患者的其他因素与抗菌药物的应用 ①新生儿、儿童、孕妇和哺乳期妇女用药要谨慎，一定选用安全的抗菌药物；②肝功能减退：避免使用主要经肝脏代谢，对肝脏有损害作用的抗菌药物；③肾功能减退：应避免使用主要经肾脏排泄，对肾脏有损害的抗菌药物。

目标检测

答案解析

1. 抗菌药物作用机制包括哪些？
2. 什么是细菌的耐药性？简述其产生的机制。
3. 抗菌药物的联合应用的适应证有哪些情况？

4. 化疗药物的种类有哪些，并举例说明？

5. 抑制细菌蛋白质合成的抗菌药有哪些种，并举例说明？

（刘智）

书网融合……

本章小结

微课

题库

第三十七章　人工合成抗菌药

PPT

学习目标

1. 掌握　氟喹诺酮类抗菌药的抗菌机制、抗菌谱、耐药性、临床应用、不良反应及药物相互作用；磺胺类抗菌药的抗菌作用及机制、临床应用、不良反应；甲氧苄啶的抗菌机制及其与磺胺类药物合用的理由。

2. 熟悉　常用喹诺酮类药物的特点；磺胺类药物的分类及主要常用磺胺药的特点。

3. 了解　呋喃妥因、呋喃唑酮、甲硝唑等的特点和用途。

4. 具备运用人工合成抗菌作用特点、临床应用及其不良反应的知识进行正确用药指导的能力。

第一节　喹诺酮类抗菌药 📱微课

喹诺酮类（quinolones）抗菌药是指人工合成的含有 4 - 喹诺酮基本母核的抗菌药物，近年来发展迅速，目前已成为临床上治疗各种感染性疾病的重要化疗药物，具有广谱、高效的抗菌活性及口服吸收好，患者易接受等特点。

根据开发时间及抗菌谱通常将喹诺酮类抗菌药分为四代：第一代（1960 年代）以萘啶酸（nalidixic acid）为代表，仅对一些革兰阴性菌有效，口服吸收差，现已被淘汰。第二代（1970 年代）以吡哌酸（pipemidic acid）为代表，增加了对部分革兰阳性菌的抗菌作用，但因血药浓度低，现亦较少使用。

第三代（1980 年代）是目前临床应用最多的一类喹诺酮类，在化学结构上与第一、二代的主要区别是在 4 - 喹诺酮结构的 C_6 位引入氟原子，故亦被称为氟喹诺酮类（fluoroquinolones）。包括诺氟沙星（norfloxacin）、环丙沙星（ciprofloxacin）、氧氟沙星（ofloxacin）、左氧氟沙星（levofloxacin）、洛美沙星（lomefloxacin）、培氟沙星（pefloxacin）、氟罗沙星（fleroxacin）、司帕沙星（sparfloxacin）等一系列药物，抗菌谱进一步扩大，明显提高了抗革兰阴性菌活性，并对革兰阳性菌及厌氧菌、衣原体、支原体、军团菌、分枝杆菌等有良好抗菌效果。

第四代（1990 年代）为莫西沙星（moxifloxacin）、加替沙星（gatifloxacin）、吉米沙星（gemifloxacin）、加雷沙星（garenoxacin）等新氟喹诺酮类，吸收快、体内分布广，既保留了前三代抗革兰阴性菌的活性，又明显增强了抗革兰阳性菌的活性，对衣原体、支原体、军团菌的作用也增强。本节主要介绍临床广泛使用的氟喹诺酮类药物。

一、氟喹诺酮类抗菌药的共性

氟喹诺酮类指引入氟原子后的喹诺酮类第三、四代产品，具有以下共同特点。

（1）具有独特的抗菌作用机制，能选择性抑制细菌 DNA 回旋酶，与其他抗菌药无明显交叉耐药，但同类药物之间有交叉耐药。

（2）抗菌谱广，抗菌活性强，对大多数需氧革兰阴性菌具有相似且良好的抗菌活性；对革兰阳性菌的作用明显增强；对厌氧菌、分枝杆菌、军团菌及衣原体也有良好作用；某些药物对具有多重耐药性菌株也有较强抗菌活性。

（3）具有较长的抗生素后效应（PAE），即使血药浓度已降低到无法检测水平，仍在 2~6 小时内对某些细菌有明显抑制作用。

（4）口服吸收好，组织穿透力强，体内分布广，体液及组织内浓度高。

（5）本类药均有口服制剂，血浆半衰期长，因而用药次数少，方便使用，患者易于接受。

【体内过程】

1. 吸收　大多数氟喹诺酮类药物口服吸收迅速而完全，服药后 1~2 小时内达到血药峰浓度，口服给药的血药浓度与静脉给药相似。除诺氟沙星（35%~45%）和环丙沙星（38%~60%）外，其余药物的生物利用度可达 80%~100%。氟喹诺酮类也可络合二价和三价阳离子，如钙、镁、锌等，因而不能与含有这些离子的食品和药物同服。

2. 分布　氟喹诺酮类在组织和体液分布广泛，如在肺、肝、肾、膀胱、前列腺、卵巢、输卵管和子宫内膜的药物浓度均高于血药浓度。血浆蛋白结合率低，诺氟沙星和环丙沙星分别为 14% 和 40%，其余药物多在二者之间。培氟沙星、诺氟沙星和环丙沙星可通过正常或炎症脑膜进入脑脊液并达到有效治疗浓度。左氧氟沙星具有较强组织穿透性，可在细胞内达到有效治疗浓度。

3. 代谢与排泄　大多数药物主要是以原型经肾脏排出，少数药物在肝脏代谢或经粪便排出。培氟沙星、诺氟沙星和环丙沙星尿中排出量较少，约在 11%~44%，其余药物约为 50%~90%，可在尿中长时间维持杀菌水平。氧氟沙星和环丙沙星在胆汁中的浓度可远远超过血药浓度。不同药物的 $t_{1/2}$ 不同，诺氟沙星和环丙沙星较短，为 3~5 小时，左氧氟沙星、氧氟沙星、莫西沙星、加替沙星等多在 6~10 小时之间，芦氟沙星（rufloxacin）的 $t_{1/2}$ 最长，可达 30 小时。

【抗菌谱】氟喹诺酮类药物为广谱杀菌剂，杀菌浓度与抑菌浓度相同或为抑菌浓度的 2~4 倍。对革兰阴性杆菌中肠杆菌科的各类细菌如大肠埃希菌、肠杆菌属、枸橼酸杆菌、克雷伯菌、沙雷菌属、摩氏摩根菌、变形杆菌、普罗菲登菌、沙门菌属、志贺菌属、耶尔森菌属等具有很强的抗菌活性，其他革兰阴性菌如嗜血杆菌属、莫拉菌属、空肠弯曲菌、铜绿假单胞菌也对该类药物敏感。其中环丙沙星抗革兰阴性菌，特别是抗铜绿假单胞菌的活性最强。

较之第一、二代药物，氟喹诺酮类药物的抗菌谱扩大到金黄色葡萄球菌、肺炎球菌、溶血性链球菌、肠球菌等革兰阳性球菌，对衣原体、支原体、军团菌及结核杆菌也有效。金黄色葡萄球菌对氟喹诺酮类敏感，链球菌和肠球菌的敏感性不如葡萄球菌，耐甲氧西林的金黄色葡萄球菌对氟喹诺酮类也耐药，左氧氟沙星对包括肺炎链球菌在内的革兰阳性菌作用最强。氟喹诺酮类药物还提高了对厌氧菌如脆弱类杆菌、梭杆菌属、消化链球菌属和厌氧芽胞梭菌属等的抗菌活性。

【抗菌作用机制】喹诺酮类药物的抗菌机制主要是抑制细菌 DNA 拓扑异构酶。

细菌 DNA 拓扑异构酶（topoisomerase）是细菌生长和发育所必需的酶，负担细菌染色体或质粒 DNA 的拓扑学转变，具有自动调节 DNA 三级结构的功能。

细菌 DNA 拓扑异构酶包括 DNA 拓扑异构酶Ⅰ、Ⅱ、Ⅲ、Ⅳ，分为两大类：第一类有 DNA 拓扑异构酶Ⅰ、Ⅲ，主要参与 DNA 的松解，对氟喹诺酮类药物不敏感；第二类有拓扑异构酶Ⅱ和Ⅳ，其中拓扑异构酶Ⅱ又称 DNA 回旋酶（DNA gyrase），参与 DNA 超螺旋的形成，拓扑异构酶Ⅳ则参与细菌子代染色质分配到子代细菌中。DNA 回旋酶和拓扑异构酶Ⅳ是氟喹诺酮类药物的主要作用靶位，在革兰阴性菌中主要为 DNA 回旋酶，在革兰阳性菌中主要为拓扑异构酶Ⅳ。

细菌环状染色体 DNA 分子需形成负超螺旋结构才能装配到细菌细胞中，而此负超螺旋结构在细菌 DNA 复制和转录时必须先行解旋，结果导致过多的正超螺旋 DNA 形成，影响到 DNA 双螺旋结构的进一步打开，使转录和复制过程难以进行，DNA 回旋酶的功能则在于使其恢复负超螺旋结构，使转录和复制过程得以继续进行。

大肠埃希菌的 DNA 回旋酶由 *gyr*A 和 *gyr*B 基因编码，以 GyrA 和 GyrB 亚基组成 A_2B_2 四聚体蛋白酶。A 亚基先将正超螺旋后链切开缺口，B 亚基结合 ATP 并催化其水解，使 DNA 的前链经缺口后移，A 亚基再将此切口封闭，形成 DNA 负超螺旋（图 37-1）。氟喹诺酮类药物则作用于 DNA 回旋酶，通过与"DNA 回旋酶 - DNA 复合物"的结合，抑制 DNA 回旋酶的切口和封口功能，阻断 DNA 合成，细菌染色体复制和基因转录终止，最终导致细胞死亡（图 37-2）。

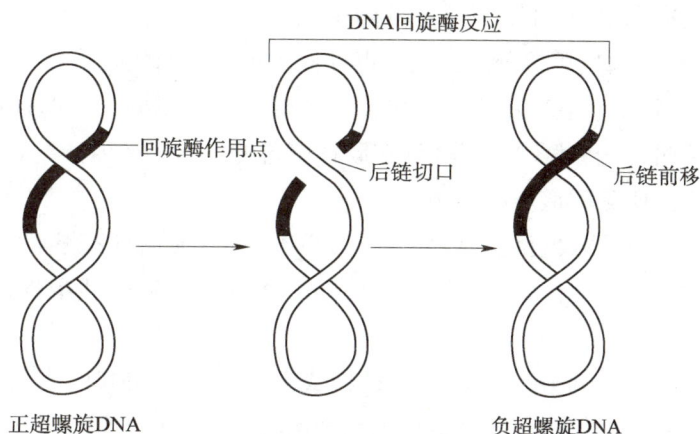

图 37-1　DNA 回旋酶对 DNA 超螺旋结构的作用

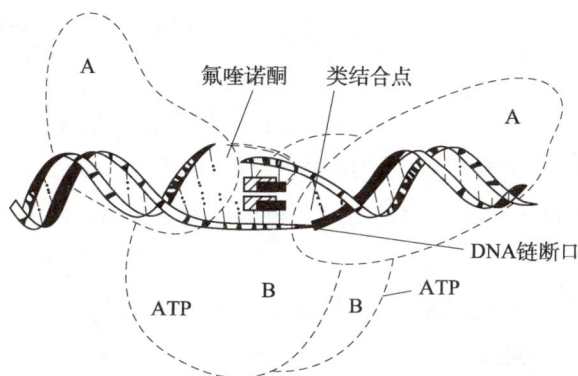

图 37-2　氟喹诺酮类对 DNA 回旋酶的作用

拓扑异构酶Ⅳ为 2 个 C 亚基和 2 个 E 亚基组成的四聚体，在 DNA 复制后期姐妹染色体的分离过程中起重要作用。其中 *par*C 编码的 C 亚基负责 DNA 断裂和重接；*par*E 编码的 E 亚基催化 ATP 水解和 DNA 前链的后移。

另外也发现，在一些特殊情况下，尽管 DNA 回旋酶基因发生突变，细菌也未对氟喹诺酮类药物产生耐药性，提示除抑制 DNA 回旋酶外，氟喹诺酮类还存在其他抗菌机制。

【耐药性】　细菌对氟喹诺酮类天然耐药率极低，但后天获得性耐药却发展很快，耐药菌株逐年增加。

1. 喹诺酮类作用靶位的改变　由于 *gyr*A 基因突变引起细菌 DNA 回旋酶 A 亚基变异，降低了 DNA 回旋酶对氟喹诺酮类的亲和力。这种基因突变造成的氟喹诺酮类作用靶位的改变通常产生低水平耐药性；高水平的耐药由 DNA 回旋酶和拓扑异构酶Ⅳ同时发生变异造成。

2. 细菌对药物通透性降低　与药物通透性相关的主要是细菌细胞膜上的孔蛋白（porin）及脂多糖等，氟喹诺酮类的通透依赖于一定的孔蛋白通道，此特定孔蛋白数量可由于编码基因的突变而表达减少，降低菌体内氟喹诺酮类蓄积速度。此外，有些细菌细胞壁结构致密（分枝杆菌）或膜孔蛋白构成的蛋白通道较特殊（铜绿假单胞菌），通透性极低，对氟喹诺酮类可形成天然耐药屏障，致使氟喹诺酮类在菌体内积蓄量减少。

3. 外排机制　细菌通过外排泵将抗菌药排出菌体，也使氟喹诺酮类在菌体内积蓄减少。细菌细胞膜上外排泵表达水平不断提高，能主动将扩散入细菌细胞内的药物或其他底物泵出细胞外，此为形成细菌的多重耐药性的主要原因。

4. 质粒介导耐药　原来认为氟喹诺酮类不存在质粒介导的耐药性，但金黄色葡萄球菌 NorA 有质粒携带的耐药基因，有可能造成耐药性的迅速蔓延和扩散。

【临床应用】目前临床主要应用抗菌活性强、毒性低的第三、四代类药物。

1. 泌尿生殖道感染　能够完全杀灭引起单纯性、复杂性尿路感染、细菌性前列腺炎、尿道炎和宫颈炎的细菌，包括肠球菌属、铜绿假单胞菌和许多肠杆菌科的细菌。环丙沙星和氧氟沙星也可有效治疗淋病奈瑟菌感染以及衣原体所致尿道炎和宫颈炎。

2. 肠道感染　可杀灭多种导致腹泻、胃肠炎、旅游腹泻及细菌性痢疾的细菌，如弯曲菌属、产毒大肠埃希菌、志贺菌属和沙门菌属等，或与其他药物合用治疗发热性中性粒细胞减少症和腹腔内感染。

3. 呼吸道感染　常用于肺炎球菌、嗜血流感杆菌或卡他莫拉菌引起的支气管炎和鼻窦炎，也用于肺炎杆菌、大肠埃希菌、铜绿假单胞菌或金黄色葡萄球菌所致肺炎和支气管感染。环丙沙星和左氧氟沙星可有效治疗结核杆菌和非典型分枝杆菌感染；还可用于军团菌感染以及细胞内分枝杆菌感染。左氧氟沙星可有效治疗肺炎球菌、肺炎衣原体、肺炎克雷伯菌属或肺炎支原体引起的肺炎。

4. 骨骼系统感染　除诺氟沙星外的其他氟喹诺酮类均可用于革兰阴性杆菌骨髓炎和骨关节感染的治疗。

5. 皮肤软组织感染　用于革兰阴性杆菌所致五官科感染和伤口感染。

6. 其他　可治疗化脓性脑膜炎和由克雷伯菌属、肠杆菌属、沙雷菌属所致的败血症等。

【不良反应】氟喹诺酮类的不良反应一般均较轻微，且呈剂量依赖性，停药或减量可以消失，能被大多数患者接受。

1. 胃肠道反应　为最常见的不良反应，表现为上腹不适、食欲不振、恶心、呕吐、腹痛、腹泻及便秘等，主要是药物对胃肠道的刺激。

2. 中枢神经系统反应　发生率仅次于胃肠道反应，主要表现为头晕、头痛、失眠、眩晕及情绪不安等，其中以失眠多见。严重时可发生复视、色视、抽搐、神志改变、幻觉等症状，但极少见。氟喹诺酮类药物可抑制脑内抑制性神经递质 γ-氨基丁酸（GABA）与受体的结合而使中枢神经兴奋性增高，导致惊厥和癫痫的发作，故此类药物不宜用于有中枢神经系统疾病或病史的患者。

3. 过敏反应　可出现血管神经性水肿、皮肤瘙痒和皮疹等过敏症状，平均发生率为 0.6%。偶见过敏性休克。个别病人出现光敏性皮炎（光毒性），表现为暴露在阳光下的皮肤区域出现中度红斑或严重大疱疹，尤以服用洛美沙星、司氟沙星、氟罗沙星者多见。服药期间应避免直接暴露于阳光下，一旦发生应立即停药，经对症治疗，症状可得到缓解。

4. 心脏毒性　主要表现为 Q-T 间期延长和心率加快，严重时可引起猝死。

5. 对肝、肾的损害　肝功能的改变主要表现为使血清转氨酶、碱性磷酸酶、血清淀粉酶和乳酸脱氢酶等升高，一般停药后可消失；肾功能损害主要表现为尿素氮和血清肌酐值的升高。氟喹诺酮类主要以原型经肾排泄，大剂量可致结晶尿，产生继发性肾损害。

6. 其他　少数患者可出现肌无力、肌肉疼痛、可逆性关节痛或严重的关节疼痛等，实验证明此类药物对幼年动物可引起软骨组织损害，故不宜用于儿童、妊娠期和哺乳期妇女。

【药物相互作用】

（1）氟喹诺酮类药物能抑制咖啡因、华法林和茶碱等在肝脏的代谢，同服时可增加这些药物的血药浓度而引起不良反应。

（2）氟喹诺酮类药物可与一些金属离子络合而减少其肠道吸收，故应避免与抗酸药及抗贫血药等同服。

（3）尿碱化药可减少氟喹诺酮类药物在尿中的溶解度，导致结晶尿和肾毒性。

二、各种喹诺酮类药物抗菌作用特点及应用

诺氟沙星

诺氟沙星（norfloxacin）是氟喹诺酮类中最早上市也是较常使用的药物。它的抗菌谱广，抗菌作用强，尤其对大多数革兰阴性菌如铜绿假单胞菌、大肠埃希菌、肺炎克雷白杆菌、变形杆菌、沙门菌属、沙雷菌属、流感嗜血杆菌和卡他莫拉菌有良好抗菌活性，但对衣原体、支原体、军团菌及结核杆菌等无作用。口服迅速吸收，组织分布良好，在肝、肾、脾、胰、前列腺等组织中的浓度均高于血药浓度，并可进入各种体液和炎性渗出物内，尿中药物浓度极高。主要用于敏感菌所致肠道和泌尿生殖道感染，效果良好；也可用于治疗呼吸道感染、皮肤及软组织感染及眼部感染等。不良反应主要是胃肠道反应、过敏反应、周围神经刺激症状，偶有一过性转氨酶升高。肾功不全者慎用，儿童及对本品过敏者禁用。

环丙沙星

环丙沙星（ciprofloxacin）的抗菌谱与诺氟沙星相似，对革兰阴性杆菌的体外抗菌活性很高，是目前临床应用的氟喹诺酮类中最强者。对铜绿假单胞菌、肠球菌、肺炎球菌、葡萄球菌、链球菌、军团菌、淋病奈瑟菌及流感杆菌的抗菌活性亦较强，甚至对某些耐氨基糖苷类及第三代头孢菌素的耐药菌株仍有抗菌活性。口服吸收较快但不完全，广泛分布于多种组织或体液中并达有效治疗浓度。临床主要用于治疗敏感菌引起的泌尿道、胃肠道、呼吸道、骨关节、腹腔及皮肤软组织等感染。常见不良反应有胃肠道反应、过敏反应、失眠等，但均较轻微，无需停药。个别偶见关节痛及血清转氨酶升高，静滴时血管局部有刺激反应。

培氟沙星

培氟沙星（pefloxacin）对肠杆菌科细菌的作用和第三代头孢菌素相似，对铜绿假单胞菌、军团菌及 MRSA 有效，对厌氧菌活性较差。临床可用于敏感菌所致败血症、心内膜炎、细菌性脑膜炎、呼吸道、胃肠道和泌尿道感染，耳鼻喉、妇科、胆道、骨关节和皮肤软组织感染等。不良反应发生率较高。

氧氟沙星

氧氟沙星（ofloxacin）抗菌谱广，对敏感革兰阳性球菌的抗菌活性为诺氟沙星的 2～4 倍，对革兰阴性菌、厌氧菌、沙眼衣原体也有很高的抗菌活性。口服吸收迅速而完全，广泛分布于体内组织及体液中，尿中药物浓度高。主要用于敏感菌所致的上、下呼吸道感染、泌尿道、胆道、皮肤软组织、耳鼻喉及眼部感染等。由于对结核分枝杆菌有较好的抗菌活性，也用作治疗结核病的二线药物。不良反应少见且较轻，主要是胃肠道反应，偶见神经系统症状和转氨酶升高。

左氧氟沙星

左氧氟沙星（levofloxacin）的体外抗菌活性为氧氟沙星的 2 倍。口服吸收迅速而完全，分布广泛，尿液中药物浓度高。对常见的革兰阳性和阴性致病菌有极强的抗菌活性，对支原体、衣原体、军团菌及厌氧菌也有较强的杀灭作用。临床用于呼吸道、泌尿道、消化道、外科及妇科感染。不良反应轻微，主要为胃肠道反应，少见皮疹及转氨酶升高。

洛美沙星

洛美沙星（lomefloxacin）临床主要用于治疗敏感菌引起的呼吸道、泌尿道、消化道、皮肤、软组织和骨组织感染。光毒性发生率较高，约为 3.5%，且发生率随用药时间延长而增高，应密切观察，避免日晒。

芦氟沙星

芦氟沙星（rufloxacin）是氟喹诺酮类药物中 $t_{1/2}$ 最长的，达 30 小时。临床主要用于敏感菌引起的下呼吸道和泌尿道感染。不良反应主要为过敏反应、胃肠道及中枢神经系统反应。

司帕沙星

司帕沙星（sparfloxacin）具有强大的组织穿透力，可迅速进入多种组织和体液。除大多数革兰阳性及阴性菌外，亦对支原体、衣原体、结核分枝杆菌、厌氧菌等显示良好抗菌活性。临床适用于敏感菌所致呼吸道、消化道、泌尿生殖系统、骨及骨关节、皮肤软组织及耳鼻喉感染，也用于败血症、腹腔感染、胸膜炎及脑膜炎等，亦可治疗对异烟肼、利福平耐药的结核病患者。光毒性发生率较高，用药时注意避免阳光照射，或改为夜间服药。

莫西沙星

莫西沙星（moxifloxacin）口服吸收后广泛分布于组织及体液中，且浓度高于血药浓度，尚可进入巨噬细胞内。对革兰阳性球菌具有极强抗菌活性，且对 MRSA 有良好作用，对耐青霉素的流感嗜血杆菌及卡他莫拉菌有很强活性，对支原体、衣原体及厌氧菌有效，但对铜绿假单胞菌的作用仅为环丙沙星的 1/3。主要用于治疗敏感细菌所致的呼吸道、消化道、泌尿生殖系统、耳鼻喉、皮肤软组织感染；尤其适用于需氧菌与厌氧菌的混合感染。不良反应发生率低于环丙沙星，光敏反应少。

⇒ 案例引导

临床案例 患者，男，65 岁，既往糖尿病史 10 年，规律口服阿卡波糖片（100 mg，每天 3 次）及瑞格列奈片（1 mg，每天 3 次）治疗，近期未调整降糖药。今日因发热、咳嗽 3 天未好转入院，检查：体温 38.7℃，空腹血糖 6.78 mmol/L，餐后血糖 7 mmol/L，胸片示肺部感染，左支气管扩张。给予静脉注射甲磺酸左氧氟沙星注射液（0.5 mg/250 ml），治疗 1 小时后患者突然出现神志模糊、言语不清、反应迟钝、站立困难，无幻觉及精神症状，无头晕头痛。查体不能完全配合，可简单对答，瞳孔大小正常，对光发射灵敏，无眼震。头部 CT 检查未见异常，血常规检查：白细胞计数 4.42×10^6/L，血糖 1.77 mmol/L。给予静脉推注 50% 葡萄糖注射液 20 ml，2 小时后患者神志明显好转，能自如对答。停用左氧氟沙星后，患者 1 周内未再发生低血糖。

问题 1. 入院后给予左氧氟沙星治疗的依据是什么？

2. 结合左氧氟沙星治疗 1 小时后出现的症状、体征及血液和头部 CT 检查，分析患者可能出现了什么反应？其原因是什么？

第二节　磺胺类抗菌药

磺胺类药物（sulfonamides）是 20 世纪 30 年代合成并最早应用于临床，能有效防治全身性细菌感染的一类化疗药物。

一、药物分类

（一）全身感染用磺胺

口服易吸收，按其作用持续时间又分为以下四类。

1. 短效类　$t_{1/2}$ 在 2~4 小时左右，如磺胺异 χ 唑（sulfisoxazole，SIZ）、磺胺二甲嘧啶（sulfadimidine，SM2）等。

2. 中效类　$t_{1/2}$ 为 10~20 小时，如磺胺嘧啶（sulfadiazine，SD）、磺胺甲唑（sulfamethoxazole，SMZ）等。

3. 长效类　$t_{1/2}$ 超过 24 小时，如磺胺甲氧嘧啶（sulfamethoxydiazine，SMD）、磺胺间甲氧嘧啶（sulfanonomethoxine，SMM）等。

4. 超长效类　如磺胺多辛（sulfadoxine，SDM），$t_{1/2}$ 达 150~200 小时。

（二）肠道应用的磺胺

柳氮磺吡啶（sulfasalazine，SASP），口服不吸收，主要用于肠道手术前预防感染。

（三）外用磺胺

外用磺胺类药包括用于眼科的磺胺醋酰（sulfacetamide，SA）、用于大面积烧伤的磺胺米隆（sulfamylon，SML）及磺胺嘧啶银盐（sulfadiazine silver，SD-Ag）。

二、磺胺类抗菌药的共性

【体内过程】

1. 吸收　多数全身应用的磺胺类药物口服后能在胃肠道迅速吸收，各药仅表现为吸收速度的不同，但均在口服后 2~6 小时血药浓度达峰值。

2. 分布　口服吸收后可广泛渗入肝、肾及全身其他组织，也可进入尿液、唾液、汗、乳汁、胆汁、腹水、房水及关节囊液中，但不能进入细胞内液。磺胺嘧啶能透过血-脑屏障进入中枢神经系统和脑脊液，在脑脊液可达血药浓度的 30%~80%，脑膜炎时更高。亦能通过胎盘屏障进入胎儿体内，胎儿血药浓度可达母体血药浓度的 50%~100%。

3. 代谢　主要在肝脏经乙酰化代谢，代谢产物无抗菌活性，但仍具磺胺类的毒性，可在中性或酸性环境下沉淀而引起结晶尿，导致肾脏损伤。柳氮磺吡啶在肠道分解出的磺胺吡啶仍可发挥抗菌作用，可用于治疗炎症性肠道疾病。

4. 排泄　原型药及乙酰化代谢产物主要经肾小球滤过而排泄，部分药物可经肾小管重吸收。少量从乳汁、胆汁及粪便排出。

【抗菌谱】磺胺类药物为广谱抑菌剂。对革兰阳性菌中溶血性链球菌、肺炎球菌高度敏感，对葡萄球菌、炭疽杆菌、破伤风杆菌等中度敏感。对革兰阴性菌中脑膜炎奈瑟菌、淋病奈瑟菌、嗜血流感杆菌、鼠疫杆菌高度敏感，对大肠埃希菌、伤寒沙门菌、志贺菌属、布氏杆菌、霍乱弧菌、奇异变形杆菌等中度敏感。对沙眼衣原体、放线菌、卡氏肺孢子虫、疟原虫及弓形虫等有较好抗菌活性，但对立克次体不仅不能抑制、反而刺激其生长。

【抗菌作用机制】 磺胺类药物通过干扰细菌的叶酸代谢而抑制细菌的生长繁殖。对磺胺类药物敏感的细菌不能利用环境中的叶酸，必须以蝶啶、谷氨酸及对氨基苯甲酸（para-aminobenzoic acid，PABA）为原料，在二氢叶酸合成酶的作用下生成二氢叶酸，再经二氢叶酸还原酶的作用转变成四氢叶酸。四氢叶酸的活化型是一碳单位的传递体，在嘌呤和嘧啶核苷酸的合成中起着传递一碳基团的作用。

磺胺类药物的结构与 PABA 相似，可与 PABA 竞争二氢叶酸合成酶，妨碍细菌二氢叶酸的合成，继之四氢叶酸合成减少，从而抑制细菌的生长繁殖（图 37-3）。宿主细胞利用从食物中得到的叶酸还原为四氢叶酸，不需二氢叶酸合成酶，因此磺胺类药物不影响人体细胞的叶酸代谢。

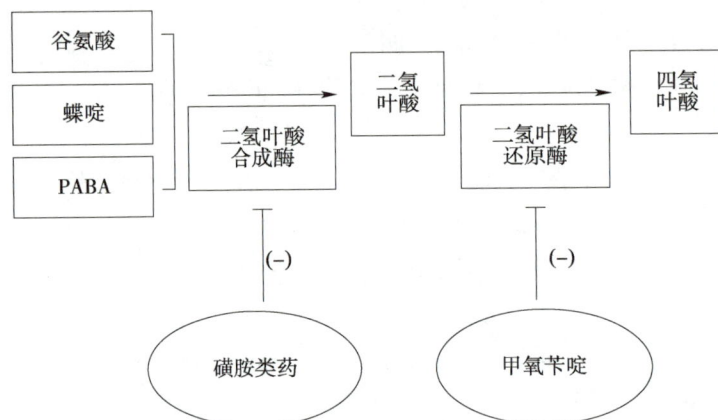

图 37-3 磺胺类和甲氧苄啶的作用机制

【耐药性】 细菌对磺胺类药物可能产生耐药性的原因如下。

（1）细菌二氢叶酸合成酶经突变或质粒转移导致对磺胺类药物的亲和力降低，使之不能有效地与 PABA 竞争。

（2）某些耐药菌株降低对磺胺类药物的通透性。

（3）细菌通过选择或突变而产生更多的 PABA，削弱磺胺类药物对二氢叶酸合成酶的抑制作用。因此为防止细菌产生耐药性，现已很少单独使用磺胺类药物，而常与甲氧苄啶等合用。

【临床应用】 由于耐药菌株较多，所以磺胺类药物主要用于敏感菌引起的轻度感染，或一些特殊感染。

1. 全身性感染 可选用口服易吸收磺胺类药物，如 SD、SMZ 等用于敏感菌如溶血性链球菌、肺炎球菌、葡萄球菌、大肠埃希菌等引起的呼吸道感染及单纯尿路感染，也可用于沙眼、包涵体结膜炎、艾滋病患者的弓形虫感染的治疗。脑膜炎奈瑟菌对 SD 敏感，且 SD 易透过血-脑屏障进入脑脊液，故 SD 可作为普通型流行性脑脊髓膜炎的首选治疗药物，也可作为易感者的预防用药。此外，SMZ 与甲氧苄啶联合应用是 HIV 免疫缺陷者防治卡氏肺孢子虫病的首选治疗。

2. 肠道感染 柳氮磺吡啶口服或作为栓剂给药可用于细菌性痢疾、肠炎及肠道手术前的灭菌等，SMZ 与甲氧苄胺嘧啶合用可用于伤寒。

3. 局部感染 磺胺醋酰钠眼药水可有效治疗眼部感染如结膜炎和沙眼，磺胺米隆或磺胺嘧啶银可用于烧创伤感染，能有效减轻脓毒病，但可引起耐药菌或真菌的二次感染。

4. 磺胺多辛（SDM）与乙胺嘧啶合用 主要用于预防和治疗抗氯喹的恶性疟疾。

【不良反应】

1. 泌尿系统损害 某些磺胺类药物及其乙酰化物在尿中浓度较高，溶解度较低，易在肾小管析出结晶而损伤肾脏，产生尿道刺激和梗阻症状，表现为血尿、腰痛、尿少、尿闭等，甚至引起肾损害。其中 SD 最易引起泌尿系统损伤，SMZ 次之。为预防磺胺类药物的肾损伤，可同时服用等量碳酸氢钠碱化尿液增加其溶解性，并大量饮水，使每日尿量不低于 1.5L，以降低尿中药物浓度。

2. 过敏反应　常见皮疹、药热、荨麻疹、血管神经性水肿、剥脱性皮炎、光敏性皮炎等，尤在服用长效制剂时更易发生。磺胺类药物间存在交叉过敏反应，对磺胺过敏者禁用。

3. 血液系统反应　可见粒细胞减少、血小板减少和白血病样反应，在 6 – 磷酸葡萄糖脱氢酶缺乏的患者易引起溶血性贫血，罕见再生障碍性贫血。

4. 胆红素脑病　主要发生在新生儿，因磺胺类药物能够从血浆蛋白结合点上取代胆红素，使游离的胆红素进入中枢神经系统而导致胆红素脑病。故新生儿、两岁以下的婴儿、哺乳期妇女及临产前的孕妇不宜使用。

5. 肝损害　可出现黄疸、肝功能减退，严重者可发生急性肝坏死。

6. 胃肠道反应　较为多见，可有恶心、呕吐、食欲不振、腹泻等症状，一般较轻，不影响继续用药。

【药物相互作用】

（1）磺胺类药物能从血浆蛋白结合点上取代其他药物，增强甲苯磺丁脲的降血糖作用、华法林的抗凝血作用和提高甲氨蝶呤的游离浓度。

（2）局麻药普鲁卡因在体内可代谢为 PABA，从而降低磺胺类药物的疗效。

⊕ 知识链接

从磺胺类药物发现历史看药物研究

　　磺胺的发现，最早出自一种名为"百浪多息"的红色染料，该染料具有一定的消毒作用，但在实验中却无杀菌作用，一开始并未引起医学界的重视，但杜马克并未因此而轻视对它的研究，他以敏锐的观察力发现了它的潜在价值，一直在不懈地进行试验。而后的特雷富埃尔和他的同事也是从"百浪多息"只有在体内才能杀死链球菌，而在试管内则不能这一现象断定"百浪多息"一定是在体内变成了对细菌有效的另一种东西，并进行研究，这才分解出"氨苯磺胺"，也是最早的磺胺。而这种化合物却早在 1908 年就有人合成，却因缺乏观察力和钻研精神而未得以问世。在对药物的发现和研究中，这种现象可以说十分普遍，在我们生活中有很多有价值的药物，但却并不是人人都能发现它们，其原因就在于此。

第三节　其他合成抗菌药物

一、甲氧苄啶

【体内过程】甲氧苄啶（trimethoprim，TMP）口服吸收快且完全，广泛分布于各组织和体液，可通过血 – 脑屏障进入脑脊液，脑膜炎症时浓度更高，在胎儿体内或乳汁内的药物浓度接近母体的血药浓度。$t_{1/2}$ 为 11 小时，主要以原型经肾小球过滤、肾小管分泌排出，尿中药物浓度高。

【抗菌作用】甲氧苄啶抑制细菌二氢叶酸还原酶，导致四氢叶酸生成减少，从而阻止细菌核酸合成（图 37 – 3）。TMP 的抗菌谱与磺胺甲 χ 唑（SMZ）相似，抗菌活性比 SMZ 强 20 ~ 100 倍。大多数革兰阳性和阴性菌对 TMP 敏感，但铜绿假单胞菌、脆弱类杆菌及肠球菌对其耐药。TMP 对细菌二氢叶酸还原酶的抑制活性要比对人类相同酶的作用强 50000 ~ 100000 倍，故对人体的不良反应小。TMP 单用易产生耐药性，产生的机制主要是由于细菌二氢叶酸还原酶的改变而降低了对甲氧苄啶的亲和力。

TMP 通常与磺胺类药物（主要是 SMZ 和 SD）合用，合用后可增强后者的抗菌活性数倍至数十倍，协同抗菌作用的产生是由于 SMZ（或 SD）与 TMP 分别作用于二氢叶酸合成酶和二氢叶酸还原酶，双重阻断细菌叶酸的合成，从而干扰细菌核酸的合成，并可出现杀菌效果。合用后，二药用量均减少，可延缓耐药性的产生，也使不良反应减少。

临床上 TMP 与 SMZ 或 SD 合用，或制成复方制剂，用于呼吸道、泌尿生殖道、消化道感染，也用于卡氏肺孢子虫感染、奴卡菌感染、伤寒沙门菌和其他沙门菌属感染。

【不良反应】甲氧苄啶毒性较小，可引起恶心和过敏性皮疹，大剂量长期应用可致叶酸缺乏症，如巨幼细胞贫血、白细胞减少及粒细胞减少。

二、硝基呋喃类

呋喃妥因

呋喃妥因（nitrofurantoin）抗菌谱广，对革兰阳性球菌、大肠埃希菌、淋病奈瑟菌及枯草杆菌有良好抗菌作用，铜绿假单胞菌对其耐药。本药口服吸收迅速，血药浓度低，很快经肾小球滤过排入尿中，尿中原型药排出率可达 $40\% \sim 50\%$，肾功能正常者 $t_{1/2}$ 为 $0.3 \sim 1$ 小时。在酸性尿中药物的抗菌活性增强。临床主要用于敏感菌所致泌尿系统感染。常见不良反应为恶心、呕吐、厌食、腹泻等消化道反应及头痛、失眠等神经系统反应，严重者可出现肺间质纤维化等肺部反应，在 6 - 磷酸葡萄糖脱氢酶缺乏者、新生儿及孕妇可致溶血性贫血。

呋喃唑酮

呋喃唑酮（furazolidone）对沙门菌属、志贺菌属、大肠埃希菌、肺炎杆菌、霍乱弧菌和弯曲菌属等均有抗菌作用且不易产生耐药性，对毛滴虫、贾第鞭毛虫也有活性。口服吸收少，肠内浓度高。主要用于细菌性肠炎、痢疾和旅游腹泻以及幽门螺杆菌所致胃窦炎的治疗。主要不良反应为胃肠道反应及过敏反应，偶可引起溶血性贫血和黄疸。

三、硝基咪唑类

甲硝唑与替硝唑

硝基咪唑类（nitroimidiazoles）具有广谱抗厌氧菌和抗原虫作用，对拟杆菌属、梭形杆菌属、梭状芽胞杆菌属、部分真杆菌、消化链球菌及幽门螺杆菌等厌氧菌具有良好抗菌活性，对阴道毛滴虫、溶组织内阿米巴、贾第鞭毛虫、杜氏利什曼等原虫有杀灭作用。

甲硝唑（metronildazole）与替硝唑（tinidazole）是目前治疗口腔及全身厌氧菌感染或术后预防感染的常用药物，还可用于消化道溃疡病的防治。此外亦是治疗阿米巴病的首选药物，也是治疗滴虫病的特效药物。

目标检测

答案解析

1. 简述氟喹诺酮类抗菌药的抗菌谱。
2. 氟喹诺酮类抗菌作用机制及不良反应有哪些？

3. 简述磺胺类抗菌药的抗菌作用机制。

4. 甲氧苄啶与磺胺类抗菌药合用的理由有哪些?

5. 喹诺酮类药物共分几代? 目前临床广泛应用的是第几代? 此代作用特点有哪些?

（刘智　郭东星）

书网融合……

本章小结　　　　　　　微课　　　　　　　题库

第三十八章 β-内酰胺类抗生素

第一节 概 述

β-内酰胺类抗生素（β-lactam antibiotics）是化学结构中具有 β-内酰胺环的一类抗生素，是临床上最常用的一类抗菌药物，包括青霉素与头孢菌素、β-内酰胺酶抑制剂以及非典型的 β-内酰胺类抗生素，如头霉素类、碳青霉烯类、单环 β-内酰胺类等，此类抗生素大多具有杀菌活性强、毒性低、适应证广及临床疗效好的优点。

一、抗菌作用机制

β-内酰胺类抗生素的主要作用机制是通过作用于细菌菌体内青霉素结合蛋白（penicillin binding proteins，PBPs）抑制细菌细胞壁的肽聚糖合成，造成细菌细胞壁缺损，大量的水分涌进细菌体内，使细菌肿胀破裂、死亡；同时也可促发自溶酶活性，使细菌溶解而产生抗菌作用。青霉素结合蛋白存在于细菌胞质膜，根据分子量大小可分为两类，大分子量 PBPs（60000～140000）具有转肽酶活性和转糖基酶活性，参与细菌细胞壁的合成；小分子量 PBPs（4000～5000）具有羧肽酶活性，与细菌细胞分裂和维持形态有关。人体细胞没有细胞壁，不受 β-内酰胺类抗生素的影响，故对人体几无毒性。β-内酰胺类抗生素对已合成的细胞壁无影响，故对繁殖期的细菌作用比静止期强，属于繁殖期杀菌药。

二、耐药机制

细菌对 β-内酰胺类抗生素的耐药性在临床上非常普遍，1942 年青霉素 G 开始临床使用，1947 年就有耐药性的报道了，其主要的耐药机制如下。

（一）产生水解酶

耐药菌能产生 β-内酰胺酶（β-lactamase），使药物结构中关键活性部位 β-内酰胺环水解裂开，药物失去抗菌活性。细菌产生 β-内酰胺酶是细菌对 β-内酰胺类抗生素耐药的主要机制。

知识链接

β-内酰胺酶的分类

β-内酰胺酶分为染色体介导酶和耐药质粒介导酶，依照其水解对象不同，又可分为青霉素酶、头孢菌素酶、广谱酶和超广谱酶、碳青霉烯酶等。另外根据β-内酰胺酶分子结构中氨基酸序列的差异，可将β-内酰胺酶分成A、B、C、D四种类型。最新的分类方法是Bush于1995年提出的BJM分类法，将β-内酰胺酶分为4大类11小类。第一类为耐头孢菌素的β-内酰胺酶，但不被克拉维酸抑制，属于C类；第二类为耐青霉素酶、耐头孢菌素酶，可被克拉维酸所抑制，属于A和D类；第三类是依赖锌离子或其他金属离子的β-内酰胺酶，属于B类；第四类是不能被克拉维酸所抑制的耐青霉素酶。

（二）PBPs 靶蛋白对药物亲和力降低

耐药菌的PBPs的结构改变或合成量增加或产生新的PBPs，使药物与PBPs结合减少或不能与之结合，导致其抗菌活性降低。例如耐甲氧西林金黄色葡萄球菌（methicillin resistant *staphylococcus aureus*，MRSA）具有多重耐药性就与新的PBPs蛋白产生、PBPs合成增加以及药物与PBPs亲和力下降有关。

（三）药物不能在作用部位达到有效浓度

1. 细菌细胞壁或外膜通透性改变 革兰阴性菌的外膜是限制β-内酰胺类抗生素透入菌体的第一道屏障，因此某些革兰阴性菌对药物可产生非特异性低水平耐药。敏感革兰阴性菌耐药主要是由于其基因突变，导致非特异性跨膜孔道蛋白（porin），即OmpF与OmpC通道蛋白的丢失，通透性减小而产生耐药，比如大肠埃希菌、鼠伤寒沙门菌等。另外铜绿假单胞菌对β-内酰胺类抗生素耐药性的产生已证明是由于外膜非特异性孔道蛋白OprF缺陷而引起的。

2. 增强药物外排 耐药菌的胞膜上存在主动外排系统（跨膜蛋白），可主动外排药物，从而形成低水平的非特异性、多重性耐药。

3. β-内酰胺酶的"陷阱机制"或"牵制机制"（非水解机制） 对革兰阴性菌产生的β-内酰胺酶稳定的广谱青霉素和第二、三代头孢菌素，其耐药发生机制不是由于抗生素被β-内酰胺酶水解，而是由于抗生素与大量的β-内酰胺酶迅速、牢固结合，使其停留于胞膜外间隙中，因而不能进入靶位（PBPs）发生抗菌作用。此种β-内酰胺酶的非水解机制又称为"牵制机制"（trapping mechanism）。

（四）细菌自溶酶减少

由于细菌缺少自溶酶而出现细菌对抗生素的耐药性，即抗生素具有正常的抑菌作用，但杀菌作用差，比如金黄色葡萄球菌。

第二节 青霉素类抗生素 微课

青霉素类（penicillins）的基本结构均含有母核6-氨基青霉烷酸（6-aminopenicilanic acid，6-APA）和侧链（CO-R），母核由噻唑环（A）和β-内酰胺环（B）组成（图38-1）。β-内酰胺环为抗菌活性所必需，其侧链决定各型青霉素的药理学特性，如抗菌谱、耐酸、耐酶等。

一、天然青霉素

青霉素 G

青霉素（penicillin）是采用深发酵法生物合成的，培养青霉素的发酵基质化学成分不同，可生产数种天然青霉素，包括G、K、X、F和双氢F等，其中青霉素G（penicillin G，benzylpenicillin，苄青霉素）产量高，具有最强抗菌活性，也是临床应用的唯一天然青霉素。青霉素G为不稳定的有机酸，常

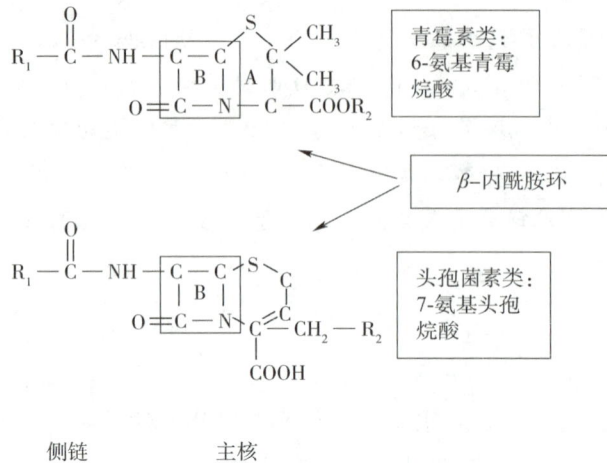

图 38-1 青霉素类抗生素基本结构

用其钠盐或钾盐。其晶粉在室温下稳定，但水溶液不稳定，易被酸、碱、醇、氧化剂和金属离子破坏，不耐热，水溶液室温放置，抗菌活性迅速下降，故需临用前配置。

【体内过程】青霉素 G 不耐酸，口服吸收少，需肌内注射或静脉滴注；脂溶性低，主要分布于细胞外液，分布广泛，但房水和脑脊液中含量较低，炎症时渗入量可提高到有效浓度。青霉素 G 不被代谢，几乎全部以原型从肾脏排泄，90% 经肾小管分泌；青霉素 G 钠水溶液是短效制剂，临床常用，其 $t_{1/2}$ 约 0.5~1 小时。为延长作用时间，可采用难溶的混悬剂普鲁卡因青霉素（procaine benzylpenicillin，双效西林）和油剂苄星青霉素（benzathine benzylpenicillin，长效西林），但其血药浓度低，只能用于轻症患者或预防感染。

【抗菌作用】青霉素 G 的抗菌作用强，在细菌繁殖期低浓度抑菌，较高浓度杀菌。对溶血性链球菌、草绿色链球菌、肺炎球菌和敏感的金黄色葡萄球菌等大多数革兰阳性球菌敏感，对破伤风、白喉、产气荚膜、炭疽杆菌等革兰阳性杆菌的抗菌作用强，对革兰阴性菌作用弱，对肠球菌不敏感，但对脑膜炎奈瑟菌、敏感淋病奈瑟菌等少数革兰阴性球菌和流感杆菌、百日咳鲍特菌等少数革兰阴性杆菌具一定抗菌活性。金黄色葡萄球菌、肺炎球菌、淋病奈瑟菌、脑膜炎奈瑟菌等对本药极易产生耐药性。钩端螺旋体、梅毒螺旋体、回归热螺旋体、牛放线杆菌对青霉素高度敏感。此外，青霉素对真菌、病毒、衣原体、支原体、立克次体及寄生虫无效。

【临床应用】青霉素首选用于对青霉素敏感的革兰阳性球菌和杆菌、革兰阴性球菌及螺旋体感染。

1. 革兰阳性球菌感染　青霉素 G 可用于溶血性链球菌引起的咽炎、扁桃体炎、丹毒、猩红热、蜂窝织炎等；草绿色链球菌引起的心内膜炎，但需大剂量静滴才有效；肺炎球菌引起的大叶性肺炎、脓胸、支气管肺炎等。也可用于敏感的金黄色葡萄球菌引起的疖、败血症等。

2. 革兰阳性杆菌感染　青霉素 G 可用于白喉、破伤风，气性坏疽和流产后荚膜梭菌所致败血症的治疗，但应加用相应抗毒血清以中和外毒素。

3. 革兰阴性球菌感染　青霉素 G 可用于脑膜炎奈瑟菌引起流行性脑脊髓膜炎以及淋球菌引起的淋病等。

4. 螺旋体和放线杆菌感染　青霉素 G 可用于梅毒、钩端螺旋体、回归热等。治疗梅毒时，除早期轻症者外，应采用大剂量青霉素治疗。青霉素 G 也可用于放线杆菌病的治疗。

【不良反应】

1. 变态反应　变态反应为青霉素类最常见的不良反应，可发生皮肤过敏反应，如荨麻疹、皮炎、皮疹和血清病样反应，多不严重，停药后可消失。最严重的是过敏性休克，多在注射后数分钟内发生，表现为循环衰竭、呼吸衰竭和中枢抑制（昏迷、惊厥、意识丧失）的症状，抢救不及时可造成死亡。其发生原因是青霉素及其降解产物青霉噻唑蛋白、青霉烯酸与组织蛋白牢固结合形成完全抗原引起。

主要预防措施：①仔细询问病史、用药史、药物过敏史及家族过敏史，对青霉素过敏者禁用；②初次使用、用药间隔3天以上或换批号者必须做皮肤过敏试验，反应阳性者禁用；③严格掌握适应证：避免在饥饿时注射青霉素；避免滥用和局部用药；注射液需临用前现配；④用药前做好急救准备，不在没有急救药物（如肾上腺素）和抢救设备的条件下使用；⑤患者每次用药后需观察30分钟，无反应者方可离去。

一旦发生过敏性休克，应首先立即皮下或肌内注射肾上腺素0.5~1.0 mg，严重者应稀释后缓慢注射或滴注，必要时加入糖皮质激素和抗组胺药，呼吸困难者给予吸氧及人工呼吸，必要时作气管切开。

2. 赫氏反应（herxheimer reaction） 应用青霉素治疗梅毒或钩端螺旋体、雅司病、鼠咬热或炭疽等感染时，出现症状加剧，表现为寒战、发热、咽痛、头痛、心动过速等，此反应可能是短时间内被杀灭的大量病原体释放的物质所引起。通过初次小剂量给予青霉素可防止发生。

3. 其他 肌内注射青霉素G可引起局部疼痛，红肿或硬结和周围神经炎（误注入神经）。大剂量静脉给药可引起高钾血症、高钠血症等。鞘内注射或大剂量静滴引起腱反射增强、肌肉痉挛、抽搐、昏迷等神经系统反应，称为青霉素脑病，多见于老年人，婴儿和肾功能减退患者。大剂量青霉素钾盐或钠盐静脉滴注可引起明显的水、电解质紊乱。

二、半合成青霉素

青霉素G虽杀菌能力强、毒性低，但抗菌谱窄、不耐酸、不耐酶而且口服无效。因此，在母核6-APA引入不同的侧链，得到具有耐酸、耐酶、广谱、抗铜绿假单胞菌、抗革兰阴性杆菌等特性的半合成青霉素。

（一）耐酸口服青霉素

青霉素V（penicillin V，苯氧甲青霉素）为广泛应用的口服青霉素，耐酸，不耐酶，抗菌活性较弱，主要用于轻度敏感菌感染，恢复期的巩固治疗和防止感染复发的预防用药，例如溶血性A型链球菌、肺炎球菌、敏感菌所致软组织感染和风湿热的预防，不宜用于严重感染。

（二）耐酶青霉素

耐酶青霉素改变青霉素化学结构的侧链，通过空间结构的位置障碍作用，保护了β-内酰胺环，使其不易被β-内酰胺酶水解。其抗菌谱同青霉素G，但抗菌活性不及青霉素G。

耐酶青霉素均属于异恶唑类青霉素，有甲氧西林（methicillin，新青霉素I）、苯唑西林（oxacillin，新青霉素II）、氯唑西林（cloxacillin）、双氯西林（dicloxacillin）、氟氯西林（flucloxacillin）等，除甲氧西林不耐酸外，其余均耐酸耐酶，可口服，血浆蛋白结合率高，不易透过血-脑屏障，主要用于耐青霉素G的金黄色葡萄球菌所致的败血症、心内膜炎、肺炎等感染，也可用于需长期用药的慢性感染，其中双氯西林和氟氯西林作用较强。不良反应主要为胃肠道反应，包括恶心、腹痛、腹胀等，个别可发生过敏反应，主要表现为皮疹、荨麻疹等。但是金黄色葡萄球菌对本药可显示出特殊耐药，其耐药机制是产生了新的PBPs（如PBP2α），该耐药菌株对所有β-内酰胺酶类抗生素耐药，称为耐甲氧西林金黄色葡萄球菌（MRSA）。

（三）广谱青霉素

本类药物耐酸，可口服；对革兰阴性菌和革兰阳性菌均有杀菌作用，对革兰阴性菌作用优于青霉素G，可用于伤寒沙门菌、副伤寒沙门菌、百日咳鲍特菌、大肠埃希菌、痢疾志贺菌等革兰阴性杆菌所致的上呼吸道感染、尿路感染，但对铜绿假单胞菌感染无效，原因是其不能通过细菌细胞膜，属于固有耐药；不耐酶，对耐药金黄色葡萄球菌感染无效，与青霉素 G 有交叉过敏反应。代表药物有氨苄西林（ampicillin）和阿莫西林（amoxicillin，羟氨苄青霉素）。

氨苄西林

氨苄西林（ampicillin）对革兰阴性杆菌作用较强，如伤寒沙门菌、副伤寒沙门菌、百日咳鲍特菌、大肠埃希菌、痢疾志贺菌等，但对铜绿假单胞菌感染无效；对球菌、革兰阳性杆菌、螺旋体的抗菌作用不及青霉素，但对粪链球菌作用优于青霉素。胆汁中药物浓度高，炎症时可增加药物的血 – 脑屏障透过率，可用于伤寒、副伤寒杆菌等革兰阴性菌的败血症、肺部、尿路及胆道感染以及脑膜炎、心内膜炎等，严重者应合用氨基糖苷类抗生素。

阿莫西林

阿莫西林（amoxicillin）抗菌谱和抗菌活性与氨苄西林相似，但杀菌作用强而迅速，对肺炎球菌、肠球菌、沙门菌属、幽门螺杆菌的杀菌作用较氨苄西林强，且引起腹泻远较氨苄西林少见。主要用于敏感菌所致的呼吸道、尿路、胆道感染及伤寒治疗，也可用于慢性活动性胃炎和消化性溃疡治疗。不良反应有恶心、呕吐、腹泻等消化道反应和皮疹等过敏反应。

（四）抗铜绿假单胞菌广谱青霉素

本类药物属于广谱抗生素，特别是对铜绿假单胞菌有强大抗菌作用。其作用机制可能是对细菌细胞膜的强大穿透作用，并能与铜绿假单胞菌生存所必需的 PBPs 形成多位点结合。不耐酸不耐酶，故口服无效，只能注射给药，并对耐药金黄色葡萄球菌感染无效。代表药物有羧苄西林（carbenicillin）、哌拉西林（piperacillin）、替卡西林（ticarcillin）、磺苄西林（sulbenicillin）、阿洛西林（azlocillin）和美洛西林（mezlocillin）等酰脲类青霉素。

哌拉西林

哌拉西林（piperacillin）不耐酶，口服不吸收，体内分布较广，在胆汁和前列腺液中浓度较高，主要由肾排泄。哌拉西林对革兰阳性菌的作用与氨苄西林相似，不耐酶，对产青霉素酶的金黄色葡萄球菌无效，对脆弱类杆菌和厌氧菌也有一定作用，对革兰阴性杆菌的作用强，可用于治疗铜绿假单胞菌、大肠埃希菌、变形杆菌、流感嗜血杆菌、伤寒沙门菌等所致的呼吸道、泌尿道、胆道感染和败血症等。哌拉西林可能抑制血小板聚集，大剂量或长期应用易引起凝血功能障碍导致出血。少数患者可出现皮疹、皮肤瘙痒等反应，也可出现腹泻为主的胃肠道反应。

（五）抗革兰阴性杆菌青霉素

本类药物抗菌谱窄，对革兰阴性杆菌作用强，对革兰阳性菌弱，对铜绿假单胞菌无效，对革兰阴性菌产生的β – 内酰胺酶稳定，因此对耐β – 内酰胺酶类抗生素的多种肠杆菌仍有作用。其作用机制是与靶蛋白 PBP$_2$ 结合，使细菌变圆，代谢受抑制，因此只具有抑菌作用，而不能杀菌。主要用于革兰阴性杆菌所致的尿路感染。代表药物有美西林（mecillinam）、匹美西林（pivmecillinam）、替莫西林（temocillin）。美西林和匹美西林仅对部分肠道革兰阴性杆菌有效，替莫西林对大部分革兰阴性杆菌有效。

第三节　头孢菌素类抗生素

头孢菌素类（cephalosporins）是分子中含有头孢烯的半合成抗生素，是β – 内酰胺类抗生素中的 7 – 氨基头孢烷酸（7 – ACA）的衍生物（见图 38 – 1）。头孢菌素可由真菌培养液中提取的抗菌成分头孢菌素 C（其毒性大、抗菌作用弱，无临床应用价值）裂解而制得。本类药物是一类广谱抗生素，其活性基团是 β–内酰胺环。与青霉素相比，头孢菌素类抗生素有如下特点：①抗菌谱广，作用强；②对 β–内酰胺酶稳定，不易耐药；③过敏反应发生率低，约为青霉素 G 的 5%–10%；④毒性小，主要为肾毒性。依据头孢菌素类抗生素的生产年代、抗菌活性、抗菌谱、对 β–内酰胺酶的稳定性、肾毒性的不同，将其分为五代。

第一代头孢菌素类：供注射用的有头孢噻吩（cefalothin）、头孢唑林（cefazolin）等，供口服用的有头孢氨苄（cefalexin）、头孢羟氨苄（cefadroxil）等，供口服和注射有头孢拉定（cefradine）等。

第二代头孢菌素类：供注射用的有头孢呋辛（cefuroxime）、头孢孟多（cefamandole）等，供口服的有头孢克洛（cefaclor）、头孢呋辛酯（cefuroxime axetil）等。

第三代头孢菌素类：供注射用的有头孢噻肟（cefotaxime）、头孢曲松（ceftriaxone）、头孢他啶（ceftazidime）、头孢哌酮（cefoperazone）等，供口服的有头孢克肟（cefixime）等。

第四代头孢菌素类：供注射用的有头孢匹罗（cefpirome）、头孢吡肟（cefepime）、头孢利定（cefolidin）、头孢噻利（cefoselis）等。

第五代头孢菌素类：供注射用的头孢洛林（ceftaroline）、头孢吡普（ceftobiprole）等。

【体内过程】 口服制剂的头孢菌素类抗生素耐酸，吸收好，如：头孢氨苄、头孢克洛可口服。但其他制剂口服吸收差，均需注射给药。头孢菌素吸收后，分布良好，能透入各种组织中，且易透过胎盘，在滑囊液、心包积液中浓度高。第一、二代头孢菌素不能透过血–脑屏障，但是第三代、四代头孢菌素穿透力强，可分布至前列腺、前房水和胆汁中，并可透过血–脑屏障。头孢菌素主要经肾脏排泄，尿中浓度较高，但是头孢哌酮、头孢曲松主要经胆汁排泄。多数头孢菌素半衰期较短（0.5~2 小时），但头孢曲松的 $t_{1/2}$ 可达 8 小时。

【药理作用与临床应用】 第一代头孢菌素类抗菌活性较强，抗菌谱较窄，对金黄色葡萄球菌产生的 β–内酰胺酶稳定，但对革兰阴性杆菌产生的 β–内酰胺酶不稳定。以头孢唑林为代表的第一代头孢菌素兼备青霉素、耐酶青霉素和氨苄青霉素的三重特点。因而对金黄色葡萄球菌、链球菌（肠球菌除外）等革兰阳性菌具有较强的活性，优于第二、三代头孢菌素。但对革兰阴性菌产生的 β–内酰胺酶稳定性较差，所以在抗革兰阴性菌方面不及第二、三代头孢菌素。临床主要用于耐药金黄色葡萄球菌感染及敏感菌所致的轻、中度呼吸道感染、尿路、皮肤及软组织感染，治疗革兰阴性杆菌感染常需与氨基糖苷类抗生素联合应用。

第二代头孢菌素类除保留了第一代的对革兰阳性菌的作用外，由于它们对革兰阴性杆菌产生的 β–内酰胺酶较第一代稳定，抗菌谱也较第一代广，所以显著地扩大和提高了对革兰阴性杆菌作用，对厌氧菌有一定的作用，但对铜绿假单胞菌无效。临床主要用于敏感菌所致的呼吸道、泌尿道、胆道、皮肤软组织等感染。

第三代头孢菌素类对革兰阴性菌产生的 β–内酰胺酶稳定，所以对革兰阴性菌的抗菌谱广、抗菌作用强，包括肠杆菌类、铜绿假单胞菌、厌氧菌有较强的作用，对第一、二代耐药的革兰阴性菌仍有效；但对革兰阳性菌作用不及第一、二代。具有很强的组织穿透力，体内分布广，主要用于重症耐药革兰阴性菌的尿路感染，以及危及生命的败血症、脑膜炎、肺炎、骨髓炎等，能有效控制严重的铜绿假单胞菌感染。

第四代头孢菌素为第三代头孢菌素发展而来，其抗菌谱及适应证与第三代头孢菌素类似，但与第三代头孢菌素相比，它对 β 内酰胺酶具有更好的稳定性，对革兰阳性球菌如葡萄球菌属、链球菌属，特别是耐青霉素的肺炎链球菌的杀菌活性较第三代头孢菌素明显增强，故其抗菌谱更广。但其对厌氧菌和甲氧西林耐药的金黄色葡萄球菌作用仍不理想。临床上主要用于第三代头孢菌素耐药的严重感染，亦可用于中性粒细胞缺乏伴发热患者的治疗。

第五代头孢菌素对革兰阳性菌的作用强于前四代，对革兰阴性菌的作用与第四代头孢菌素相似，对大部分 β－内酰胺酶高度稳定，主要用于复杂性皮肤与软组织感染以及革兰阴性菌引起的糖尿病足感染、社区获得性肺炎和医院获得性肺炎等。

【不良反应】头孢菌素类药物毒性低，不良反应少。

1. 过敏反应　过敏性休克罕见，多为皮疹（斑丘疹），与青霉素有交叉过敏。

2. 肾毒性　第一代多见，大剂量使用时可损害近曲小管细胞，出现肾脏毒性，第二、三代头孢菌素对肾脏很少或基本无毒性，但仍偶见肾损害，第四代头孢菌素则几无肾毒性。应用时需注意避免与其他具有肾毒性的药物合用，如氨基糖苷类抗生素、万古霉素、高效利尿药等，可相互间增强肾毒性。

3. 胃肠反应　恶心，呕吐。

4. 二重感染　长期用第三、四代及其他广谱头孢菌素偶见二重感染。

5. "双硫仑样"反应　头孢菌素类与乙醇同时应用可产生"醉酒样"反应，如出现面部潮红、腹痛、恶心、呕吐、头痛、头晕、嗜睡、胸闷、心悸、视觉模糊等反应，甚至出现血压下降、呼吸困难、意识模糊、休克等严重症状。原因是头孢菌素类药物抑制了乙醇脱氢酶的活性，从而引起乙醇在体内淤积而引起的酒精中毒症状。故服药期间或停药 3 天内忌酒。

6. 凝血功能障碍　头孢孟多、头孢哌酮引起低凝血酶症或血小板减少症引起严重出血，可用维生素 K 预防。

第四节　其他 β－内酰胺类抗生素

青霉素类、头孢菌素类以外的其他 β－内酰胺类统称为非典型 β－内酰胺类抗生素，包括碳青霉烯、头霉素、单环 β－内酰胺类抗生素等。

一、碳青霉烯类

碳青霉烯（carbopenems）类抗生素的化学结构与青霉素相似。常用药物有亚胺培南（imipenem）、美罗培南（meropenem）、帕尼培南（panipenem）。本类药物不耐酸，抗菌谱广，对革兰阳性菌（包括 MRSA），革兰阴性菌（包括铜绿假单胞菌，军团菌等），厌氧菌均有较强的抗菌活性，其最低抑菌浓度（MIC）和最低杀菌浓度（MBC）非常接近，对革兰阴性菌有一定抗生素后效应，对多重耐药菌株亦有作用，较少交叉耐药。对 β－内酰胺酶稳定性极高。

亚胺培南是硫霉素的衍生物，其抗菌谱广、抗菌作用强，但单独应用时，在体内稳定性差，约 80% 以上可被肾细胞膜产生的肾脱氢辅酶 1（肾辅酶 I，DHP I）分解破坏。而西司他汀（cilastatin）为肾脱氢肽酶抑制剂，其本身无抗菌作用，但可阻止亚胺培南进入肾小管上皮组织，抑制肾小管上皮细胞对其分泌，减少排泄，从而延长其体内作用时间，抵消其肾毒性。因此临床上亚胺培南与西司他汀（1∶1）组成复方注射剂（泰能）可用于革兰阳性菌、革兰阴性菌及厌氧菌所致的严重感染。目前，铜绿假单胞菌的耐药（外膜通道缺失）在逐年上升，某些脆弱类杆菌产生的金属 β－内酰胺酶可水解亚胺培南。

二、头霉素类

头霉素类（cephamycins）抗生素是由链霉菌产生的甲氧头孢菌素，经半合成制得的一类新型抗生素，其母核与头孢菌素相似，其抗菌性能也类似，但其对 β－内酰胺酶的稳定性较头孢菌素强。常用药物有头孢西丁（cefoxitin），头孢美唑（cefmetazole）等。头霉素类抗生素抗菌谱与第二代头孢菌素相似，对厌氧菌高效；由于对β-内酰胺酶高度稳定，故对耐青霉素的金黄色葡萄球菌和对头孢菌素的耐药菌有较强的活性。其组织中分布广泛，脑脊液中含量高。临床上用于敏感菌所致呼吸道、泌尿道、胆道、腹腔、盆腔感染；也可用于败血症、心内膜炎、脑膜炎。不良反应小，类似于头孢菌素类。

三、单环 β-内酰胺类抗生素

单环β-内酰胺类（monobactams）抗生素仅有一个β-内酰胺环，对革兰阴性菌有较强的抗菌活性，对革兰阳性菌和厌氧菌无抗菌活性，具有不良反应少，体内分布广和耐酶、低毒等特点，临床上主要用于敏感革兰阴性需氧菌所致的下呼吸道、腹腔、盆腔感染，淋病，败血症等感染。代表药物有氨曲南（aztreonam）和卡芦莫南（carumonan）。

四、氧头孢烯类

氧头孢烯类（oxacephems）的结构类似头孢菌素，性质与头孢菌素近似。常用药物有拉氧头孢（latamoxef）、氟氧头孢（flomoxef）。氧头孢烯类属于广谱抗菌药，对β-内酰胺酶稳定，与第三代头孢菌素相似，对革兰阴性菌作用强，对铜绿假单胞菌作用中等偏强，对厌氧菌，尤其是脆弱类杆菌的作用显著强于第一、二、三代头孢菌素。脑脊液中浓度高，在痰液中浓度高，血药浓度维持较久，$t_{1/2}$ 为 2.3 ~ 2.8 小时。临床主要用于敏感菌所致呼吸、泌尿道、胆道、妇科感染、脑膜炎和败血症等。不良反应少，可见凝血障碍（可补充维生素K），过敏反应，"双硫仑样"反应和肾毒性等。

五、β-内酰胺酶抑制药

β-内酰胺酶抑制药（β-lactamase inhibitors）本身没有或只有较弱的抗菌活性，但可与β-内酰胺酶形成稳定复合物，抑制其活性，从而保护了β-内酰胺类抗生素的活性，该类药物与β-内酰胺类产生协同作用，扩大其抗菌谱，增强其抗菌作用，程度取决于配伍的β-内酰胺类。β-内酰胺酶抑制药对不产酶的细菌无作用。在配伍使用时，两药要有相似的药理学特征，有利于更好地发挥协同作用。随着细菌产酶的不断变化，酶抑制能力和效果也有变化，临床使用过程中应该密切观察。临床常用制剂有克拉维酸、舒巴坦、他唑巴坦。

克拉维酸

克拉维酸（calvulanic acid，棒酸）为广谱β-内酰胺酶抑制剂，其活性、毒性低。本品口服吸收好，但不能透过血-脑屏障。阿莫西林克拉维酸钾（amoxicillin and clavulanate potassium）是克拉维酸钾与阿莫西林以 1:2 或 1:4 组成的复方制剂，商品名为奥格门汀，临床主要用于产酶金黄色葡萄球菌、肠球菌、肠杆菌科细菌、脆弱类杆菌等引起的呼吸道、皮肤软组织、盆腔、尿路等感染及淋菌性尿道炎、中耳炎、鼻窦炎、咽炎、扁桃体炎。主要不良反应是消化道反应和皮疹，但较轻微。

他唑巴坦

他唑巴坦（tazobactam）为舒巴坦衍生物，抑酶作用强于克拉维酸和舒巴坦，哌拉西林钠他唑巴坦钠（piperacillin sodium and tazobactam sodium）是哌拉西林与他唑巴坦以 4:1 或 8:1 组成的复方制剂，商品名为特治星，临床用于对哌拉西林耐药，但对哌拉西林他唑巴坦敏感的产β-内酰胺酶的细菌引起的中、重度感染。

常用β-内酰胺酶抑制药的复方制剂见表38-1。

表 38-1 β-内酰胺酶抑制药的复方制剂

抗菌药	辅助药	抗菌药/辅助药	给药途径
氨苄西林	舒巴坦	2:1	肌内注射、静脉给药
阿莫西林	克拉维酸	2:1 或 4:1	口服
哌拉西林	他唑巴坦	4:1 或 8:1	静脉给药
头孢哌酮	舒巴坦	2:1 或 1:1	肌内注射、静脉给药
美洛西林	舒巴坦	4:1	静脉给药
阿莫西林	舒巴坦	2:1	静脉给药
替卡西林	克拉维酸	15:1 或 10:1	肌内注射、静脉给药
哌拉西林	舒巴坦	4:1	静脉给药
头孢噻肟	舒巴坦	2:1	肌内注射、静脉给药

⇨ 案例引导

临床案例 患儿，男，1 岁 5 个月，因发热、咳嗽、气促入院治疗。查体：患儿鼻翼扇动，口周稍发绀，三凹征阳性，肺部听诊闻及广泛喘鸣音，双肺底闻及固定的细小湿啰音。体温 38.9℃，呼吸 30 次/分，血压 110/83 mmHg，心率 130 次/分，临床诊断为肺炎。给予氢化可的松注射液（含有 50% 乙醇）10 mg，头孢唑林 0.5 g，氯化钠注射液 500 ml 静脉滴注。1 小时后出现面部潮红、胸痛、腹痛、头痛等"醉酒样"反应，经抢救幸免致死。

问题 1. 头孢唑林属于第几代头孢菌素，其抗菌作用机制是什么？
2. 患者为什么会出现"醉酒样"反应，如何防治？

目标检测

答案解析

1. 简述 β-内酰胺类抗生素的分类，并各举一药名。
2. 简述青霉素 G 优缺点，人工半合成青霉素有何特点？
3. 如何防治青霉素引起的过敏性休克？
4. 论述第三代头孢菌素的特点并列举两药名。
5. 阿莫西林和克拉维酸组成复方制剂的原因是什么？
6. 论述 β-内酰胺类抗生素产生的耐药性机制。
7. 头孢菌素的不良反应有哪些？

（任平）

书网融合……

本章小结　　　　微课　　　　题库

第三十九章 大环内酯类、林可霉素类抗生素

📖 **学习目标**

1. 掌握 大环内酯类抗生素的抗菌谱、抗菌作用机制及临床应用、不良反应。

2. 熟悉 红霉素、阿奇霉素、林可霉素类抗生素的作用特点及临床应用。

3. 了解 其他大环内酯类抗生素的抗菌特点及适应证。

4. 具备合理使用大环内酯类、林可霉素类抗生素的能力。

第一节 大环内酯类抗生素 📱微课

大环内酯类（macrolides）抗生素是一组由 2 个脱氧糖分子与一个含 14～16 个碳原子大脂肪族内酯环构成的具有相似抗菌作用的一类化合物。第一代大环内酯类抗生素于 20 世纪 50～70 年代相继发现，包括红霉素、乙酰螺旋霉素、吉他霉素、交沙霉素等。第二代大环内酯类抗生素于 20 世纪 80 年代上市，主要有克拉霉素、罗红霉素、阿奇霉素等。近 10 年来对红霉素及其衍生物结构进行了研究，获得了第三代大环内酯类抗生素，如酮内酯类抗生素等，包括泰利霉素、喹红霉素等，对耐药菌有效。

大环内酯类抗生素按化学结构分为三类。

1. 14 元环大环内酯类 包括天然类：红霉素（erythromycin）；半合成类：克拉霉素（clarithromycin）、罗红霉素（roxithromycin）等。

2. 15 元环大环内酯类 包括半合成类：阿奇霉素（azithromycin）。

3. 16 元环大环内酯类 包括天然类：交沙霉素（josamycin）、麦迪霉素（medecamycin）、乙酰螺旋霉素（acetylspiramycin）；半合成类：罗他霉素（rokitamycin）等。

一、大环内酯类抗生素的共性

【体内过程】

1. 吸收 红霉素不耐酸，口服吸收少，常制成肠溶片或酯化物。克拉霉素、阿奇霉素，罗红霉素对胃酸稳定且易吸收。食物可干扰红霉素和阿奇霉素的吸收，但能增加克拉霉素的吸收。

2. 分布 大环内酯类抗生素分布广泛，可进入除脑脊液以外的全身各组织体液，也可扩散进入前列腺，并在巨噬细胞和肝脏聚积，亦可透过胎盘，但不易透过血－脑屏障。

3. 代谢 大环内酯类主要经肝脏代谢，并能通过与细胞色素 P450 系统相互反应而抑制许多药物的氧化。克拉霉素代谢产物仍有抗菌活性，阿奇霉素不在肝内代谢，大部分自胆汁经粪排出，小部分从尿排泄。

4. 排泄 红霉素与阿奇霉素主要以活性形式聚积和分泌在胆汁中，部分药物经肝肠循环被重吸收。而克拉霉素主要经肾排泄，故肾功能不全者应调整剂量。

【抗菌作用】 大环内酯类抗生素抗菌谱较窄，第 1 代主要对大多数革兰阳性菌，包括耐甲氧西林金黄色葡萄球菌（MRSA），部分革兰阴性菌（奈瑟菌、白喉棒状杆菌、嗜血杆菌），部分厌氧球菌有强大

抗菌活性。此外，第1代对嗜肺军团菌、弯曲菌、支原体、衣原体、立克次体、弓形虫、非典型分枝杆菌等也具有良好作用。第2代抗菌谱扩大，抗菌活性增强，对大多数革兰阴性菌有效，具有良好的抗生素后效应（postanbiotic effect，PAE）。大环内酯类抗生素在治疗剂量时起抑菌作用，高浓度时可产生杀菌作用。

🌐 知识链接

大环内酯类抗生素的抗菌外作用

大环内酯类抗生素除抗菌作用以外，还具有抗菌外作用，主要包括：①抗炎作用，抑制炎性细胞及其炎性介质，发挥抗炎作用；②免疫调节作用，抑制中性粒细胞浸润，提高自然杀伤细胞活性，抑制淋巴细胞增殖，促进巨噬细胞分化等；③抗病毒作用；④激素节省作用，减少激素依赖或激素抵抗性哮喘的用量，减轻激素的不良反应；⑤对机体的其他作用，抑制支气管黏液的分泌，促进支气管上皮细胞的纤毛运动，抑制呼吸道上皮的离子转运，促进胃肠道的运动，提高血小板凝聚活性等。

【抗菌作用机制】　大环内酯类抗生素能不可逆地结合到细菌核糖体 50S 亚基的靶位上，阻断 50S 中肽酰转移酶中心的功能，使 P 位上的肽酰 tRNA 不能与 A 位上的氨基酰 tRNA 结合形成肽键，抑制细菌蛋白质合成中的转肽和移位过程，导致细菌蛋白质合成障碍。由于细菌核糖体为 70S，由 50S 和 30S 亚基构成，而哺乳动物核糖体为 80S，由 60S 和 40S 亚基构成，因此对哺乳动物核糖体几乎无影响。

【耐药机制】　细菌对大环内酯类抗生素可产生耐药性，同类药物间可产生交叉耐药性，其机制主要有以下几种。

1. 靶位结构改变　位于细菌质粒或染色体上的甲基化酶结构基因在本类药物诱导下被活化合成甲基化酶，使细菌核糖体 50S 亚单位的 23S 核糖体 RNA 甲基化为 N，N - 二甲基氨基嘌呤，导致本类药物与细菌核糖体 50S 亚单位的亲和力下降，从而产生耐药。

2. 产生灭活酶　大环内酯类抗生素诱导的细菌可分离出多种灭活酶，包括酯酶、磷酸化酶、甲基化酶、葡萄糖酶、乙酰转移酶和核苷转移酶，它们主要使大环内酯类抗生素水解、磷酸化、甲基化、乙酰化、核苷化而失活。如金黄色葡萄球菌产生的酯酶可通过水解 14、16 元环大环内酯类抗生素而产生耐药。

3. 摄入减少　对大环内酯抗生素耐药的细菌可使细菌细胞膜成分改变或出现新的成分，导致大环内酯抗生素进入菌体内的量减少，但药物与细菌核糖体的亲和力不改变。比如表皮葡萄球菌分离得到的携带 PEN24 质粒的菌株对 14 元环的红霉素和竹桃霉素耐药，其机制是 PEN24 质粒可使细菌细胞膜产生一种 6kD 的膜蛋白，从而使细菌对红霉素的摄入量减少。

4. 主动外排系统增强　耐药菌通过基因编码产生外排泵。大环内酯类抗生素通过细菌的主动外排系统将被排出体外，使细菌体内抗生素浓度降低，从而使细菌产生耐药性。比如葡萄球菌和粪肠球菌对 14、15 元环大环内酯类抗生素耐药是其耐药基因 Msr 编码能量依赖性外排泵引起的药物外排所致。

【临床应用】

（1）首选用于治疗军团菌病、白喉带菌者、支原体肺炎、沙眼衣原体所致婴儿肺炎及结肠炎，弯曲杆菌所致败血症或肠炎；妊娠期治疗泌尿生殖系统衣原体感染的一线药。因阿奇霉素在组织中浓度较高，常替代红霉素。

（2）可用于治疗对青霉素耐药或过敏的革兰阳性菌（金黄色葡萄球菌、链球菌、炭疽杆菌、破伤风梭状杆菌、产气荚膜杆菌）、放线菌、梅毒螺旋体等引起的感染。

（3）阿奇霉素可用于治疗幽门螺杆菌感染，阿奇霉素和克拉霉素还可用于治疗分枝杆菌感染。

【不良反应】毒性较低，严重不良反应少见。

1. 胃肠道反应 口服可引起恶心、呕吐、腹痛等，红霉素常见，宜饭后服用。

2. 局部刺激 注射给药可引起局部刺激，故本类药物不宜肌内注射。静脉滴注可引起血栓性静脉炎，红霉素比较常见，故滴液的药物浓度宜低（<0.1%），滴入速度不宜过快。因此这类药物应用时应严格按照说明书浓度配药并控制滴速。

3. 肝毒性 可引起转氨酶升高及肝肿大，肝功不良者禁用，琥乙红霉素和依托红霉素多见。

4. 变态反应 可引起药疹和药物热，偶可引起暂时性耳聋、皮炎等，甚至休克。

5. 心脏毒性 可引起 Q-T 间期延长和尖端扭转型室性心动过速，导致昏迷和猝死，所以患者用药期间应注意观察，一旦出现心脏毒性应立即停药，并采取积极治疗措施。

二、常用大环内酯类抗生素

红霉素

红霉素（erythromycin）是从红色链丝菌培养液中分离出来的一种抗生素，在中性水溶液中稳定，在酸性溶液中不稳定易分解，故常用肠溶片或其酯化物。红霉素的抗菌谱与青霉素相似而略广，对革兰阳性菌中的金黄色葡萄球菌（包括耐药菌）、表皮葡萄球菌、链球菌等作用强，对部分革兰阴性菌如脑膜炎奈瑟菌、淋病奈瑟菌、流感杆菌、百日咳鲍特菌、布鲁斯菌、军团菌等高度敏感，对某些螺旋体、肺炎支原体、立克次体等也有抗菌作用。临床主要用于耐青霉素的轻、中度金黄色葡萄球菌感染和对青霉素过敏者以及上述敏感菌所致的其他各种感染。

红霉素的常用制剂如下。

1. 红霉素（erythromycin） 肠溶片剂或肠溶胶囊，口服后在肠道吸收。

2. 依托红霉素（erythromycin estolate） 又称无味红霉素，耐酸，吸收好，胃肠道反应较红霉素轻，但肝损害重。

3. 乳酸糖红霉素（erythromycin lactobionate） 为水溶性红霉素乳糖醛酸酯，主要用5%葡萄糖溶液稀释后静脉滴注给药，注意不可用盐溶液稀释，否则可析出结晶，高浓度滴注时易发生静脉炎。

4. 硬脂酸红霉素（erythromycin stearate） 为糖衣片或薄膜衣片，对胃酸稳定，故在胃中破坏较少，在十二指肠分离成具有抗菌活性的红霉素，并以盐基形式从小肠吸收，不良反应同红霉素。

5. 琥乙红霉素（erythromycin ethylsuccinate） 无味，对胃酸稳定，在肠道中以基质和酯化物的形式被吸收，在体内酯化物部分水解为碱。能透过胎盘和乳汁，孕妇和哺乳期妇女慎用，有一定的肝损害，但较依托红霉素轻。

6. 眼膏制剂和外用制剂。

克拉霉素

克拉霉素（clarithromycin）对酸稳定，口服吸收迅速完全，不受进食影响，但首过消除明显；其分布广泛，且组织中的浓度高；抗菌谱与红霉素相近，抗菌活性为大环内酯类中最强者；临床应用同红霉素，也可与其他药物联合治疗幽门螺杆菌感染，不良反应发生率和对细胞色素P450影响均较红霉素低。

阿奇霉素

阿奇霉素（azithromycin）是唯一用于临床的15元环大环内酯类药物，其半衰期长达35~48小时，是大环内酯类中最长者，每日仅需给药一次。抗菌谱较红霉素广，增加了对革兰阴性菌的抗菌作用，甚至于对某些细菌表现为杀菌效应。对肺炎支原体的作用为本类药物最强，但对金黄色葡萄球菌、肺炎链球菌的抗菌活性弱于红霉素。耐酸，可口服，临床主要用于敏感微生物所致的呼吸道（尤其是社区获得性呼吸道感染）、皮肤软组织感染，其次为支原体、衣原体所致的泌尿生殖系感染。其不良反应较轻，绝大多数患者均能耐受，轻、中度肝、肾功能不良者可以应用，且药动学特征无明显改变（因为该药主要以原型经粪便排泄）。

酮内酯类抗生素

将大环内酯抗生素 3 位碳上引入酮基，代替中性糖基，得到 14 元环大环内酯类衍生物，即酮内酯类抗生素，代表药有泰利霉素（telithromycin）、喹红霉素（cethromycin）。

泰利霉素和喹红霉素口服生物利用度高，且不受进食影响，组织穿透力强，体内分布广，在肺中浓度最高，主要在肝肾代谢排泄。由于结构的改变使得该类药物的抗菌作用增强，尤其对呼吸道感染病原菌耐药者的抗菌活性明显增高，喹红霉素的抗菌活性比泰利霉素更强。临床主要治疗呼吸道感染。不良反应较少且为轻中度，最常见的是腹泻、恶心、头晕和呕吐。

> **→ 案例引导**
>
> **临床案例** 患儿，女，5 岁，20 天前受凉后发热，剧烈咳嗽，自行在个体诊所静脉滴注头孢类抗生素治疗，热退，但咳嗽无任何好转，于当地儿童医院就诊，入院时体温 38.5℃，两下肺闻干湿性啰音，胸部 X 线拍片检查肺部纹路增加，两肺有少量斑片状。血常规：RBC4.22×10^{12}/L、Hb120g/L；WBC 8.2×10^9/L，N 0.62，L 0.38，血沉增快，被动凝集法（PPA）测定 MP 抗体阳性，咽试检测痰 MP-DNA 阳性，肝肾功能正常，诊断为小儿支原体肺炎，使用阿奇霉素治疗，第二天咳嗽好转，继续使用阿奇霉素 6 天，痊愈出院。随访 1 周，无异常。
>
> **问题** 1. 治疗支原体肺炎首选的抗菌药物是什么？为何要换用阿奇霉素治疗，试说明理由。
> 2. 请从药物不良反应和抗生素耐药方面，阐述使用阿奇霉素治疗小儿支原体肺炎应注意什么？

第二节　林可霉素类抗生素

林可霉素类抗生素包括林可霉素（lincomycin，林肯霉素，洁霉素）和克林霉素（clindamycin）。克林霉素为林可霉素的衍生物，其抗菌谱相同，但抗菌作用更强，且口服吸收好，毒性低，故临床常用。

【体内过程】

1. 吸收 林可霉素口服吸收差，生物利用为度 20%～35%，且易受食物的影响，克林霉素口服生物利用度为 87%，受食物影响小。

2. 分布 两药血浆蛋白结合率 90% 以上，分布广泛，骨组织中浓度更高，能透过胎盘屏障，不能透过血-脑屏障，但炎症时脑组织可达有效治疗浓度。

3. 代谢和排泄 两药均经肝脏代谢或经胆汁排入肠道或经肾小球滤过，约有 10% 以原型经肾脏排泄。停药后克林霉素在肠道中的抑菌作用一般可持续 5 天，对敏感菌可持续 2 周。

【抗菌作用及机制】两药的抗菌谱均与红霉素相似，其主要特点是对各类厌氧菌有强大抗菌作用，对需氧革兰阳性菌作用强大，对部分需氧革兰阴性球菌、人型支原体和沙眼衣原体敏感，但对肠球菌、革兰阴性杆菌、MRSA、肺炎支原体无效，且克林霉素抗菌活性比林可霉素强 4～8 倍。

林可霉素类抗生素的抗菌作用机制与大环内酯类抗生素相似，能不可逆地与细菌核糖体 50S 亚基结合，抑制细菌蛋白质合成，但难与革兰阴性杆菌的核糖体结合，故对革兰阴性杆菌几乎无作用。林可霉素类，红霉素类，氯霉素类三者的作用靶位完全相同，不宜同时使用，因为三者竞争同一部位，呈拮抗作用。林可霉素类抗生素与大环内酯类、氯霉素有部分交叉耐药。

【临床应用】 主要用于厌氧菌，包括脆弱类杆菌、产气荚膜杆菌、放线杆菌等引起的口腔、腹腔和盆腔等感染，也可治疗需氧革兰阳性球菌所致的呼吸道、骨及软组织、胆道感染及败血症、心内膜炎等。林可霉素类抗生素是治疗金黄色葡萄球菌所致急、慢性骨髓炎和关节感染的首选药。

【不良反应】 林可霉素类抗生素可出现胃肠道反应，表现为恶心、呕吐、胃胀气、胃部不适、腹痛和腹泻等，克林霉素较常见。长期大量应用可出现二重感染、伪膜性肠炎，可用万古霉素或去甲万古霉素与甲硝唑治疗。大剂量静脉注射可引起血栓性静脉炎、血压下降、心电图变化等。偶见过敏反应，出现皮疹、药热以及肝功能异常、黄疸等。对造血系统毒性不大，偶可引起中性粒细胞减少、嗜酸粒细胞增多，血小板减少等。一般反应轻微，为一过性。

目标检测

答案解析

1. 第二、三代大环内酯类药物有哪些，其特点是什么？
2. 请阐述大环内酯类抗生素的抗菌谱。
3. 大环内酯类抗生素的不良反应有哪些？
4. 简述克林霉素的抗菌作用特点及临床应用。
5. 大环内酯类抗生素与林可霉素类能否合用？请说明原因。

（任平）

书网融合……

本章小结　　　　微课　　　　题库

第四十章 氨基糖苷类抗生素和其他类抗生素

📑 **学习目标**

1. **掌握** 氨基糖苷类抗生素的抗菌作用及作用机制、临床应用和不良反应。

2. **熟悉** 链霉素、庆大霉素、卡那霉素、阿米卡星、奈替米星的特点及临床应用。

3. **了解** 多黏菌素类（多黏菌素 B、多黏菌素 E、多黏菌素 M）、杆菌肽类（杆菌肽、短杆菌肽）和万古霉素的特点和临床应用。

4. 具备合理使用氨基糖苷类抗生素、四环素和氯霉素等其他类抗生素的能力。

第一节 氨基糖苷类抗生素 📱微课

氨基糖苷类抗生素是一类由氨基醇环与氨基糖分子通过氧桥连接而成的苷类抗生素。根据来源分成天然来源和半合成氨基糖苷类抗生素，天然来源氨基糖苷类包括来自链霉菌属的链霉素（streptomycin）、妥布霉素（tobramycin）、卡那霉素（kanamycin）、大观霉素（spectinomycin）、新霉素（neomycin）和来自小单胞菌属的庆大霉素（gentamicin）、小诺米星（micronomicin）、阿司米星（astromicin）、西索米星（sisomicin）；半合成氨基糖苷类有阿米卡星（amikacin）、地贝卡星（dibekacin）、阿贝卡星（arbekacin）、奈替米星（netilmicin）、依替米星（etilmicin）、异帕米星（isepamicin）等。

本类药物为有机碱，除了链霉素水溶液性质不稳定外，其他药物水溶液性质均稳定。

一、氨基糖苷类抗生素的基本共性

【体内过程】

1. 吸收 氨基糖苷类的极性大，口服难吸收，仅用于肠道感染和肠道消毒。多肌内注射（吸收快而完全），为避免血药浓度过高而导致不良反应，通常不主张静脉注射给药。

2. 分布 血浆蛋白结合率低（链霉素除外），多数在 10% 以下。其穿透力差，不能渗入到细胞内，主要分布于细胞外液，胞内浓度较低，不易透过血 – 脑屏障（解离度大，脂溶性差），但可透过胎盘屏障。在耳淋巴液和肾皮质中浓度高，代谢慢，与该药引起的肾脏毒性和耳毒性有关。

3. 消除 氨基糖苷类在体内不被代谢，主要以原型经肾排泄，尿中浓度很高，故可用于泌尿道感染。$t_{1/2}$ 约为 2~3 小时，肾衰竭患者可延长 20~30 倍以上，从而导致药物蓄积中毒，故肾功能不全时应注意调整给药剂量及服药间隔时间。

【抗菌作用】

（1）对需氧革兰阴性杆菌有强大杀灭作用。如大肠埃希菌、铜绿假单胞菌、志贺菌属、变形杆菌属、克雷伯菌属、肠杆菌属等，但对革兰阴性球菌，比如淋球菌、脑膜炎球菌等不敏感；

（2）对多数革兰阳性菌作用差，但庆大霉素、阿米卡星等对耐甲氧西林金黄色葡萄球菌（MRSA）和耐甲氧西林表皮葡萄球菌（MRSE）也有较好的抗菌活性，但对链球菌作用微弱，对肠球菌无效；

（3）少数对结核杆菌有抗菌作用，如链霉素、卡那霉素。

其抗菌特点：①属快速的静止期杀菌药；②对需氧菌有效，对厌氧菌无效（天然耐药）；③浓度依赖性，抗菌药物的峰浓度愈高，杀菌速率愈快，杀菌时程愈长；④有初次接触效应（first exposure effect，FEE），细菌与药物初次接触时，可迅速被杀死，再次接触时作用迅速减弱；⑤抗菌后效应（post antibacterial effect，PAE），细菌与一定浓度的抗生素接触后，当抗生素浓度下降至低于 MIC 或消失时，其对细菌生长仍有持续性抑制效应，氨基糖苷类抗生素的 PAE 长，其持续时间与浓度呈正相关；⑥碱性环境中抗菌活性增强。

【抗菌作用机制】

（1）抑制细菌核糖体循环中的多个环节，从而抑制细菌蛋白质合成而起到杀菌作用。可阻止 mRNA 与 30S 核蛋白体亚单位结合形成 30S 始动复合物，后者再与 50S 核蛋白体亚单位结合形成 70S 始动复合物，从而抑制蛋白质合成的始动阶段；抑制肽链延伸阶段，造成 mRNA 密码错译，合成无功能的蛋白质；阻止终止密码子与核蛋白体结合，使已合成肽链不能释放，并阻止 70S 核糖体解离，使核糖体耗竭。

（2）干扰细菌胞质膜的通透性（通过吸附作用附着于细菌细胞膜的磷脂上，造成细胞膜缺损，或错误翻译所形成的异常的、无功能的蛋白质插入细胞膜），破坏细菌体屏障保护作用，使菌体内的重要物质外漏而造成细菌死亡。

【耐药机制】　氨基糖苷类抗生素较易产生耐药性，各药之间有完全或不完全的交叉耐药。

（1）产生修饰氨基糖苷化学结构的钝化酶（乙酰化酶，腺苷酰化酶，磷酸化酶），灭活抗生素或阻断药物对蛋白质合成的抑制，此为主要的耐药机制。在这类耐药菌中，编码这些钝化酶的耐药基因通常是由质粒携带且其中很多与转座子相连，加速了这些耐药基因在细菌间的传播。

（2）细菌外膜/胞质膜对药物的通透性降低，此为非特异性耐药机制，比如膜孔蛋白结构和数量的改变，氧依赖性主动转运系统的改变。

（3）修饰抗生素靶位蛋白，核糖体 30S 亚基发生氨基酸替换，使其与抗生素亲和力下降。

【临床应用】

1. 全身感染　主要用于敏感需氧革兰阴性杆菌所致的全身感染，如脑膜炎、呼吸道、泌尿道、皮肤软组织、胃肠道、烧伤、创伤及骨关节感染等。但由于治疗剂量血药浓度较低，治疗败血症、脑膜炎等严重感染疗效不理想，需与 β - 内酰胺类（合用时不能混合于同一容器，否则易使氨基糖苷类药物失活）、氟喹诺酮类联合应用。

2. 肠道感染　口服不吸收，可以治疗胃肠道感染、肠道术前准备、肝昏迷（如新霉素）等；

3. 结核杆菌感染　链霉素、卡那霉素、阿米卡星。

【不良反应】　所有氨基糖苷类抗生素的不良反应相似，变态反应较为少见，约 1% ~ 3%，表现为皮疹、嗜酸性粒细胞增多等。最重要的毒性反应是耳毒性、肾脏毒性和神经 - 肌肉接头的阻滞作用。毒性的发生与剂量、疗程密切相关，随药物种类不同而异，甚至有些药物在停药后也可出现永久性毒害作用。

1. 耳毒性　耳毒性的发生与内耳淋巴液药物浓度过高、损害内耳柯蒂器毛细胞的能量产生和利用相关。氨基糖苷类对前庭神经和耳蜗神经均有损害作用。前庭神经损害症状包括：眩晕、恶心、呕吐，其发生率依次为：新霉素＞卡那霉素＞链霉素＞西索米星＞阿米卡星＞庆大霉素＞妥布霉素＞奈替米星；耳蜗神经损害症状包括：耳鸣、听力降低、甚至永久性耳聋，其发生率依次为：新霉素＞卡那霉素＞阿米卡星＞西索米星＞庆大霉素＞妥布霉素＞奈替米星＞链霉素。

预防措施：严格控制适应证，儿童，老人用药应慎重，孕妇也尽量不用，因为该毒性还能影响子宫内胎儿。用药期间注意发现早期毒性症状（耳鸣、眩晕等）；注意"亚临床耳毒性"，其发生率为 10%～20%，表现为先是高频听力受影响，然后波及低频听力，因为有些患者自觉症状不明显，应该定期频繁做听力仪器检查；避免与其他的耳毒性药合用（呋塞米、依他尼酸、万古霉素类、顺铂等）；避免与掩盖耳毒性药物（抗组胺药，比如苯海拉明、美克洛嗪、布可力嗪等）合用；避免合用镇静催眠药。

2. 肾毒性 氨基糖苷类药物是诱发药源性肾衰竭的最常见原因之一。药物经肾脏排泄并在肾皮质内蓄积，可使近曲小管上皮细胞溶酶体肿胀破裂，释放溶酶体酶，损害线粒体，此外氨基糖苷类药物还可与 Ca^{2+} 络合，干扰钙调节转运过程，导致肾小管的肿胀甚至急性坏死，表现为蛋白尿、管型尿、血尿、氮质血症等，其发生率依次为：新霉素 > 卡那霉素 > 庆大霉素 > 妥布霉素 > 阿米卡星 > 奈替米星 > 链霉素。

预防措施：长期应用要定期检查肾功能，当尿量 <240ml/8h 停药；监测血药浓度，调整给药方案；肾功能不良的患者慎用或禁用；避免与其他肾毒性药物（右旋糖酐、环丝氨酸、万古霉素、多黏菌素、杆菌肽、两性霉素 B、顺铂、第一代头孢菌素类等）合用。

3. 神经-肌肉麻痹 表现为心肌抑制，血压下降，肢体瘫痪，呼吸衰竭。其发生与剂量及给药途径、用药种类有关，多在大剂量腹膜内或胸膜内给药或静脉滴注速度过快，也偶见于肌内注射后。其严重程度依次为：新霉素 > 链霉素 > 卡那霉素 > 奈替米星 > 阿米卡星 > 庆大霉素 > 妥布霉素，其机制：与 Ca^{2+} 结合，或在突触前膜与 Ca^{2+} 竞争离子通道结合，抑制乙酰胆碱的释放，阻断神经肌肉接头处传递。

防治措施：避免与肌松药、全麻药合用；血钙过低，重症肌无力患者禁用或慎用该类药物。一旦发生，可立即静脉注射新斯的明和钙剂。

4. 过敏反应 过敏反应以链霉素多见，表现为嗜酸性粒细胞、皮疹、药热、过敏性休克等，接触性皮炎（新霉素最常见）等。其过敏性休克发生率仅次于青霉素，但死亡率高，注意用链霉素前必需皮试，一旦发生过敏性休克，给予葡萄糖酸钙（钙离子可降低毛细血管的通透性，增加毛细血管壁的致密性）和肾上腺素解救。

二、常用的氨基糖苷类抗生素

🌐 知识链接

链霉素的发现

链霉素的发现绝非偶然，而是精心设计的、有系统的长期研究的结果。链霉素被发现前，结核病如同癌症一样，令人谈之色变。人们长期以来就注意到结核杆菌在土壤中会被迅速杀死，这是什么原因呢？土壤微生物学家瓦克斯曼及其团队受美国对抗结核病协会的委托，研究了这个问题，发现这很可能是由于土壤中某种微生物的作用。因此在默克公司的资助下，瓦克斯曼团队系统地研究是否能从土壤微生物中分离出抗细菌的物质。结果他们从土壤微生物中提炼出多种抗生素，其中最大的贡献是 1944 年发现的链霉素，这一发现使肺结核由不治之症变为可治之症。

庆大霉素

庆大霉素（gentamicin）对各种革兰阴性杆菌，尤其对沙雷菌属作用更强；对耐药金黄色葡萄球菌也有效，是治疗各种革兰阴性杆菌感染的主要抗菌药物。可与青霉素或其他抗生素协同治疗严重的肺炎球菌、铜绿假单胞菌、肠球菌、葡萄球菌或草绿色链球菌感染；也可用于术前预防和术后感染；还可局部用于眼科、皮肤科、耳鼻喉科和外科的局部感染。

不良反应以前庭损害为主的耳毒性常见，可逆性肾损害也可见，偶见过敏反应及神经－肌肉接头阻滞作用，其发生率依次为：前庭功能损害＞耳蜗神经损害＞肾毒性＞神经－肌肉阻滞。

妥布霉素

妥布霉素（tobramycin）是从链霉菌培养液中分离获得，也可由卡那霉素 B 脱氧获得，口服难吸收，肌内注射吸收迅速，可渗入胸腔、腹腔、滑膜腔，可达到有效治疗浓度。其抗菌活性与庆大霉素相似，但抗铜绿假单胞菌作用较庆大霉素强 2 ~ 5 倍，且对庆大霉素耐药菌有效，在革兰阳性菌中仅对葡萄球菌有效。可用于治疗铜绿假单胞菌所致的各种感染，通常应与能抗铜绿假单胞菌的青霉素或头孢菌素类药物合用。不良反应较庆大霉素轻。

阿米卡星

阿米卡星（amikacin）是卡那霉素的半合成衍生物，其抗菌谱较广，对革兰阴性杆菌、金黄色葡萄球菌、结核分枝杆菌、铜绿假单胞菌均有效。对钝化酶稳定，不易产生耐药性，与头孢菌素合用有协同作用；临床用于肠杆菌及铜绿假单胞菌所致的感染，一般氨基糖苷类耐药株的感染可首选阿米卡星，亦可作为二线抗结核药与其他药物联合用于结核病的治疗。不良反应以耳毒性明显，其耳蜗神经损害发生率高，其肾毒性低于庆大霉素。

奈替米星

奈替米星（netilmicin）是西索米星的 2 - 脱氧链霉胺 1 位上的氨基发生甲基取代而生成的半合成衍生物。其抗菌谱广，对革兰阴性杆菌包括肠杆菌及铜绿假单胞菌均有良好抗菌作用；对革兰阳性球菌的作用强于其他氨基糖苷类，在临床应用广泛，对多种钝化酶稳定，不易产生耐药性，与其他药物无交叉耐药，主要用于治疗各种敏感菌所致的严重感染，也可与 β - 内酰胺类联用治疗儿童及成人粒细胞减少伴发热患者和病因未明发热患者；不良反应中耳毒性、肾毒性发生率较低，症状轻微。

常用氨基糖苷类抗生素的比较见表 40 - 1。

表 40 - 1　常用氨基糖苷类抗生素的比较

药理学特性	链霉素	庆大霉素	妥布霉素	阿米卡星	奈替米星
G⁻/铜绿/结核	+/-/+	++/-/-	+/+ +/-	++/+++/+	+++/+/-
金黄色葡萄球菌	-	-	+	+	++
肾毒性	++	+++	+/++	++	-
耳毒性	++/+++	++	+/++	++	+
神经－肌肉接头阻断作用	++	+	++	-	+
过敏反应	++	+	+	+	+
对灭活酶稳定性	+	++	++	+++	+++
特点	鼠疫、土拉菌病首选	沙雷氏菌属首选	对铜绿假单胞菌作用强	耐药菌首选	耳、肾毒性轻

第二节　多肽类抗生素

一、万古霉素类

万古霉素类属糖肽类抗生素，包括万古霉素（vancomycin）、去甲万古霉素（demethylvancomycin）、替考拉宁（teicoplanin）。万古霉素是从链霉菌的培养液中分离获得，化学性质稳定，临床常用盐酸盐。去甲万古霉素是我国从诺卡菌属培养液中分离获得，化学性质同万古霉素，但作用略强于万古霉素。替考拉宁是从辐动菌属培养液中分离获得，其脂溶性较万古霉素强 50～100 倍。此外继万古霉素之后出现了第二代糖肽类抗生素，比如达托霉素等。万古霉素类抗生素在临床上一般是在其他抗生素对病菌无效时使用。

【体内过程】 口服难吸收，肌内注射引起局部疼痛和组织坏死，全身性感染只能静脉给药。体内分布广，但不能透过血-脑屏障和血眼屏障，炎症时透入增多，可达有效浓度，90% 以上经肾排泄。万古霉素和去甲万古霉素 $t_{1/2}$ 约为 6 小时，肾功能不全时，可延长至 2～9 天。替考拉宁 $t_{1/2}$ 长达 47 小时。

【抗菌作用】 万古霉素类抗生素属窄谱抗生素，对多种抗生素耐药的革兰阳性菌有强大抗菌作用，尤其对耐甲氧西林金黄色葡萄球菌（MRSA）和耐甲氧西林表皮葡萄球菌（MRSE）、肠球菌及难辨梭状芽孢杆菌作用显著，对厌氧菌也敏感，为繁殖期快速杀菌药，与其他抗生素之间无交叉耐药性。

【抗菌作用机制】 万古霉素类抗生素能以高亲和力结合到敏感细菌细胞壁前体肽聚末端的 D-丙氨酰-D-丙氨酸，阻断构成细菌细胞壁的高分子肽聚糖合成，从而抑制敏感菌细胞壁的合成，发挥杀菌作用。

【临床应用】 万古霉素类抗生素一般不作为一线药应用，主要用于其他抗生素不敏感的严重革兰阳性菌感染所致的心内膜炎、肺炎、骨髓炎等，特别是对耐甲氧西林金黄色葡萄球菌（MRSA）和耐甲氧西林表皮葡萄球菌（MRSE）和肠球菌所致的感染；也可口服用于伪膜性肠炎经甲硝唑治疗无效者，或多重耐药葡萄球菌小肠结肠炎；此外对 β 内酰胺类过敏者或对其耐药的金黄色葡萄球菌严重感染也有效，但应尽量避免使用小剂量，增加剂量的收益胜于不良反应增加的风险。

【不良反应】 万古霉素和去甲万古霉素毒性大，但替考拉宁不良反应较万古霉素少见，严重不良反应罕见。

1. 耳毒性　大剂量长疗程用药（血药浓度大于 800 mg/L，持续数天）和肾功能不良者可出现耳鸣、听力减退的毒性，停药可恢复正常。与氨基糖苷类、高效利尿药合用可加重耳毒性。

2. 肾毒性　可引起肾小管损伤，表现为蛋白尿、管型尿、血尿、少尿、氮质血症等，甚至可致肾衰竭，应避免与其他肾毒性药物同服。

3. 过敏反应　万古霉素类静脉滴注过快时，出现皮肤极度潮红、红斑、荨麻疹、心动过速和低血压等特征性症状，称为"红人综合征"，以万古霉素多见。偶可引起皮疹和过敏性休克。

4. 其他　偶有粒细胞减少，口腔金属异味，血栓性静脉炎等。

二、多黏菌素类

多黏菌素类抗生素是从多黏杆菌属不同的细菌中分离出的一组多肽类抗生素，根据其化学结构的不同可分为多黏菌素 A、B、C、D、E、K、M 和 P 共 8 种，其中仅多黏菌素 B（polymyxin B）、多黏菌素 E（polymyxin E）和多黏菌素 M（polymyxin M）用于临床，其余则因毒性太大已被淘汰。由于多黏菌素抗菌谱窄，只对某些革兰阴性杆菌作用强，是慢效杀菌药，肾毒性较明显，导致多黏菌素的弃用，但近年来发现多黏菌素在治疗多重耐药的革兰阴性菌感染取得较好的疗效，从而引起临床关注。

【**体内过程**】多黏菌素类口服不吸收，但盐酸多黏菌素 M 吸收好，血浆蛋白结合率低，可分布全身，但不能进入胸腔积液、腹水、房水或脑脊液，多黏菌素类在体内代谢慢，主要从肾脏排泄，在肾功能不良时，其消除半衰期明显延长，因此需减少给药剂量。

【**抗菌作用**】多黏菌素类为窄谱慢效杀菌药，对繁殖期和静止期细菌均有杀菌作用，不易产生耐药性。仅对某些革兰阴性杆菌，比如铜绿假单胞菌、大肠埃希菌、肠科菌属、克雷伯杆菌属、志贺菌属、沙门菌属、流感杆菌、百日咳鲍特菌等敏感，但对变形杆菌属、沙雷氏杆菌则相对耐药，奈瑟尔氏菌属、布鲁斯氏杆菌属对其不敏感，对革兰阳性菌无效。

【**抗菌作用机制**】多黏菌素类药物的环形多肽部分的氨基与革兰阴性菌细胞膜磷脂中带负电荷的磷酸根产生静电相互作用，使细菌外膜的完整性破坏，药物的脂肪酸部分得以穿透外膜，进而使胞质膜的渗透性增加，导致胞浆内的磷酸、核苷等小分子外漏，引起细胞功能障碍，导致细菌死亡。此外多黏菌素类抗生素进入细菌细胞质后，影响核质和核糖体功能，导致细菌死亡。

【**临床应用**】多黏菌素类抗生素主要用于治疗铜绿假单胞菌引起的败血症、泌尿道感染，还可用于其他抗菌药耐药或疗效不佳的革兰阴性菌引起的全身感染；亦可局部用于五官、皮肤、黏膜感染及烧伤创面的铜绿假单胞菌感染以及口服用于肠道术前消毒和消化道感染。

【**不良反应**】多黏菌素类抗生素毒性大，在常用量下即可出现明显不良反应，总发生率达到 25%。

1. 肾毒性　常见，发生率为 22.2%，全身给药剂量过大或时间过长可损伤肾小管上皮细胞而出现肾脏毒性，尤其是原已有肾脏疾患则更易产生。表现为蛋白尿、管型尿、血尿及尿素氮上升，若即时停药一般可恢复。

2. 神经毒性　当多黏菌素类剂量偏大或因肾功能不良时药物在体内积蓄，可出现眩晕、乏力、共济失调、神经 – 肌肉阻滞（因为是非竞争性阻滞，不能用新斯的明解救，只能进行人工呼吸抢救）。当肾功能损害或用过肌肉松弛剂的病人在进行腹腔内或肌内注射多黏菌素类抗生素时，可能出现呼吸肌麻痹，停药后可逐渐恢复。

3. 过敏反应　包括瘙痒、皮疹、药热等。

4. 其他　肌内注射可致局部疼痛，静脉注射引起静脉炎，偶可诱发粒细胞减少和肝毒性。

三、杆菌肽类

杆菌肽（bacitracin）是从枯草杆菌的培养液中提取而得的多肽类抗生素。其组分较多，主要成分为杆菌肽 A。本品为慢杀菌剂，对革兰阳性菌有强大抗菌作用，对耐 β – 内酰胺酶的细菌也有作用，可特异地抑制细菌胞壁合成阶段的脱磷酸化作用，抑制细菌细胞壁的合成，并损伤细胞膜，导致离子和氨基酸外流而使细菌死亡。由于该药全身应用可产生严重的肾毒性，临床仅限于局部抗感染，其优点是刺激性小，过敏反应少见，细菌对其产生耐药性又较慢，获得性耐药菌株极为罕见，其抗菌作用不受脓液、痰液、血液、渗出液和坏死组织的影响。

第三节　四环素类抗生素

　　四环素类抗生素是含有氢化骈四苯母核结构的一类广谱抗生素，但由于不良反应多及耐药性的出现，现多被效果更好的抗生素代替。第一代四环素类抗生素包括四环素（tetracycline）（耐药、仅用于某些感染性疾病）、金霉素（chlortetracycline）（现仅限于外用）、土霉素（oxytetracycline）和地美环素（demeclocycline），属于天然四环素类；第二代四环素类抗生素属于半合成四环素类，包括多西环素（doxycycline，强力霉素）、米诺环素（minocycline，二甲氨四环素）、美他环素（metacycline，甲烯土霉素）。第三代四环素类抗生素有替加环素（tigecycline，丁甘米诺环素），属于甘氨酰环肽类抗生素。

　　四环素类药物是酸、碱两性物质，在酸性溶液中较稳定，在碱性溶液中易破坏失效，临床一般用其磷酸盐。

一、四环素类抗生素的共性

【体内过程】

　　1. 吸收　四环素类药物口服可以吸收，其吸收率以多西环素和米诺环素最高。四环素类药物能与Mg^{2+}，Ca^{2+}，Al^{3+}，Fe^{2+}等多价阳离子络合，受食物，药物（碱性药、H_2受体阻断剂、抗酸药减少吸收，酸性药物如VitC促进吸收）、胃酸等影响。

　　2. 分布　四环素类药物吸收后组织分布比较广泛，可沉积于骨骼、牙齿等钙化组织以及含钙量高的肿瘤（胃癌）中，易渗入胸腔，腹腔，胎儿循环及乳汁中，但不易透过血 - 脑屏障，脑脊液浓度低（米诺环素除外）。

　　3. 代谢与排泄　四环素类药物部分在肝脏代谢，部分以原型和其代谢产物由尿排泄，尿中浓度高，可治疗泌尿系统感染。由于肝肠循环，四环素类药物亦部分可从肠道排泄，胆汁中浓度较高，可用于胆道感染。如多西环素90%以代谢物或络合物经胆汁排泄，故对肠道菌群影响小。对于肾功能不良的患者，米诺环素与多西环素无需调整剂量。

　　【抗菌作用】四环素类抗生素是一类广谱抑菌药，高浓度时具有杀菌作用。对革兰阳性菌有作用，但不及青霉素和头孢菌素，对革兰阴性菌有作用，但不及氨基糖苷类抗生素和氯霉素，对支原体、立克次体、螺旋体作用强，对厌氧菌、放线菌、衣原体、部分原虫，如阿米巴原虫也有作用，但对结核杆菌、铜绿假单胞菌，真菌及病毒无效。抗菌活性的强弱：替加环素＞米诺环素＞多西环素＞美他环素＞地美环素＞四环素＞土霉素。

　　【抗菌作用机制】四环素类抗生素是快效抑菌剂，其抗菌机制主要是抑制细菌蛋白质的合成。药物进入细胞后，可与细菌核糖体30S亚单位A位特异性结合，阻止氨基酰 - tRNA进入A位，抑制肽链延长，最终导致细菌蛋白质合成障碍。此外四环素类抗生素还可改变细菌细胞膜通透性，使菌体内核苷酸及其他重要成分外漏，从而导致细菌死亡。哺乳动物细胞缺乏主动转运四环素类药物的生物机制，同时核糖体对药物的敏感性低，因此药物可选择性抑制细菌蛋白质的合成过程。

　　【耐药机制】由于四环素类抗生素的广泛应用，细菌对此类抗生素的耐药状况严重。细菌对四环素类抗生素的耐药机制主要有以下几个方面。

　　（1）细菌产生四环素类药物泵出基因，其表达的膜蛋白具有排出药物的作用，使菌体内药物浓度降低。

　　（2）四环素类药物促进细菌核蛋白体保护蛋白的表达，如TetM蛋白，阻碍四环素类与细菌核蛋白体的结合，保护细菌的蛋白质合成不受药物的影响。

（3）细菌产生灭活酶，使四环素类药物失活。

（4）药物使细菌的染色体突变，导致细胞壁外膜的膜孔蛋白减少，阻碍四环素类药物的进入。

【临床应用】　四环素类抗生素是立克次体感染（斑疹伤寒、Q 热和恙虫病等）、衣原体感染（鹦鹉热、沙眼和性病淋巴肉芽肿等）、支原体感染（支原体肺炎和泌尿生殖系统感染等）、螺旋体感染（莱姆病、回归热等，最为有效）的临床治疗上的首选药物，也是治疗肉芽肿鞘杆菌感染引起的腹股沟肉芽肿、霍乱弧菌引起的霍乱和布鲁菌引起的布鲁菌病的首选药物，一般临床首选多西环素。

【不良反应】

1. 胃肠道反应　口服后直接刺激胃黏膜而引起恶心、呕吐、上腹不适，腹胀、腹泻等症状，口服用药易发生，服药剂量越大，反应症状越严重。尤以土霉素多见，与食物同服可以减轻，减少用药量和小量多次服用可缓解症状。

2. 二重感染　长期大剂量应用四环素类抗生素可引起二重感染，常发生于老幼、体弱及合用糖皮质激素及抗肿瘤药物的患者，发生率为 2% ~ 3%。这是因为四环素类药物抗菌谱广，抑制了正常寄生于口腔、鼻腔、肠道中的敏感菌，不敏感或耐药菌趁机繁殖而产生新的感染。以肠道感染最常见，可出现伪膜性肠炎，这是由于耐四环素的难辨梭状菌产生强烈外毒素，引起肠壁坏死，体液渗出，剧烈腹泻，导致失水或休克等症状，有死亡危险。此种情况必须停药并口服万古霉素和甲硝唑治疗。

3. 肝、肾毒性　为长期口服或大剂量静脉给药所致，可致肝脂肪性坏死以及加重肾功能不全，易发生于妊娠期妇女。

4. 对骨骼和牙齿生长的影响　四环素类药物可与新形成的骨骼和牙齿中的羟磷灰石晶体结合形成四环素 – 磷酸钙复合物，造成牙釉质发育不全并出现黄色沉积，引起畸形或生长抑制。四环素类也可抑制胎儿、婴幼儿骨骼发育。

5. 其他　头痛，视力减退，血常规改变，也可引起光敏反应和前庭反应如头晕、恶心、呕吐等。

除多西环素外，肾脏损伤病人不能服用其他任何四环素类；禁用于妊娠期、哺乳期妇女及 8 岁以下儿童。

二、常用四环素类抗生素

四环素

四环素（tetracycline）对革兰阳性菌的抑制作用强于革兰阴性菌，但作用不如青霉素类和头孢菌素类，对革兰阴性菌的作用不如氨基糖苷类及氯霉素。极高浓度时具有杀菌作用。对伤寒杆菌、副伤寒杆菌、铜绿假单胞菌、结核分枝杆菌、真菌和病毒无效。由于耐药菌株日益增多和药物的不良反应，四环素一般不做首选药，四环素还可用于支原体肺炎和衣原体感染，与其他药物联用可以治疗幽门螺杆菌引起的消化道溃疡。四环素不良反应较多，口服剂量超过每日 1 g，可出现胃肠道刺激症状，长期应用易发生二重感染。四环素可影响骨骼和牙齿的生长，因此妊娠期、哺乳期妇女以及 8 岁以下儿童禁止使用。大剂量口服和静脉注射可导致肝毒性。

多西环素

多西环素（doxycycline）属长效半合成四环素类，是目前四环素类药物的首选药；抗菌活性比四环素强 2 ~ 10 倍，具有强效、速效、长效的特点。抗菌谱与四环素相同，对金黄色葡萄球菌、肺炎链球菌、化脓性链球菌、淋球菌、脑膜炎球菌、大肠埃希菌、产气杆菌、志贺菌属、耶尔森菌等有较强的抗菌活性，对立克次体、支原体、衣原体，放线菌也有一定作用，对土霉素或四环素耐药的金黄色葡萄球菌仍敏感。其 $t_{1/2}$ 长达 12 ~ 22 小时，每日用药 1 次。口服吸收良好，不易受食物影响，吸收后组织分布广。因脂溶性高，穿透力强。大部分药物随胆汁进入肠腔排泄，肠道中的药物多以无活性的结合型或络合型存在，很少引起二重感染。少量药物经肾脏排泄，肾功能不良时从胃肠道的排泄增多，故肾衰竭时也可使用。临床上特别适合肾外感染伴肾功能衰竭及胆道系统感染。也可用于酒糟鼻、痤疮、前列腺炎和呼吸道感染。不良反应以胃肠道反应多见，静脉注射可出现舌麻木及口腔异味感，易致光敏反应，其他不良反应少于四环素。

米诺环素

米诺环素（minocycline）属于高效、速效、长效的半合成四环素，口服吸收良好，不易受食物影响。脑脊液中的浓度高于其他四环素类，$t_{1/2}$ 为 16~18 小时。抗菌谱与多西环素相似，抗菌活性强于其他同类药物，是四环素类药物中唯一具有抗麻风分枝杆菌活性的药物，此外，对四环素或青霉素类耐药的链球菌、金黄色葡萄球菌和大肠埃希菌对米诺环素仍敏感。主要用于治疗酒糟鼻、痤疮和沙眼衣原体所致的性传播疾病，以及上述耐药菌引起的感染，一般不作为首选药。不良反应与四环素相似，但更多见，其发生率较高，并能引起可逆性前庭反应，如恶心、呕吐、眩晕、运动失调等症状，常发生于最初几次剂量，女性比男性多见。用药期间不宜从事高空、驾驶和机器操作。

第四节　氯霉素

氯霉素（chloramphenicol）于 1947 年首次从委内瑞拉链丝菌培养液提取得到，因其结构简单，问世后次年即能人工合成，是目前唯一可人工合成的天然抗生素。1950 年发现氯霉素诱发致命性不良反应（抑制骨髓造血功能），其临床应用受到极大限制。氯霉素有四个光学异构体，其中只有左旋异构体具有抗菌能力。

【体内过程】氯霉素口服吸收迅速而完全，吸收后在体内分布广泛，脑脊液中浓度高，易透入胎儿循环及乳汁中，对眼组织通透性好。体内药物的 90% 在肝脏与葡萄糖醛酸结合而失活。代谢产物和 10% 的原型药物由尿中排泄，仅有很少一部分以原型药物从胆汁和粪便排出体外。氯霉素为肝药酶抑制药。

【抗菌作用】氯霉素属于广谱抗菌药，低浓度抑菌，高浓度杀菌，对革兰阳性菌作用较弱，不及青霉素和四环素，对革兰阴性菌作用较强（伤寒杆菌、流感杆菌，布鲁菌、百日咳杆菌），其作用大于对革兰阳性菌作用，但不如头孢和氨基糖苷类，对厌氧菌、支原体、衣原体、放线菌和立克次体有效，对各种病毒、真菌及原虫无效。

【抗菌作用机制】氯霉素与细菌核糖体的 50S 亚基的肽酰转移酶作用位点结合，阻止 P 位肽链的末端羧基与 A 位氨基酰 tRNA 的氨基发生反应，阻止肽链延伸，抑制蛋白质合成。其结合位点接近大环内酯类和克林霉素的作用位点，氯霉素与大环内酯类或克林霉素同时应用则相互竞争靶点，产生拮抗作用或交叉耐药性。但由于人与哺乳动物内某些细胞线粒体的 70S 核蛋白体与细菌相似，所以也可被氯霉素抑制，产生骨髓抑制作用。

【耐药机制】各种细菌对氯霉素均可产生耐药性，其中以大肠埃希菌、痢疾杆菌、变形杆菌等较为多见。其机制主要如下。

（1）耐药菌产生氯霉素转乙酰基酶，使氯霉素灭活为乙酰衍生物而失活。

（2）某些革兰阴性菌通过染色体突变，使某些特异性外膜蛋白缺失或减少，造成外膜对氯霉素的通透性降低。

（3）细菌可通过突变、接合或转导机制，获得氯霉素耐药基因，但耐药性产生较慢。

【临床应用】氯霉素曾广泛用于治疗各种敏感菌感染，后由于严重不良反应和耐药菌株的出现，临床使用受限，所以应严格掌握适应证，一般不作首选药，婴幼儿应用尤其需要谨慎，除非无其他药物替代而必须使用时方可使用。用药期间定期检查血常规。

（1）氯霉素曾为伤寒、副伤寒的首选药物，现被快速、低毒和复发率低的喹诺酮类和第三代头孢菌素类替代，氯霉素作备选。

（2）耐药菌诱发的严重感染（细菌性脑膜炎和脑脓肿），因为氯霉素在脑脊液中浓度较高，也常用于治疗其他药物疗效较差的脑膜炎患者。必要时可用静脉滴注给药。

（3）立克次体感染（Q热、恙虫病）及衣原体沙眼。

（4）氯霉素也可治疗敏感菌引起的外眼、眼内、全眼球感染及沙眼的有效药物，因为氯霉素穿透力强，易透过血－眼屏障。

【不良反应】

1. 抑制骨髓造血系统功能

（1）可逆性血细胞减少　较常见，发生率和严重程度与剂量大或疗程长有关。表现为贫血、白细胞减少症或血小板减少症。及时停药可恢复。部分患者可能发展成致死性再生障碍性贫血或急性髓细胞性白血病。

（2）不可逆再生障碍性贫血　发病率与用药量、疗程无关，一次用药亦可发生。发生率低（1/3万），但死亡率很高，发病机制不清。多在停药数周或数月后发生。幸存者日后发展为白血病的概率很高。

2. 灰婴综合征

（1）原因　早产儿和新生儿肝脏缺乏葡萄糖醛酸转移酶，肾排泄功能不完善，对氯霉素解毒能力差，药物剂量过大可致中毒。

（2）表现　循环衰竭、呼吸困难、进行性血压下降、皮肤苍白和发绀，故称灰婴综合征。一般发生于治疗的第2~9天，症状出现2天内的死亡率可高达40%，有时大龄儿童甚至成人亦可发生。

3. 其他　口服用药时出现恶心、呕吐、腹泻等胃肠道症状。少数患者有过敏反应（皮疹、药热、血管神经性水肿）、视神经炎、视力障碍等。还可见溶血性贫血（葡萄糖－6－磷酸脱氢酶缺陷者）、二重感染、肝肾功能损害等。

目标检测

答案解析

1. 庆大霉素的主要临床应用有哪些？
2. 简述氨基糖苷类抗生素的抗菌作用特点。
3. 简述四环素的作用机制和不良反应。
4. 简述氯霉素的作用机制和不良反应。
5. 简述万古霉素的作用机制和临床应用。

（任平）

书网融合……

本章小结　　　微课　　　题库

第四十一章　抗结核病药

学习目标

1. 掌握　第一线抗结核病药异烟肼、利福平、乙胺丁醇的抗菌作用、作用机制、临床应用、耐药性及不良反应。

2. 熟悉　抗结核病药的应用原则。

3. 了解　第二线抗结核病药的药理学作用及临床使用。

4. 初步具备临床抗结核合理用药的能力。

结核病是由结核分枝杆菌感染所致的慢性传染病，全身多个脏器（肺、脑膜、肠、肾、骨等）均可受累，其中以肺结核最常见。在全世界，结核病是继艾滋病之后，由单一传染性疾病导致死亡的最大杀手。据世界卫生组织统计，2013 年有 900 万人罹患结核病，150 万人死于该疾病，其中 95% 的死亡发生在低收入和中等收入国家。结核分枝杆菌的特点有：①生长缓慢，甚至可处于对药物不敏感的休眠状态；②其细胞壁富含脂质，很多药物不易穿透；③常生长在药物不易到达的环境（如巨噬细胞内，结核纤维化、干酪样或厚壁空洞病灶内）中，因而分枝杆菌感染对药物的治疗反应缓慢，需要长期治疗。

结核病是一种可防可治的疾病，如果能够提供药物并适当服药，绝大多数结核病例均能得到治愈。目前用于抗结核的药物种类比较多，通常把疗效高、不良反应少和病人耐受较好的药称为第一线抗结核病药，在我国主要包括异烟肼、利福平、乙胺丁醇、链霉素和吡嗪酰胺。主要用于一线结核药产生耐药或用于与其他抗结核药配伍使用的称为第二线抗结核病药，包括对氨水杨酸、乙硫异酰胺、环丝氨酸、卷曲霉素等。此外，将疗效好、不良反应相对较轻的抗结核药称为新一代抗结核药，包括利福喷丁、利福定、左氧氟沙星、环丙沙星和阿米卡星等。

第一节　抗结核病药

一、一线抗结核药

异烟肼 微课

异烟肼（isoniazid，INH）为异烟酸的衍生物，其化学机构中吡啶环和肼基为其抗结核菌的活性基团。与其他抗结核病药相比，本药具有水溶性好且性质稳定、疗效好、不良反应小、口服方便、价格低廉等优点。

【体内过程】异烟肼穿透能力强，容易通过细胞膜结构，表现在：①口服或肌内注射易吸收，口服吸收率为 90%，常规剂量用药后 T_{max} 为 1 ~ 2 小时；②体内分布广泛，吸收后迅速分布于全身各组织器官。脑脊液、胸腹水、关节腔、肾组织、淋巴结中药物浓度较高，脑膜炎时脑脊液中异烟肼浓度与血浆相近；③易穿透细胞膜而作用于细胞内的结核分枝杆菌，能渗入纤维化或干酪样的结核病灶中。

异烟肼在肝脏中乙酰转氨酶的作用下乙酰化而失活，约 75% ~ 95% 的药物（其中绝大部分为代谢物）在药后 24 小时内从尿中排出体外。异烟肼在肝乙酰化速度有种族遗传差异，有快、慢两种代谢型。

快者 $t_{1/2}$ 为 70 分钟左右，慢者 $t_{1/2}$ 为 2～5 小时。在黄种人中，慢代谢型占 10%～20%，在黑人和白人中，慢代谢型约占 50%。临床上应根据不同患者的代谢类型确定给药剂量和给药频率。

【抗菌作用与机制】异烟肼对结核杆菌抗菌作用强大、对于生长旺盛的活动期结核杆菌有强大的杀灭作用，其对结核杆菌的最小抑菌浓度为 0.025～0.05 μg/ml，浓度为 10 μg/ml 时具有杀菌作用，大于 500 μg/ml 才可抑制其他细菌。增殖期结核杆菌对异烟肼较静止期敏感，未被杀灭的静止期结核杆菌在药物消除后可恢复活性。异烟肼单用易产生耐药性，故应与其他抗结核病药合用以增强疗效，缩短疗程，防止或延缓耐药性的产生。停药一段时间后结核杆菌可恢复对异烟肼的敏感性。

异烟肼的抗菌机制较复杂，尚未完全阐明，目前有以下观点：①抑制结核杆菌 DNA 合成；②抑制分枝菌酸（mycolic acid）的生物合成，使结核杆菌细胞壁合成障碍而导致其死亡（分枝菌酸为分枝杆菌的专有成分，是结核杆菌细胞壁的主要成分，因此异烟肼选择性抗结核杆菌而对其他微生物几乎无作用）；③异烟肼可与分枝杆菌中的酶结合，引起结核杆菌代谢紊乱而死亡。

【临床应用】异烟肼对各种类型的结核病患者均为首选药物。早期预防用药或轻症肺结核可单独使用，规范化治疗时必须联用其他抗结核药物，以防止或延缓耐药性的产生。

【不良反应】常用治疗量时不良反应比较少，其发生率约为 5.4%，其中皮疹 2%、发热 1.2%、黄疸 0.6%、外周神经炎 0.2%。大剂量时或慢代谢型患者较易出现不良反应。

1. 神经毒性

（1）周围神经炎，表现为手脚麻木，肌肉震颤及步态不稳等。

（2）中枢神经系统症状，大剂量时可出现头痛、头晕、眩晕、失眠等。异烟肼化学结构与维生素 B_6 相似，其神经毒性可能与其增加维生素 B_6 的排泄或（和）竞争性抑制维生素 B_6 参与的有关神经的物质代谢有关。嗜酒者、儿童、营养不良者更易出现神经毒性。维生素 B_6 缺乏或利用障碍可使抑制性神经递质 γ-氨基丁酸减少，故神经系统兴奋性增高。用异烟肼时可同时预防性应用维生素 B_6，否则每日 5 mg/kg 异烟肼时，其周围神经炎发生率可达 2%，大剂量时可高达 10%～20%。异烟肼过量中毒可用等剂量的维生素 B_6 对抗。癫痫、精神病患者和妊娠期妇女慎用。

2. 肝脏毒性 异烟肼可损伤肝细胞，用药期间可出现转氨酶升高、黄疸，严重者可发生多发性肝小叶坏死，甚至致死。故用药期间应定期检查肝功能，肝功能不良患者慎用。

3. 其他 皮疹、发热、粒细胞减少、嗜酸性粒细胞增加、血小板减少、口干、上消化道不适等。

【药物相互作用】异烟肼具有肝药酶抑制作用，可减慢香豆素类抗凝血药、苯妥英钠、茶碱、卡马西平、丙戊酸钠等药的代谢，合用时应注意调整剂量；利福平和乙醇可增强异烟肼的肝脏毒性；与肾上腺皮质激素合用，血药浓度降低；含铝的抗酸药可干扰异烟肼的吸收。

利福平

利福平（rifampicin）为利福霉素（rifamycin）的人工半合成衍生物，呈橘红色。

【体内过程】利福平穿透力强。口服吸收良好，吸收率可达 90% 以上，T_{max} 为 2～4 小时，$t_{1/2}$ 约为 1.5～5 小时，广泛分布于各种组织和体液，均可达到有效抗菌浓度，且能进入细胞内、结核空洞内和痰液中。利福平主要在肝脏代谢，代谢物去乙酰基利福平有一定的抗菌活性。利福平及其代谢物经胆汁排出，可形成肝肠循环，胆汁中药物浓度较高；约 60% 的药物从粪便，30% 从尿中排出体外，其中少半为原型药物。此外，利福平尚具有肝药酶诱导作用，可加快自身的代谢。

【抗菌作用及机制】利福平抗菌谱广且作用强大，对结核杆菌、麻风杆菌、革兰阳性菌，尤其耐药性金黄色葡萄球菌和革兰阴性球菌的抗菌作用较强；较高浓度对革兰阴性杆菌如大肠埃希菌、变形杆菌、流感杆菌，某些病毒和沙眼衣原体也有抑制作用。对结核杆菌的抗菌作用与异烟肼相近，对静止期和繁殖期细菌均有效。可渗入吞噬细胞内而杀灭细胞内的结核杆菌。利福平的抗菌机制为：特异性结合敏感菌的依赖 DNA 的 RNA 多聚酶的 β 亚单位，抑制其活性而阻碍 mRNA 的合成，对人体细胞相应酶无影响。利福平单用时易产生耐药性，这与细菌的 RNA 多聚酶基因突变有关，但利福平与其他抗结核病药之间无交叉耐药性。在体内利福平可增强异烟肼和链霉素的抗结核杆菌作用，并延缓耐药性的产生。

【临床应用】

1. 各种类型的结核病　是目前治疗结核病的主要药物之一，常与其他抗结核病药合用以增强疗效，防止耐药性的产生。例如与异烟肼合用治疗初发患者可降低结核性脑膜炎的病死率和后遗症的发生。

2. 麻风病　是目前治疗麻风病的最重要药物之一。

3. 其他　耐药金黄色葡萄球菌及其他敏感菌的感染；严重的胆道感染。

4. 眼部感染　利福平滴眼液可用于沙眼、急性结膜炎和病毒性角膜炎的治疗。

【不良反应】　不良反应发生率 <4%。①胃肠道反应：约 1.5% 患者出现恶心、呕吐等胃肠反应，一般不严重。②肝脏毒性：可引起肝损伤，出现黄疸等，肝功能正常者较少见；慢性肝病、酒精中毒或与异烟肼合用时较易出现肝损伤，用药期间应定期检查肝功能。③流感综合征：大剂量间隔使用时可诱发发热、寒战、头痛、肌肉酸痛等类似感冒的症状，现已不使用此种给药方法。④少数患者可出现药疹、药热等过敏反应。⑤动物实验表明利福平有致畸作用，故妊娠早期禁用。此外，因药物与其代谢物为橘红色，用药者的粪、尿、汗、痰、乳汁等可呈橘红色。

【药物相互作用】　对氨水杨酸可延缓利福平吸收，故两者合用应间隔 8~12 小时。利福平有肝药酶诱导作用，可缩短口服避孕药、口服降糖药、口服抗凝血药、糖皮质激素类、地高辛、奎尼丁、酮康唑、普萘洛尔、氯贝丁酯、人免疫缺陷病毒蛋白酶抑制剂、非核苷类逆转录酶抑制药等药物的半衰期。

吡嗪酰胺

吡嗪酰胺（pyrazinamide，PZA）抗结核杆菌作用弱于异烟肼、利福平和链霉素，与异烟肼和利福平合用有显著的协同作用。作用机制可能与吡嗪酸有关，吡嗪酰胺渗透入巨噬细胞后并进入结核杆菌菌体内，菌体内的酰胺酶使其脱去酰胺基，转化为吡嗪酸而发挥抗菌作用。另因吡嗪酰胺在化学结构上与烟酰胺相似，通过取代烟酰胺而干扰脱氢酶，阻止脱氢作用，妨碍结核杆菌对氧的利用，进而影响细菌的正常代谢，造成死亡。

本药在酸性环境中抗菌作用较强。单用结核杆菌可迅速产生耐药性，但与其他抗结核病药无交叉耐药现象。口服易吸收，体内分布广泛，主要经肾滤过排泄，$t_{1/2}$ 为 9~10 小时。现临床上常采用低剂量、短疗程的吡嗪酰胺进行三联或四联联合用药，治疗其他抗结核病药疗效不佳的患者。较重且发生率较高的不良反应是肝损伤，剂量在每日 40~50 mg/kg 范围时，肝损伤发生率可达 15%，黄疸 2%，很少发生肝坏死性致死；现临床用量较安全。肝功异常者禁用。本药抑制尿酸的排泄，可诱发痛风。

乙胺丁醇

乙胺丁醇（ethambutol）抗结核杆菌活性低于异烟肼、利福平和链霉素，对其他微生物几乎无作用。单用可产生耐药性，但较缓慢，且与其他抗结核病药无交叉耐药现象，对异烟肼和链霉素耐药的菌株仍可有效。其抗菌机制可能为与二价离子如 Mg^{2+} 结合，干扰细菌 RNA 合成。常与其他抗结核病药合用治疗各型结核病，特别是用异烟肼和链霉素治疗无效的病人。口服吸收率约 80%，T_{max} 为 2~4 小时。约 75% 的药物以原型经尿排出，$t_{1/2}$ 约为 3 小时。目前常用量（每日 15 mg/kg）不良反应发生率低于 2%。较严重的毒性反应为球后视神经炎，表现为弱视、视野缩小、红绿色盲等，其发生率与剂量和用药持续时间相关，大剂量持续用药 2~6 个月可发生，一旦发生，及时停药并加服维生素 B_6，一般可恢复。0.5% 和 0.3% 的用药者可出现皮疹和药热，50% 患者可出现血尿酸盐水平增高。

链霉素

链霉素（streptomycin）是最早的抗结核病药，0.4μg/ml 即可抑制结核杆菌，高浓度可杀菌，10μg/ml 对大多数结核杆菌有抗菌作用。本药不易透过细胞膜，也不易透入纤维化、干酪化及厚壁空洞病灶内，故对细胞内和上述病灶内的结核杆菌不易发挥抗菌作用；不易穿透血－脑屏障，故对结核性脑膜炎效果较差。结核杆菌对本药易产生耐药性，加之长期应用耳毒性增强，故本药在抗结核病药中的地位日趋下降。目前多采用联合用药治疗重症结核病，如播散性结核、结核性脑膜炎等。

⇒ 案例引导

临床案例 患者，女，32岁，在某餐馆从事清洁工作，因发热、胸痛、咳嗽、血痰一周入医院传染科就诊。近三个月来有低热、午后体温增高、咳嗽，曾在本单位诊断为"感冒"予以抗感冒药、二代头孢等药物治疗，疗效欠佳。一周来体温增高、咳嗽加剧、痰中带血。半年来有明显厌食、消瘦、盗汗。胸部 X 线平片检查可见双肺纹理增粗，右肺尖有片状阴影，取痰送检经浓缩集菌后涂片抗酸性细菌阳性。经检查后该患者确诊为肺结核（右上肺），医院建议其住院治疗并免费提供药物治疗，该患者因工作繁忙拒绝。

问题 如何使用抗结核药物来治疗此患者？提出你的方案。

二、二线抗结核药

对氨基水杨酸

对氨基水杨酸（para-aminosalicylic acid，PAS）的化学结构与对氨基苯甲酸（PABA）相似，其抗菌机制可能是竞争性抑制敏感菌叶酸合成。抗结核杆菌作用远弱于异烟肼、利福平和链霉素，单用价值不大。耐药性产生缓慢。本药遇光分解，故应避光保存，注射剂应新鲜配制，变色者不能再用。本药毒性低，但不良反应发生率可高达 10%～30%，胃肠刺激症状较常见。其乙酰化物溶解度低，尿中浓度较高，少数病人可在肾析出结晶而损伤肾组织，加服碳酸氢钠可减轻这一不良反应。本药可干扰甲状腺摄碘，使腺体肿大，停药后可恢复。由于现已有疗效好、病人耐受性好的抗结核病药物如利福平和乙胺丁醇，对氨基水杨酸已成为二线药物。

卷曲霉素

卷曲霉素（capreomycin）是由链霉菌培养液中提取得到的一种多肽类抗生素，作用机制为抑制菌体蛋白质合成。对结核杆菌和一些其他分枝杆菌有抑制活性，对其他革兰阳性和阴性菌亦有较弱作用。卷曲霉素为二线抗结核病药，常与其他敏感的抗结核药联用于耐药结核病的治疗。卷曲霉素与链霉素无交叉耐药，故可用于对链霉素等多种抗结核药耐药或因副反应不能耐受的患者。但由于本品肾毒性比链霉素稍多见，故本品一般不作链霉素的常规替代药物。

环丝氨酸

环丝氨酸（cyclomycin）结构与 D－丙氨基酸相似，可抑制结核杆菌的细胞壁合成，干扰结核菌的细胞壁的早期合成，竞争性地抑制细胞质中的 L－丙氨酸消旋酶和 D－丙氨酸合成酶，L－丙氨酸消旋酶使 L－丙氨酸形成 D－丙氨酸，D－丙氨酸合成酶可参与丙氨酸到五肽，为黏肽和菌体细胞壁合成所必需。环丝氨酸属广谱抗生素，对革兰阳性和阴性菌均有抑制作用，但抑菌力较弱，对结核杆菌有较强抑菌作用，特别是对链霉素、对氨基水杨酸钠、异烟肼和紫霉素耐药的结核杆菌有效。环丝氨酸用于治疗对本药物敏感的活动性结核病，但需与其他有效抗结核药物联用。由于可能引起严重精神错乱，故临床应用受到一定限制。

三、新一代抗结核药

利福喷汀和利福定

利福喷汀（rifapentine）和利福定（rifandin）均为利福霉素衍生物。其抗菌机制和抗菌谱与利福平相同，对结核杆菌的抗菌效力分别比利福平强8倍和3倍。与异烟肼、乙胺丁醇等抗结核病药物有协同作用。此二药的 $t_{1/2}$ 较利福平长，利福喷汀的消除 $t_{1/2}$ 为13小时。此二药与利福平有交叉耐药，有待临床进一步评价。

常用抗结核病药物见表41-1。

表41-1　抗结核病药物

药物名称	作用机制	临床应用	不良反应
异烟肼 （isoniazid，INH）	异烟酸衍生物，抑制分枝菌酸（分枝杆菌细胞壁主要成分）的合成，降低细胞壁的屏障作用	治疗各种类型结核药的首选药，常与其他抗结核药合用；单用适用于结核药的预防	不良反应较少。神经毒性；肝脏毒性；皮疹、发烧等
利福平（rifampin）	利福霉素的人工半合成衍生物；特异性抑制敏感微生物的依赖DNA的RNA多聚酶，阻碍其mRNA的合成	抗菌谱广，适用各种类型结核病，常联合用药；麻风病；耐药金黄色葡萄球菌及其他敏感菌的感染；胆道感染；眼部感染	不良反应发生率较低，一般为胃肠道反应；药物过敏反应；肝损伤；致畸
吡嗪酰胺（pyrazinamide，PZA）	与吡嗪酸进入巨噬细胞有关	联合用药，治疗其他抗结核药疗效不佳的患者	肝损伤；诱发痛风
乙胺丁醇（ethambutol）	与二价 Mg^{2+} 结合，干扰细菌RNA的合成	与其他抗结核药合用治疗各种类型结核病，特别是对异烟肼和链霉素治疗无效的人	球后视神经炎；皮疹、药热
链霉素（streptomycin）	氨基糖苷类抗生素，不可逆结合到细菌核糖体上，作用于蛋白合成多个环节，阻碍细菌蛋白质的合成	联合用药治疗重症肺结核	耳毒性

第二节　结核病化学治疗的原则

肺结核的化疗必须坚持早期、联合、适量、规律、全程五项原则。遵循该原则可以最大程度治愈病人、防止复发、防止耐药菌株产生、保护未感染人群和其他接触者免受感染。

一、早期用药

早期用药是指一旦确诊为结核病就应该立即用药治疗。早期结核多为活动性结核，具有浸润性，病灶血流量较大，药物容易进入病灶，而晚期常有纤维化、干酪化及厚壁空洞形成，病灶及其周围血流量减少，药物不易接近结核杆菌；早期结核杆菌处于增殖期，对药物较敏感；此外，早期患者抵抗力较好，局部病灶血运丰富，血药浓度高，利于结核的治疗。

二、联合用药

联合用药是指根据病情的进展情况和抗结核药物的作用特点联合两种或两种以上的药物增加疗效，并可避免不良反应和耐药性的产生。未接触过抗结核病药的结核杆菌大部分对异烟肼、利福平、乙胺丁醇及链霉素很敏感，但结核病对药物治疗反应缓慢，且单用药易产生耐药性，加之长期大剂量用药易产生毒性反应。因此，为提高疗效、降低药物毒性、缩短疗程、防止或延缓耐药性产生，在结核病治疗中必须强调采用二联、三联甚至四联用药；联合用药中，必须保证至少有两个药对结核杆菌敏感。一般以异烟肼为基础，加其他1~2个抗结核病药；对重症结核病如结核性脑膜炎、结核空洞、肾结核开始就应采用四种或更多抗结核病药合用。

三、全程规律用药

结核杆菌可处于对药物不敏感的休眠状态，也可处于药物不易到达的环境，故治疗结核病需要全程规律用药。治疗过程中应教育病人坚持完成全疗程治疗，这样可以最大程度杀灭非敏感细菌和细胞内的杆菌，减少复发。规律服药可以保持相对稳定的血药浓度，最大程度杀灭结核菌。

肺结核（包括肺外结核）必须采用标准化治疗方案。对于新病例其方案分两个阶段，即 2 个月强化（初始）期和 4~6 个月的巩固期。强化期通常联合 3~4 种杀菌药，约在 2 周之内传染性病人经治疗转为非传染性，症状得以改善。巩固期药物减少，但仍需灭菌药，以清除残余菌并防止复发。

目前 WHO 推荐的初治标准化疗方案：2HRZ/4HR（异烟肼、利福平、吡嗪酰胺 2 个月强化期/异烟肼、利福平 4 个月巩固期）。

四、适量用药

适量用药也很重要。药量不足，在病灶区难以达到有效的浓度，且容易诱导耐药性的产生；药量过大，容易产生严重的不良反应不利于患者的治疗和康复。

⊕ 知识链接

新型抗结核药物研发

目前，常规抗结核药物极易产生耐药性，不良反应明显，所以新型抗结核药物的研发应运而生。目前被 FDA 批准上市的抗结核新药有 3 种，分别为贝达喹啉（2012 年）、德拉马尼（2014 年）和普托马尼（2019 年），前两种药物已在中国上市，并在国内部分医院应用到耐多药结核病和广泛耐药结核病患者的治疗。贝达喹啉通过抑制结核分枝杆菌的三磷酸腺苷（ATP）合成酶来发挥杀菌作用；德拉马尼和普托马尼则是抑制结核分枝杆菌细胞壁合成来发挥抗菌作用。

目标检测

答案解析

1. 简述抗结核病药的用药原则。
2. 简述利福平的不良反应。
3. 试述异烟肼的药理作用、作用机制及临床应用。

（吴国胜）

第四十二章 抗真菌药和抗病毒药

PPT

📖 学习目标

1. 掌握 抗真菌药两性霉素 B、咪唑类、特比萘芬的抗真菌作用、临床应用和不良反应；抗病毒药的作用特点。

2. 熟悉 其他抗真菌药物的作用特点。

3. 了解 抗病毒药的发展概况。

4. 具备运用抗真菌药和抗病毒药知识指导临床合理用药的能力。

第一节 抗真菌药 📱微课

真菌感染一般分为两类：表浅部真菌感染和深部真菌感染。浅表感染常由各种癣菌引起，主要侵犯皮肤、毛发、指（趾）甲、口腔或阴道黏膜等人体浅表部位，发病率高。深部感染多由白色念珠菌（假丝酵母菌）和新型隐球菌引起，主要侵犯内脏器官和深部组织，病情严重，病死率高。近年来，深部真菌感染的发病率呈持续上升趋势，这与长期不合理应用广谱抗菌药物、免疫抑制剂、肾上腺皮质激素和细胞毒类抗恶性肿瘤药物等有关。

抗真菌药物（antifungal agents）是指具有抑制或杀灭真菌生长或繁殖的药物。根据抗真菌药的化学结构的不同可分为抗生素类抗真菌药和人工合成抗真菌药两大类。

一、抗生素类抗真菌药

抗生素类抗真菌药包括多烯类抗生素（如两性霉素 B、制霉菌素等抗生素）和非多烯类抗生素（如灰黄霉素），其中两性霉素 B 抗真菌活性最强，是唯一可用于治疗深部和皮下真菌感染的多烯类药物。其他多烯类只限于局部应用治疗浅表真菌感染。

两性霉素 B

两性霉素 B（amphotericin B，庐山霉素，fungilin）是结节链霉菌的产物，自 20 世纪 50 年代以来已成为治疗各种严重真菌感染的首选药之一。但因毒性较大，限制了其广泛应用。两性霉素 B 的新剂型如脂质体剂型、脂质体复合物、胶样分散剂型等可提高其疗效，并降低其毒性。

【体内过程】 口服生物利用度仅 5%，肌内注射难吸收，约 90%～95% 与血浆蛋白结合，不易进入脑脊液、玻璃体液和羊水。本药主要在肝脏代谢，代谢产物及约 5% 的原型药缓慢由尿中排出，停药数周后，仍可在尿中检出，$t_{1/2}$ 约 24 小时。

【药理作用与机制】 两性霉素 B 为广谱抗真菌药，几乎对所有的真菌均有抗菌活性。对新生隐球菌、白色念珠菌、芽生菌、荚膜组织胞质菌、粗球孢子菌、孢子丝菌等有较强抑菌作用，高浓度时有杀菌作用。两性霉素 B 可选择性与真菌细胞膜中的麦角固醇结合，从而改变膜通透性，引起真菌细胞内小分子物质（如氨基酸、甘氨酸等）和电解质（特别是钾离子）外渗，导致真菌生长停止或死亡。由于细菌细胞膜不含固醇，故无抗细菌作用。真菌很少对本品产生耐药性。

【临床应用】两性霉素 B 是治疗各种严重真菌感染的首选药物之一。临床上用于治疗由真菌引起的内脏或全身感染。静脉滴注用于治疗深部真菌感染。由于不能通过血 - 脑屏障，治疗真菌性脑膜炎时，除静脉滴注外，还需鞘内注射。口服仅用于肠道真菌感染。局部应用治疗皮肤、指甲及眼科、妇科黏膜等表浅部真菌感染。

【不良反应】两性霉素 B 毒性较大，不良反应较多，常见寒战、发热、头痛、呕吐、厌食、贫血、低血压、低血钾、低血镁、血栓性静脉炎、肝功能损害、肾功能损害等。为了减少药物急性毒性反应，液体应用时应新鲜配制，注射前给予解热镇痛药、抗组胺药或糖皮质激素以减少上述反应。

制霉菌素

制霉菌素（nilstat）为多烯类（polyenes）抗真菌药，抗真菌作用和机制与两性霉素 B 相似，对念珠菌属的抗菌活性较高，且不易产生耐药性。主要局部外用治疗皮肤、口腔、膀胱、阴道的局部黏膜浅表真菌感染。口服吸收很少，仅用于治疗肠道白色念珠菌感染。注射给药时毒性大，故不宜用作注射。局部应用时不良反应少见。口服后可引起暂时性恶心、呕吐、食欲不振、腹泻等胃肠道反应。

二、人工合成类抗真菌药

人工合成抗真菌药包括唑类（azole）抗真菌药、丙烯胺类（allylamine）抗真菌药和嘧啶类（pyrimidine）的抗真菌药。

（一）唑类抗真菌药

唑类抗真菌药可分成咪唑类（imidazoles）和三唑类（triazoles）。咪唑类包括酮康唑、咪康唑、益康唑、克霉唑和联苯苄唑等，酮康唑等可作为治疗表浅部真菌感染首选药。三唑类包括伊曲康唑、氟康唑和伏立康唑等。氟康唑可作为治疗深部真菌感染首选药。

麦角固醇是真菌细胞膜的重要成分，它与磷脂结合增加膜的稳定性。唑类抗真菌药主要通过选择性抑制真菌的细胞色素 P450 依赖性 $14 - \alpha -$ 去甲基酶，使真菌细胞膜类固醇 - 麦角固醇合成受阻，膜流动性降低，使细胞膜通透性改变，导致胞内氨基酸、糖类等重要物质丢失，进而抑制真菌生长或使真菌死亡；另外，唑类抗真菌药还通过破坏某些与膜结合蛋白酶的功能，引起真菌细胞超微结构改变而导致细胞膜破裂死亡。

酮康唑

酮康唑（ketoconazole）是广谱抗真菌药。口服容易吸收，生物利用度个体差异较大。由于酮康唑是二碱化合物，溶解和吸收都需要足够的胃酸，故与食品、抗酸药或抑制胃酸分泌的药物同服可降低酮康唑的生物利用度。酮康唑口服可有效地治疗各种深部、皮下及表浅真菌感染。治疗深部感染时，疗程需要更长，起效较慢。局部用药亦可治疗表浅部真菌感染。口服酮康唑不良反应较多，常见有恶心、厌食、呕吐等胃肠道反应，以及过敏性皮疹、瘙痒症、头晕、嗜睡、畏光等。大剂量酮康唑可引起男性乳房发育，肝小叶坏死和肝功能衰竭是本药最严重的不良反应，虽然发病率低，但可引起死亡，导致全身用药受限。本药对动物有致畸作用，可分泌至乳汁中，故哺乳期妇女慎用。

伊曲康唑

伊曲康唑（itraconazole），又名伊康唑、伊他康唑，为脂溶性化合物。作用机制与酮康唑相似，但抗真菌谱较酮康唑广，且体内外抗真菌活性比酮康唑强 5～100 倍。临床上用于治疗深部、皮下及浅表真菌感染，已成为治疗罕见真菌如组织胞质菌感染和芽生菌感染的首选药物，也可用于局部治疗口咽部、食管或阴道真菌感染患者。不良反应发生率低，主要为胃肠道反应、头痛、头昏、低血钾、高血压、水肿和皮肤瘙痒等。肝毒性明显低于酮康唑。由于该药不抑制雄激素合成，故也可避免酮康唑所致的内分泌异常。

氟康唑

氟康唑（fluconazole），又名大扶康（diflucan），为新型三唑类广谱抗真菌药。可广泛分布到各组织和体液，易透过血 - 脑屏障，在脑脊液中的药物浓度较高。体内抗真菌活性较酮康唑强 5～20 倍。极少在肝脏代谢，大部分以原型经由肾脏排泄，半衰期为 25 小时。临床上用于治疗食管、口腔、阴道等处的各种真菌感染，对多数真菌性脑膜炎可作为首选药物，也是目前治疗艾滋病患者隐球菌性脑膜炎的首选，与氟胞嘧啶合用可增强其疗效。本药的不良反应发生率较其他唑类药物低。仅少数患者可出现恶心、腹痛、腹泻、胃肠胀气、头痛、皮疹、脱发等。因氟康唑可能导致胎儿缺陷，禁用于妊娠期妇女。

（二）丙烯胺类抗真菌药

丙烯胺类抗真菌药包括萘替芬（naftifine）和特比萘芬（terbinafine）。为鲨烯环氧酶的非竞争性、可逆性抑制剂。在真菌细胞中，麦角固醇是构成真菌细胞膜的结构和功能单位，如果鲨烯不能转化为羊毛固醇，羊毛固醇向麦角固醇转化被阻断，就会影响真菌细胞的结构和功能。

特比萘芬

特比萘芬又名疗霉舒（lamisil）属第二代丙烯类广谱抗真菌药。口服生物利用度大于 70%，给药后血药浓度 2 小时内达高峰，广泛分布于各组织中，其中在毛囊、毛发、皮肤角质层和甲板等处长时间维持较高浓度。对曲霉菌、镰孢和其他丝状真菌具有良好抗菌活性。外用或口服可以治疗甲癣和其他一些浅表部真菌感染。对深部曲霉菌感染、侧孢感染、假丝酵母菌感染和肺隐球酵母菌感染并非首选，但若与两性霉素 B 或唑类抗真菌药物合用可获良好疗效。不良反应发生率低且轻微，主要为常见的胃肠道反应、皮疹和味觉障碍，较少发生肝损伤。

（三）嘧啶类

氟胞嘧啶

氟胞嘧啶（flucytosine，5 - 氟尿嘧啶，5 - fluorocytosine）是人工合成的广谱抗真菌药。

【体内过程】口服吸收良好，生物利用度为 82%。血浆蛋白结合率不到 5%，广泛分布于深部体液中。口服 2 小时后血中浓度达高峰，90% 通过肾小球滤过由尿中排出。半衰期约为 3.5 小时。在肾功能衰竭时，半衰期可延长至 200 小时。

【药理作用及机制】氟胞嘧啶是通过胞嘧啶透性酶作用而进入敏感真菌的细胞内，在胞嘧啶脱氨酶的作用下，脱去氨基而形成 5 - 氟尿嘧啶。后者再由尿苷 - 5 - 磷酸焦磷酸化酶转变为 5 - 氟尿嘧啶脱氧核苷，抑制胸腺嘧啶核苷合成酶，阻断真菌尿嘧啶脱氧核苷转变为胸腺嘧啶核苷，从而阻止真菌 DNA 的合成，而杀灭真菌。另一方面，5 - 氟尿嘧啶还能掺入真菌的 RNA，影响真菌蛋白质合成。由于哺乳动物细胞内缺乏胞嘧啶脱氢酶，5 - 氟胞嘧啶不能转变为 5 - 氟尿嘧啶，所以药物对人体组织细胞代谢没有损伤作用。

【临床应用】临床上主要用于隐球菌感染、念珠菌感染和着色霉菌感染的治疗，疗效不如两性霉素 B。由于易透过血 - 脑屏障，对隐球菌性脑膜炎有较好疗效，但不主张单独应用，常与两性霉素 B 合用。

【不良反应】有恶心、呕吐、腹泻、皮疹、发热、转氨酶升高、黄疸、贫血、粒细胞减少、血小板减少、尿素氮升高等。用药期间注意检查血常规和肝、肾功能。如有异常，立即停药。严重时可诱发小肠结肠炎和肾功能损伤。妊娠期妇女禁用。

第二节 抗病毒药

病毒无完整的细胞结构，由 DNA 和 RNA 组成核心，外包蛋白外壳。按照核酸组成的不同，病毒分为 DNA 病毒、RNA 病毒、DNA 或 RNA 逆转录病毒。病毒需寄生于宿主细胞内，利用宿主细胞的代谢系统，以其基因组为模板，通过转录和逆转录、翻译等过程合成蛋白质，然后装配成病毒颗粒从细胞内释放出来。病毒在不断复制过程中极易产生错误而发生变异。

抗病毒药物研究始于 20 世纪 50 年代，由于病毒具有严格的胞内寄生特性及病毒复制时依赖宿主细胞的功能，且在不断的复制中极易产生错误而变异，使得临床上既确实有效又对宿主细胞无损害的理想抗病毒药物的研发仍显缓慢。

目前，临床上应用的抗病毒药的作用机制主要包括：① 竞争细胞表面的受体，阻止病毒的吸附，如肝素或带阴电荷的多糖；② 阻碍病毒穿入和脱壳，如金刚烷胺能抑制 A 型流感病毒的脱壳和病毒核酸到宿主胞质的转移而发挥作用；③ 阻碍病毒核酸的复制和合成，如阿昔洛韦可被由病毒基因编码的酶（如胸苷激酶）磷酸化，病毒聚合酶与其结合后酶活性受抑制，因而可阻止病毒 DNA 的合成；④ 增强宿主抗病毒能力，如干扰素能激活宿主细胞某些酶，降解病毒的 mRNA，抑制蛋白的合成、翻译和装配。

抗病毒药物有多种分类方法。根据病毒的种类分为：广谱抗病毒药、抗 DNA 病毒药、抗 RNA 病毒药；根据抗病毒的病毒谱可分为：抗一般病毒药、抗人类免疫缺陷病毒（human immunodeficiency virus，HIV）药、抗疱疹病毒药、抗肝炎病毒药等。根据其化学结构分为：核酸类逆转录酶抑制剂、非核酸类逆转录酶抑制剂。

一、广谱抗病毒感染药

利巴韦林

利巴韦林（ribavirin, virazole）又名三唑核苷，病毒唑。

【体内过程】口服吸收好，1 小时后血浆药物浓度达到高峰，餐后服药有利于药物吸收，在肝脏代谢，经肾脏排泄，半衰期为 28 小时。

【药理作用及机制】是一种人工合成的鸟苷类衍生物，为广谱抗病毒药。对多种 RNA 和 DNA 病毒有效，包括甲或乙型流感病毒、副流感病毒、呼吸道合胞病毒、甲型肝炎病毒和丙型肝炎病毒，对 HIV-1 也有抑制作用。

利巴韦林的作用机制未完全阐明，目前认为是通过多种机制抑制病毒核苷酸的合成而发挥作用的。首先，利巴韦林在宿主细胞内由磷酸转移酶磷酸化后而被激活，通过抑制肌苷单磷酸脱氨酶，阻止肌苷酸转变为鸟苷酸而导致鸟苷三磷酸盐缺乏，进而抑制病毒 DNA 和 RNA 的合成；其次，利巴韦林也能抑制病毒 mRNA 的合成。

【临床应用】主要用于治疗幼儿的呼吸道合胞病毒肺炎和支气管炎，效果最佳。也用于治疗甲型和乙型流感、副流感病毒感染、小儿腺病毒性肺炎、流行性出血热、皮肤单纯疱疹病毒感染、麻疹、上呼吸道病毒感染、流行性结膜炎、鼻炎、咽峡炎、带状疱疹和生殖器疱疹等。对甲型和丙型肝炎亦有一定疗效。

【不良反应】气雾吸入一般能很好耐受。口服或静脉给药时，极少数患者可出现口干、腹胀、腹泻、头痛、乏力和血清胆红素升高等，大剂量长期应用可导致骨髓抑制引起贫血和白细胞减少，停药后可恢复正常。动物实验有致畸作用，故妊娠前期 3 个月妇女禁用。

干扰素

干扰素（interferon，IFN）是机体细胞在感染病毒后，机体内诱导产生的一类被称为"抗病毒蛋白"的糖蛋白物质，对病毒具有抵抗作用。干扰素有三种（IFN-α、β和γ），分别由人体白细胞、纤维母细胞和致敏淋巴细胞产生。目前临床上多使用基因工程合成的干扰素。

干扰素口服无效，需注射给药。干扰素能激活宿主细胞的某些酶，降解病毒的RNA，抑制蛋白的合成、翻译和装配，对各个阶段病毒感染均有干扰作用，在防止再感染和持续性病毒感染中发挥一定作用。同时，可以调动人体免疫，抵抗病毒感染。此外，干扰素尚具有抗肿瘤作用。干扰素具有广谱抗病毒活性，临床上主要用于治疗急性病毒感染性疾病，如流行性感冒、流行性腮腺炎、流行性乙型脑炎、病毒性角膜炎、新生儿病毒性脑炎等。是美国食品与药品管理局批准的第一个抗肝炎病毒药物，用于治疗急、慢性乙型和丙型病毒性肝炎。对于丙型肝炎，干扰素与利巴韦林联合应用较单用效果更好。首次全身用药可出现一过性"流感样综合征"，如发热、寒战、头痛、乏力、肢端麻木感等，但反应为一过性，停药后即可恢复。大剂量应用可引起嗜睡，偶有骨髓暂时性抑制、皮疹、低血压和肝功能障碍等。

二、抗人类免疫缺陷病毒药

人类免疫缺陷病毒（human immunodeficiency virus，HIV）是一种逆转录病毒，主要有两型：HIV-1和HIV-2。HIV主要侵犯CD4$^+$T淋巴细胞、巨噬细胞和单核细胞。HIV由损伤的皮肤或黏膜进入血液，侵犯CD4$^+$淋巴细胞，病毒RNA即被用作模板，在逆转录酶催化下产生互补双螺旋DNA。然后，病毒DNA进入宿主细胞核，并在HIV整合酶催化下掺入宿主细胞基因组中形成前病毒。最后，病毒DNA被转录和翻译成一种被称为多聚蛋白的大分子非功能多肽，再经HIV蛋白酶裂解成小分子功能蛋白，以出芽的方式释放到细胞外。所以，逆转录酶和蛋白酶在HIV病毒复制环节中起着重要作用，是抗HIV病毒药的靶酶。

⊕ 知识链接

艾滋病

艾滋病，即获得性免疫缺陷综合征，英文名称 acquired immune deficiency syndrome，AIDS。是人类因为感染人类免疫缺陷病毒（human immunodeficiency virus，HIV）后导致免疫缺陷，并发一系列机会性感染及肿瘤，严重者可导致死亡的综合征。1983年，人类首次发现HIV。目前，艾滋病已成为严重威胁世界人民健康的公共卫生问题。它把人体免疫系统中最重要的T4淋巴细胞作为攻击目标，大量吞噬破坏T4淋巴细胞，从而破坏人的免疫系统，最终使免疫系统崩溃。感染初期可出现类感冒样或血清病样症状，然后进入较长的无症状感染期，继之发展为获得性免疫缺陷综合征前期，最后发生各种严重机会性感染和恶性肿瘤，成为获得性免疫缺陷综合征。每年的12月1日为世界艾滋病日。由于AIDS至今尚无有效防治手段，故被称为"超级癌症"。

目前临床上应用的抗HIV药分为：核苷类逆转录酶抑制剂（nucleoside reverse transcriptase inhibitors，NRTIs）、非核苷类逆转录酶抑制剂（non-nucleoside reverse transcriptase inhibitors NNRTIs）和蛋白酶抑制剂（protease inhibitors，PIs）三类。

（一）核苷类反转录酶抑制剂

NRTIs类是第一类临床用于治疗HIV阳性患者的药物。该类药物有嘧啶衍生物，如齐多夫定（zidovudine，AZT）、扎西他宾（zalcitabine，ddC）、司他夫定（stavudine，d4T）、拉米夫定（iamivudine，

3TC），以及嘌呤衍生物，如去羟肌苷（didanosine）和阿巴卡韦（abacavir）等，该类药物均为天然核苷类的人工合成品。

【药理作用及机制】 各种 NRTIs 具有相同的作用机制。NRTIs 首先需被宿主细胞胸苷酸激酶磷酸化成有活性的三磷酸衍生物，然后以底物的形式与相应的内源性核苷三磷酸盐竞争 HIV－1 逆转录酶，并被插入病毒 DNA，进而导致 DNA 链合成终止，抑制 HIV 复制，也可抑制宿主细胞 DNA 多聚酶而表现出细胞毒作用。HIV－1 病毒可逐步获得耐药性，主要与编码逆转录酶的基因产生突变有关，在用单一药物进行长期治疗时更易发生。由于病毒可遭受频繁的突变，故避免耐药的唯一途径是联合用药。

齐多夫定

齐多夫定（zidovudine）为脱氧胸腺嘧啶核苷衍生物，是第一个上市的抗 HIV 药，也是治疗 AIDs 的首选药。该药口服吸收迅速，1 小时血药浓度达到峰值，生物利用度为 52%～75%，血浆蛋白结合率约为 35%。分布广泛，易透过血－脑屏障和胎盘屏障，大部分在肝脏代谢而失活，主要经肾脏排泄，半衰期为 1 小时。既有抗 HIV－1 活性，也有抗 HIV－2 活性，故对 HIV 感染有效。临床上通常与其他抗艾滋病药联合应用组成鸡尾酒疗法。除了抑制人和动物的逆转录病毒外，齐多夫定也能治疗 HIV 诱发的痴呆和血栓性血小板减少症。常与拉米夫定或去羟肌苷合用，但不能与司他夫定合用，因为二者互相拮抗。治疗无效者可改用去羟肌苷。不良反应最常见的是骨髓抑制，如白细胞减少、贫血和血小板减少；还可引起恶心、呕吐、腹部不适、头痛、皮疹、肌痛等；剂量过大可出现焦虑、精神错乱和震颤。肝功能不全患者服药后更易发生毒性反应。与在肝脏内代谢药合用可增加药物的毒性。不宜与具有骨髓抑制作用的药物合用。

扎西他滨

扎西他滨（zalcitabine）为脱氧胞苷衍生物。生物利用度大于 80%，但与食物或抗酸药同服时可降低到 25%～39%，血浆蛋白结合率低于 4%，脑脊液浓度约为血液浓度的 20%，主要经肾脏排泄，血浆半衰期仅 2 小时，但细胞内半衰期可长达 10 小时。扎西他滨与多种其他抗 HIV 感染药物有协同抗 HIV－1作用。可有效治疗 HIV 感染，单用时疗效不如齐多夫定。常被推荐与齐多夫定和一种蛋白酶抑制剂三药合用。适用于 AIDS 和 AIDS 相关综合征治疗，也可与齐多夫定合用治疗临床状态恶化的 HIV 感染患者。主要不良反应是剂量依赖性外周神经炎，发生率为 10%～20%，但停药后能逐渐恢复。应避免与其他能引起神经炎的药物同服，如司他夫定、去羟肌苷、氨基苷类和异烟肼。也可引起胰腺炎，但发生率低于去羟肌苷。

去羟肌苷

去羟肌苷（didanosine）为脱氧腺苷衍生物，常与其他药物合用治疗对齐多夫定耐药或者严重晚期 HIV 感染患者。

司他夫定（stavudine）为脱氧胸苷衍生物，对 HIV－1 和 HIV－2 均有抗病毒活性，常用于不能耐受齐多夫定或齐多夫定治疗无效的患者。但不能与齐多夫定合用，因为齐多夫定能减少本品的磷酸化。与去羟肌苷或拉米夫定合用可产生协同效应。

（二）非核苷反转录酶抑制剂

NNRTIs 类药包括地拉韦定（delavirdine）、奈韦拉平（nevirapine）和依法韦恩茨（efavirenz）等。NNRTIs 不需要在细胞内磷酸化代谢激活，可直接结合到逆转录酶并破坏催化点从而抑制逆转录酶；在逆转录酶上有与 NRTIs 不同的结合位点；也可抑制 RNA 或 DNA 依赖性 DNA 多聚酶活性，但不插入到病毒 RNA。由于作用机制不同，故与 NRTIs 和 PIs 合用可协同抑制 HIV 复制。NNRTIs 类药可有效预防

HIV 感染孕妇垂直感染胎儿的发生率，也可治疗分娩后 3 天内的新生儿 HIV 感染。但从不单独应用于 HIV 感染，多与核苷类逆转录酶抑制药或蛋白酶抑制药合用治疗病情恶化的 AIDS 患者。皮疹为最常见的不良反应，其他不良反应包括低热、恶心、腹泻、头痛、疲劳和嗜睡，也需注意监测患者肝功能。

（三）蛋白酶抑制剂

蛋白酶抑制剂（PIs）包括利托那韦（ritonavir）、奈非那韦（nelfinavir）、沙奎那韦（saquinavir）、英地那韦（indinavir）和安普那韦（amprenavir）。蛋白酶抑制剂主要经肝细胞色素 P450 代谢，可与许多其他药物通过抑制细胞色素 P450 酶发生相互作用，甚至一种蛋白酶抑制剂可以抑制另一种蛋白酶抑制剂的代谢。口服生物利用度低。在 HIV 增殖周期后期，基因产物被翻译成蛋白前体，形成无感染性的未成熟病毒颗粒，HIV 编码的蛋白酶能催化此蛋白前体裂解．形成最终结构蛋白而使病毒成熟。因此，蛋白酶是 HIV 复制过程中产生成熟感染性病毒所必需的，抑制此蛋白酶则可阻止前体蛋白裂解，导致未成熟的非感染性病毒颗粒堆积，进而产生抗病毒作用。蛋白酶抑制剂可有效对抗 HIV 感染，与 NRTI 类或 NNRTI 类联合用药可显著减少 AIDS 患者病毒载量并延缓其临床过程的发展。该药不良反应明显，易产生耐药，单独应用效果不明显，目前临床应用较少。

艾滋病药物治疗仍处于发展阶段。1995 年以后相继推出"鸡尾酒疗法""高效抗逆转录病毒疗法"。研究证明一种 PIs 和 1 种 NNRTIs 或两种 NRTIs 药物同时或序贯联合应用较单用药可减慢艾滋病的发展速度和降低死亡率。

三、抗疱疹病毒药

产生人类疾病的疱疹病毒主要有 5 种：单纯疱疹病毒 I 型（HSV－I）、单纯疱疹病毒 II 型（HSV－II）、巨细胞病毒（CMV）、水痘－带状疱疹病毒（VZV）和爱泼斯坦－巴尔病毒（EBV）。目前，抗疱疹病毒药主要是核苷类药物。

阿昔洛韦

阿昔洛韦（aciclovir 无环鸟苷）属人工合成的嘌呤核苷类衍生物，是目前最有效的抗 I 型、II 型疱疹病毒的药物。

【体内过程】口服吸收不完全，生物利用度低，约为 20%，必要时静脉给药以提高疗效。药物广泛分布于各组织和体液中，心、肝、肺、脑脊液中有较高的浓度，其中肾内药物浓度最高。口服易进入眼睛、胎盘和乳汁。血浆蛋白结合率低，主要经肾脏排泄，部分经肝脏代谢，半衰期 2.5 小时，无尿者可达 20 小时。

【药理作用】阿昔洛韦在感染细胞内经病毒胸苷激酶（thymidine kinase，TK）磷酸化，生成单磷酸阿昔洛韦、二磷酸阿昔洛韦和三磷酸阿昔洛韦，三者能选择性地作用于病毒 DNA 多聚酶，从而抑制病毒繁殖，也可插入病毒正在延长的 DNA 中，从而导致病毒 DNA 多聚酶的基因突变抑制病毒 DNA 延伸。

【临床应用】阿昔洛韦是广谱高效的抗病毒药，是治疗各种疱疹病毒感染的首选药。阿昔洛韦对疱疹病毒的作用依次为单纯疱疹病毒 I 型、II 型、水痘－带状疱疹病毒、爱泼斯坦－巴尔病毒和巨细胞病毒，对肝炎病毒也有效。目前主要用于单纯疱疹病毒和带状疱疹病毒所致的皮肤感染、单纯性疱疹性角膜炎、口唇疱疹和生殖器疱疹等。对疱疹性脑膜炎应静脉给药，疗效优于阿糖胞苷。对免疫缺陷者或正在接受放疗、化疗的患者，应用阿昔洛韦可预防疱疹病毒感染。

【不良反应】不良反应较少，滴眼或外用时可出现局部暂时性刺痛和烧灼感。大剂量静脉滴注时可引起血尿素氮和肌酐升高等可逆性肾功能损伤，药液外渗可引起局部炎症反应和脉管炎。孕妇及哺乳期妇女禁用，肝肾功障碍时需适当减量使用。

同类抗疱疹病毒药物还有喷昔洛韦（penciclovir）和伐昔洛韦（valacyclovir），作用机制与阿昔洛韦类似，可用于治疗原发或继发性各种疱疹病毒感染。伐昔洛韦口服血药浓度是阿昔洛韦的 5 倍，目前已成为取代阿昔洛韦治疗疱疹的首选药。

碘苷（idoxuridine）为脱氧碘化胸苷嘧啶核苷，能抑制 DNA 病毒，对 RNA 病毒无效。该药全身用药毒性大，故临床上仅局部用药，用于治疗眼部或皮肤单纯疱疹病毒和牛痘病毒感染。

四、抗肝炎病毒药

病毒性肝炎是一种常见病、多发病。我国主要流行乙型肝炎。肝炎病毒分为甲、乙、丙、戊、丁五型。急性肝炎一般无需抗病毒治疗。其中乙型肝炎、丙型肝炎、丁型肝炎在急性感染后 80% 转为慢性，临床经过较长，肝损害呈进展性，常需要抗病毒治疗。抗乙肝病毒（hepatitis B virus，HBV）药物有 α 干扰素和核苷类抗病毒药。第一代主要有无环鸟苷、更昔洛韦和齐多夫定等，毒性大，疗效差，临床已很少应用；第二代主要有拉米夫定（lamivudine）、阿德福韦（adefovir）、泛昔洛韦（famciclovir）、恩替卡韦（entecavir）、喷昔洛韦（penciclovir）等；其他还有瞵甲酸钠、苦参素等。抗丙肝病毒药物有 α 干扰素和利巴韦林。

拉米夫定

拉米夫定（lamivudine，3TC），又名贺普丁（heptodin），为脱氧硫代胞嘧啶的左旋异构体，靶位在 P 基因。口服吸收好，生物利用度达 80%，血浆蛋白结合率小于 36%，但毒性作用略低于齐多夫定。主要经肾脏排泄。抗病毒作用机制与齐多夫定相似，与其他核苷类逆转录酶抑制剂药有协同作用。与齐多夫定或司坦夫定合用治疗 HIV 感染。也能抑制 HBV 病毒的复制，是目前临床上常用治疗慢性 HBV 感染的有效药物。12 岁（35kg）以上的有 HBV 复制的慢性乙肝患者，同时有 ALT 升高的患者，是拉米夫定治疗最佳的适应证。不良反应主要有头痛、失眠、疲劳和胃肠反应等。肾功能不全患者应减量用药。

目标检测

答案解析

1. 抗真菌药两性霉素 B 抗真菌作用机制是什么？
2. 唑类抗真菌药抗真菌作用机制是什么？
3. 抗病毒药的作用机制是什么？

（王雪）

书网融合……

本章小结　　　微课　　　题库

第四十三章　抗寄生虫药

📖 **学习目标**

    1. 掌握　氯喹、青蒿素、伯氨喹、乙胺嘧啶的药理作用、临床应用；甲硝唑、吡喹酮、乙胺嗪的药理作用与临床应用。

    2. 熟悉　奎宁、双氢青蒿素、二氯尼特、甲苯咪唑的药理作用、临床应用。

    3. 了解　其他抗寄生虫药的作用特点。

    4. 学会抗疟药的分类，具备合理选择应用抗疟药的能力。

第一节　抗疟药 📱微课

一、概述

疟疾是由疟原虫感染所引起的，由雌性按蚊传播的传染病。根据致病疟原虫的不同，可分为间日疟、三日疟、恶性疟和卵性疟。其中间日疟、三日疟合称为良性疟，恶性疟病情较严重，甚至危及生命，卵性疟较罕见。

抗疟药（antimalarial drugs）是用于防治疟疾的重要手段。了解疟原虫生活史及各种抗疟药不同作用环节，对于正确选择抗疟药十分重要。

（一）疟原虫的生活史及抗疟药作用环节

疟原虫的生活史可分为人体内的无性生殖阶段和雌性按蚊体内的有性生殖阶段（图43-1）。

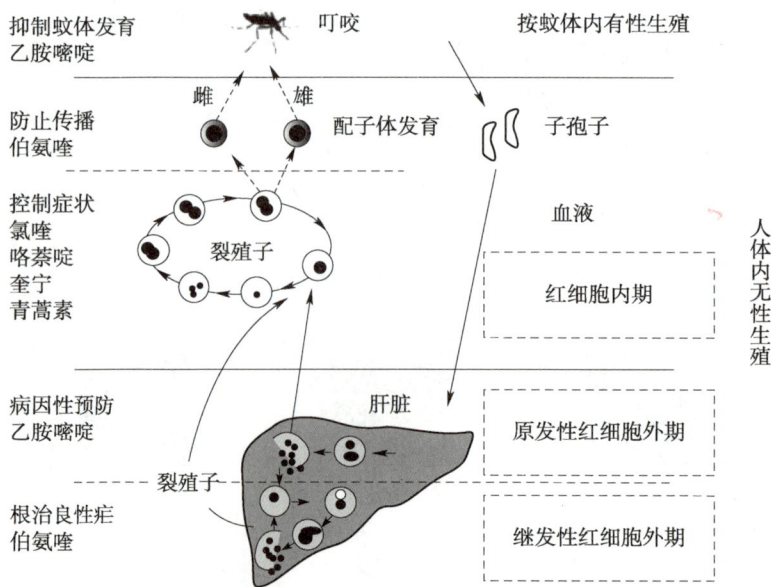

图 43-1　疟原虫的生活史及抗疟药的作用环节示意图

1. 无性生殖阶段

（1）原发性红细胞外期　雌性按蚊叮咬人时，其唾液中的疟原虫子孢子进入人体，约30分钟内侵入肝细胞进行裂体增殖。10~14天后，生成大量裂殖子。此期无临床症状，为疟疾的潜伏期。乙胺嘧啶对此期疟原虫有杀灭作用，可起病因预防作用。

（2）红细胞内期　在肝细胞内生成的大量裂殖子，胀破肝细胞后进入血液，侵入红细胞，经滋养体发育成裂殖体，破坏红细胞，释放大量的裂殖子及其代谢产物，同时红细胞破坏产生的变性蛋白刺激机体，引起寒战、高热等临床症状。红细胞所释放的裂殖子可再侵入未受感染的红细胞，进行发育，破坏红细胞，如此循环，引起临床症状反复发作。不同种疟原虫完成无性生殖周期所需时间不同：恶性疟为36~48小时，间日疟为48小时，三日疟为72小时。氯喹、奎宁、青蒿素等药物对此期疟原虫有杀灭作用，可控制症状发作，也可预防症状发作。

（3）继发性红细胞外期　间日疟原虫和卵形疟原虫的原发性红细胞外期裂殖子释放至血液后，一部分进入红细胞内发育，另一部分再次侵入肝细胞内，称为继发性红细胞外期。此期原虫形成休眠子，经较长时间后可再次增殖，释放裂殖子，成为疟疾复发的根源。伯氨喹等药物能杀灭继发性红细胞外期疟原虫，对间日疟有根治作用。恶性疟和三日疟原虫无休眠子，故无复发。

（4）配子体形成期　红细胞内疟原虫经若干次裂体增殖后，部分不再无性裂体增殖，而逐渐发展成为雌、雄配子体。它们不引起临床症状，但可感染按蚊，成为疟疾传播的根源。伯氨喹能杀灭各型疟原虫的配子体，有控制疟疾传播的作用。

2. 有性生殖阶段

雌按蚊叮咬疟疾患者后，雌、雄配子体随血液进入蚊胃内。二者结合成合子，进一步发育成子孢子并移行至按蚊唾液腺，成为感染人的直接传染源。乙胺嘧啶等药物随人血进入蚊体，抑制雌、雄配子体的发育，能控制疟疾传播和流行。

（二）抗疟药的分类

1. 主要用于控制症状的抗疟药　氯喹、奎宁、青蒿素和蒿甲醚。

2. 主要用于控制复发和传播的抗疟药　伯氨喹。

3. 主要用于预防的抗疟药　乙胺嘧啶、磺胺类和砜类。

二、常用抗疟药

（一）主要用于控制症状的抗疟药

氯喹

【体内过程】氯喹（chloroquine）口服吸收快而完全，1~2小时血药浓度达峰值。在红细胞内浓度比血浆中浓度高10~20倍，在被疟原虫感染的红细胞内浓度比正常红细胞内浓度高25倍，在肝、脾、肺、肾组织中浓度可达血浆浓度的200~700倍，在脑和脊髓中的浓度为血浆浓度的10~30倍。氯喹大部分在肝脏代谢，代谢产物乙基氯喹仍有抗疟作用。10%~15%氯喹以原型经肾排泄，酸化尿液可加快其排泄，约8%随粪便排泄，也可由乳汁排出。因代谢、排泄均较缓慢，故作用持久。

【药理作用及机制】

1. 抗疟原虫　对各种疟原虫的红细胞内期裂殖体均有杀灭作用，对间日疟、卵形疟和三日疟原虫的配子体和未成熟的恶性疟原虫配子体亦有杀灭作用，作用快、强而持久。对红细胞外期疟原虫无效。但大量、长期、反复应用氯喹后，疟原虫结合和摄取氯喹的能力降低，疗效下降，部分恶性疟对其产生耐药性。

氯喹抗疟机制复杂，可能与下述作用有关。①碱化效应：疟原虫生长发育所需要的氨基酸主要来源于宿主红细胞的血红蛋白，血红蛋白在酸性的食物泡内被蛋白酶分解出氨基酸。氯喹为弱碱性药物，且可大量积聚于受感染的红细胞内，使原虫食物泡的 pH 值增大，蛋白酶活性降低，疟原虫分解和利用血红蛋白的能力降低，引起必需氨基酸的缺乏，从而抑制疟原虫的生长繁殖。疟原虫红细胞内期的滋养体需要大量的氨基酸，故对氯喹特别敏感；而原发性红细胞外期和继发性红细胞外期均寄生在肝细胞内，不以消化血红蛋白为生，故对此药不敏感。②影响 DNA 复制：氯喹可插入疟原虫 DNA 双螺旋结构中，形成稳固的 DNA－氯喹复合物，影响 DNA 复制和 RNA 转录，并使 RNA 断裂，从而干扰疟原虫的分裂繁殖。③引起疟色素的凝集：疟色素的主要成分高铁原卟啉Ⅸ（FP）是一种毒性化合物，具有膜溶解作用。疟原虫体内的某些蛋白可与 FP 结合形成无毒 FP 结合物，由于氯喹可将 FP 结合物的 FP 分开，并形成有毒的氯喹－FP 复合物，损害疟原虫生物膜，使虫体迅速溶解死亡。

2. 抗阿米巴原虫 杀灭阿米巴滋养体，具有抗肠外阿米巴作用。

3. 免疫抑制作用 大剂量氯喹具有免疫抑制作用。

【临床应用】

1. 疟疾 氯喹是控制疟疾症状的首选药物。对良性疟及敏感疟原虫的恶性疟均能迅速控制症状，服用氯喹后 24～48 小时，一般可使患者体温降至正常水平。使用三日疗法，能根治敏感的恶性疟。对间日疟、三日疟需加用杀灭红细胞外期疟原虫的药物如伯氨喹才能达到根治效果。

2. 肠外阿米巴病 是治疗阿米巴肝炎或肝脓肿的主要药物。

3. 自身免疫性疾病 偶用于类风湿关节炎、系统性红斑狼疮、肾病综合征等。

4. 其他 可用于华支睾吸虫病、肺吸虫病、光敏性疾患和日晒红斑病等。

【不良反应】不良反应少，仅有轻度头晕、头痛、胃肠不适和皮疹等，停药后迅速消失。长期、大剂量用药可致角膜浸润而致视物模糊、视力障碍，用药期间应作眼科检查。偶可引起窦房结抑制而导致心律失常，少数病人可出现阿－斯综合征。个别用药后引起药物性精神病。有致畸作用，故妊娠期妇女禁用。

（二）主要用于控制复发和传播的药物

伯氨喹

【体内过程】伯氨喹（primaquine）口服吸收快而完全，2～3 小时血药浓度达峰值，主要分布在肝组织内，其次为肺、脑和心等组织。大部分在肝内代谢，仅 1% 以原型经肾排泄。因有效血药浓度维持时间短，需反复多次服药。

【药理作用及机制】对间日疟红外期休眠子和各种疟原虫的配子体有较强的杀灭作用。

抗疟作用机制尚未明了。该药在体内代谢为喹啉二醌，其结构与辅酶 Q 相似，能抑制辅酶 Q 的活性，阻断疟原虫线粒体内的电子传递，抑制氧化磷酸化过程，杀死疟原虫。另外，伯氨喹的代谢产物具有很强的氧化作用，可干扰烟酰胺腺嘌呤二核苷酸磷酸（NADP）还原，从而影响红细胞外期疟原虫的代谢和呼吸而导致死亡。

【临床应用】可作为控制疟疾的复发与传播的首选药物。对红细胞内期无效，故不能控制疟疾症状的发作，通常与氯喹等合用。

【不良反应】

1. 毒性反应 毒性较大，治疗量即可引起头晕、恶心、呕吐、发绀、腹痛等，停药后可消失。目前尚无适当药物可以取代。

2. 特异质反应 少数特异质的病人可出现急性溶血性贫血及高铁血红蛋白血症。当急性溶血出现血红蛋白尿时，应立即停药，并同时给予糖皮质激素类药物。严重高铁血红蛋白血症，可给予静脉注射亚甲蓝等。禁用于妊娠期妇女及糖尿病、G－6－PD 缺乏者。

（三）主要用于病因性预防的抗疟药

乙胺嘧啶

【药理作用】乙胺嘧啶（pyrimethamine）对恶性疟和间日疟的原发性红细胞外期有抑制作用，故可作病因性预防药物。对红细胞内期的未成熟裂殖体有抑制作用，对已成熟的裂殖体则无效。不能直接杀灭配子体，但含药血液随配子体被按蚊吸入后，能抑制配子体在蚊体内发育，从而阻断传播。

乙胺嘧啶可抑制疟原虫的二氢叶酸还原酶活性，从而阻止四氢叶酸的生成，使核酸合成减少，疟原虫的生长繁殖受抑制。如与二氢叶酸合成酶抑制药如磺胺类或砜类合用，则双重阻断叶酸代谢，增强预防效果，并延缓耐药性的产生。

【临床应用】预防疟疾的传播。

【不良反应】不良反应少。长期大量服用时，可因抑制二氢叶酸还原酶而引起巨幼细胞贫血，长期用药应定期检查血常规。可通过胎盘屏障并可进入乳汁，引起胎儿畸形和干扰婴幼儿叶酸代谢，故孕妇和哺乳期妇女禁用。该药略带甜味，易被儿童误服而急性中毒，表现恶心、呕吐、发热、发绀、惊厥甚至死亡。

其他用于抗疟药作用特点见表 43 – 1。

表 43 – 1　其他抗疟药的作用特点

药物名称	药理作用	作用机制	临床应用	不良反应
奎宁（quinine）	对各种疟原虫的红细胞内期裂殖体有杀灭作用，对于间日疟和三日疟的配子体也有效，但对于恶性疟的配子体无效	类似氯喹	耐氯喹或耐多药的恶性疟，尤其是严重的脑型疟	金鸡纳反应，心血管反应，溶血性贫血等特异质反应，高胰岛素血症和低血糖
羟氯喹（hydroxy-chloroquine）	杀灭疟原虫，抗炎、调节免疫、抗感染、抗凝等作用	与氯喹相似	适用于疟疾、过敏性及自身免疫性疾病	视网膜色素沉着变化和视野缺损，但罕见。角膜水肿和混浊
青蒿素（artemisinin）	对疟原虫红内期滋养体和裂殖体均有强大的杀灭作用，对未成熟的配子体也有杀灭作用	干扰疟原虫的膜系 – 线粒体功能	间日疟、恶性疟及凶险型恶性疟如脑疟、黄疸型疟疾的症状控制及耐氯喹虫株感染的治疗，单用复发率高	胃肠道反应，一过性转氨酶升高及轻度皮疹。妊娠早期妇女慎用
蒿甲醚（artemether）	对红细胞内期裂殖体有杀灭作用，能迅速控制症状，其抗疟作用较青蒿素强 10～20 倍	类似青蒿素	耐氯喹恶性疟的治疗以及危险病例的抢救。复发率低于青蒿素	不良反应轻，有一定的胚胎毒性，妊娠 3 个月内妇女慎用
青蒿琥酯（artesunate）	对疟原虫红内期有强大且快速的杀灭作用，能迅速控制临床发作及症状	类似青蒿素	适用于脑型疟疾及各种危重疟疾的救治	外周网织细胞一过性降低
磺胺类和砜类	对红细胞内期疟原虫有抑制作用	与 PABA 竞争二氢叶酸合成酶，从而抑制疟原虫二氢叶酸的合成	耐氯喹的恶性疟，常与乙胺嘧啶合用	较轻

⊕ 知识链接

抗疟药青蒿素与诺贝尔奖

青蒿素是从黄花蒿及其变种大头黄花蒿中提取的一种倍半萜内酯类过氧化物，是我国科技工作者根据"青蒿截疟"的记载而发掘出的新型抗疟药。由于对耐药疟原虫有效，受到国内外广泛重视。青蒿素的发现与我国悠久的中医药发展史密切相关，晋代葛洪在其所著《肘后备急方》治寒热诸疟方第十六中有这样的记载："青蒿一握，以水二升渍，绞取汁，尽服之"。科研人员也是受此启发，低温萃取青蒿素单体才获得最终的成功的。

屠呦呦因为发现青蒿素，挽救了全球特别是发展中国家的数百万人的生命，在 2011 年 9 月获得拉斯克临床医学奖，2015 年获得诺贝尔生理学或医学奖。

（四）抗疟药的合理应用

应根据流行地区的疟原虫虫种、疟原虫对抗疟药物的敏感性以及患者的临床表现，合理选择药物，严格掌握剂量、疗程和给药途径，以保证治疗效果和延缓抗药性的产生。

1. 抗疟药选择　控制症状，可选用氯喹；脑型疟，可选用氯喹、奎宁、青蒿素类；耐氯喹的恶性疟，可选用奎宁、青蒿素类；休止期，可选用乙胺嘧啶和伯氨喹合用；预防用药，乙胺嘧啶可阻止疟疾传播，氯喹能预防性抑制疟疾症状发作。

2. 联合用药　现有抗疟药尚无一种对疟原虫生活史的各个环节都有杀灭作用，因此宜联合用药。氯喹与伯氨喹合用于发作期治疗，既控制症状又阻止复发；乙胺嘧啶与伯氨喹合用于休止期治疗，阻止复发；乙胺嘧啶与磺胺合用，协同阻断叶酸合成，增强疗效，减少耐药。但青蒿素和氯喹或乙胺嘧啶合用会表现为拮抗作用。

⇨ 案例引导

临床案例　患者，男，42 岁，因寒战、高热等症状周期性发作入院治疗，询问病史时发现该患者发病前曾到非洲旅游。随后在血液涂片中查到疟原虫。

问题　1. 根据患者的症状和检测结果，请选择你认为合理的药物。

2. 为什么选择该药物治疗？使用该药物治疗的过程中，应注意哪些问题？

第二节　抗阿米巴病药

阿米巴病是由溶组织阿米巴原虫引起的寄生虫病。溶组织内阿米巴原虫以活动性滋养体和存在于体内的包囊，前者为致病因子，后者为传播因子。经口感染阿米巴包囊后，在肠腔内脱囊，成为小滋养体，在结肠与肠道菌群共生。当机体抵抗力下降时，小滋养体侵入肠壁成为大滋养体，破坏肠黏膜和黏膜下层组织，引起阿米巴痢疾或肠炎。大滋养体经血流至肝、肺、脑组织内引起继发性阿米巴炎症和脓肿，统称为肠外阿米巴病。当机体抵抗力强时，小滋养体在随宿主肠内容物下移过程中，逐渐转变成包囊，随粪便排出体外，此时机体并无症状，称为排包囊者，是重要的传染源。

抗阿米巴病药（amebicides）主要是治疗溶组织阿米巴原虫所感染的寄生虫病。根据药物的作用方式，可分为三类。

1. 抗肠内、外阿米巴病药　如甲硝唑。

2. 抗肠内阿米巴病药　如卤化喹啉。

3. 抗肠外阿米巴病药　如氯喹。

一、抗肠内、外阿米巴病药

甲硝唑

【体内过程】甲硝唑（metronidazole，灭滴灵）口服吸收迅速而完全。1~3 小时血浆药物浓度达峰值，$t_{1/2}$ 约 7 小时，广泛分布于体内各组织和体液中，在阴道液、精液、唾液、乳汁和脑脊液中的浓度可以达到有效浓度。主要在肝中代谢，约 70% 的药物以原型从肾脏排泄。

【药理作用与作用机制】

1. 抗阿米巴原虫 对肠内、外阿米巴大滋养体有强大的杀灭作用，但对肠腔内阿米巴原虫和包囊则无明显作用。

2. 抗滴虫 能直接杀灭阴道滴虫。口服较小剂量可杀死阴道、精液中的阴道滴虫。

3. 抗贾第鞭毛虫 是目前对贾第鞭毛虫病最有效的药物，治愈率在 90%。

4. 抗厌氧菌 对革兰阳性和阴性厌氧菌都有较强的作用，对脆弱杆菌的尤为敏感。至今未发现耐药菌株，长期应用不诱发二重感染。

5. 抗幽门螺杆菌 对幽门螺杆菌有较强的作用，但单用易产生耐药。

甲硝唑在体内被还原成硝基咪唑化合物，具有细胞毒性，作用于病原体大分子物质，使 DNA 合成受阻或使已合成的 DNA 变性而导致病原体死亡。

【临床应用】

1. 阿米巴病 为阿米巴病的首选药，治疗急性阿米巴痢疾和肠外阿米巴病效果最好，因其在肠内浓度偏低，对小滋养体和包囊作用较弱，故需联合使用杀灭小滋养体及包囊的抗阿米巴药，否则复发率高。在治疗阿米巴肝脓肿时，与氯喹等交替使用，效果更佳。对轻症阿米巴痢疾也有效，对无症状的排包囊者疗效差。

2. 滴虫病 为治疗阴道滴虫病的首选药，对女性和男性泌尿生殖道滴虫感染有明显疗效。

3. 贾第鞭毛虫病 是目前治疗男女贾第鞭毛虫病最有效的药物。

4. 厌氧菌感染性疾病 预防和治疗革兰阳性及阴性厌氧菌引起的口腔炎、盆腔炎、腹腔内感染、败血症、骨髓炎以及气性坏疽等；也常与抗生素合用防止妇科手术、胃肠外科手术时的厌氧菌感染。

5. 其他 配合如 H_2 受体阻断药等治疗胃十二指肠溃疡、胃炎。

【不良反应】 较少而轻。以消化道反应为主，最常见者为恶心和口腔金属味。少数患者可出现荨麻疹、红斑、瘙痒及白细胞暂时性减少。如出现头昏、眩晕、脑病、共济失调等中枢神经中毒症状，应立即停药。哺乳期妇女、妊娠三月内、有器质性中枢神经系统疾病及血液病者禁用。动物实验证明，长期大量口服有致癌作用。甲硝唑干扰乙醛代谢，服药期间饮酒易导致乙醛中毒，出现恶心、呕吐、腹泻、腹痛和头痛等症状。

二、抗肠内阿米巴病药

卤化喹啉类

卤化喹啉类药物包括喹碘方、氯碘羟喹、双碘喹啉。

【体内过程】 口服吸收较少，肠腔内浓度高，绝大部分直接由粪便排出，进入血液中的药物大部分以原型经肾随尿排出。

【药理作用与作用机制】 对肠内的阿米巴有较强作用，可抑制滋养体的生长繁殖。由于杀灭了滋养体从而间接清除了包囊。本类药物在肠腔内能释放出碘，抑制阿米巴滋养体共生细菌的生长繁殖，或抑制阿米巴滋养体内酶的活性，而产生抗阿米巴作用。

【临床应用】 治疗慢性阿米巴病，对于无症状带包囊者的作用更好，可起到根治和切断传染源的作用。对肠外阿米巴病无效。

【不良反应】 毒性低，常见不良反应为腹泻，一般不影响治疗。极少数对碘过敏者可出现发热、皮疹、唾液腺肿胀。大剂量应用可引起亚急性脊髓 – 视神经病变。对碘过敏及甲状腺肿大者、严重肝肾功能不良者慎用。

三、抗肠外阿米巴病药

氯喹

氯喹（Chloroquine）为抗疟药，亦有杀灭阿米巴滋养体的作用。氯喹在肝、肾、脾等组织药物浓度比血浆高数百倍，临床上氯喹主要用于甲硝唑无效或禁忌的肠外阿米巴病，如阿米巴肝脓肿、肺脓肿等。氯喹在肠壁组织浓度较低，故对阿米巴痢疾无效。在氯喹治疗同时，应用治疗肠阿米巴病的药物，可以减少复发。

其他用于抗阿米巴病药作用特点见表 43 – 2。

表 43 – 2　其他抗阿米巴药的作用特点

药物名称	药理作用	作用机制	临床应用	不良反应
替硝唑（tinidazole）	类似甲硝唑	类似甲硝唑	对阿米巴痢疾和肠外阿米巴病的疗效与甲硝唑相似，对阿米巴肝脓肿疗效更优于甲硝唑。也用于阴道滴虫病和厌氧菌感染	不良反应较少，但剂量大时有胃肠道不适、头痛、背痛及瘙痒等症状
奥硝唑（ornidazole）	类似甲硝唑	类似甲硝唑	厌氧菌感染引起的多种疾病，治疗男女泌尿生殖道毛滴虫、贾第鞭毛虫病及阿米巴原虫病	嗜睡、头痛、眩晕、胃肠不适，个别患者可出中枢神经系统障碍或周围神经病
依米丁（emetine）	杀灭肠壁的滋养体，而对肠腔中的滋养体无效，对包囊无效	抑制核糖体上肽基 – tRNA 的移位，阻止蛋白质合成而干扰溶组织内阿米巴滋养体的分裂与增殖	用于甲硝唑疗效不满意的急性阿米巴痢疾和严重肠外阿米巴	刺激性很强，除有胃肠道反应外，对心肌损害较严重，禁用于心脏病、肾功能不全、血压过低等患者及妊娠期妇女
二氯尼特（diloxanide）	最有效的杀包囊药	可能与阻断虫体蛋白质的合成有关	为治疗无症状带阿米巴包囊者的首选药	不良反应较轻
巴龙霉素（paromomycin）	对阿米巴原虫有强大的杀灭作用且强于依米丁，对革兰阴性杆菌、抗酸杆菌均有良好抑菌作用	有效抑制阿米巴原虫的共生菌，抑制阿米巴原虫生长繁殖，可直接杀灭阿米巴滋养体	用于肠内阿米巴病的治疗，对肠外阿米巴病无效；也可用于肠道隐孢子虫病的治疗，结肠手术前准备及肝昏迷等	胃肠道反应，肾脏毒性、中枢神经症状，肾功能不全者慎用

第三节　抗滴虫药

对人类致病的滴虫主要是阴道毛滴虫。滴虫可导致女性阴道炎症，也可导致男性尿道炎症。甲硝唑是治疗滴虫病首选药物，但对该药的耐药现象亦在增多。高剂量的替硝唑也有效，抗甲硝唑滴虫感染时可考虑改用乙酰胂胺局部给药。

乙酰胂胺

乙酰胂胺（acetarsol）为五价胂剂，用其片剂置于阴道穹隆部有直接杀滴虫的作用。阴道毛滴虫也可寄生于男性尿道，故患者夫妇应同时治疗，以保证疗效。该药有轻度局部刺激作用，使阴道分泌物增多。

第四节　抗血吸虫病药与抗丝虫病药

一、抗血吸虫病药

血吸虫病是一类危害人类健康的寄生虫病，寄生在人体的血吸虫有日本血吸虫、曼氏血吸虫、埃及血吸虫、间插血吸虫和湄公血吸虫等 5 种。

血吸虫生活史比较复杂。含虫卵人或畜的粪便排入水中后，在适当温度孵化毛蚴，钻入中间宿主钉螺体内，在其淋巴窦内逐渐发育成尾蚴，离开螺体进入水中。尾蚴具有传染性，被尾蚴污染的水称为疫水。当人、畜接触疫水后，尾蚴自皮肤迅速钻入体内，成为童虫，通过淋巴管进入血液循环、最后达门静脉发育为成虫。成虫雌雄异体，合抱后逆流至肠系膜下静脉及痔上静脉等处定居产卵。卵又随血液循环流到全身，到达肠壁小血管，可破坏肠壁组织，引起肠出血、坏死、脱落，卵随之落入肠腔，随粪便排出体外，可再次感染人畜。人感染血吸虫后，因尾蚴侵入皮肤而出现红疹、奇痒等。急性血吸虫出现高热、寒战、盗汗、乏力、肝脾肿大、咳痰、咯血等。虫卵侵入脑内引起癫痫样发作。当反复多次感染后则转变为慢性血吸虫病。

酒石酸锑钾是治疗血吸虫病的主要特效药，但它有毒性大、疗程长、必须静脉注射等缺点。20 世纪 70 年代研制出高效、低毒、疗程短、可口服吡喹酮，现已完全取代了锑剂。

吡喹酮

【体内过程】吡喹酮（praziquantel，环吡异喹酮）口服吸收迅速而完全，1~2 小时血药浓度达峰值。分布广泛，以肝、肾含量高，脑脊液中药物浓度为血药浓度的 14%~20%。主要在肝内羟化而失活，经肾排出。

【药理作用与作用机制】对血吸虫成虫有良好杀灭作用，对未成熟的童虫无效。对其他吸虫，如华支睾吸虫、姜片吸虫、肺吸虫以及各种绦虫（包括幼虫）都有不同程度疗效。

吡喹酮能选择性增加血吸虫体膜对 Ca^{2+} 的通透性，同时抑制血吸虫肌浆网对 Ca^{2+} 摄取，虫体内 Ca^{2+} 明显增多，从而产生痉挛性麻痹，使虫体不能附着于血管壁，而被血流冲入肝脏，即出现肝转移。另有人认为吡喹酮可激动虫体 5-HT 受体而致痉挛性麻痹。此外，吡喹酮还可具有使虫体表膜去极化、抑制虫体核酸和蛋白质合成等作用。

【临床应用】为广谱抗血吸虫药，用于各型血吸虫病及血吸虫病各阶段。也可用于肝华支睾吸虫病、肠吸虫病（如姜片虫病、异形吸虫病）、肺吸虫病和各种绦虫病等。

【不良反应】副作用多但短暂。主要为腹痛、恶心以及头昏、头痛、嗜睡、肌束颤动等。少数出现心电图改变、心律失常。严重的心、肝、肾病患者及有精神病史的患者慎用；哺乳期妇女于服药期间，直至停药后 72 小时内不宜哺乳。妊娠期妇女禁用。

二、抗丝虫病药

丝虫病为班氏丝虫和马来丝虫在人淋巴系统引起的慢性寄生虫病，由蚊虫传播，流行于我国南方各省。临床表现有淋巴管炎及淋巴结炎、丹毒样皮炎，同时伴有畏寒、发热等丝虫热症状。在后期由于炎症的反复发作，导致纤维组织增生及肉芽肿形成而堵塞淋巴管，引起橡皮样下肢肿、乳糜尿及阴囊、睾丸鞘膜积液等。临床上抗丝虫病的药物主要有乙胺嗪和伊维菌素。

乙胺嗪

【体内过程】 乙胺嗪（diethylcarbamazine）口服迅速吸收，1~2 小时血药浓度达峰值。在体内广泛分布于除脂肪组织以外的各组织。代谢迅速，48 小时后几乎全部从尿中排出，酸化尿液加速排泄。

【药理作用与作用机制】 对班氏丝虫和马来丝虫的各期均有杀灭作用，可使微丝蚴迅速从患者血液中减少或被消灭，对淋巴系统中的成虫也有毒杀作用。其作用机制两方面，一是其分子中的哌嗪部分使微丝蚴的肌肉组织发生超极化，产生弛缓性麻痹而脱离寄生部位；二是破坏微丝蚴表面的完整性，使其易于遭受宿主防卫机制的破坏。

【临床应用】 用于马来丝虫病和班氏丝虫病，为首选药，但需在数年内反复用药。

【不良反应】 毒性较低而短暂，可引起厌食、恶心、呕吐、头痛、无力等。用药期间因丝虫成虫和蚴虫死亡，释放出大量异性蛋白引起的过敏反应则较明显，表现为皮疹、淋巴结肿大、血管神经性水肿、畏寒、发热、哮喘以及心率加快、胃肠功能紊乱等。对活动性肺结核、严重心脏病、肝病、肾病、急性传染病患者以及孕妇、哺乳期妇女应暂缓治疗。

伊维菌素

伊维菌素（ivermectin）为广谱抗寄生虫和抗虱、螨、昆虫等节肢动物药，其中对丝虫作用最强，可杀灭班氏丝虫和马来丝虫的微丝蚴，对成虫无效。对其他肠道线虫，如圆线虫、蛔虫、鞭虫和蛲虫作用强，对钩虫作用差。作用机制为可促进神经末梢突触前的 γ-氨基丁酸（GABA）的释放，与突触后膜的 GABA 受体结合，使 GABA 诱导的 Cl^- 内流，抑制性突触传递过程加强，引起虫体松弛性麻痹。还可影响盘尾丝蚴在雌虫子宫内正常发育，并抑制其从子宫内释放。临床用于治疗丝虫病，可用于类圆线虫病、蛔虫病、鞭虫病和蛲虫病。毒性较低，过敏反应则较明显。

第五节　抗肠蠕虫药

肠道寄生的蠕虫包括：①线虫类，如蛔虫、钩虫、蛲虫、鞭虫及粪类圆线虫等；②绦虫类，如猪肉绦虫、牛肉绦虫、短膜壳绦虫及阔节裂头绦虫等；③吸虫类，如姜片虫、肝吸虫等。抗肠蠕虫药是一类从胃肠道驱除蠕虫或杀灭侵入组织或器官的蠕虫的药物。不同蠕虫，对不同药物的敏感性不一样，对不同的肠蠕虫感染，应选择不同的抗肠蠕虫药。

甲苯达唑

【体内过程】 甲苯达唑（mebendazole）口服在肠道吸收少，药物在肠腔中浓度很高，如同时进食脂肪类食物可增加药物吸收量。

【药理作用与作用机制】 为高效、广谱驱肠蠕虫药，对蛔虫、蛲虫、鞭虫、钩虫、绦虫的幼虫和成虫均有杀灭作用，对蛔虫卵、钩虫卵和鞭虫卵有杀灭作用。可选择性地与肠蠕虫细胞内的 β-微管蛋白结合，抑制微管的组装，造成物质转运受阻，高尔基体内分泌颗粒积聚，使胞质内细胞器溶解，使虫体死亡。也可抑制虫体对葡萄糖的摄取和利用，逐渐耗竭内生糖原，减少 ATP 生成，造成虫体能源断绝而死亡。另外还能控制虫卵发育，因而有控制肠蠕虫传播的作用。

【临床应用】 治疗蛔虫、蛲虫、鞭虫、钩虫、绦虫等肠蠕虫的感染及混合感染，并可有效控制蛔虫、钩虫和鞭虫传播。

【不良反应】 无明显不良反应。少数病例服后可见短暂腹痛、腹泻。大剂量时偶见过敏反应、脱发、粒细胞减少等。有明显的胚胎毒和致畸作用，故孕妇忌用。2 岁以下儿童和对该药过敏者不宜使用。肝肾功能不全者禁用。

其他抗蠕虫病药作用特点见表 43-3。

表 43-3 其他抗蠕虫病药的作用特点

药物名称	药理作用	临床应用	不良反应
阿苯达唑（albendazole）	对线虫类的蛔虫、蛲虫、钩虫、鞭虫，粪类圆线虫，绦虫类的猪肉绦虫、牛肉绦虫、短膜壳绦虫等均有驱杀作用	肠线虫病、肠绦虫病；囊虫病；包虫病（棘球蚴病）；华支睾吸虫病；旋毛虫病；肺吸虫和贾第鞭毛虫病也有效	短期治疗肠蠕虫病不良反应少，治疗囊虫病和包虫病时，因所用剂量较大，疗程很长，不良反应严重
噻苯达唑（thiabendazole）	对多种胃肠道线虫均有驱除效果	肠线虫病	发生率高
哌嗪（piperazine）	对蛔虫、蛲虫有较强的驱除作用	蛔虫病和蛲虫病	不易吸收，副作用少
噻嘧啶（pyrantel）	广谱驱线虫作用	蛔虫、钩虫、蛲虫和毛圆线虫病	胃肠道不适，尚可出现头昏、发热等
氯硝柳胺（niclosamide）	对牛肉绦虫、猪肉绦虫、阔节裂头绦虫和短膜壳绦虫有杀灭作用，对血吸虫尾蚴和毛蚴也有杀灭作用	牛肉绦虫、猪肉绦虫、阔节裂头绦虫和短膜壳绦虫病，以及血吸虫病的预防	偶有胃肠道反应
左旋咪唑（levamisole）	广谱驱肠虫作用，调节免疫作用	蛔虫病和钩虫病的治疗，适用于肺癌、乳腺癌手术后或急性白血病、恶化淋巴瘤化疗后作为辅助治疗	偶有头晕、恶心、呕吐、腹痛、食欲不振、等不良反应。个别患者可有白细胞减少症、剥脱性皮炎及肝功损伤
奥克太尔（oxantel）	对驱治鞭虫效果较好，对其他肠道线虫效果甚差	蛲虫病	因口服吸收少，故不良反应轻而短暂

目标检测

答案解析

1. 试述抗疟药的分类及其代表药物。它们的药理作用特点是什么？
2. 为什么选用周效磺胺与乙胺嘧啶配伍治疗恶性疟？
3. 试述甲硝唑的临床用途。
4. 为什么酒石酸锑钾已渐被吡喹酮所取代？
5. 阿米巴肝脓肿及无症状包囊携带者分别选用何药治疗，为什么？

（黄丽萍）

书网融合……

本章小结　　　微课　　　题库

第四十四章　抗恶性肿瘤药

学习目标

1. **掌握**　抗肿瘤药物的分类和常用抗肿瘤药物的药理作用、临床应用和主要不良反应。
2. **熟悉**　常用抗肿瘤药物的作用机制、肿瘤细胞耐药性及联合用药的原则。
3. **了解**　抗肿瘤药物的研发进展。
4. 具备运用常用抗肿瘤药物的作用机制理解药物的临床应用的能力。

恶性肿瘤（malignant tumor）又称癌症，为一组可影响身体任何部位的疾病的统称。其特征如下。①病因：各种致癌因素导致的细胞基因改变。②疾病本质：细胞不受控制增殖而不发生凋亡。③疾病进展：肿瘤转移，且90%以上患者死于转移并发症。恶性肿瘤是全球发病和死亡的主要原因，2020年约有1929万例新发癌症病例和996万例癌症相关死亡病例。我国肿瘤发病和死亡形势也不容乐观，2022年预计我国有479.7万例新发病例和319.4万例死亡病例，恶性肿瘤已排在心脑血管疾病之后，成为我国人群死亡的主要原因。考虑到目前发展中国家和发达国家的人均预期寿命的增加、不健康的生活方式和吸烟者增加等因素，预计癌症发病率将会不断上升。

化学治疗（chemotherapy，简称化疗）是恶性肿瘤治疗的三大传统方法之一，目前仍然是临床治疗肿瘤的主要手段。近年来，随着肿瘤分子生物学和肿瘤药理学以及各种组学的不断发展，作用于肿瘤发生和转移的不同环节和靶点被发现，出现了一些新型的抗肿瘤药物，包括血管生成抑制药、各种细胞因子、单克隆抗体、基因治疗和免疫治疗等肿瘤生物学治疗药物。

第一节　抗恶性肿瘤药物的分类 📱微课

一、传统分类

抗肿瘤药物的传统分类是根据抗肿瘤药物的来源、化学结构及作用机制进行分类，分为：①烷化剂，如环磷酰胺（cyclophosphamide，CTX）、塞替哌（thiotepa）、卡莫司汀（carmustine）、马利兰（busulfan）等；②抗代谢物，如甲氨蝶呤（methotrexate，MTX）、氟尿嘧啶（fluorouracil，5-FU）、巯嘌呤（mercaptopurine，6-MP）、阿糖胞苷（cytarabine，Ara-C）；③抗肿瘤抗生素，如放线菌素D（dactinnomycin D，ACTD）、多柔比星（doxorubicin，DOX）、柔红霉素（daunorubicin，DNR）、博来霉素（bleomycin，BLM）、丝裂霉素（mitomycin，MMC）等；④抗肿瘤植物药，如长春（新）碱（vinblastine，VLB，VCR）、紫杉醇（paclitaxel，PTX）、喜树碱（camptothecine，CPT）、三尖杉酯碱（harringtonine）；⑤激素类药物，如糖皮质激素、雌激素和雄激素等；⑥其他药物。

二、根据抗肿瘤作用的生化机制分类

根据生化机制分类，抗恶性肿瘤药物可分为干扰核酸生物合成的药物、直接影响DNA结构与功能的药物、干扰转录过程和阻止RNA合成的药物、干扰蛋白质合成与功能的药物、影响激素平衡的药物

和其他类药物六类。

三、根据肿瘤作用的周期时相分类

根据抗肿瘤药物对细胞增殖周期中 DNA 合成前期（G_1 期）、DNA 合成期（S 期）、DNA 合成后期（G2 期）、有丝分裂期（M 期）各时相的作用靶点不同，又可分为细胞周期特异性药物（cell cycle specific agents，CCSA）和细胞周期非特异性药物（cell cycle non-specific agents，CCNSA）两大类。

（一）细胞周期特异性药物

作用特点只限于细胞增殖周期的某一个时相，在一定的时间内发挥其杀伤作用。使用时通过缓慢或持续静脉注射、肌内注射、口服等会发挥更大作用。主要包括抗代谢类及植物类药物，如作用于 G_1 期的药物门冬酰胺酶等，作用于 S 期的药物氟尿嘧啶、甲氨蝶呤等，作用于 G_2 期的药物平阳霉素、亚硝脲类等，作用于 M 期的药物长春碱类、紫杉类、喜树碱类等。

（二）细胞周期非特异性药物

无选择的直接作用于细胞增殖周期的各个时相，作用较强，可迅速杀伤肿瘤细胞，其剂量与疗效呈正相关，以一次静脉注射为宜。此类药物包括烷化剂、铂类及抗肿瘤抗生素类等，如氮芥、环磷酰胺、美法仑、顺铂、卡铂、奥沙利铂、多柔比星、放线菌素 D 等。

四、通用分类

随着近年来抗恶性肿瘤药物研发的深入，结合传统的分类优点，并根据我国肿瘤专家抗肿瘤药物分类的共识，目前将抗恶性肿瘤药物进行如下分类：

（一）细胞毒类药

1. 影响核酸生物合成的抗代谢药物 此类药物为细胞周期特异性药，分别在不同环节阻止 DNA 合成，抑制细胞的分裂与增殖。根据其干扰的生化过程不同分为：①二氢叶酸还原酶抑制剂如甲氨蝶呤（MTX）；②胸苷酸合成酶抑制剂如氟尿嘧啶（FU）；③核苷酸还原酶抑制剂如羟基脲（HU）；④DNA 多聚酶抑制剂如阿糖胞苷（Ara-C）；⑤嘌呤核苷酸互变抑制剂如巯嘌呤（MP）。

2. 作用于 DNA 化学结构的药物 ①烷化剂可与细胞中的亲核基团发生烷化反应，致 DNA 在复制中发生碱基错误配对；同时双功能基的烷化剂常与 DNA 双链上鸟嘌呤结合，形成交叉联结，阻碍 DNA 复制，也可使染色体断裂。DNA 结构功能的破坏可导致细胞的分裂、增殖停止或死亡，如氮芥、环磷酰胺（CTX）等；②铂类化合物可与 DNA 结合，进而破坏其结构与功能，如顺铂（CDDP）、奥沙利铂（OXA）等；③破坏 DNA 的抗生素，本类药物可使 DNA 单链断裂，阻止 DNA 的合成，如丝裂霉素（MMC）、博来霉素（BLM）等。

3. 作用于核酸转录的药物 本类药物可嵌入 DNA 碱基对之间，干扰转录过程，阻止 mRNA 的形成，可对细胞周期各时相产生杀灭作用，包括蒽环类药物和放线菌素-D 等。

4. 拓扑异构酶抑制药 包括拓扑异构酶 I 抑制剂（如伊立替康）和拓扑异构酶 II 抑制剂（如依托泊苷），可直接抑制拓扑异构酶，阻止 DNA 的复制和 RNA 的合成。

5. 影响蛋白质合成、干扰有丝分裂的植物类药 ①长春新碱（VCR）、紫杉醇（TAX）等影响微管蛋白装配，干扰有丝分裂中纺锤体的形成，使增殖细胞停止在分裂中期；②高三尖杉酯碱，干扰核蛋白体功能，阻止蛋白质合成；③左旋门冬酰胺酶，可降解血液中的门冬酰胺，使细胞缺乏此氨基酸，影响氨基酸供应，阻止蛋白质合成。

6. 其他细胞毒类药物 如维甲酸、硼替佐米等。

（二）影响激素平衡的药物

起源于激素依赖性组织的肿瘤如乳腺癌、前列腺癌、子宫内膜癌、甲状腺癌等，肿瘤生长仍然部分保留了对激素的依赖性。这些肿瘤可以通过激素的治疗，或对内分泌腺的切除而使肿瘤缩小。临床上所采用的内分泌治疗，可以直接或间接地通过垂体的反馈作用，改变机体的激素平衡和肿瘤发生、发展的内环境，以达到抑制肿瘤的作用。例如在乳腺癌临床常用的他莫昔芬是一种雌激素调变剂，是通过竞争肿瘤细胞表面雌激素受体，干扰雌激素对乳腺癌的刺激而达到治疗作用。肾上腺皮质激素是通过影响脂肪酸的代谢，而致淋巴细胞降解，以达到对急性淋巴细胞白血病及恶性淋巴瘤的治疗作用。本类药物包括以下几种。

（1）性激素类药物包括雄激素药物如甲睾酮等；雌激素药物如己烯雌酚等。

（2）性激素调变剂包括抗雌激素药物如他莫昔芬（tamoxifen，TAM）、托瑞米芬等；抗雄激素药物如氟他特米、比卡鲁胺等。

（3）芳香化酶抑制剂如氨鲁米特（aminoglutethimide）、阿那曲唑（anastrozole）、来曲唑、依西美坦等。

（4）孕酮类药物如甲孕酮、甲地孕酮。

（5）促性腺激素释放素类药物如亮丙瑞林（leuprolide）、戈舍瑞林（goserelin）、曲普瑞林等。

（6）肾上腺皮质激素类药物如泼尼松、地塞米松等。

（7）其他激素类药物如甲状腺素等。

（三）生物反应调节剂

生物反应调节剂是一类具有广泛生物学活性和抗肿瘤活性的生物抗肿瘤药物。此类药物对机体的免疫功能有增强、调节作用，其作用机制是通过增强机体免疫功能发挥抗肿瘤作用。如细胞免疫增强剂白细胞介素 -2、胸腺肽等和巨噬细胞增强剂干扰素、腺病毒 P53 等。

（四）分子靶向药物

分子靶向治疗药物中，一类为用基因工程技术所产生的单克隆抗体，通过对受体的高选择性、亲和性和抗体依赖性的细胞毒作用，来杀灭肿瘤细胞，或抑制肿瘤细胞的增殖，如曲妥珠单抗、利妥昔单抗、西妥昔单抗、贝伐单抗等。另一类为作用于转导通路的药物，可以阻断或抑制细胞内信号转导通路的小分子化合物，如吉非替尼、索拉非尼、厄洛替尼、拉帕替尼等。

（五）其他类药物包括一些机制不明或有待进一步研究的药物

（1）细胞分化诱导剂如维甲酸和亚砷酸等。

（2）细胞凋亡诱导剂。

（3）中药制剂如参一胶囊、复方斑蝥胶囊、复方苦参注射液、亚砷酸、贞芪扶正颗粒等。

（4）基因治疗相关药物。

（六）辅助治疗药物

（1）生血药物如重组人粒细胞集落刺激因子、促红细胞生成素、白介素 -11 等。

（2）镇痛药物如吲哚美辛、曲马多、吗啡等。

（3）抗呕吐药物如多潘立酮、格拉司琼、托烷司琼等。

（4）抑制骨破坏药物如帕米膦酸二钠、唑来膦酸等。

本章将重点阐述经典的细胞毒药物和影响激素平衡类药物，并结合近年来抗肿瘤药物研究进展介绍靶向分子药物。

第二节 常用的抗恶性肿瘤药

一、细胞毒性药物

（一）影响核酸生物合成的抗代谢药物

1. 叶酸拮抗药

甲氨蝶呤

【药理作用及机制】甲氨蝶呤（methotrexate，MTX）的化学结构与叶酸相似，对二氢叶酸还原酶具有高度亲和力，以竞争的方式与其结合，阻断该酶的活性，使叶酸不能转变为具有生理活性的四氢叶酸，进而阻断脱氧尿苷酸转变为脱氧胸腺嘧啶核苷酸，阻止 DNA 的合成。实验证明 MTX 也可阻止嘌呤核苷酸的生物合成，从而干扰了 RNA 和蛋白质的合成。另外，MTX 在细胞内可形成多聚谷氨酸盐形式，增加了它的体积及所带的负电荷数目，使 MTX 长期滞留于特定细胞内。MTX 主要作用于细胞周期 S 期，对 G_1 期和 G_1/S 转换期也有一定作用，属于细胞周期特异性药物。

【临床应用】主要与其他化疗药物联合用于治疗各型急性白血病、绒毛膜上皮癌、恶性葡萄胎、恶性淋巴瘤，疗效明显；乳腺癌、头颈部癌、膀胱癌、宫颈癌、肺癌、卵巢癌及软组织肉瘤均有一定疗效，鞘内注射或大剂量静滴可用于治疗脑膜白血病和脑膜转移瘤；小剂量应用可治疗一些非癌性疾病如银屑病、类风湿关节炎等。

【不良反应】①胃肠反应 通常可有轻度恶心、呕吐，大剂量时恶心、呕吐加重，可有口腔溃疡、胃炎、腹泻甚至血便，黏膜炎是本药剂量限制性毒性。②骨髓抑制 也属本药剂量限制性毒性，白细胞、血小板减少多出现在用药后 4～10 天，约 2 周可恢复。③肝功能损害 低剂量时不常见，大剂量可引起肝肾功能异常，低剂量长期服用可引起慢性肝纤维化。④可有脱发、皮炎、皮肤色素情况，偶见甲氨蝶呤肺炎。鞘内注射或颈动脉滴注偶尔引起蛛网膜炎、麻痹、抽搐、意识不清和慢性脱髓鞘综合征。有致畸作用并可从乳汁排出，故服药期禁怀孕及哺乳。

2. 嘧啶拮抗药

氟尿嘧啶

【药理作用及机制】氟尿嘧啶（fluorouracil，5－FU）需在体内转化为一磷酸脱氧核糖氟尿嘧啶核苷（FdUMP）才能发挥作用，通过抑制脱氧胸苷酸合成酶，阻断脱氧尿苷酸转变成脱氧胸苷酸，从而影响 DNA 的生物合成。主要作用于 S 期，也能作用于 RNA，干扰蛋白质合成，对其他各期也有作用。

【临床应用】氟尿嘧啶是治疗消化道癌（胃癌、结肠癌、食管癌、肝癌、胰腺癌等）的主要药物，也常用于治疗乳腺癌、卵巢癌、绒毛膜上皮癌、头颈部癌、肺癌、膀胱癌、宫颈癌及皮肤癌等。

【不良反应】消化道反应为其最常见的毒性反应，包括食欲减退、恶心、呕吐、口腔炎、口腔溃疡、胃炎、腹痛、腹泻等。其他还包括骨髓抑制、肝功能损害、心脏毒性等。使用时不宜饮酒或同用阿司匹林类药物，以减少消化道出血的发生。肝转移或肝、肾功能不良者慎用。妊娠期、哺乳期妇女禁用。

阿糖胞苷

【药理作用及机制】阿糖胞苷（cytarabine，Ara－C）在体内须转化为阿糖胞苷三磷酸（Ara－CTP）才能发挥抗癌作用。Ara－CTP 抑制 DNA 多聚酶，影响 DNA 合成；也可掺入 DNA 中，干扰 DNA 的复制，使细胞死亡。但对 RNA 和蛋白质合成无显著作用，主要作用于 S 期，属于细胞周期特异性药物。

【临床应用】主要用于治疗急性非淋巴细胞白血病（多与蒽环类药物联合应用）、慢性粒细胞白血病急变期、难治性急性淋巴细胞白血病及非霍奇金淋巴瘤。

【不良反应】主要不良反应为胃肠道反应、骨髓抑制和肝损害。

吉西他滨

【药理作用及机制】吉西他滨（gemcitabine，GEM）为脱氧胞苷的类似物，其作用机制与 Ara - C 相似，但抗瘤谱较 Ara - C 广。

【临床应用】用于治疗胰腺癌、非小细胞肺癌、膀胱癌、乳腺癌及其他实体瘤。

【不良反应】主要为骨髓抑制、胃肠道反应和肝功能损害。

3. 嘌呤拮抗药

巯嘌呤

【药理作用及机制】巯嘌呤（mercaptopurine，6 - MP）为抗嘌呤类抗肿瘤类药物，在体内必须生成巯嘌呤核苷酸（MPRP），即硫代次黄嘌呤核苷酸才能发挥其效应。该代谢物能抑制次黄嘌呤核苷酸（IMP）转变为腺苷酸（AMP）和鸟苷酸（GMP），干扰嘌呤代谢，阻碍核酸的合成。同时还可以形成硫代鸟苷酸（6 - TGMP）掺入 DNA。主要作用于 S 期，属于周期特异性药物。

【临床应用】主要用于急性淋巴细胞白血病缓解期的维持治疗，也可用于慢性粒细胞白血病、绒毛膜上皮癌、恶性葡萄胎等的治疗。

【不良反应】常见不良反应有胃肠道毒性和骨髓抑制，也可见肝毒性。由于别嘌醇为黄嘌呤氧化酶抑制剂，当与 6 - MP 合用时，注意调整 6 - MP 的用量，避免药物蓄积使毒性反应加重。

硫鸟嘌呤

【药理作用及机制】硫鸟嘌呤（tioguanine，6 - TG）作用与 6 - MP 相似，经 HGPRT 转化为具活性的硫鸟嘌呤核苷酸，可抑制嘌呤的生物合成，也可掺入 RNA 和 DNA 分子。

【临床应用】主要与阿糖胞苷和柔红霉素联合治疗急性非淋巴细胞白血病。

【不良反应】6 - TG 的不良反应与 6 - MP 相似，胃肠道毒性稍低。

4. 核糖核苷酸还原酶抑制药

羟基脲

羟基脲（hydroxyurea）为核苷酸还原酶抑制剂，可阻止核糖核酸还原为脱氧核糖核酸，从而抑制 DNA 合成。属于周期特异性药物，可选择性杀伤 S 期细胞，同时对 $G_1 - S$ 边界有延缓作用，使细胞集中于 G_1 期，由于 G_1 期对放射线敏感，因此与放疗合并应用可提高疗效。主要用于治疗慢性粒细胞白血病，也用于治疗急性白血病、真性红细胞增多症、头颈部癌、黑色素瘤等。主要不良反应为骨髓抑制。

（二）作用于 DNA 化学结构的药物

1. 烷化剂 烷化剂又称烷基化剂，是能将烷基转移到其他分子上的高度活泼的一类化学物质。一般引入的烷基连接在氮、氧、碳等原子上。烷化剂具有一个或两个烷基，分别称单功能或双功能烷化剂，所含烷基能对细胞的 DNA、RNA 或蛋白质中亲核基团起烷化作用，常可形成交叉联结或引起脱嘌呤，使 DNA 链断裂，在下一次复制时，又可使碱基配对错码，造成 DNA 结构和功能的损害，严重时可致细胞死亡。烷化剂为周期非特异性药物，对快速增殖的细胞灭杀作用更强。烷化剂有致突变和致癌作用，长期应用可引起二次肿瘤和不育。

氮芥

氮芥（mechlorethamine，nitrogen mustard）是第一个用于临床的氮芥药物，药用其盐酸盐，易溶于水，水溶液极不稳定，因此现配现用，给药后迅速离开血液，分布无选择性。常用于 MOPP 方案（氮芥、长春新碱、丙卡巴肼和泼尼松）治疗霍奇金病，也用于治疗肺癌、头颈部癌等实体瘤。不良反应有严重的恶心和呕吐、骨髓抑制及脱发。此外，氮芥对局部组织有较强刺激作用，反复注射的静脉可引起静脉炎和栓塞性静脉炎，药液漏于血管外可引起局部肿胀、疼痛，甚至组织坏死、溃疡。

环磷酰胺

环磷酰胺（cyclophosphamide，CTX）为目前临床应用最广的烷化剂，抗瘤谱广，毒性比氮芥低，化疗指数比其他烷化剂高。CTX 在体外无活性，需在肝细胞色素 P450 酶系统的作用下转化为活性代谢产物磷酰胺氮芥才能发挥细胞毒性作用。活性产物与 DNA 发生交叉联结等共价结合，抑制 DNA 合成，干扰 DNA 和 RNA 的功能，使肿瘤细胞死亡。

CTX 对于恶性淋巴瘤、多发性骨髓瘤、乳腺癌、小细胞肺癌、卵巢癌、神经母细胞瘤、视网膜母细胞瘤、尤文瘤、软组织肉瘤以及急性白血病和慢性淋巴细胞白血病等都有明显疗效，多与其他抗癌药联合使用。另外，CTX 还可作为免疫抑制药用于自身免疫性疾病如肾病综合征、系统性红斑狼疮、类风湿关节炎和器官移植的排斥反应等。除恶心、呕吐、腹泻和脱发外，CTX 最主要的毒性反应为骨髓抑制（白细胞减少）和出血性膀胱炎。分次给药和采用利尿药可减轻膀胱毒性，同时应用美司钠（巯乙磺酸钠）可使代谢产物失活而减轻对膀胱的毒性。

亚硝脲类

本类药物包括洛莫司汀（lomustine）、卡莫司汀（carmustine）等，脂溶性高，易透过血 – 脑屏障，用于脑部原发肿瘤（星形胶质细胞瘤和室管膜瘤等）和脑转移瘤的治疗。与其他药物合用治疗淋巴瘤和某些实体瘤。不良反应为延迟性骨髓抑制、消化道反应和肝肾毒性。

塞替派

塞替派（thiotepa）是一种乙烯亚胺类烷化剂，脂溶性好，可进入脑脊液达到较高的浓度。可以口服或静脉给药，由于无刺激作用，也可以在膀胱内、腔内、动脉内或肌内注射给药。主要用于腔内注射治疗癌性渗出物，局部灌注治疗浅表膀胱癌，对乳腺癌、卵巢癌、肺癌和血液系统恶性肿瘤等也有效。不良反应有骨髓抑制、肠道反应、皮疹和中枢神经系统毒性。

白消安

白消安（busulfan，马利兰）是磺酸类双功能烷化剂，具有与氮芥类似的细胞毒作用，属于细胞周期非特异性药物。口服给药，吸收较完全，经肝脏代谢后，由肾排泄。本药对骨髓有选择性抑制作用，对粒细胞系统抑制最明显，对淋巴细胞系统的抑制作用较弱，仅在大剂量时才出现。主要用于治疗慢性粒细胞白血病，疗效显著，也用于治疗真性红细胞增多症及骨髓纤维化。主要不良反应为骨髓抑制，长期应用可致肺纤维化、闭经、睾丸萎缩等。

2. 铂类化合物

顺铂

顺铂（cisplatin，DDP）为第一代铂类化合物，分子中的铂原子对其抗肿瘤作用具有重要意义，而且只有顺式才有作用，反式则无效。顺铂可与 DNA 双链上的碱基成交叉联结，引起 DNA 链间或链内交联，或形成 DNA 与蛋白质交联，进而抑制 DNA 和 RNA 的合成，作用较强而持久。

抗瘤谱较广，对多种实体瘤有较好疗效，在食管癌、非小细胞肺癌、睾丸癌、卵巢癌、膀胱癌、子宫内膜癌、头颈部癌等癌症中被推荐为首选药物。顺铂的不良反应包括消化道反应、肾毒性、骨髓抑制和神经毒性。

卡铂

卡铂（carboplatin，CBP，碳铂）为第二代铂类化合物，抗肿瘤作用与顺铂相似，并有交叉耐药。卡铂的活性不如 DDP。大部分药物通过肾脏排泄，$t_{1/2}$ 约 2 小时。用于顽固性卵巢癌以及肺癌、睾丸癌、膀胱癌和头颈部癌等。不良反应主要是骨髓抑制，少有肾毒性，消化道毒性和耳毒性较低。

奥沙利铂

奥沙利铂（oxaliplatin，草酸铂）为第三代铂类化合物，以 DNA 为靶作用部位，铂离子与 DNA 链形成交联，从而阻断其复制和转录。奥沙利铂和顺铂与 DNA 结合动力学特点有明显差别。顺铂的 DNA 结合动力学特点呈双相，快相结合需 15 分钟，慢相结合需 4~8 小时，而奥沙利铂则 15 分钟内完全与 DNA 结合。奥沙利铂对乳腺癌、卵巢癌、黑色素瘤和睾丸癌等有抑制作用，和 5 - 氟尿嘧啶及亚叶酸钙合用，用于治疗转移性结肠癌、直肠癌。奥沙利铂突出的不良反应是外周感觉神经异常，随累积剂量增加而增加，停药可恢复；此外，骨髓抑制轻微，无肾毒性。

3. 破坏 DNA 的抗生素

博来霉素

博来霉素（bleomycin，BLM）被认为是一种金属螯合物，能和亚铁离子形成 BLM - Fe 复合物。这一复合物能为氧分子提供电子，故可形成过氧化物和游离羟基。正是这些高活性的中间产物可使 DNA 分子发生单股或双股断裂。博来霉素属周期非特异性药物，但对 G_2 期细胞杀伤活力最强。本药的特点是治疗剂量一般无骨髓抑制作用，也不抑制免疫系统，故常与其他抗肿瘤药物合并应用用来治疗霍奇金病、非霍奇金淋巴肿瘤和鳞状上皮癌等。肺毒性是最严重的不良反应。皮肤毒性反应为红疹、角化过度、红斑等，连续应用可致指甲残留色素和脱发；发热、寒战等过敏性反应也较多见。

丝裂霉素 C

丝裂霉素 C（mitomycin C，MMC，又称自力霉素）在细胞内经酶解作用转化为具有功能基的活性烷化剂，可抑制 DNA 合成并使碱基双链交叉联结，也能使部分 DNA 单链断裂和染色体断裂。用于各种实体瘤（肠癌、肺癌、胃癌、膀胱癌和头颈部癌等）的治疗。常见较为严重的不良反应为骨髓抑制，其他包括急性肾衰、胃肠道反应、皮炎、神经紊乱、间质性肺炎、膀胱炎等。

（三）嵌入 DNA 干扰转录过程的药物

放线菌素 D

放线菌 D（dactinomycin D，更生霉素）为多肽类抗生素，可嵌入 DNA 双螺旋的小沟中，与 DNA 形成复合体，阻碍 DNA 多聚酶的功能，抑制 RNA 合成，特别是 mRNA 的合成，从而妨碍蛋白质的生成。该药属于周期非特异性药物，口服吸收差，可从胆汁和尿中排出，不能通过血 - 脑屏障。抗瘤谱较窄，主要用于治疗横纹肌肉瘤和儿童 Wilms 肿瘤，此外对肾母细胞瘤、绒毛膜上皮癌、横纹肌肉瘤和神经母细胞瘤等也有疗效。常见不良反应有骨髓抑制和胃肠道反应。

蒽环类药

常用的蒽环类药包括多柔比星（doxorubicin，DOX，阿霉素，adriamycin，ADM）、柔红比星

（daunorubicin，柔红霉素，daunomycin，DNR）、表柔比星（epirubicin，EPI）和伊达柔比星（idarubi-cin，去甲氧柔红霉素，demethoxydaunorubicin，IDA）以及人工合成的米托蒽醌（mitoxantrone）。

本类药物非特异性插入相邻碱基对之间，破坏 DNA 的模板功能，并可干扰拓扑异构酶Ⅱ重新连接断裂的 DNA 双链，从而阻碍 DNA 和 RNA 的生物合成。另外，本类药物可与细胞膜结合影响与磷脂酰肌醇激活偶联的细胞运输过程。

柔红比星主要用于急性粒细胞白血病，对儿童疗效较好；多柔比星抗瘤谱广，主要用于血液系统恶性肿瘤，特别是急性淋巴细胞性白血病和淋巴瘤，也用于乳腺癌、卵巢癌、胃癌、肺癌、膀胱癌、头颈部癌等实体瘤。表柔比星的应用与多柔比星相似。伊达柔比星用于成人非淋巴细胞白血病，如急性粒细胞白血病的一线治疗，以及急性淋巴细胞白血病的二线治疗。米托蒽醌用于急性白血病、恶性淋巴瘤、乳腺癌等。

心脏毒性是本类药物最严重不良反应。可发生急性毒性反应，表现为心律失常、心脏传导异常、心包炎-心肌炎综合征和急性心衰；也可发生慢性毒性反应，使用时需监测心功能，一旦心功能下降，必须停药。其他不良反应包括骨髓抑制、胃肠道反应和脱发等。柔红比星的心脏毒性和骨髓抑制最为严重；表柔比星的不良反应较多柔比星轻；伊达柔比星骨髓抑制严重，有时可见心脏毒性；米托蒽醌较少发生心脏毒性，可见骨髓抑制和胃肠道反应。

（四）拓扑异构酶抑制药

本类药物可干扰拓扑异构酶的作用，破坏 DNA 结构，并抑制 DNA 的生物合成，属于 S 期特异性药物。

1. 拓扑异构酶Ⅰ抑制药

喜树碱和羟喜树碱

喜树碱和羟喜树碱（camptothecine and hydroxycamptothecine）均能特异性地与拓扑异构酶Ⅰ结合，形成药物-酶-DNA 复合物，使 DNA 双链合成中断，导致细胞死亡。临床主要用于治疗胃癌、肝癌、结肠癌、直肠癌、膀胱癌、绒毛膜上皮癌和粒细胞白血病等，不良反应主要为泌尿系统反应（尿急、尿频和血尿）、胃肠道反应、骨髓抑制。羟基喜树碱作用机制与喜树碱相似，不良反应较喜树碱轻。

伊立替康和拓扑替康（irinotecan and topotecan）均为半合成的喜树碱类药（camptothecines），同样抑制拓扑异构酶Ⅰ的作用。伊立替康用于治疗进展型结肠癌和直肠癌。主要不良反应包括腹泻、中性粒细胞减少、恶心、呕吐和脱发等。拓扑替康用于初始化疗或序贯化疗失败的转移性卵巢癌及一线化疗失败的小细胞肺癌患者，不良反应为中性粒细胞减少等。

2. 拓扑异构酶Ⅱ抑制药

依托泊苷和替尼泊苷

依托泊苷（etoposide）（VP-16）（又称为鬼臼乙叉苷）和替尼泊苷（teniposide）（VM-26）（又称为鬼臼甲叉苷），均为鬼臼毒素的半合成衍生物。本类药物通过与拓扑异构酶Ⅱ结合，使断裂的 DNA 双链不可重新连接，阻止 DNA 复制。本类药常与其他抗癌药联合应用于治疗小细胞肺癌、睾丸癌、非霍奇金淋巴瘤、霍奇金病和白血病。本类药物的不良反应包括骨髓抑制和胃肠道反应。

（五）干扰蛋白质合成与功能的药物

1. 微管蛋白抑制药
微管是细胞骨架的主要组成部分，在维持细胞形态、细胞分裂、信号转导等过程中起着重要作用。微管蛋白抑制剂的作用机制是通过抑制或者促进微管蛋白的聚合而干扰细胞的有丝分裂过程，从而发挥抗肿瘤作用。此类药物均作用于细胞周期的 M 期。

（1）长春碱类药物　长春碱（vinblastine，VLB）和长春新碱（vincristine，VCR）可与微管蛋白结合，阻止微管聚合，从而阻断纺锤丝的形成，使细胞停止于有丝分裂 M 期无法进行复制，从而发挥其细胞毒性作用。

本类药物一般与其他化疗药物联合应用。VLB 用于治疗膀胱癌、睾丸癌、霍奇金病和非霍奇金病淋巴癌。VCR 常用于治疗儿童急性淋巴细胞白血病、恶性淋巴瘤、神经母细胞瘤、多发性骨髓瘤和绒毛膜上皮癌及其他快速增殖的肿瘤。VLB 的主要不良反应是骨髓抑制，表现为白细胞减少。VCR 的主要不良反应是神经毒性。最初的症状为指端和脚趾的感觉异常，腱反射消失；长期应用出现足下垂、共济失调；大剂量使用还可以出现自主神经障碍。两药共有的不良反应有胃肠道反应、脱发及注射外渗的局部毒性等。

（2）紫杉醇类　紫杉醇（paclitaxel，Taxol）与 β - 微管蛋白结合，破坏细胞内微管和微管二聚体的动态平衡，形成许多变性的不易解聚的短微管束，稳定微管结构而抑制其解聚，使细胞在有丝分裂时不能形成纺锤体和纺锤丝，停止于 G_2/M 期。紫杉醇是临床治疗乳腺癌和卵巢癌的一线药物，同时对头颈部癌、非小细胞肺癌、小细胞肺癌、食管癌等也有一定疗效。不良反应包括骨髓抑制、胃肠道反应、心脏毒性和肝功能损害。本药不溶于水，其注射剂的助溶剂可诱导组胺释放而引起急性超敏反应，典型表现有低血压、支气管痉挛伴呼吸困难和风疹。

紫衫特尔（taxotere；docetaxel，多西紫杉醇）作用机制与紫杉醇相似。作为一线药物治疗转移性乳腺癌有较好疗效，也可用于治疗卵巢癌、头颈部癌和非小细胞肺癌。易溶于水，较少发生急性超敏反应。可引起外周神经感觉障碍，恶心、呕吐等肠胃道症状。

2. 干扰核糖体功能的药物　三尖杉酯碱（harringtonine，HRT）和高三尖杉酯碱（homoharringtonine，HHRT）是从三尖杉科植物三尖杉或其同属植物中提取的生物碱。本药能抑制 DNA 聚合酶的活性及核蛋白的合成，导致 DNA 合成障碍，系细胞周期非特异性药物，对 S 期细胞有强烈杀伤作用，对 G_0 期细胞也有一定影响。主要用于急性粒细胞白血病、单核细胞白血病和恶性淋巴瘤。不良反应为骨髓抑制、胃肠道反应和心脏毒性。

3. 影响氨基酸供应的药物

左旋门冬酰胺酶

左旋门冬酰胺酶（L - asparaginase，L - ASP）能将血清中的门冬酰胺水解为门冬氨酸和氨，而门冬酰胺是细胞合成蛋白质及增殖生长所必需的氨基酸，正常细胞有自身合成门冬酰胺的功能，而急性白血病等肿瘤细胞因门冬酰胺的缺乏而生长受到抑制。L - ASP 也能干扰 DNA、RNA 的合成，主要作用于 G_1 期，属于细胞周期特异性药物。主要用于淋巴系统的恶性肿瘤，尤其是急性淋巴性白血病和 T 细胞性淋巴瘤。主要不良反应为超敏反应，多见于第二次给药后，表现为荨麻疹、低血压、喉痉挛、心跳停止等。

二、影响激素平衡的药物

（一）雌激素类药和雌激素拮抗药

雌激素类药如炔雌醇（ethinylestradiol）或己烯雌酚（diethylstilbestrol），它们通过改变原发部位肿瘤的激素环境，从而控制肿瘤生长过程，对前列腺癌和绝经超过 5 年的乳腺癌有治疗价值。大剂量应用时通过负反馈作用抑制下丘脑分泌促性腺激素释放激素及垂体分泌黄体生长素释放水平；在睾丸间质细胞减少其雄激素的合成和分泌，直接对抗雄激素活性，从而控制前列腺癌肿瘤的生长。应注意绝经前的乳腺癌患者禁用该类药物。

他莫昔芬

他莫昔芬（tamoxifen）目前临床最常用内分泌治疗药物。本药可以自由通过细胞膜，竞争性拮抗雌激素与雌激素受体（ER）结合，特异性抑制雌激素的作用。临床用于治疗乳腺癌（ER 阳性患者，绝经前后均可使用）、化疗无效的晚期卵巢癌和子宫内膜癌。大多数患者对他莫昔芬耐受性好，不良反应少，常见不良反应有生殖系统反应（月经失调、闭经等）、胃肠道反应、颜面潮红、皮炎、体液潴留等。

（二）雄激素类药和雄激素拮抗药

丙酸睾酮（testosterone propionate）、庚酸睾酮（testosterone enanthate）和氟甲睾酮（fluoxymesterone）通过抑制体内垂体分泌促性腺激素水平，控制卵巢雌激素的合成分泌，同时有抗雌激素效应和对抗催乳素对乳腺癌刺激作用。目前已基本上被其他药物取代。

氟他胺

氟他胺（flutamide）是一个合成的具有酰基苯胺结构的非甾体雄激素拮抗药。本药在体内代谢产生的活性羟基衍生物与雄激素受体结合，阻断睾酮的生理活性。临床主要用于未经治疗或对激素控制疗法无效或失效的晚期前列腺癌患者。副作用包括消化道反应、肝功能不良、头痛、乳腺发育等。

（三）孕激素类药

甲地孕酮（megestrol）和醋酸甲羟孕酮（medroxyprogesterone acetate）能够抑制垂体分泌促性腺激素，临床可用于激素敏感的转移性激素依赖性乳腺癌、子宫内膜癌、绒毛膜上皮癌的治疗。某些不能耐受他莫昔芬的乳腺癌患者，可使用甲地孕酮，其还可改善晚期癌症患者的恶液质，使患者有康复感。

（四）糖皮质激素类药

糖皮质激素类药有溶解淋巴细胞的效应，可以抑制淋巴组织中淋巴细胞的生成，且无骨髓抑制，与非相关药物之间无交叉耐药，可联合细胞毒性药物治疗急、慢性白血病、淋巴瘤和多发性骨髓瘤，也可以减轻癌症并发症如高血压、脑水肿、发热和疼痛等。常用的药物有氢化可的松、泼尼松、甲泼尼龙和地塞米松。

（五）促性腺激素释放激素抑制药

亮丙瑞林（leuprorelin）和戈舍瑞林（goserelin）是合成的促性腺激素释放激素的类似物，作用于垂体-性腺轴。它们占据垂体的促性腺激素释放激素受体，通过负反馈抑制垂体分泌促卵泡素（FSH）和黄体生成素（LH），进而抑制卵巢雌激素及睾丸雄激素的合成释放。本类药可用于治疗绝经前及围绝经期晚期乳腺癌的治疗，也可用于前列腺癌的治疗。

（六）芳香酶抑制药

氨鲁米特

氨鲁米特（aminoglutethimide）能抑制肾上腺皮质激素的合成，也能通过阻断芳香化酶而抑制雌激素的合成，并可刺激肝脏混合功能氧化酶系，促进雌激素的体内代谢，加速雌激素在血浆中的清除，从而减少雌激素对乳腺癌的促进作用，起到抑制肿瘤生长的效果。口服给药，该药具诱导肝药酶作用，可加速自身代谢及地塞米松、茶碱、地高辛等药物的代谢。主要用于治疗皮质醇增多症、晚期乳腺癌（绝经期后及雌激素受体阳性患者疗效好）、卵巢癌、前列腺癌和肾上腺皮质癌。不良反应有胃肠道反应、短暂的中枢神经系统功能障碍和斑丘疹等。

三、恶性肿瘤的靶向治疗药物

传统化疗药物作用于 DNA、RNA 和蛋白质生成的各个环节，干扰体内细胞有丝分裂，杀灭快速分裂的细胞，在杀伤肿瘤细胞的同时，也能杀伤正常组织的细胞，尤其是杀伤人体中生长发育旺盛的血液、淋巴组织细胞等，而这些细胞与组织是人体重要的免疫防御系统。因此传统化疗往往伴随着很大程度上的毒副作用，比如：恶心、呕吐、脱发、白细胞和血小板下降等。

肿瘤的靶向治疗是指针对癌细胞中特定的致癌基因，或者癌细胞生长和发展所必须的蛋白分子来设计相应的治疗药物。靶向药物治疗期望达到的目的就是准确打击癌细胞而又不伤害正常的细胞，因此，此类药物治疗后患者的毒副反应较小，提高了患者的生存质量。同时靶向药物对机体的免疫结构与功能具有广泛的调节、增强作用，并可提高化疗、放疗的敏感性，在一定程度上减少肿瘤的复发和转移，可作为常规疗法的补充。

抗恶性肿瘤靶向治疗药物可分为小分子靶向药物和单克隆抗体药物。单克隆抗体靶向作用于细胞表面的特异性抗原，特异性强，灵敏度高，还可将单克隆抗体与细胞毒性物质，放射性同位素结合，将这些细胞毒性物质精准的传输到癌细胞而发挥作用。小分子靶向药物通常是穿过细胞膜，作用于细胞内的靶点，干扰靶蛋白的酶活性来抑制肿瘤细胞增殖。本节将着重介绍其早期代表性药物。

（一）单克隆抗体类

利妥昔单抗

利妥昔单抗（rituximab）是全球第一个用于临床的单抗药物，也是抗体类药物中的主要品种。

本药能特异性结合 B 淋巴细胞的 CD20，导致细胞凋亡，但其作用机制目前尚未明确。目前大量应用于各种复发或难治性的 B 淋巴细胞型非霍奇金淋巴瘤（NHL）的一线和二线治疗。另外，本药还可应用于慢性淋巴细胞白血病、多发性骨髓瘤、特发性血小板减少性紫癜及其他治疗无效的中重度风湿性关节炎。

本药不良反应较轻，主要症状为畏寒、发热、恶心、皮疹、头痛、瘙痒，患者耐受性较好。严重不良反应主要为过敏反应，一般在首次用药时出现。

曲妥珠单抗

曲妥珠单抗（trastuzumab）能特异性地与人表皮生长因子受体 – 2（EGFR – 2，又称为 HER2）结合，干扰其自身磷酸化，从而拮抗生长信号的传递。临床主要用于 HER2 过度表达及已接受一个或多个化疗方案的转移性乳腺癌治疗；与紫杉类药物合用治疗未接受过化疗的转移性乳腺癌。不良反应包括胸痛、腹泻、肌肉痛等，在第一次注射时，部分患者会出现过敏反应。最严重的副作用是心脏毒性，如可引起充血性心力衰竭，严重时可致死。因此，对心功能不全患者应特别谨慎使用。

（二）小分子化合物

伊马替尼

伊马替尼（imatinib）是全球第一个获得批准的肿瘤发生相关信号传导治疗药物，属酪氨酸激酶（tyrosine kinase，TK）抑制剂。

【药理作用及机制】在体内外均可在细胞水平上抑制 Bcr – Abl 所表达的异常酪氨酸激酶，进而抑制 Bcr – Abl 阳性细胞及费城染色体阳性 CML 的增殖并诱导这些细胞的凋亡。此外，还可抑制血小板衍化生长因子（PDGF）受体、干细胞因子（SCF）。c – Kit 受体的酪氨酸激酶，从而抑制由 PDGF 和干细胞因子介导的细胞活动。

【临床应用】本药用于治疗慢性粒细胞白血病急变期、加速期或 α - 干扰素治疗失败后的慢性期患者及不能手术切除或发生转移的恶性胃肠道间质肿瘤患者。

【不良反应】常见不良反应包括恶心、呕吐、水肿和肌肉痉挛等。

吉非替尼

吉非替尼（gefitinib）选择性拮抗 EGFR 酪氨酸激酶，该酶通常表达于上皮来源的实体瘤。其可抑制 EGFR 酪氨酸激酶活性，阻碍肿瘤生长、转移和血管生成，并增加肿瘤细胞的凋亡，从而提高化疗、放疗及激素治疗的抗肿瘤活性。临床适用于治疗既往接受过化学治疗的局部晚期或转移性非小细胞肺癌（NSCLC），对局部晚期或转移性 NSCLC 具治疗效果并可改善疾病相关症状。腹泻、血管性水肿、皮疹、瘙痒、皮肤干燥和痤疮是其常见的药物不良反应。

第三节　抗恶性肿瘤药在临床应用中所面临的问题

一、耐药性

肿瘤的耐药性已经成为肿瘤化疗失败的主要原因。有些肿瘤细胞一开始对抗肿瘤药物就具有耐药性，称天然耐药性（natural resistance）；有些肿瘤细胞是在抗肿瘤药物使用过程中产生耐药性的，称获得性耐药（acquired resistance）。一般来说，对一种抗肿瘤药物产生耐药性性后，对非同类型药物仍敏感；然而还有一些肿瘤细胞对一种抗肿瘤药物产生耐药性，同时对其他结构和作用机制不同的多种抗肿瘤药物也产生交叉耐药，即多药耐药性（multidrug resistance，MDR），也称为多向耐药性（pleiotropic drug resistance）。发生多药耐药的药物一般为亲脂性药物，分子量在 300 ~ 900 kD 之间，通过被动扩散转运入肿瘤细胞，且在耐药肿瘤细胞中的积聚减少，不足以产生细胞毒作用。

肿瘤细胞产生耐药性的原因很复杂，不同药物与不同细胞之间耐药机制也有较大差异。在肿瘤的增殖过程中，总会产生各种类型的基因突变，这种突变和由此导致的肿瘤细胞异质性是肿瘤逃避细胞死亡发生耐药的根本原因。耐药性产生的生化机制包括药物不能到达靶细胞、细胞提高药物靶蛋白浓度、药物不能够进入肿瘤细胞或较快被肿瘤细胞排出、靶蛋白发生变化或缺失。其中涉及到的关键分子有 P - 糖蛋白和多药抗性相关蛋白等。

二、毒性反应

目前临床上大部分抗肿瘤药物对肿瘤细胞和正常细胞缺乏理想的选择作用，药物在杀伤肿瘤细胞的同时，对人体的正常细胞也有一定程度的损害，此种作用即为抗肿瘤药物的毒性反应。毒性反应可以分为近期毒性和远期毒性。近期毒性又可分为共有的毒性反应和特有的毒性反应，前者包括骨髓抑制、消化道反应、脱发，后者包括心脏毒性、呼吸系统毒性、肝脏毒性、神经毒性和过敏反应等。远期毒性包括二次恶性肿瘤的形成、不育以及致畸等。

三、联合用药的原则

为了提高药物疗效、规避上述的毒性反应和延缓肿瘤细胞耐药性的产生，临床上常常根据肿瘤细胞特性和药物特性设计联合化疗方案。联合用药的原则如下。

（一）从细胞增殖动力学考虑

1. 招募作用　其策略是将细胞周期非特异性药物和细胞周期特异性药物序贯使用，驱动更多 G_0 期细胞进入增殖周期从而将其杀灭。一般来说，对增长缓慢的实体瘤，可以先用细胞周期非特异性药物杀灭增殖期及部分 G_0 期细胞，使瘤体缩小而驱动 G_0 期细胞进入增殖周期，继而用细胞周期特异性的药物将其杀灭；对增殖较快的肿瘤细胞，应该先用细胞周期特异性的药物，使大量处于增殖周期的细胞被杀灭，再接着使用细胞周期非特异性药物进行杀伤。

2. 同步化作用　其策略是先用细胞周期特异性药物将肿瘤细胞阻滞于某个周期时相，将药物撤去后肿瘤细胞即进入下一时相，此时使用作用于此时相的药物对肿瘤细胞进行杀伤。

（二）从药物的作用机制考虑

一般分为序贯阻断、同时阻断和互补性阻断。序贯阻断为阻断同一代谢物合成的不同阶段，如甲氨蝶呤和巯嘌呤联合抑制核酸生成；同时阻断为阻断产生某一代谢物的不同途径，如阿糖胞苷和巯嘌呤合用；互补性阻断为直接损伤 DNA、RNA 或蛋白质的药物与抑制核苷酸生成的药物合用，如烷化剂和阿糖胞苷联用。

（三）毒性考虑

多数抗恶性肿瘤药有抑制骨髓的作用，而长春新碱和博来霉素无明显骨髓抑制作用，因此将博来霉素或长春新碱与其他药物联合使用可以降低毒性提高疗效。

（四）从药物的抗瘤谱考虑

有些药物会对特异来源的肿瘤效果较好，如胃肠道腺癌宜用氟尿嘧啶、环磷酰胺等。鳞癌可用博来霉素、甲氨蝶呤等。

⇒ 案例引导

临床案例　患者，女性，45岁，入院前1年发现右侧胸壁肿物，CT扫描显示肺部多发结节，诊断为右侧乳腺癌伴肺部转移，肿瘤特征如下：大小，3 cm；病理表现，低度分化；ER受体，阴性；PR受体，阴性；S期细胞比率，10%；HER2受体，阴性；腋窝淋巴结，4/16阳性。

讨论　1. 根据现有知识，请你给出合理的药物治疗方案并阐述原因。
2. 治疗过程中，实习生王某应患者要求无意介绍了一些抗肿瘤药物的不良反应，导致患者知晓其病情并产生消极情绪，请谈谈你对此类事情的看法。

目标检测

答案解析

1. 根据生化机制分类，论述抗肿瘤药作用机制并举例说明之。
2. 联合应用抗肿瘤药的原则有哪些？

（吴国胜）

书网融合……

本章小结　　微课　　题库

第八篇　其他药物

第四十五章　影响免疫功能的药物

PPT

第一节　免疫系统概述

免疫系统由参与免疫反应的各种组织器官和细胞，如胸腺、淋巴结、脾、扁桃体以及分布在全身体液和组织中的淋巴细胞、浆细胞等构成，其主要生理功能是识别、破坏和清除异物，以维持机体内环境的稳定。免疫反应分为特异性和非特异性免疫反应。非特异性免疫由吞噬细胞、补体、干扰素等组成，参与吞噬、清除异物，介导和参与特异性免疫的杀伤反应。特异性免疫包括细胞免疫和体液免疫，分别由 T 淋巴细胞和 B 淋巴细胞介导，并有多种与免疫功能有关的细胞因子参与。

免疫反应过程包括三个阶段：①感应阶段，巨噬细胞和免疫活性细胞处理和识别抗原；②增殖分化阶段，免疫活性细胞被抗原激活后增殖分化并产生免疫活性物质；③效应阶段，致敏淋巴细胞或抗体再次接触抗原，产生细胞免疫和体液免疫（图 45 - 1）。

正常的免疫反应在抗感染、抗肿瘤及排除异物等方面有重要作用。但机体免疫应答过强，则出现超敏反应、自身免疫性疾病、免疫增殖病及器官移植排斥反应；免疫应答过低，则使机体防御功能减弱，出现反复感染或肿瘤发生。影响免疫功能的药物可通过影响免疫系统中一个或多个环节，发挥免疫增强或免疫抑制作用，从而防治因免疫异常所导致的疾病，分为免疫抑制药（immunosuppressive agents）和免疫增强药（immunopotentiating agents）。

第二节　免疫抑制药

免疫抑制药（immunosuppressive agents）是一类能抑制机体免疫功能的药物，临床主要用于治疗自身免疫性疾病和器官移植的排斥反应。根据其作用机制，免疫抑制药可分为：①抑制钙调磷酸酶活性的

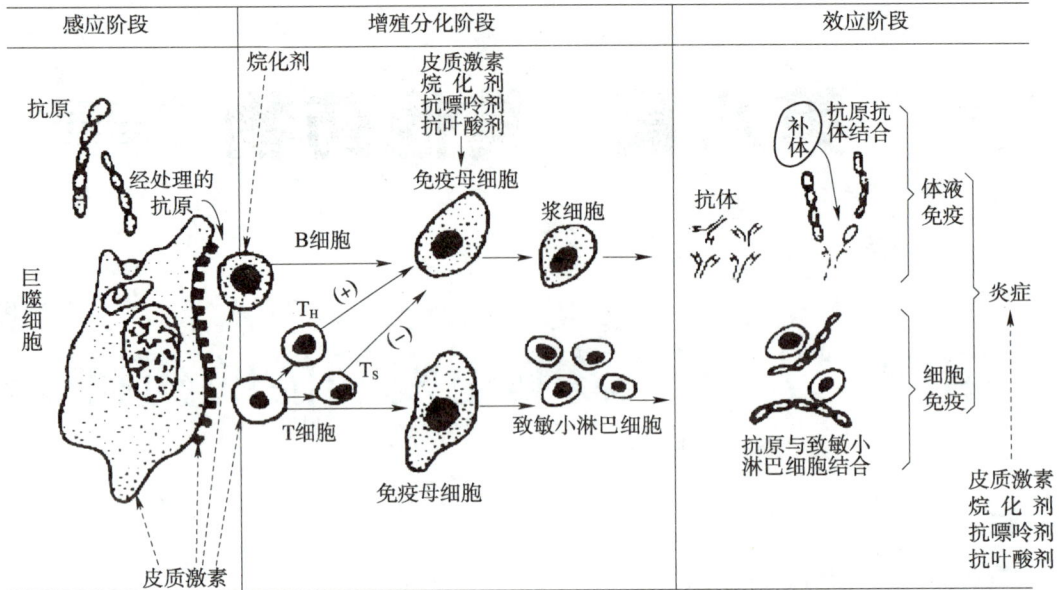

图45-1　免疫反应的基本过程和药物作用环节

药物，如环孢素、他克莫司；②抑制细胞因子基因表达的药物，如肾上腺糖皮质激素泼尼松、地塞米松；③抑制嘌呤或嘧啶合成的药物，如硫唑嘌呤、吗替麦考酚酯；④阻断T细胞表面信号转导分子的药物，如抗淋巴细胞球蛋白。钙调磷酸酶抑制药是目前临床最有效的免疫抑制药。

免疫抑制药的特点如下。①选择性和特异性低，对病理免疫和正常免疫均有抑制作用，长期应用可诱发感染、肿瘤、骨髓抑制、不育、畸胎等不良反应。②对初次免疫应答的抑制作用强于对再次免疫应答的抑制作用，感应、增殖分化阶段的免疫细胞最为敏感，已建立免疫记忆的细胞则敏感性较低。③对不同类型的免疫病理反应作用不同，Ⅰ型超敏反应对细胞毒药物不敏感，Ⅳ型变态反应则对免疫抑制药较敏感。④作用强度取决于该药给药时间与抗原刺激的时间间隔和先后次序，如糖皮质激素在抗原刺激前24~48小时给药，免疫抑制作用最强；硫嘌呤、环磷酰胺在抗原刺激后24~48小时给药，抑制作用最强。⑤多数药物有抗炎作用，但强度不一定与其免疫抑制活性相关。⑥对症治疗，免疫抑制药只能缓解自身免疫性疾病的症状，不能根治。

环孢素

环孢素（cyclosporin）又名环孢菌素A（cyclosporin A，CsA）。

【体内过程】 可口服和静脉给药。口服吸收慢而不完全，生物利用度为20%~50%。分布广泛，约50%~60%分布于红细胞中，10%~20%在白细胞，4%~9%在淋巴细胞。主要在肝脏代谢，自胆汁排出，有明显的肝肠循环，6%药物从尿排出，$t_{1/2}$为14~16小时。环孢素体内过程个体差异明显，因此，给药剂量应个体化，在肝肾功能不全、胃肠疾病及合并用药时，需及时调整剂量。

【药理作用及机制】 为选择性作用于T淋巴细胞的免疫抑制药，尤其对T淋巴细胞活化初期有较高的抑制作用，对B细胞、巨噬细胞、粒细胞及骨髓造血功能抑制作用小。环孢素可选择性进入辅助性T细胞（Th），与T淋巴细胞受体蛋白-环亲蛋白（cyclophlilin）结合形成复合物，此复合物可抑制Ca^{2+}依赖性磷酸酶，阻止活化T细胞核因子（NFAT）去磷酸化，使NFAT不能进入细胞核中，最终降低IL-2、TNF-α等细胞因子的表达（图45-2）。还可以增加T细胞转化生长因子β（TGF-β）的表达，从而抑制T细胞增殖。

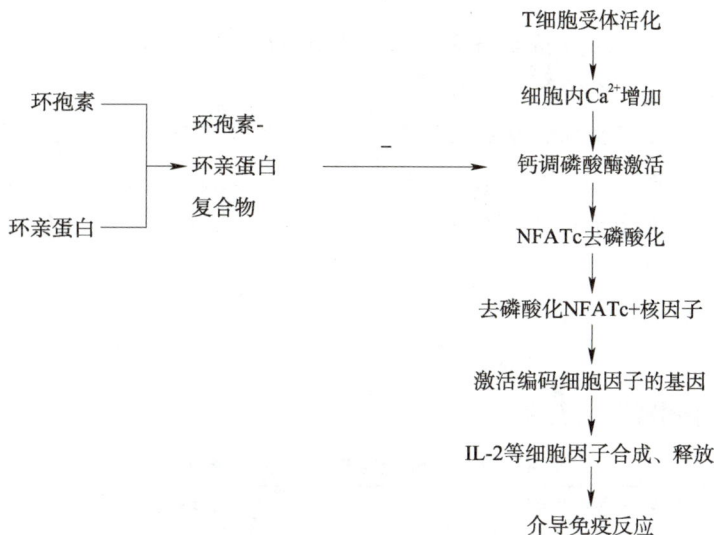

图 45 - 2　环孢素的作用机制

【临床应用】

1. 器官移植　可降低器官移植的排斥反应和感染发生率，广泛用于肾、肝、心、肺、胰、皮肤、角膜和骨髓等器官移植，多与小剂量糖皮质激素合用。

2. 自身免疫性疾病　用于其他药物无效的难治性自身免疫性疾病，如系统性红斑狼疮、类风湿关节炎、银屑病、肾病综合征等，也能改善大疱性天疱疮及类天疱疮的皮肤损害，降低自身抗体水平。

3. 其他　局部应用可以治疗接触性过敏性皮炎，也可以治疗血吸虫病。

【不良反应】发生率较高，其严重程度与用药剂量、用药时间及药物浓度有关，多为可逆性反应。

1. 肾毒性　为最常见的不良反应，发生率为 70% ~ 100%。其原因可能是由于环孢素减少肾内舒血管物质合成，增加缩血管物质合成，使肾单位皮质血流重新分布，导致肾小管受损。在治疗量时，肾损害多系可逆的，减量即减轻。急性毒性在数天后出现，表现为肾血流量减少和肾小球滤过率降低。慢性毒性表现为肾功能逐渐减退，甚至慢性肾衰竭。因此，用药期间应严格控制剂量，密切监测肾功能，血清肌酐水平超过用药前 30% 应减量或停用。

2. 肝毒性　多见于用药早期，为一过性肝损害，减量后可缓解。

3. 神经系统毒性　长期用药可出现震颤、惊厥、癫痫发作、精神错乱、共济失调等，减量或停用后可缓解。

4. 其他　继发性感染较常见，多为病毒感染。长期用药可诱发淋巴细胞瘤、肝肿瘤、皮肤瘤。可见厌食、恶心、腹泻、嗜睡、齿龈增生、多毛症等。50% 肾移植患者和所有心脏移植患者可出现高血压症状。

🌐 **知识链接**

免疫排斥

　　免疫排斥是机体对移植物（异体细胞、组织或器官）通过特异性免疫应答使其破坏的过程。在同种异体移植中，排斥反应有两种基本类型：宿主抗移植物反应（hostversusgraftreaction，HVGR）和移植物抗宿主反应（graftversushostreaction，GVHR），临床以 HVGR 最多见；根据发生的机制、时间、速度和临床表现，HVGR 又可分为 3 种类型。

　　1. 超急排斥反应　发生在移植物与受者血管接通的数分钟到数小时内，出现坏死性血管炎表现，移植物功能丧失，患者有全身症状。

　　2. 急性排斥反应　多发生在移植后数周到1年内，发生迅速，临床表现多有发热、移植部位胀痛和移植器官功能减退等。

　　3. 慢性排斥反应　发生于移植后数月甚至数年之后，表现为进行性移植器官的功能减退直至丧失。

　　其他免疫抑制药的作用特点见表45-1。

表45-1　其他免疫抑制药的作用特点

药物名称	药理作用	临床应用	不良反应
他克莫司（tacrolimus）	类似环孢素，但作用强10~100倍	器官移植后的排斥反应，对肝移植的效果优于环孢素	肾、神经、胃肠、心血管毒性反应
糖皮质激素类药物（adrenocortical hormones）	抑制IL-2基因转录从而抑制T淋巴细胞的克隆增殖，还可抑制AP-1等转录因子活性，抑制INF-γ、TNF-α、IL-1及其他多种细胞因子的表达	器官移植后的排斥反应和自身免疫性疾病	多，剂量大或长期应用可引起类皮质功能亢进症，诱发或加重感染
吗替麦考酚酯（mycophenolate mofetil，MMF，霉酚酸酯）	代谢产物MPA能抑制嘌呤核苷酸合成的关键限速酶次黄嘌呤核苷磷酸脱氢酶，使鸟嘌呤核苷酸的合成减少，抑制T、B淋巴细胞的增殖和功能	器官移植后的排斥反应和自身免疫性疾病，以及卡氏肺囊虫病	胃肠道反应；骨髓抑制；继发性感染；诱发肿瘤。动物实验证明MMF有致畸作用
硫唑嘌呤（azathioprine）	其代谢产物硫嘌呤干扰嘌呤合成，并具有细胞毒作用。可抑制细胞和抗体倡导的免疫应答	肾移植后的排斥反应和自身免疫性疾病	胃肠道反应；骨髓抑制；皮疹；轻度肝毒性
环磷酰胺（cyclophosphamide）	选择性抑制B淋巴细胞，明显降低NK细胞活性	防止排斥反应和移植物抗宿主反应以及糖皮质激素不能长期缓解的多种自身免疫性疾病	胃肠道反应；骨髓抑制；出血性膀胱炎；脱发
抗淋巴细胞球蛋白（antilymphocyeglobulin，ALG）	选择性地与T淋巴细胞结合，在血清补体的参与下，可使外周血淋巴细胞裂解，对T细胞和B细胞均有破坏作用，从而抑制细胞免疫和体液免疫	防止器官移植的排斥反应，也可用于治疗类风湿关节炎、全身性红斑狼疮、重症肌无力、多发性硬化症等自身免疫性疾病	速发型变态反应
巴利昔单抗（basiliximab）	为IL-2受体α链的单克隆抗体，可阻断Th细胞IL-2受体从而以挥免疫抑制作用	类风湿关节炎	严重的超敏反应
雷公藤多苷（tripterysium Glycosides）	有抗炎，抑制细胞免疫和体液免疫等作用	类风湿关节炎，肾病综合症，白塞氏三联症，麻风反应，自身免疫性肝炎等	不良反应较多，严重者可出现急性中毒性肝损伤、急性肾功能衰竭，胃出血等
依他西脱（etanercept）	与血清中可溶性TNF-α和TNF-β有较强的亲和力，可结合TNF-α和TNF-β，阻断二者与细胞表面TNF受体的结合，抑制由TNF介导的异常免疫反应和炎症过程	类风湿关节炎	局部刺激反应

⇒ 案例引导

临床案例 患者，男性，48 岁，因反复水肿伴蛋白尿 2 年入院，入院后行肾穿刺活检病理诊断为膜性肾病Ⅱ期，目前患者仍有双下肢中度凹陷性水肿，查血总蛋白 54 g/L，白蛋白 21 g/L，总胆固醇 12.6 mmol/L，三酰甘油、肾功能正常，尿蛋白 3+++，尿蛋白定量 4.2g/24 小时，诊断为肾病综合征（膜性肾病Ⅱ期）。

问题 1. 根据现有知识，该患者使用激素治疗疗效差时，可选择哪个药物进行治疗？

2. 患者在用药过程中需要注意什么问题？

第三节 免疫增强药

免疫增强药（immunopotentiating agents）是指一类能增强机体免疫应答的药物。免疫增强药可替代体内缺乏的免疫活性成分或激活一种或多种免疫活性细胞，增强机体的非特异性和特异性免疫功能，使低下的免疫功能恢复正常；或起佐剂作用增强合用抗原的免疫原性，加速诱导免疫应答反应；或对机体的免疫功能产生双向调节作用，使过高或过低的免疫功能趋于正常。临床主要用于免疫缺陷性疾病、恶性肿瘤及难治性细菌及病毒感染。

根据来源不同，免疫增强药分为以下四类：①化学合成类，如左旋咪唑、异丙肌酐等；②人或动物免疫产物，如胸腺素、转移因子、干扰素、白介素等；③微生物来源类，如卡介苗等；④其他来源类，如生物多糖、中药有效成分等。这些药物可通过：①增强巨噬细胞和自然杀伤细胞活性，提高非特异性免疫功能；②促进 T 淋巴细胞分裂、增殖、成熟和分化，增强细胞免疫功能；③提高体液免疫功能；④诱导产生干扰素和某些细胞因子，激活免疫细胞发挥作用。

干扰素 🅔 微课

干扰素（interferon，IFN）是一族可诱导分泌的糖蛋白，包括 IFN-α、IFN-β、IFN-γ，是免疫系统产生的细胞因子。IFN-α、IFN-β 由病毒和细胞因子刺激 B 淋巴细胞、巨噬细胞和成纤维细胞产生；IFN-γ 由病毒或非病毒抗原刺激 T 淋巴细胞产生。现已采用 DNA 重组技术生产人干扰素。

【体内过程】 IFN 易被蛋白酶破坏，故口服无效，皮下或肌内注射能吸收。IFN-α 吸收率在 80% 以上，而 IFN-β 及 IFN-γ 吸收率低。一般在注射后 4~8 小时血药浓度达峰值，其 $t_{1/2}$ 为 2~4 小时。不易通过血-脑屏障，主要在肾脏和肝脏代谢。

【药理作用与作用机制】

1. 调节免疫 IFN 对巨噬细胞、T 细胞、B 细胞和 NK 细胞等均有一定作用，小剂量对细胞免疫和体液免疫都有增强作用，大剂量则产生抑制作用。

（1）对巨噬细胞的作用 IFN-γ 可使巨噬细胞表面 MHC Ⅱ类分子的表达增加，增强其抗原递呈能力；此外还能增强巨噬细胞表面表达 Fc 受体，促进巨噬细胞吞噬免疫复合物、抗体包被的病原体和肿瘤细胞。

（2）对淋巴细胞的作用 干扰素对淋巴细胞的作用较为复杂，与其剂量和作用时间有关。在抗原致敏之前使用大剂量干扰素或将干扰素与抗原同时投入，会产生明显的免疫抑制作用；而低剂量干扰素或在抗原致敏之后加入干扰素，则能产生免疫增强效果。在适宜的条件下，IFNγ 对 B 细胞和 CD8$^+$T 细胞的分化有促进作用，但不能促进其增殖。IFN-γ 能增强 TH$_1$ 细胞的活性，增强细胞免疫功能；但对 TH$_2$ 细胞的增殖有抑制作用，因此抑制体液免疫功能。IFN-γ 不仅抑制 TH$_2$ 细胞产生 IL-4，而且抑制

IL-4 对 B 细胞的作用，特别是抑制 B 细胞生成 IgE。

（3）对其他细胞的作用 ①刺激中性粒细胞，增强其吞噬能力；②活化 NK 细胞，增强其细胞毒作用；③使某些正常不表达 MHC Ⅱ 类分子的细胞（如血管内皮细胞、某些上皮细胞和结缔组织细胞）表达 MHC Ⅱ 类分子，发挥抗原递呈作用；④使静脉内皮细胞对中性粒细胞的黏附能力更强，且可分化为高内皮静脉，吸引循环的淋巴细胞。

2. 抗病毒 具有广谱抗病毒作用，对 DNA、RNA 病毒几乎都能抑制。其抗病毒作用不是直接杀灭或抑制病毒，而是通过与宿主细胞表面的特异性神经节苷脂受体结合，诱导宿主细胞产生多种酶，这些酶可抑制病毒的脱壳、DNA 复制、mRNA 转录、翻译成病毒蛋白，达到抑制病毒繁殖。干扰素对人体 mRNA 与核糖体的结合影响较小，故对人体较安全。$IFN-\alpha$、$IFN-\beta$ 的抗病毒作用强于 $IFN-\gamma$。

3. 抗肿瘤 可通过直接抑制肿瘤细胞生长、抑制癌基因（c-fos）表达、激活抗肿瘤免疫功能等作用产生综合性抗肿瘤效应，其中 IFN 有广谱的抗肿瘤活性。

4. 其他 对于寄生于细胞内的衣原体、原虫等也有抑制作用。

【临床应用】

1. 病毒性感染疾病 可用于慢性乙型肝炎、丙型肝炎、丁型肝炎、病毒性角膜炎、水痘、流感、带状疱疹、扁平湿疣、尖锐湿疣等。还可用于艾滋病及艾滋病相关综合征的治疗。

2. 肿瘤 对血源性恶性肿瘤疗效较好，是治疗多毛细胞白血病的首选药。对慢性白血病、成骨肉瘤、喉乳头状瘤、淋巴瘤、成胶质细胞瘤、多发性骨髓瘤、肾癌、恶性黑色素瘤、卵巢癌、乳腺癌、血管瘤、鼻咽癌、宫颈癌、肺癌、皮肤癌等实体瘤，均有疗效。三型 IFN 之间有协同作用，与抗恶性肿瘤药药合用也有协同作用。

【不良反应】因给药途径、制剂纯度和种类、疗程长短而有差异。早期有发热、寒战、肌肉僵硬、头痛、倦怠、不适、肌痛等类感冒症状，连续应用可见嗜睡、乏力、疲劳、食欲不振、口干、体重减轻等。偶有抑郁、白细胞减少、肝功能损害、肾损害、脱发及过敏反应等。严重心、肝、肾功能不良，骨髓抑制者禁用。妊娠期、哺乳期女性慎用。

其他免疫增强药的作用特点见表 45-2。

表 45-2 其他免疫增强药的作用特点

药物名称	药理作用	临床应用	不良反应
左旋咪唑（levamisole, LMS）	使受抑的 T 淋巴细胞与巨噬细胞功能恢复正常。作用机制可能与激活磷酸二酯酶，降低淋巴细胞和巨噬细胞内的 cAMP 水平、自由基清除及胸腺素样作用有关	免疫功能低下或免疫缺陷病，肿瘤辅助治疗，自身免疫性疾病如类风湿性关节炎、系统性红斑狼疮，麻风和布氏杆菌感染	消化道症状，长期用药可出现粒细胞减少症，偶见肝功能异常，肝炎活动期患者禁用
异丙肌酐（isoprinosine, ISO）	诱导 T 细胞分化和成熟，增强单核巨噬细胞及 NK 细胞的活性，促进 IL-2 等细胞因子和干扰素产生及抗病毒作用	急性病毒性脑炎、带状疱疹、自身免疫性疾病、肿瘤辅助治疗	不良反应少
白细胞介素 2（interleukin-2, IL-2）	与 IL-2 受体特异结合诱导 TH、TC 细胞增殖，促进 B 细胞、NK 细胞、抗体依赖性杀伤细胞和淋巴因子激活后的杀伤细胞等分化增殖	病毒和细菌感染，肿瘤	肾损害严重，亦见肝损害、肺水肿、骨髓抑制、低血压、心律失常等
转移因子（transferfactor, TF）	将供体细胞免疫信息转移给受者的淋巴细胞，使之转化、增殖、分化为活化淋巴细胞，从而获得供体样的免疫力	原发性或继发性细胞免疫缺陷病的补充治疗	少，偶见发热、皮肤发疹等
胸腺素（thymosin）	促进骨髓干细胞转变成 T 细胞，促进 T 细胞成熟分化，增强细胞免疫，对体液免疫影响小。促进 T 细胞产生多种细胞因子	胸腺发育不全症、运动失调性毛细血管扩张症、慢性皮肤黏膜真菌病等免疫缺陷病、类风湿关节炎、红斑狼疮等自身免疫病、病毒性肝炎等病毒性疾病；抗肿瘤辅助治疗	少数出现过敏反应

续表

药物名称	药理作用	临床应用	不良反应
卡介苗（bacillus Calmette – Guerin，BCG）	有免疫佐剂作用，能增强合用抗原的免疫原性，加速诱导免疫应答，提高细胞和体液免疫功能。能刺激巨噬细胞、T 细胞、B 细胞和 NK 细胞的活性，增强机体的非特性免疫功能	预防结核病，肿瘤的辅助治疗，也可预防肺损害、慢性支气管炎、感冒	注射部位出现红斑、硬结和溃疡，也可出现过敏反应及过敏性休克。反复瘤内注射可发生过敏性休克或肉芽肿性肝炎
香菇多糖（lentinan）	增强 NK 细胞、T 淋巴细胞功能、诱导干扰素血中浓度增加，也具有一定的抗肿瘤作用	各种肿瘤及慢性乙型肝炎	发生率低，偶见胸闷、休克、皮疹、恶心、呕吐等

目标检测

答案解析

1. 简述免疫抑制药的分类和代表药。
2. 简述免疫抑制药的作用特点。
3. 试述免疫增强药的作用环节。
4. 试述免疫增强药的分类。
5. 试述环孢素引起肾毒性的机制，临床该如何避免其肾毒性？

（黄丽萍）

书网融合……

本章小结　　　　微课　　　　题库

第四十六章　影响自体活性物质的药物

学习目标

1. **掌握**　常用 H_1 受体阻断药的药理作用、作用机制、临床应用及主要不良反应。
2. **熟悉**　组胺及组胺受体激动药、前列腺素和血栓素、白三烯及拮抗药、血小板活化因子及拮抗药、5 - HT 受体激动药及阻断药的药理作用和临床应用。
3. **了解**　多肽类、一氧化氮、腺苷等自体活性物质及相关药物的基本作用和临床应用。
4. 具备自体活性物质的基本知识和临床常用药物的应用能力。

自体活性物质（autacoids），又称为局部激素，由体内非特定内分泌腺产生，以旁分泌方式在邻近组织细胞发挥作用，具有广泛的生物活性。主要包括：组胺、前列腺素、白三烯、血小板活化因子、5 - 羟色胺、一氧化氮、腺苷、血管活性肽类（血管紧张素、激肽类、内皮素、P 物质、利尿钠肽，血管活性肠肽、降钙素基因相关肽、神经肽 Y 等）、细胞因子等。

案例引导

临床案例　患者，男，30 岁，货车司机，因皮肤瘙痒、皮肤风团样改变来院就诊，既往无过敏史，就诊前一天晚上朋友聚会吃过海鲜。皮肤表现：上身及上肢有红斑，呈不规则橘皮样外观，表面凹凸不平。实验室检查：血常规、肝肾功能正常，过敏原检测显示海鱼组合（鳕鱼/龙虾/扇贝）阳性，属于敏感级。诊断：急性自发性荨麻疹。治疗：西替利嗪，一次 10 mg，一日一次，口服；维生素 C，一次 50 mg，一日一次，口服；碳酸钙，一次 0.5 g，一日两次，口服。症状缓解后停药。

问题　1. 西替利嗪的作用机制是什么？
　　　　　2. 用药期间应注意哪些问题？

第一节　组胺和抗组胺药

一、组胺及组胺受体激动药

组　胺 e微课

组胺（histamine）是广泛存在于人体组织的自体活性物质，具有多种生理活性，由组氨酸经特异性的组氨酸脱羧酶催化脱羧产生。皮肤、肠黏膜、肺等组织中含量较高，组织中的组胺合成后主要以无活性的复合物形式贮存于肥大细胞和嗜碱性粒细胞的颗粒中，在组织损伤、炎性刺激、某些药物或抗原/抗体反应条件下，可导致肥大细胞脱颗粒释放出有活性的游离型组胺，与组胺受体结合，参与胃酸分泌、心血管反应、变态反应、炎症等生理病理过程的调节。目前发现的组胺受体有 H_1、H_2、H_3 和 H_4 四种亚型，其分布及效应见表 46 - 1。

表 46 - 1　组胺受体分布及效应

分型	组织分布	效应	激动药	阻断药
H_1	胃肠道、支气管平滑肌 血管 心脏 中枢	收缩 扩张，通透性增加 心肌收缩力减弱 觉醒	倍他司汀	氯苯那敏 苯海拉明 氯雷他定
H_2	胃黏膜壁细胞 血管 心脏	胃酸分泌增加 血管扩张，通透性增加 心肌收缩力增强	英普咪定	西咪替丁 雷尼替丁 法莫替丁
H_3	中枢和外周神经 （突触前膜）	负反馈调节组胺释放	$(R) - \alpha -$ 甲基组胺	
H_4	嗜酸性粒细胞 中性粒细胞	参与粒细胞的分化、趋化	4 - 甲基组胺	

【药理作用与作用机制】

1. 心血管系统

（1）心脏　组胺主要通过作用于心肌 H_2 受体，激活腺苷酸环化酶，增加心肌 cAMP 水平产生正性肌力作用。作用于窦房结 H_2 受体可致心率加快。作用于房室结 H_1 受体可致房室传导减慢。因种属差异，组胺在豚鼠则表现为 H_1 受体介导的负性肌力作用。

（2）血管　①扩血管：组胺激动血管平滑肌上 H_1 和 H_2 受体，可使小动脉、小静脉扩张，回心血量减少。激动 H_1 受体可使毛细血管扩张，通透性增加，引起局部水肿和全身血液浓缩。②降血压：人体静脉注射组胺可致血管扩张，外周阻力下降，血压降低，心率加快；注射大剂量组胺或由于抗原 - 抗体反应导致内源性组胺大量释放，可引起强而持久的降压，甚至发生休克。③皮肤"三重反应"：皮内注射小剂量组胺，可致皮肤毛细血管扩张，在注射处出现红斑；继而因毛细血管通透性增加，在红斑上形成丘疹；最后通过轴突反射致邻近小动脉扩张，在丘疹周围形成红晕。这是正常人的皮肤反应现象，麻风病人由于皮肤神经受损"三重反应"常不完全，可用于麻风病的辅助诊断。

2. 平滑肌

（1）支气管平滑肌　组胺激动支气管平滑肌细胞 H_1 受体，通过 G 蛋白激活磷脂酶 C，产生三磷酸肌醇（IP_3）和二酰基甘油（DAG），致细胞内 Ca^{2+} 浓度升高，蛋白激酶 C 活化，支气管平滑肌收缩，可引起呼吸困难，支气管哮喘患者对此尤为敏感。健康人的支气管组织对组胺敏感性较低。

（2）胃肠道平滑肌　组胺对多种动物胃肠道平滑肌有兴奋作用，豚鼠回肠最为敏感，可作为组胺生物活性检测的标本。

（3）子宫平滑肌　组胺对子宫平滑肌的作用依动物的种属不同而敏感性各异，人子宫平滑肌不敏感，豚鼠子宫表现为收缩作用，而大鼠子宫则表现为松弛作用。

3. 腺体　组胺是强效胃酸分泌刺激剂，在尚不能引起心血管反应的小剂量下，就能使胃酸分泌大量增加。组胺作用于胃黏膜壁细胞上的 H_2 受体，通过激活腺苷酸环化酶，使细胞内 cAMP 含量增加，再经过一系列信号传导，最终激活 $H^+,K^+ - ATP$ 酶，使胃黏膜壁细胞分泌胃液显著增加。组胺 H_2 受体兴奋还可引起唾液、泪液、肠液和支气管腺体等分泌增加，但作用较弱。

4. 中枢及外周神经　组胺作为脑内神经递质之一，可作用于组胺 H_1 受体调节食欲、觉醒、体温及神经内分泌功能。组胺对感觉神经末梢有强烈刺激作用，参与由组胺 H_1 受体介导的痛觉调节。

【临床应用】主要用于鉴别胃癌和恶性贫血患者是否发生真性胃酸缺乏症。晨起空腹皮下注射磷酸组胺 0.25 ~ 0.5 mg，若无胃酸分泌，即为真性胃酸缺乏症。因组胺不良反应较多，目前临床上多用五肽促胃酸激素代替。也可用于麻风病的辅助诊断。

【不良反应】常见不良反应有头痛、心悸、颜面潮红、直立性低血压、胃肠功能紊乱等。支气管哮喘及溃疡病患者禁用。

倍他司汀

倍他司汀（betahistine）是组胺 H_1 受体激动剂，具有扩张血管、增加脑血流量、改善脑干和迷路的血液循环、纠正内耳血管痉挛、抗血小板聚集及抗血栓等作用。临床上主要用于内耳眩晕病，能减轻眩晕、耳鸣、头痛、恶心等症状；也可用于慢性缺血性脑血管疾病及多种原因引起的头痛。偶有口干、心悸、恶心、皮肤瘙痒等不良反应。对本药过敏者、支气管哮喘患者、嗜铬细胞瘤患者及小儿禁用，消化性溃疡患者慎用。

英普咪定

英普咪定（impromidine，甲咪硫胍）为选择性 H_2 受体激动药，能刺激胃酸分泌，可用于胃功能检查；还可增强人心室收缩功能，用于心力衰竭的辅助治疗。

（R）-α-甲基组胺

（R）-α-甲基组胺（α-methyl histamine）是 H_3 受体激动剂，有明显的立体结构选择性。对脑肥大细胞释放组胺有显著的抑制作用，但不影响脑肥大细胞和神经元中 5-HT 的分泌。

二、抗组胺药

抗组胺药（antihistamines）能竞争性阻断组胺受体，拮抗组胺的作用。根据对组胺受体亚型选择性不同，可分为 H_1、H_2、H_3、H_4 受体阻断药，自 1937 年 Bovet 发现经典的抗组胺药以来，迄今已有 50 余种 H_1 受体阻断药应用于临床，主要用于治疗过敏性疾病。H_2 受体阻断药以西咪替丁、雷尼替丁、法莫替丁为代表，用于治疗消化道溃疡。H_3 受体阻断药目前正在进行临床试验，H_4 受体阻断药尚处于研究阶段。

（一）H_1 受体阻断药

常用的第一代 H_1 受体阻断药如苯海拉明（diphenhydramine，苯那君）、异丙嗪（promethazine，非那根）、曲吡那敏（tripelennamine，扑敏宁）、氯苯那敏（chlorphenamine，扑尔敏）、多塞平（doxepin）、赛庚啶（cyproheptadine）等，中枢抑制作用强，有明显的镇静和抗胆碱作用，具有易产生耐受性、作用时间短的特点，可致困倦、口鼻眼干等。为克服这些缺点，相继开发出西替利嗪（cetirizine）、美喹他嗪（mequitazine）、阿司咪唑（astemizole，息斯敏）、阿伐斯汀（acrivastin）、咪唑斯汀（mizolastine）、特非那定（tefenadine）及氯雷他定（loratadine，开瑞坦）等第二代药物，具有长效（大多数）、镇静嗜睡作用弱、对喷嚏、清涕和鼻痒效果好等特点，但对鼻塞效果较差。

【体内过程】H_1 受体阻断药口服或注射均易吸收，大部分在肝内代谢，多以代谢物形式从肾排出。口服后多数在 15~30 分钟起效，1~2 小时作用达高峰。作用持续 4~6 小时。咪唑斯汀的半衰期长达 24 小时以上。阿司咪唑口服后达峰时间为 2~4 小时，由于其去甲基代谢产物仍具有 H_1 受体阻断作用，且存在肝肠循环，排泄缓慢，故其半衰期可长达 10 天以上。

【药理作用与作用机制】

1. 抗组胺 H_1 受体效应

（1）抑制毛细血管扩张，降低血管通透性　对组胺引起的局部毛细血管扩张和通透性增加（局部水肿）有很强的抑制作用，但对血管扩张和血压下降等全身作用仅有部分对抗作用，同时应用 H_1 和 H_2

受体阻断药可完全对抗。

（2）松弛支气管、胃肠道平滑肌　可完全对抗组胺引起的支气管、胃肠道平滑肌收缩作用。在豚鼠实验中，小剂量的组胺即可引起支气管痉挛、窒息，如事先给予 H_1 受体阻断药，可使豚鼠耐受数倍甚至千倍以上致死量的组胺。对豚鼠以支气管痉挛为主要症状的过敏性休克也具有保护作用，但对人的过敏性休克无效，可能与人过敏性休克的发病有多种介质参与有关。

2. 中枢抑制作用　第一代药物如苯海拉明和异丙嗪等可透过血 - 脑屏障，阻断中枢的 H_1 受体，产生不同程度的中枢抑制作用，表现为镇静、嗜睡等，可能与药物阻断了脑内源性组胺介导的觉醒反应有关。第二代药物如阿司咪唑、阿伐斯汀、咪唑斯汀等不易透过血 - 脑屏障，故无中枢抑制作用。

3. 其他作用　苯海拉明、异丙嗪等具有阿托品样抗胆碱作用，防晕和止吐作用较强。咪唑斯汀对鼻塞具有显著疗效。

【临床应用】

1. 皮肤黏膜变态反应性疾病　对过敏性鼻炎、荨麻疹、过敏性药疹、过敏性湿疹、瘙痒性皮肤病等有较好疗效，现多用第二代 H_1 受体阻断药。对昆虫叮咬所致的皮肤瘙痒和水肿亦有效。对支气管哮喘疗效差，对过敏性休克无效。

2. 防晕止吐　用于乘船、乘车等晕动病，麻醉和手术后、放射病、妊娠以及药物等引起的恶心呕吐，常用苯海拉明、异丙嗪。

3. 失眠　可用于镇静催眠及手术前给药。异丙嗪可与平喘药氨茶碱配伍使用，以对抗氨茶碱的中枢兴奋、失眠等副作用，同时对气道炎症有一定的治疗效果。

【不良反应】

1. 中枢神经系统反应　镇静、嗜睡、乏力等多见于第一代药物，以苯海拉明和异丙嗪最为明显，服药期间应避免驾驶车、船或进行高空作业。第二代 H_1 受体阻断药多数无中枢抑制作用。

2. 消化道反应　口干、厌食、便秘或腹泻等。

3. 心肌毒性　第二代 H_1 受体阻断药阿司咪唑和特非那定在体内代谢受阻，可引起致命性尖端扭转型室性心律失常。应避免与具有肝药酶抑制作用的药物如咪唑类抗真菌药、大环内酯类抗生素等合用。

4. 其他　局部皮肤用药可引起接触性皮炎。偶见粒细胞减少及溶血性贫血。阿司咪唑等可致动物畸胎，妊娠期妇女禁用。

（二）H_2 受体阻断药

H_2 受体阻断药如西咪替丁、雷尼替丁、法莫替丁、尼扎替丁、乙溴替丁等可选择性地阻断 H_2 受体，对 H_1 受体几乎无影响，临床主要用于减少胃酸分泌，治疗消化道溃疡（详见第三十章 作用于消化系统的药物）。

（三）H_3 受体阻断药

H_3 组胺受体最早发现于中枢神经系统组胺能神经末梢，为突触前受体，能负反馈调节组胺的合成与释放，也能调节其他神经递质如乙酰胆碱、去甲肾上腺素、多巴胺、5 - HT 的释放。研究发现 H_3 受体与阿尔茨海默病、注意力缺陷多动症、帕金森病等神经行为失调有关，H_3 受体阻断药能改善动物的学习与记忆能力，开发 H_3 受体阻断药有一定应用前景。

第二节　膜磷脂代谢产物类药物及拮抗药

细胞膜磷脂代谢产生的自体活性物质包括廿碳烯酸类（eicosanoids）和血小板活化因子（platelet activating factor，PAF），具有广泛的生物活性。

细胞受到刺激时，细胞膜磷脂在磷脂酶 A_2（phospholipase A_2，PLA_2）作用下释放出花生四烯酸（arachidonic acid，AA）和 PAF。游离的 AA 经两条途径转化：①环氧化酶途径，生成前列腺素类（prostaglandins，PGs）、血栓素类（thromboxans，TXs）；②脂氧酶途径，生成羟基过氧化廿碳四烯酸、白三烯类（leukotrienes，LTs）、羟基廿碳四烯酸和脂氧素。

一、前列腺素和血栓素

血栓素 A_2（thromboxane A_2，TXA_2）和 $PGF_{2\alpha}$ 具有缩血管作用，对静脉血管作用较强。PGI_2 则具有扩血管作用；大多数 PGs 可收缩胃肠平滑肌；PGE_1、PGE_2、PGI_2 可松弛呼吸道平滑肌，TXA_2、$PGF_{2\alpha}$ 则表现收缩作用；PGE_2、$PGF_{2\alpha}$ 可增强子宫平滑肌收缩力、增加子宫收缩频率；PGE_2、PGI_2 可抑制血小板聚集，而 TXA_2 则具有强的促血小板聚集作用。

1. 作用于心血管系统的 PGs 类药物

前列地尔

前列地尔（alprostadil，PGE_1）具有扩张血管、抑制血小板聚集作用，与抗高压药、血小板聚集抑制剂合用有协同作用。阴茎注射可用于诊断和治疗阳痿。不良反应有头痛、腹泻、低血压、心动过速、骨质增生等，禁用于妊娠期和哺乳期妇女。

依前列醇与依洛前列素

依前列醇（epoprostenol，PGI_2）具有扩张血管、抑制血小板聚集作用，是最强的抗凝血药之一。可用于体外循环、肾透析，防止血栓形成。也可用于缺血性心脏病、多器官衰竭、外周血管病和肺动脉高压。依洛前列素（iloprost）系 PGI_2 衍生物，作用与 PGI_2 相同，性质更稳定。

2. 作用于消化系统的 PGs 类药物

米索前列醇

米索前列醇（misoprostoll）是 PGE_1 衍生物，能抑制基础胃酸分泌，也能抑制组胺、五肽胃泌素引起的胃酸分泌，并可扩张胃黏膜血管、促进胃黏液分泌。可用于治疗十二指肠溃疡和胃溃疡，溃疡复发率低，对 H_2 受体阻断剂无效者也有效。对妊娠子宫有收缩作用，妊娠期妇女及对药物过敏者禁用。

3. 作用于生殖系统的 PGs 类药物
地诺前列酮（dinoprostone，PGE_2）可用于中期妊娠引产、足月妊娠引产。卡前列素（carboprost，15-甲基-$PGF_{2\alpha}$）主要用于终止妊娠及宫缩无力导致的产后顽固性出血。米索前列醇可软化宫颈、增强子宫张力和宫内压，与米非司酮序贯应用，对终止早期妊娠效果较好。

二、白三烯及拮抗药

白三烯（LTs）由花生四烯酸经脂氧酶催化产生，为人体内重要的炎性介质，参与机体多种炎症性疾病的病理生理过程，如缺血性心脑血管疾病、哮喘、风湿性关节炎、肾小球肾炎、痛风等的发病与其密切相关。LTs 对单核细胞和巨噬细胞具有趋化作用并促进炎性介质的产生与释放。LTs 可引起支气管收缩、黏液分泌增加和肺水肿；参与血栓形成和速发型过敏反应；在心血管系统，有负性肌力作用，可致心输出量减少。还可使冠脉持久收缩，加重心肌缺血缺氧。

白三烯受体阻断药孟鲁司特（montelukast）、扎鲁司特（zafirlukast）能选择性地与白三烯受体结合，阻断白三烯的作用，降低血管通透性和气道嗜酸性粒细胞浸润，缓解支气管痉挛，主要用于支气管哮喘的预防和治疗。白三烯合成抑制药齐留通（zileuton）通过抑制5-脂氧酶减少白三烯的生成，临床上用于预防或缓解支气管哮喘发作。

三、血小板活化因子及拮抗药

血小板活化因子（PAF）是一种强效生物活性磷脂，由多种细胞和组织产生。通过激活磷脂酰肌醇、钙通道及相关蛋白激酶产生广泛的生物效应。可促进血小板聚集、白细胞活化、血管通透性增加，参与过敏反应和多种炎症反应。在动脉粥样硬化、血栓形成、缺血性心脑血管疾病、支气管哮喘、脓毒症休克、肾脏疾病和消化道溃疡等疾病的发生发展中具有重要作用。

PAF受体阻断药能阻止PAF与其受体结合，对PAF相关疾病发挥治疗作用。临床上应用的主要是一些天然产物，如银杏苦内酯B（BN52021），是迄今发现的最强的PAF受体阻断药，具有防治缺血性损伤、抗氧化损伤、保护肠黏膜、改善肝功能、抗炎及免疫调节等作用，可用于治疗败血性休克、哮喘、急性胰腺炎、缺血性心脑血管疾病等。

第三节　5-羟色胺类药物及其受体阻断药

5-羟色胺（5-hydroxytryptamine，5-HT），又名血清素（serotonin），主要由肠嗜铬细胞合成并储存于细胞颗粒内，储存量约占全身总量的90%，在相关刺激作用下，释放弥散到血液，被血小板摄取和储存，储存量约占全身总量的8%。中枢神经系统的5-HT约占全身总量的1%~2%，主要以神经递质的形式分布于下丘脑、丘脑内侧核、中脑和脑干。

一、5-HT及其作用

已发现7种5-HT受体亚型，5-HT通过激动不同的5-HT受体亚型产生不同的作用。

1. 心血管系统　静脉注射数微克5-HT可引起血压的三相反应：血压短暂降低，与5-HT激动5-HT$_3$受体所致的负性频率作用有关；血压升高，可持续数分钟，与激动5-HT$_2$受体，引起肾、肺等组织血管收缩有关；长时间的低血压，与骨骼肌血管扩张（内皮细胞5-HT$_1$受体）有关。5-HT激动血小板5-HT$_2$受体，可引起血小板聚集。

2. 平滑肌　5-HT激动胃肠道平滑肌5-HT$_2$受体或肠壁神经节细胞5-HT$_4$受体，可引起胃肠道平滑肌收缩，肠蠕动加快。5-HT还可引起支气管平滑肌收缩，哮喘患者尤其敏感，但对正常人影响甚小。

3. 神经系统　5-HT作为中枢神经神经递质，可引起镇静、嗜睡等反应，可能参与痛觉、睡眠、认知和体温等生理功能的调节。蚊虫叮咬和某些植物可刺激5-HT释放，引起痒痛。5-HT功能异常可能与抑郁症、偏头痛、脑缺血损伤、动脉粥样硬化等多种疾病有关。

二、5-HT受体激动药及阻断药

作用于5-HT受体的药物见表46-2。

表46-2　作用于5-HT受体的药物

5-HT受体	激动效应	激动药	阻断药	临床应用
5-HT$_{1A}$	镇静、嗜睡	丁螺环酮，伊沙匹隆 吉哌隆		焦虑症

续表

5-HT 受体	激动效应	激动药	阻断药	临床应用
5-HT$_{1D}$	颅内血管收缩 抑制食欲	舒马普坦 右芬氟拉明		偏头痛 肥胖症
5-HT$_{2A}$	肾、肺血管收缩		酮色林	高血压
5-HT$_{2A/2c}$	脑血管收缩，血小板聚集		美西麦角，赛庚啶 氯氮平 利培酮	偏头痛 精神病
5-HT$_3$	心脏负性频率，恶心呕吐		昂丹司琼	手术、化疗伴发的严重 恶心、呕吐
5-HT$_4$	胃肠道收缩、促进肠蠕动	西沙必利 伦扎必利		胃食管反流症

其他影响自体活性物质的药物还涉及多肽类、一氧化氮、腺苷等。如激肽释放酶抑制剂抑肽酶（aprotinin）使激肽原不能形成激肽，对胰蛋白酶、糜蛋白酶也有抑制作用，临床上用于预防和治疗急性胰腺炎、弥散性血管内凝血等；血管紧张素转化酶抑制药和血管紧张素受体拮抗药在抗高血压方面广泛应用（详见第二十四章 抗高血压药）；内皮素受体阻断药在肺动脉高压治疗方面有较好疗效；NO 广泛存在于生物体内各器官组织，参与体内多种生理和病理过程。具有舒张血管平滑肌、抑制血小板聚集、保护血管内皮细胞、抗氧化等作用，也作为神经递质或神经调质发挥作用。硝普钠、硝酸甘油等药物可以通过释放 NO 发挥扩血管作用；腺苷通过激动腺苷受体可发挥缺血预适应样心肌保护作用，双嘧达莫通过抑制腺苷转运蛋白，可增加心脏内源性腺苷浓度，维持心脏舒缩功能，缩小心肌梗死面积。

🌐 **知识链接**

腺苷与腺苷受体

腺苷是腺嘌呤核苷酸的前体和代谢产物，是一种存在于全身多个脏器和中枢神经系统的内源性核苷，在细胞氧化、应激、组织缺氧和炎症时产生增加，可以 ATP（三磷酸腺苷）或 ADP（二磷酸腺苷）形式转换能量，或以 cAMP（环磷酸腺苷）形式进行信号传递。腺苷主要通过作用于其受体亚型发挥作用。腺苷受体属于 G 蛋白耦联受体，有 A$_1$、A$_{2a}$、A$_{2b}$、A$_3$ 四种亚型。A$_1$ 受体主要存在于脑组织、脊髓和心脏中，A$_{2a}$ 受体主要分布于脑组织中的多巴胺富集区，其次是肾乳头部、血管内皮细胞、血小板等部位。A$_{2b}$ 受体主要分布于消化系统。A$_3$ 受体主要分布于脾脏、肺脏、心脏、肾脏等器官以及大脑的不同区域和炎性细胞表面。腺苷作用于腺苷受体，在神经功能调节、细胞代谢、抗炎、免疫抑制等方面发挥作用。有研究表明腺苷是中枢神经系统的一种抑制性神经调节剂，参与睡眠调节。腺苷在肿瘤免疫中也发挥重要作用。腺苷可直接进入心肌经磷酸化生成腺苷酸，参与心肌能量代谢，有扩张冠状动脉、增加心肌血流量的作用。

目标检测

答案解析

1. H$_1$ 受体阻断药的药理作用有哪些，主要作用机制是什么？

2. 常用 H$_1$ 受体阻断药的临床应用及应用注意事项有哪些

3. 第一代和第二代 H$_1$ 受体阻断药各有什么特点？

4. 倍他司汀的主要作用与临床应用有哪些？

5. 能拮抗白三烯的药物有哪些，主要临床用途是什么？

6. 举例说明血小板活化因子受体阻断药的临床应用。

（宋晓亮）

书网融合……

本章小结　　　　微课　　　　题库

第四十七章 治疗良性前列腺增生及男性勃起功能障碍的药物

📖 **学习目标**

1. **掌握** 抗良性前列腺增生药物、抗勃起功能障碍药物西地那非的作用机制。
2. **熟悉** 西地那非的不良反应和药物相互作用。
3. **了解** 育亨宾抗勃起功能障碍的药理作用。
4. 具备应用本章知识，指导良性前列腺增生患者和抗勃起功能障碍患者合理用药的能力。

第一节 治疗良性前列腺增生的药物 📱微课

一、概述

前列腺是男性附属性腺中最大的不成对实质脏器官，由腺组织和平滑肌组织构成，大小约为 $4cm \times 3cm \times 2cm$，重量约 $8 \sim 20g$，位于膀胱口下和尿生殖膈上方，尿道贯穿于前列腺全程，长约 $3 \sim 4cm$。分泌前列腺液是前列腺的主要功能，前列腺液的液化作用有利于精子的活动，前列腺可在 5α - 还原酶的作用下使睾酮转化为活性更强的二氢睾酮，前列腺还有控制尿液、精液排出的作用。

前列腺疾病包括先天性异常和前列腺感染性疾病、前列腺肿瘤和其他病变（前列腺增生、前列腺结石等），其中以慢性细菌性、非细菌性前列腺炎、前列腺增生症和前列腺癌最为常见。

前列腺增生症即良性前列腺增生（benign prostatic hyperplasia，BPH），也称前列腺肥大（prostatic hypertrophy，PH），通常在 50 岁左右发病，$51 \sim 60$ 岁的发病率约为 40%，$61 \sim 70$ 岁约为 70%，$71 \sim 80$ 岁约为 80%，81 岁以上约为 90%，因此，BPH 是男性老年人的常见疾病。BPH 的病因尚未被阐明，目前认为与年龄及雄激素有关。雄激素主要是睾酮（Testosterone），研究表明睾酮需要在 5α - 还原酶的作用下转化为双氢睾酮（dihydrotestosterone，DHT）才能发挥雄激素对前列腺的作用，以刺激前列腺增生，DHT 也必须与雄激素受体结合后才能发挥其效应，而 5α - 还原酶缺乏及雄激素受体突变均可抑制 BPH 发生。因此，临床上应用雄激素受体阻断剂（如氟丁酰胺）或 5α - 还原酶抑制剂（如非那雄胺），可以明显抑制前列腺的增生，并可使增生的前列腺体积缩小。

二、抗良性前列腺增生的药物

药物治疗不能根治良性前列腺增生，只能缓解症状，因此，原则上只适用于无手术指征的患者。药物治疗的途径有：①消除雄激素对前列腺的作用，减少膀胱出口梗阻的静力因素；②缓解交感神经递质对前列腺平滑肌的兴奋作用，使之松弛，减少膀胱出口的动力因素。

目前常用的治疗前列腺增生的药物有 α_1 - 肾上腺素受体阻断药、5α - 还原酶抑制药、雄激素阻断药等。

（一）α₁-肾上腺素受体阻断药

交感神经兴奋使富含 $α_1$-肾上腺素受体的膀胱颈、前列腺及包膜平滑肌张力增加，尿道闭合压增高，膀胱出口梗阻的动力增加。$α_1$-肾上腺素受体阻断药可作用于膀胱颈、前列腺被膜和前列腺内的平滑肌细胞的 $α_1$-肾上腺素受体，阻滞肾上腺素能递质的释放，可使前列腺平滑肌松弛，尿道闭合压降低，尿道梗阻症状改善，排尿通畅。

特拉唑嗪

【体内过程】特拉唑嗪（terazosin）口服后 1~2 小时即可完全吸收，不受食物影响，生物利用度为 90%，首关效应不明显，血浆药物浓度达峰时间为 1~3 小时，血浆药物浓度峰值为 60ng/ml。口服后主要分布在消化道、肝、肾、膀胱等部位，易通过胎盘屏障。静脉注射后 $t_{1/2α}$ 为 1.5 小时，$t_{1/2β}$ 为 11 小时，血浆蛋白结合率为 90%~94%。主要在肝脏代谢，代谢途径为四氢呋喃环的氧化。通过三条途径排泄：40%（其中 10% 为原型）从尿中排出；40% 从胆汁排出，以代谢物为主；20% 以原型从粪便排出。

【药理作用】为长效选择性 $α_1$-肾上腺素受体阻断药，其作用为阻断 $α_1$ 受体，扩张容量血管和阻力血管，降低外周血管阻力。由于阻断 $α_1$ 受体，膀胱颈、前列腺及被膜平滑肌松弛，尿道阻力和压力、膀胱阻力降低而明显改善 BPH 患者的尿流动力学和临床症状。其对 $α_2$ 受体的作用甚微，对 $α_1$ 受体的亲和力约为 $α_2$ 受体的 100 倍，对心率几乎无影响。

【临床应用】对尿道功能的选择性较高，其对心血管的影响相对较小，临床效应呈剂量依赖性。

（1）良性前列腺增生。对症状较轻，前列腺体积增生较小的患者有良好疗效

（2）适用于轻、中度原发性高血压和顽固性心功能不全。

【不良反应】常见头晕、头痛、嗜睡、乏力、鼻塞、面红、恶心、口麻、胃肠道反应和外周组织水肿。罕见阳痿、疲倦和抑郁。不良反应较轻微，首剂现象发生率约为 1%，常见给药 30 分钟~2 小时出现，诱因常为失水、低钠及运动后。为避免首剂现象发生，首次剂量一天不宜超过 1mg，且最好在睡前服用。与噻嗪类和其他抗高血压药合用，会产生低血压。

【禁忌证】严重肝肾功能不全者慎用，对本品过敏者及 12 岁以下的儿童禁用。

阿夫唑嗪

【体内过程】阿夫唑嗪（Alfuzosin）本品吸收良好，平均生物利用度为 64%，通常在 0.5~3 小时内达到高峰血药浓度。$t_{1/2}$ 为 5~7 小时，血浆蛋白结合率为 90%。大部分经肝脏代谢，代谢产物无活性，主要经胆汁和粪便排泄。

【药理作用】与特拉唑嗪相比较，阿夫唑嗪对血压的影响小。

【临床应用】本品适用于轻、中度高血压、良性前列腺增生，尤其是梗阻症状明显者。

【不良反应】用药剂量过大或高血压患者用药数小时后容易出现直立性低血压。应避免大剂量用药，高血压患者也慎用。本品可诱发心绞痛发作，冠心病患者不宜单独使用，如出现心绞痛发作应及时停药。其他可出现眩晕、恶心、腹泻、偶见口干、胸痛、乏力、皮疹、面部潮红等。

（二）5α-还原酶抑制药

非那雄胺

【体内过程】非那雄胺（Finasteride）口服生物利用度为 30%，不受食物影响，血浆药物浓度达峰时间约为 2 小时。给药后 6~8 小时完全吸收，$t_{1/2}$ 为 6 小时，血浆蛋白结合率为 93%，由肝脏代谢。口服剂量的 56%~60% 由粪便排出。

【药理作用】为 4-氮类固醇化合物，是 5α-还原酶强有力的抑制剂，与 5α-还原酶竞争性结合，

抑制其活性，从而阻断睾酮转化为 DTH，消除 DTH 诱发的前列腺增生。本品对雄激素受体无亲和力。血浆药物浓度与血浆 DTH 浓度无直接相关关系。

【临床应用】良性前列腺增生。

【不良反应】常见性欲下降，阳痿及射精量减少，乳房不适、皮疹等不良反应。

临床应用起效较慢，用药 3 个月后才能发挥满意疗效，一般建议开始时与 α_1 - 肾上腺素受体阻断药联合应用。妇女及儿童禁用。

依立雄胺

【体内过程】依立雄胺（Epristeride）口服吸收迅速，不受食物影响，给药后 0.25 小时即能检测到血药浓度，3~4 小时血药浓度达到峰值，$t_{1/2}$ 为 7.5 小时，血浆蛋白结合率达 97%。主要经胃肠道排泄。

【药理作用】本品是非竞争性 5α - 还原酶抑制剂，提高睾酮的浓度并不减轻其作用。能使增生的前列腺组织萎缩，从而改善相关症状。

【不良反应】可见恶心、食欲减退、头晕、失眠、性欲下降、射精量减少、耳鸣等。

（三）雄激素受体阻断药

氟他胺

氟他胺（Flutamide）又称氟硝丁酰胺，是口服非甾体类雄激素受体阻断药。

【体内过程】口服吸收完全，原型药及其代谢产物 2 - 羟基氟他胺的血浆蛋白结合率均在 85% 以上，后者的 $t_{1/2}$ 为 6 小时，达峰时间为 2 小时。原型药及代谢产物 2 - 羟基氟他胺在前列腺和肾上腺中分布最广，大部分通过尿液排出体外，少量通过粪便排出。本品不能被透析清除。

【药理作用】原型药及代谢产物可与雄激素竞争雄激素受体，并与雄激素受体结合成复合物进入细胞核，与核蛋白结合，拮抗雄激素对前列腺的促增生作用。

【不良反应】少数患者出现乳头疼痛，女性型乳房、腹泻等。个别患者出现肝功能损害，精子数减少，面部潮红及血清睾酮反馈性升高等内分泌紊乱现象。妇女、儿童及肝功能障碍者禁用。

⇒ 案例引导

临床案例 患者曲某，男，72 岁，出现尿频、尿急、夜间尿频明显 6 年。进行性排尿困难 6 月余，排尿时间延长，尿线变细、尿等待，排尿滴沥不尽。无腰部疼痛，无血尿、腹痛。直肠指检肛门括约肌紧张度正常，前列腺增生 2 度，双侧肿大、中央沟消失，表面光滑、质韧无压痛。辅助检查：B 超检查，前泪腺增生，膀胱残余尿 150ml。

问题 1. 诊断是什么？

2. 注意什么鉴别诊断？

3. 可采用的治疗手段有哪些？

4. 治疗药物有哪些？

第二节　勃起功能障碍的治疗药物

一、概述

勃起功能障碍（erectile dysfunction，ED）是指男性阴茎持续地或反复地不能达到或维持足够硬度的勃起以完成满意的新生活，既往称为阳痿（impotence，IM），用以专指成年男性阴茎不具有足够的勃起以完成全部性交过程所需要的能力。

阴茎勃起时一种复杂的神经血管反应，需要 3 个血流动力学协调，即：动脉血流的增加、阴茎海绵体的松弛和阴茎静脉回流的减少。此外，尚需神经、神经递质、平滑肌及白膜的参与。在神经递质的调控下，阴茎海绵体平滑肌和动脉血管平滑肌松弛，阴茎海绵体内压低于收缩压，血液在压力差驱动下进入阴茎海绵体使其膨大，而膨大的海绵体压迫静脉使阴茎静脉回流受阻，从而使阴茎勃起。阴茎海绵体平滑肌以及阴茎动脉血管平滑肌的舒张是勃起的关键因素。目前认为导致它们舒张的主要因素有一氧化氮（nitric oxide，NO）、前列腺素 E_1（prostaglandin E_1，PGE_1）和血管活性肠肽（vasoactive intestinal polypeptide）。

勃起功能障碍是男性常见疾病，在 40~70 岁的男性中发病率高达 52%，全球约有数亿男性患有不同程度的勃起功能障碍。一般来讲，除创伤、手术造成的勃起功能障碍外，病程应在 3 个月以上才能确诊为勃起功能障碍。

根据病因不同，勃起功能障碍可分由机体某个器官或系统发生病理性改变而导致的器质性勃起功能障碍和无器质性病变但由于心理因素、精神创伤、夫妻关系不协调、环境不适当以及不良生活方式（吸烟、酗酒、过度劳累）和某些药物（利尿剂、降压药、镇静催眠药等）等引起的功能性勃起功能障碍两类。

⊕ 知识链接

勃起功能障碍与生活方式

良好的生活方式对改善勃起功能具有重要意义。适量运动、合理膳食、良好睡眠、控制体重等可以改善血管功能和勃起功能，并可增加 PDE5 抑制剂的疗效。

新研究发现，地中海饮食（以水果、蔬菜、坚果、五谷杂粮、鱼、橄榄油为主，少量红肉）与 ED 的发生呈负相关。地中海饮食有利于 ED 患者的心血管功能改善，减少患心脏病的风险。有 1/3 的肥胖 ED 男性在建立健康生活方式（包括地中海饮食）以及规律锻炼 2 年后，可重新获得性能力。但单纯依靠调整生活方式来改善阴茎勃起功能，往往需要较长的时间（2 年以上），而在改善生活方式的基础上，联合口服 PDE5 抑制剂，阴茎勃起功能在治疗 3 个月后即可获得明显的改善。

二、治疗勃起功能障碍的药物

（一）勃起功能障碍口服治疗药物

西地那非

【体内过程】西地那非（Sidenafil）口服吸收迅速，绝对生物利用度约为 40%，空腹状态下口服达峰时间约为 30~120 分钟，高脂饮食可影响其吸收，峰浓度可降低 29%，达峰时间平均延迟 60 分钟。西地那非及其代谢产物的 $t_{1/2}$ 约为 4 小时。本品及其在循环中的主要代谢产物（N-去甲西地那非）的血浆蛋白结合率均为 96%，西地那非主要通过肝脏代谢，代谢产物 N-去甲西地那非体外对 5 型磷酸二酯酶（phosphodiester-5，PDE-5）的活性强度约为原药活性的 50%，本品主要以代谢产物形式从粪便中排出（约为口服剂量的 80%），一小部分从尿中排出（约为口服剂量的 13%）。

【药理作用】阴经海绵体内非肾上腺素非胆碱（non-adrengergic non-cholinergic，NANC）神经元和血管内皮细胞上有一氧化氮合酶（NOS），当性刺激时，NOS 催化 L - 精氨酸和氧分子反应生成 NO，NO 与鸟苷酸环化酶中的血红素结合形成亚酰血红素，后者激活鸟苷酸环化酶，使三磷酸鸟苷（GTP）转化为环磷酸鸟苷（cGMP）。cGMP 刺激血管平滑肌上面的 cGMP 依赖蛋白激酶，调节磷酸二酯酶和离子通道，影响 $Na^+ - Ca^{2+}$ 交换，使细胞内 Ca^{2+} 浓度降低，从而使血管松弛，阴茎海绵体血流灌注增加而勃起；此外，PDE - 5 活化时，可使阴茎海绵体内 cGMP 的降解增加，出现海绵体平滑肌不能血管松弛，而致勃起障碍，西地那非对离体人阴茎海绵体平滑肌无直接松弛作用，但可通过抑制阴茎海绵体内 PDE - 5 活性，提高 cGMP 浓度，增强 NO 的作用，即性刺激时 NO 释放造成的 cGMP 增加可因西地那非对 PDE - 5 的抑制作用而增强，从而促进阴茎海绵体的松弛而勃起。故没有性刺激的情况下，西地那非在通常剂量下无作用。

【临床应用】适用于功能性和器质性原因引起的勃起功能障碍。

【不良反应】发生率≥2% 的不良反应有呼吸道感染，背痛、流感样症状、关节痛，消化不良和视觉异常；发生率 <2% 的不良反应涉及较多系统。

阴茎畸形者或可引起阴茎异常勃起疾病者；色素视网膜炎或视网膜畸形者；高或低血压、心力衰竭或缺血性心脏病患者；出血性疾病或消化性溃疡活动者；近期内曾发生心肌梗死、脑卒中、休克或致死性心律失常者慎用；本品可发生视觉异常，故驾驶员和高空作业者慎用。对其过敏者，正使用硝酸甘油、硝普钠或其他有机硝酸盐者及勃起功能正常者和儿童禁用。

本品为外源性药物，长期服用会产生依赖性而致永久性阳痿；发生勃起时间过长（超过 4 小时）或异常勃起（痛性勃起超过 6 小时）时，要立刻就诊，以免发生阴茎受损而发生永久性勃起功能障碍。

育亨宾

【体内过程】育亨宾（Yohimbin）口服易吸收，$t_{1/2}$ 为 35 分钟，用药 5 ~ 7 天后才能显效，服药后 5 ~ 6 周达到最佳疗效，其代谢产物为 3 - 甲氧基 - 4 - 羟基苯乙醇，仍具有活性且可发挥长期效应。

【药理作用】阻断神经节前 α_2 - 肾上腺素受体，使血管平滑肌扩张，阴茎血流量增加；增加外周交感神经兴奋性，诱发阴茎充血而勃起。

【临床应用】用于功能性勃起功能障碍，对器质性勃起功能障碍无效。

【不良反应】偶见头痛、头晕、皮肤潮红、震颤、激动、排尿困难、恶心、腹泻及胃部不适等。

（二）勃起功能障碍局部外用治疗药物

1. 尿道给药 药物经尿道给药后，由尿道黏膜吸收扩散至阴茎海绵体，使其血管平滑肌松弛，血流增加，导致阴茎勃起。常用药物为 PGE_1。通常将 PGE_1 制成直径 1.4mm，长 3mm 或 6mm，外包裹聚乙烯乙二醇，在排尿后，由患者将其放入尿道，并轻轻按摩阴茎加快其吸收。进入尿道后，均可在 5 ~ 10 分钟内起效，阴茎可持续勃起 0.5 ~ 1 小时。对心理性勃起功能障碍效果最好，有效率约为 68%；对器质性勃起功能障碍有效率约为 25% ~ 30%。注意 24 小时内给药不宜超过 2 次，感冒药和抗过敏药降低其疗效。阴茎动脉异常、镰刀性贫血、血小板及红细胞增多症、多发性骨髓瘤和低血压患者禁用。常见不良反应为阴茎、尿道及睾丸、肛门周围疼痛，阴茎红斑、头晕、晕厥、低血压等。

2. 阴茎皮肤给药 将脂溶性好，具有穿透皮肤、深筋膜和白膜的能力而又不易被皮下血管吸收进入血液循环的药物涂抹于阴茎皮肤，药物经皮肤吸收后进入尿道和阴茎海绵体。常用有硝酸甘油。硝酸甘油以其乳剂、贴片贴于阴茎皮肤，经皮吸收后与阴茎内血管平滑肌细胞上的硝酸酯受体结合，促进 NO 生成，激活鸟苷酸环化酶，增加细胞内 cGMP 含量，使阴茎海绵体平滑肌松弛而扩张，有利于阴茎勃起。常见不良反应有阴茎头疼痛，红斑及配偶感觉阴道发痒。心脏病患者不宜使用。由氨茶碱、二硝酸异山梨醇和麦角碱为主要成分的药膏制剂，外用于阴茎皮肤，对心理因素导致的阴茎勃起功能障碍患者有效率达82%。机制可能与氨茶碱对PDE的非特异性抑制作用、二硝酸异山梨醇提供NO和麦角碱具有α-肾上腺素受体阻断作用有关。米诺地尔（Minoxidil）具有钾通道开放作用，使血管平滑肌松弛而扩张，有助于阴茎勃起，常用乳剂和气雾剂，对脊髓损伤所致的勃起功能障碍有一定疗效。

目标检测

答案解析

1. 治疗良性前列腺增生的药物分为哪些类？代表药物是什么？
2. 治疗男性勃起功能障碍的药物有哪些类？代表药物是什么？
3. 非那雄胺的药理作用与临床应用是什么？
4. 特拉唑嗪的药理作用是什么？
5. 西地那非的不良反应有哪些？

（钱海兵）

书网融合……

本章小结　　　　微课　　　　题库

第四十八章 治疗骨质疏松的药物

PPT

⇨ 案例引导

临床案例 患者，女，68 岁。间断腰背部疼痛 5 年，近一月加重前来就诊。50 岁时停经，无糖尿病、高血压等慢性病史。户外活动少。查体：体温、血压、脉搏正常，四肢关节无红肿及变形，活动不受限。实验室检查：血、尿常规及肝、肾功能无异常。双能 X 线骨密度检测（DXA）：腰椎骨 T 值 −3.5，股骨颈 T 值 −2.8，髋部 T 值 −3.0。诊断：绝经后骨质疏松症。治疗：骨化三醇，一次 0.25μg，一日两次。碳酸钙片，一次 0.5g，一日两次。阿仑膦酸钠，一次 70mg，一周一次。

问题 1. 为什么以绝经后妇女多发骨质疏松症？

2. 阿仑膦酸钠应用过程中应注意哪些问题？

骨质疏松症（osteoporosis）是一种以骨量低下、骨微结构破坏、骨脆性增加、骨功能减弱、易发生骨折为特征的全身代谢性疾病。以绝经后妇女和老年男性多见，营养缺乏、恶性肿瘤及某些药物也可引起骨质疏松。骨质疏松最严重的后果是骨质疏松性骨折，它不仅降低患者生活质量甚至还可能致残，增加社会和家庭负担。因此，防治骨质疏松对于提升生活质量、保障人民健康十分重要。

骨质疏松症分为三类。第一类为原发性骨质疏松症，是随着年龄的增长出现的骨组织退行性变，约占骨质疏松症的 90% 以上；第二类为继发性骨质疏松症，是由其他疾病或药物等因素诱发的骨质疏松症；第三类为特发性骨质疏松症，多见于 8~14 岁的青少年，多伴有家族遗传史，妇女妊娠及哺乳期所发生的骨质疏松症也属于这一类。

人类大约在 18~20 岁之前，骨组织以生长及塑建（modeling）为主。在此阶段，骨量不断增加，可引起骨几何形状和大小的改变。在成年期骨组织主要进行骨的重建（remodeling），骨重建是由激活（activation）、骨吸收（resorption）、骨形成（formation）组成的有序活动，简称 ARF 现象。骨重建仅涉及骨的转换，不改变骨的形状及大小，这一过程包括破骨细胞激活及骨吸收过程、成骨细胞激活及骨形成过程，两者互成偶联。当破骨细胞过度激活致骨吸收功能过强时，容易导致骨量丢失，产生骨质疏松。当成骨细胞功能受到抑制，骨形成活动减少，骨量不足时也可导致骨质疏松。

根据骨质疏松的骨重建失衡学说，目前防治骨质疏松的药物主要分为三类，即骨吸收抑制药（antiresorptive drugs）、骨形成促进药（bone-forming drugs）和骨矿化促进药（mineralization drugs）。

第一节　骨吸收抑制药

骨吸收抑制药（antiresorptive drugs）是指具有抑制破骨细胞骨吸收功能的药物，主要通过抑制破骨细胞的激活过程或使亢进的破骨细胞功能减弱，从而减少其对骨的吸收，防止骨量丢失。

一、双膦酸盐类

双膦酸盐（bisphosphonates）是目前最重要的一类骨吸收抑制药物，从 1970 年代开始用于防治原发性骨质疏松症，现已有三代产品上市。第一代双膦酸盐有依替膦酸二钠（etidronate disodium），又名羟乙膦酸钠，1977 年批准上市，作用较弱且抑制骨矿化，胃肠道不良反应大；第二代药物有帕米膦酸二钠（pamidronate disodium），阿仑膦酸钠（alendronate sodium）等，药物活性和结合力为依替膦酸二钠的数十倍，对骨钙化作用干扰小；第三代药物为含氮双膦酸盐，如唑来膦酸（zoledronate acid）、利塞膦酸钠（risedronate sodium）、伊班膦酸钠（ibandronate sodium）等，作用强，患者耐受性好，不良反应少。

阿仑膦酸钠

阿仑膦酸钠（alendronate sodium）为第二代产品，1993 年上市，是目前国际临床评价较高的骨质疏松症防治药物。

【体内过程】口服后主要在小肠内吸收，生物利用度仅 0.7%，食物和矿物质可显著减少其吸收。血浆蛋白结合率约为 80%，血浆半衰期短，吸收后的药物大约 20%～60% 被骨组织迅速摄取，用药后 2 小时骨中达峰值，其余部分迅速以原型经肾脏排泄。服药后 24 小时内，99% 以上的体内存留药物集中于骨组织，在骨内的半衰期约为 10 年以上。

【药理作用及机制】阿仑膦酸钠与骨内羟磷灰石有强亲和力。能进入骨基质羟磷灰石晶体中，减少成熟破骨细胞溶酶体酶的释放，抑制破骨细胞活性，并能通过成骨细胞间接抑制骨吸收作用。阿仑膦酸钠抗骨吸收作用较第一代依替膦酸二钠强 1000 倍，且不产生骨矿化抑制作用，能显著增加骨质疏松症患者的骨量密度，降低发生骨折的风险。

【临床应用】主要用于绝经后妇女的骨质疏松症，预防髋部和脊柱骨折。也可用于男性骨质疏松症、糖皮质激素诱发的骨质疏松症的治疗。

【不良反应】少数患者可出现胃肠道反应，如恶心、腹胀、腹痛、便秘、消化不良等，可引起食管溃疡。偶有头痛、骨骼肌疼痛、血钙降低、短暂白细胞升高。为减轻药物对食管的刺激，该药应空腹服用，且服药后 30 分钟内不要进食和平卧。胃及十二指肠溃疡、反流性食管炎患者慎用。对本品过敏、食管动力障碍、严重肾功能不全患者禁用。

利塞膦酸钠（risedronate sodium）为第三代药物，治疗骨质疏松症的疗效与阿仑膦酸钠相当，也可用于治疗变形性骨炎。胃肠道不良反应小，不能耐受阿仑膦酸钠的患者可换用本品。

伊班膦酸钠（ibandronate sodium）具有抑制破骨细胞的活性、诱导破骨细胞凋亡、抑制肿瘤细胞与骨组织的黏附、抑制骨溶解等作用。主要用于预防或治疗绝经后妇女骨质疏松症，口服片剂每月用药一次。也可用于恶性肿瘤引起的伴有或不伴有骨转移的高钙血症。不良反应有上消化道反应、体温升高、流感样症状、骨骼肌疼痛等，严重肾功能不全者、儿童、妊娠期与哺乳期妇女禁用

唑来膦酸（zoledronate acid）为长效双膦酸盐药物，具有强大的抗骨吸收作用，用于治疗绝经后妇女骨质疏松症、恶性肿瘤溶骨性骨转移引起的骨痛、变形性骨炎。治疗骨质疏松症，注射剂每年给药一次即可。可有发热、肌痛、流感样症状等不良反应，低钙血症者慎用。

二、降钙素

降钙素（calcitonin）是由甲状腺滤泡旁细胞（又称 C 细胞）分泌的一种肽类激素，主要功能是调节体内血钙、血磷水平。临床上常用的是鲑鱼降钙素（salmon calcitonin）和鳗鱼降钙素（又名依降钙素，elcatonin）

【体内过程】肌内注射或皮下注射后，1 小时内血药浓度达峰值，$t_{1/2}$ 70~90 分钟，血浆蛋白结合率 30%~40%，大部分以代谢物经肾排泄。

【药理作用及机制】

1. 降低血钙　能对抗甲状旁腺激素引起的血钙增高，正常情况下，降钙素对血钙的影响很小；但当高钙血症时，降钙素分泌增多，能抑制骨钙释放入血，促进血液中的钙进入骨骼，使血钙降低。降钙素还可以作用于肾脏，抑制近端肾小管对钙、磷的重吸收，使尿钙、磷排泄增加，血钙、磷降低。

2. 抑制破骨细胞活性　降钙素与破骨细胞上的特异性受体结合，能迅速抑制破骨细胞的活性，长期用药则抑制破骨细胞增殖、减少破骨细胞数量、延缓破骨细胞的发育成熟、抑制破骨细胞的骨吸收和溶骨作用，从而降低骨转换，对骨骼发挥保护作用。

3. 缓解骨痛作用　降钙素能特异性地缓解骨痛，对骨质疏松骨折、骨骼变形及肿瘤骨转移所致骨痛有明显治疗作用。可能与抑制前列腺素合成及中枢性镇痛作用有关。

【临床应用】①主要用于绝经后骨质疏松症及老年性骨质疏松症的治疗，特别适合于伴有疼痛的骨质疏松症患者；②用于缓解乳腺癌、肺癌、肾癌、骨髓瘤和其他恶性肿瘤所致骨转移性疼痛；③用于变形性骨炎的治疗；④用于高钙血症及高钙血症危象。

【不良反应】少数患者可出现面部潮红、发热、恶心、头晕等。偶见过敏反应，严重者可致休克，注射前须做过敏试验。对本品过敏者、妊娠及哺乳期妇女、14 岁以下儿童禁用。

三、雌激素类

雌激素（estrogen）对成年女性骨代谢具有重要的调节作用。雌激素缺乏是绝经后妇女骨质疏松症的重要原因之一。目前认为，雌激素可以有效抑制妇女绝经后出现的骨转换加快，减少破骨细胞数量，抑制破骨细胞活性，调节骨吸收与骨形成之间的平衡，阻止骨量丢失。雌激素替代治疗是绝经后妇女骨质疏松症的主要治疗手段之一。目前常用的雌激素类药物有雌二醇（estradiol）、戊酸雌二醇（estradiol valerate）、尼尔雌醇（nilestriol）、乙炔雌二醇（Ethinylestradiol，E_2）等，雌孕激素联合制剂有替勃龙（tibolone）等。

【药理作用及机制】雌激素主要通过以下途径防治绝经后骨质疏松症。

1. 直接作用于骨细胞的雌激素受体　雌激素可直接作用于破骨细胞和成骨细胞上的雌激素受体，增加破骨细胞凋亡，减少破骨活动，刺激成骨细胞增殖和胶原合成，发挥对骨的调节作用。

2. 影响骨吸收相关因子，抑制骨吸收过程　白介素-1（IL-1）、白介素-6（IL-6）、肿瘤坏死因子（TNF-α）参与破骨细胞的形成及活化，促进前列腺素 E_2（PGE_2）的释放，刺激骨吸收。雌激素可抑制 IL-6 的合成，降低 PGE_2 活性，抑制 IL-1、IL-6、TNF-α的释放，抑制因细胞因子激活引起的骨吸收增加。

3. 影响钙调节激素，间接减少骨吸收　雌激素能促进降钙素分泌，抑制甲状旁腺激素分泌，抑制骨吸收；还可增强肝 25-羟化酶、肾 1α-羟化酶活性，提高活性维生素 D（1,25-$(OH)_2D_3$）水平，促进肠钙吸收。

【临床应用】雌激素用于预防和治疗绝经后骨质疏松症，对 60 岁以前绝经早期妇女效果更好，特别是有绝经症状（如潮热、出汗等）及泌尿生殖道萎缩症状的妇女。为了减轻雌激素所致子宫内膜增生作用，降低并发肿瘤风险，雌激素常常与孕激素合用，称为激素替代疗法（HRT）

【不良反应与应用注意】可有恶心、呕吐、乳房胀痛、子宫内膜增生、阴道出血等，长期单独应用可增加发生乳腺癌、子宫内膜癌以及深静脉血栓和肺栓塞的风险。禁用于雌激素依赖性疾病（如乳腺癌、子宫内膜癌、宫颈癌等）、血栓性疾病、不明原因的阴道出血、活动性肝病、结缔组织病以及妊娠期、哺乳期妇女。慎用于子宫肌瘤、子宫内膜异位症、乳腺癌家族史、胆囊疾病和垂体泌乳素瘤者。

为了避免以上不良反应，选择性雌激素受体调节剂（selective estrogen receptor modulator，SERM）的应用受到重视，这是一类具有雌激素样作用的人工合成的非激素制剂。常用药雷洛昔芬（raloxifene）在骨组织与雌激素受体结合，表现出类雌激素的活性，抑制骨吸收。但在乳腺和子宫则表现抗雌激素作用，可明显减少腺癌和子宫内膜癌的风险。主要用于预防和治疗绝经后骨质疏松症，能显著降低椎体骨折发生率。

其他用于治疗绝经后骨质疏松症的药物还有依普黄酮（ipriflavone），属于植物雌激素，能增加雌激素的活性，具有雌激素样抗骨质疏松作用。

第二节　骨形成促进药

骨形成促进药是指能够增加成骨细胞数量和活性，促进骨形成的药物。主要包括甲状旁腺激素（parathyroid hormone，PTH）、氟制剂（fluoride）和雄激素（androgen）等。

甲状旁腺激素 微课

甲状旁腺激素（parathyroid hormone，PTH）是由 84 个氨基酸组成的钙调节激素，生理情况下，PTH 在甲状旁腺内生成前体，由甲状旁腺的主细胞分泌，作用于骨、肾和小肠，升高血钙、降低血磷，调节钙磷代谢。目前临床上常用药物有：重组人 $PTH_{1\sim84}$（recombinant human $PTH_{1\sim84}$，$rhPTH_{1\sim84}$）、重组人 $PTH_{1\sim34}$（recombinant human $PTH_{1\sim34}$，$rhPTH_{1\sim34}$），$rhPTH_{1\sim34}$ 又名特立帕肽（teriparatida）。

【药理作用及机制】成骨细胞膜和肾小管细胞膜均有 PTH 受体，能与 $PTH_{1\sim84}$ 和 $PTH_{1\sim34}$ 片段结合。

1. 对骨形成和骨吸收的影响　小剂量 PTH 可激动成骨细胞膜的 PTH 受体，激活腺苷酸环化酶系统，增加成骨细胞的数目，促进成骨细胞释放骨生长因子，促进骨形成，这是 PTH 治疗骨质疏松症的作用基础。但大剂量或连续给药，PTH 可通过 PTH 受体激活磷脂酶 C 系统，使破骨细胞功能增强，产生的骨吸收效应可超过成骨效应，进而降低骨密度。

2. 升高血钙水平　PTH 可激活肾远曲小管细胞基膜侧的二氢吡啶敏感的钙通道，增强管腔侧钠钙交换，增加钙的重吸收；抑制近曲小管对磷的重吸收，降低血磷。并能促进活性维生素 D $[1,25-(OH)_2D_3]$ 的合成，进而促进肠道对钙的吸收。血钙水平高低对 PTH 的分泌具有重要调控作用，血钙浓度升高能负反馈抑制 PTH 分泌，血钙浓度降低则刺激 PTH 分泌。

【临床应用】主要用于妇女绝经后骨质疏松症患者，能显著增加骨密度，降低骨折风险。也用于男性原发性和继发性性腺功能低下所致骨质疏松症并伴有骨折高风险的患者。

【不良反应与注意事项】最常见的不良反应为胃肠道功能紊乱、肢体疼痛、头痛、眩晕等。禁用于肿瘤骨转移、高钙血症、变形性骨炎及有骨骼疾病放疗史的患者。PTH 制剂须在专业医生指导下应用，用药期间应监测血钙水平。治疗期限不宜超过 2 年。

氟制剂

氟（fluorin）是人体必需的微量元素之一，在维护骨骼、牙齿健康方面具有重要作用。氟制剂（fluoride）可促进骨骼的正常发育和骨矿化。与其强烈的亲骨性有关，氟可与羟磷灰石结晶中的羟基（—OH）发生置换，生成氟磷灰石结晶，抵抗破骨细胞的作用。同时，氟制剂又有很强的骨形成促进作用，可刺激成骨细胞增殖。临床用于抗骨质疏松症的氟制剂有：氟化钠（sodium fluoride），一氟磷酸二钠（sodium monofluorophosphate）；一氟磷酸谷氨酰胺（glutamine monofluorophosphate）等。应用中应控制剂量，进行血药浓度监测。不良反应有胃肠道反应、外周关节疼痛、低钙血症、压力性骨折等。骨折未愈合、骨质软化症、严重肾功能不全、儿童、妊娠及哺乳期妇女禁用。

雄激素

雄激素（androgen）减少是男性老人发生骨质疏松的重要原因之一，雄激素具有促进骨细胞增殖、分化，促进骨基质蛋白和骨胶原的合成，增加骨量，刺激骨形成的作用，并能抑制破骨细胞前体向破骨细胞转化。常用的雄激素制剂有丙酸睾酮（testosterone propionate）和苯丙酸诺龙（durabolin），可用于治疗男性骨质疏松症或由衰老、运动减少、糖皮质激素诱导所致的骨质疏松，但因其副作用较大，可致肝脏毒性、女性的男性化、血清脂蛋白异常等，使该类药物的应用受到限制。其临床应用仍有待进一步评估。

⊕ 知识链接

锶盐的抗骨质疏松作用

锶是存在于人体的重要微量元素之一，在人体的含量约为 320 mg，主要分布在骨骼系统。研究表明，锶盐具有促进骨形成和抑制骨吸收的双重作用，锶元素与钙元素具有交互作用，锶能够协同钙促进成骨细胞的生成，促进骨钙沉积。锶可与钙离子敏感受体（CaSR）结合，启动细胞内相关信号传导通路，促进骨形成。锶还可通过促进转化生长因子 β_1（TGF - β_1）表达，增强成骨作用。另一方面，锶可以通过调节 RANK/RANKL/OPG 信号通路，抑制破骨细胞的增殖分化，进而抑制其对骨组织的吸收作用。目前临床上使用的制剂为雷奈酸锶，主要用于妇女绝经后骨质疏松，能增强骨密度，降低骨折发生率。但使用过程中有静脉栓塞和严重过敏性皮肤损害的报道，因此禁用于血栓性疾病及有血栓病史的患者。还有增加严重心脏事件的风险，进一步限制了药物的使用。研发疗效更好、不良反应更少的含锶药物是今后的工作重点。

第三节　骨矿化促进药

骨矿化促进药是指能够促进骨矿物质沉积的药物，包括钙剂和维生素 D（vitamin D）。

钙是维持人体骨代谢平衡、参与骨矿化的重要元素，可以通过补充骨矿物质、减少骨丢失、促进骨矿物质沉积及骨的形成预防和治疗骨质疏松症。常用的钙制剂有磷酸钙（calcium phosphate）、枸橼酸钙（calcium citrate）、乳酸钙（calcium lactate）、葡萄糖酸钙（calcium gluconate）等，对绝经后骨质疏松和老年性骨质疏松均有较好疗效，可降低骨折风险，与维生素 D 联合应用效果更佳。主要不良反应是可致便秘、结石，影响铁的吸收。

维生素 D（vitamin D）在体内转化成活性维生素 D [1,25 - (OH)$_2$D$_3$] 发挥作用，能促进小肠对钙、磷的吸收，增加成骨细胞活性，维持肌力，缓解肌肉骨骼疼痛，降低骨折风险。肾功能不全时，维生素 D 经肾脏 1α–羟化酶转化为活性维生素 D 功能受限，需要直接应用活性维生素 D。临床常用的活性维生素 D 制剂有骨化三醇（calcitriol）和阿法骨化醇（alfacalcidol），骨化三醇不需要经过肝、肾羟化就具有活性，阿法骨化醇需经过肝脏羟化后转变为具有活性的 $1,25-(OH)_2D_3$ 发挥作用。活性维生素 D 更适用于老年人、肝肾功能不全或维生素 D 代谢障碍者。长期应用可引起高钙血症、高钙尿症以及肾结石，用药期间应监测血钙。维生素 D 合并钙剂是目前预防和治疗骨质疏松症的基础药物，但单纯补钙或联用维生素 D 不能替代其他抗骨质疏松药物治疗。

目标检测

答案解析

1. 简述抗骨质疏松药的分类及主要药物类别。
2. 试述阿仑膦酸钠的药理作用和临床应用。
3. 降钙素通过哪些作用治疗骨质疏松症？
4. 钙剂和维生素 D 在抗骨质疏松症方面的地位和作用如何？
5. 甲状旁腺激素的药理作用和作用机制是什么，临床上应注意哪些问题？
6. 雌激素类药为何可用于预防和治疗绝经后骨质疏松症？

（宋晓亮）

书网融合……

本章小结　　　　　微课　　　　　题库

第四十九章　基因治疗的药物

📖 学习目标

1. **掌握**　基因治疗的概念、类型及基本程序。
2. **熟悉**　基因治疗的范围及常用的肿瘤基因治疗策略。
3. **了解**　基因治疗载体的选择和常用的基因转移技术。
4. 具备运用基因治疗基本知识和技能开展相关工作的能力。

传统的治疗药物在治疗遗传性疾病、心脑血管疾病、恶性肿瘤等方面发挥了控制或缓解症状、部分延缓疾病进程的作用，但不能从根本上解决或去除产生疾病的根源，即从基因层面对缺陷基因予以纠正，促进正常基因表达或对异常的基因表达予以抑制。因此，人们一直在寻求更为理想的治疗方式。随着分子生物学特别是基因工程技术的发展，基因治疗为上述疾病患者带来新的希望，也使传统的药物治疗概念和范畴发生了革命性变化。

⇨ 案例引导

临床案例　世界上第一例临床基因治疗病例是一位患有严重复合型免疫缺陷病的 4 岁女童，因遗传性腺苷酸脱氨酶基因缺失造成该患者正常免疫功能丧失，不能抵抗任何微生物感染，科学家对她进行了腺苷酸脱氨酶基因治疗并取得较好疗效。首先提取目的基因，将其导入病毒中，使基因整合到病毒核酸上，然后，从患者体内分离出 T 淋巴细胞，让病毒感染 T 淋巴细胞并导入目的基因，再培养出新的携带正常目的基因的 T 淋巴细胞，将其注入患者体内。经过 3 年的治疗，患者体内 50% 的 T 淋巴细胞出现了新的腺苷酸脱氨酶基因，并合成了腺苷酸脱氨酶，患者的免疫功能得到了很好的修复。

问题　1. 什么是目的基因？
　　　　2. 基因治疗需经过哪些程序？

第一节　基因治疗概述 📱微课

基因治疗（gene therapy）是将外源性遗传物质（目的基因）通过一定的载体导入人体靶细胞而治疗疾病的方法。其治疗范围已从常见的单基因疾病拓展至多基因疾病，从遗传性疾病拓展至获得性疾病。作为一种全新的治疗方式，基因治疗越来越受到人们的关注。基因治疗主要针对异常基因，通过修正或置换缺陷基因，达到从根源上治疗疾病的目的。基因治疗目前主要集中在严重威胁人类健康的遗传性疾病、恶性肿瘤、心脑血管疾病、感染性疾病等领域。

一、基因治疗类型

基因治疗按基因操作方式和目的不同分为两类，一类为基因修正（gene correction）和基因置换（gene replacement），前者是指将患者缺陷基因进行精确定位，并对异常基因序列进行矫正或原位修复，基因组的其他位点不作任何改变。后者是指用正常基因通过同源重组技术，原位替换致病基因，使细胞内的 DNA 完全恢复正常状态；另一类为基因增强（gene augmentation）和基因失活（gene inactivation），是指不去除异常基因，通过导入外源基因补偿或增强缺陷基因的功能，促进其正常表达，亦或将特定的反义核酸和核酶导入细胞，特异性封闭某些基因的翻译或转录，抑制某些异常基因的表达。

基因治疗按靶细胞的类型不同又可分为生殖细胞基因治疗（germ－line cell gene therapy）和体细胞基因治疗（somatic cell gene therapy）。生殖细胞基因治疗是以患者的精子、卵子和胚胎细胞作为治疗对象，将正常基因转移到患者的生殖细胞，促进个体的正常发育，理论上属于比较理想的方法，但因技术复杂且有伦理学上的问题，目前生殖细胞基因治疗仍属禁区。体细胞基因治疗是指将正常基因（目的基因）转移到人体靶细胞，使之有效地表达基因产物，以达到治疗疾病的目的，因只涉及体细胞的遗传改变，不会影响下一代。目前，基因治疗仅限于体细胞。

二、基因治疗的方式与途径

目的基因的有效导入和表达是基因治疗成功的关键。因此，获得目的基因、选择靶细胞和载体、确定基因转移途径是基因治疗的必备条件。

（一）获得目的基因

基因治疗必须首先获得对疾病有治疗作用的目的基因（target gene），而且必须保持其结构及功能的完整性，以确保其在靶细胞的正常表达，同时应对细胞无害。目的基因可以是互补 DNA（complementary DNA，cDNA），也可以是基因组 DNA（genomic DNA）；可以是正常基因，也可以是体外人工合成的特定基因。因目的基因不含启动子等调控序列，必须将目的基因重组于适当的含有调控序列的基因转移载体，再导入人体靶细胞，在特定调控序列指导下进行表达。

（二）载体的选择

基因治疗载体（gene therapy vector）主要有病毒载体和非病毒载体两大类。病毒载体又分为整合型载体和非整合型载体，前者以逆转录病毒、腺相关病毒、慢病毒载体为代表，后者以腺病毒载体为代表。非病毒载体包括脂质体、受体、质粒或裸露 DNA 等。近年来，将上述两类方法结合起来，又发展了病毒－受体介导法、病毒－脂质体介导法等新方法。目前临床试验所用载体仍以病毒载体居多，占70% 以上，而逆转录病毒载体约占全部载体的1/3。非病毒载体以脂质体居多，质粒或裸露 DNA 的应用有逐渐上升的趋势。理想的基因治疗载体应具备易于大规模高滴度生产、稳定性好、不激活免疫反应、组织靶向性好、对目的基因大小无限制、带有合适的调控序列等特点，目前尚无能满足上述全部条件的载体。

（三）靶细胞的选择

目前靶细胞的选择仅限于体细胞。选择靶细胞的原则是：相对较坚固，足以耐受体外操作，易于从体内分离又便于输回体内；具有体外增值优势、生命周期长，体内易存活，能高效表达外源基因；易于受外源遗传物质的转化；在选用反转录病毒载体时，目的基因表达应有组织特异性。目前常用的靶细胞有骨髓干细胞（stem cell）、成纤维细胞、肝细胞、淋巴细胞、神经细胞、内皮细胞、肿瘤细胞等。骨髓干细胞为许多组织细胞（如单核－巨噬细胞）的前体，骨髓的抽取、体外培养、再植入等技术相对成熟，应有较广。

（四）基因治疗的途径

（1）体外转移途径（*ex vivo* pathway）属于间接体内疗法，是将含有外源目的基因的载体在体外导入人体自身或异体细胞，经体外细胞扩增后输回人体，达到基因治疗的目的。*ex vivo* 基因转移途径比较经典、安全，效果较易控制，但步骤多、技术复杂、难度大，不易推广。

（2）体内转移途径（*in vivo* pathway） 属于直接体内疗法，是将外源目的基因装配于特定的真核细胞表达载体，原位（*in situ*）或直接导入体内。*in vivo* 基因转移途径操作简便、易于推广，但技术尚未成熟，存在免疫排斥、疗效持续时间短以及安全性等问题。

三、基因转移技术

运用化学、物理或生物学等技术将外源目的基因转移到受体菌或细胞内，并在细菌或细胞内实现转入基因的扩增和表达，称为基因转移技术。

（1）化学法 常用的化学转移方法有磷酸钙法、DEAE - 葡聚糖法等，将目的基因（DNA 片段或序列）与磷酸钙、DEAE - 葡萄糖等混合，形成 DNA 微细颗粒，直接与靶细胞接触，DNA 进入细胞后，整合于受体细胞的基因组中，在适当的条件下，整合基因得以表达。该法简单，易于操作，但效率较低，要达到治疗目的，就需要从人体获得大量所需的受体细胞。

（2）物理法 常用的物理转移方法如下。①基因枪技术：通过高压放电产生强烈的冲击波，作用于被金包埋的 DNA 微粒，使 DNA 微粒加速运动而穿透组织细胞。②电穿孔法：是将细胞置于高压脉冲电场中，通过电击使细胞可逆性穿孔，进而使周围基质中的 DNA 渗入细胞，缺点是有时会造成细胞严重损伤。③显微注射法：在显微镜直视下，向细胞核内直接注射外源基因，但一次只能注射一个细胞，直接用于体细胞难度较大。用于生殖细胞时，有效率可达 10%。在动物实验中，将目的基因注入生殖细胞，使之表达、传代，称之为转基因动物，目前医学研究多用转基因小鼠模型进行。

（3）脂质体法 应用人工脂质体包装外源基因，再与靶细胞融合，或直接注入病灶组织，使之表达。此法无生物源性、无毒性是其优点，更安全可靠，但是转染效率较低，而且是短暂表达。

（4）病毒载体法 是以病毒为载体（viral vector）介导基因转移，即通过基因重组技术，将外源目的基因组装于病毒上，让这种重组病毒去感染受体宿主细胞。常用的病毒载体是逆转录病毒载体和腺病毒载体。前者为 RNA 病毒，在反转录酶作用下转录为 DNA，进而整合到宿主细胞基因组中，且只能将目的基因整合至分裂相的细胞；后者为 DNA 病毒介导载体，能有效感染非分裂相细胞。其他病毒载体，如慢病毒载体对分裂细胞和非分裂细胞均具有感染能力，有较好的应用前景。

第二节 基因治疗药物的临床应用

基因治疗在临床前研究中的突破性进展促进了基因治疗药物在临床的应用。中国是世界上较早开展基因治疗基础研究和临床试验的国家，自 20 世纪 90 年代开始，全世界有数百个实验室陆续开展了基因治疗的临床试验，数千例患者接受了治疗，治疗范围也从单基因遗传病拓展到恶性肿瘤、心脑血管疾病、感染性疾病、自身免疫性疾病等领域。当前大多数临床基因治疗处于 I 期临床试验阶段，仅有少数方案进入Ⅲ期临床试验，批准上市的基因治疗药物还很有限，说明基因治疗仍面临诸多挑战，但随着研究的深入，基因治疗必将成为人类遗传性和获得性疾病的重要治疗手段。

一、肿瘤的基因治疗

肿瘤的发生与某些原癌基因的激活、抑癌基因的失活以及细胞增殖分化和凋亡失调等有关，针对肿瘤发生的分子生物学机制，将外源性目的基因导入肿瘤细胞，对发生突变或有缺失的基因进行修复或替换，以达到抑制肿瘤生长的目的，一直是肿瘤临床治疗研究的热点领域之一。现在常用的肿瘤基因治疗策略主要有免疫性基因治疗、抑癌基因治疗、自杀基因治疗、抗血管形成基因治疗、多药耐药基因治疗和辅助性基因治疗等，主要用于恶性肿瘤的治疗，研究较多的有恶性胶质瘤、恶性黑色素瘤、头颈部癌、胰腺癌、肝癌、白血病、乳腺癌等。

（一）免疫性基因治疗

机体免疫系统对肿瘤细胞存在免疫耐受，将细胞因子基因或肿瘤相关抗原基因转入靶细胞，纠正机体肿瘤免疫耐受状态，可增强机体抗肿瘤免疫能力。

（1）导入免疫反应相关的细胞因子（如 IL-2、IFN、TNF-α 等）基因，将其转染至机体免疫细胞（如 TIL、LAK 细胞及细胞毒淋巴细胞），可增强机体免疫系统对肿瘤细胞的识别能力或诱发机体抗肿瘤免疫反应。

（2）导入肿瘤相关抗原基因（如 HLA、B_7 等），将其转染到体外培养的肿瘤细胞，经钴照射灭活后再植入患者体内，可增强肿瘤细胞免疫原性，诱导机体的免疫反应，激发体内 T 淋巴细胞对肿瘤细胞的杀伤作用。

（3）制备肿瘤 DNA 瘤苗，将编码特异抗原的基因直接注入人体，可激发机体对编码抗原的免疫反应。如应用癌胚抗原（CEA）制备的肿瘤 DNA 瘤苗在实验中显示出一定的效果。

（二）抑癌基因治疗

抑癌基因（tumor suppressor gene）是正常细胞内存在的能抑制肿瘤发生的一类基因，将抑癌基因导入肿瘤细胞以补偿或代替突变或缺失的抑癌基因，逆转肿瘤细胞的表型，抑制肿瘤细胞的增值，诱导细胞凋亡，从而抑制肿瘤的发生发展。目前用于基因治疗的抑癌基因主要有 p53、p21、p16、Rb、p27 等，其中野生型 p53 基因是目前研究和应用最多的抑癌基因。所用的基因载体约 70% 为病毒载体，其中以逆转录病毒和腺病毒最为多见。

⊕ 知识链接

基因治疗之中国贡献

中国是世界上最早开展基因治疗基础研究和临床试验的国家之一，1991 年中国首次对 B 型血友病进行基因治疗临床试验。之后，中国对多种重大疾病展开了基因治疗研究和实验，特别是在抗肿瘤基因治疗方面成就突出，其中，抑癌基因是研究的重点之一，而 p53 基因研究最为深入。p53 基因在人类肿瘤中突变率最高，达到 50%～60%，且已证明 p53 基因与肿瘤细胞的生长和凋亡密切相关。2004 年 3 月 CFDA（中华人民共和国国家食品和药品监督管理局）正式批准了世界上第一个抗肿瘤基因治疗药物重组人 p53 腺病毒注射液－今又生（Gendicine；国内生产）上市。据不完全统计，全国有近 300 家医院正在开展 p53 基因治疗项目，北京肿瘤医院为研究与试验组长单位。目前，p53 基因治疗采用的方法主要有肿瘤内注射、腹腔灌注、肝动脉插管灌注等，所用的基因载体约 70% 为病毒载体，其中以逆转录病毒和腺病毒为主。研究涉及头颈部鳞癌、甲状腺癌、肺癌、肝癌、乳腺癌、胃癌、胰腺癌、软组织肉瘤、卵巢癌、宫颈癌、膀胱癌、前列腺癌等，均取得较为满意的疗效。p53 基因除单独用于晚期肿瘤的治疗外，还可以配合放疗和化疗，提高肿瘤细胞对放疗、化疗的敏感性。

（三）自杀基因治疗

自杀基因又称前药敏感基因（prodrug sensitive genes），将该基因导入肿瘤细胞，可使无毒药物前体代谢为毒性产物，进而杀死肿瘤细胞。研究最多的自杀基因/前药系统是单纯疱疹病毒胸苷激酶（HSV TK）/丙氧鸟苷（GCV）。HSV TK 能催化 GCV 磷酸化，其磷酸化产物能阻止 DNA 合成，对肿瘤细胞产生杀伤作用。

（四）抗血管生成基因治疗

肿瘤细胞的生长和转移很大程度依赖于肿瘤新生血管，抑制肿瘤血管生成，能显著抑制肿瘤的生长和转移。以肿瘤血管生成为靶点的抗血管生成治疗作为肿瘤治疗新视野，已发展为重要的抗肿瘤策略。抗血管生成基因治疗是指向肿瘤或靶细胞周围组织导入血管生成调节因子基因，通过改变肿瘤血管诱导因子和抑制因子之间的平衡，抑制促血管生成因子表达，诱导血管生成抑制因子表达，从而达到治疗肿瘤的目的。

（五）多药耐药基因治疗

多药耐药性（multidrug resistance，MDR）是指肿瘤细胞对一种化疗药物产生耐药后会对其他结构、细胞靶点和作用机制不同的化疗药物产生交叉耐药，是肿瘤化疗失败的主要原因之一。MDR 是多种基因产物共同作用的结果。MDR 基因治疗策略主要有三种：将外源 MDR1 基因转导入人造血干细胞提高骨髓对化疗药物的耐受性；使用反义核苷酸或核酶抑制肿瘤细胞耐药基因的表达；将凋亡相关基因转导入肿瘤细胞，促使其凋亡。

二、遗传性疾病的基因治疗

应用分子遗传学原理和基因工程技术将具有正常功能的外源基因通过一定的基因载体导入遗传病患者细胞内取代或补充缺陷基因，使其恢复正常功能，是遗传性疾病治疗的根本途径。现已发现的 6000 多种遗传病，绝大多数缺乏有效治疗手段，基因治疗药物在单基因遗传病治疗方面已经显现其独特优势，取得显著进展，如腺苷脱氨酶缺乏症、镰状细胞病、β 地中海贫血、Leber 先天性黑蒙症、脊髓性肌萎缩等遗传性疾病的基因治疗。

三、其他疾病的基因治疗

在心血管系统疾病方面，主要包括无法手术治疗的冠心病、外周动脉阻塞性疾病的基因治疗。在感染性疾病方面，主要包括艾滋病、肝炎等感染性疾病的治疗。在神经系统疾病方面，主要是帕金森病的基因治疗。这些方案或处于动物实验阶段，或尚不完备，还难以在临床大规模开展。

四、基因治疗的问题和前景

基因治疗为人类疾病的防治提供了一种全新的方法，取得了许多令人欣喜的阶段性成果，为遗传性疾病、恶性肿瘤及一些疑难病症患者带来了治愈的希望，但一些重大关键技术还有待突破，如有效化解病毒载体的突变或活化、生殖细胞被侵染、癌基因被激活、抑癌基因被抑制以及免疫反应等带来的潜在的安全风险等。遗传性疾病的基因治疗大多采用逆转录病毒载体，其导入或整合到染色体的位置具有随机性，有引起基因突变或重组使病情恶性或发生新的疾病的潜在危险。因此，现阶段基因治疗领域存在的主要问题集中在有效性和安全性方面。基因治疗还应遵循一定的伦理原则，如安全性原则、知情同意原则、尊严与平等原则、隐私与保密原则等。

理想的基因治疗应该是在原位修复、补充或置换致病基因，应能根据病变的性质和严重程度调控治疗基因在适当的组织器官进行适当的表达。但目前基因治疗的可控性仍然不能令人满意。需要研究和解决的关键问题是如何进一步优化基因导入系统的靶向性、构建更有效的基因定点整合载体、提高原位纠错效率、增强基因表达的可控性。因此，基因治疗的突破很大程度上取决于病毒学、免疫学、细胞生物学、动物模型构建以及疾病靶向治疗等基础学科领域的发展。

虽然基因治疗在有效性和安全性、靶细胞定向导入技术、导入基因的表达和调控等方面还存在许多问题和瓶颈，但已取得的巨大成就和良好的发展态势给人们带来无限憧憬和希望。随着更为有效的目的基因的发现、基因导入与基因表达的可控性研究的突破以及临床应用研究的广泛深入开展，基因治疗药物在临床的应用将会更加普及，必将惠及更多的患者，也必将对医药产业产生巨大的影响。

目标检测

答案解析

1. 什么是基因治疗？
2. 基因治疗的类型有哪些？
3. 基因治疗载体有几类？
4. 基因治疗的途径分哪几类？
5. 目前基因治疗主要涉及哪些领域？
6. 肿瘤基因治疗策略主要有哪些？

（宋晓亮）

书网融合……

本章小结　　　　　微课　　　　　题库

参考文献

[1]（美）米歇尔. 药理学 [M]. 5版. 北京：北京大学医学出版社，2013.

[2]（英）斯威曼. 马丁代尔药物大典 [M]. 原著第37版. 北京：化学工业出版社，2014.

[3] 杨宝峰. 药理学 [M]. 9版. 北京：人民卫生出版社，2018.

[4] 龙子江. 药理学 [M]. 北京：中国中医药出版社，2015.

[5] 李俊. 临床药理学 [M]. 5版. 北京：人民卫生出版社，2013.

[6] 乔国芬. 药理学 [M]. 3版. 北京：北京大学医学出版社，2013.

[7] 王乃平. 药理学 [M]. 精编第2版. 上海：上海科学技术出版社，2012.

[8] 吴基良，罗建东. 药理学 [M]. 2版. 北京：科学出版社，2012.

[9] 乔中东. 分子生物学 [M]. 北京：军事医学科学出版社，2012.

[10] 刘力生，吴兆苏，朱鼎良，等. 中国高血压防治指南 [M]. 3版. 北京：人民卫生出版社，2010.

[11] 杨藻宸. 医用药理学 [M]. 北京：人民卫生出版社，2005.

[12] 杨世杰. 药理学 [M]. 北京：人民卫生出版社，2005.

[13] 陈新谦. 新编药物学 [M]. 18版. 北京：人民卫生出版社，2018.